歐洲與沒有歷史的人

全新增訂版

艾立克・沃爾夫 著
Eric R. Wolf
賈士蘅 譯

Europe and the People Without History

出版緣起

在先進國家，歷史文類在書店中多能與文學類書相頡頏，但在臺灣，歷史書類不僅不多，而且絕大多數作品均做不到雅俗共賞的地步。這裡面的原因很多，歷史家中少有作家；讀者對歷史書已有定見；歷史學在人文各學門中較不具提供養分的關鍵地位等等。

然而，我們明明知道，歷史是社群的資產，就如同經驗之於個人是何等的珍貴；人一旦喪失記憶，所有豐富的經驗全化為烏有，沒有歷史的社群就等同於失憶的個人，一樣的可悲和可怕。徒有歷史卻不知重視，只會重複勞動著祖先做過的事，使整個社群原地踏步，而毫無文化累積，沒有文化累積的社群是沒有資格奢談變革和進步的。

歷史是資產，不是負債和包袱。

歷史中充滿有趣的人和事，會帶給我們無窮的驚奇。

歷史既可免除我們重複先人所為，又可讓我們尋到外國名師。

歷史是進步的原動力。

是這樣的原因，使麥田出版社投注心力於歷史類書的出版工作。我們希望出版既有人文厚度，又以敘事見長的史著，這類書是目前國內欠缺，卻亟需引進的作品。

幾年來，麥田從「歷史選書」開始，然後是「歷史與文化」、「世界史文庫」等系列，出版了相當多量的歷史書。如今，我們在這麼多陸續進行的歷史書中另立了一個歷史名著譯叢，在這個新譯叢裡，我們將出版重心集中在那些對當代歷史學卓有貢獻之研究著作，這其中有許多著作其實成書頗早，甚至已躋身當代史學經典之列者，至今卻仍未能有中譯本與國人見面，對身在臺灣的歷史愛好者而言，實在是件極大的憾事。麥田出版社決定排除一切困難，將這類在當代歷史研究領域中極具重要性之經典著作（其中不乏可讀性極高者），翻譯出版，期使讀者有更豐富多元的歷史閱讀選擇，從而找到對事理更多的理解與共鳴，並開闊我們的視野。

這系列的歷史名著譯叢，得到以推廣東西方文化交流為職志的「純智文教基金會」的贊助出版，因以為名，並誌之。

麥田出版社

目錄

導讀

馬克思主義人類學大師眼中的全球近代史

楊德睿

要讀完這本五、六百頁的煌煌巨著，不是件輕而易舉的事，真讀完了以後，要不被它所吞沒，還能夠拉開一點距離來思考、評價它，恐怕更為不易，所以，為了讓讀者們在展開這一場相當累人但絕對值回票價的探險之前，先大概知道一下自己將會置身何處、航向何方、體驗到什麼，以下將試著給讀者們畫一幅極為簡略的地圖，標出這本巨著在現代知識地景裡的位置。

一、享譽盛名的農民運動論述

首先讓我們看看這本巨著在作者艾立克・沃爾夫（Eric R. Wolf）的生命軌跡裡的位置。

本書作者沃爾夫是猶太人，一九二三年生於奧地利維也納，一九三八年為了躲避納粹的迫害而到英國求學，但不過兩年之後，就因為英國開始搜捕來自敵國（含被德國併吞的奧地利）的移民，而於一九四〇年赴美國紐約皇后學院讀書，又是不過兩年之後，第二次世界大戰的歐洲戰場正式開打，他輟學加入美軍出征義大利三年，戰後，他進入哥倫比亞大學攻讀人類學，師從著名的文化生態學論者朱利安・史都華（Julian Steward）。

也許是因為自幼以來就在法西斯（先是納粹，後是英國的戰時體制）的恫嚇迫害底下長大，親歷了底層群眾和弱勢民族的悲慘境遇，也許是因為當時紐約哥倫比亞大學校園內盛行的左傾思潮，沃爾夫很早就顯現出對馬克思主義的偏向，積極投身於當時在美國左派學者群中盛行的「成年禮」（initiation rite）——拉丁美洲研究，並於一九五一年憑藉關於波多黎各農民的論文獲得博士學位，確立了他的左派學者身分，隨後，也許也是為了避開他一生中遇到的第三個法西斯——麥卡錫主義——對美國學術界和文化界的精神淩虐，他到墨西哥進行長期的田野調查，八年之後（一九五九年，即古巴左翼革命成功那年），他出版了關於被西班牙殖民的歷史如何造就現代墨西哥族群關係的《撼動地球的兒子》（*Sons of the Shaking Earth*）一書，初步展現了他在拉美研究上的造詣以及結合歷史學與人類學的功力，又七年之後（一九六六），他出版了一本比較理論性的著作《農民》（*Peasants*），把英語學術界關於農民研究的論題與方法——橫跨人類學、社會學、政治學、經濟學和歷史學——做了一番全面而深入的整理，堪稱是當時乃至之後數十年之間英語世界裡探討三農問題的最佳入門教材。但讀者們對這本書的注意力，很快就被他三年之後（1969）出版的另一部巨著《二十世紀的農民戰爭》（*Peasant Wars of the Twentieth Century*）給搶走了，這部氣魄宏偉的力作縱論了二十世紀在墨西哥、俄羅斯、中國、越南、阿爾及利亞和古巴六國發生過的農民戰爭，總結出了現代農民戰爭（特別是獲勝的那些）的幾條通則，這樣的內容準確無比地呼應了當時民權運動、反越戰運動、中國的文化大革命與毛澤東崇拜等左傾潮流泛濫的美國大學校園裡的思想氛圍，再加上沃爾夫標誌性的漂亮文筆，一問世即洛陽紙貴是很自然的。在農民戰爭這本巨著出版之後的十三年間，沃爾夫僅與人合作出版了兩本比較平凡的書——一九七二年的《拉丁美洲的人類生存境況》（*The Human Condition in Latin America*）和一九七四年的《隱藏的邊界：阿爾卑斯山谷的生態與種族》（*The Hidden Frontier: Ecology and Ethnicity in an Alpine Valley*），此後，這位正當盛年而且已富盛名的學者在兩次「石油危機」的震盪波中蟄伏了八年，苦心孤詣地打磨出了他生平的巔峰之作——《歐洲與沒有歷史的人》，為第三世界向西方舊殖民帝國勢力所發動的挑戰默默提供思想武器。然而，不幸的是，全球政經局勢的變化讓他的奮鬥可說是徹底落空了。

二、冷戰結束、新自由主義的新局勢

在《歐洲與沒有歷史的人》出版之前的一九七九年保守黨的佘契爾夫人開始了她長達十一年的英國首相任期，一九八一年右翼鷹派的雷根開始了八年的美國總統任期，同時中國的鄧小平也終結了毛主義開始改革開放，一時之間，似乎除了蘇聯以外整個世界都在向右轉，如此一路向下，終至於一九八九年蘇聯解體，半世紀的東西冷戰以西方全面勝利告終，而在同一時期，拉美國家則始終深陷於債務危機的泥淖中，讓國際貨幣基金、世界銀行等國際金融組織得以堂而皇之揮舞著新自由主義經濟學干預這些負債國的內政、排除這些國家裡各種具有社會主義色彩的福利制度。在新自由主義日益高昂的凱歌聲中，就算普羅米修斯的火種依舊燃燒胸臆，已經年逾花甲的沃爾夫恐怕也只能接受濁流已然滔天的現實。從一九八七年以後，沃爾夫基本上不再談論反殖民主義、農民革命這些他在盛年之時關注的話題，轉而把注意力放在批判「歷史已經終結」了的後冷戰新世界裡的權力和意識形態，發表了五篇左右的論文，最後，高齡七十六、與癌症搏鬥了多年的沃爾夫終於在一九九九年駕歸道山，行前留下了《觀想權力：支配與危機的意識形態》（*Envisioning Power: ideologies of dominance and crisis*）這曲天鵝之歌，以在他一生中扮演過最重要角色的三個文化——瓜求圖印第安、墨西哥被殖民前的阿茲特克、納粹德國——為例來建構他的意識形態理論。又兩年之後（二〇〇一），沃爾夫的遺孀席黛兒・絲沃曼（Sydel Silverman）女士將他的一些遺稿整理出版成《力量的道路：建立一種現代世界的人類學》（*Pathway of Power: Building an Anthropology of the Modern World*）一書，然而滄海桑田，這最後幾闋飽含著八〇年代腔調的廣陵絕響，至此已經再難覓知音了。

綜觀沃爾夫七十六年的一生，最初的三十年（一九二三到一九五四）是他在法西斯的迫害騷擾之中流徙、成長、求學甚至直接與之作戰的時期，中間的近三十年（一九五〇年代中到一九八〇年代初）是他的學術飛黃騰達的時期，因為他的學說在這三十年的全球整體政治經濟情勢裡精準地占住了一個相當大的利基：東西冷戰對峙一方面給了在西方的異議分子一種通過左傾來改善現狀的想象空間，另方面給了第三世界在東西兩大陣營夾縫中博得一點自主空間和一點利益的機會，所以他的馬克思派反殖民主義能得到為數眾多的西方左派和熱心反帝的第三世界知識分子的追捧。然而，好景不常，他生命中的最後近二十年（一九八〇年代初到一九九九）無疑是蕭瑟無奈的，冷戰結束和隨之而來的新自由主義全球霸權迅速地改變了世界，催生了新現象、新話題和新的學術風尚，於是《歐洲與沒有歷史的人》這部巨著也就只能在一片讚佩聲中被迅速藏諸名山，成為冷戰時期西方左派學術經典叢林當中的一座宏偉的紀念碑。

三、馬克思主義的「生產方式論」

其次，讓我們來看看這部巨著在學術思想脈絡裡的位置。

簡單講，我們主要可以從人類學和政治經濟學兩方面來判斷這本巨著在學術史上的定位，讓我們先從人類學這一側面入手。

正如沃爾夫本人在前言和導論中所一再申述的，批判系統功能論人類學是他寫這本書的主要動機之一。依照他的詮釋，系統功能論崛起於對進化論和傳播論這兩大理論典範的批判，這一批判自有其合理之處，但是系統功能論卻矯枉過正，走到了同樣弊端深重的另一個極端，其問題的癥結可以歸納為兩點：一是支離破碎，把一個個「部落」（或社群、民族）孤立起來研究，如此一來，一方面無法從中提煉出任何具有普適性的通則，二方面對從來就不曾間斷過的跨文化交流互動視而不見；二是脫離現實，把研究的對象描繪成靜止的、在歷史之外的實體，無視於它們也在永恆的變遷之中的事實。針對這兩項弊端，沃爾夫主張今後的人類學應該批判地繼承被系統功能論所毀棄的傳統，把歷史再次奉為人類學的核心課題，並且致力於打破人為想像出來的孤立自足的「部落」，重現全球人類自古以來就不曾間斷地分裂、遷徙、交流、衝突、合作的真相。顯然，這本涵蓋了五百年來全球各民族間關係演變史的大書，就是沃爾夫為上述主張所提供的範例。

然而，歷史敘事的可能性和真實一樣，都是無限的，要如何選擇一個角度、一種觀點才能講出一套最有意義的敘事來呢？沃爾夫的回答直截了當：馬克思主義的「生產方式論」（尤其是其中關於資本主義生產方式演變規律的理論）、法國馬克思主義經濟人類學將「生產方式論」應用於分析前資本主義社會的創造性詮釋，再加上從安德烈・法蘭克（Andre Gunder Frank）的依賴理論到伊曼紐・華勒斯坦（Immanuel Wallerstein）的世界體系理論這一條左派政治經濟學的思路。依據這些思想資源，他提出了三種主要的生產方式模型——以親屬關係（為原則）安排的生產方式（kin-ordered）、附屬納貢性的生產方式（tributary）和資本主義生產方式，然後以這三種生產方式的分合、衝突、重組來貫穿全球人類這五百年來的歷史，據此，他將近五世紀的世界史劃分為兩個階段：從十五世紀到十八世紀後半工業革命出現以前是重商主義時代，歷史的主軸在於歐洲（特別是西南歐）崛起的殖民帝國把全世界都囊括到以歐洲為中心的附屬納貢性的經濟體系裡，從而改變了美洲、非洲、亞洲這些「邊陲」的生產方式，然後，十八世紀後半工業革命爆發以後至今是資本主義時代，歷史的主軸是工業化國家把全世界都吸納進以歐洲（後來加入了美國、日本）為中心的資本主義生產方式體制底下，相應於此，全球各「邊陲」的生產方式遂開始加速裂解重組以配合中心的需要，此一過程至今仍在以越來越快的速度、越來越深的幅度進行之中。

以上我們已經看到了這部書所從來的學術思潮背景，那麼，它對之後的人類學和政治經濟學有什麼啟發呢？說實話，這是個很難說清的問題。

四、具歷史縱深的「中心—邊陲」分析

沃爾夫對系統功能論人類學的批判並不新鮮，類似的觀點到了一九七〇年代中葉便已頗為常見，尤其是關於人類學應該面對歷史變遷這個主題，更是幾乎成了英語人類學界的共識，因此從一九八〇年代初開始，人類學界普遍出現了回歸歷史的熱潮，本書當然堪稱這股熱潮當中的一個極重要的標誌，但它的影響力很難說比史都華的幾本歷史人類學論集更顯著，更不用說從艾德華・薩依德的《東方主義》、詹姆斯・克利弗德（James Clifford）和喬治・馬庫斯（George E. Marcus）合編的《書寫文化》以及後殖民主義等等這些針對西方主體對他者的歷史／文化書寫的深刻反身性批判於一九九〇年代初大流行以後，沃爾夫這本以（歐洲的）資本主義為最終歷史主體的大敘事恐怕很有從革命黨驟然淪為反動派之虞，所以，儘管英語人類學界的歷史熱一直延續到了一九九〇年代，這本巨著也經常被討論殖民史與人類學關係的作品所引用，但似乎沒有什麼人堪稱沃爾夫的「人類學的世界史」的衣缽傳人。

本書對後來政治經濟學的影響恐怕同樣難以論斷。首先就他引以為核心分析工具的「生產方式」這個概念來看，這個概念從馬克思創立至今就一直廣為有左翼傾向的、喜談結構分析的學者們所愛用，而這個概念之所以能如此長壽，是與法國左派學者們的創造性闡釋分不開的，本書或許通過精采的案例和深入淺出的說明而為普及這一概念做出了很大貢獻，但是在理論上並沒有多少創發，所以後來學界關於生產方式、結構之類概念的討論，還是多從阿圖色（Althusser）、布赫迪厄（Pierre Bourdieu）等後結構主義者的作品派生而來。其次，就它關於重商主義／資本主義的全球性擴張與宰制過程的闡釋來看，本書顯然在關於「中心—邊陲」關係的理解上比較早的依賴理論更有歷史縱深，對邊陲的低度發展（underdevelopment）或依賴發展的認識也深刻得多，相對於幾乎同時問世的華勒斯坦較為靜態、賦予了現代國家的疆界以過高重視的世界體系論，它也更有彈性、更具解釋潛力，因此我認為本書堪稱這一領域的集大成之作，可與華勒斯坦的三巨冊《現代世界體系》相比肩，然而，正如之前已提到過的，本書問世的時間很不幸地落在了冷戰行將結束而新自由主義的霸權正在崛起的一九八〇年代（華勒斯坦的《現代世界體系》也到一九八九方才出齊），相應於局勢的劇變，後殖民和全球化的研究迅速占據了學術市場，儘管我們不難從這些新流行作品中看到「中心—邊陲」這條思路依然深刻的影響力，但確很難論斷沃爾夫這本書直接啟發了那些作品。

五、為弱勢者發聲的治學精神

希望以上似乎令人氣沮的評述不會澆熄讀者探索這本巨著的興趣。畢竟，世事難料，造化弄人，縱有才學如沃爾夫者也無可奈何，但就算他的衣缽無傳，也絲毫不表示他的作品的價值有問題。事實上，我認為這本書的精神在之後的學術界裡缺乏傳承這件憾事，與其說是這本書的缺失，不如說是晚近學術界的問題。在新自由主義所導出的可究責性（accountability）和表現度（performativity）業已成為出資者（最主要的是當然是政府）管理學術機構的緊箍咒的今日，學者，特別是大量處在「半就業狀態」的資淺學者，恐怕只能效法電子產業，集中精力生產輕薄短小的作品，並且必須經常升級換代，換言之，一九八〇年代以後的知識生產方式大體上決定了學術實踐的模式，也就間接決定了學術作品的形式，而沃爾夫的巨著、這本巨著背後的治學方式以及他對學術志業抱持的信念等等，對於時下的知識生產方式而言，是太過嚴肅厚重不合時宜了，而這正就是我認為這本書最值讀者們鑒賞體味之處的來源。怎麼說呢？這本書在理論方面可謂樸實無華，沒有高妙幽微的奇思妙想，也沒有痛快淋漓的辯難決疑，基本上還是「述而不作」，把前人的創見稍作加工改良而已，它在歷史考據方面也只能說是中規中矩，沒有什麼出人意表的鉤沉稽古、發微抉隱可言（其實還有不少小錯誤被史學家挑了出來），所以說，這本書最重要的價值到底還在於它宏闊的視野、它想為弱勢者發出聲音留下記錄的悲憫胸懷，以及它為了證實這一悲憫博大的世界觀是確切的而勇敢地、不憚繁瑣地去拼湊補綴出一張無比巨大的世界歷史拼圖，而且拼出來的這張圖最終還能條理明晰、首尾一貫，這樣的氣魄、毅力和耐力無疑令人拜服，而能夠養成、容納、支持如此厚重的學者進行如此嚴肅堅毅的學術工作的那種知識生產方式，更是值得我們欽仰、緬懷的。

古來聖賢皆寂寞，曠世傑作亦然。不過，若是我們試著站在巨人的肩膀上展望寰宇而不是站在地上仰望他們，其實也不難發現能夠與他們相酬唱的伴侶，只不過他們之間的距離比凡俗的朋友遠了點。就這本書以豐厚的實證材料完整地說清楚了自家的一套總括了全球五百年歷史的史觀這一點來看，能和它對話的理當不是學術界裡的碌碌眾生，而是像黑格爾的《歷史哲學》、馬克思的《資本論》、史賓格勒的《西方的沒落》、湯恩比的《歷史研究》那樣格局的作品，而這樣的作品總是不世出的，《歐洲與沒有歷史的人》還有個《現代世界體系》相輝映，已經算是罕見的幸運了。就像沃爾夫在序論裡說明了的，到達這種格局的書不適合日益碎片化的學術界，但是對於不必理會時下學術界裡的條條框框、純粹為了分享偉大的心靈對於全球人類歷史與文明的深刻洞見而讀書的讀者而言，還有對那些不甘被條條框框給徹底將死的學術中人而言，讀這樣的書不僅是享受，更是讓靈魂得以舒展呼吸的一方必要的空間。

楊德睿，一九九三年臺灣大學政治學碩士，一九九七年英國曼徹斯特大學社會人類學碩士，二〇〇三年英國倫敦政治經濟學院人類學博士，現任南京大學人類學研究所副教授，已發表中英文論文十餘篇，譯作有《地方知識：詮釋人類學論文集》（臺北：麥田，二〇〇七）等八種。

導讀 臺灣命運與資本主義

——一個世界史的典範的誕生

盧建榮

一、既廣且深的史作

歐洲人開創的新經濟體制——資本主義——在近三百年的發展，已變成今天世界全球性的唯一經濟體制。一種歐洲式的生產方式可以獨霸全球，使得許許多多的有上千年傳統區域、群落的經濟體全部消解，而納入此一歐式體制，最後匯而成為全球性經濟體。這在三十年前，有人稱之為世界體系，今天另易新詞，叫「全球化」。全球化早在三百多年前已經悄然啟動，只是當時沒人有清楚的意識，更沒能預知結果如何。這樣一個長程、而又擴及全球的歷史過程，一般專業歷史家均畏之如虎，不敢輕易處理這樣宏遠亦深邃的歷史課題。偏偏非歷史家的其他人文社會科學者中，有人不畏艱難、敢從事這樣耗費精神的大歷史書寫。這裡面為我們熟知的一位是華勒斯坦，他的三卷作已使他退休生涯仍不得閒。不過，針對華氏之書，別有新義、又饒富閱讀趣味的史作當推歷史人類學家艾立克・沃爾夫（Eric R. Wolf）的《歐洲與沒有歷史的人》一書。如果要我慎選十部代表二十世紀西方史學名著，我會毫不猶豫高舉沃爾夫此著，而且一點都不像思索其他九部那樣的花費時間。讀一本史著，能讀得令人心神振奮、眼睛為之一亮的作品，是不多見的。然而，沃爾夫此書是難得的例外。

這本被霍布斯邦譽為馬克斯死後一百年總算有了一本原創十足的著作，將與中文世界讀者見面，其中意義至關重大。尤其臺灣已參與資本主義這場遊戲超過百年，竟然不知遊戲規則。繁榮不知繁榮之道，沒落又不知沒落之所以然。不想生而當糊塗蟲的人，何不進來領略沃爾夫為我們揭示的資本主義世界？

二、被納入體制中的臺灣

在沃爾夫的指引之下，臺灣在世界的位置更顯得清晰可見。臺灣的經濟躍升在世界體制益形鞏固和壯大的時刻，究竟扮演什麼角色，得到什麼後果，以及未來會如何？都可以從這部大書中獲得思索的線索。

上一世紀六〇、七〇年代臺灣以家庭代工增殖中小企業力量、累積社會財富的步履中，大家與奮過頭，以為這是在創造臺灣經濟奇蹟。當我們回頭去看十七世紀英國鄉間家庭代工的興起，正是英國貿易商憑以壓低成本、擊垮競爭對手荷蘭人的秘密武器。造成英國工業革命大盛的關鍵因素不是工廠勞工，而是契約傭工，在此背景之下，家庭代工業與契約傭工之間的相互搭配，使得英國擁有舉世最低廉、又最靈活的勞力資源。臺灣在經濟起飛的當頭也不是有什麼創意，而是襲用了當年英國創業的招式，只是臺灣是個欠缺歷史意識、兼且歷史知識開發不足的地區，大家一直被蒙在鼓裡罷了。

二十世紀八〇年代的臺灣糖廠開始販售土地和從事非糖產品的生產。糖業成為國家外貿的閃亮產品、替國家賺取空前的外匯，可溯自十八世紀荷蘭、英國、以及法國在西印度群島殖民地的糖業栽培業。糖作為優越競爭商品最高峰時期是在十八世紀末，英國海外所得的五分之四、法國海外商業股份的三分之二都來自西印度群島的糖廠生產。臺灣的糖企業的壽終正寢，正是這波糖品國際貿易的最後一章。二戰之後西印度群島紛紛獨立建國，這些新國家取代了過去的殖民帝國成為掌控國際糖業的龍頭，繼承日本殖民體制遺緒的臺灣在糖生產上，自然還是這些老牌同業的競爭對手。然而，曾幾何時，到了上一世紀八〇年代末，臺灣慢慢地逐漸不是加勒比海諸國同業的對手。

上一世紀九〇年代初，臺灣再也不是廉價勞工的天堂，不僅國內製造業紛紛淪為夕陽產業，而且也吸引不了國外企業的投資。全世界的勞力低廉中心由中國所承繼。於是前一世界低廉勞工中心的「東亞四小龍」（包括臺灣）面臨世界經濟角色重新挑選的抉擇關頭，它所賴以撐持經濟榮景的勞工優勢因素風光了三十年之後，走入歷史。這一情形在過去資本主義演變過程中是一老劇碼。最早工業重鎮是荷蘭、比利時地區，當英國以更便宜勞工降低成本時，荷蘭的製造業優勢只好拱手讓人。抑有進者，荷英競爭中，荷蘭資金還湧向對手，使荷蘭付出了「領先指導的罰金」，支配權轉入其對手之手。今天，我們又看到臺灣資金湧入當年的英國——中國——臺灣以先進身份指導中國這一後進競爭對手，等如付給中國「領先指導的罰金」。這幕歷史何其酷似！惟當年荷蘭人放棄製造業、以及錢進海島的英國，並沒有荷奸誤國的政治問題發生。如今臺灣將單純的經濟問題想成複雜的國安政治問題。更重要地，荷蘭並未因此在歷史舞台消失，她只是更清楚找到適合其國際競爭的著力點。可說因禍得福。當不了世界製造中心又死不了，還有更合適的世界經濟角色等著扮演。這是當時荷蘭舉國上下的想法。如今，我們臺灣的想法呢？

以上從家庭代工、製造業中心成立條件、以及優勢商品糖的販售，在三百年來世界各地輪流發生，只是如今輪到臺灣，此後或將易手於他人。這些是資本主義的常態。過去我們都瞎猜說，臺灣政府知人善任（指財經技術官僚）、儒家倫理、家族企業、吃苦耐勞的民族性等等自身內部因素，不一而足，上述因素可能都有其一定作用，惟忽視了各地經濟實體受資本主義所決定這一外部因素。

三、財富不是資本

人類發明種種方法賺取財富，但以資本主義方式賺取的盈餘則與過去財富有別。簡單說，財富不是資本。資本主義以前的富人其財富用於消費，或用於交換。資本主義的企業主則不然，他將所得的利潤全用於勞力資源的掌控、以及生產手段的提高效能。就勞力資源掌控言，約莫十九世紀中以前是奴隸工，之後變成契約工是主流，而有工會撐腰的工廠勞工則不是一項優勢因素。在契約工這一潮流中，最厲害的手腕就是使用外勞，既隔絕勞工家人眷屬成為本國的包袱，又可利用勞工輸出國的保證使勞工源源不絕。臺灣的外勞政策不是孤立現象，是世界史的追隨者中一員。我們沒有偉大到開天闢地碰到人類事務頭一遭，偏偏我們不知自己世界史的定位，往往以天才方式回應外在刺激，結果都落了個盲動和躁進的後果。在此，我們彷彿看到歷史在咧開嘴向我們冷笑說：「不知歷史，活該死得慘！」

再說生產手段的提高效能。西方人為了控制原料來源，不惜改變地球地貌，將全球劃分成幾個單一經濟作物生產專區，如棉田集中在美國南方、埃及、以及印度，再如熱帶雨林帶廣植鹹性飲料，諸如咖啡和可可。又如為了控制肉類來源，蘇格蘭農田、巴西農田、以及美國西部農田全都變成世界畜牧場（後來加上澳洲）。每次大規模的改變，就迫使原有上千年生業系統毀於一旦，影響千千萬萬人的生計，農民被迫改行淪為資本家勞力銀行中的籌碼。還有，別看資本家在某國某地蓋工廠，成立世界級生產基地，與投資所在國水乳交融一段時間。哪一天，資本家發現還有更適宜的投資機會，他會不惜一切抽走資金、關閉廠房。這導致一個國家經濟重挫，失業人口到處流竄。該投資機械、抑該委諸人力、或是需不需設廠等等的生產手段，資本家對事不對人，他們在全世界轉進、尋覓商機，並隨時作出機動調配各種生產手段的決策。資本家一時資本匯聚之所，即變成世界體制的核心，也帶動周遭原本邊緣的發榮滋長，一旦情況生變，資本另覓他處，昨日的核心迅速萎縮成今日的邊緣。在沃爾夫的描述之下，核心與邊緣足以隨時推移，各地輪莊方式在發生。在此，核心—邊緣是一組相對概念，不是絕對、靜態的地理理念。

四、五百年來各色邊緣人混聲大合唱

假如你以為沃爾夫的歷史書主角是經濟菁英的資本家、或是政治強權的歐洲列強，那你就錯了。恰恰相反，他所設定書寫的主角是亞、非舊大陸以及美洲新大陸的傳統部民群落，也包括歐洲社會自身那些被邊緣化被迫以傭工維生的農民。經濟、政治菁英階層聯手打造了這個世界型經濟體制——資本主義——將原來窮鄉僻壤與世無爭的部落屬民全部拉到這個體制中去，而原本各個地域、各個群落的當權者也從此命運迍邅難卜，仰鼻息於萬里外的企業總部老闆。全世界各民族的男男女女、老老少少全都因這一體制的降臨，歷有年所的生命步調全在一夕之間完全走樣。他們的傳統生活被連根拔除，附著於傳統生活背後的文化亦隨之崩解。這樣橫掃全球、帶給舊時代人們的災難後果，以及在這後果之上舊時代的人還得與新體制中人發生必要的關係。這樣的後果和種種層出無窮的關係，便是沃爾夫大作用力的所在。這是從來沒有過的大手筆在寫人類命運這樣主題的一部書。千千萬萬的種族、民族、部落、國家滑過沃爾夫的筆尖，我彷彿聽到持續不已的嘆息和哀嚎。

這些嘆息和哀嚎的人是沒有入載歷史資格的一群人，他們及其子孫雖活了幾千年，但在未受史家青睞之下，如同未曾活過的一群人。沃爾夫特別看重他們「沒有歷史」這一特性，並為他們寫一部撼人心魂的歷史。

臺灣面對即將在東亞社會被邊緣化的焦慮，在想不出比起當年荷、英經濟體前輩更好的明智抉擇之前，沃爾夫一書對於因應之道的啟發，值得我們三復斯旨。萬一臺灣被排除於世界經濟大賽之外的夢魘一旦成真，我們二千三百萬人就將成了沃爾夫筆下「沒有歷史的人」。

盧建榮8/28/2002
筆於南港

盧建榮，美國西雅圖華盛頓大學歷史系博士，現任中國文化大學史學研究所教授，並兼任中央研究院歷史語言研究所研究員、國立臺北大學歷史系教授、佛光大學歷史研究所教授，是國內新文化史研究的倡導者兼作手。主要專長是中國古代文化史和當代臺灣文化史，著有《分裂的國族認同，一九七五—一九九七》（臺北：麥田，一九九九）、《入侵臺灣》（臺北：麥田，一九九九）、《臺灣後殖民國族認同，一九五〇—二〇〇〇》（臺北：麥田，二〇〇三）、《從根爛起：揭穿學閥舊體制操弄教改的陰謀，一九九〇—二〇〇二》（臺北：前衛，二〇〇二）、《鐵面急先鋒：中國司法獨立血淚史，五一四—七五五》、《北魏唐宋死亡文化史，四五〇—一〇五〇》等書及各式論文、文章百餘篇。

前言（一九九七年）

自本書面世至今，十五年過去了。似乎是適切的時機對成書的初衷與讀者的理解作一回顧。此次新版前言也讓我有機會澄清評論提出的幾個問題，不論是友好的或批評的。

我以人類學家的身分撰寫此書，書中也涉及歷史學與社會科學。我試著提出歷史的觀點，分析跨越時間顯現的結構與模式。我也嘗試將人類學的發現與歷史取向的政治經濟學觀點連結在一起，尤其著重於歷史的面向。「政治經濟學」一詞，通常被界定為關於社會與國家的資源如何集中與分配的研究，傾向於混淆兩種問題取徑。其一採取衍生自市場經濟學的技術評定國家財政政策。另外一個取徑，也是我所從事的，研究諸社會、諸國家與諸市場，視之為隨歷史演化的現象，並質疑當中資本主義的經驗衍生的特定概念，是否可以普遍化以涵蓋各時代和地區。我們必須特別記住馬克思將《資本論》的副書名訂為「政治經濟學批判」。因之我沿用「政治經濟學」一詞，用以指稱對於不同的國家與社會的經濟基礎其演變軌跡的置疑。

我運用歷史與政治經濟學，是為了將人類學研究的群體擺置在更廣的權力場中，此一權力場產生自控制社會勞動的權力系統。這些系統並不恆久，它們會發展與改變。因此，去了解它們如何在時間與空間中開展並影響更多人群很重要。儘管我以人類學家而非專業歷史學家的身分撰寫本書，我的確體認到歷史的重要性。去了解這些系統如何、為何發展並擴展對於各群體的支配也很重要，基於此，我尤其著重政治權力與經濟如何彼此維持與相互驅策。儘管我並非經濟學者，我認為描繪深植於歷史中的政治經濟學，對於了解決定並環繞人類生活四周的結構是極其必要的。我不同意某些意見，認為這無法告訴我們多少「真實的人民從事的真實的事」，我認為，這正是此一取徑所能說明的。或許就像「天國的餡餅」一般是無法實現的許諾，但在現世餡餅如何派發仍舊是一個與生存密切相關的問題。

如何以一個適切的書名描繪上述問題意識，著實煞費苦思。關於「沒有歷史的人」一詞，我不敢掠美，其發明須追溯至十九世紀。馬克思與恩格斯以此語表述他們對於東歐的國家分離主義運動的缺乏同情。我的用意是反諷的，但這層意思並沒有為某些讀者理解。我意在挑戰那些認為僅有歐洲人造就了歷史的想法。選擇西元一四〇〇年作為展示這一點的最初時間點，我希望清楚顯示出，在歐洲擴張歷程中，四處碰上擁有長遠與複雜歷史的人類諸社會與諸文化。我主張這些發展並非分別獨立而是互相連鎖的，而此一相互關連的特質，於歐洲建立的世界亦然。歐洲擴張的歷史與它包含的諸群體的歷史交錯，而這些群體的歷史又會回過頭與歐洲的歷史發生聯繫。既然這些歷史的絕大部分都與資本主義的興起與擴張有關，「歐洲」一語也可看作了解此一生產方式發展的捷徑。此一生產方式孕育於歐亞大陸歐洲半島，並逐漸支配其他各大洲的廣闊地域。

寫作本書的目的，並非提供範圍之廣涵蓋全球的歷史紀錄，或資本主義如何擴張全球的世界史。初衷是為指出，我們無從適切了解人類諸社會與諸文化，除非能勾勒出它們歷經漫長時空彼此的相互聯繫與相互倚賴。

我的斷言具有實證基礎，而不只因為我相信世上所有一切最終都彼此連結。在方法論上，過去社會科學中被稱為「功能論」的分析仍然有用，特別是針對那些既不清楚、也不顯明的內在關連。同時，我們也需不停自我提醒，任何組成結構的元素絕少是穩定的，也絕少回歸最初的平衡狀態。社會結構的內在聯繫被壓力、矛盾、破裂的縫線標示出來，在更廣大領域的互動產生的壓力環繞下暴露出來。諸社會與諸文化永遠是更大系統的組成部分。在資本主義興起前的時代如此，而在資本主義生產方式已殖民全球更多地區的社會與文化生活的現今，更是顯明。去說此一擴張造成全球各地域的群體在社會與文化生活方面的巨大改變已是常識，但還有更重大的工作亟待進行，亦即，概念化與解釋擴張的原因以及帶來效應的本質。

為了點出這些相互倚賴和影響，我援引馬克思有關「生產方式」眾多極為有用的概念庫藏。如同文中解釋的，我發現此概念在分析上卓有成效，就智識而言也極為豐碩。此概念強調社會如何動員社會勞動，將重點放在人類個體和整體對自然環境的關係、人群對人群的社會關係，引導了這些關係的國家與社會的機制與結構，以及傳遞這些關係的思想。這些關係性的概念用途是馬克思主義傳統的重要遺產。

馬克思思想於我而言是取之不盡的，對此我並無歉意。現今有一種傾向要將這套思想都丟到智識史的廢紙堆中，連同崩塌於一九八〇年代末期「真正存在」的社會主義體制的無用殘骸一起。我們必須自我提醒，馬克思主義傳統包含多種思想與政略，其中有部分遠比正統馬克思主義尤其政治影響力最大的那些要更豐富許多。我有意使用「馬克思的」（Marxian）一詞，用以表明該傳統的多樣性，而非「馬克思主義」（Marxist），因為此詞的意涵已經被限縮成專指特定的政治。如果不能善用馬克思的遺產，我們的智識與政治世界將陷入貧困，就如同社會學的門徒若因為馬克斯・韋伯（Max Weber）是熱切的德國主義者便拋棄他，或物理學因為牛頓（Newton）的祕密鍊金術士身分便捨棄他，會造成的損失那般。當然，並不需要將任何一位重要人物供奉在恆久不變的真理的萬神殿，因為他們在各自的時代也並非總是正確，有時也會修正自己提出的理論與觀點，某些詮解也經不起時間的考驗。就馬克思而言，尤其要將他分析者與先知的身分劃分開來。馬克思的許多分析仍然啟發我們，但他對於新的階級「自在」（in itself）如何得到「自為」（for itself）的階級意識的預測，即便在他的時代，也缺乏社會學的實證。

使用馬克思的概念也意味參與一場為時已久的辯論，關於馬克思傳統作為看待世界的方式。此一傳統通常被認為可以劃分出兩個範疇，「系統馬克思主義」（Systems Marxism）與「普羅米修斯式的馬克思主義」（Promethean Marxism）。系統馬克思主義期許成為一門科學，一門有著邏輯上相關的假定的學科，可以用來制定歷史上社會發展的普遍定律。普羅米修斯式的馬克思主義體現了將人類自經濟與政治的剝削中解放獲得自由的願望，讚頌革命的意志，並視革命為通往此一願望實現的未來的必經道路。

部分讀者以近乎相反的政治立場閱讀《歐洲與沒有歷史的人》，將這本書看作系統馬克思主義的操演。若非將它視為智識圈的特洛伊木馬，就是哀嘆其欠缺普羅米修斯式的熱切。我的確引用馬克思的概念，但並非援引基本的意涵，亦即，以歸納出普遍法則為目標的科學。我將這些概念看作是引導研究發現的假說。對一個範圍更廣的任務而言，它們僅是最初的估計，其後在某些特定的案例中將看到它們是否適用。此一努力也牽涉到使用外加的或替代的解釋策略。至於普羅米修斯，我想對於革命意志的頌揚和美譽更適宜去標記精英分子帶領的革命，而非期許改變且基礎廣泛的普羅人民運動。而普羅米修斯的神話故事本身也不怎麼支持這一點。他偷盜天火並帶給凡人的舉動，其下場是永遠鎖在山崖，肝臟為宙斯的隼鷹日日啄食。

我提出以上思考，以更清楚界定《歐洲與沒有歷史的人》的主題。這本書並不是要介紹整合的全球發展的馬克思理論。書中引用馬克思的理論概念，是幫助我定位人類學研究的諸群體，在權力場域中他們成為研究對象。如同某些讀者提到的，我的書並非針對理論概念的研究。如果我為此受責難，我只能說這就是我寫的書，其他人可以寫他們要寫的。諸如，我關注資本主義下重要商品的歷史與分布，但我的興趣並不及於「商品崇拜」概念的問題意識。我的目標是展示商品的生產與貿易如何與生產出這些商品的群體發生關係，因為這一點影響他們的生活至深。

與某些評論指出的正好相反，我從未在這本書裡或任何其他地方主張，被併入資本主義的網絡就必然摧毀了諸群體獨特的、植根於歷史的文化理解與實踐，使得既有的文化模式失去作用，不再相干。我的確將商品採集與生產者描繪為「資本主義的中介者」，如同我將資本主義體制下的勞工群體描繪為為資本主義企業提供勞動力賺取工資者。這麼做是因為我相信，全世界各個區域群體的生活已經愈發在資本主義市場的支配之下，包括那些提供勞動力待售的區域。這裡並不是要提供更多「資本主義宇宙論」（cosmologies of capitalism）下「憂鬱的轉義」（tristes tropes）。資本主義或許有、也或許沒有使得特定的文化失去活力，但資本主義太過赤裸真實的傳散確實引發幾個疑問，究竟接連被拉進資本主義運行軌道的諸群體，如何提出與更新他們的理解，以回應新處境帶來的機會與危機？提出這些問題並非意味民族誌的終結。正好相反，我們迫切需要更多的民族誌，因為獲知問題的答案不能僅仰賴理論。

為了更適切地評估關於人類行為本質某些未經檢驗的浪漫想法，我們需要更進一步的民族誌。類似的想法日漸普遍，從對於本書的迴響中也可以看出來。未經檢驗的想法之一就是認為人類擁有與生俱來的創造力，能夠隨心所欲地表現和自我創造。另一種浪漫想法則是認為人類會本能地抵抗權威支配，並且「抵抗」可以一元化地看待和研究。我相信這些就是類似思想的源頭。人並非總是抵抗身處的限制，並不能隨心所欲地在他們自己選擇的文化建構下重新自我改造。文化改造與文化變遷持續在多變的、但也是極為限定的環境下發生。這些環境會活化也會抑制、既引發也使得抵抗消散。只有實證的研究能回答不同的群體如何在他們各自的多變環境下型塑、適應或拋棄他們的文化理解——或相反地，發現自己受阻於達成以上這些。還有待我們解答的問題是，某些群體的文化理解為何與如何適應認同資本主義，由此更加繁榮，另一些卻不然。

另外我也要澄清資本主義概念於本書的使用。資本主義生產方式在各地也許同樣都被資本積累與勞動力兩者的動態互動所驅動，但此一動態互動可能有各種各樣的外觀形式與表現。在《歐洲與沒有歷史的人》書中，我把重點放在資本所有權與管理階層雇用勞動力進行工廠生產的組合模式，以此作為策略性手段，資本主義得以復舊其他種類的生產方式。在另外一些情形，資本主義的生產在商業資本的挹注之下走得更遠。在我看來，以計算機為基礎的控制與資訊技術，連同新的運輸模式，足以支持分散化的資本主義，藉由家戶生產與「彈性的」工作坊強化資本累積。歷史上，此一生產方式曾經屈從於擴張與收縮的階段。不同階段的改變，伴隨包括產量調配、以生產為目的技術與組織配制、工廠設備與市場的地理分布、工人召募與人事安排等變革。驅動資本主義生產方式的邏輯也許是單一的，但於此同時，各種各樣的運作方式也造就差異化與異質的外貌。我在本書強調了此一論點。當資本主義擴大影響範圍並尋得新利基，它同時造就獲取利潤的多變方式。這些賺取利潤的不同方案吸引新的勞動力、新的中產階級與創業階層的注意。由此，他們全都面對如下問題，亦即，差異的文化理解如何符合持續改變的政治經濟的要求。而他們將會如何適應，並無法事先預測。

最終，問出正確的問題並找到滿意答案，要求我們回歸基礎的理論問題。所有的社會科學，包括人類學在內，都橫跨在兩種真實之間，亦即，自然世界的真實與人類藉由技術與組織對它做的轉化，以及人類彼此之間溝通習得的層級化、有組織的知識與象徵操作的真實。兩種真實的對比困擾著西方哲學，包括馬克思的觀點在內，並持續在人類學浮出水面，不論我們如何變著辯證的戲法希望跨越兩者的區分。面對這個僵局的方法之一就是忽視它。某些人類學家視物質世界的行為為首要，對於人類自己的心靈活動報告並不照單全收。另一些以人類界定自身的心靈圖式為優先，把物質世界的行為看作是理智世界的短暫現象。還有一些人務實地賦予行動與理念同等的重要性與價值，儘管他們推遲任何關於二者如何協調的討論。

解答這個爭議的關鍵或許仍未掌握在手中，但是，藉由聚焦特定領域內物質與心靈活動的交會，我們或許能得到部分的答案，並將研究向前推進一步。在《歐洲與沒有歷史的人》的終章，我提出了一個建議做法，亦即，應該更仔細地探究權力關係，因為它是社會中社會勞動力的調配，以及規定勞動分工中哪些人做哪些事的心靈圖式二者的中介。這個建議有幾個意涵。其中之一是，讓我們注意到社會分工與心靈圖式都隨著男性與女性、年輕者與年長者、富裕者與貧窮者、定居者與移民、有權勢者與無權勢者，以及得為精神代言者與無法做到者之間變異。這一點回過頭來將我們的注意力導引到使得這些社會分布與理解和想像變得協調一致的各種過程。由此，我們或許可更清楚看出知識如何在言語與非言語表達中累積、溝通或受到禁制。而普世的秩序又是如何增進，訴求建構和積累某些形式的權力，並使另外一些噤聲、再不被提及。還有，為何某些心靈圖式相較外另一些在性別、階級與族群構成中取得優位，儘管也有另外的圖式試圖挑戰主導權。這些相互連結的疑問，應該會讓我們的注意力集中在某些問題上，而非隨意地關注有限的社會與文化實體。關切歷史的政治經濟學與政治經濟的歷史學二者都有必要，文化分析與田野的民族誌二者亦然。已有部分工作此刻正在進行，還有更多亟待我們去做。

前言（一九八二年）

我在一九六八年寫道，人類學應該發掘歷史，尤其是解釋當代世界的社會系統如何演變為現今面貌的歷史，需要的是對於諸社會的分析眼光，包括我們身處的社會。我相信，我們需要這種分析歷史以抵擋現今人文學科中日漸取得優勢的形式化的理性，不再探求人類行動的原因，只尋找大體由制式詞語堆砌問題的制式解答。研究方法愈漸精細，成果卻是陳腐老調。由瑣細趨向無關緊要，我想，我們要從過去尋找現在的成因。只有透過這個方法，我們才能理解推動諸社會與文化演變成今天面貌的力量。本書的信念源自於此。

從一開始我就知道，此一分析的歷史無法僅透過對單一文化或國家、單一文化區域，甚至某一洲單一時期的研究得知。而必須回到早期人類學的洞見，恢復曾經導引克魯伯（Alfred Kroeber）、林頓（Ralph Linton）等人類學家的靈感，藉由他們的努力建立的全球文化史。他們明白，我們卻似乎遺忘，文化是從和其他群體互動中建立起來的，而非孤絕地形成。

但早期人類學甚少著墨推動諸文化自一四九二年以來互動的主要力量，此力量驅使歐洲進行商業擴張與工業資本主義。然而，這些人類學家試圖勾勒的文化連繫，只有透過他們各自的政治與經濟脈絡才能清晰理解。因此，人類學的洞見必須在新的、歷史取向的政治經濟學的映照下重新審視。

如此的再思考，必須超越描述西方歷史的慣常方式，考慮到西方與非西方的群體如何在全球過程中共同參與其間。多數人類學家研究過的群體早就被捲進歐洲擴張造成的改變中，他們也是造就這些改變的力量。我們不能再自滿於撰寫有關得勝精英的歷史，或再添上幾筆族群順服的紀錄。社會史學家與歷史社會學家已經說明，普羅大眾是歷史進程中積極的行動主體，就像他們同時是受害者與沉默的見證人。因此，我們要揭露「沒有歷史的人」的歷史，亦即，關於「未開化的族群」、農民、工人、移民與被圍攻弱勢的活躍歷史。

為達目的，本書致力跨越區分眾多人文學科的分隔，廢除劃分西方與非西方歷史的界線。這本書秉持的信念是，我們能夠更好地理解人類生存的處境，它就掌握在我們手中。

本書的構想誕生自標記了一九六〇年代晚期思想重估風潮的氛圍中。一九七三至七四年，於國家人文研究基金會（National Endowment for the Humanities）的贊助下，我在英國進行了為期一年的研究。對於基金會給予的支持，我衷心感謝。

我自一九七四年春天起著手撰寫本書，全書定稿於一九八一年。幾位友人以批判的眼光審閱過此書。我心懷感激，他們是羅德里克・艾亞（Roderick Aya）、李察・福克斯（Richard Fox）、艾斯拉・甘尼（Ashraf Ghani）、雪莉・林登堡（Shirley Lindenbaum）、雷納・拉普（Rayna Rapp）、羅傑・桑耶克（Roger Sanjek）、珍・施奈德（Jane Schneider）與彼得・施奈德（Peter Schnider）。山繆・鮑爾斯（Samuel Bowles）與席尼・明茲（Sidney Mintz）花時間與我通信討論書中的眾多論點。他們提出的部分意見我並未遵從，此責任自然在我。我深深哀悼摯友安傑・帕勒（Angel Palerm）的離世，他未及見到本書完成，我懷念他深入而極具洞察力的評論。

我還要感謝以下人士提供資料使用的協助，包括安・貝利（Anne Bailey）、馬力歐・畢克（Mario Bick）、查爾斯・畢夏普（Charles Bishop）、華倫・迪波爾（Warren DeBoer）、艾斯拉・甘尼（Ashraf Ghani）、賀柏・古曼（Herbert Gutman）、雪莉・休恩（Shirley Hune）、赫柏・克萊恩（Herbert Klein）、卡洛・克拉瑪（Carole Kramer）、赫曼・雷伯（Hermann Rebel）、羅傑・桑耶克（Roger Sanjek）、吉拉德・席達（Gerald Sider）、璜・維拉瑪林（Juan Villamarin）、伊莉莎白・華爾（Elizabeth Wahl）與弗德列克・華亞（Frederick Wyatt）。在圖片資料部分，我得到以下人士的幫忙與協助，包括海氏基金會（Heye Foundation），美洲印第安博物館（Museum of American Indian）的安娜・羅斯福（Anna Roosevelt）、詹姆士・史密斯（James G. E. Smith）與唐納・威那（Donald Werner）；美國自然史博物館（American of Natural History）的羅伯・卡內羅（Robert Carneiro）、芭芭拉・寇林（Barbara Conklin）與戈登・艾克姆（Gordon Ekholm）；史密斯研究

所（Smithsonian Institution）的威廉・史登凡（William Sturtevant）；以及藍博・康米塔（Lambros Comitas）、瓊・芬法（June Finfer）、弗列德・帕普（Fred Popper）、露西・伍德・桑得斯（Lucie Wood Saunders）、博納・夏皮羅（Bernard B. Shapiro）、艾其堡・辛罕（Archilbald Singham）。諾爾・迪亞茲（Noël L. Diaz）與卡芮・戴維斯（Caryl Davis）為本書繪製了絕佳的地圖。我要向以上每一位致上最深的謝意。我還要感謝東方與非洲研究學院（The School of Oriental and African Studies）與倫敦政治經濟學院（London School of Economics and Political Science），倫敦大學，允許我利用圖書館館藏。在研究進行的全程，赫柏・萊曼學院（Herbert H. Lehmen College），紐約城市大學，以及人類學博士研究學程，研究生學院與大學中心，紐約城市大學提供我在研究、教學與思考激盪各方面都極具啟發的環境。能有此機會，我要表達深切的感激之情。

若沒有我的合作者和另一半席黛兒・席佛曼（Sydel Silverman）提供的意見、編輯技巧與源源不絕的鼓勵支持，與最重要的，她給予的人類學批判，以上種種努力無法化作豐碩的成果。「這麼多的事物，我已經全部窺覷。憑藉你的美善、你的大能，它們的恩澤和力量我方能瞻盱。」（天堂篇，第三十一章；黃國彬譯）懷抱著愛意與尊敬，我將這本書獻給她。

E. R. W.

獻給席黛兒

歐洲與沒有歷史的人

全新增訂版

Europe
and the People
Without History

第1部

連結

第一章
導論

本書的主旨，是在於說明人類世界的面貌是多樣的，它是由許多過程彼此連結而構成的整體。因此，任何將這個總體拆散爲星星點點，而後又不能加以拼合復原的研究，都是歪曲事實眞相。如「民族／國家」、「社會」和「文化」這樣的概念，所能指稱的內容甚少，卻喧賓奪主地想以此來取代我們對眞實歷史的認識。如果能夠了解這些名詞其實反映了一種多重關係的糾結，並且重新將這些抽象名詞放在事實脈絡來理解，我們才可望避免歪曲的論斷而增加對事實眞相的了解。

說我們都住在「一個世界」，已是老生常談。各地區之間有生態上的連結：紐約可以感染香港流行性感冒，美洲的蚜蟲摧毀歐洲的葡萄藤。各地區間有人口學上的關係：牙買加人移居倫敦，中國人移居新加坡。各地區間有經濟的關係：波斯灣油井的關閉造成俄亥俄發電廠的停頓，對美國不利的國際收支餘額使美金流入法蘭克福(Frankfurt)或橫濱的銀行戶頭，義大利人在蘇聯生產飛雅特(Fiat)牌汽車，日本人在錫蘭修造水力發電廠。各地區間有政治上關係：在歐洲開始的戰爭激起全球的回響，美國軍隊干預亞洲邊緣的事，芬蘭人防守以色列與埃及間的邊界。

這個情形不僅是發生在現在，也發生在過去。歐亞大陸的疾病毀滅了美洲和大洋洲的原住民，梅毒由新世界進入舊世界。歐洲人及其所養植的植物入侵南北美洲。美洲的馬鈴薯、玉蜀黍和參茨傳播到舊世界各地。大量的非洲人硬是被人用船載往新世界。中國和印度的僱傭勞工被運往東南亞和西印度群島。葡萄牙在中國沿岸的澳門建立殖民地。荷蘭人使用孟加拉的勞力建造了巴達維亞城(Batavia)。愛爾蘭兒童被售往西印度群島做苦工。逃亡的非洲奴隸在蘇利南(Surinam)的山中避難。歐洲學會仿製印度的織物和中國的瓷器，喝美洲的土產巧克力，抽美洲的土產香菸，使用阿拉伯的數字。

這些大家所熟悉的事實，顯示出由接觸、連結，進而產生了互動的關係。但是當我們爲了了解我們所看到的事實而就教於學者時，他們卻往往忽視這些因接觸、連鎖、和相互關係的過程。歷史學家、經濟學家和政治學家以個別的國家爲研究上的基本單位。社會學仍然將世界分割爲許多個別的社會。甚至一度十分注意文化特徵在全世界如何傳播的人類學，竟也把其研究的主題分爲個別的事例。人類學家說，每一個社會有其特殊的文化，這些文化自成一體，彼此並有明顯的區別與界線。

如果社會與文化的差異性和相互離異性是人類的特點，那麼我們應該最容易在所謂的原始民族——「沒有歷史的人」——中找到這個特點；照理說這些民族是孤立於外在世界的，同時他們彼此也孤立。根據這個前提，我們對於早在一五七〇年歐洲商品已出現在尼加拉(Niagara)邊疆遺址，而到了一六七〇年易洛魁人（Iroquois）的子群奧農達嘉人（Onondaga）遺址上除了菸斗以外幾乎別無土著製造品，這些考古發現，又如何解釋？在大西洋的另一側，龐大非洲人口群的組織和取向，都因奴隸貿易而有重大的改變。由於歐洲的奴隸販子只是將奴隸由非洲海岸運往美洲，奴隸貿易中供應的一方完全操在非洲人手中。英國重商主義者波斯托維（Malachy Postlethwayt）說：正是這「非洲基礎」而使美洲商業與海軍力量壯麗宏偉的上層結構得以建立。由西非的塞尼甘比亞（Senegambia）到安哥拉（Angola），一個一個人口群被扯進這個貿易，它向內陸遠處延伸，就連那些從沒看過歐洲商人的民族也受到影響。任何對克魯族（Kru）、凡提族（Fanti）、阿善提族（Asante）、艾較族（Ijaw）、伊格波族（Igbo）、剛果族、魯巴族（Luba）、倫達族（Lunda）或諾拉族（Ngola）的記載，如果視這些群體爲自給自足的「部落」，便是誤導了非洲的過去與現在。再者，與易洛魁人和西非的貿易，本身又影響到歐洲。一六七〇年到一七六〇年間，易洛魁人要求開始對於格勞斯特郡（Gloucestershire）斯超華特谷地（Stroudwater Valley）所製造的染色紅和藍毛布料產生需求。這個地區的英國織工乃是最早失去其自主權，而成爲受僱者的勞工之一。或許美洲貿易與斯超德（Stroud）谷地工業革命的開始，彼此間有互動的關係。相對地，一六五八至六一年短短三年間供應給黃金海岸（Gold Coast）的五千五百多枝毛瑟槍，使得製造商伯明罕（Birmingham）的造槍匠致富（詹寧斯〔Jennings〕，一九七七年，頁九九—一〇〇；達古〔Daaku〕，一九七〇年，頁一五〇—一五一）。

如果各處都互相連接，那麼我們爲什麼堅持要把動態的、互相連接的現象，轉化爲靜止的、互不相干的事物？這或許部分是由於我們當初學習我們自己歷史的方式。在課堂上和在課堂外面，都有人教我們說世界上有一個稱為「西方」的存在，我們可以視「西方」為獨立並相對於其他社會和文明的一個存在。我們許多人甚至自小認為「西方」有一個譜系——古希臘產生羅馬，羅馬產生基督教的歐洲，基督教的歐洲產生文藝復興，文藝復興產生啓蒙運動，啓蒙運動產生民主政治和工業革命。工業遇上民主政治又產生美國，美國具體表現生命、自由和追求幸福的權利。

這種發展圖式是導致誤解的。因為它將歷史轉化為一個道德的成功故事，一場時間上的賽跑，每一個跑者將自由的火炬傳給下一個接力跑者。歷史因而被轉化為一個有關促進美德的故事，關於賢德的人如何戰勝惡徒。往往，這又成為勝利者如何因戰勝而證明其賢德的故事。如果歷史是一個道德目標在時間上的逐漸達成，那麼那些主張這個目標的人，便成為歷史喜歡描寫的作用力量。

這個圖式還導致第二種誤解。如果歷史只是一個道德目標不斷開展的故事，那麼宗譜中的每一個環節、賽跑中的每一個跑者，都只不過是最後極點的一個先驅，而非在其本身時地發生作用的社會與文化過程的導管。可是，譬如說，如果我們只把古希臘解釋為一個史前的「自由小姐」、在野蠻的黑夜高舉道德目標的火炬，那麼我們關於古希臘會知道些什麼？我們不會了解毀滅希臘城邦的階級衝突，或自由人與其奴隸之間的關係。我們便沒有理由問為什麼在波斯王麾下作戰的希臘人，會多於反抗波斯的希臘聯軍中的希臘人。我們也不會想知道為什麼住在義大利南部和西西里（當時稱為「大希臘」〔Magna Graecia〕）的希臘人，比住在希臘本土的希臘人更多。我們也沒有理由問為什麼外國軍隊中的希臘傭兵，不久便比在其本身城邦的軍隊中更多。希臘本土以外的希臘殖民者、外國軍隊中的希臘傭兵，以及希臘家庭中所用的色雷斯(Thrace)、福瑞吉亞(Phrygia)、或巴法拉剛尼亞(Paphalagonia)奴隸，都意指希臘與希臘本土以外希臘人和非希臘人的關係。可是我們的指導圖式不鼓勵我們問關於這些關係的問題。

這個製造荒誕說法的圖式，沒有比在美國的教科書中更明顯的了。教科書竟稱頌許多敵對力量複雜的組合爲永恆本質的展現。根據這個看法，美國不斷變化的疆界與其反覆地捲入經過宣戰與未經宣戰的內外戰爭，都只是爲了預示，那十三個緣附在大陸東緣的殖民地，將在不到百年的時間，把美國國旗插在太平洋岸。但是這個結果本身，只不過是許多矛盾關係爭戰的結果。即使在這十三個殖民地的人口(歐洲殖民者美洲原住民和非洲奴隸)大多數傾向於保王黨(the Tories)，可是它們仍宣布獨立。新成立的共和國幾乎因奴隸制的問題而崩潰。它以一連串有問題的妥協來處理這個問題，因而創造了兩個聯邦國家，而任其各自擴張。在這個新大陸上可以佔有的土地的確很多，但先要從住在上面的美洲印第安人手中奪過來，而後才能將它轉化爲派頭十足的房地產。由於路易斯安那(Louisiana)的海地奴隸反叛其法國奴隸主，使法國不再認爲這個地區足夠供應加勒比海種植園的糧食，因此傑佛遜總統(Jefferson)才能用低廉的價錢購買路易斯安那。佛羅里達(Florida)的佔領關閉了南方奴隸的主要逃脫途徑。與墨西哥的戰爭確保了西南部奴隸制度和棉花的安全。當美國向太平洋推進的時候，受阻於西班牙的地主。當這些西班牙地主抵抗說英語的新來者而想保衛其土地時，便成了土匪。「北方」與「南方」——一個國家由歐洲進口其勞工，另一個由非洲進口其勞工——互相打了一場歷史上最慘烈的戰爭。戰敗的「南方」一度成為戰勝的「北方」的殖民地。後來，各區域間的順序改變，工業地帶「東北」的影響式微，「陽光地帶」發達。顯然這個共和國既非不可分割，其疆界也非由上帝賜予。

事情的發展也可能與日後的實際情形大不一樣。當時也可能出現一個說數種語言的佛羅里達共和國，一個說法語的密西西比美國，一個西班牙的新比斯開灣(New Biscay)、一個大湖區共和國、一個哥倫比亞(包括現在的俄勒岡州〔Oregon〕、華盛頓州、和英屬哥倫比亞〔British Columbia〕)。只有假設是上帝在北美大陸上加諸了地緣政治統一的驅動力，才會讓這種回溯性的思考變得毫無意義。如果能拋棄這樣的假設，我們便能從物質的角度來解釋在每一個關頭所發生的事情，解釋某些關係如何克服了其他的關係。因此，古希臘、羅馬、基督教的歐洲、文藝復興、啓蒙運動、工業革命、民主政治、甚至美國，都不是由某個內在的驅力日益延展的單一目標。相反的，它們都是一組在時空上不斷改變和可以改變的關係，或者許多組關係的關係。

不僅是學術上的這問題。把空泛的詞彙當成實在的歷史，可以創造出錯誤的模型。如果我們說國家／民族、社會、或文化像是一種內部均質而外在特殊和有界限的實體，那麼我們所創造的世界的模型，便是一個全球性的撞球場，各個實體像又硬又圓的彈子球一樣彼此撞來撞去。這樣便很容易把世界分類為不同顏色的球，而宣布「東方是東方，西方是西方，二者永不相逢。」這樣一個典型的西方便與一個典型的東方對立，東方人的生命不值錢，奴性的群眾對各種專制政府卑躬屈膝。到後來，當其他地方的許多民族想要自別於西方和東方時，我們稱這些想要申請新歷史身分的民族為未開發的「第三世界」（彈子球中剩下來的），以別於已開發的西方與開發中的東方。或許無可避免的，這些具體化的類別在從事「冷戰」時成為思想上的工具。西方是「現代」的世界。東方的世界是「現代化的疾病」共產主義的犧牲者（羅斯托〔Rostow〕，一九六〇年）。最後還有一個「第三世界」，仍然埋首於「傳統」，其現代化的努力受到壓抑。如果西方有辦法打破這個控制，或許便可拯救受難者不受東方孵育和傳播的傳染病的感染，而使「第三世界走上現代化之路——通往西方人的生命、自由、和追求幸福之路。這種世界觀的可能後果是「強制拉拔的都市化」的理論（杭廷頓〔Huntington〕，一九六八年，頁六五五）。這個理論是說，可以用空襲和使鄉村成為焦土的辦法將越南人趕進城市，以便讓他們走向現代化。於是名稱變成了事物，而用「×」標出的事物可以成為戰爭的目標。

社會科學的興起

把易洛魁人、希臘、波斯或美國這些被指稱的實體，當成固定不變的東西，認為它們有各自的內部結構與外部疆界，彼此無涉。這個習慣讓我們無法了解它們相互間的接觸與對抗。把想像中的許多結構單元堆砌為所謂「東方」與「西方」，或第一、第二及第三世界的金字塔，只是使這層理解難上加難。看起來我們看社會與政治現象的各種方式，有一些概念上的缺點。我們似乎在過去的某個關鍵點上發生了誤解，而這個錯誤的選擇則擾亂了我們目前的思路。

這個關鍵性的轉折點發生在十九世紀的中葉，也就是對自然和人類的研究開始分化爲幾個不同（而且不相等）的專門研究和學科的時候。這種分裂是關係重大的。它不僅促成對人類的存在作更精深且細密的研究，並且用意識形態來將這些研究予以合理化。在社會學這門學問上這一點最爲明顯。在社會學出現以前我們有政治經濟學。政治經濟學研究「國家的財富」，也就是在各政治實體（以及構成這些實體的許多階級）以內和彼此之間財富的生產與分配。隨著資本主義企業在十八世紀的加速發展，政府和階級的結構愈來愈受到新興社會團體的壓力，這些團體吵著要政府立法來保障他們的權利，以對抗原先政府所保護及代表的團體。在思想上，這種挑戰是針對政府而申張新的社會、經濟、政治、和意識形態上的關係（此時概念化爲「社會」）。日益升高的不滿情緒，拿「社會」去對抗政治和意識形態上的秩序，終於爆發爲騷亂、反叛，和革命。騷亂和革命的幽靈提出一個問題：如何恢復和維持社會秩序？還能有所謂的社會秩序嗎？社會學旨在回答「社會問題」。赫伯若（Rudolph Heberle）說，它有「一個特出的政治起源……聖西門（Saint Simon）、孔德（Auguste Comte）和史坦恩（Lorenz Stein）、都視這個新社會科學爲社會解體毒素的「解毒劑」（引自布蘭森〔Bramson〕，一九六一年，頁一二，註二）。

這些早期的社會學家爲了達成這個目的，將社會關係的領域與政治經濟分開。他們指出，個人、群體與會社、或機構的成員，彼此之間乃由各種關係結合在一起，而這些關係是可見的，卻尚未經過仔細研究。而後他們以這個社會關係的領域作為深入研究的主題。這些人及其後繼者將這種想法擴大為幾種理論上的基本原理，好將社會學與政治科學和經濟學區別開來。下面是這些共同基本原理的摘要：

一、個人是從社會生活中與他人產生社會關係。這樣的關係可以由它們所存在的經濟、政治、和意識形態脈絡中抽取出來，單獨加以研究。它們是自主的，構成自己的領域與交誼的領域。

二、社會秩序有賴於個人與個人間社會關係的成長與延伸。這些關係密度愈大範圍愈廣，則社會也愈秩序井然。因而，若將親屬關係和街坊鄰居、群體與會社的關係盡量擴大，社會就愈有秩序，反之，若不能擴到最大，社會秩序便有了問題。發展許多各種各樣的關係，也可以減少極化為階級的危險。

三、參與關係的個人之間，有許多共同的信念與習俗。這些關係的形成與維持，與共同信念及習俗的存在與擴散十分有關。道德共識（尤其是基於不須檢證的信仰與對習俗無理性的接受），促使社會紐帶的極大化。僅僅期待效用、或僅僅是為了運用技術，往往會削弱社會關係。

四、社會關係的發展與相關習俗與信念的傳播，其所創造的社會，是個人與個人間社會關係的總體。社會關係構成社會，而社會又是凝聚力的所在地，是產生可預測性以及秩序的單位。如果社會關係井然有序和反覆實踐，則社會有穩固的內在結構。這個結構的範圍與社會關係的強度和範圍相呼應。在社會關係較不強烈、較不反覆實踐的地方，社會便到了其邊界。

這些基本原理的缺點是什麼？它們使人容易認爲社會關係不僅是自發的，其本身也是由某種原因所引起，且不說它們的經濟、政治、或意識形態上的脈絡。由於認爲社會關係是個人與個人間的關係，因而個人與個人間的交互行動成爲社會生活最初的因。由於社會的失序與社會關係的量與質有關，於是注意力乃從經濟學、政治學或意識形態移開，轉向在家庭和社群中找尋失序的原因，並試著去建立適當的家庭與社群生活。再者，由於失序是在於習俗與信念和共同的標準脫節，習俗的輻合與信仰的一致，乃被轉化爲社會是否處於正常運轉狀態的試金石。最後，這些基本原理使我們可以用來衡量具體的社會。未盡符合基本原理的社會，即是需要整頓的社會。在目前可見的脈絡中，這個待整頓的社會於是很容易能被指出是哪些國家，不論是迦納(Ghana)、墨西哥、或美國。由於社會關係已與其經濟、政治、或意識形態脈絡脫節，便容易視國家爲由道德共識所賦予活力的社會紐帶結構，而不與經濟、政治或意識形態關係網絡相銜接。因而，無數的社會關係，而非經濟、政治、或意識形態力量，成爲社會學理論的基本原動力。由於這些社會關係乃發生在單一國家如被符咒保護的圈子以內，國家乃成爲重要的歷史創造者，每一個國家都由其內部的社會關係所驅動。每一個社會因而是一個呼應內部規律而動的事物。

經濟學和政治科學

社會關係本蘊藏在經濟、政治和意識形態的脈絡之中，並且啓動這個脈絡。社會關係一旦與這個脈絡斷絕，便造成人類生活的經濟和政治方面，也被分割而安置於各自獨立的學科。經濟學不再注意在社會上組成的人口群如何從事生產以供應其國家。相反的，它研究需求如何創造市場。這種新經濟學的指導理論是

一個市場和市場相互依存的理論。它是一個交換均衡的理論，事後又延伸到生產與分配。它不是社會制度的理論，更不是經濟力量和社會階級的理論。家户和廠商被認爲只是市場的作用因素，而不屬於社會結構。其「最初的資本」（財富、技術、和土地）乃是設定好的。再者，這個理論的目的是在於證實有一股走向均衡的趨勢。階級與部門間的衝突，在一開始設定時就被排除了。（奈爾（Nell），一九七三年，頁七七—七八）

換句話說，這種新經濟學根本與眞實世界無關（勒卡曼〔Lekachman〕，一九七六年）。它是許多主觀的個別選擇相互之間計畫的抽象模型。

政治學研究的命運也類似。新的政治科學使政治的領域與經濟學斷絕關係，而只考慮與政府有關的權力。政治學的研究由於把人類生活的經濟、社會、和意識形態各方面都貶低到「環境」的地位，乃不研究這個環境的組織如何壓制和指導政治學；相反的，它研究的是決策。在政治的過程中，需求集結在一起，轉化爲決策；一如在經濟學的市場模型中，需求的相互作用導致供給的生產。也

如在市場的模型中一樣，這樣的研究很容易假設

> 社會各種有組織的私人力量互相平衡，以致能杜絕不負責任的集中原則……聰明的公共政策當可普及。用來解釋這個情形的神祕技巧，不能說它不像亞當斯密的那隻看不見的手。〔英格勒（Engler），一九六八年，頁一九九〕

最後，在這樣的模型中，是否願意遵守政治市場的規定，必然不是由市場的本身決定，而是由參與者的取向和價值觀來決定；這些方面政治學家後來稱其為「政治文化」。於是政治科學大半一方面研究各種決策，另一方面又研究這些取向，認為它們共同構成一個社會自主的政治制度。

這些專門研究的基礎，乃是個人聚合的概念。這些人立下契約將社會秩序擴至最大，在市場交易，為制定政治決策提供資料。各種不同的學科表面上是研究人類的「行為」但事實上只被分配到這個主題的一小部分。每一個學科之後便各自著手建立模型。模型似乎是能解釋「確實」、可觀察到的事實的工具，可是事實上卻是為配合主題的狹窄定義而設計的一種帶有意識形態的圖式。由於在專業的討論會上除了這個模型所涵蓋的現象以外，一切現象均不予置理，因此這樣的圖式所提供的乃是不證自明的答案。如果這些模式像篩子一樣無法盛水，那麼他們便說這要不是因為它們不過是抽象的思維結構，不能希望盛住經驗的水；那麼就是因為搗蛋的人給它們戳了些洞。各種專業化的

社會科學，在放棄了整體性視野以後，便好像古典希臘傳說中的丹娜姐妹(Danae sisters)一樣，被咒詛要永遠把水倒入她們各自無底的罐子中。

社會學理論的發展

前面已談到社會學是源自於想抵制社會失序的企圖。爲此，它創造了社會秩序的理論，並在社會關係的量與質中，找到秩序和失序。這種研究的重要意義，是它造成社會類型間的兩極化。其中之一，因爲社會關係很緻密並充滿價值共識，故而社會秩序能達到最大化。另外一種，因爲社會關係分裂爲原子，並因爲對於價值觀念沒有一致的意見而一片混亂，社會失序的力量超過秩序。由描繪這樣的兩極化一直到想像社會過程爲由一類社會改變到另一類社會，其間只有極短的差距。這個情形符合一般的看法，也就是說現代生活造成我們祖先那種「古老好日子」生活方式的逐漸瓦解。在十九世紀的歐洲，古老的社會關係在資本主義和工業化雙重的影響下事實上已經瓦解，這種對社會兩極化的現代解釋，帶著一種對經驗的信仰。托尼斯(Ferdinand Tönnies)認爲這是由「社群」走向「社會」。緬因爵士(Sir Henry Maine)說它是由基於身分的社會關係轉移到基於契約的社會關係。涂爾幹(Emile Durkheim)說它是由基於所有成員都類似的一種社會團結，轉變爲基於差異的「有機」互補的社會團結。芝加哥都市學派，認爲它是緊密結合在一起的社會與原子化的、異質的、無組織的城市的對比。最後雷德斐(Robert Redfield)匯合各種不同的說法，成爲一個由「民間」到「都市」

發展的兩極模型。在這個模型中，社會關係的量與質又是主要和獨立的變項。社會互動的孤立或貧乏，再加上社會紐帶的均質或類似，滋生附屬性的變項：趨向群體（或「集體化」）、支持信仰（或「神聖」）、和「組織」（人類心智中了解的交織）。相反的，接觸或經常的接觸，再加上社會紐帶的異質或不相似，被視為產生「個人化」、「世俗化」、和「瓦解」這些附屬性的變項。總的來說，社會互動中量與分化的增加，使民間的「道德秩序」為文明的「技術秩序」所取代。

因此，社會學的出現，乃是基於社會秩序因社群衰頹而飽受威脅而生。不過隨著二十世紀慢慢消逝，它卻逐漸認為社會理所當然的範圍會愈來愈大，內部會愈來愈分化，因而也會逐漸擺脫神聖和道德的約束，而增長功利主義的技術的關係。社會顯然是走向韋伯（Max Weber）所謂的社會化（Vergesellschaftung）（托尼斯用的字）。這個字的意思是

建築在用理性所推動的利害調節或協議上的關係擴張，不論這個合理判斷的基礎是來自絕對價值觀念還是權宜之計。雖不能說所有狀況皆屬此類，但通常結合性的關係乃是奠定在因彼此同意而達成的合理協議。〔一九六八年，頁一〇〕

雖然韋伯本人對使用這個字並沒有十分的把握，日後他那一派的學者卻熱切的接受這個說法。雖然「傳統社會」將人們局限在狹窄的由繼承而來的位置，而後又把他們牢牢的束縛在一起，放在獨立

和排他性的位置，可是「現代社會」卻使人們與繼承而來的關係一刀兩斷，並且根據整個社會不斷變化中的需要，給這些新的流動人口一個專業而分工的角色。這樣的一個新生社會，也需要訂立社會目標的方法，以及實現這些方法的組織。主張現代化的人認爲，目標的訂立來自擴大的群眾參與。目標的實現（如經濟發展），又需要創立官僚制度，也就是可以合理和有效地爲了既定的目標而處理資源的組織。最後，公眾的參與制定和達成目標，需要在心態上重新定位，而能在技術與合理規範上作立法。可以做這種新安排的人，便能進入現代風格。做不到這一點的人，其社會便停滯在過渡點上或陷入因循守舊。因此，由韋伯到帕深思（Talcott Parsons），「社會化」藉由符號上的簡單改變，便成了「現代化」。如果「社會」這個字一度有問題，二十世紀中葉以後，它卻被視爲可取和有前瞻性。到了這個時候，兩極現象的負極便歸於「傳統社會」，它改變遲緩、無伸縮性、缺乏達到合理和世俗成就的精神驅動力。

因此，「現代化理論」逆轉了社會學最初對十九世紀社會的批評態度。它讚揚現代社會，而認爲那些尚未現代化的社會不可取。美國的政治領袖自稱願意協助第三世界的發展，而現代化理論學家對這一點表示支持。可是現代化理論，只會對世界進行最具意識形態的了解。它使用「現代」一字，但是對它而言這個字是指美國，或者一個民主、多元性、理性、和世俗的美國理想。它說「傳統」，但是這個是指所有必須先接納這個概念而後才有資格接受美國援助的國家。這是一個引起誤解的理論，使人對美國歷史有錯誤的看法，以自滿代替分析。它把中國、阿爾巴尼亞（Albania）、巴拉圭

(Paraguay)、古巴、坦尙尼亞(Tanzania)這些國家一股腦兒地說成傳統社會，因而也排除了對其中重要差異的研究。它說傳統就是停滯和缺乏發展，因而不認爲任何所謂傳統的社會其本身會有什麼重要的歷史。尤其，因爲它把世界分成現代的、過渡性的、和傳統的社會，便使人不容易了解它們之間的關係。它又把每一個社會說成是由社會關係自主和有界限的結構所構成的，因此阻撓了對社會與社會間或群體與群體間交流的分析，包括內部的社會鬥爭，殖民主義、帝國主義、和社會的依附性。這個理論因而有效的排除了對許多嚴肅的研究，而這些研究反而能顯示出那些影響世界的事物究竟爲何。

人類學

如果這些上述的社會科學還不能讓我們對彼此連結的世界有適當的了解，那麼人類學又如何？「人類學」(Anthropology)野心勃勃地是「人的科學」(The Science of Man)。它特別著重研究非西方和「原始」的民族。事實上，文化人類學在開始的時候是世界人類學。在它主張演化論的階段，它注意的是全球性文化的演化。在它主張傳播理論的階段，它感興趣的是各種文化形式在全球各地的傳播和群聚。傳播論者也認爲人群中所展現出來的相同文化形式(母系、牙齒染黑、量身訂做的衣服)，是因民族遷徙或仿效所造成群體間溝通的結果。他們不大注意人本身，但他們確實有一種全球各地彼此連結的觀念。他們不相信「原始孤立群體」的說法。

可是，當人類學家的注意力，由文化形式轉移到對「活文化」時，也就是轉爲對在地的特定族群及其生活方式的研究，上述的興趣和了解便擱置在一旁。田野工作（與當地人直接溝通而且在當地觀察這些當地人平日進行的各種活動），乃成爲典型的人類學方法。田野工作在暴露和糾正錯誤的假設和不正確的描寫上，成效卓著。它也揭示了在此之前從未發現到的各種社會活動與文化形式之間的關係。可是這個方法的成功，也使運用它的人過分自信。他們容易將方法上僅僅是啓發性的考量，轉化爲關於社會和文化的理論設定。

由於出田野的時間和精力都有限，可以進行觀察和訪問的數目和地點也有限，必須集中氣力於一個可觀察的地點和一群能詳細說明的「報告人」。而後，又以如此所得到的觀察和溝通的結果，來支撐一個未經觀察和溝通的廣大時空，並建構一個社會與文化的實體模型。這樣的模型不過是對「描寫性的整合」的一種記述，是一個理論上的折衷辦法，還談不到解釋。然而，功能學派的人類學，則希望由單是對小宇宙的研究中得到解釋。它視這個小宇宙爲假想的孤立體，用每一個特徵對維持這個想像中的孤立體的貢獻，來解釋這些特徵。因此，方法論上的研究單位，藉由先驗的方式構建了一個理論模式。其結果是一連串完全孤立的個案分析。

過去曾經三次有人想超越這些小宇宙的局限。在其中的一次，雷德斐乃援引社會科學的理論。它將「社群」和「社會」的兩極現象應用到人類學的事例，以「社群」代表或例示這些「假設的社會類型」。因此，它以猶加敦半島（Yucatan）的X—卡考（X-Cacal）和詹康（Chan Kom）社群作爲一個例子。這兩個地點說明這個理論，但是這個理論不能說明形塑這些社群的政治和經濟過程。X—卡考這個居留地，是十九世紀社會階級戰爭(Caste Wars)中說馬雅(Maya)語的叛徒所建立的。詹康村的農民乃因墨西哥革命而由大田莊制度中釋放出來，在猶加敦族社會主義黨(Yucatecan Socialist Party)的支持下，以新來者的身分在邊疆地區定居。因此，像「社群／社會」的一般理論一樣，雷德斐的概念只朝一個方向走，只停留在理論層次而未由理論走下來。

史都華(Julian Steward)的社會文化整合層次的觀念，是第二個主要想超越小宇宙局限的企圖。它想創造一個理論架構，以此從大脈絡來研究小宇宙。這個概念乃源於「經發展出現的演化」的哲學。它是說同一種類的單位，在經過整合的過程以後，可以產生新的單位；這些新的單位不僅包含較低層次的單位，並且在一個較高的新出現層次表現出在性質上不同的特徵。當時有一些議論以「社群」為「國家／民族」的小複製品，好像這些是在性質上相同的結構性現象。史都華的概念，最初是用來反駁這樣的議論。可是在他日後所設計的概念體系中，家族層次的單位變成了社群層次的成分，社群層次的單位變成了區域層次的成分，而區域層次的單位，變成了國家／民族層次的成分。

雖然「整合」這個字表示一個過程，這個概念卻並非過程性的而是結構性的。它是指整體和其各成分的一個結構，這些成分在事後才能獨立詳舉。這個模型因而是社會組成的「虛假」的模型，在理論上可以應用到所有複雜的整體上去。可是它沒有提到產生這個結構的任何過程，或者整合它的特殊特徵，或者它任何成分的內容。由這個模型中不能了解過程，對於過程的了解必須事後加到這個模型上去。因此，當史都華著手研究「傳統社會在當代的變化」時，這個模型對於資本主義的滲透、世界性專業化與分工的成長、以及某些人口群主宰另一些人口群的發展，都保持緘默。史都華快快不樂地被迫再去比較研究個別事例，以及令人不滿意的傳統與現代化概念。

第三個想要超越對特定地點人口群微觀研究的嘗試，以演化論重新復活的方式出現。十九世紀時，演化論的思考方式盛行於人類學。可是日後因爲有人主張「傳播的廣泛出現根除了所有歷史律的理論」，於是這個思想方式也失效（洛維〔Lowie〕，一九二〇年，頁四三四）。演化論者和傳播論者彼此並非意見十分相左，而只是對不同的現象感興趣。演化論者也承認傳播的事實，但是自認爲有正當理由可以將這些事實抽象化，以創造其社會與文化發展的連續階段的模型。至於傳播論者則規避由不同人口群工藝技術和組織上重大的不平等所造成的問題；相反的，他們的注意力集中在文化形式由一個群體到另一個群體的傳播。演化論者也對特殊社會和文化的歷史不感興趣。傳播論者也對文化形式藉以傳播的生態的、經濟的、社會的、政治的、與意識形態的母體不感興趣。這兩個思想學派因而是各說各話。而功能學派的學者，又完全摒棄傳播論者的「臆測性歷史」，而喜歡分析以假設所構成的孤立整體的內部功能。

當懷特（Leslie White）於一九四〇至五〇年代重新將演化的看法引入美國人類學時，他所用的方法是重申早期泰勒（Taylor）、摩爾根（Morgan）、和史賓塞（Spencer）所提出的模型仍舊有效。針對這個普世而線型的演化模型，史都華提出一個多線的模型，描寫演化爲一個不斷歧出但卻連續的過程。

隨後，薩林斯(Sahlins)和塞維斯(Service)爲了統一這兩種研究方法，乃說一般與特定的演化爲同一演化過程的兩面。他們給「一般演化」的定義是：由消耗較少的能量到消耗較大的能量，由較低層次的整合到較高層次的整合，由較低的適應力到較高的適應力」（薩林斯和塞維斯，一九六〇年，頁二二—二三）。他們給「特定演化」的定義是：「文化沿其許多路線所進行的發展性、分支性、和歷史性推移，對於特定文化的適應性修正」（一九六〇年，頁三八）。他們雖然認爲輻合是屬於文化面的而非生物面的，但是卻用舊式的傳播學派字彙給「輻合」下定義，說它是文化特徵的傳播，而不是由於不同文化背景的人口群互動所產生的多方面關係。當他們開始對特定的演化進行詳細的分析時，便強調「適應乃是對於環境特殊面予以利用的專精化」（一九六〇年，頁五〇）。他們了解環境同時包括人類生活的物質與社會文化母體，但是卻強調對於不同物質環境的適應。在一九六〇至七〇年代，對於特殊生態學「體系」的研究愈來愈複雜細膩，但卻沒有超越對單獨事例的功能性分析，並且假設這個事例是綜合的、自我調節的生態學整體。因此，演化派人類學雖然在理論上花了許多氣力，但卻太容易變成對生態適應的研究，使人類學回到對許多單獨事例的比較研究。

除了對單獨事例做生態學上的集中研究以外，最近人類學家又醉心於研究和闡明具有文化的單獨人口群的「想法」。這樣的研究不理會功能主義，也不管其中最有活力的部分，也就是人如何應付其生活中的物質與組織問題。他們也不理會連接一群人與群體以外的人的物質關係。相反的，他們的興趣在於調查地方性意義的小宇宙，認爲它們是自主的體系。

他們所以轉向對意義的研究，是受到語言學發展的影響，尤其是索緒爾（Saussure）的語言結構理論。這個理論以為語言（langurage）是一個語言學形式的超個人社會體系，這種語言學形式在所有言詞（utterance）中都是相同的。它將語言學的符號與語言學的符號連接在一起，而不理會是誰和誰在說話，在什麼時候，又說了些什麼。洪保德（Humboldt）和瓦士勒（Vossler）等人，認為語言是由個人的言詞的不斷變化所形成的歷史流所構成。索緒爾之所以提出語言結構理論，最初是為了反駁洪氏等的看法。他將「語言」（langurage）和言詞（parole）完全分開，以符號與符號間相互的關係給符號下定義，而不論其外在的脈絡。同樣的，給意義下定義時是使用其他的意義來作定義，而不管這個意義出現的實際脈絡是什麼。

五十年前，渥洛西諾夫（Volšinov）便說過，要解決上述兩種對立的看法，須有合理的、辯證的看法。他質疑索緒爾靜態語言學系統的主張，這個系統是由無面孔而被動的集體所構成。相反的，他說事實上這個集體乃是由有不同「口音」和利害關係的具體說話人所構成，他們藉由各種不同的具體脈絡的口頭言詞，因而參與了歷史性流動。脈絡的內在不是同質的、其外在也與其他脈絡分離。渥氏認為脈絡構成「不同口音之間的互動，這些口音處於經常緊張的狀態，不斷的互動和衝突」（一九七三年，頁八〇）。如果不搞清楚符號和意義說的是什麼，它們在特定狀況下的主題是什麼，便不能了解符號和意義。而人類學把意義系統當成是完全自主的系統的這種趨勢，勢將違反這個見解，代之而起的，乃是研究人類思想在與現實脫節的情形下所滋生的自言自語。

雖然有些人類學家將其注意的焦點縮小，開始密集研究單獨的事例，但另外也有許多人類學家則希望將人類學轉化爲一門科學。他們從大量民族誌事例中抽取已受過編碼的特徵記錄，做統計學的跨文化比較。他們十分注意如何孤立個別事例以爲比較之用和如何說明要加以編碼和比較的變項等等這一類方法論上的問題。那些成百的愛斯基摩地方群體是個別的事例嗎？它們和紅銅（Copper）、奈濟利克（Netsilik）和伊格魯利克（Iglulik）等自認的大族群的例子一樣嗎？或者是它們構成的乃是一個單一的愛斯基摩事例？又有些問題是關於樣本的性質。我們能確定這些事例在歷史上和地理上是充分孤立的，以致能構成個別的事例嗎？或是這個標本因空間和時間的接近而受到影響嗎？不過所有這些答案都假設最後所選出的事例都是自主而有界限的。不論最後選出來的樣本是什麼，都要將它解釋爲個別單位的集合體。這些樣本，要不是透過創新而獨立產生文化特徵，就是通過傳播彼此假借。我們於是又回到一個社會文化的彈子球世界，這些球在全球性撞球桌上滾動。

然而，如果提到超越個別事例的許多過程，那麼這個撞球的論點便無法成立了？這些過程一面移動、穿過和超越事例，一面將它們轉化，如北美的毛皮貿易與美洲原住民和非洲奴隸的貿易。如原本局限於一地的阿爾剛琴語（Algonkin）父系族群在毛皮貿易的進行中遷徙進入大型非親屬的村落，而成爲民族誌上的奧吉布威人（Ojibwa）。又如有一些奇比維揚（Chipeweyans）的小群放棄狩獵而成爲誘捕動物取毛皮的人，或稱「載運者」。又有一些奇比維揚的小群繼續狩獵，稱爲「食馴鹿者」。他們不斷的由載運者變爲食馴鹿者，又變回去。又如克瑞人（Cree）和阿西尼波英人（Assiniboin）使用多種語言、有多種種屬和互婚的群體，卻由於毛皮貿易的刺激而在北美洲大平原的極北部成長，最後各單位終於逐漸融合（夏洛克〔Sharrock〕，一九七四年，頁九六）。亞瑪遜尼亞（Amazonia）的蒙都魯古人（Mundurucú）人，由於變成了獵奴隸的人和供應遠征獵奴者參茨粉末的人，乃由父居和父系繼嗣改變為兼採從母居與父系繼嗣的不尋常辦法。又如奴隸貿易在非洲造成對奴隸無限制的需求，以致許多互不相關的人口群，為了有奴隸售與歐洲人，乃通過戰爭、綁架、抵押、或司法程序的方式以斷絕親屬關係。在以上各種事例中，想要確定個別的文化整體和明確的界限，只會創造錯誤的樣本。這些事例說明了由於歐洲擴張，而在時間和空間上產生不斷變動的關係。如果我們進一步想到這種擴張在近五百年間影響到一個又一個的事例，那麼想要找一個不同事例的世界性樣本，便是虛幻的想法。

「社會」指的是人與人之間的互動所構成的叢集，可以經由經驗檢證出來，這一點應該沒有爭論，除非有人用先入為主之見，硬是要質疑社會內部與社會外部之聯繫是不存在的。我在本書中將繼續這麼用「社會」一字，而不用其他笨重的字眼。人類的存在創造了文化形式。文化形式的本身乃基於人類使用符號的能力。揚棄這種人類學的見解也是錯誤的。

可是，人類學如果認為社會的文化是自發的、自我調節的、能證明自己為正當的，卻又會囿於其本身定義的界限而不能自拔。在科學的講堂以內，觀察和思想的範圍愈來愈狹窄。可是在科學講堂的外面，世界上的居民愈來愈經驗到各大陸和全球性的改變。誠然，自有生民以來，有任何人口群可以獨立於更大的包容性關係以外，而不受更大力場的影響嗎？社會學家在一個動亂而不斷改變的世界上，追尋令人難以捉摸的社會秩序和整合。同樣的，人類學家在資本主義和工業世界的污水槽和邊緣，找前資本主義和前工業的過去的質樸複製品。但是如果不是歐洲向外擴張攫取其他各洲的資源和人口，則歐洲人和美國人便不可能遭遇到帶有質樸過去的人口群。因此，說人類學是因帝國主義所產生，這話是不錯的。沒有帝國主義便沒有人類學家，也不會有提供研究之用的狄乃人(Dené)、巴魯巴人(Baluba)、或馬來漁夫。人類學隱隱假設這樣的人是沒有歷史的人。這等於是一筆抹殺了五百年的對抗、殺戮、重振、和適應。如果社會學以「社群」和「社會」的神話做研究，那麼人類學往往便以其質樸原始人的神話做研究。二者都使虛構持續存在，而否認各種仍不斷進行的關係與牽連。

有些人類學家及歷史研究者專門研究現在所謂的民族歷史(ethnohistory)。這些關係與牽連的事實，清楚地在他們的工作中出現。或許可以稱之爲「民族歷史」，爲的是與研究所謂文明人的「眞正歷史」(real histoty)分開。可是從民族歷史的研究中，可以清楚看出這兩種歷史的研究主題是完全一樣的。我們對民族歷史所知愈多，便愈明白「他們的歷史」和「我們的歷史」是同一部歷史的一部分。因而，世上沒有所謂獨立於「白人歷史」的「黑人歷史」。「黑人」歷史也是一部共同歷史中的一部分；不過這種歷史爲了經濟、政治、或意識形態的理由在一般的歷史研究中受到壓抑或被刪除。

人類學家勒塞(Alexander Lesser)多年前在一個不同的情形之下，曾經說「我們在做研究工作時，應當假設人類有普遍的接觸與互動；我們應當認爲「人類社會，不論是史前社會、原始社會、或現代社會，都不是封閉的體系而是開放的體系」；我們也應該認爲它們與遠近的其他群體在網狀的關係中，難分難解（一九六一年，頁四二）。我們在上一段中所說的話，應和賴塞的說法。民族歷史學家的業績，一而再的指出這個說法的正確。可是在我們由研究個別事例中的各種關係，到採取一個較廣泛的看法以前，這個說法不過是綱領性的。較廣泛的看法，將使我們可以在理論上、也在根據經驗的研究上，將各種關係連接在一起。

照這個看法，我們很難把任何已知的文化當作一個有界限的體系，或一個自我持續的「生活設計」。因而我們需要一個新的文化形式理論。人類學家告訴我們：文化形式（也就是事物、行爲、和構想的「明確次序關係」），在管理人類的互動上的確有可證實的作用。我們未來應該做的，是不要否認這個作用，而要更精確的了解文化形式如何調停各特殊人口群之間的社會關係。

馬克思的用處

如果我們姑且承認這些關係的存在，那麼當如何了解它們？我們能把握一個產生和組織它們的共同過程嗎？我們可能一方面擬想這樣一個共同的原動力，一方面又了解它在時空上特殊的伸展——一會兒牽涉和席捲這個人口群，一會兒又牽涉和席捲另一個人口群。

這樣的取向是可能的，但是只有當我們能面對超越我們專門學科的各種理論時才可能。如果爲了希望把所有的學科加起來可以產生新的看法，而走上多學科的路子，是不夠的。阻礙發展新看法的大敵，是專業化本身。這個事實有一個歷史，這個歷史的重要性，是在於若干學科之所以存在，乃是由於它們共同反叛它們所從出的學科——也就是政治經濟學。政治經濟學旨在揭示圍繞財富生產的定律和規則。它所注意的是，伴隨著階級在財富創造上的角色以及政府與不同階級的關係，財富要如何創造的問題。保守主義者和社會主義者都注意這些事情。〔馬克思〔Marx〕也談它們，他批評政治經濟學家，說他們把他所認爲是歷史上特殊生產制度的特徵，當成平凡無奇的概念〕。可是這些事情已完全由社會科學的研究中刪除，以致最近出版的《社會科學國際百科全書》〔*International Encyclopedia of the Social Sciences*〕，甚至不列「政治經濟學」和「階級」這兩個字彙的詞條。今日，一般認爲只有馬克思主義者注意這樣的事。不過馬克思本人卻曾在給一位友人的信中說〔魏德邁〔Joseph Weydemeyer〕，一八五二年三月五日〕：

> 我在發現社會中有階級存在、或這些階級間的鬥爭上，談不上有什麼功勞。在我之前很久，資產階級的歷史家便曾描寫這種階級鬥爭的歷史發展。資產階級的經濟學家也曾描寫各階級的經濟解剖。〔引自維那波〔Venable〕，一九四五年，頁六，註三〕

初生的社會科學之所以反對階級概念，可能是來自於把政治經濟學視爲階級結構的概念。如果社會、經濟、和政治關係導致了階級的敵對（這些階級的產生在於政治經濟學結構本身所說的彼此衝突的利害關係和能力），那麼對於秩序的追求，永遠會爲爭論的幽靈所困擾。這就是爲什麼麥迪遜（James Madison）在其口氣堅定的《聯邦主義文件》（*Federalist Papers*）中，說政府的功能是在於管制各敵對階級間的關係。相反的，若干社會科學學科卻背棄政治經濟學，轉而密集研究個人與個人間的互動——在主要和次要群體中、在市場上、在政府管理過程中。它們因此也不注意關於生產、階級、和權力的性質等重要問題：如果生產乃是人之所以爲人的條件，那麼應當如何了解和分析生產？在什麼樣的條件下，生產會引起階級的興起？階級劃分對資源的分配與權力的運用有些什麼關係？政府的性質是什麼？

雖然各種社會科學揚棄了這些問題，可是這些問題卻持續隱藏在它們議題中。因爲馬克思最堅持和有系統地提出這些問題，他在社會科學的論述中至今仍是一個隱匿的質問者。有人說得不錯，各種社會科學與馬克思的幽靈進行著漫長的對話。如果我們要超越目前這些界限和超越專業化學科的限制，便必須回到這些尚未回答的問題上，重新加以思考。

在若干方面，馬克思對這樣的再思考是十分重要的。他是最後幾個致力於整體論人類科學的學者之一，他可以整合各種不同的專業。往往有人說他是一個經濟決定論者，但這是不對的，他絕不是經濟決定論者。他是一個唯物論者，認爲物質關係最爲重要，而「精神」不那麼重要。事實上，他的生產概念與黑格爾（Hegel）的精神（Geist）概念是彼此對立的概念，後者藉由精神不斷地具體化來展現自我。馬克思認爲：生產同時包含人類與自然之間不斷改變中的關係，以及人在轉化自然的過程中所進入的關係，還有人類象徵能力因此而發生的轉型。因此嚴格說來，這個概念不僅是經濟性的，它也是生態學的、社會的、政治的、和社會心理學上的。它與各層面都有所關連。

針對那些想要將「社會」、或「市場」、或「政治過程」普世化的人，馬克思主張在人類歷史上存在著不同的生產方式。每一種方式代表許多因素的不同組合，對某種方式爲眞，並不表示對另一種方式就爲眞：因而並沒有所謂的普世歷史。馬克思是一個十分注重歷史的人。他認爲每一種生產方式的構成因素以及其特徵組合，都有可以詳細說明的起源、發展、和解體的過程。他不是寫普世的歷史學家，也不是只寫個別事件的歷史學家，而是研究物質關係的組合與徵象的歷史學家。當然，他大半的精力都是用在了解資本主義這個特殊方式的歷史和作用上，不是爲了替資本主義辯護，而是爲了將革命的轉型推上檯面。由於我們的學科討論，目的是爲了化解革命與失序，因此顯然這個幽靈般的質問者在學院講堂中是不受歡迎的。

可是這個幽靈卻給我們非常重要的教訓。首先，除非我們追溯世界市場的發展與資本主義發展的走向，否則我們不能了解現代世界。其次，我們必須有成長與發展的理論。第三，我們必須可以將這個發展性的歷史和理論，與影響和改變當地人口群生活的過程聯繫起來。這個理論必須可以描述在這些過程中產生作用的重要因素，以及它們在歷史上所作的系統性的組合。同時，它應該細膩到可以解釋這種組合與所有其他組合之間重要的差異。最後，理論性的歷史與歷史性的理論，必須合起來解釋在時空上可指明的人口群，他們是由重要的過程所產生的，也是其承載者。

有兩位學者，對於資本主義所構成的世界史，提出了理論上的貢獻。他們的說明清晰，研究範圍也廣泛。其中一位是福蘭克(Andre Gunder Frank)。福氏是一位經濟學家，一九六〇年代初期開始質疑對經濟發展的現代化取向。他用清楚的言詞，提出異端性的主張，認爲開發與開發不充分，不是分別的現象，而是互相密切關聯(一九六六年，一九六七年)。資本主義在過去幾個世紀間，已由其最初的中心向外擴展到世界各處。所到之處，其他的地區都被轉化爲這個最初中心的附屬性衛星地區。它榨取在衛星地區生產的過剩物質以因應中心地的需要，因而扭曲和阻撓衛星地區爲自己本身的利益而發展。福蘭克稱這個現象爲「未充分開發的開發」。中心地與衛星地區間的這種剝削關係，又在每一個衛星地區重複，與外面中心地有密切接觸的階級和地區，由窮鄉僻壤榨取生產剩餘物資，並扭曲和阻撓其發展。因而，衛星地區的不能充分發展，不是獨特的現象，而是衛星地區與中心地區之間關係的結果。它在剩餘物資轉移的過程中不斷出現，並因衛星地區對中心地區的依賴而不斷加強。

華勒斯坦(Immanuel Wallerstein)的研究方法與福蘭克的研究方法類似。他對「歐洲的世界經濟」的發展以及資本主義的起源，採取歷史性的敍述。這種世界經濟乃興起於十五世紀晚期與十六世紀早期。它構成一個全球性的市場，其特色是全球性的分工。廠商(不論是個人、企業、或區域)，在這個市場上相遇，交易其所生產的貨物，希望得到利潤。指引一般生產與生產專業化的，是對利潤的追逐。利潤乃由主要的生產者創造，華勒斯坦稱他們爲無產階級，不論他們的勞力是如何動員。這些利潤乃由資本家通過法律的約束力而竊取。華勒斯坦將資本家歸類爲市民階級（bourgeois），不論其資本由何而來。市場的成長與其所造成的全球性分工，使核心地區（福蘭克所謂的中心地區）與邊緣地區（福蘭克所謂的衛星地區）之間，有基本上的區別。這兩種地區由「不平等的交換」聯接，以核心地區所生產的「高工資（但低監管）、高利潤、高資本密集」貨物，交換在邊緣地區所生產的「低工資（但高監管）、低利潤、低密集資本貨物」（參看華勒斯坦，一九七四年，頁三五一）。在核心地區，生產貨物的是有工資報酬的「自由」勞力。在邊緣地區，生產貨物的主要是某種強迫勞力。華氏雖然舉出各種因素解釋這個差異，但基本上，仍舊是用一種人口學的解釋。他說核心地區自由工資勞力的興起，是由於人口的高密度使得工人彼此競爭，因而願意服從市場的紀律，而邊緣地區的低人口密度有助於強迫勞力的成長。關於這些說法，下面還將再談到，並加以批評。福蘭克與華勒斯坦著作的重要性，在於他們用一個比較複雜成熟和以理論爲取向的說法，來說明資本主義的發展與擴散取代有關現代化徒勞無功的辯論。資本主義的發展和擴散，是互相纏結但卻又各自區別的各種關係的發展與擴散。

福蘭克與華勒斯坦，都集中注意力於資本主義的世界體系以及其各部分的安排。雖然他們都使用了人類學家和區域性歷史學家的研究成果，可是他們主要的目的卻是在於了解核心如何抑制邊緣，而不是像人類學家所習於調查的小人口群的反應。這種對於焦點的選擇因而使他們不去考慮這些人口群的範圍與種類，以及這些人口群在歐洲擴張和資本主義到來以前的生存方式，還有這些方式是如何先被日益成長的市場，後又被工業資本主義所滲透、控制、毀滅、或吸收。然而，如果沒有做這種檢查，那麼「邊緣」的概念便仍和「傳統社會」一樣是一個概括的字彙。它比「傳統社會」一詞好的地方在於其含意：它指出較為廣泛的連鎖；如果要了解在邊緣地區作用的過程，必須調查這些連鎖。可是如果我們希望了解蒙都魯古人和米奧人(Meo)如何被拉進較大的體系，並且受其影響而成爲其經紀人，則尙須進一步做此檢查。

本書便要作這個進一步的檢查。我們希望描寫在商業和資本主義發展中作用的一般過程，同時追蹤其對民族歷史學家以及人類學家所研究的小人口群的影響。我對這些過程及其影響的看法是歷史性，而我所認爲的歷史乃是對物質關係發展作分析性的記載，要在包含一切的體系上以及在微觀的層次上同時發展。我因而想細察一四〇〇年時的世界，那時歐洲尙未支配主宰全世界。而後我討論幾個可以讓我們掌握資本主義及資本主義以前生產方式決定性特點的想法。接下來我談到歐洲商業的擴張、以及歐洲各國在延伸勢力於全球時所扮演的角色。歐洲擴張的結果，進一步促成往美洲淘銀並進行毛皮貿易，以及在亞洲搜尋新的財富之源。而後我追蹤由工業革命過渡到資本主義的轉捩點，並檢視這個轉折對於世界上供應各工業中心資源的地區所發生的影響，並且概述工人階級的形成及其在各大陸以內和各大陸之間的遷徙。在本書中，那些說歷史是他們的人、以及沒有歷史的人，都成爲同一歷史軌跡的參與者。

第二章

一四〇〇年時的世界

一二七一年，威尼斯商人尼珂羅・波羅（Niccolo Polo）、瑪費奧・波羅（Maffeo Polo），偕尼珂羅之子馬可（Marco），由地中海東岸出發，行經伊朗到達波斯灣上的荷姆茲（Hormuz）又由荷姆茲往東北行抵達喀什噶爾（Kashgar），再由舊日的絲路去到北京。三人在中國和南亞長期旅行，而後乘船回歐洲，於一二九五年安返威尼斯。四十來年以後，摩洛哥士大夫伊賓・巴圖塔（Ibn Battutah）啓程赴麥加朝聖，又行經伊朗、安那托利亞（Anatolia）、和克里米亞半島（Crimea）到達君士坦丁堡（Constantinople）。由此，他前往中亞和印度，在德里（Delhi）和馬爾地夫群島（Maldive Islands）任官多年。在去過中國南部和蘇門答臘以後，他於一三四九年返回摩洛哥故鄉。三年以後，他又伴隨許多摩洛哥商人穿越撒哈拉大沙漠到達西蘇丹（Western Sudan）的馬利王國（Kingdom of Mali），而後回到費茲（Fez）口述遊記，由一名書記筆錄。一四〇五至三三年，中國三保太監鄭和七次下南洋，遠達紅海和東非海岸。一四九二年，受僱於亞拉岡女王（Queen of Aragon）的一名熱那亞船長初次瞥見新世界。當他看見巴哈馬群島（Bahamas）時，以為到達了日本。

這類航海的事件不是孤立的冒險事業，顯示出當時存在的若干力量。這些力量正在把各個大陸拉近，並且不久就使世界成為一個人類活動的統一大舞台。為了要了解世界後來變成什麼樣子，我們必須了解它原是什麼樣子。因此我將跟著一個一四〇〇年虛構的旅客行走，並且描寫他當時可能看到的世界。

這是一件「全球人類學」的工作。我將超越對特定的部落、文化區域和文明的描寫，而將記述延伸到分別橫跨當時仍然分開的兩個半球（歐洲、亞洲、和非洲的「舊世界」，以及南、北美洲的「新世界」）的網絡，也就是人類相互作用的互鎖網絡。這些網絡在時空上成長和擴散。有許多人口群，以往由西方人的觀點所寫的歷史往往予以忽略或做諷刺性描述。我們若要說明上述的互鎖網絡，觀察其成長與擴展，便必須追蹤這些人口群的歷史軌跡。有人認為他們是沒有自己的歷史的人種，就好像人類學家所研究的「當代原始人」一樣。

在歐洲擴張以前，這些人口群之所以會廣泛連結，乃是明顯物質交流的結果。其中之一是可能引起爭論的霸權政治與軍事體系。兩個半球分別出現許多帝國，各自搜括了不同地區的過剩物質。其次是遠距貿易的成長，將供給區域與需求區域連結起來，它也使跨騎在商業通路上的諸民族，有了特殊的作用。帝國的興建與貿易，又創造了廣泛的交通線網。這些線網使不同的人口群，藉由支配性的宗教或政治意識形態，結合在一起。這些過程所形成的世界，是歐洲不久以後為了自己的需要，而加以重組的世界。

舊世界的政治地理

要了解這個一四〇〇年時的世界，必須由地理開始。舊世界的地圖，揭示了某種有形的常數。其中之一是由東到西橫亙歐亞大陸的大山脈。這條山鏈由中國西部和南部的崎嶇山脈升起，升高成為崑崙山，再到「世界的屋頂」喜馬拉雅山脈和帕米爾高原，再跨越艾爾柏茲山脈(Elburz Range)到高加索山脈、喀爾巴阡山脈(Carpathians)、阿爾卑斯山脈，最後到達庇里牛斯山脈。有的時候這些山脈妨礙北方與南方的接觸。有的時候，山鏈間的空隙鼓勵人口的流動和戰伐。在中國北部，漢人得修築長城，把中國人留在牆裡，把蒙古人和突厥人關在牆外。土耳其斯坦(Turkestan)有道路南向進入伊朗和印度。在西部，來襲者可以順多瑙河谷而進入歐洲的心臟地帶。

本書最後面的地圖，指出第二個常數，也就是主要氣候區域的分布。這些區域造成不同的自然植被以及不同種類的人類住所。這張地圖明白的指出一個大的乾燥地帶，由西向東自撒哈拉沙漠和阿拉伯沙漠橫跨伊朗高原進入土耳其斯坦和蒙古。這兒是遊牧民族的家園，他們在沙漠邊緣以及草原上逐水草而居，只有在綠洲永久水源周圍地帶才能耕種。在沙漠和草原區域的南方，是溫暖而潮濕的熱帶及亞熱帶森林和溼草原，往往宜於耕種，如西非、恆河平原、東南亞的半島和島嶼，以及中國的南部。在乾燥區域的北方是森林地帶。在烏拉山脈以西，森林地帶多雨，生長季節較長，因而開闢以後便是良好的農耕地。在烏拉山脈以東，森林較乾冷，變爲寒冷氣候大松林地帶，加上無樹木的滿地青苔極地附近凍原地帶，成爲森林獵人所喜歡的棲息地。從事農耕的人很少來此，牧人也不能在此養活牲口。

比較可耕和可改良農業地帶的分布與沙漠和草原的分布，便可看到重要的對比。乾燥地帶的分布是連續性的，可耕地的分布不規則，星羅棋布。放牧的走廊便利離心流動。間隔化的可耕地區引導人們向心流動，聚居而成村落。草原與農耕地的對比，形成了人類活動在舊世界的主要方向，有的時候分開牧人與農村居民，有時又激勵他們互動。

非洲西北部的農耕大致限於亞特拉斯山(Atlas)以北的地中海一側，在南面和東面又受阻於草原和沙漠。在摩洛哥的塞斯河谷(Sus Valley)和拉布海岸低地(Rharb)、在阿爾及利亞的希里夫(Shelif)和米提嘉(Mitidja)平原、以及在突尼斯的麥吉爾達(Medjerda)平原上種植的小麥，是維持當地宮廷和菁英分子的重要因素。突尼斯以東是的里波里綠洲(oasis of Tripoli)，再向東是尼羅河形成的大綠洲，也就是埃及。在羅馬帝國時代，埃及的穀物曾經供養了羅馬城。在此之後它也供養了拜占庭(Byzantium)和大馬士革(Damascus)的阿拉伯人，以及一四五三年以後的土耳其人。拜占庭的鄂圖曼帝國(Ottoman Empire)也愈來愈依賴多瑙河下游和黑海沿岸的穀物(參見書後的地圖)

巴勒斯坦的梯形山坡上，也有小片耕地。在安提阿(Antioch，今日的安塔雅〔Antakya〕)和大馬士革，也有大的農業綠洲。羅馬時代和二十世紀時曾經耕作的敍利亞草原，在生態上屬於邊緣，長久以來被棄置，任由遊牧民族佔領。在安那托利亞，沿地中海和黑海以及山嶺高原偶爾有小片土地也可以進行農業，其他地方則是草原。往東南則是沙漠。居於底格里斯河（Tigris）和幼發拉底河（Euphrates）之間的伊拉克，一度有很高的生產力。由阿卡底人（Akkadian）的時代起，由於水利工程之便，而造成大量的糧食生產，遂足以支持國家的形成。在伊朗的薩珊王朝（Sassanid dynasty）治下（二二六—六三七年），此地水利工程的興建登峰造極。但是隨著回教徒的征服和巴格達成爲了有三十萬以上人口的首都，農業財富和人力資源卻都爲這個城市所耗盡。這個情形造成農業生產額的下降，與貢金貢物量的逐漸減少（亞當斯〔Adams〕，一九六五年，頁八四起）。十三世紀中期蒙古人的入侵，更對生產力造成致命的打擊。蒙古旭烈兀可汗（Khan Hulägu），摧毀了河谷下段的灌溉工程。

在查格羅斯山脈（Zagros）以外是伊朗高原。高原上大部分是乾草原和沙漠，只有在延伸於查格羅斯山內線周圍的一個扇形沖積地帶上，才有得天獨厚的若干地點可以耕作。有時，農耕也藉地下隧道灌溉延伸進入較乾燥的地區；隧道藉萬有引力將水沿地下水面輸送到邊遠農田。荒地和沙漠在東面的阿富汗和俾路支斯坦（Baluchistan）也限制了農耕。

雖然這個地區有許多荒涼的沙漠和草原，可是以灌溉農業爲基礎的一連串都市化綠洲，成爲讓東西行的商隊駐足的供應站。最重要的一條商隊路線是「絲路」。「絲路」由敘利亞北部的安提阿開始，經過萊艾（Rai，在德黑蘭〔Teheran〕附近），而後穿過麥芙（Merv）和巴卡（Balkh，巴克屈亞〔Bactria〕）到喀什噶爾。它在喀什噶爾分爲二支，分別從塔克拉瑪干沙漠（Taklamakan，即南戈壁

〔southern Gobi〕)的南北通過。北支走向庫查(Kucha)和卡拉沙赫(Karashahr)，南支通過雅爾干(Yarkand)和和闐。南北二支又在中國甘肅省的敦煌會合，由此進入中國。因而，喀什噶爾是長程商業的中心。馬可波羅曾讚美其花園及葡萄園，說它的居民在世界各地旅行和經商。由喀什噶爾，另一條路向北到撒馬爾干(Samarkand)乃至伏爾加河(Volga)下游的撒瑞(Sarai)，由撒瑞可以到達亞速(Azov)和黑海。沿著這個龐大的歐亞山脈鏈的北方急斜面，也散布著可耕作的凹地。如果能阻止逐水草而居的牧人進入，便可在凹地上從事農耕。

因此，彼此相距遙遠的農耕鏈，形成了一個大弧形，由摩洛哥的亞特拉斯山脈，一直到在甘肅的中國大門。交通和貿易路線聯繫農業區域。這條漫長的鏈子在政治和宗教上只統一過一次，也就是在七到八世紀回教軍隊由阿拉伯半島向東面和西面作扇形出擊的時候。在此之後，鏈子的環節脫散，再未復合。政治的分隔又因宗教的門戶之見加劇。每一種分裂又加深另一種分裂。

一再的分裂，削弱了這條漫長鏈子上的許多環節。分離的農業區域滋生分離的政府組織。這些組織在內部受到其所支配有限資源的限制，而其邊界的不設防，使其暴露於襲擊和政權更迭。串合這串珠子的地緣政治學的結構，乃是貿易與宗教信仰。這些關係可以超越每一個個別組成部分，也可以廣泛的聚合資源。可是，由於政治上沒有統一的力量來自保，這些環節也遭遇到一再的干擾和斷裂。

在歐亞山脈鏈之北是一片大草原，形成了廣大的走廊地帶，由東面的蒙古大草原，經過吉爾吉斯和俄羅斯大草原，到近於中歐心臟地帶的匈牙利大草原。這些是遊牧民族最愛出沒的地方。一直到俄國人在十七世紀擊敗遊牧民族及其可汗以後，南俄的大草原才有了永久的文明。

由於俄國大草原向西是歐洲半島。這個半島是溫帶森林地帶，可以開墾耕作。不過它除了羅馬人治下的地中海地區以外，發展卻非常遲緩。它的四周幾乎全是水域，如波羅的海、北海、大西洋、和地中海。接近水是個好處，特別是用海岸來防衛來自南北的掠奪時尤然。但一直到第九世紀，歐洲的海岸才完全具有抵抗力。同時，經過一千年之久，歐洲的森林才得清除。一直到紀元一〇〇〇年，森林與農田的比例才對耕農有利。於是，在森林與海之間有利於耕作與軍事防衛的核心地區，這個地區往往有大河流貫，因而可以將貨物運輸出海。這些高生產率的優惠地域，是低地國家、塞納河盆地(Seine Basin)、萊茵河中游的灌溉區域、英國的泰晤士河流域、葡萄牙的提和河(Tejo)流域、以及義大利的波河(Po)流域。這些區域的過剩農產品，促成政治力量的成長，成爲發展邦國的戰略供應基地。

橫貫歐亞大陸的道路，從絲路東端的甘肅，伸展進入中國，進入一個與歐洲和回教國完全不一樣的世界。歐洲限於是一個半島，其地緣政治學上的核心區域沿陸地的周邊加固。回教世界縱向延伸橫跨歐亞大陸的脊骨，又伸展進入非洲的西部和東部。然而，中國卻發展爲一個固結的單位，與西方的國家相較起來顯得碩大無朋。這個發展是漸進的。農業在中國北方的陝西涇河與渭河流域、山西的汾河流域，和黃河下游擴展，支持了邦國的形成。這個區域主要的作物是粟，不過紀元七〇〇年以後小麥也漸形重要。此時，這個古老的政治重心開始與產米的長江流域發生關聯。七世紀初，若干大運河，將北方和南方繫聯。在此之後，長江以南又發展出第三個關鍵地區。漢人在第三世紀初開始遷入這個地區的肥沃三角洲和盆地。第七和第八世紀時，由於更複雜進步的產米技術出現，再加上改良的工具、種子、和灌溉技巧，加速了漢人的南遷。

早在紀元第一世紀，在灌溉所生產的大米的支持之下，湄公河三角洲興起了一個受到中國和印度模式所影響的邦國結構。不過紀元第一千年間在鄰近區域和島嶼所形成的水力系統，卻主要是仿效印度的榜樣。吳哥的高棉王國和爪哇中部和錫蘭的王國都是這樣。在印度本身，印度河上的一個早期核心地區，曾支持了摩衡諸達羅(Mohenjo-Daro)和哈拉帕(Harappa)的邦國系統。但是這些邦國在紀元前一二〇〇年，卻被可能是印歐民族的入侵者消滅。在此之後，乾燥的印度河流域再沒有恢復過去的關鍵性作用，只是有時成爲中亞民族武裝入侵的舞台。此後形成的邦國都源於恆河流域，尤其是拜哈(Bihar)和孟加拉區域。在此大米是主要作物。若年雨量只有四十到八十吋，便以灌溉輔助。在年雨量超過八十吋的地方，便用水壩和堤防防洪。

亞洲東部和南部灌溉農業的挺進，使得使用較不密集耕作方式的人口他遷。在印度，從事密集耕作的人，排擠像猛達(Mundas)和奧拉昂(Oraons)這樣從事火耕的山居部落。在中國，漢人在紀元前七〇〇年發展了以灌溉爲基礎的政治經濟以後，在歷史上有了定位。在他們的南面是非漢人的「野蠻人」——苗、傜、和泰語民族。當漢人渡過長江進入「蠻」區時，便兼併了一些與他們類似的農業和政治模式的群體，而將從事火耕的人逐入更爲多山和荒涼的區域。在別的地方，流動的耕作者，爲了保護其以親屬關係爲原則組成的社會免受政治與經濟榨取起見，紛紛撤退。因而，自十二和十三世紀以後，非漢族的少數民族殘餘的人口，便生存在中國西南的山區和鄰近的緬甸、泰國、寮國、和越南。在任何其他灌溉農業核心在低地發展的地方，也都有較小規模的同樣過程重複出現，山居者只有以粗放的火耕去耕種多山和難進去的窮鄉僻壤。

貿易

我們這位想像中的觀察者，在一四〇〇年行經舊世界的高地和堡壘時，當是沿著一千年來無數的商人在相隔遙遠的區域之間，所敷設廣布的商業網絡行走才是。事實上，農業地區如群島般分布，促使人類築路加以連接，不論是海路或是陸路。這些路線，不論是長距離或短距離，都需要維修和防禦攻擊。同時，任何控制了重要路線的群體，都可爲了自身的利益而插足於這個交通的線網，也可以使交通癱瘓，並加深這些可耕種島嶼間的間隔。因而，撰寫舊世界的歷史，可以由戰略性的農業地區著眼，也可以由它們之間的鎖鏈著眼。

歐亞大陸的歐洲半島，其最大的一個優勢，是接近周邊的水路，由芬蘭灣和波羅的海直到地中海的東部。由這個海上網絡的最東北極，可以陸行到窩瓦河，而像第八世紀到第十世紀間掠奪歐洲西海岸的北歐海盜一樣，揚帆進入裏海。不過這條路線被大草原上的遊牧民族打斷，一直到十六世紀中葉才重新通行。絲路由東地中海的港埠走向喀什噶爾，並進入中國。地中海的第二條路線由波斯灣的阿勒坡(Aleppo)船行到印度和東南亞。第三條路線是陸行橫跨蘇彝士地峽，而後船行通過紅海和亞丁灣(Gulf of Aden)到非洲東部和印度以及更遠的地方。由地中海南部的海岸地區，許多使用「沙漠之舟」駱駝的商隊的路線，橫跨撒哈拉大沙漠，輻合在尼日河(Niger River)彎上的城市蓋峨(Gao)和丁布克土(Timbuctu)。由此，河上運輸和馱驢將貨物運入西非的心臟地帶。而東南亞又有無數可用來掠奪和貿易用的路線縱橫，由馬來西亞到菲律賓和日本。

這些路線的存在，顯示長距離的交流乃植根於古代。商人長久以來由生產過剩的地區將貨物運往缺乏的地區，並因這種服務而獲利。只要交通的設備有限，只要人獸搬運者必須在陸地上運送貨物，又將貨物放在低噸位的船中渡海，商人便喜歡運奢侈品，這樣的商品以單位計出售可以獲暴利。當菁英階層所需要的貨物貿易佔優勢時，貿易的交易往往便是在兩個不同的領域進行。一個領域是本地的貿易與交換，日常用品在有限的村落和城鎮中流動。另一個是珍貴物品的長距離貿易。這些物品乃爲滿足菁英分子的消費而生產，用以凸顯其在政治和經濟上具有支配性的地位。

遊牧民族

商人和其他旅客在橫貫舊世界乾燥地帶，由非洲到亞洲的極遠處時，便進入專長於貿易的族裔所居住的區域。這些人口是遊牧民族。他們不僅是牧牛或牧羊的人。他們也橫跨在大半連接綠洲和綠洲、核心地區和核心地區、區域和區域的交通路線之上。他們有馬隊，可以阻攔戰略重點間的移動，也可以集結進攻綠洲和城鎮的貿易中心。我們今日的形勢對遊牧民族是不利的，他們愈來愈沒有能力爲了自己的利益而發動戰爭。然而在歐洲人開啓東方的海上航線以前，遊牧民族在橫貫大陸的商隊貿易上有重要的作用。他們因爲答應做安全的嚮導而要求貢金。蘭恩（F. C. Lane）叫這種貢金爲「保護租金」。它成爲遊牧民族豐厚的收入。史汀斯嘉（Niels Steensgard）估計，由於歐洲人日後繞道好望角（Cape of Good Hope）直接與亞洲貿易，地中海東部及愛琴海沿岸的國家和島嶼的財務損失爲三到四萬埃及和土耳其的銀幣（一九七三年，頁一七五）。

一四〇〇年時，商隊貿易與擔任保鏢的遊牧民族都尚在全盛時期。遊牧民族並不能獨立生存於定居地帶以外。遊牧民族雖長於養牲口，隨其牛羊逐水草而居，但是他們都靠農耕者供應穀物和工匠的產品。因而遊牧民族與農耕者往往因必要的交易而聯繫。這種交易的條件視交易人口的權力分配而異。在遊牧民族有馬匹的地方，他們在與定居人口交易的時候往往佔了出人不意、機動性、和較大撞擊力的優勢。遊牧民族分部、分等級的世系也佔有戰略上的優勢。原本各自行動的許多世系，可以因訴諸一個共同的宗譜而結合，由較高一級的世系所領導。

這並不表示遊牧民族始終預備好要攻打定居人口。當時有許多遊牧民族與定居的村落處於和平共生的狀態。許多遊牧人口在每年的移動周期中也從事一點耕作，或者委託其聯盟中的一個子群從事永久的耕作。影響畜牧與農業產品間交易價格的因素很多。有些變化使牧人放棄畜牧而從事農耕。

又有一些變化使農耕者放棄農田而專營畜牧。一個必須要問，而又不容易回答的問題是：究竟在什麼樣的情形下遊牧民族會決定進行侵略性的戰爭，而不選擇調解和共生的辦法？

我們這位一四〇〇年的觀察者無疑會認爲遊牧民族是「上帝的懲罰」。有四百年之久，他們大部分時間一再地攻打農耕的中心。造成這個情形的原因不盡淸楚。拉提摩爾（Owen Lattimore）探索大草原歷史上遷徙的原因，說這些遷徙是由於邊界地帶上所發生的事。有些邊界地帶的土地既可耕耘又可放牧，農耕者和遊牧民族爲佔有這些土地而爭執（一九五一年）。這樣的地區也是政治上的破碎帶。在此農耕的統治階級想要挑撥遊牧民族自相殘殺，而遊牧民族也能探得定居地區的虛實。在我們的觀察者這次旅行以前的四百年間，遊牧民族，不論是土耳其人、蒙古人、阿拉伯人、或柏柏人（Berber），其影響力的深遠空前絕後。

在戰時，遊牧民族的長處是可以集結大量流動的兵力接受有效的指揮。但是在和平時期，這個能力卻造成問題，很難持續統治被征服的人口而又不喪失自己作戰的能力。據說漢化了的契丹人耶律楚材，曾對成吉思汗的繼承人窩闊台說：「天下可以由馬上得之，不可以由馬上治之。」（格魯塞〔Grousset〕，一九七〇年，頁二五七）。因而，遊牧的征服者爲了鞏固其既得的利益，乃採用他們所征服民族的行政模式。在實際上，這表示大草原西部的遊牧民族依循回教的榜樣，而東面大草原和沙漠上的遊牧民族假借中國漢人的榜樣。這一步有更深遠的後果。集中精力於日常行政技巧的結果，往往是削弱了支持軍事勇武的技巧。同時，改進豪華定居宮廷生活所依靠的稅收基礎，又招致其他敵對的遊牧民族向征服者挑戰(拉提摩爾，一九五一年，頁七六—七七)。其結果是統治的菁英分子隨著在戰爭中所贏得戰利品的猛烈貶值或喪失(包括過剩的人口與其生產所依賴的技術基礎遭到毀滅)而在政治上產生輪替現象。

各遊牧民族不僅與密集耕作的地區互動，他們之間也彼此互動。遊牧民族入侵其他遊牧民族的牧地，又爲了控制最重要的貿易點而爭執。譬如，據泰嘉(Frederick Teggart，一九三九年)的說法，遊牧民族每次在中國長城之下遭到敗績以後，便向後撤退攻打其他的遊牧人口。這種壓力一波波傳遞下去，一直到流動的入侵者在西部攻擊羅馬帝國的邊界。雖然泰嘉的描寫或許誇大了這個過程的同步作用，可是遊牧民族沿乾燥地帶的不停的移動，卻將這個走廊變成密集互動的區域以及衝突的舞台。參與這些活動的，在北方是說蒙古語和土耳其語系語言的人，在南方則是說阿拉伯語的人。

近東和非洲

土耳其人

一四〇〇年時，我們的這位旅客必曾遇見沿舊日絲路移動的大量遊牧人口。在喀什噶爾以東主要是操蒙古語的人。在喀什噶爾以西主要是操土耳其語系語言的人。紀元一〇〇〇年以後，操土耳其語系語言的人與城鎮居民和農耕者接觸日益頻繁。在伊朗北面邊界地區和鄰近的大草原地帶這個現象尤其顯著。在這些地方，當大草原的戰士得勢時，農業與業農階級的勢力便衰微。土耳其人皈依了重視穆罕默德所創之律法(Sunna)的回教，並將其戰士的意識形態與聖戰的角色合併，而得以重新捕捉到早期主張擴張主義的回教在思想上的活力。自十一世紀起，土耳其人逐漸取代別的民族而成爲替近東統治者服務的傭兵和軍事奴隸。事實上，在安那托利亞中部和印度西北部這兩個地區，他們在第十一世紀時鞏固了自己的統治權。十三世紀中葉，一群土耳其和塞卡西亞(Circassia)軍事奴僕中的菁英分子，就在敍利亞和埃及取代了庫德人血統的統治群體。

十三到十四世紀時，成吉思汗與蒙古人的西征，掃除了大半的土耳其群體。土耳其人先是加入了蒙古人，而後又由蒙古人的撤退中獲利。譬如，在伊朗、塞爾柱(Seljuk)王朝土耳其的一個朝代在十三世紀前三十來年在蒙古人的猛攻下覆亡，但是一百年後蒙古人與說土耳其語系語言的人恢復競爭。最初贏得競賽的是來自川索克西尼亞(Transoxeania)的土耳其人恐怖者帖木兒(Timur)。一四〇〇年時，他的版圖由黑海延伸到喀什噶爾的大門。但是一四〇五年帖木兒逝世以後，這個國家開始崩潰。一個世紀以後，帖木兒汗國在川索克西尼亞的心臟地帶被烏茲別克人(Uzbek)攻克；領導烏茲別克人征伐的可汗是成吉思汗的後裔。而也就在這個時候，回教什葉派薩法維教團(Safawi order)動員遊牧的土庫曼人(Turkoman)，擊敗東部信奉桑尼派回教(Sunnic)的烏茲別克人，並且統一伊朗以對抗信奉桑尼派回教的鄂圖曼土耳其人由西方入侵。

鄂圖曼人本身是一個擁有麥夫城四周牧地的奧格茲部落(Oghuz)的後裔。它的領導階級是說波斯語的塞爾柱土耳其菁英分子。他們是麥克尼爾(McNeill)所說的「專門掠奪邊地的諸侯」(a freebooters' frontier principality)的核心部分(一九六三年，頁四九九)。由紀元一三〇〇年起，他們由安那托利亞西北的一個基地侵襲和搶劫拜占庭的聚落。並於十四世紀下半葉迅速擴張進入巴爾幹半島。到了一四〇〇年，他們已將一度強大的拜占庭居民逼進君士坦丁堡和薩羅尼加(Salonica)以及伯羅奔尼撒半島(Peloponnesus)。一四〇二年帖木兒在安卡拉(Ankara)擊敗他們以前，他們正預備對這些目標做最後一擊。在與帖木兒的對抗中生存下來以後，鄂圖曼土耳其人在十五世紀恢復擴張。他們在一四五三年征服了君士坦丁堡，並且建立了一個延續到第一次世界大戰結束時的帝國。

因而，我們的這位觀察家會是在鄂圖曼土耳其人決戰敗給帖木兒時遇見他們。他必會注意到回教戰士意識形態的力量。這種思想以聖戰的口號激勵鄂圖曼人擴張進入無宗教信仰者的領域。這個龐大的帝國，將主宰近東三世紀之久，阻礙歐洲直接進入東方，並使歐洲人的擴張轉向西面的南北美洲以及繞道好望角的海上航線。因此我們值得簡短的看一看它發展出來的帝國結構。

鄂圖曼政體乃以蘇丹(sultan)及其著名的奴隸近衛步兵爲中心。這些奴隸乃由非回教徒、戰俘或被征服民族進貢的兒童中吸收。他們所受的乃是效忠君主的教育，只對他效忠，而不效忠於跨越政府組織的任何親屬群體。遊牧民族的分割性社會組織往往造成離間和競爭的問題。鄂圖曼人的作法，旨在避免這樣的問題。(鄂圖曼人並非最初採用這樣作法的人。早在第八世紀，在巴格達自稱是穆罕默德之叔阿拔斯〔Abbas〕的後裔的回教國國王，便由附近大草原上的土耳其人中吸收大量的奴隸。在西班牙柯多巴〔Cordoba〕的翁米亞王朝〔Umayyad〕的回教國王，則偏愛斯拉夫人。）

軍事奴僕奉派統治首都以外的地區，並蒐集其過剩產品以供鄂圖曼的軍隊，並須保證核心區域的食物供應。爲此，他們也能終身享有這些貢物。在歐洲的封建制度之下，許多親屬團體對於土地和勞力有可以傳給子孫的權利。鄂圖曼的君主則保留地契不把土地給予他人，因而歐洲式的封建制度在此不得發生。鄂圖曼政府也管轄了回教神聖律法的教師。和以前回教的作法不同的是，鄂圖曼將這些教師組成一個教階組織。這個組織對政府負責，並且奉令將抵制地方上各種不同形式的宗教法律所可能造成的分裂。軍事奴僕和神聖法律的教師共同組成軍人階級。其他所有的人都歸爲庶民，以貢物支撐政府和官吏。

然而鄂圖曼的經濟乃以金錢的廣泛使用爲基礎。多餘的貢物，以及農夫的產品和工匠行會的手藝品，放在地方性、區域性以及區域間的市場出賣。因而，收稅和政府穩定物價的措施都有賴於商人這個社會階層。商人的活動對於政府是必要的，但他們始終威脅要擺脫政府的控制。商人乃由政府正式特許，政府官員密切的細察市場上的銷售，並加以抽稅。然而，十六世紀後期，鄂圖曼境內的貿易，愈來愈與威尼斯、熱內亞、和佛羅倫斯、以及黑海的商業中心繫聯。大半這樣的貿易都是走私，當日「走私猖獗」（伊斯拉摩格魯〔Islamoğlu〕和基德〔Keyder〕，一九七七年，頁四一）。同時，政府由於愈來愈無能力收稅，乃將以貢物酬勞官員的辦法改爲請人承包賦稅。承包收稅的人將收到的稅交給政府，爲此，他們有權在地方上收取貢物和稅，並予以處置謀利，但是政府控制的減弱，造成地方上豪強(ayans)的崛起。當宮廷及其代表的權力衰微時，這些人乃累積地方上的勢力和商業影響力。

北非和西非

再向西，一四〇〇年時北非的遊牧人口也有關鍵性的作用。北非的每個城市商隊商業中心，周圍都是農田和棕櫚小樹林，彼此之間又由沙漠或草原分隔。這些個市鎮乃由許多貿易路線繫聯，但是其商隊在走過這些交通線時，必須穿越荒涼的地區。半遊牧民族和遊牧民族控制這些地區，爲己謀利。

雖然這個區域的地理和聚落模式，凸顯草原與已耕地之間，以及城市及其農村內地之間尖銳的對比，可是奉回教的北非的許多團體，卻以「水平的團結」(horizontal solidarity)跨越這些鴻溝(拉若伊〔Laroui〕，一九七六年，頁三五)。城市並不獨立於周圍的鄉村而自治。每一個城市中都有許多區域，每個區域住的群體，因種族、宗教和職業的差別而與另外的群體分開。這些群體在鎮和村落各有其同樣的群體。因而，城市、鎮、和農村形成了「地理、生態、和社會的混合體，其中的地域和人口既不完全是都市的，也不完全是鄉村的，而是二者的合併」(拉比德斯〔Lapidus〕，一九六九年，頁七三—七四)。主宰每一個區域混合體的，是許多互婚家族的菁英分子，其中包括地主、商人、政府官員、同業公會領袖，以及清眞寺、學校、和慈善基金會的宗教領袖。同時，共同的利害關係跨越區域界限將這些菁英分子繫聯。長距離貿易在商人群落之間組成一個商業關係的網絡，也促成保證廣泛商隊交通安全的遊牧群體領袖的聯盟。再者慈善基金會的宗教菁英分子在回教世界各處皆有，他們以宗教和法律的領袖和詮釋者的身分將不同的區域聯繫在一起。最後，戰略中心和要塞是掌握在政治軍事菁英分子之手。他們通常是一個至高無上的君主的奴隸軍人。這些政治軍事菁英分子收稅和統治，有時與宗教菁英分子衝突，有時又與他們和解。

為了要在這些政治體中維持權力，必須透過菁英分子來控制整個區域，以及有賴於與可以維護內地旅行路線和綠洲的遊牧民族群體有效聯盟。要想爭奪控制權，必須與不友善的部落結盟，並和心懷不滿的都市商人與工匠合作。其結果是經常的交替起伏。聯盟中的異議分子測試統治者控制權的極限，一直到他們可以接掌控制權為止。在抓住權力以後，這個周期重新開始。

十四世紀時，柏柏朝臣伊本・赫勒敦(Ibn Khaldun)曾經精采的分析這個不斷地結盟與解盟過程，以之為遊牧民族親屬團結與定居生活利害變化之間連續的交替。伊本・赫勒敦說明這個過程有其本身的邏輯。可是在北非，它是一個較大脈絡的後果。這個脈絡一面是跨越撒哈拉大沙漠的貿易，另一方面也是與伊比利半島和義大利的經濟與政治力量的關係。

跨越撒哈拉大沙漠與西非的貿易，對於北非、近東、乃至歐洲都有戰略上的重要性。貿易路線穿越沙漠進入跨越非洲的草原地帶，又越過這個地帶進入熱帶森林地區。西非在班布克(Bambuk)和白瑞(Buré)的金礦，在供應舊世界的金塊上發揮了非常重要的作用。中世紀晚期，這個地區供應了在西半球經濟中流動的三分之二的黃金〔霍普金斯〔Hopkins〕，一九七三年，頁八二〕。森林地帶也為近東供應了大量奴隸。此外，這個地帶也外銷布匹、象牙、胡椒、和可樂果（在回教禁止使用酒類的地方，可樂果是很重要的興奮劑）。反之，這個地帶由北非進口馬匹、黃銅、紅銅、玻璃器皿、珠子、皮革、織物、成衣、和保存的糧食，並由撒哈拉大沙漠的礦場進口食鹽。穿過撒哈拉大沙漠西部到摩洛哥和阿爾及利亞的貿易路線主要掌握在說曼德語（Mande）的德佑拉族（Dyula）商人之手。這些商人已由尼日河支流班尼河（Bani）上的簡尼（Jenne）向南擴張，到達森林地帶邊緣主要的黃金和林產品收集地白弋（Begho）。東面到突尼西亞和利比亞的貿易路線與豪薩族（Hausa）的商業網絡連接。豪薩族由北奈及利亞的卡諾市（Kano）和其他的豪薩市鎮南向森林貿易。

當然，這個外在的網絡有政治上的關係。對森林與草原間和草原與沙漠間轉移點的控制，使可以取得和把持這種控制的人有極大的權柄。這三個地帶的分界線，對於西非國家的形成也攸關緊要。這些國家中最早的一個奧卡（Aukar），建立於紀元八〇〇年以前，以尼日河上游和塞內加爾以北草原地帶上的市場中心為轉移。這個邦國或許是森寧克（Soninke）所建立的，依照其統治者的頭銜而稱為迦納。它控制由班布克沙金採取場運來的黃金的貿易，藉由對它的壟斷，並透過一群僑居的回教商人由摩洛哥取得必要的貨物。十一世紀時，茅利塔尼亞（Mauritania）的柏柏人阿爾—木拉比騰（Al-Murabitun）攻陷這個王國，而奪取了北向貿易的控制權。爾後到十三世紀時，迦納的一個舊日屬國興起，成為由馬林克族（Malinke）所主宰的坎嘉巴（Kangaba，馬利）國。這個勢力又是建立在對黃金貿易的控制和對由丁布克土出來的貿易路線的霸權之上。

一四〇〇年時，坎嘉巴逐漸式微。在這一百年中，它終於屈服於以蓋峨爲首都的桑海國(Songhay)。桑海藉由奉回教的蘭土納(Lemtuna)柏柏商人而繼續與北方貿易，由綠洲到北方。桑海隨後因摩洛哥人由北方入侵而覆亡。接下來國家的形成乃沿舊日桑海的南面和東面發生。十六世紀末葉，南方出現若干莫西族(Mossi)的邦國，控制了由箇尼到阿善提族森林地通往下伏爾塔(Volta)的草原區域的路線。在東面，橫跨在通往突尼西亞和利比亞和尼羅河中游的貿易路線的卡南—波努(Kanem-Bornu)國，被豪薩族的邦國所排擠。豪薩諸邦乃以東部主要的兩個市場市鎮卡濟那(Katsina)和卡諾爲中心。由這兩個中心，豪薩人與西非森林的說尤如巴(Yoruba)語的民族及其鄰人接觸。

因此，撒哈拉大沙漠以南的非洲，並非如歐洲所想的那樣是孤立和落後的地區，而是一個關係網絡的整合，這個網路將森林的耕種者與採礦者和草原與沙漠的商人以及北非定居地帶的商人與統治者聯繫在一起。這個關係網絡有黃金的經線(「摩爾人的黃金貿易」)，但是緯線是其他產品的交易。這種貿易有直接的政治結果。在奈及利亞的班寧(Benin)或豪薩的卡諾發生的事情，對突尼斯和拉巴特(Rabat)都有影響。當歐洲人日後由海岸進入西非時，他們所踏上的土地已有密集的市鎮和聚落，其所進入的交易網絡遠超過海岸上歐洲商業中心區的窄狹領土。

在摩洛哥和阿爾及利亞貿易路線的北面終點，可以看到這樣的影響力。一個接一個的菁英分子在此嶄露頭角，每一個都依靠了與撒哈拉大沙漠與森林地帶的互動。每一個菁英分子都拴定在一個以親屬關係爲原則的同盟之中，通常以宗教思想動員。前面已經提到毀滅迦納的阿爾—木拉比騰。這些人是在宗教運動的活躍分子。十一世紀時，當阿拉伯遊牧民族貝都因部落(Bedouin)進入茅利塔尼亞部分的撒哈拉大沙漠而威脅到遊牧民族三哈加(Sanhaja)柏柏人同盟的資源基地時，他們由這個同盟中崛起。他們根據自身的軍事/宗教傳統，倡言回到純淨的回教。阿爾—木拉比騰的一支向南去控制迦納的黃金，另一支向北去征服摩洛哥和西班牙。他們用西班牙文名字阿爾摩拉維人(Almoravids)，在一〇九〇至一一二〇年間統治了阿爾—安達露(Al-Andalus)。十二世紀時，他們爲阿爾—木維希丁人(Al-Muwihiddin，西班牙文稱謂是阿摩哈德人〔Almohades〕)所取代。「阿爾—木維希丁」的意思是「一神論者」，屬於瑪斯木達(Masmuda)同盟。十三世紀時，由鄰近西吉瑪薩(Sijilmassa)商業中心沙漠來的遊牧民族班尼馬林人(Beni Marin)取代了阿爾—木維希丁人。班尼馬林人爲了自己的同盟參納塔(Zanata)的利益，剝奪了三哈加和瑪斯木達的權力。隨後，班尼馬林人在兩線同時作戰，一方面迎戰在突尼斯的阿爾—木維希丁人殘部(哈富西德人〔Hafsids〕)，一方面迎戰本身聯盟中的一支西阿爾及利亞的札顏尼德人(Zayanids)，後者質疑他們對西吉瑪薩的控制。哈富西德人和札顏尼德人與歐洲海岸貿易，尤其是與西班牙東部的亞拉岡貿易，想要抵制馬林人的權勢，和補償由遊牧民族的劫掠而造成其本身內地的赤貧。在奉回教的格蘭納達(Granada)於一四九二年敗給卡斯提爾(Castile)王國以後，哈富西德人與札顏尼德人要求鄂圖曼的保護。鄂圖曼派來一支海盜艦隊，自此以海上搶劫爲主要收入來源(阿本—納塞〔Abun-Nasr〕，一九七一年，頁一六七)。

一四〇〇年時，我們這位旅客當曾遇見其時控制摩洛哥的班尼馬林人。然而班尼馬林人隨後日漸失勢。十六世紀時，統治權轉入一個宗教運動的領導人物，他們自稱是先知穆罕默德的後裔。這個運動乃源於塞斯谷地的柏柏人，他們倡言對葡萄牙人做神聖戰爭。十六世紀末，這些薩迪安人(Sadians)將致力於入侵和毀滅桑海國以重獲對蘇丹王國(Sudan)黃金的控制權。但是他們也只能使由西面向東行的商隊不做黃金的貿易。不久以後，這些摩洛哥的統治者，也會像阿爾及利亞和突尼斯的統治者一樣以海盜行爲汲取在歐洲人新創造海面航道上移動的財富。

東非

東非也捲入陸上路線和海上航道的網路。其後果對一個一四〇〇年的旅客來說是很明白的。

住在東非的大致是說班圖語(Bantu)的人口。雖然他們的歷史尚有待闡明，可是考古學、比較語言學、和民族歷史學的證據都指出他們源自喀麥隆(Cameroon)中部。由此，兩支人口以不同的方向向外遷移。第一支在紀元前第二千年間東遷通過蘇丹王國地帶，從事穀物的生產、飼育動物、和製鐵器。到了紀元一千年，若干屬於這東面一支的人口群，已到達瑞福特谷地(Rift Valley)和坦尚尼亞的高地與肯亞(Kenya)的南部。紀元前五〇〇年前後，這一支轉向南行，跨越維多利亞湖(Lake Victoria)附近的熱帶森林。由這一個入口，說班圖語的農耕者和牧人向南行走向德蘭士瓦(Transvaal)，和向西南行進入尚比亞(Zambia)中部、辛巴威(Zimbabwe，羅德西亞〔Rhodesia〕)，並進入安哥拉。紀元四〇〇年前後，南行者橫渡林波波河(Limpopo River)進入德蘭士瓦。

第二支說班圖語的遷徙者由喀麥隆向南，沿海岸和河邊的路線到剛果河口。他們與東行的飼育牲口和製鐵器者迥異，仍是使用石器耕種並且食用根莖類農作物。在基督紀元開始前後，這兩支民族可能已在安哥拉的北部會合。到了紀元五〇〇年，他們向東擴展走向尚比亞和薩伊(Zaire)的東南部，肇始了在歷史時代尚可看到的一些建國過程。他們在前進時驅逐了當地原來從事的狩獵採集人口：說柯伊桑語(Khoisan)的原住民被逐入荒涼的西南非洲。今日他們仍是住在西南非，一部分是飼養牲畜的霍騰圖人(Hottentot，或叫柯伊—柯伊〔Khoi-Khoi〕)，一部分是採集食物的布希曼人(Bushmen，或曰森恩人〔San〕)。

這些擴張的班圖人逐漸與近東和亞洲的商人接觸。至遲在十世紀時，東非已有阿拉伯的商站，將奴隸、象牙、鐵、犀牛角、烏龜殼、琥珀、和豹皮輸出到印度和印度以東的地方。早在七世紀時，中國的文獻便有來自黑色非洲奴隸的記載。到了一一一九年，據說廣州大多數的富有人家都蓄有黑奴(馬竇〔Mathew〕，一九六三年，頁一〇八)。很可能牽涉到這種早期外銷貿易的是來自蘇門答臘的斯瑞維亞亞王國(Kingdom of Sriviyaya)的馬來人，因爲他們由第八世紀到第十一世紀控制了印度與中國之間的貿易。雖然阿拉伯人可能由第八世紀起便佔有尙西巴島(Zanzibar)，可是東非第一個重要的港埠似乎是基爾瓦(Kilwa)。自十一世紀起，它控制了由羅德西亞南方來的黃金的貿易。其他重要的基地是摩加迪書(Mogadishu)、基西曼尼・馬非亞(Kisimani Mafia)、和馬林迪(Malindi)。當聯繫安那托利亞和波斯灣及印度洋的貿易路線的重要性在第十三世紀超過蒙古人所支持的大陸路線時，東非黃金、象牙、紅銅、和奴隸的貿易大幅增加。東非因此成為南海貿易網絡的一個重要部分。東非由外銷所得的回報，是印度的珠子和布匹以及中國的瓷器（大多為明代的瓷器）和由緬甸及越南來的製造品。

黃金貿易對非洲內地有極大的影響。到了第九世紀，金礦的開採（有時開採到超過一百呎的深度）在尚比西（Zambezi）和林波波之間的地區處於最活躍的進行狀態。「出口的黃金量可能異常巨大」（森墨斯〔Summers〕，一九六一年，頁五）。採礦的人是使用鐵器的飼養牲口者，可能也有一些農耕者。紀元一〇〇〇年左右，他們逐漸為新來者所支配，這些人可能說的是壽納語（Shona）。這些新來者與礦工住在一起，有石頭造的大本營和舉行儀式的中心，今日辛巴威尚可見到其廢墟。其酋長奪得與海岸阿拉伯人的黃金貿易，並且汲取林波波河谷的象牙與紅銅。由尚比西河上的英剛比・艾來德（Ingombe Ilede）內容豐富的墓葬中，尚可看到他們的影響力，尚可清楚看出影響廣遠的紅銅、鐵、和黃金貿易。

一四〇〇年時，統治辛巴威壽納人的是一個羅茲威（Rozwi）王朝，稱墨文・木塔巴（Mwene Murapa）。早期的葡萄牙旅客和日後對這個地區的口述歷史中，都曾描寫這個政治體（亞伯拉罕〔Abraham〕，一九六六年）。我們所知道關於這些人的事情，使我們對於一個基於進入半球性質貿易網絡的政府的形成情形，有異乎尋常的一瞥，也可以認識到一個發展中非洲王國的政治經濟與意識形態。

在這些記載中壽納人是父系社會，組成若干「部落」或親屬團體。每一個團體都與祖靈有關係。這些祖靈的主宰，是一個或一個以上代表和維持部落酋長職創建人及其後裔群體的靈(Mhondoro spirits)。在這些酋長祖先靈之上是寧拜爾(Nembire)皇族的祖靈。這個祖靈擔任皇族與神的聯繫者。辛巴威同時是奉獻給泛壽納神祇的儀式中心和麥拜爾(Mbire)統治者的政治中心。這個統治者的讚頌頭銜是墨文・木塔巴。國王終極的統治權屬於這個最高的統治者。他又將土地的權利授予父系世系群的團體的酋長。這些酋長將來會成為「mhondoro」階級組織中的資深「mhondoro」之靈。為了回報最高統治者，得到授權的人貢獻給他黃金、象牙、武器、牲口、和鋤頭。而這些貨物又被用為與海岸貿易中的商品。雖然墨文・木塔巴中央集權的政體在十五世紀中葉崩潰，可是各個繼承者的酋長國在萌發中的葡萄牙人與東方貿易中將有非常重要的作用。尼維特(Malyn Newitt，一九七三年，頁三二)說：「東非的黃金與象牙購買了印度的香料。香料是葡萄牙在東方主要要找的東西。如果不能控制這種貿易，葡萄牙人便永不能與回教徒在印度的市場上一較高下。」

亞洲的東部與南部

向東走，橫渡印度洋和再向東，是印度和中國及東南亞列島的廣大領域。羅馬帝國早期曾一度繁盛的印度與西方海上的香料與黃金貿易，第二世紀以後已經式微(參看惠勒〔Wheeler〕，一九五五年)。這個情形使印度貿易轉向東南亞(柯艾德斯〔Coedès〕，一九六四年，頁四四—四九)，而阿拉伯人和波斯人接收了到東方的路線。第四世紀和第七世紀早期，廣州有阿拉伯商人的居留地（勒爾〔Leur〕，一九五五年，頁一一二）。一直到第十世紀，中國人還使用阿拉伯或伊朗的船隻將貨物載運出國。因此，在亞洲南部、東部、和西部的核心地區之間，久已有貿易的關係。

可是印度和中國的發展，其所依靠的主要是農耕所生產的過剩產品，而非對外貿易所造成的關係。在擴張的過程中，印度和中國都發明了特殊的經濟和政治措施，將取用過剩產品的人和生產過剩產品的人聯繫在一起。這些都是需要分別討論的項目。我們先談東南亞。中國與印度間的道路，在東南亞交錯。

印度

我們這位觀察者於一四〇〇年在印度各地旅行的時候，會看到許多已經成爲廢墟的城市。帖木兒於一三八八年入侵印度北部，擊敗土耳其——阿富汗君主的軍隊。一三九八年他劫掠德里，屠殺其居民，將其君主的財富擄回川索克西尼亞。雖然新的阿富汗王朝在十五世紀中葉開始重新鞏固了部分勢力，可是印度北部的政治情況自帖木兒入侵以後長期處於混亂狀態。

如果我們這位旅客行經印度的村落，他必然會對當地人口長久分化各種世襲種姓制度(caste)的情形有深刻的印象。早在紀元前三〇〇年，馬其頓駐馬格達(Magadha)王旃陀羅笈多·毛里亞(Chandragupta Maurya)朝廷的大使，便曾報導過一些種姓制度的特色。十六世紀初，陪伴麥哲倫(Magellan)

繞行世界的葡萄牙人巴波薩(Duarte Barbosa)，詳細描寫這樣的種姓制度。(英文中的種姓制度這個字'caste'是由葡文中'casta'而來。)因而，種姓制度在印度有漫長的歷史，它在歐洲人來到印度之前和之後，都形成了這個次大陸上諸民族之間的關係。因而，我們需要詳細考查這個制度，它不但影響了改變的方向，同時也受到改變的影響。

在印度文中，種姓制度一字的語根是「jati」。「jati」乃由「jan」(生產、生育)而來，其意是由一個共同祖先所生產的世代或血統。這個共同血統的觀念可以引用在不同層次上——大家庭、家系、地方層次的家系、一個區域中的家系叢以及階級說(varna)的最高範疇，這種說法將所有單位分爲四層階序，最低的是失去階級的人(Outcastes)——「不可觸摸的」或「賤民」的階層。說什麼人屬於什麼階級，視在當時脈絡中的利害關係而定。在有的情形下，可以合併若干階級以方便強調共性或聯合。當情形有變化時，它們也可以分開(貝特爾〔Béteille〕，一九六九年，頁一五七)。雖然各部分可以不斷的分分合合，可是它們彼此之間也有高低的順序。種姓的高低代表了純淨或污染，這一點使印度人認爲種姓制度的次序穩定而合理(杜蒙〔Dumont〕，一九七〇年，頁四四)。

一群有親屬關係的人爲了組成一個種姓，必須固守某些習俗，如飲食的習慣或衣服的式樣，並舉行共同的儀式。如果某一個種姓的一個部分想與同一個種姓的另一個部分分開，則它必須發展特定的習俗和儀式。如果兩個部分合併，則必伴隨以習俗和儀式的合併。雖然這個制度的指導原則說它的各種安排是靜止固定的，可是實際上它裡面可以有許多伸縮性和流動性。由於種姓的資格關係到經濟與政治的權力，任何一個部分的行動都會影響到其鄰近的部分。因而，任何一個種姓的流動，都會受到其他種姓對抗力量的阻撓。不過在種姓階序中，當有些部分顯然上升時，有些部分就顯然下降。最後，外人也可以在這個系統中佔有一席之地。通常新的征服者可以爬到接近階級組織頂端的地方，成爲刹帝利戰士階級(Kshatriya)。非印度的民族群體也可給它們一個階級的類別，讓它們進入這個體系。

然而，爲了要具體了解種姓制度如何作用，我們必須超越親屬組織和儀式特色去看種姓制度的政治經濟。在任何一個特定省份，都有若干世系叢掌握領導和支配的職位。在其中心是首領的世系。這些具有支配權力的世系互婚，在各省份加強其統治地位。它們以儀式展示其地位，所以其支配形式不僅是政治性的，也是儀式性的。統治階級中的各部分，在每一個村落中以地主和戰士的身分控制當地的經濟和政治生活。在省的層級上，由支配的種性來擔任統治者，讓省在政治上成爲一個「小王國」(杜蒙，一九五七年)。這樣的小王國往往是一個更大的國家的一部分。省的統治者在這樣的大國家中政治地位如果上升，則在這個省中統治的種姓，其影響力也上升；至於地位若下降，則會威脅支配的種姓的地位與團結，這個影響甚至會下及村落層級。

在概念上種姓層級最高的是僧侶的親屬叢，或叫婆羅門(Brahmins)。他們是宇宙秩序、價值和規範的支承者(杜蒙，一九七〇年，頁六八)。他們具體表現最高度的儀式純淨性。他們不會污染在他們之下的任何人，但卻可被這些人所污染。他們主持宗教事務，並按照古代梵文典籍作爲行爲標準。

因此，純淨程度較低但想要增加純淨程度的種姓，便效法婆羅門的習俗和儀式，並由僧侶處求其成功的證書。於是，僧侶的榜樣便擴散到各種姓（斯瑞尼華〔Srinivas〕，一九六二年，第一章）。然而模仿僧侶並非唯一取得較高地位的辦法，也有人模仿戰士和商人的模式。

婆羅門保證儀式的純淨，剎帝利，也就是戰士階級卻表示權力。僧侶是宇宙秩序、價值和規範的承載者，而戰士的領域是力量、獲取、和自利（杜蒙，一九七〇年，頁六六）。但是由於力量創造權力，最終能團結各等級和部分的乃是力量、獲取和自利。在一個村落或幾個村落中，地方的支配種姓盡戰士的職能。在意識形態上，這個統治的世系代表村落層次的皇家職能（杜蒙，一九七〇年，頁六六）。因此，戰士的權力是這個系統眞正的關鍵，而不管是誰，只要可以運用或奪取這個權力，便是以戰士的身分起作用（傑耶華德納〔Jayawardena〕，一九七一年，頁一一八）。不過在某些情形下，當商人群體的重要性超過戰士時，較低的階級會想取得商人的身分（辛哈〔Sinha〕，一九六二年）。因此，種姓的分類可以配合權力與影響力的變化。而地方或省的許多世系，可以藉此操縱而加強或擴張其在更大地區中的地位。在國家的層次，國王甚至可以重新分配種姓身分（胡騰〔Hutton〕，一九五一年，頁九三—九七）。在市鎮中，種姓身分往往不如在工匠同業公會中的會員資格重要（勒曼〔Lehman〕，一九五七年，頁五二三）。甚至在村落中，支配的種姓，其地位也不是絕對的。雖然支配的種姓可以通過宴樂、交易，和儀式來表示與服務的種姓的特殊關係，其他較低的種姓卻可以用模仿僧侶的舉動加以抗衡，以表示他們與支配種姓作對（希斯特曼〔Heesterman〕，一九七三年，頁一〇二）。

地方的支配種姓，其手中最有力的王牌是對村落土地的控制。在英國人於十八世紀開始土地改革以前，印度流行若干形式的土地所有權。其中一種形式是「bhaiacharya」保有權。在通行這種保有權的地方，支配種姓的一部分佔有全部的土地。他們週期性的根據家戶大小和需要的起伏把土地重新分配給他們的家戶，並集體付給土王租金。另一種是「pattidari」保有權。在通行這種保有權的地方，土地乃根據其在宗譜上的地位分給支配種姓的一部分家戶，但是租金仍是以一個單位整付。第三種是「bighadam」保有權。在通行這種所有權的地方，佔有的土地面積大小不等，佔有土地的人，依其所佔有土地的大小付租金。在英國人來到以前的印度，這些保有權的形式和稅收的辦法互不排斥，而構成在一個連續統一體上不斷變化的點。持續的土地分割，或強大的國家壓力，可以削弱親屬紐帶，也可以使根據宗譜等級的保有權，變化爲根據家戶需要的配給物。如果一個上升中的世系的首領逐漸擁有權勢，保有權的變化也可以逆轉。在這些保有權制度下，乃是親屬關係的權利和義務，包括要求支持的權利和首領要求親族勞力和效忠的權利。因而，當這些要求發生增長和衰微的變化時，對土地的權利也有變化。當英國人接掌印度時，他們解釋這些人與人之間浮動的關係爲歐洲式的各種固定財產形式。他們制定了一個他們認爲是財產法的自由制度，但事實上卻取消了以前各種辦法的適應能力。

村落中也有兩類沒有土地權的人。第一類是以工匠或理髮師身分給地主群體服役的種姓群體。他們可以與一個特定的地主家戶有關聯，也可以爲整個地主種姓服務。這些村落中的僕人擁有自己行業所用的工具，而且得到一種「生活的保障」，這一點使他們與既無行業工具又沒有世襲基礎來對土地要求權利的那一種人迥異（梅拉蘇〔Meillassoux〕，一九七四年，頁一〇二—一〇三；尼威爾〔Newell〕，一九七四年，頁四八七）。這些人或是無土地的勞工或地主的自願佃戶，有些兼職皮革工人或鼓手。他們是村落統治階層可以使用的勞力（曼契爾〔Mencher〕，一九七四年），構成所謂「不可觸摸的」種姓。由於他們與較高階級的關係上有若干禁忌，他們的地位更形低下。這種不可觸摸的世襲階級，其分布與生態的因素有關。不可觸摸的種姓主要集中在北部印度河—恆河平原人口密集的灌溉區以及南方海岸肥腴的綿亙空間，在這些地方他們大多是農業勞工。在比較乾燥的多山地區，地主自己耕種土地，工匠往往來自較貧窮的地主階級。事實上，隨著資源的萎縮，村落地主有時將不可觸摸種姓的勞工逐出村外（尼威爾，一九七四年，頁四八七—四八八）。得以留在村中的這些勞工，主要是聽村落地主的吩咐和命令。

印度社會的整個建築一方面是蜂窩狀的和分節的，另一方面在不同的小穴窩與環節之間，又可產生聯繫。這個情形最好在印度的政治生態學背景下加以了解。印度至少有三個。第一個是恆河平原的印度。第二個是沿海地區的印度。第三個是中部山區德干高原（Deccan）的印度。恆河流域的印度雨量豐沛，密集種植稻米。在歷史上它是印度國家形成的中央地區。紀元前三二二—一八五年，這兒是孔雀王朝（Maurya）政體的中心。紀元三〇〇—六〇〇年，笈多帝國的君主（the Guptas）在此享有統治權。沿海地區的印度有一系列的河流三角洲和海岸地區，如沿東部柯羅曼德海岸（Coromandel coast)和安德拉(Andrah)和塔米那(Tamilnad),和西部的克瑞拉(Kerala,在馬拉巴海岸〔Malabar coast〕上)、康坎(Konkan),和古嘉瑞(Gujarat)。沿這些海岸的港埠,久已在長程海外貿易上佔有重要地位。第三個印度是德干高原上的印度,它由連續的大小山脈與另外的兩個印度分開。分開德干高原與北方恆河平原的是一個山區,裡面仍住著說南亞語言的人。分開德干高原與沿海低地的是東、西高止山脈(Western and Eastern Ghats)。德干高原的本身是一個乾燥的高原,其自然植被是灌木叢,而其主要的作物如粟,都是旱地的作物。用由零星水塘汲來的水灌溉,也可生長稻米和別的作物,但是往往在最需要水的時候水塘便乾涸,使德干高原成爲一個週期性缺乏糧食的地方。

印度半島今日是世界上人口最稠密的一個地區。但是造成這個情形的密集聚落和農業成長,進行卻是緩慢和不連續的。中間有許多區域仍在採集食物者和火耕農夫之手。當中央集權的國家出現時,它們便使用權力贊助定居者同業公會或婆羅門組織從事清除、灌溉、深處採礦,和邊疆殖民的工作。但是政治上的中央集權不多見,只在孔雀王朝和笈多帝國治下達成,而也只有在恆河平原。在其他的時候和地方,普遍的政治單位仍舊是「小王國」。小王國是由高級世系的土王所統治的範圍,它常常沒有能力動員人民從事農業的擴張。再者,德干高原只能用零星的池塘灌溉,其結果是人口分散而非集結在一個水力核心地區的四周。殖民與聚落的分散反而比較適宜當地生態,更使人口的分散和劃分加劇。定居地區與定居地區之間的地帶,仍掌握在以親屬關係爲原則所組成的群體之手,他們敵視這些入侵的定居小邦。因而,印度文化範圍的擴張,與中國文化範圍的擴張,形式很不一樣。中國的擴張是在於擴大一個均質的水力核心地區，將火耕的人口逐入西南山區。印度的情形相反。印度給予各種不同人口在較大種姓網絡中不同的地位，因而將它們都納入這個網絡。

針對分裂，婆羅門提供了反抗的力量。每一個個別的地方上由地主、工匠，和奴僕組成的小單位，都由地方性的儀式和對一個「小」傳統的崇拜團結爲一體並爲神聖的梵文經典所支持。無人管理的民族群落，如果經其酋長承認爲戰士，將其婦女嫁給婆羅門，和採取梵文傳統的儀式，也可以變成較大文化網絡的一部分。這些過程一直到今天還在發生，許多「部落」的成員因接受婆羅門的裁判而成爲印度人。（山區說南亞語言的「編入目錄的部落」〔scheduled tribes〕，今日尙存。他們一直到今天還用自己的人來作爲主要的詮釋和教授宗教者，而不把這個地位給婆羅門〔柯恩〔Cohn〕，一九七一年，頁一九〕。）婆羅門通常也引入犁耕農業和新作物這樣的新農業技術，並與較廣大的貿易和市場網絡連接。邀請婆羅門在其村落中定居的國王和想當統治者的人，也授予婆羅門土地〔柯薩比〔Kosambi〕，一九六九年，頁一七一—一七二〕。

因此，我們可以認爲婆羅門的支配勢力和種姓制度模式在各農業地區和村落的重複出現，是回應生態學和政治上的劃分。它一方面聯繫起僧侶、戰士和商人這些高級種姓的成員，一方面將這些階層的地方性種姓環節與地方上工匠與附屬群體繫聯。照希斯特曼的說法，它是「窮人對帝國的解決辦法」（the poor man's solution to empire）（一九七三年，頁一〇七）。勒曼認爲種姓制度模式將有組織性服務與文化技巧引入印度鄉村的結構，制衡了因長期有效中央權威的崩潰所造成的漫長時期的紊亂（一九五七年，頁一五一－一五二）。

以種姓制度爲基礎的農村結構，許多世紀以來，抗禦了外來征服者一再地猛烈攻擊。想統治印度的人，一個又一個派遣軍隊由北面山脈以北的大草原地帶下到印度平原，通常是走由大夏(Bactria)穿過隘口進入旁遮普(Punjab)的路線。第一世紀到第三世紀時是說伊朗語的撒卡(Sakas)和庫什南(Kushnan)人。第五和第六世紀時是蒙古——土耳其白匈奴(Epthalites)，其一隊人馬古嘉拉人(Gujaras)留在印度成爲拉吉普人(Rajput，意「國王的子弟」)。十一世紀時是波斯化了的土耳其人（嘉納維人(Ghaznavids)）。十二世紀時是由希瑞特(Herat)來的阿富汗人(Ghorids)。十三世紀初年是土耳其王朝的阿富汗奴隸和蒙古人。十四世紀晚期是帖木兒已波斯化了的土耳其人。十五世紀時是阿富汗人。

一五二五年時，帖木兒的一個後裔巴博(Babur)在放棄了川索克西尼亞給烏茲別克征服者以後，進入印度。他在擊敗阿富汗和印度的拉吉普人的反對勢力以後自立爲王。他所肇始的統治系統，日後統一了印度次大陸大半的地方，並且一直統治到英國人佔領印度爲止。不過這個莫臥爾王朝(Mughal dynasty)只是一連串起自中亞遊牧草原地帶菁英分子中最晚的一支。有人說他們代表「傳統的印度」，但是這話大謬不然。其實他們新贏得的勢力，是建築在比他們自己更古老和堅實的社會構象之上。

中國

在中國絲路的東端，我們的旅客會看到的，是北方游牧民族與長城以南定居的農耕者之間持續互動中的另一個主要的部分。在十四、五世紀以前，中國不斷受到北方「野蠻人」的攻擊。十一世紀早期，來自熱河的說蒙古話菁英契丹(遼)，曾經佔領淮河以北的中國。幾年以後，由今日蘇聯海岸森林來的通古斯族女眞人取代了契丹，其領域一直到長江岸邊。到了十一世紀末，成吉思汗的蒙古人已同時消滅了北方的女眞人和當時仍舊統治江南的宋朝，並且跨越南方的山嶺到達緬甸的巴摩(Bhamo)和越南的河內。然而蒙古諸王旋即內鬨。到了一三七〇年，明太祖將蒙古人逐回蒙古，結束了蒙古人在中國的統治。因而一四〇〇年這一年正是明代初期中國再興的時候。

中國雖然迭受北來的侵略，可是卻構成一個有強大連續性的文化領域——黑格爾稱之爲「有周期性原則的國家」。這種連續性的戰略條件，在於水利工程對中國的國家運作相當地重要，這一點已由魏復古(Karl Wittfogel)指出。這類水利工程基本上有兩種：一種是運河的灌溉溝渠，旨在將水引入農田；另一種是大水壩和水閘，使有人定居的地區不遭受洪水的侵襲。除此而外，還有運輸用運河加以補充，使穀物可以流通到更多的地方。已知最初的巨大水利工程乃建於周朝式微的時候(紀元前五〇〇—二五〇年)，其時列國激烈競爭。兩個最重要的水利複合體分別灌溉四川的成都平原(三、五〇〇〇平方哩)和陝西的渭北平原(一、〇〇〇平方哩)。這些複合體早於秦朝(紀元前二二一—二〇七年)統一中國爲一個帝國以前，可能也是鞏固這個帝國的基礎。運輸用運河或許也始於秦朝，但其最大的擴展卻是在第七世紀。這種水利工程的維持和擴張，逐漸成爲中國政府的一大任務。爲了這個目的，安排勞力和稅收是歷代政府最注意的事，而國家的式微往往與做不到這件事有關(王〔Wang〕，一九三六年)。

七世紀以後，在江南進一步的農業殖民，使中國的財富增加。在江蘇和浙江的南部，在灌溉稻米的種植上有重大的創新，不僅在引入和擴張水利工程，還有在預備土壤的工具和技巧的改良，以及更密集的使用肥料。由江蘇和浙江的南部，灌溉稻米的耕作向南擴散。宋朝提倡這種擴張。宋人失去了長江以北的統治權，因而急於增加其剩餘國土的生產力。較大的產量造成人口的大幅增加，而較多的人口又使產量更增。紀元六〇六年與七四二年之間南方的人口增加了一倍。紀元七四二年到一〇七八年間，又增加了一倍(艾文〔Elvin〕，一九七三年，頁二〇六，二〇八)。在這個過程中，中國人(自稱爲漢人，以別於其他的民族群)，或是吸收了長江以南非漢人的人口，或是把這些人口逐入不容易精耕稻米的地帶。一度住在長江中下游的苗人，被逐入雲南、四川，和貴州。一度住在東部海岸山區的傜人，被逐入他們現在居住的貴州。在這些無法從事精耕和維持中國官僚組織的地區，當地的酋長制和火耕盛行(福來德〔Fried〕，一九五二年)。

但絕非所有的灌溉系統均爲政府所修建。譬如，長江下游區域大半的水利工程均爲富有的地主修築。不過卻可以說中國農業對水利工程特殊的需要，影響到典型中國官僚政治的發展。政府所主辦的許多任務，包括對水利工程的控制，都超越地方性或區域性貴族或團體的能力，中央政府因此創造了大量可能成爲官僚的人才，使其官吏的供應可以源源不斷。這些人可以執行政府層次的任務，並且防止地方上有權力者的分裂力量。

這個官僚政治有時稱爲官吏制。官吏乃由士紳階級中遴選。其中文的稱謂是「紳士」，或戴飾帶的學者。飾帶是帝國官職保有權的標記，「學者」指通曉中國經典的人。在理論上，官職只能保有一生，不能繼承。可是在這一生中，在職者可以免於強迫勞役和繳稅，不受地方官在司法上的控制，也可以參加帝國的宗教儀式。禮節和思想意識的訓練乃根據對經典的研習，尤其是根據對孔子談話和著作的研習。孔子主張維持由「君子」理想所具體表現的恰當社會關係。儒家的典籍乃完成於貴族正在喪失權勢而庶人正在興起的時代。這些典籍敍述一種貴族式的舉止，可是有功的庶人也可和貴族一樣採取這樣的舉止。接收過這種舉止訓練的人奉行在宗教上認可的習俗(禮)，而且以禮而不是以法(實際的法律)裁決衝突。

雖然自秦始皇或秦始皇以前便有這個帝國官吏的階級，可是到了唐朝七到九世紀時它才變得顯著。唐朝用它去抵制貴族家系的勢力。到了紀元一〇〇〇年時，這些士紳本身也取得經濟和政治的權力。許多士紳成爲強大的地主，用農奴的勞力耕種其地產不繳稅，並將其官職通過「蔭」的繼承特權傳給子孫。正如較早時期的貴族創造以祖先爲根據的家系一樣，士紳也開始創造由家中菁英分子所管理的強有力世系領域。這些父系世系群控制宗廟、土地，和墓園，並且裁決內部的爭執。他們在外人之前保障自己家族的共同利益，並且通過聯姻和政治關係擴大勢力範圍。這樣的世系群在中國的南方尤其凸顯。在南方他們往往是殖民的官員。事實上，大多數的中國最有權勢世系群均可溯源到宋朝，也就是可以溯源到長江以南農業擴張的關鍵時期（胡〔Hu〕，一九四八年，頁一二一—一三）。因而可以了解爲什麼自十四世紀漢人的統治恢復以後，明朝與清朝的皇帝均力求控制和排斥士紳愈形獨立的權勢。明朝取消了「蔭」的特權，並規定所有想任官職的人都必須參加科舉考試。然而只有在十八世紀時，滿洲人的朝代清朝，才用取消農奴制的辦法削弱士紳對土地的把持。

因此，士大夫階級顯然既非只是委身於由政府所具體表現的較高理想的哲王，又非一個單純的地方上地主階級。他們的作用，是將中央的制度和地方上與區域性的制度予以銜接。他們的立場不免是矛盾和容易改變的，要看中央政府還是地方利害關係哪一個佔上風而定。

士大夫階級的作用和性質逐漸改變，農夫階級的作用和性質也在改變。在紀元前二二一年統治中國的秦國，也立法使農夫有土地所有權。爲此，農夫直接向政府付稅，並爲政府服勞役和兵役，而不向某個中介的貴族付稅，或爲貴族服勞役兵役（惠特福吉，一九三一年，頁五〇—五一；拉提摩爾，一九五一年，頁四四一—四四二）。拉提摩爾也指出，此舉也創造了一類無土地的人，成爲永遠聽政府吩咐的流動人力（一九五一年，頁四四一—四四二）。漢朝、隋朝，和唐朝初年繼續這個擴大自由農階級的政策，農民民團成爲其軍隊的主力。它們往往沒收大地產，並往往制定有利於土地較公平分配的立法。

然而到了八世紀中葉，這樣的立法失效，大地產迅速增加。農民民團式微，農民也不再免稅。其結果是許多農夫要不是依附於地主以免繳稅，就是出賣田地以求溫飽。又有一些農夫因受到威逼而成爲受拘束的勞工。雖然當時也有一點奴隸制度，但其所涉及的人口百分比很小（威爾伯〔Wilbur〕，一九四三年，頁一七四；艾文，一九七三年，頁七四，註一）。受拘束的勞力有兩種形式：第一種是佃戶農奴，必須爲特定個人服務，其身分可以繼承，也可以買賣。在理論上只有士紳可以有自己的農奴，但在實際上沒有飾帶的地主也設法以法律上的擬制收養(legal fiction of adoption)來取得農奴。此外，有些佃戶是固定在田地上，可以和這塊田地一起被出賣。一四〇〇年時，受拘束勞力所耕作的莊園已是主要的地產形式（巴拉茲〔Balazs〕，一九六四年，頁一二五；艾文，一九七三年，頁七九—八〇）。一直到很久以後的一七三〇年代的清朝，農奴制才終於廢除。由於十六世紀和十七世紀時農業的獲利減少而別處的贏利機會增多，地主往往改在其他方面投資。其結果是農民擁有土地的情形增加，但當時的情形與造成古代建立自由農制度的情形不同。

一四〇〇年前後，中國與外在世界的關係開始改變。在古代，貿易和宗教的聯繫已使中國與鄰國發生關係。唐朝的時候（紀元六一八—九〇六年），中國與印度的接觸日增，也開門接納來自南方的佛教影響力。宋朝的時候（紀元九六〇—一二七九年），南面海上的貿易大幅擴張。在蒙古人治下（紀元一二八〇—一三六七年），中國重新開啓舊日的絲路與西方接觸，並將回教、基督教，和猶太教的商人引入國內。（中國三保太監鄭和率領帝國艦隊進入印度洋及到達非洲海岸。鄭和本人便是一名回教徒。)蒙古君主尤其喜歡任用維吾爾人和景教徒爲書記和顧問，一面也削減了儒家士紳的作用。

明朝在一三六七年將蒙古人逐出境外，並逆轉中國對外緊密交流的過程。中國於是閉關自守，斷絕外交上的關係，這個情形也許是由於明人本身的本土化性格，在經過四百年的外族入侵以後，明人想回到自己中國的根源。這個反動獲得士紳的支持，因爲在蒙古人治下，士紳的影響力受損，一旦外交政策逆轉，他們便能從中獲利。中國這個時候正有經濟上的困難，中國的人口在蒙古入侵以前達到高峰，後則下降。或許如艾文(一九七三年，頁二九八以下)所說的，這個反逆是工藝技術逐漸停滯的結果。技術與組織在當時已到達工業革命以前可能的生產力極限，因而造成了這種停滯。明朝力求確保中國北面邊疆的安全，乃動員大軍修建大運河連接南北以運輸軍隊。這種戰略強調運用國內的水路，而少用海岸的水路。這個時候日本的海盜與漢奸也正在侵擾海岸的水路。因此在明朝治下，中國向後退縮，放棄了創新和探險而求取穩定。這個模式要到十七世紀才改變。由滿洲來的通古斯女眞家族的聯盟，藉蒙古人之助與中國人的合作，建立了滿洲人的統治，也就是最後一個王朝——清朝。

東南亞

東南亞的半島與群島，乃位於印度洋與中國海輻合的地方。這是印度文化與中國文化領域相交的一個點。一四〇〇年時，在這個區域可以同時看到印度和中國的影響力。這些影響，是加在一個較早的文化根柢之上。這個文化根柢又以火耕種植無水力灌溉的旱地稻米爲基礎。東南亞大陸的「山民」(hill people)和印尼外島的「部落群體」至今尚使用這樣的耕作方法，它維持在宗譜上互相關聯和分階級的群落。基督紀元開始的前後，殖民者引進灌溉稻米耕作方式和印度或中國的文化形式。可是我們的旅客還是可以看到「山民」和「部落群體」的耕作方式一仍其舊。

印度對這個地區的影響力早於中國。引進印度文化的人大概是印度的商人。婆羅門伴隨這些商人而來，以儀式的力量使當地的酋長成爲統治種姓剎帝利階級。藉由授予這種儀式力量，他們創造了一個早先在印度次大陸一樣的政治基礎結構。

由紀元前二〇〇年到紀元二〇〇年，這些殖民的群體已在東南亞大陸和蘇門答臘與爪哇這些大島上定居下來。他們逐漸成爲較有權勢的菁英分子，以皇家的朝廷爲中心，並由稻米的精耕或貿易中汲取資源。皇家朝廷的形式在各地都相當類似。其中心是一個神聖的神王，住在同時是寺廟和堡壘的皇宮之中。與皇宮結合在一起的是國王的武裝侍從、親屬群體、工匠和儀式專家。朝廷同時是權力的頂點和宇宙象徵性的核心。在這個核心以外是許多諸侯(家臣)和同盟。他們所貢獻的資源，使中心可以報酬其徒眾和加強其供養的基礎。水利工程的興建、力役的調度和殖民，使過剩的產品大增。大半的盈餘都投資在興建龐大的寺廟群，以強固皇權與超自然之間的關係，如第八世紀時所建爪哇中部的波羅布達(Borobudur)和九世紀與十二世紀時所建高棉的吳哥同和吳哥窟首都。這樣的邦國雖然竭力加強皇家的領袖氣質（或許由於這事花錢太多），卻常常是不穩固的，容易因朝代的對抗、地方豪強的反叛和王權的式微而崩潰。

荷蘭社會學家勒爾以這樣的「內陸」邦國與他所謂的「海港侯國」做對比。「海港侯國」位於海岸或河口，不靠灌溉與勞役而靠商業。它們的食物得自附近奴隸所耕耘的土地，其餘來自「部落」人口的火耕農田。這些「部落」人口通過其酋長（海上國王的諸侯〔家臣〕）的代辦將農作物供應給商業中心區。商人在這些侯國有關鍵性的作用。他們大半是外地人，根據其民族的來源而分開居住，各有發言人在政治和商業上代表他們。雖然有些商人在宮廷有影響力，但他們並不構成一個獨立的階級，這或許是因爲他們來自不同的國家，而利益也是超國界的。他們受制於君主及君主的侍從，並且模仿皇家隨員的舉止。

實際的情形比勒爾的理想型更爲複雜和混雜。「內陸」王國和海港侯國至少有兩次被囊括進同時包含它們二者的大結構中。斯瑞維亞亞王國便是一個例子。第七與第十世紀之間，它由蘇門答臘東部的巴倫邦（Palembang）向外擴張。巴倫邦面朝通過麻六甲海峽的商業航線。斯瑞維亞亞顯然是一個海上霸權，佔領了蘇門答臘和大半的爪哇。八世紀時，它皇室的一員登基爲高棉國王。第二個例子是十四世紀時核心位於爪哇東部的十四世紀時瑪嘉巴希邦國（Madjapahit）。瑪嘉巴希在結構上是一個內陸王國，但是卻廣泛的與中國、印度和東南亞大陸貿易。它逐漸佔領了爪哇、蘇門答臘、馬來半島的南部、婆羅洲，和大半菲律賓群島。到了一四〇〇年，瑪嘉巴希已非常衰微，因爲它的王朝發生爭執而民眾也反抗它的榨取。這個情形在內陸國家層出不窮。同時，它海上的事業又因中國的侵犯南方水域，尤其是回教在印度洋和中國海的商業世界擴大影響力而萎縮。隨著信奉印度教——佛教的瑪嘉巴希王國的瓦解，在東南亞沿岸的海港侯國，其商人和統治者迅速皈依了回教。

一四〇〇年的時候，麻六甲城盛極一時。麻城乃一三八〇年前後由斯瑞維亞亞王國的一位王子所率領的來自蘇門答臘的一群海盜所建。這些人反叛瑪嘉巴希。到了十四世紀之末，王子皈依回教，將蘇門答臘富有的巴賽(Pasai)回教商業群落吸引到麻六甲。他的夥伴變成這個新商業中心區的重要官員，並且供應他擔任戰爭領袖、關稅稅吏，以及財務總長、首席大法官和皇家司禮的人選。麻城共有四個大貿易群落，各有其代表。這四個群落是古嘉瑞人、卡林加人(Kalingas)和孟加拉人、由群島來的商人，和中國人。葡萄牙人皮瑞斯(Tomé Pires)在一個世紀以後描寫麻六甲城，說它大約有四萬到五萬居民，六十一個「民族」參與它的貿易。他說：「麻六甲的重要性與財富舉世無雙。能主宰麻城的人就能控制威尼斯。」

回教信仰將散佈在印度洋以迄菲律賓蘇魯(Sulu)群島的回教貿易點，串連起來。遊走的回教禁慾主義與神祕主義傳教士，深入內地傳教，使回教的神祕主義與當地居民對人格化了的自然信仰互相混合。回教尤其使新的港埠君主或海盜頭目有了意識形態上的合法性。這些人成了回教的君主，可以以「神在地上的影子」的身分行事。港埠的皈依回教，重啓了內陸國家與港埠侯國間的敵對。這一次貿易貴族佔了上風。最後回教也會主宰內陸國家。只有在巴里島(Bali)，才有一群印度教——佛教的難民還維持這個島嶼世界中完整的古老崇拜儀式。

新世界

新世界沒有伊賓・巴圖塔、馬可波羅或鄭和這樣的人留下遊記。可是我們可以用考古學、語言學、和民族歷史學的證據，去重建一個一四〇〇年的旅客可能在南、北美洲所見的情形。

這些證據指出西半球各個不同文化區域之間很可能有所互動，在有的地方更是可以確定。考古學家把表現出強烈內在相似性的地區稱爲「互動的地區」，因爲類似工具、建築形式和藝術風格在這些地區內部廣泛的流布，指出彼此間有接觸與社會關係。考古學家惠理(Gordon Willey)指出，一四〇〇年時，美洲有兩個「高輪廓」(high contour)互動軌跡。這兩個地區在考古學上的特色是包括灌溉在內的精耕痕跡；人口稠密地帶，包括建有精巧寺廟與宮殿的城市；陶器或紡織物這樣的手藝產品(顯然是爲地位高尚的菁英分子所製)；以及意識形態上層結構的宏偉證據(這些由菁英分子所統治的勢力範圍，通過意識形態上層結構，將其目標顯示給一般老百姓)。安地斯山脈中部今日的祕魯和玻利維亞地區是一個這樣的高輪廓互動地區。這個地區在十五世紀中將成爲印加帝國(Inca Empire)的心臟地帶。但是在一四〇〇年，印加人尙是一群粗野的暴發戶，佔領一個小地區，以高地市鎮庫斯科(Cuzco)爲首都。另一個地區是中美洲(Mesoamerica)，位於今日墨西哥和瓜地馬拉的高地及其鄰近的低地。當西班牙人征服美洲時，住在這個區域的是阿茲提克人(Aztecs)和馬雅人。然而在一四〇〇年時，我們的旅客不太可能注意到阿茲提克人，那時他們不過是一小群傭兵，替一個較大的邦國服務。而此時馬雅人的菁英隨從分子互相殘殺、爭論不休，爭奪過去光榮的遺產。

南美洲

在南美洲，農業精耕與統治大面積的政治體系的興起，其關鍵地區是綿延大陸西側的安地斯山脈地帶，安地斯山脈包含許多縱行的山脈，其高達一五、〇〇〇到二〇、〇〇〇呎的山峰由丘陵地的盆地拔起，也有適合人類居住的平原。山脈由西面的山系下降到太平洋海岸。這個海岸是一條彷彿荒漠的狹長地帶。許多小河谷橫切這個地帶，由山坡下到大海。千年以來，沙漠和山坡地帶都有農耕。沙漠藉運河灌溉耕作，山脈藉構築龐大的梯田和放水堰耕作。

安地斯山區的特色，是其海岸、山麓地帶、高原，和凍原大草原構成許多非常不同的環境和供給許多不同的資源，因而需要並且也可以有不同的人類活動。海岸居民可以在條件適宜的綠洲上種棉花，並收集海鳥的糞便爲肥料。山麓地帶可以生產玉蜀黍和胡椒。高地生產馬鈴薯和藜。在凍原大草原，牧人放牧駱馬以取駱馬肉和毛，並且收集食鹽。在安地斯山的東側，居民種植古柯，也可由森林中取得蜂蜜、木材、羽毛，和其他產品。同時，不同地帶的活動往往是犬牙交錯的。因而，用駱馬牧人所收集到的糞便作爲肥料，便可提高農作物的高度極限。在低處挖掘水塘和排水溝不僅對農業有利，而且可以增加水的供應量和牛馬草料作物，使放牧可以延伸到較低的地方（奧洛夫

〔Orlove〕，一九七七年)。有人認爲(慕拉〔Murra〕，一九七二年)高地低地層次這麼接近和其犬牙交錯，鼓勵生產活動的社會性組織。這一點，使居於社會複合體各層次的安地斯山居民(小村、村落、區域、王國、帝國的居民)，都想同時控制不同高度的生態地帶。如果能使某個具支配力的權威來控制是比較好的，因爲這樣可以系統化的聚集這些地帶的資源，而後重新分配給各地帶。慕拉說這就是爲什麼安地斯山的人喜歡通過互換和重新分配來組織交易的系統，而非通過私人方面和市場的公開交易，與世界上其他有精耕和精緻政府體系，並在市場上交易資源的地區相比，安地斯山區的人，比較喜歡通過政治群體階級組織的代表之手，來引導貨物的流通。

當西班牙人到達南美洲時，由厄瓜多的曼塔(Manta)以北到智利的毛雷河(Maulé River)，都在印加的統治之下，但是一四〇〇年時，印加的擴張才剛開始。紀元一〇〇〇到一四七六年，也就是印加開始統治以前的一段時期，事實上是政治崩潰的時期。考古學家稱之爲中間晚期(Late Intermediate)，因爲它發生在早期統一時期和晚期印加統一時期之間。紀元八〇〇年與一二〇〇年間，這個地區的居民曾致力於政治上的統一。考古遺址中可以看到兩種分布廣遠的藝術風格，每一種都與一個城市有關。一種是的的喀喀湖(Lake Titicaca)盆地南部的提桓那可城(Tiahuanaco)的風格，一種是安地斯山中部阿雅古卓谷地(Ayacucho Valley)的華瑞城(Wari)的風格。提桓那可藝術的主題，如有美洲虎口和蛇形放射頭飾的「門神」(印加維拉柯察神〔Viracocha〕的原型)和貓神，主宰了的的喀喀盆地，並向南伸入柯察班巴(Cochabamba)區域，直到乾燥的阿塔卡瑪(Atacama)邊緣南部。惠理說這個風格乃由殖民者攜帶，或許是由殖民的菁英分子攜帶。北方的華瑞城乃位於曼塔羅河（Mantaro River）盆地。其早期的成長大約是受到提桓那可的刺激。多彩和帶有提桓那可式神話人物和動物象徵的陶器，標示出這個風格的勢力範圍。攜帶這個風格的人，大概是一些有支配力的菁英分子。他們在烏魯班巴盆地（Urubamba Basin）到馬拉農河（Marañón）中游，和海岸上的奧可諾（Ocono）到奇嘉瑪（Chicama）地區的地方性政治宗教中心，奠定自己的勢力。較晚的華瑞城居留地，乃由許多有計畫的複合體組成。這個模式可能來自海岸地區，也開日後安地斯山區邦國特殊計畫居留地的先河。在這樣的計畫中，食物由政府所管理的倉庫根據區域分配，也在公路沿線和靠近重要居留地的地方安置控制站。

到了紀元一二五〇年，這兩個較大的政治體系已經分裂爲若干政治組織單位。好幾個邦國爲了控制高地而互相爭戰。另外幾個邦國各主宰一段海岸地區。其中最重要的是統治北面海岸由奇拉（Chira）到素帕（Supe）的奇木（Chimu）。其首都詹詹（Chanchan）位於摩奇谷地（Moche Valley）。詹詹至少佔地六平方哩，分爲十個有圍牆的方庭，每一個方庭中有住宅、天井、下陷的貯水池，和墓葬。在這個菁華中心以外是地方上的行政市鎮和無數的小村，由現存的證據上，可知奇木的領土的谷地有龐大的防禦工事，又有一個大的多谷運河系統將水供應給各堡壘和中心。重要的公路上交通頻繁，使貿易能貨暢其流，並加強對若干谷地的政治控制。日後印加帝國所使用的控制方式很可能是由這個奇木國所傳下來的。

一四〇〇年時，印加人在烏魯班巴盆地的上游地區形成了一個小邦。那個時候，印加王朝大約已有二百年的歷史。但是一直到第九個國王巴察古提・印加・尤班貴(Pachacuti Inca Yupanqui，一四三八至七一年)，印加才開始擴張。印加擴張的先頭部隊是職業軍隊，後又修築公路和控制點以鞏固征服的成果。

在印加帝國擴張的這個階段，其社會是一個階級組織中有似神的印加王朝(國家宗教的媒介)；皇親國戚所構成的貴族輩，以及服從印加統治的地方上統治者；地方上內婚父系繼嗣群地主階級的首領；以及繼嗣群分子的本身。男性的「貢獻」是修築公共工程、務農，和服兵役。婦女大半的時間織布，其所生產的布匹集中放在印加的倉庫中，以爲酬勞忠實的臣民之用。織成的布匹帶有不尋常的儀式價值。政府在新闢的農地上殖民，尤其是在山麓可以種植玉蜀黍的地方殖民。政府也維修灌溉工程和道路以及維持一個很好的郵傳制度。這個郵傳體系雇用跑者將音信由帝國的一端傳到另一端。任何對印加溫順的人，都保證在這個有階級組織和組織良好的事物規律中佔有一席之地。但是反叛便是作戰，反叛的群體被移殖到離其故鄉遙遠的地方。

在祕魯以北，安地斯山繼續進入厄瓜多，而後以分枝山系的形式下降到海岸的低地。厄瓜多高地的盆地不像祕魯的盆地那麼大或有生產力。但是其氣候與安地斯山區中部類似，其主要作物爲安地斯式的馬鈴薯和藜。然而再向北到山脈進入亞熱帶和熱帶的地方，主要的農作物卻是玉蜀黍。這個地區的特色是有各種各樣的地方性小氣候，居民以火耕、土壤選擇、築梯田，和運河灌溉等變化多端的辦法加以利用。這個活動的規模常很狹隘，並受到環境的限制。

安地斯山心臟地帶的北緣，其特色是地方上統治者治下的小規模政治領域，或是在一個最高統治者治下的這些領域的聯邦。在厄瓜多的南部，最重要的聯邦是嘉納利聯邦(Canari)。印加帝國在一四五〇年代毫不費事的便征服了嘉納利聯邦。但是在短短的六十年以後，他們與西班牙人聯合，擺脫印加的束縛。在厄瓜多的北部，是許多世襲酋長所組織的卡拉聯盟(Cara federation)。它對印加人的抵抗比較強烈。

在厄瓜多的海岸上，有一個由最高統治者統治的從事航海事業市鎮的聯盟，其首邑是曼塔。供養這兒稠密人口的是山坡梯田的精耕農業和廣延的貿易。曼塔人長於航海，使用輕質木材和圓形木材所製成的筏子，或許還曾與中美洲有過重要的貿易關係。西班牙人來到不久，曾擄獲一個大的輕質木材筏。筏上有帆和艙，水手二十人，載有三十噸奢侈商品。由此可見這個地區貿易的規模。

在北面的哥倫比亞，最重要的國家是奇布察人(Chibcha)和泰隆那人(Tairona)的國家。奇布察人佔領了今日孔迪那瑪加(Cundinamarca)和波耶卡(Boyacá)地區的高地盆地，他們有兩個分別由所謂濟巴(Zipa)和札克(Zaque)所統治的大國，以及若干小的獨立國。西班牙人征服的時候，濟巴勢力最盛。他在十五世紀已擊敗若干對手鞏固自己的領土，並在十六世紀早期勝過札克。濟巴控制的人口在一二〇、〇〇〇與一六〇、〇〇〇人之間(維拉馬林與維拉馬林〔Villamarín and Villamarín〕，一九七九年，頁三一)，有階級組織。許多家戶群構成一個有首領的行政單位，許多有首領的行政單位形成一個半獨立的群落，每一個群落對濟巴效忠，考古學家認爲今日芬薩(Funza)附近的一個大遺址便是當時濟巴的首都。這似乎曾是一個高度集中的城市，有草屋頂的寺廟、宮殿、倉庫，和住宅。山脊的農田和山坡上梯田所生產的玉蜀黍、馬鈴薯和藜，在經濟上供奉了這個國家。統治這個國家的貴族輩，由平民處得到貨物與勞力的貢獻。他們以農產品和紡織品，交易自己儀式和浮華消費所需的黃金。由考古學的證據看來，奇布察人的菁英分子，因爲發明了一種根據他們所取得的奧祕超自然知識的宗教禮拜儀式，而享有範圍廣大的文化領導權。

泰隆那人住在奇布察人以北的近加勒比海的一列山脈——聖馬它的內華達山脈(Sierra Nevada de Santa Marta)。其政治組織似乎與奇布察人的政治組織相似，由一個最高的統治者統治若干半獨立的群落。這些統治者住在龐大的中心。白瑞塔卡二〇〇(Buritaca 200)遺址是一個例子。這個遺址的使用期是由紀元一三六〇年到一六三五年。它沿內華達山脈北坡高峻的柯瑞亞山(Corea Mountain)山脊廣布達一千畝。這個中心有許多考究的工程，如樓梯、壕溝、馬路、擁壁，和高壇，排列在不同的區域供住宅之用，以及工作、公共典禮，和宗教儀式之用。供應玉蜀黍、豆類、參茨、甘薯，和紅蕃椒這個生計基礎的，是精耕的梯田，以及灌溉和農作物輪栽的辦法。在這個遺址所挖掘出來的墓葬中，有精美的陶器和黃金製品。

奇布察人、泰隆那人與哥倫比亞其他的人口，互相爭戰不休。這樣的戰事是儀式性的，是取得身分的手段，但也有經濟上的作用。瑞協—多瑪托夫(Reichel-Dolmatoff)曾經指出，住在哥倫比亞雨量低、一年只收成一次玉蜀黍的人口，往往入侵一年二熟或三熟的地帶，使八十呎的等雨量線簡直成了軍事上的一個前線（一九六一年，頁八六）。戰爭也可以取得耕田和做家務的奴隸，這些奴隸還可以用作宗教犧牲及供食用。

在其他好幾個地區，如加勒比海岸的低地、大安地列斯島嶼(Islands of the Greater Antilles)和玻利維亞南部的摩和斯平原(Mojos Plain)，其地方群落各有領袖，在一個至高統治者的統治之下組成一個較大的版圖。在委內瑞拉的低地和加勒比海的島嶼上，這種版圖是建築在玉蜀黍與苦參茨的耕種和海洋資源之上。摩和斯平原上的國家在形成脊形以控制洪水的河邊平原上種植甜參茨和玉蜀黍。這個地區與安地斯山高地有接觸。譬如，據說摩和的商人走到艾瑪拉(Aymara)，以其棉布和羽毛交易金屬工具和裝飾物。安地斯山的貴金屬和紅銅便是沿這個路線到達遙遠的巴拉圭河上游。十六世紀征服墨西哥和祕魯的西班牙人，就是在這裡聽說了西面有一個傳說中的大摩和王國(Realm of the Great Mojo)。印加的黃金飾物也順烏嘉雅里河(Ucayali River)而下，成爲熱帶蒙大拿(Montaña)群落間貿易的一部分。

安地斯山脈以東是南美內陸的熱帶雨林。住在這兒的大多是火耕農夫，種植苦(有毒)參茨，由狩獵和漁撈中取得蛋白質。居民通常組織成大的共同居住單位，其成員乃經由外婚與婚後居留的規則吸收而來。因而，親屬關係的網絡延伸橫跨地方的群體。首領可以動員出征，重新分配食物和其他貨物，和通過對輿論的管理協助解決爭端。然而，他們沒有制度化或習俗化的處罰辦法。人與非人的關係，被編爲神話，而形成各種力量的關係。巫師管理這些關係，他們通過使用能使人產生幻覺的藥物，而與超自然接觸。歐洲人到來以後，這些熱帶林的居民將因疾病、搶劫奴隸、奪取剩餘產品和徹底種族絕滅而喪生。因而在紀元一四〇〇年時，他們的人數可能比之前多了很多。

熱帶林諸民族顯然與安地斯山區諸民族有重要的關係。熱帶林或許是乾燥太平洋岸若干種植成功的農作物的來源，如甘薯、甜參茨，和花生。在安地斯山區的歷史上，總是拿東面山坡的產物如古柯、羽毛、美洲虎皮、魚毒，和藥品，去交易高地的農產品和工藝品。然而，印加帝國未能征服熱帶林的居民。他們跟獵人頭而其地富於沙金的吉華羅人(Jívaro)作戰失利。印加人向東南進軍想進入低地，又在摩斯汀人(Mosetene)所佔領的地區受阻。

由安地斯山中部以南的高地文化模式，已經進入了智利和阿根廷北部的乾燥地帶，先是在提桓那可時代，後來又在印加帝國時代。駱馬的放牧在這個區域很普遍，但是梯田上也有灌溉農作物。阿塔卡曼諾人(Atacameño)以其範圍廣大的運輸業著稱。由於這種運輸業，海岸的產品如魚和食鹽，可以用來交易高地的商品如駱馬毛和菸草。狄亞吉達人(Diaguita)以其冶金術著稱，但是印加人擴張進入狄亞吉達人的區域以後，他們和在更南方的皮孔契(Picunche)一樣，想要的卻是貴金屬的本身——黃金、白銀，和紅銅。印加也將說阿羅坎尼亞語(Araucanian)的皮孔契人納入其帝國之中，但是卻不能征服南面說阿羅坎尼亞語的人，如馬普契人(Mapuche)和惠理契人(Huilliche)。這些民族種植馬鈴薯、放牧駱馬，組織成自治的集中世系群，世系群屬於由戰爭領袖所統治的鬆散聯邦。在比奧

—比奧河(Bío-Bío River)以南的潮濕的山毛櫸和香柏森林，安地斯山的生態和政治模式到了其南面的極限。印加人無法再向遠處滲透。

中美洲

一四〇〇年時，我們虛擬的觀察者在中美洲所見的情景，比當時在安地斯地區所見在政治上更是分崩離析。墨西哥谷地的主要中心提奧提華坎市(Teotihuacan)，在紀元第一世紀時稱霸於中美洲，南面至少到今日瓜地馬拉市附近的卡明那久尤(Kaminaljuyu)和多森林的培騰(Petén)地區心臟地帶提卡爾(Tikal)。提奧提華坎市在極盛的時候市區內約有一五〇、〇〇〇到二〇〇、〇〇〇居民，這樣的集中情形使其四周幾乎沒有人煙。供養提市的農業技術，大約是運河灌溉和對附近沖積湖岸的密集排水。提市控制許多大黑曜石礦場，並有無數生產黑曜石工具的工廠。可是到了紀元七〇〇年，廣大的提奧提華坎體系已經崩潰。

這個體系崩潰的原因不可詳知。很可能是由於當農業的生產力到達擴張的決定性極限時，控制人口的宗教和政治機制衰退。在此之後，原來提市的居民紛紛搬回鄉村地區，住在自己田地近處的較小聚落。同時，似乎貿易的體系也大爲衰退。好戰的團隊外徙，向北到綠松石的礦源，向南到出產當日貨幣交易主要的媒介(如珍貴的羽毛、黃金、可可豆)的地方。

提奧提華坎市的失勢，連帶使培騰熱帶林中的許多馬雅城市衰微。這些城市排水田農業的擴張或許也遭到決定性的極限，而且顯然也過分將人口集中到城市的複合結構之中。或許像拉斯傑(Rathje)所說的，馬雅地區周邊生產黑曜石和玄武岩的人，已不願將這些馬雅中心所缺乏的物件供應給馬雅人以換取宗教上的赦免。相反的，他們或許是想將珍貴貨物的交易網絡掌握在自己手中。

提奧提華坎市滅亡以後，各路好戰菁英分子誇示各種不同政治合法性的象徵將提市的世襲財產據爲己有。這些後繼的邦國互爭掠奪品，並且四出找尋新的領域。有一段短時間，中美洲心臟地帶和重心北移到墨西哥谷地以外的海達戈(Hidalgo)的土拉城(Tula)。土拉成爲一個托爾泰克人(Toltec)版圖的首都。這個版圖不是整合的帝國，而是多群戰士、商人、農人和僧侶的集點。這些人使用托爾泰克人的名號與象徵，作爲其征服和殖民的特許狀。有一些群體更向北方遷徙，將耕作擴張到墨西哥高原以北的乾燥地帶，找尋綠松石、明礬、食鹽、香和粗銅的托爾泰克殖民者或商人，可能曾經遠達今日美國的西南部。

又有一些群體南向征服尼加拉瓜、瓜地馬拉高地，和猶加敦半島。十二世紀時，一個來自塔巴斯可(Tabasco)低地說鍾它語(Chontal)的普騰人(Putún)組織控制了猶加敦半島，並在契成艾薩(Chichén Itzá)建都。當時有一種行業將食鹽、棉布、蜂蜜、柯巴臘香，和奴隸由塔巴斯可輸入宏都拉斯，回程中由中美洲運回可可亞、黃金、玉和黑曜石。這些普騰人似乎與土拉的高地托爾泰克人聯合。土拉在紀元一二〇〇年式微以後，普騰人所控制的契成艾薩也式微。普騰人的一個分支遷徙到馬雅潘(Mayapan)的一個新中心。十五世紀中葉，馬雅潘市也崩潰，繼之而起的是許多互相爭戰的小國家。

我們一四〇〇年的這位訪客，在中美洲心臟地帶墨西哥谷地這裡，也會看到五個不同城邦間的衝突與爭鬥。主宰每一個城邦的，是一個獨立的菁英集團。那個時候，由一群說奧托米語（Otomí）的泰班奈克人（Tepanec）所統治的阿茲卡波扎柯（Azcapozalco）城邦，顯然勢力日增。當時不會有人能預料到僅僅三十年以後，這個城邦毀於阿茲提克人之手。這一群阿茲提克人的名將應該是考華－墨西卡（Colhua-Mexica），當時不過是爲泰班奈克人服役的一隊傭兵。

北美洲

紀元一〇〇〇年以後，中美洲的兩股影響力進入北美洲，一股乃由「托爾泰克」殖民者和商人帶進乾燥的西南部。這些新來者影響了和和康人（Hohokam）和安納薩濟人（Anasazi）。和和康人住在吉拉河盆地（Gila River Basin）的灌溉農地上，安納薩濟人住在科羅拉多高原（Colorado Plateau），以其多戶口的大型複合建築結構著稱，以灌溉和梯田式的精耕維生。典型的西南儀式藝術大多來自托爾泰克時期之末（約紀元一三〇〇年），並且似乎是中美洲雨神崇拜和當地各種宗教傳統的融合（凱雷〔Kelley〕，一九六六年，頁一〇七－一〇八）。可是不久以後，定居生活的邊境急遽退縮，因爲愈來愈甚的乾燥和戰事，使佔領邊境農業地區較爲困難。

與中美洲影響力西北向延伸進入沙漠相似的，是其東北向擴散到密西西比河、密蘇里河，和俄亥俄河匯流過的溫暖潮濕森林地區和河邊的港灣。其所形成的文化稱爲密西西比文化。在乾燥的西部，今日可以復原中美洲影響力進來的路線。可是我們尚不知道聚落模式、建築，和儀式性藝術風格的原型是循什麼路線到達密西西比海岸。排列在城市廣場四周、上面有寺廟、菁英分子住宅，和其他建築物的龐大成層土台，與在墨西哥所見的特徵，有屬類的關係，而像哭位與有翼眼睛、上有眼睛或十字形的人手，以及人類的顱骨和肢骨這種引人注意的藝術刻畫，又與所增加的「南方崇拜」有關。但是只是在陶器技術和毀傷牙齒上，才有確切的相似之處。有人說以中美洲的特點可以用與中美洲長距離商人(如阿茲提克的「pochteca」)的接觸來解釋，可是這些商人當年是在東部森林地帶找什麼尚不清楚。

在密西西比文化下面的一個較古老文化叢，叫「墓葬土崗」(Burial Mound)。「墓葬土崗」的得名，是因爲這個文化的人將其死者埋葬在土崗之下，並用由懷俄明和遠到東海岸等距離遙遠地方得來的講究、區別身分的物品殉葬。這些殉葬品說明有一個高級社會，並且它通過共同的象徵體系與廣大的地區溝通。不過縱有這種廣延的互動，地方上的食物系統卻變化多端，其中包括動植物和當地種植的細小動植物(如向日葵等)，還有玉蜀黍。

相反的，密西西比文化的人仰賴玉蜀黍、南瓜，和豆類的耕種。這個生計基礎供養的聚落模式，集中在大的市鎮。大市鎮有寺廟崗和廣場，其周圍是有土崗的較小市鎮，較小市鎮之外又是一圈無土崗的村落。密西西比人的殖民地由圍繞卡和加(Cahokia，靠近今日的聖路易市〔St. Louis〕)的中心向外遷移，遠至威斯康辛州和喬治亞州。這一種遷移隨身攜帶的南方崇拜，和較早的墓葬土崗文化一樣注意給死者慷慨的安葬，但特別重視戰爭中的勇武。這種崇拜可能有政治上的功能。其大遺址之一奧克拉荷馬州的斯比羅崗（Spiro Mound），似乎曾是一個總部，子孫在政治上有重要性的，往往在此處，藉由祭拜偉大的祖先，來獲取意識形態的力量。（布朗〔Brown〕，一九七五年，頁一五）。這種墓葬藝術的原料如紅銅和貝殼，乃由廣遠的範圍而來，由蘇必略湖（Lake Superior），一直到佛羅里達的淺灘。

密西西比人由密西西比河流域中部作離心式擴散。他們遭遇到周圍墓葬土崗型的諸文化並影響了這些文化。當密西西比的勢力在紀元一三〇〇年以後或許由於激烈的戰事而式微以後，這些區域性的文化又復甦了。這些文化是與來到北美的歐洲人遭遇的族群的祖先，這些族群中有俄亥俄河河源的易洛魁人；阿帕拉契山脈（Appalachians）南部的契若基人（Cherokee）；密西西比河下游的那特契茲人（Natchez）；以及密蘇里河上的鮑尼人（Pawnee）、曼丹人（Mandan）和其他「村落印第安人」（村落印第安人一面以村落為中心耕種，一面每年夏天也狩獵野牛）。易洛魁人和「村落印第安人」日後在毛皮貿易中將有顯著的地位（第六章）。契若基人則在發展南方棉業時被驅離（第九章）。然而，那特契茲人後來卻消失了。那特契茲人的階級制度很複雜，分為一個以「大村」為樞軸而轉動的「太陽」皇室世系群、兩個並行的貴族世系群，和一種稱為「卑鄙的人」的平民。這個制度似乎是密西西比人與較早似加勒比海灣區傳統接觸的結果。十八世紀時，法國人毀滅大部分的那特契茲人，將許多那特契茲人賣到西印度群島為奴。剩下的那特契茲人則將與克瑞克人（Creek）和契若基人混合。

可是由於夏多布里昂(Chateaubriand)富於幻想的小說《阿塔拉》(*Atala*)。他們仍生活在歐洲人的想像中。

因此，我們這位一四〇〇年時的旅客，在南北美洲「高輪廓」的兩個地區，必曾目擊大規模的政治分裂，以及安地斯山與中美洲影響力地帶周圍各邦國間猖獗的戰爭。超越鄰近這兩個核心地區的製造戰爭的小邦國與聯邦以外，在南美的熱帶森林和北美的東北森林地帶，尚有其他的農作地區。

當火耕農人擴張進入這些地區時，他們攻擊以狩獵和採集爲生的人，後者於是撤退到邊緣地區。這些狩獵採集者對於環境中資源的使用有極大的差別。住在南、北美洲大洋岸上的群體，如北極極地附近的獵人、北美洲太平洋海岸的漁人和狩獵海生哺乳動物的人，和智利列島的採集甲殼類者，都開發利用海洋資源。在農耕所不及的山脈和大草原，其他的群體搜尋獵物和野生植物以爲食物，如波瑞爾(Boreal)森林北部的獵人，由加利福尼亞山區到中美洲邊界的乾燥美洲的採集橡子和種子的人，以及南美洲察柯地區(Chaco)大草原上的獵栗色駱馬和三趾鴕鳥者。這些人在歐洲人到來以前一直住在這樣的地方，有時擴張進入可耕地帶向農耕者挑戰，有時開發利用當時農業技術所無法耕作的地帶。

＊＊＊

在這個一四〇〇年世界的各處，各民族間互相關聯，自以爲在文化上有差別的許多群體，因親屬關係與儀式性的忠順而發生聯繫；許多邦國擴張，將其他民族納入較廣大的政治結構之中；菁英群體一個繼一個出現，控制了農業人口並建立新的政治和象徵性秩序。貿易的網絡由東亞到地中海東部及愛琴海沿岸的島嶼，橫跨撒哈拉大沙漠，由非洲東部經過印度洋到東南亞的列島。「新世界」也有征戰、兼併、重新合併和商業，在東西兩個半球，諸民族通過可滲透的社會界線互相攻擊，導致逐漸混合和互相交織的社會與文化團體。如果當時有孤立的團體，那麼也是暫時的現象，是暫時被驅逐到交互行動地區沒有人過問的團體。因此，社會科學家獨特和個別系統的模型和一個「接觸以前」民族誌學上「無時間性現在」的模型，都不能充分描寫歐洲人擴張以前的情形。它們更不能了解擴張所創造的世界性連鎖的系統。

我們的這位旅者尚未涉足歐洲。這個時候的歐洲正要發動其偉大的海外擴張。歐洲有一段很長的時間對廣大的世界來說是不重要的。阿拉伯人稱之為「西海上的法蘭克人之地」。最初到達亞洲的歐洲人是葡萄牙人。馬來人稱之為「佛林吉」(Feringhi)、中國人稱之為「佛郎機」(Fo-lang-ki)。中國人到後來才逐漸會區別荷蘭人與英國人。在世界的另一面，阿茲提克的統治者不知道來到美洲的西班牙人究竟是神還是人。不過一個有經驗主義頭腦的特拉克斯卡泰(Tlaxcaltec)戰爭領袖卻解決了這個問題。他將一名西班牙囚犯按在水下面，這名囚犯和其他的人一樣死了。來到太平洋的歐洲人被稱為「庫克人」，隨庫克船長(Captain Cook)得名。這些「紅毛、高鼻的外來野蠻人」，其強迫進入世界各部分的速度和強度，使我們不能不好好看一看歐洲。這是在本書第四章中所要談的。

第三章
生產方式

我們在觀察一四〇〇年的世界時，放了一個想像中的旅客去四個大洲的人群間漫遊。同時，我們也簡略敘述了歐洲人在擴張中將會遭遇到的各種不同社會體系和文化條件。爲了分析和描寫這種變化性的關鍵特點，下面將使用馬克思的「生產方式」概念，先討論這個概念的前提，而後描寫各種生產方式，以便指出在歐人與世界上大半民族的交互行動中，重要的過程是什麼。

生產與社會勞動力

馬克思在系統說明生產方式的概念時，先談對人類狀態的兩項明確了解。這兩項了解也是現代人類學的公理。第一項以智人(Homo sapiens)，這一物種爲自然的一部分。第二項以人(Homo)爲一社會物種，其個別的份子在社會上互相關聯。人類這個物種是自然過程的自然發展。同時這個物種天生是社會性的物種。

然而，人類這個物種不僅是自然過程被動的產物。在演化的過程中他也取得轉化自然爲人類使用的能力。如果人類是整個自然中的一部分，那麼這一部分已取得與包含它的整體對峙的能力。馬克思的說法是：「人類是自然本身的一種力量，他與自然的物質鬥爭。當他改變自然的物質時，他也同時改變了他本身的性質」（引自施密特〔Schmidt〕，一九七一年，頁七七—七八）。自然界物種間這個積極的關係，乃根植在生物學的特性之中，由工藝技術、組織，和構想等肉身以外的方法予以體現。人類藉由我們今日所謂文化的手段，起而與自然抗衡。

馬克思的第二項公理強調人類的社會性。人類乃以有組織的多數人聚居方式生存。再者，其社會組織的方式支配了其對抗和轉化自然的方式。而因此轉型的自然，又影響到人類社會關係的建構。馬克思說：「人與自然之間有限制的關係決定其彼此間有限制的關係，而其彼此間有限制的關係，又限制人類與自然間有限制的關係」（引自柯來提〔Colletti〕，一九七三年，頁二二八）。

有沒有一個概念，可以說明在社會上有相互關係的人類與自然之間複雜的關係？馬克思在其勞動力的觀念中得到這樣的概念。人類適應自然，並且通過勞動轉化自然爲己之用。因而，「勞動的過程便是人與自然之間新陳代謝的一般條件；它是人類生存永恆的和由自然所強加的條件」（引自施密特，一九七一年，頁一三六）。可是勞動力永遠是社會性的，永遠是由一個有組織的社會大多數人所動員和調度。馬克思因而區別工作（work）和勞動（labor）。工作代表個人的活動，不論是一個人的活動或成群的人的活動，它消耗精力以產生精力。但是馬克思卻認爲勞動和勞動的過程是一種社會現象，勞動由社會上彼此結合的人類共同從事。

只要認爲各種不同的工作（耕種、紡織、祈禱）在「質」上互相有別，便不能想像勞動乃由有組織大多數人推展的社會過程。只有認爲不同種類的工作都具有金錢上的意義，「一般的勞動是什麼」才可以了解。馬克思把最初說明這個概念的功勞歸於亞當斯密（Adam Smith）說這個「大躍進」正是發生在當不同種類勞動已可以相互交換的時候（《綜合綱要》，一九七三年，頁一〇四），也就是在資本主義開始的時候。然而，這個概念的效用超越其特殊的歷史淵源。一旦我們可以談到一般的勞動，便可想像任何有組織的人類社會如何啓動這個過程和分配其產品。

因此，了解人類如何轉化自然爲己之用，不止於描寫和分析技術與環境的互相作用。勞動者是直接的生產者。他絕不是一個孤立的魯賓遜（Robinson Crusoe）。他永遠與別人有關——或是親屬，或是農奴，或是奴隸，或是拿工資的勞工。類似的，控制社會勞動的人，也不當視之爲指揮技術性作業的技師。

他們在調度社會勞動力的系統中是年長的親屬、首領、領主，或資本主義者。使我們了解自然的技術性轉型如何與人類社會性的組織相結合的，便是這個社會動員、調度，和勞力配置的概念。

馬克思採用了「生產」一詞，來表示這一組自然、工作、社會勞動，和社會組織間複雜的互相依靠關係。本書也把「生產」一詞作這個解釋。由於現代的用法往往把它完全限制在工藝技術方面，我們必須明白制定它的背景。馬克思使用生產的概念來說明他的看法與黑格爾「精神」的概念之間的不同。它因而帶有馬克思與黑格爾式唯心論對證法的寓意。黑格爾說，人類對自然的各種改造代表「精神」或「心智」的連續具體化「什麼的模型」和「為什麼而設計的模型」。馬克思對於「生產」一詞的使用，又與費爾巴哈（Feuerbach）冥想的物質主義不一樣。費氏說黑格爾不應當以思想為超出一般經驗的、而非自然的人類的一個屬性。可是他既不把人類的社會考慮在內，也不把人類與自然的對抗考慮在內。相反的，馬克思強調雙重意義的「有社會組織的人類的活動」。人類積極改變自然，並且積極創造和再創造造成環境轉型的社會關係。他認為「生產」一詞一方面表示這種與自然積極的銜接，一方面表示隨之產生的社會關係的「再生」。

應該注意的是，馬克思生產的概念，包括堅決認為人類乃手腦並用從事生產。人之所以異於其他動物者，在於他們將勞動的過程概念化並計畫勞動的過程。因此，勞動的先決條件是意圖，也是資訊和意義。勞動永遠是社會性的勞動，資訊和意義也總是社會性的。馬克思說，思想不是由高空憑空降下到真實世界的，思想和語言只是實際生活的表現形式（引自柯來提，一九七三年，頁二三五）。人類調度手腦並用的社會勞動力來應付自然。而社會勞動力的調度，又使人類社會性的物質和觀念再發生關係。

各種生產方式

社會勞動力的概念，因而使我們可以將人類組織其生產的主要方法概念化。每一種這樣的主要方法都構成一種生產的方式，也就是一組在歷史上出現的特殊社會關係。通過這些社會關係的調度，可以用工具、技巧、組織，和知識由自然奪取活動力。

調度社會勞動力的方式有哪些？馬克思本人曾談到好幾種不同的方式，如根據摩爾根的原始共產主義模型想像出來的最初／原始／公社式的方式；古典歐洲古代奴隸制度的方式；日耳曼民族在其早期遷徙中典型的日耳曼方式；據說為早期斯拉夫人典型的斯拉夫民族方式；農民的方式；封建的方式；亞洲的方式；和資本主義的方式。這些不全是根據相等的標準。有一些其本身並不是首要的方式，而只不過是附屬或補充的方式。另一些是現在已宣告為錯誤的歷史解釋和推測。

對我們這本書來說，馬克思對或錯，他應該假定二或八或十五種生產方式，或者是否應該用別的方式取代他假定的方式，都沒有什麼重要。這個概念的用處，不在於分類，而在於其強調有組織的大多數人類在調度勞動力時所談及的關鍵性關係。由於我們要談的是資本主義方式的擴散及其對世界上社會勞動力分配方法不相同的各地區的影響，我們將只談那些可以用最簡明辦法表現這種遭遇的方式，為此目的，我們只說明三種方式，也就是資本主義的方式、附屬納貢性的方式，和用親屬關係安排的方式。我不是說只可能有這三種方式。在談論到別的問題時，我們可以用進一步的區別創立其他的方式，或是將此處所用的區別以不同的方法組合。

這三種方式並不代表演化上的順序。雖然我們將探索方式與方式之間的歷史關係，可是本書卻認為人類學家所研究的大多數社會，都是歐洲擴張的自然結果，而非過去各演化階段的原始結果。

這個立場進一步強調其他作者已經提出的警告，反對不分皂白的說一四〇〇年後的觀察者所描寫的團隊、部落，或酋長所轄的範圍，與歐洲擴張以前所存在的社會和甚至邦國興起以前的社會是相等的（塞維斯，一九六八年，頁一六七；福來德，一九六六年，一九七五年）。福來德斷然認爲：「部落」是「一個第二級的社會政治現象，是由社會組織比較複雜的社會（尤其是邦國）的調停而產生」（一九七五年，頁一一四）。我認爲有紀錄的人類社會都是「第二級的」，甚至往往是第三級的、第四級的，或第一百級的。文化變遷或文化演化不是發生在孤立的社會之中，而往往是發生在許多互相關聯的體系中。各種社會在這些體系中在較廣大的「社會領域」以內有各種不同的聯繫。生產方式的概念，其用處之一，正是讓我們可以想像各種體系與體系之間以及體系以內的關係。我們將使用這個概念，去揭示一種生產方式（資本主義）與其他生產方式互相作用，以取得其現在支配地位的方法。這個方法不斷演變。在這個過程中，易洛魁人、阿善提人、塔米爾人（Tamil）和中國人，與巴貝汀人（Barbadians）、新英格蘭居民，和波蘭人一樣都是參與者。這個過程將受害人和受益人、互相競爭的人與互相合作的人都聯繫在一起。

我們不應視這三種方式爲給社會歸類的方法。生產方式與社會這兩個概念，乃屬於不同的抽象層次。社會的概念乃以人與人間眞實或可能的交互行動作爲出發點。而生產方式的概念，卻旨在揭示在交互行動下面、調整和約束交互行動的政治和經濟關係。這些關鍵性的關係可以只描述一個社會整個交互行動中的一部分，或者也可以包括社會的全部，或者也可以超越特殊的、由歷史所構成的社會交互行動體系。拿生產方式的概念做比較研究，它使我們注意到在各種政治經濟安排中主要的變異，也讓我們可以想像這些變異的後果。使用這個概念，也讓我們能探究當基於不同生產方式的不同交互行動體系(社會)遭遇時，發生了些什麼。

雖然在十八世紀發展出來的資本主義方式比其他的生產方式發展得晚，可是我們還是最先說明資本主義的方式。馬克思是在分析這個方式時發明了他一般的概念。我們也像他一樣，堅信對這個方式的了解，對於我們了解其他方式非常重要。

資本主義的方式

馬克思的大半生，都在分析資本主義的生產方式。當然，他分析的方法，旨在消滅資本主義的生產方式。他認爲資本主義顯著的特點是什麼？

馬克思認爲資本主義方式的出現，是在金錢上的財富無法購買勞動力的時候。這種特殊的能力不是財富本身的固有的屬性。它是在歷史上發展出來的，並且需要先具備某些條件。勞動力的本身，不是爲在市場上求售而創造的商品。它是人類的一個屬性，是智人的一種能力。只要人可以掌握生產的手段(工具、資源、土地)，並且不論在什麼社會安排下用這些手段維持生活，他們便不需要將自己工作的能力出售給別人。要出售勞動力，則生產者與生產手段間的關係必須永遠斷絕。因此，擁有財富的人必須能夠取得生產的手段，而且除了按照他們自己的意思以外，任何想要使用這些生產手段的人都不能擁有這些手段。相反的，不能擁有生產手段的人，必須去到控制這些手段的人的面前，討價還價以取得操作這些手段的許可。爲此，他們得到工資以支付維持生活的必需品。

於是，在資本主義的方式下，生產決定分配。把持生產手段的人，也可以把握生產出來的商品。生產商品的人，必須由擁有生產手段的人處將商品購買回來。而生產的手段又只有資金取得這些手段的人之間流通。沒有資金而必須出賣自己勞動力的人，也沒有生產的手段。因此，這個方式使社會勞動力造成自然轉型的方法，也主宰了已經使用和取得的資源如何在生產者與非生產者之間分配的方法。有一位重視生態學的人類學家最近說(勒夫〔Love〕，一九七七年，頁三二)，人類包括收入在內的源源資源，和生物學上有機體的吸收能量並不相似。在人與資源之間，有許多關鍵性的關係。這些關係主宰了將社會勞動力分配給自然的方式。

然而，擁有生產手段的富人，如果勞工所生產的只能支付其工資成本，便沒有雇用勞工的理由。在一個工作日中，勞工事實上所生產的多過其工資成本，而生產出盈餘。在資本主義方式的條件下，這些過剩品乃屬於擁有財富的人，也就是資本家；工人操作資本家的生產手段。盈餘愈多，當資本家扣除他花在工廠、資源，和勞動力上的成本時，他所得的利潤也愈大。

資本家有兩個方法可以增加這個盈餘。一個辦法是將工資壓低，或者將工資減少到在生物學和社會上可能的最低點。另一個辦法是提高生產盈餘的層次，在提高工人的工作的時間中的生產量，使剩餘額超過必須支付勞力的金額。要增加生產量，必須改良工藝技術和生產的組織。這些必須履行的責任造成無情的壓力，刺激資本家累積愈來愈多的資本，和不斷刷新工藝技術。他們手上的資金愈多，提高技術生產量的能力便愈大。因此他們更能累積額外的剩餘品去更進一步擴大生產，並且在生產上超過其競爭對手，又能削價打擊競爭對手。後者未能在新工藝技巧上投資，因而又以加重其勞工的負擔去應付競爭。

因此，資本主義的方式有三個纏結在一起的特徵。首先，資本家保留對生產手段的控制權。其次，勞工不能獨立取得生產的手段，而必須將其勞力售予資本主義者。第三，勞工用資本家的生產手段生產出的盈餘，在盡量增加以後，使資本家可以不斷的累積，並改變生產的方法（斯維濟〔Sweezy〕，一九四二年，頁九四；孟代爾〔Mandel〕，一九七八年，頁一〇三－一〇七）。

然而，要了解這些特點，不但要考慮到其併發性，也必須考慮到其歷史性。這個生產方式有確切的時間上的淵源，也隨時間而發展。而上述的特徵，是其發展中的三個面。這一點非常重要。財主手上的財富不是資本。一直到它控制了生產的手段、購買了勞力並使勞工工作、不斷提高技術上的功率增加生產率而擴大盈餘以後，財主的財富才是資本。爲了這個目標，資本主義必須把握生產，必須介入生產的過程和不斷的改變生產條件的本身。只要財富是處於生產過程之外，不去竊取主要生產者的產品並出售這些產品牟利，則它「不是」資本。它可能是大財主、霸主或商人取得和獨占的財富，但是它還沒有走上馬克思所謂的竊取和轉化生產手段本身的「眞正革命性道路」（《資本論》第三章，一九六七年，頁三三四）。只有當財富以上述的方法控制生產的條件時，才能說明資本主義的存在或支配的情形。因而，天下沒有商業或商人的資本主義，只有商業的財富。爲了成爲資本主義，資本主義必須是生產上的資本主義。

這樣的資本主義生產方式必然是以階級的劃分爲基礎。它使生產盈餘的人口與控制生產手段的人口分開，並且不斷重新分化。它同時又在每一個階級的內部進行分化。在競爭較高生產率時，擁有生產手段的人又分化爲勝利者和失敗者。在剩餘新資源的創造與經濟衰退之間的不斷移動中，勞工也在充分就業、不充分就業，與失業之間移動，這兩個分化的過程事實上互相連接，因爲資本的股東不斷在找廉價和溫馴的勞力，或以機器取代昂貴或難駕馭的勞力。

這個生產上的資本主義的成長，是一個在歐洲半島某些地區起源的歷史性的發展過程，並由這些地區擴大到歐洲以外的地方。它所以能成長，是因爲它有不斷再生擴大自己規模的內在能力。它與其他的生產方式配合，虹吸財富和人口，將它們轉化爲資本和勞力。因而資本主義的方式永遠有一個雙重性質。它可以在內部發展而又分枝出去，在地球各處安放其關鍵性的關係網絡。也可以與其他的生產方式進入暫時性和有變動的共生和競爭的關係。與其他生產方式的這些關係是它的歷史和發展的一部分。我們在下面將看到，資本主義生產方式內在的動力事實上可能使它有向外擴張的傾向，因而也使它有與其他生產方式交替的傾向。

附屬納貢性的方式

我們想像中的旅客在一四〇〇年時所經過的主要農業地區，乃由政府所把持。政治或軍事的統治者由主要的生產者那兒榨取盈餘。在這些邦國所代表的生產方式中，不論是農人還是牧人，主要的生產者是可以接觸到生產的手段，但是這些掌握生產手段的權貴人士卻用各種政治或軍事的手段，來榨取他們的貢獻。馬克思描寫這種方式的最重要屬性時說：

在某些制度之下，勞動者仍然「擁有」生產他自己生計所需的必要生產手段和勞動條件。在這些制度下，財產的關係顯然必須同時是主子與奴隸的直接關係。直接的生產者沒有自由，可以由強迫勞力的奴隸制，到附屬的關係。我們假設此處的直接生產者擁有他自己的生產手段，也就是擁有完成其勞動和生產其本身生計所需所必要的物質勞動條件。他獨立的從事他的農業活動和與農業活動有關的農村家庭工業。在這樣的情形下，只能用經濟壓力以外的其他方法，為名義上的地主向他們勒索剩餘的勞力。（《資本論》第三章，一九六七年，頁七九〇—七九一）

易言之，在這樣的情形下，動員社會勞動力使之改造自然的，主要是以權力和支配為手段，也就是通過一個政治上的過程。因而，在這種方式下，社會勞動力的調度視政權焦點而異。當這個政權的焦點轉移時，它便會起變化。

我們可以設想兩個極端的情形。一個是權力集中在居於權力體系頂點菁英統治階級之手。另一個是權力大致爲地方上的權貴掌握，頂點的統治脆弱。這兩個情形可以解釋各種權力分布的現象。

居於權力體系頂點的收取盈餘的菁英統治分子，其權力強大的條件有二：第一，是他們要能控制生產過程中的某一關鍵因素，如水事工程(魏復古，一九三一年)。第二，是他們要能控制某一威逼的關鍵因素，如有高強軍事效能的一支常備軍。如此，統治者可以不藉地方權貴之助調遣其自己的收集貢物人員。他們可以讓地方上權貴放鬆對資源的控制以及對主要生產盈餘者的控制，而讓這些權貴依靠統治者所提供的收入。如果統治者能辦到這一點，那麼便能促使地方權貴爲爭取較多的收入而彼此火併。這樣的統治者也能減縮商人的權力，不讓他們接觸鄉間的主要生產者，也防止他們爲了自己的利益而在財政上資助可能反叛的權貴。最後這樣的強硬中央勢力可以限制超越地區的「草根」組織，不論是同業工會、聯盟，或宗教上的宗派。同時，強硬的中央政府統治往往會得到生產盈餘的農民的支持。因爲中央統治者和農民都對掌握權勢和收取盈餘的居間者懷有敵意。

相反的，如果地方上收取盈餘的人掌握了關鍵性的生產要素和威逼的手段，則中央的權力衰弱而地方上的權貴強大。在這樣的情形下，地方上的權貴可以中途攔截送往中央的貢物，加強其對土地和在土地上耕作的人口的控制，並且自己組成地方性或區域性的聯盟。可是這種地方性的聯盟，往往其所針對的不僅是中央，也是其本身階級中的份子。其結果是各地鄉間都有小派別的紛爭，因而削弱其階級的立場。而小派別間的紛爭，又可使中央的菁英分子使用分化與統治的計謀而得以存活。矛盾的是，兩敗俱傷的派系鬥爭，也削弱了主要生產者的地位，因爲在缺乏強硬中央控制的情形下，他們必須找人保護以應付紛亂和掠奪。

大致而言，上述的兩種情形對應馬克思所謂「亞細亞生產方式」與「封建生產方式」的概念。一般人以爲這兩種方式是持久不變的相反方式，一個是屬於歐洲，另一個屬於亞洲。不過前面的解釋應可說明我們所談的事實上是兩個非生產的階級爲了爭取最高權力而造成的不同結果。只要這些不同的結果都寄託在施加「非經濟性壓力」的機制之上，則它們彼此是相似的種類（華西列夫〔Vasiliev〕和斯特契夫斯基〔Stuchevskii〕，一九六七年·；托普福〔Töpfer〕，一九六七年）。涵蓋這種相似之處的最適合字彙，便是阿敏（Samir Amin）形容這個生產方式的字彙——「附屬式的生產方式」（阿敏，一九七三年b）。

將「封建制度」這個概念具體化爲一個個別的生產方式，只不過是將歐洲歷史上一個短暫的時期轉變爲一個典型的事實。所以其他「似封建」的現象，都必須以它爲標準來度量。亞洲生產方式的概念，是統一由一個中央集權國家的官僚政治主宰一成不變的貧苦農村群落。它也有對亞洲歷史作與歷史無關的和意識形態上的解讀的毛病。西方人長久以來習於拿西方的自由和東方的專制作對比。希羅多德（Herodotus）在談到希臘諸城邦與波斯之間的鬥爭時是如此。蒙田（Montaigne）和伏爾泰（Voltaire）在對比建築在社會契約上的社會與在專制統治下群眾卑躬屈膝的社會時也是如此。然而，我們的描寫法，將可以指明區別一個附屬情形與另一個附屬情形的政治變項。因此，有高度集中的水力成分的中國，其所代表的一組附屬關係，顯然與依靠分散的「水塘」灌溉的印度或以地下井或運河灌溉的伊朗，情形不一樣。再者，非常中央集權的「亞洲」國家，往往崩潰爲類似封建制度的政治，壟斷而非獨霸團體。而地方權貴更封建式、更分散的控制，過了一些時候又復歸於更中央集權和集中的權力。將薩珊王朝的、拜占庭的，或唐代中國政府軟弱時期具體化爲似封建的生產方式，而又將這些國家政府的強大時期具體化爲一個亞洲方式，是錯誤的在一個單一方式的連續體中，分開成兩種不同的生產擺動方式。

如果附屬納貢性方式中的變異要視國家的權力組織而決定，則這個方式的作業，至少部分是由這個國家與其他國家相比是強是弱而決定。譬如，在北非以及亞洲西部、中部，和東部的國家以內，政權的轉移，與草原遊牧人口軍事與政治的擴張和收縮，以及與陸路貿易的剩餘產物轉運的拓寬與緊縮，有密切的關係。如果說非資本主義的、以階級爲依歸的各種方式使用「經濟手段以外的手段」榨取盈餘，那麼便不能只用孤立社會去了解如何得以榨取盈餘。相反的，它隨更廣大力場中不斷改變的組織而改變。這個特殊的附屬星座，是位於這個更廣大的力場之中。

因而，歷史上基於附屬納貢方式的社會，容易走向中央集權或分裂，或在這兩個極端之間搖擺。它們在貢物收集、流通，和分配的方式上也有變異。只有在很少的情形下，也就是在收取盈餘的人及其隨員就他消耗所有盈餘的情形下，盈餘或在社交上或在地理上流通的過程，才會不發生作用。

盈餘通過沒有商業中間人或商人參與，而由以階級爲原則組成的菁英分子梯隊向上汲取和向下分配的情形，也很罕見。安地斯山的印加帝國接近這個形式，但是即使是在印加帝國，今日的證據還是指出在祕魯和厄爪多海岸的有限地區，也還是有商人的活動。在通常的情形下，盈餘乃透過中間人的交易而轉手和交換。

文明

由附屬性社會政治和商業交互行動所構成的較大社交領域，在文化上的對應物是「文明」，也就是以每一個地區主要的盟主性附屬社會爲樞軸而轉移的文化交互行動地區。這樣的盟主領導權通常牽涉到一組收取盈利和成功的中央集權菁英分子及其所發明的意識形態模型。在較廣大的政治經濟交互行動勢力範圍中，其他的菁英分子又複製這個模型以爲己用。雖然一個模型在某個勢力範圍中會具有支配性的地位，如中國士大夫所奉行的儒家模型，可是文明的勢力範圍，是若干模型共存或競爭的鬥技場。這些模型，在這個勢力範圍的諸附屬社會之間的不斷改變的關係中，得到其不同的對象。

這些模型的特點，是它們不但強調收取盈餘者的身分和將他們和其他的人分開的距離，也自稱有超自然的起源和有效性。中國的皇帝享有天命，確保天與地之間的平衡。儒家的士紳將正當的階級組織關係制定爲法律，而啓動這個天命。東南亞統治者的宮殿不止是政府的中心，也是神王與其貴族隨從人員舉行宗教儀式的場所。回教國的國王是「信仰的指揮者」、法律的守護人以及「勸善禁惡」的人（《可蘭經》第三章，頁一〇六）。壽納人認爲寧拜爾（Nembire）王室的祖靈，將這個王室和神連接在一起。最高級權力與超自然所制定常規之間的關係，在別處較不直接，而且可以由僧侶斡旋。印度的土王遵守自私自利和功利的原則，但是他需要婆羅門建立正當超自然秩序的原則。在基督教國家，國王是有神聖權利的統治者，但是他與另一個同格的勢力——教會——分享治權。這些統治權不論是單一的或分成二枝的，都寫入宇宙的結構之中。

這些與附屬性方式平行的意識形態模型，有某些共同的特點。它們通常描述宇宙的一個階級組織，其間具支配性的超自然常則，通過主要掌權的人，涵蓋和統屬全人類。同時，意識形態的模型將掌權的收取盈餘者和受支配的生產者之間眞正的關係，置換爲最高神祇與卑下受支配者之間想像中的關係（參看福其唐〔Feuchtwang〕，一九七五年）。公共權力的問題因而轉化爲私人道德的問題，而要求受支配者通過對他自己行爲的節制維持秩序，以贏得功績。這種置換也有矛盾在內。如果公共權力有動搖而事情不能公平處理，則連接受支配者與超自然的意識形態關係也會受到懷疑。統治者失去合法性。天命可能歸於其他的競爭者。或者人民可能開始不服從官方的仲裁。可是提出來支持這些要求的議論，將以受支配者與超自然之間想像關係的性質爲中心，向不以錨定在「經濟手段以外」的支配性質爲中心。

商業的財富

如果附屬納貢方式指出榨取盈餘所通過的各種關鍵性關係，那麼我們也必然要問這些盈餘在榨取到以後如何分配。通常，盈餘的一部分用於流通和交換。早在紀元一四〇〇年以前，商人已藉商隊和大帆船將商品轉運各地，出售商品獲利，累積財富。互相競爭的國家，其間的競爭或共生可以創造較廣大的活動範圍。在這個活動範圍中的附屬諸社會，精緻貨物或奢侈品的長距離貿易，尤其是一個頻繁和高度發達的現象。要求最高權力的人，乃通過意識形態上的各種模型作此要求。而精緻奢侈貨物，具體表現這些模型，因而有重要的政治象徵意義。施奈德(Jane Schneider)說：

> 貿易與社會階級的形成，其間的關係，不僅是一個高級群體透過小心應用節約條例或壟斷身分的象徵，以表示自己與衆不同。它也涉及通過施恩惠、贈與，和有意的分配珍奇異寶，而直接與有意識的操縱各種半邊際性與中間層次群體。〔一九七七年，頁二三〕

可是這種奢侈貨物的貿易，往往與長距離體積龐大的土產交易同時進行。在可以走水路降低運輸成本的地方，如地中海、黑海、印度洋與中國海地區，這個情形尤其普遍。因而，當歐洲航海商人闖入其他的大洲時，他們所見到的歷史悠久商業關係網絡，其根據的原則和作業的情形，是他們非常熟習的一套。

如果附屬性的關係與商業活動久已並存而且互利，則這個相互性也引起許多衝突。商人是交易的專家，買賣貨物牟利，爲了增加利潤，他們竭力擴大交易的範圍，吸收由親屬關係原則安排方式或附屬方式所生產的生計或威信貨物，將之引入商業交易的管道，也就是市場。把使用價値轉化爲商品(爲交易而生產的貨物)，其後果不是沒有作用的。如果它將附屬權力所根據的貨物和服務商業化，便可以使整個附屬權貴的階級依靠貿易，而重新調整其社會上的優先秩序，對商人比對政治或軍事領袖更好。因而，基於附屬方式的社會，不僅激勵商業，當商業勢力太盛時，也一再加以壓抑。視時間與情形而異，它們教訓商人要「安分守己」。讓商人「安分守己」的辦法很多，包括在政治上加以監督或勉強商人與權貴合夥，沒收其資產、制定特殊的課稅，或榨取高額的「保護」租金；在社交上玷辱商人的身分，支持反對商業以名爲有罪或邪惡的活動，或者甚至讓大家所輕視的或沒有勢力的自己所屬集團以外的集團去從事商業活動。因此，商人的地位總是就政治和經濟的情形來決定，並且永遠依靠了其他社會階級的權力和利害關係。

雖然每當附屬性權勢受到商人侵略威脅時便採取防禦性的機制，可是紀元一〇〇〇年以後所發展出來的國家，比其他的各種政治系統都給予商人更大的獨立與特權。這可能是由於，和中東與東方比較強大、富有，和中央集權的附屬結構相較，居於邊際的歐洲半島是落後的。力求在歐洲核心地區鞏固其勢力的君主，往往需要藉商人之助取得經費，而爲了抵制敵對的求取權勢者，也往往支持商人。由於歐洲邊緣政治上的四分五裂，商人乃創造了自己廣大的貿易與金融網絡，而更能抗拒政治和社會的壓力。

歐洲的商人，也比其他各大洲的商人享有位置和工藝技術上的優勢。歐洲因爲近海，大河與海洋上的航運成長得很早。水運不僅在精力上成本比陸運低，而且使地方性和跨地方性的商業可以密切整合，並能避免洲際商隊貿易所負擔的沉重保護成本。而展散在一個日漸拓寬的交通線網上不斷擴張的商業交易活動範圍，又加速錢賺錢的過程，使一個數目的錢重複獲利。

有些學者認爲這些中世紀歐洲的商人是資本主義的直系祖先。根據這個看法，由商業財富到資本的變化是持續的、線狀的，和量的，而資本主義的發展只不過是在附屬納貢方式中已存在的各種過程的擴張。韋伯、華勒斯坦，和福蘭克基本上是採取這個立場。然而，如果認爲由商業財富到資本的變化不僅引起量的成長，而且也引起許多決定性過程的重要變換，那麼資本主義便是一個在質上來說的新現象，一個在轉化自然時動員社會勞力的新方式。馬克思採取這個立場。由這個觀點看，錢賺錢的歷史只不過是「資本的史前史」。只要主宰生產的是以親屬關係爲原則安排的或附屬納貢性的關係，商業財富便不是資本。生產者或收取貢物者所沒有消耗的，可以拿到市場上去交易別處的過剩產品，使商人賺取到在運送貿易中所得到的價錢差額。

紀元一四〇〇年以後，貿易的成長大幅的擴大了市場的規模。但它卻不能自動的導致資本主義的方式。在十八世紀資本主義的方式開展並且開始由內部威脅到它以前，附屬納貢方式都還具有支配力。在這一段漫長的時期中，附屬納貢的盈餘物一直是權貴階級及其隨員和僕人的主要依恃。貢物也繼續供應政府的主要所需——支付其海陸軍的軍費，供應其經理部隊，並支付其官員的薪俸。因此，貢物的持續榨取成爲商業活動的進行和旺盛的條件。可是正由於它的成功，商業財富開始增多其商品交易的管道，使收取貢物的人愈來愈依靠它。它錢賺錢利滾利的金額愈來愈大。而這筆財富的投資，又是爲了增加商品的流通市場分量。在這個過程中，它將世界各地的生產者引入一個共同的交易網，調節現有的生產關係去掌握商品的交易，或津貼各種強制商品生產辦法。

從事海外作業的歐洲商人，以好幾種方式將剩餘產品引入商業交易。有的時候他們喜歡用一種方式而不用其他的方式。可是在有的情形之下，他們所有的方式都用。這些將貨物轉化爲商品的方法都不是什麼新穎的，在其他的附屬制度中都有類似的方法。它們乃由附屬方式的作業中成長，而且長久與這種方式纏結。

一個方法是出售附屬納貢方式的盈餘物。商人由附屬權貴或政府的經理處購買盈餘物存貨，並以貨物爲回報。他們的商品負擔附屬階級生活方式的費用。他們的貨物供應了政府的軍隊並塡滿政府的軍火庫。有的時候商人本身也參與劫掠，而後將掠得的物品出售。

商人將貨物引入貿易流程的第二個方法，是與主要從事採集與生產的人進行交易。商人將對他們來說價廉但本地人想要的貨物賣給本地人，又由本地人那兒獲得對生產者而言沒有什麼價值但可以在遠處市場高價出售的貨物。這樣的交易使本地的生產者可以得到其所珍愛的使用價值。但是在行之久遠以後，卻使對象人口依靠上商人。加強生產關鍵性的貴重物品往往使本地人減少或放棄其他重要的經濟活動。生產者愈來愈專精於供應一種物品以後，其工具、家用物件、威信貨物，乃至食物，便仰賴於商人。如果生產者不願意進行這種交易，商人有時便勉強把商品賣給他們，而生產者不得不償付。有時商人用香煙或烈酒使生產者依靠上他們而交易得以順利進行，因此確保交易的恢復。逐漸，這樣不平等的交易通過墊付的制度而暫時延伸，其所造成的以勞役償債現象，使主要的生產者迫於其本身的需要而不得不在未來專致於生產某種有價值的物品。

在商人控制下的「外包工作制」，其發展也愈來愈造成專業化和依賴。這個制度通常源於許多人家生產特殊的商品而後將這些商品售予商人，由商人重新出售。可是商人逐漸以借出工具或原料的方法控制勞動的過程。他們沒收成品，算是生產者對借貸的生產因素的償付。

商品的勞役償債制度與外包制都近於資本主義，但是尚未由資本主義的關係所控制。這兩種雇用勞力的制度都是由商業的觀點發明出來的。商人是交易的代理人，將生計和製造品借給生產者，而由生產者處得到專門的商品。商人用借貸的手段而對勞動力有留置權，不論是以親屬關係爲原則組成的群體的勞動力還是其作業近於附屬方式的勞動力。他甚至可以進一步借出工具和原料，如火藥、彈丸，和捕捉機，或織布機與織物原料，因而使這個勞動力有了複雜的工具。不過這樣的商人尚未在工人競爭工作的市場上購買勞動力，也尚未眞正控制了實際的勞動過程。盈餘物的榨取，不是把它當作盈餘價值，而是通過在一個壟斷性或類似附屬性的關係體制中做不平等的交易。生產的過程仍然由需求的一端主宰，由在市場上進行交易的商人的需要主宰，而非由生產過程本身以內的勞動力和機器所主導，只要是這個情形，商人控制生產過程與因新的需求而加以改變的能力也都是有限的。

商人取得盈餘物以事交易的第三個方法是擴大奴隸制度。奴隸勞動力自來不是一個主要的獨立生產方式。但它卻有輔助的作用，供給包括以親屬關係爲原則安排的、附屬式的，和資本主義式的所有生產方式勞動力。在大規模的農業和礦業生產中，生產額有賴於將勞動力擴大到最大限度，而工具和技巧的使用很有限。這樣的生產，一再使用奴隸制度。自古典時期的古代起，在歐洲便有持續使用奴隸的歷史。因而在歐洲海外擴張開始的時候，使用奴隸以生產交易用的商品，便是一個可能的辦法。這個過程，在克里特島(Crete)、西西里島、馬得拉群島(Madeira)、亞速群島(Azores)、加那利群島(Canaries)，以及幾內亞灣(Gulf of Guinea)久已存在。日後美洲奴隸制度的成長，只是其在海外的再實現。

和對主要生產者與加工者所用借貸的制度一樣，奴隸制度的進行，也需要注入大量的商品。商人將商品貸與非洲的供應者，因而將奴隸當作一件商品放進交易的流程。商人也借錢和商品給農場主人，後者購買奴隸在其大規模的農場上工作。奴隸制度是一個強迫勞動力的制度，它需要固有的成本，通常這些成本是由商業上的墊付湊足。奴隸需要訓練和監督。高生產力需要高昂的強迫代價。由於大多數的奴隸人口不生兒育女，必須常常找新的奴隸和付出代價。奴隸主人必須養活奴隸，而其成本要靠使用大規模農場上的利潤支付。如果允許奴隸在大規模農場上的「供應品場地」上耕作以供應其本身的生計所需，則他們的自治權增加，而奴隸主的控制力相對減少。因而，要有效的控制奴隸，往往需要輸入食糧和其他必需品。在這個制度中，商人不是唯一的參與者，農場主人往往自己有繼承的輔助性財富，並將利潤再投資於其自己的大規模農場。可是商人在資助奴隸制度、供應必要的商品、提供產品市場，以及將利潤帶回母國上，發揮的作用愈來愈大。

在歐洲擴張的過程中，商業財富開闢了流通的路線也開啓了交易的管道。它獲利的來源在於維持價錢上的差額——賤買貴賣，並且與任何可以阻礙「自由市場」發展的勢力聯合，以抵制矯正價格的措施，維護自己的利益。它依靠政治和軍事勢力以奪取供應地區、取得接觸供應者的特權、阻礙貿易上闖入的競爭者，和透過對銷售壟斷性的控制確保最大的利潤。它的目的在於爲了增加產量和使產品多樣化而控制住人，並沒有創造勞動力的市場。因此，商業財富沒有改變動員社會勞動力的方式，而仍與附屬性的方式結合。一直到新的政治和經濟情況促使工業資本主義興起以後，這一種依靠的關係才斷絕。

以親屬關係爲原則安排的生產方式

如果一四〇〇年時佔領精耕農業生產地區的是基於附屬納貢性生產方式的諸社會，那麼在世界各地這些地區的邊緣上，卻住著以不同原則組成的社會群體。在人類學的文獻中，這些人口稱爲「原始人」。如果這個名詞讓我們認爲印第安人的易洛魁族或烏鴉族(Crow)或非洲的倫達族是我們「當代的祖先」，或是尚未追求高度文明的人，則給人錯誤的印象。在分析上這個名詞也有問題，因爲它提到一個開始，卻未加以描寫。梅拉蘇說得不錯，如果拿這些人口缺少什麼特徵來描寫他們，如稱他們爲「無階級的人」、「無領袖的人」，或「無政府的人」，並不能讓我們知道他們是什麼樣的人。

通常大家形容這樣的人口因「親屬關係」而結合在一起，但較少人追究親屬關係是什麼。根據實際上的經驗，各人口群的親屬關係範圍有大有小，力量有強有弱。有的人有「很多親屬關係」，有的人「親屬關係」較少。共同居住往往比家系重要，許多地方上的群體由親戚組成，但也有許多不是。任務可以由非親戚所組成的團隊進行，狩獵或其他活動的產品也可以由非親屬和親屬分享。事實上許多人類學家認爲，在了解人們如何組織自我的群體上，住所比親屬關係更爲重要。因而，克羅伯(Kroeber)和提提耶夫(Titiev)都主張同居關係是世系群形成的基礎(克羅伯，一九五二年，頁二一〇；提提耶夫，一九四三年)。同樣的，李區(Leach)也囑咐人類學家「由具體的實際情形(地方上的一群人)開始，而不由一個抽象的眞實情形(如世系群的概念或親屬關係制度的觀念)開始」(一九六一年，頁一〇四)。福特斯(Meyer Fortes)的主要貢獻在於分析較廣大的親屬關係制度及其在法律和政治上的意義。可是甚至他也說：

如果一個世系群的份子從來不能聚在一起辦事，則它不容易以一個共同的群體行動。因而，非洲諸社會的世系群通常固定在一個地方，但它不一定限於在某個區域獨佔某個區域。就一個分散廣大的群體來說，一個固結的核心便足以是其地方上的中心。（一九五三年，頁三六）

有些個別人的人口群，將其家庭組織以內的親屬關係模式擴大延伸到遠親家庭。延伸多遠，每個人口群的情形有很大的差異。家庭親屬關係的延伸和複製模式，在什麼程度上涉及群體間法律與政治的義務，也各有不同。易言之，在有些人口群中親屬關係的規則可能支配子女與父母的關係和婚姻，不過只是如此而已。再者，這樣的規則可能只給人一個字彙上的親屬關係「名稱」，而不同時涉及其法律和政治上的義務。但在另一些人口群中，親屬關係是一件嚴重的事。親屬關係的模式可以用來擴大社會和意識形態上的連鎖，而這個連鎖在法律和政治上，可以成爲重要的有效因素。

因此，親屬關係可以在兩個層次上起作用，一個是家庭或家庭群體的層次；一個是政治次序的層次。可是這個說法仍然只提到親屬關係有什麼作用，而未提到親屬關係是什麼。如果我們不能給親屬關係一個定義，便也不能給非親屬關係一個定義。人類學家彼此對親屬關係究竟是什麼也沒有一致的看法，這一點可能是出乎非人類學的讀者意料之外。關於這個問題，人類學家可以分爲三組。第一組是假定親屬關係的事實是由人類生物學衍生出來的。人類在性別上同種二形，男女有性關係。其結果是女性人類生兒育女。性關係的生物學事實和生育，被視爲人類婚姻和世代的根本。照這個看法，親屬關係是追蹤血統的事。第二組反對上述的立場，主張親屬關係不僅是對性和生育的社會控制，而是也牽涉到將後代分配給親代配偶的婚姻契約與文化設計的文化上的定義。照這個看法，親屬關係是有其本身內容的一個特殊文化範圍，其中包括世代與密切關係等象徵性設計。這些象徵符號每個文化都不一樣。最後一組人類學家認爲親戚關係只是討論經濟、社會、政治，和儀式關係的「慣用語法」。照這個看法，親屬關係是隱喻，其眞正的內容在別處。當親屬關係所「表示」的關係得到解釋時，它的事實也得到解釋。

以親屬關係爲生物學（性與生育）的社會節制的人類學家，重視生物學上所產生行動者，其分享權利和義務（包括對資源和支持的權利）的方式。他們認爲親屬關係的形式或模式是完成這種分配的文化副現象。一般而言，他們的親屬關係的概念主要是法律上的：親屬關係將出生在一個群體中的人各指派到法律的位置上。相反的，文化象徵主義者以爲親屬關係是象徵性設計，與文化中其他的象徵關係連接。親屬關係的設計被視爲有道德的功能，是對在意識形態上整理文化承載人象徵性世界的貢獻。實際上，象徵主義者認爲簡單的家庭是文化象徵符號的倉庫，並且肯定調查家庭以外的領域會揭示相同或平行的象徵性設計（參見施奈德，一九七二年）。

就廣義來說，這兩種立場是互補的。由於人和烏龜不一樣，不是由卵中孵出來、放在一個安全的地方，而後被棄置的，而是透過亂倫禁忌的作用而出生和社會化的，親屬關係的名稱和類別自一開始便是象徵符號設計。亂倫禁忌這個人類的制度，其作用乃是根據區別共有某種物質（以同樣的骨血來象徵）的人，與不共有象徵性實質傳統的人。前者不可互相交配，後者可以互相交配。雖然對亂倫禁忌的起源尙無完整的解釋，可是李維史陀(Claude Lévi-Strauss)卻正確的以之爲他研究親屬關係的起點。這個禁忌最初所設立的親屬關係類別是象徵性的設計，所有其他基本的親屬關係類別也是象徵性的設計，如性別、絕對和相對的年齡、血統，和密切的關係。由於象徵主義因此進入了人類社會活動，各處的人類也將這些人「性」的基本設計與其關於自然和超自然的設計繫聯。(有鑑於此，上面提到親屬關係研究中的第三個立場是不令人滿意的。它只給親屬關係象徵性符號隱喻性的地位，而不去追究它不顧倫理的現象。)

如果將這兩種方法合併爲一種對親屬關係可供使用的辦法，我們便可在政治經濟的脈絡中看親屬關係。如此一來，便可視親屬關係爲將社會勞動力用於轉化自然的一個方法。它訴諸血統和婚姻，也訴諸血緣與密切的關係。簡言之，社會勞動力通過親屬關係而「鑑定」或「植入」人與人間特殊的關係。要動員這個勞動力必須通過人的接觸，而這種接觸是在象徵的意義上說明的。做了「什麼」可以啓用社會勞力。「如何」做牽涉到血親與姻親的象徵性定義。因而親屬關係涉及(一)象徵性的設計(「子女對父母的關係／婚姻；血緣／姻親」)，(二)它不斷將生下來的和徵召的行動者，(三)放入彼此的社會關係中。這些社會關係(四)使人可以用各種方法動用每一個人所承擔的那一份社會勞動力，以便(五)實現對自然必要的轉化。

如果親屬關係是給人建立權利的一種特殊方法，而因此要求共享社會勞動力，那麼這些權利和要求藉以建立的方法，在不同的有文化人口群體之間也非常不同。人類學家現在已認識到親屬關係在兩種不同的情形下基本上以不同的方式起作用。一種情形是資源豐富，有能力取得的任何人都可以去求取。另一種情形是資源有限，只有持「親屬關係特許證」的人才能求取。在第一種情形下，親屬關係的聯繫乃產生於日常生活中的「平等交換」，並將日常交互行動的人連接在一起。在第二種情形下，親屬關係的圈子，乃藉群體分子身分的精確定義，而圍繞資源的基礎畫出。

這個對比說明以親屬關係原則安排的生產方式的兩種不同的形式，因爲在這兩種形式中社會勞動力的調度不同。第一種形式在人類學文獻中最好的例子是採集食物的「團隊」。這樣的群體不改變自然，而是採集和集中環境中天然現成的資源爲人所用。天然環境不是人類所控制的有機轉型（如農耕或畜牧）的一個手段。它是「勞動的對象」，不是其「工具」（《資本論》第一章，一九七七年，頁二八四－二八五）。在這個情形下，具體表現一份社會勞動力的人，其聚與散乃依照生態學上的拘束和機會。工藝技術與地方環境之間的交互作用，以及一個群體通過輿論的形成和非正式的制裁力去處理衝突的能力，爲集中的共同的社會勞動力設立上限。因此，親屬關係主要是通過婚姻與血統去創造個人與個人間的關係，也就是社會勞動力股東之間的合夥關係。這種合夥關係以網狀組織的方式由特殊的參與者延伸到其他的人。它們沒有確定的界限，可以納入新來者或將新來者排除在外，視互相連接的合夥人的利害關係允許或要求而定。

在第二種以親屬關係原則安排的方式中，社會勞動力的部署又不一樣。在自然可以通過社會勞動力而加以轉型的地方，環境的本身便成爲生產的一個手段，一個消耗勞動力的方法。一組配備了工具、組織，和構想的人轉化自然的一部分，以便生產農作物和牲畜。在這樣的社會中，社會勞動力分散爲社會簇群。這些簇群以累積和跨世代的方式將勞動力用在環境的一個特殊部分，同時累積跨世代的對社會勞動力的要求與反要求。當生態學上的閉鎖勢將發生時，這些簇群間的關係需要更詳細的加以說明和限制，而這些簇群很快變成排外的群體。

在這個情形下，便用子女與父母的關係和婚姻的表達方式來設計跨世代的眞實或虛構的家系。這些可以用來接納或排斥那些根據團體分子特權而要求社會勞動力的人。

這樣的群體往往有虛構的合同，分辨在文化上選擇的和經過檢定的親屬關係血統。合同有好幾種功能。首先，它們讓群體可以根據親屬關係要求特權。其次，它們可以允許或拒絕讓人接觸關鍵性的資源。第三，它們通過給姻親關係所下的定義，策畫血統可考的群體之間人的交換。婚姻已不僅是新郎新娘及近親之間的一種關係，而成爲群體間政治聯盟的約束。第四，它們將管理的職責分配給家系中特殊的階級，而在政治和法律的領域中做了不平等的分配，不論是以年長者支配年幼者，以長支的人、支配幼支的人，或以較高的家系支配較低的階級。在這個過程中，法律/政治層次的親屬關係包攝和組織了家庭/局部層次的親屬關係，使人際關係在無條件的接納和排斥上受制於這些合同。

親屬關係的「延伸」，因而和子女與父母關係和婚姻層次上的親屬關係不一樣。它所牽涉的是權利和要求在法律上的分配，因而也牽涉到人與人之間的關係。在子女與父母關係和婚姻的層次，親屬關係在社會勞動力的股東之間設立個人的連鎖。相反的，延伸的親屬關係將社會勞動力組織成勞力匯集場，並且控制勞力的由一個匯集場轉移到另一個匯集場。

不過親屬關係的特色在法律與政治上的持續，卻造成一個問題。親屬關係的術語，牽涉到一個象徵的過程。當親屬關係由一組人際關係升格到政治的層次時，它便成爲政權分配中具有主宰性的一個意識形態因素。但是在這個不同的背景中，爲什麼親屬關係的語言還會持續？談這個問題的學者很少，福特斯是其中之一。

爲什麼這些團體以血統而非地域或其他原則爲基礎，是一個需要詳加研究的問題。我們還記得芮克里夫布朗（Radcliffe-Brown，一九三五年）說：承襲的規則，與明確區別針對人與不針對人而言的權利的需要有關。與它關係最密切的事實，是繼嗣關係群體的制度，可以輕易管制婦女生殖的力量。但是我認爲牽涉到的比這個更深，因爲在一個同族的社會中，親子關係最足以精確而無誤的給一個人在社會上定位。（一九五三年，頁三〇）

福特斯的解釋雖不完全令人滿意，可是卻能指出在以親屬關係爲原則安排的生產方式中兩個重要的權勢來源，也就是對婦女生殖力的控制，以及親子關係。二者都是跨世代的，二者都將不同的權力和影響力分配給人。第一種給人對「婦女、子孫，和姻親所具體表現的社會勞動」的權利。第二種不僅確定繼嗣關係，也確定旁系親屬關係，可以成爲盟友的系譜上的範圍。因而，可以用婚姻和血統的術語，來傳達有關爲工作和供養而動員勞力的各種不同可能性，也就是有關在互相競爭的群體間社會勞動力不斷變化的分配情形。

在親屬關係符號設計如此而延伸的地方，互相競爭資源的社會勞動者，其間的關係在結構上或是壟斷性的，或是每個社會勞動者都有影響力，但也必須顧到其他競爭者的反應。社會群體互相爭奪地位和支配權。同時，想要將與其他群體間外在對抗力盡量增加的趨勢，又與內在對抗力的增加同時出現。首先是男人與女人之間的對抗。只要親屬關係在資源開放的情形下只是許多安排性因素之一，或許便可維持男女角色之間互補的均衡。然而，隨著望族群體在政治領域的出現，姻親的關係變成政治上的關係，婦女對男子而言，因爲成爲結盟的象徵而喪失身分。長者與幼者也對立。長者通常在群體內外居於管理和指揮的地位。有些年幼者日後成爲年長者而有年長者的地位，但也有一些年幼者始終未能得到重要的位置。我們知道這種對立可以爆發爲公開的衝突。譬如，在大平原(Great Plains)上牧馬業的擴張中(第六章)和在安哥拉搶劫奴隸群體的形成中(第七章)，我們都可看到「男孩子」反叛其長者的情形。

最後，內部的分等，也在最初的定居者與新來者之間，一個祖先傳下來的長支與幼支之間，或地位上升的分支與處於式微狀態的分支之間，造成對立的情形。上升與式微間的擺動，可能是由於人口學上的升降；對於聯盟、人口，或資源管理是否成功；以及在戰爭中的成功與失敗。能有效締結在政治上關鍵性聯姻或明智的重新將生計和奢侈品分配給追隨者的領袖，收穫勝過其較不合宜的競爭對手。日久之後，這樣的收穫可以轉化爲宗譜上的要求，修改宗譜以表示改變。

領袖之得以這種方式造成自己地位的上升，構成親屬關係方式中極少數的弱點之一，其診斷上的一個緊張點。因爲當一個酋長或其他領袖通過明智的聯盟和重新分配的行動而得到許多徒眾的同時，他會到達一個極限。只有打破親屬關係秩序的界限，他才能超越這個界限。他可以操縱新娘聘金以找到生育只效忠於他的子女的婦女；他可以邀請外人定居在他的群體的領域中，以更吸引他個人的徒眾；他可以取得人質和奴隸在他個人的控制下工作。可是只要這些策略可以遭到他的親屬及親屬盟友的抑制，他行動的範圍便很有限。酋長想擴張自己對剩餘物質的掌握，一個辦法是作戰。可是戰爭的成果也很有限，因爲戰利品是偶爾和無常的，而且必須與別人分享。要打破這個親屬規則的限制，一個酋長必須有他獨立的可靠和源源不斷的資源。

雖然親屬規則如此而爲內部的分化設了上限，可是在封閉性資源的情形下，它卻更容易造成不平等而非對生活機會更平等的分配。性別、年齡，和規定的與取得的權力，其區別所造成的對立，由內部破壞親屬關係的秩序。此外，個人或群體間的衝突、不同的親戚所提互相衝突的對於管制人的權利要求，以及遠近親屬中間的不盡規定的親屬關係義務，也會破壞親屬關係的秩序。這些力量和因素都威脅到親屬關係秩序的繼續。那麼，什麼可以防止其崩潰？以親屬關係原則所組成的單位如何能長久凝結？

以親屬關係爲原則安排的生產方式，其所以能再生，可能是由於除了因親屬關係而來的特殊關係以外，沒有任何機制可以集合或動員社會勞動力。它們通常所造成的對立是微粒狀的，如某一特殊時間和地點，某一特殊世系群中某一老者與某一幼者之間的對立，而非老者這個階級與幼者這個階級之間一般性的對立。在日常生活中，以親屬關係爲原則所安排的生產方式，藉著將緊張狀態和衝突特殊化而抑制其對立的情形。

然而，在神話和儀式中，在日常生活中暗藏危險的那些對立，卻在一般性的層次上得到戲劇化的發展。雖然在日常生活中概括溶解爲特殊，在神話與儀式中特殊卻溶化爲概括，傳達有關宇宙性質的音訊。如果有解釋，那麼其形式是一般化的眞理。我們或許會想，將特殊衝突如此放映到一般神祕事件和意義的銀幕上，可以平息這些衝突。這個機制的有效性，似乎要視眞實衝突能保持特殊化與片斷性的程度，同類和同一方向衝突持續的累積，可能給神話儀式系統累進的壓力，而減少其效能。

害怕取得支持所必須付出的高昂代價，也可以抑制以親屬關係原則所組成的各單位以內和單位與單位之間的衝突。找盟友需要收回過去的承諾和保證在未來支持盟友，因而任何衝突升高的情形，都威脅要在時空上延伸這個衝突。不過當利害關係夠嚴重時，升高事實上是件好事，它使送禮和交換婦女以鞏固同盟的情形都有增加。我們可以說北美皮毛貿易的故事，是「親英國的印第安人」間的支援同盟逐漸擴張，以對抗「親法國的印第安人」。透過神化和儀式的推敲，可以使這些同盟穩定化和加強，譬如，易洛魁聯盟將精力用在向外對付共同的敵人，以求抑制內部的衝突。

可是在以親屬關係原則安排的生產方式中，衝突的解決在這個方式本身結構的問題上遭遇到終極的極限。累進的衝突往往超過以親屬關係爲基礎的機制應付它們的能力。於是各群體會分裂和解散。這樣的現象不但頻繁，事實上還是改變的重要原因。因爲我們往往將各社會概念化，好像它們存在於無時間性的民族誌學上的現在並且彼此孤立，我們便誤以爲，以親屬關係爲原則組成各群體的分裂與分散，只不過是複製親代群體秩序的整頓。事實上，發生分裂的群體很少能逃進無人佔領的地帶去避免競爭對手，而且也容易受到附屬性和資本主義生產方式的社會的壓迫，因而複製的過程很少見。發生分裂的群體一旦遭遇到自由遷移的極限時，通常開始改變。

因此，建築在親屬關係上的社會簇群，不能免於內部的分化與外在促使它們改變的壓力。對於分擔社會勞動力做不平等的分配，容易造成一些有影響力的管理人士，而與其他群體的接觸，又可以使會處理利害關係上歧見與會處理衝突的人，有了重要的地位。當以親屬關係爲原則組成的群體與附屬性或資本主義的社會發生關係時，這類功能不平等的趨勢更爲明顯。這些關係，使一些人有了更多攫取和轉移過剩產品的機會。酋長於是可以使用這些外在的資源去僵化親屬關係秩序的作用。這是爲什麼在兩個大洲上都有許多酋長與歐洲皮毛貿易與捕捉奴隸的人合作，聲名狼藉。與歐洲人的關係使酋長可以得到武器和珍寶，因而也可以在親屬關係以外得到不受親屬關係約束的徒眾。

酋長制社會的問題

在日常用語中，「酋長」（Chief）一字，所指爲一個有社會組織的群體的領袖。在實際上，歐洲人通常用這個字表示任何可以贊助或妨礙其利益的有影響力土著。在這個用法上，酋長的意義涵蓋各種不同的徵召情形和各種不同程度的權威，但在分析上沒有什麼用處。這樣的人物，其指揮社會勞動力和影響群體間關係發展的能力，有賴於他在權力競賽中的資本；他所管轄的群體的大小與力量；這個群體手中資源的性質及其對外人的重要性，以及他作戰的能力，他防守資源和干預對手作業的能力。西北海岸酋長的力量不及祖魯族（Zulu）酋長的力量，而祖魯族酋長的力量，又不及蒙古可汗的力量。這樣的差異，也影響到一個酋長打破以親屬關係爲原則安排的生產方式極限的能力，或其在附屬性或資本主義關係中成爲一個合夥的能力。

「酋長」與「酋長」之間的這個差別，可以部分說明人類學上關於「酋長制社會」的老問題。人類學家在建立諸文化演化次序時，認爲酋長制社會是介於以親屬關係組織的部落與有階級分等的邦國之間。照這個對酋長制社會的看法，在一個共同的家系中，不同的階級有不同的地位與權力，可是大家在得到生產手段的機會上沒有區別。在協調專業活動、計畫和監督公共工程、管理分配，和領導作戰上，酋長和其高級世系群被視爲代表其整個社會。因而酋長制社會是「有永久協調機構的重新分配式社會」（塞維斯，一九六二年，頁一四四）。雖然家系中的階級以各人所負的職責而加以區別，可是整個社會卻由共同利害關係、共同血統，和一般的重新分配而團結爲一體。大家都是族人。只不過有的人比別人更是族人。

然而，生產方式的概念，不注意一個社會中高階級酋長和一般百姓之間交互行動的形式與特色。相反的，它探究社會勞動力調度的方式。照這個看法，所謂酋長制社會可以分爲不同的兩種：一種是以依照親屬關係安排的生產方式爲基礎的社會，其間酋長及其徒眾遵守親屬關係的安排，也爲這些安排所約束。在另一種酋長制社會中，即使一個具有支配力的群體將等級的劃分轉化爲階級的劃分，並用親屬關係的機制去提高其本身的地位，可是還是可以維持親屬關係的形式與特色。在這第二種酋長制社會中，酋長的世系群事實上是初期附屬性生產方式中收益盈餘者的階級。

這樣一個階級的成長，牽涉到好幾個不同的過程。人口的增加提高酋長家庭相對的重要性。酋長世系群成長以後，便可與其他世系群發生無數的關係（塞維斯，一九六二年，頁一四九）。在運用姻親策略時，酋長的世系群必須將由婚姻交易中得到的財富集中到自己之手。這又表示必須控制可以用來交換的婦女，並且禁止階級較低的份子接受條件好的婦女。控制可以向下延伸，使菁英分子可以控制一般的婚姻交易。婚姻的策略也可以滋生繼承的策略。誰得到什麼因一個人特權階層的身分而定。對於在婚姻交易中及在貴族繼承財富中最重要的貨物，因而不致作一般性的重新分配。

同時，不斷成長中的酋長世系群又可因「家族的向外分枝」而擴大（塞維斯，一九六二年，頁一六六）。它又在習慣的交互作用地帶以內和以外分枝。高級分子在領土上的擴大和增殖，會造成多數的權力中心，取代一個單一的決策高峰。酋長世系群中的成員，可以互相爭奪酋長職，或脫離母體另創其本身的領域。權力競爭又反饋累積和重新分配的過程。爭權的人必須累積足夠的「權力經費」。他們將這樣的經費作選擇性的重新分配，而不將資源開放作一般性的重新分配。

由這個角度看，「重新分配」乃成爲階級形成的一組策略，而非酋長制「重新分配社會」的一般特色。人類學中重新分配的概念是博蘭尼(Polanyi)所發明的。他讓我們可以想像超越「互惠」或「市場」交易以外的各種交易機制。但是我們必須以三種方式限制重新分配的概念。首先，必須詳細說明重新分配的各種不同種類的範圍。通過宴樂的重新分配，與供應品爲公共工程或戰爭作重新分配不一樣，與通過酋長代理人對特殊資源作重新分配也不一樣。其次，對於分配的是什麼、有多少，和分配給誰(這一點最重要)也必須弄清楚。大家都參加的宴樂，可以與菁英分子的累積關鍵性貨物同時進行。即使俘獲的敵人和資源不公平的分配給貴族和一般人，對於退役軍人的宴樂卻向整個軍隊的軍事貢獻致敬。第三，重新分配可以「購買」盟友和撫慰可能的對手，將他們和他們的資源一起引進由階級制度管理的以貨物與服務付給方式。由這方面看來，重新分配不是某個社會一種正常的利他主義特點，而是在階級形成過程中一再出現的策略。

因此，在這第二種酋長制的社會中，親屬關係的作用由決定有類似組織的群體之間的關係，改變爲區別一個階層與另一個階層。貴族階級利用和誇示其以親屬關係爲原則的關係，以之爲其與眾不同和獨立的表記。只給平民階級剩餘的權利。貴族階級激烈的改變親屬關係而使自己成爲另外的一個階級，以便拉長治人者和治於人者之間在社會上的距離。他們說自己是諸神的後裔或擁有魔力。他們可以設法通過對私通和亂倫的處罰而推翻其屬下的親屬關係（參看柯亨〔Cohen〕，一九六九年），卻又通過階級內婚的辦法使自己成為與敢不同的一個階層。他們可以援引對處理戰利品特殊的權利，包括對處理不在他們親屬關係以內的被征服的人口的權利。

上述的貴族階級往往分枝出去征服和統治外面的人口。在分裂與擴散時，貴族階級通常維持其特殊的親屬關係以促進其階級的團結，和自別於其所統治的人。這個情形當然可以和平的發生。譬如非艾勒族（Alur）的群體，曾經邀請有祈雨和解決衝突能力的艾勒酋長世系群分子和他們住在一起統治他們（騷塞〔Southall〕，一九五三年）。但是通常好戰與流動的貴族卻援引超自然的權利，將其支配的方式強加在附屬人口之上。這種掠奪性貴族的例子，包括由土拉向外擴散到中美洲邊界上的托爾泰克人；由其非洲中部家園作扇形擴散的魯巴族和倫達族菁英分子（參看第七章）；以及沿舊世界乾燥地帶走廊強行統治農業人口的許多蒙古、土耳其語系及阿拉伯貴族。

由上面的討論，可知社會勞動力的調度是經濟方面的也是政治方面的。以親屬關係所安排的生產方式防止政權的一成不變，而主要是基於參與簇群間的輿論。再者，親屬關係也給為了集體目的而能動員的社會勞動力的量設限。聚合許多個別關係可以集結社會勞動力，但當情形發生變化需要重新安排義務時，這個社會勞動力又分散。同時，親屬關係的延伸與收縮又使這些社會的邊界開放和不斷移動。

酋長可以成爲他親屬群體的權力樞軸。但是他有時雖能具體表現親屬關係秩序，卻也是這個秩序的囚犯。想要衝破親屬關係秩序的酋長，必須掌握能保證他們享有對資源獨立控制權的機制。這樣的酋長必須或是將其所控制的部分勞動力分配給另一種生產方式，或是直接與另一種生產方式發生關係，也許是與附屬性生產方式中的權貴，也許是與參與資本主義生產的人發生關係。要造成這樣的改變需要新的政治支配工具，不論是由酋長直接控制這些工具，或是由別人替他們應用這些工具。如果做不到這一點，那麼他們想要動員的人很可能反叛或脫離，使他們成爲有名無實的酋長。

與按照親屬關係安排的生產方式相反，附屬性生產方式與資本主義生產方式，均將他們所控制的人口分成生產剩餘產品的階級與取用剩餘產品的階級。這兩種生產方式都需要控制支配的機制，以確保剩餘產品可在能預測的基礎上由一個階級轉交給另一個階級。有時這樣的控制牽涉到根據恐懼、希望，和慈善而創造的許多制裁力，但是如果沒有強制的辦法去維持基本的階級劃分和使其所造成的結構不受外來的攻擊，便不能有這樣的制裁力。因此附屬性和資本主義的生產方式，其特色都是在於發明和運用這個強制辦法——政府。

在附屬性方式的情形下，這個方式的本身乃由支配的機制構成。這個機制用「經濟壓力」以外的方法由生產者處榨取貢獻。一個附屬性生產方式的政府，其政治活動可以影響到貢物在各種互相競爭取用剩餘產品群體間的集中和分散，但是不論政府的組織形式是什麼，它都錨定在直接榨取的關係之中。

相反的，資本主義的方式似乎在經濟上可以自我調節。只要是生產的手段爲資本家所有而不給勞動者，那麼在每一個生產周期結束以後，勞動者仍繼續被迫替資本家工作，而另一個生產周期又開始。但是政府在這個生產方式的創造與維持上發揮關鍵性的作用。要啓動這個生產方式，必須先儲備用於錢賺錢的錢，將它轉化爲資本，並且創造一個把自己勞動力當作商品出售的勞動者階級。在這「最初積累」的並聯過程中，政府有非常重要的作用。一旦建立了這個方式，政府必須進一步運用其權力維持和確保國內外資本家階級對生產手段的所有權，並且支持這個方式所需要的工作與勞動紀律規範。此外，政府還必須供應這個方式所需要的基本技術服務設施，如運輸與交通。最後，這個新政府還得調停與處置其管轄區域以內互相競爭的資本家群體間的爭端，也得在國家與國家間的競爭中代表自己資本家群體的利益，能用外交的手法便用外交的手法，必要時也不惜一戰。

我在本章中概述的三種生產方式，既不構成可以將人類社會分類的類型，也不構成文化演化上的階段。我只不過是藉它們想像某些關鍵性關係的設計。人類生活的進行，其條件是這些關係所形成的。這三種方式，是思考歐洲人與地球上其他居民之間在擴張中所造成緊要關係的工具，以便我們可以了解這些關係的後果。

第四章
歐洲——擴張的序幕

紀元八〇〇年時，歐洲是一個不起眼的半島，羅馬帝國滅亡以後，沒有強大的中央集權國家頂替羅馬的地位。相反的，許多佔地狹小的屬國，競相爭取羅馬破碎的遺產。世界政治和經濟的重心，已向東轉移到在拜占庭城的「新羅馬」和回教王國。可是六百年後歐洲情形丕變，其與亞洲和非洲鄰近地區的關係也有顯著的改變。那些小公、侯國已合併爲數目較少的強大國家，它們在與南鄰和東鄰的競爭中獲勝，而且形將發動大規模的海外探險事業。這是怎麼回事？

在回答這個問題以前，我們必先思考至少三個互相關聯的問題。首先，長距離貿易中的轉變，使歐洲的地位由亞洲一個從屬邊緣地帶變成商業發展中的關鍵地區。這些轉變的性質又是什麼？其次，紀元八〇〇年時的那些無數弱小和分散的附屬公侯國，此時已成長爲在政治和軍事上統一的幾個王國。其統一又牽涉到什麼？最後，驅使這些國家向外擴張的力量是什麼？在每一個國家，官商合作的性質又是什麼？

長距離貿易模式的轉變

地中海西部地區和西南亞之間有悠久的關係。權力的均勢，在這東西二者之間作周期性的來回擺動。由考古學的紀錄看，亞洲長於生產過剩的產品、形成邦國、工藝的專精、城市的興建，與長程的商業。埃及和美索不達米亞的發展，在紀元前第二千年擴張進入愛琴海地區，並觸發與西歐貿易的成長。貿易將資源供給東部，又將東部珍貴的物件轉運給西部的諸酋長。繼愛琴海商人而起的是腓尼基人與迦太基人。這個以後局勢改觀。紀元前三世紀時，希臘的擴張導致東南歐的諸民族幾乎源源不斷的湧入敍利亞、巴比倫尼亞，和伊朗，由小亞細亞乃至敍利亞向外擴張（格希曼〔Ghirsh-man〕，一九五四年，頁二二五）。羅馬的擴張也走同一方向，將埃及變成羅馬城的穀倉。

而後，羅馬帝國慢慢的淪亡。鄉村的勢力逐漸大於城市。紀元一〇〇年以後，帝國各地在經濟上愈形自給自足。食物的生產無法供應城市，而都市的工藝由市鎮遷移到內陸腹地。羅馬了不起的政治與法律結構重在建立勢不可擋的權力，而其所用的方法，是在生活有限的範圍之內無情的強制要求秩序與服從（德意茨〔Deutsch〕，一九五四年，頁一〇）。紀元一〇〇年以後，這個結構愈形失效。首都以外地區的軍隊近於自治狀態，帝國邊區的行省勢力超過帝國的中心。

當小酋長奧多卡（Odoakar the Herulian）在西方對羅馬軍隊致命的一擊以後，羅馬「淪亡」了。可是羅馬只是在西面淪亡。它在東面的拜占庭（新羅馬）又存活了一千年。拜占庭在希臘擴張中所得到的地區維持了羅馬的慣例，用羅馬的制度及法律，有開發的市鎮生活，在宗教上共同效忠東正教，而其黃金鑄幣一直到十一世紀還爲西方所欣羨。六世紀時，它建立了一支強大的海軍，使外人由西面和南面不能接近拜占庭城，並得以擴張進入黑海的邊緣地區，由黑海邊緣得到大量的小麥、木材，和奴隸。它在事實上主要是一個赫勒斯滂（Hellespontine）海峽上的強權，而非地中海上的強權，把地中海拱手讓給他人。

大部分的地中海地區分成信仰回教的地區和信仰西方基督教的地區。回教由其在商隊城市麥加的中心迅速向外擴張，七世紀時蔓延到北非，第八世紀第二個十年中，回教軍隊佔領了大半的伊比利半島，九世紀時西西里島落入回教徒之手。然而，當回教國王在八世紀中葉將首都由大馬士革遷到巴格達時，回教的重心向東移動，離開地中海，與拜占庭勢力的東移相彷彿。其與高加索山脈、亞洲內部、阿拉伯、印度，和中國的貿易，逐漸比與地中海西部的貿易關係來得重要。敍利亞的商人，尤其是猶太人，現在從事已不重要的地中海貿易。這樣的商人曰瑞丹奈（Radanites），或許由波斯文「瑞丹」（rah dan）得名。「瑞丹」意爲「識途者」。他們將「法蘭克人的地域」和埃及連接起來，又將埃及和中國連接起來。

回教世界的經濟歷史至今所知有限，但我們可以概述其幾個重要的方面。由第八世紀起，回教國家經歷了一次農業革命，而改變了植物與植物群、農業操作規程，與水力技術。這次革命導致拓殖與再拓殖的大幅擴張。農業界的過剩產品不斷增加，又用於加強農業，並使商業和市鎮生活得以擴張。由第九世紀起，回教世界幾乎壟斷了蘇丹的黃金和埃及的寶藏。這些都使回教的貿易關係和工藝品生產大幅增加，供應內部的菁英分子及好面子的奢侈產品消費者。

回教和東面的基督教國家因而瓜分了大部分的地中海沿岸地區，可是它們也都不注意海洋。羅馬帝國西面的破碎，遺產落在西面的基督教國家身上。那個時候，西面的基督教國家是許多附屬性的政府。其首領是條頓人，由自己的扈從擁立。那些年君士坦丁堡至少有二十萬居民(亞當斯，一九六五年，頁一一五)，柯多巴有九萬居民(羅素〔Russell〕，一九七二年，頁一七八)。西方基督教國家存活下來的城市，無一能與這些城市相比。雖然都市的手藝已在鄉村建立基礎，可是歐洲的鄉村地帶已倒退進生計農業和地方性的交易。歐洲確乎還有一些從事長程貿易的商人(維考特倫〔Vercauteren〕，一九六七年)，但是其活動自第六世紀到第八世紀與敍利亞的猶太人相較黯然失色。敍利亞和猶太商人把地中海東部及愛琴海沿岸的國家和島嶼與歐洲半島連接起來，爲了敍利亞、亞歷山卓港(Alexandria)，和君士坦丁堡的利益而開發利用這個區域(劉易斯〔Lewis〕，一九五一年，頁一四)。歐洲主要供應奴隸和木材，而得到的回報是一些奢侈品。

歐洲奴隸到達近東的路線不僅是走地中海的航線，也和珍貴的皮毛和其他產品同時順俄國的河流進入黑海。輸送奴隸的人是北歐人華倫琴・羅斯(Varangian Rus)。這些人是航海和海上劫掠民族的一支。他們由斯堪的那維亞半島的港灣向外作扇形擴散，騷擾歐洲沿海的地區並將奴隸帶到近東的市場。九世紀時，他們也開始征服和殖民英國和諾曼第、西西里、波羅的海沿岸地區，和俄國。

因而我們可以認爲歐洲半島在這個階段三面環水，並受到以赫勒斯滂和地中海東部和愛琴海沿岸的國家和島嶼爲中心的長程貿易的主宰。

義大利港市的興起

九世紀中，新來的競爭對手闖入這個商業。這些人來自義大利沿海拜占庭被佔領土的港市。最重要的是亞得里亞海端的威尼斯，與薩勒諾灣(Gulf of Salerno)上的亞瑪飛(Amalfi)。威尼斯和亞瑪飛最初不過是一種貿易中的小居間角色，而這種貿易對於統治地中海東部及愛琴海沿岸的國家和島嶼的強國而言，並不重要。但是由最初小居間者的地位開始，這兩個城市都因商業的日漸繁榮而獲益。

紀元九七七年時，阿拉伯商人伊賓豪嘉(Ibn Hawqal)形容亞瑪飛說：「由於亞瑪飛的各種條件，它是倫巴底(Lombardy)最高尚、顯赫，和富有的城市」(引自羅培茲〔Lopez〕和雷蒙〔Raymond〕，一九五五年，頁五四)，不過亞瑪飛不久即在與強鄰的競爭中失利。相反的，威尼斯日漸發達，以西方的鐵、木材、海軍必需品、奴隸交易東方的絲織品、香料，和象牙製品，並且加上其本身礁湖中的食鹽和玻璃工業的產品。

十世紀時，另外兩個義大利和倫巴底的港市也開始商業與軍事的擴張。第勒尼安海(Tyrrhenian Sea)上的比薩和熱那亞這兩個港市，爲了抵抗回教徒的侵略而將其漁船改裝爲海軍船，在科西嘉島

（Corsica）、薩丁尼亞島（Sardinia），和北非的沿海地區克敵致勝。

這些義大利的市鎮，由於在貿易與戰爭上的得利，開始將地中海東半與地中海西半貿易的均勢改變為對西半有利，它們由於本身沒有農業腹地，擴張有賴於海上的商業。因而，在紀元一〇〇〇年以後地中海世界新的權力局勢中，成為主要的受惠者。這個時候，拜占庭發動陸上的軍事鞏固政策，依靠其武裝農民抵抗四面八方來的攻擊。威尼斯幾乎成為拜占庭的商業代辦，獨佔其大半的海上貿易。

政治上的統一

當義大利的港市在地中海地區日益重要的同時，阿爾卑斯山南北的農村腹地也在進行與海岸不相干的政治與經濟統一過程。這個過程有地方性與區域性兩個層次。前面已經提到，羅馬帝國在地中海西部的式微，引起羅馬法律與政治上層結構的崩潰與解體，以及都市手工藝的撤退到鄉村。工藝技術的日益鄉村化和分散，使一種新形式的政治經濟組織的發展，有了技術上的基礎。這種新形式將農耕者安排在高高在上的「貴族」之手。貴族一字（lord）源自盎格魯—撒克遜（Anglo-Saxon）語，「hlafweard」，意「養活其隨員的人」。農耕者按依附的各種安排依屬貴族。這些安排起源與確切特徵各各不同，但都規定各種方法，將貢物由生產過剩產品的人，轉移給取用過剩產品的人，它們使取用過剩品的人有相對於隨從者的政治與軍事權力，也使取用者這個階級有權力。

紀元一〇〇〇年以後，由於精耕與農耕的拓展，剩餘產品大幅成長，這個情形在阿爾卑斯山以北的地區尤其明顯。馬拖的重犁使這個地區可以三年輪耕，而剩餘產品大爲增加。歐洲大陸的濃密森林日漸開闢，平原也用鋤掘地，生產剩餘產品的可耕地大爲擴張。這兩個過程都是在收取貢物的貴族保護下發生，也都增加了支配階級的政治力量。這個階級的軍事能力乃有賴於其支付高成本戰馬和甲冑的能力。剩餘產品的增加於是提高其軍事能力。

想要在一個中央主權之下走向政治的統一，同時需要兩種能力，一方面要能榨取貢物以支付戰爭的用度。一方面也要能配合政治任務的大小發揮製造戰爭的潛力。要達成這一點基本上有三個方法：一個方法是向外擴張，攫取外在敵人的剩餘產品；另一個方法是發現資源，不論是本國生產的資源或劫掠來的資源，將這些資源售予商人交易自己所需要的貨物或信貸；第三個辦法是擴大皇室的領土，以便可以不在中間人干預的情形下直接取得資源的供應。歐洲開發中國家兼採這三種策略，在不同的時候有不同的配合，也得到不同的結果。

國外的戰爭

葡萄牙、里昂—卡斯提爾(León-Castile)，和亞拉岡這些伊比利半島上的國家，在再征服回教勢力下的西班牙時，所用的主要策略是攫取國外的資源。法國和英國國王，在初步鞏固其政權(紀元一〇九六—一二九一年)以後不久開始作十字軍東征，也是用這個策略。十字軍東征口頭上的動機是由非基督教徒之手重新征服聖地。可是另一方面，東征也是爲了鞏固國內毛羽不豐滿的政治體系，而攻擊當時已是弱勢的敵人。拜占庭在這個時候已退縮進其領土的核心地區，把商業拱手讓給威尼斯人。巴格達的阿拔斯王朝諸王，也許因爲其長程貿易對生產貢物的農民造成過重的負擔，引起國內的反叛與外來遊牧民族的攻擊而勢力衰微（參看安德森〔Anderson〕，一九七四年，頁五〇九）。十字軍東征最後大敗，對歐洲西北部的國王沒有任何直接的好處。

十字軍東征眞正受益的是義大利的港市。這些港市由於在十字軍東征中擔任載運工作而獲利，又出售其所得到的戰利品，並在戰後在拜占庭勢力下的地中海東部及愛琴海沿岸的國家和島嶼，建立有治外法權的殖民地。義大利內陸的城市也逐漸參與沿海城市的活動，使義大利的商人人數與影響力大增。在法國人與英國人撤退以後，根據羅培茲的說法，他們便發動大規模的商業與金融擴張，由蘇格蘭一直到北京。這個義大利的貿易網絡也越過阿爾卑斯山與南日耳曼的市鎭接觸，並且經過萊因河以西的地區與法蘭德斯(Flanders)和英國接觸。

日耳曼的神聖羅馬帝國皇帝也想攫取國外的資源以擴大其皇室的資產。他被強大的競爭對手局限在日耳曼本身最初的行省之中，唯一擴大皇室資產的辦法是向國外征戰。這個策略的一部分是拿下義大利，使歸日耳曼帝王所有。一一七六年，義大利的倫巴底諸城邦聯盟在勒納諾(Legnano)擊敗神聖羅馬帝國皇帝，給日耳曼諸王中央集權的願望劃上休止符。

商業

第二種策略是將農牧產品和戰利品商業化。它乃與其他取得剩餘物質的方法同時發展出來。貿易與戰爭必然互相助長，而同時又涉及不同的組織原則。貿易形成商人的公司與商人的聯邦。戰事造成軍事專家的增加，而這些人的餵養與供應，又有賴於安全的納貢人基礎。商人與軍隊有時合作，有時又彼此爭執。福克斯(Edward W. Fox)說：

如果封建制度是由無數個別的采邑上農產品所供應，則維繫它的，是軍事保護辦法中訊息與士兵的疏通。商業社會的生存有賴於貨物的疏通(盡可能用水上運輸)和訊息，包括命令和支付。這兩種情形很不一樣。今日有許多傳統上的證據說明它們通常不相混用。(一九七一年，頁五七)

我們也可以認爲歐洲中世紀邦國的成長，是以農業核心地區和軍事力量爲基礎的政治集團，與沿河邊的海上交通線的商業網絡之間的競爭。香檳(Champagne)地區的市集便是一個絕佳的例子。義大利的商人由地中海經過隆河(Rhone River)和薩昂河(Saône)河谷，到這些市集上以地中海貨物交易北方的產品。只要他們能獨立於法國與日耳曼民族的神聖羅馬帝國以外，這種交易便很發達。可是當法國在一二八五年佔領了這個地區以後，隨著日增的重稅與戰事以反對進口英國羊毛與法蘭德斯布料的設限，香檳市集迅速式微。

這個以後，商業轉移到沿海的海上路線和義大利北部與萊因河谷間的陸上路線。有許多爭取自治權的商人公司和聯盟沿海上路線興起，如加泰隆尼亞(Catalonia)的「領事館」，坎它布里安地區的港口(Cantabrian ports)的多鹽沼澤的協會(Brotherhood of the Marismas)，以及十三世紀由科隆(Cologne)和萊因河以西到盧白克(Lübeck)和漢堡(Hamburg)的商人公會。若干隘口邦國沿跨越阿爾卑斯山與上溯萊因河的路線興起，與製造品跨越山脈的移動有密切的關係，如瑞士同盟和提洛爾區域(Tyrol)。沿多瑙河上游和萊因河，十三世紀與十四世紀日耳曼南部興起許多商人的商號以及許多商人的同盟，如斯華比亞聯盟(Swabian League)、萊因河聯盟(Rhenish League)，和法蘭德斯和布拉班(Brabant)十七市鎮的公會(Brotherhood of the Seventeen Towns of Flanders and Brabant)。雖然這些商業聯邦都不能獨立於陸上軍事權貴的勢力之外，可是「由地中海到北海和波羅的海貿易帶上的城市，若干世紀之久都強大到可以抵制軍事的統治」(羅干〔Rokkan〕，一九七五年，頁五七六)。

皇家版圖的擴大

走向政治統一的第三個策略是中央版圖的擴大。在日後成爲法國和英國的地區，用的便是這個策略。這是一個與在伊比利半島所用極不相同的策略。葡萄牙和卡斯提爾大致上說是有掠奪性的國家，靠回教勢力下的西班牙資源爲生。葡國的胚胎是阿維茲武士(Knights of Aviz)武裝軍事協會。其大首領在一三八四年成爲葡萄牙第一任國王。卡斯提爾國也以卡拉翠華(Calatrava)、艾肯它拉(Alcántara)，和聖地牙哥(Santiago)宗教／軍事教團、騎士團爲基礎，這些團體均成立於第十二世紀。相反的，英國與法國乃由其國王個人版圖向周圍擴大形成。

未來法國的核心，是卡佩(Capetian)王朝的直接版圖。這個地區稱爲法蘭西亞(Francia)，乃跨騎於塞納河和羅亞爾河(Loire)河谷之上。它在農業上有極大的重要性。作物三年輪栽和現代利用馱獸耕作的最早文獻證據，都是關於這個區域的。由這個最初的基礎，法國國王透過戰爭、教士的支持，和締姻等策略，擴大其直接版圖。到了一三二八年，皇家的版圖及法國國王的封土加起來幾乎佔有全部的法國。

英國的形成，是由於來自諾曼第的一群法國化了的北歐海盜，在英吉利海峽對岸以武力創建了一個「英國諾曼第」(道格拉斯〔Douglas〕，一九六九年，頁二九)。這個「英國諾曼第」的核心乃由「征服者威廉」(William the Conqueror)所創造。他分封土地給附庸，但在每一郡確保他自己有一個大於任何諸侯封土的直接版圖。英國和法國版圖的擴張不久便發生衝突。法國國王和英國國王打了幾百年的仗，爭奪「法國」的西部和南部，到了十三世紀，「英國人」控制了大半的「法國」，一直到一四五三年才最後被驅逐出境。

所有歐洲的國家都成長得很慢，湊集許多不同的部分和增添的土地。它們的疆界與今日很不一樣。今日我們認爲國家是不可分割的民族實體。可是照當時的疆界畫出的歐洲地圖，會與今日國家的排列很不一樣。當時的地圖上可能有一個以海爲基礎的帝國，包括斯堪的那維亞、歐洲北海岸，和英國；一個包括法國西部和不列顛諸島的政府；一個包括法國和日耳曼西部的邦國，或一個介於日耳曼與法國之間包括隆河與萊因河谷的邦國；一個包括日耳曼與義大利北部的國家；一個統一卡塔隆尼亞與法國南部的邦國；伊比利半島又分爲北部一層基督教王國和南部一層回教王國。這些都表示當日可能存在的事實，也表示劃分今日歐洲的地緣政治學疆界需要加以解釋而不當視爲理之當然。

建國與擴張

對外作戰、貿易，與內部的統一，在歐洲創建了許多新的邦國，並且逆轉了早先具支配力的東方與赤貧的西方之間的關係。可是紀元一三〇〇年前後，歐洲成長的速度又緩慢了下來。或許是因爲當時的工藝技術已達到其生產力的極限，農業停止成長。氣候惡化，使食物的供應更不穩定。流行性傳染病感染到許多因飲食欠佳而身體虛弱的人。可是生態學上的苦況只不過是所謂「封建制度的危機」的一個方面。爲了支付戰爭和擴張的用度，取用軍事貢物的人，加緊榨取過剩產品，卻引起日益高升的農民抵抗和反叛。

爲了化解這個危機，必須發現新的邊疆。在經濟上，爲了滋生額外的剩餘產物，此舉乃是必要的。在實際上，它表示進入更新的地區去種植更多的食物和找尋新的食物防腐劑。它表示可以用較低廉的價格購買奢侈品，或者有更多的黃金和白銀去支付奢侈品。它也表示有希望制止金銀塊外流到東方（甚至在羅馬帝國的時代，西方人已擔心金銀塊外流到東方，到紀元一二〇〇年時，這個問題已變得十分嚴重）。要化解這個危機，必須增加戰爭的規模和激烈程度，也就是增加軍備和船隻的生產，加強士兵與水手的訓練，增加軍事行動和前哨站的經費。

在經濟上，封建危機的最後化解，是用了找尋、攫取，和分配歐洲邊疆以外資源的辦法。遷移到新世界、沿非洲海岸設立堡壘和商棧、進入印度洋和中國海、通過美洲和亞洲北方的森林擴展皮毛貿易，都是達成這些目標的辦法。新的貨物如煙草、可可子、馬鈴薯，和鬱金香都成了在交易中可以得到的東西。史學家布勞岱（Braudel）說：非洲的黃金和美洲的白銀，使歐洲人生活過分奢侈。

可是這還是不夠增加在歐洲流通的財富存量和使其形式五花八門。「原始的積累」不但需要攫取資源，也需要集中、組織，和分配資源。這樣的作業不久便超出任何一個單獨的商號或商人公會，或任何一個單獨的士兵團體和官吏集團的能力範圍。它們促成高層統御性機構的出現，一方面統籌這種大規模擴張性和商業性的工作，一方面團結生產過剩物品的民眾爲此目標而努力。

如此而發展出來的高層統御機構，是指揮權高度集中的政府。指揮權或在一個單一的統治者及其隨從之手（如葡萄牙和西班牙的情形），或在一個寡頭政治執政團之手（如尼德蘭的聯合省份〔United Provinces of the Netherlands〕）。這樣的政府像是中央集權行政部門與商人階級的聯盟。政府購買武器和船隻。用武力所贏得的貨物支付雇用傭兵的費用、製造槍砲的費用，和修造更多船隻的費用。

在海外搶劫的武裝軍隊，需要政府在競爭者的面前保護他們，並且派給他們可以掌握和鞏固新贏得地區的官吏。同時政府也需要商人貸款給國王或遠征軍的統領；收集、轉運，和出售由國外獲得的貨物，以及取得和輸出分散在王國各地的前哨站所需要的貨物。每個史家看法不同，有的強調擴張主義國家的官僚主義特性，有的強調它的基礎是農村權貴所生產的剩餘物資，有的強調它與喜好從事海外搶劫與貪圖輕易利潤的商人之間的關係。這些都是構成當日新興國家的因素，不過每一個國家這些因素有不同的分量。

從事海外擴張最重要的國家是葡萄牙、卡斯提爾—亞拉岡、尼德蘭聯合省份、法國，和英國。這些國家都是有不同環境與其因應不同環境策略的產物。每一個國家都有一些與別的國家大同小異的階級環境政府這個樞軸。每一個國家都動員人力和資源從事征服與商業，在地球上的某個部分立足、並且影響到龐大的人口群。每一個都設法把持國內外的資源不讓別的國家接近，並減低其競爭對手擴張的能力。下面將談一談這些政體，看看它們如何發展，如何使用戰爭與商業擴張的資源，又如何到達基於商業財富的政治經濟極限。

葡萄牙

葡萄牙是第一個成爲擴張活動中心的歐洲國家，在海外追求財富。它也是一個最不爲人了解的擴張主義國家。葡萄牙是個窮國，在歐洲中世紀末年不過有一百萬居民。可是不久它便在遠方建立殖民地，如美洲的巴西、非洲的莫三鼻克(Mozambique)，和東南亞的蔴六甲。一七二五年時，臥亞(Goa)的大主教還在夢想一個葡萄牙帝國，說上帝確曾答應它征服全世界(引自巴克塞〔Boxer〕，一九七三年a，頁三七六)。可是到了一八〇〇年它已衰退爲一個二流的國家。回想起來，以這麼狹窄生態資源爲基礎，而它在最初擴張的時候能有那麼大的力量和熱情，實在是一件反常的事。

葡萄牙最初是西班牙治下里昂的一個邊界采邑。它和里昂一樣逐漸成長，以搶劫爲生的武士和殖民者向南進入回教勢力下的伊比利半島。可是它與西班牙不一樣，早早的便自成政治單位，一一四七年由回教徒手中奪下里斯本(Lisbon)，一二四九年最後一個回教根據地西福斯(Silves)落入葡萄牙軍隊之手。一三八五年，新建立的葡萄牙王國擊敗卡斯提爾人，在由阿維茲宗教/軍事教團大首領所建立的王朝治下，維持了其國家的完整。

葡萄牙人雖然日後航行到海角天涯，可是在整個歷史上它都十分倚重農業。葡國土地陡峭多石不宜耕作，降雨量小又不規則，作物因而貧乏。不過大多數的人口卻從事農耕。他們大半租田耕作，支付租金或貨物以長期佔用耕地(約爲每年產物的十分之一到三分之一)，或每週兩天或三天在無償的情形下爲地主服勞役。

由於倚重農業，葡萄牙也向內陸發展，遠離海洋。葡萄牙和非洲西海岸外海有冷流可以捕魚，但是惡浪很大，又無隱避的避風港。葡萄牙縱然在海上探索，可是航海的人口自來不多，出外洋的船隻找不到足夠數目的水手，葡萄牙人也沒有多少船。葡國境內適合造船的木材很少，必須進口大半的木材和海運軍需品。葡萄牙即使在最鼎盛的時候，也只有三百艘出遠洋的船（巴克塞，一九七三年a，頁五六）。在從事海外擴張以後，大多數的葡萄牙船隻均是在印度的臥亞（木材取自西岸的柚木林）和巴希亞（Bahia，使用巴西的硬木）修建。由於葡籍的海員不足，葡萄牙人乃由其他歐洲人、亞洲人，和非洲奴隸中徵召海員。

在葡國國內，農業租金和力役稅供養了一個軍事貴族階級和龐大的教會組織。軍事貴族免繳稅，也不能任意加以拘捕。十四世紀黑死病流行以後人口減少，鄉間租金受到減低的壓力，但是市鎮的工資較高，也將鄉下人吸引到市鎮。農業勞工的缺乏，也促使靠地租度日的貴族整軍經武向國外另找勞動力的出處。在一四五〇到一五〇〇年之間葡萄牙所取得的十五萬非洲奴隸中（巴克塞，一九七三年a，頁三一），有些派赴新佔領的出產糖與小麥的馬得拉群島和亞速群島，有些賣給義大利和西班牙。但是大多數卻運回葡萄牙，成爲新的受法規約束的勞工。同時，在一三八五年與卡斯提爾的戰爭以後，軍事貴族喪失了許多政權。大多數的「老貴族」被殺，或因偏袒卡斯提爾人而被流放。這個情形造成支持阿維茲王朝的「新貴族」的得勢，也增加了商人階級的重要性。

商人在十四世紀晚期更爲重要，尤以在里斯本和奧波托（Oporto）爲然。他們買賣農產品，先是以穀物而後又以橄欖油、水果酒、軟木，和染料交換英國的布料。他們也用西杜巴（Setúbal）鹽池所出產的食鹽，供應歐洲保存肉類和魚類的所需。

有的學者說由於這些業績，商人逐漸由附屬受人控制的情形解放。但是這個說法是可疑的。最大的商人是國王，國王透過小亨利（Infante Dom Henrique）（一般所謂的「航海者亨利王子」）的活動而走上這條路。亨利在歷史上以他對航海與繪製地圖的興趣著稱。但是他也用在西非和大西洋群島的貿易、亞爾嘉夫地區（Algarve）沿海的捕魚權、將染料和糖進口到葡萄牙，以及控制國內製造肥皂業等辦法所賺的錢，去從事各種活動。而這些一再遭到葡萄牙議會的抗議。一四二五年葡萄牙攻佔穿越撒哈拉大沙漠黃金貿易的終點秀達（Ceuta），亨利是其主體。他又由沿西非海岸航行所取得奴隸的捕獲與銷售中得利。隨後，國王將對於進口黃金、奴隸、香料，和象牙的專利權以及所有出口與再出口的權利保留給自己。商人通過特許權和合同由這樣的活動獲利，但是始終沒有足夠的權勢對葡萄牙的階級結構做重大改變。

卡斯提爾—亞拉岡（西班牙）

伊比利半島上的另一個國家是西班牙。一四六九年卡斯提爾的君主與亞拉岡的君主締姻，二國統一爲西班牙王國。日耳曼人的由北方入侵和回教從的由南方入侵，破壞了羅馬帝國西班牙行省（Hispania）行政上的統一，北方殘存了幾個小邦。這些小邦逐漸統一爲卡斯提爾王國和亞拉岡王國，後者包括了加泰隆尼亞公國和亞拉岡王國。

十四世紀中，這兩個國家各自的統一是一件非常不穩定的事。卡斯提爾當時正進攻信奉回教的阿爾—安達露，鎖定在軍事行動之中。它將征服的土地分配給在征伐中領兵的軍事貴族爲大領主領地。這個所造成十五世紀末葉的土地所有權模式，是百分之二或三的人口擁有百分之九十七的土地，大半的土地集中於少數幾個家族之手（艾里奧(Elliott)，一九六六年，頁一一一）。卡斯提爾地域主要的職業是豢養牲畜，尤其是放牧綿羊生產美利諾羊毛，在尼德蘭織成羊毛布。

相反的，亞拉岡王國的土地乃逐漸由殖民省殖民。在他們所創建的小群落中，土地的分配比在卡斯提爾平均。同時，亞拉岡的國王也統一了重商的加泰隆尼亞公國和主要是農業性的亞拉岡。加泰隆尼亞在十三與十四世紀時是一個繁榮的商業國家，其海上的貿易關係遠達地中海東部及愛琴海沿岸的國家與島嶼。可是在十五世紀，它卻在競爭中敗給熱那亞。熱那亞不僅減低了加泰隆尼亞在地中海的影響力，而且越過它與卡斯提爾直接建立商業和金融上的關係。熱那亞金融業者與卡斯提爾生產羊毛貴族的聯合，扼殺了加泰隆尼亞商業的成長，並且逐漸損傷加泰隆尼亞紡織品的生產與外銷。十四世紀末葉和十五世紀，加泰隆尼亞的經濟又再一步衰退。農民爲反對附屬性（「封建性」）的稅收發動一連串猛烈的叛亂。商業貴族階級與小商人和工匠又在市鎮中公開衝突。

卡斯提爾和亞拉岡的統一，是把兩個極不平等的合夥強拉在一起。亞拉岡當時是一個「隱退的社會」（艾里奧，一九六六年，頁四二），卡斯提爾注定支配亞拉岡。統一使擁有龐大羊群的貴族，在這個新伊比利半島的國家中成爲領袖。這些貴族組織成一個強大綿羊主人的協會(Mesta)，協會在政府面前促進他們的社會和政治上的利益，作爲向國王付稅的報償。卡斯提爾羊毛由北方的港埠輸出，使這個坎它布里安邊境與卡斯提爾軍事貴族的利害關係結合。

卡斯提爾的轉向畜牧經濟是有決定性的影響的。此舉不僅壓制了西班牙境內的工業發展，也減低了其他階級質疑收取貢物軍人主權的能力。戰爭與攫取人民與資源成爲社會繁殖的主要方式，而非工商業的發展。就這一點來說，新世界的征服只不過是在伊比利半島本身再征服的延伸。十六世紀以後白銀由新世界注入，由於引起物價上漲與通貨膨脹，進一步阻止了西班牙工業的發展，使它不能與尼德蘭的工業產品爭一日之短長。

然而新世界的白銀也增加了國王的財源。西班牙的綿羊和美洲的白銀，加起來支持了西班牙在歐洲大規模的戰爭。它所造成皇家官僚政治的成長，遠超過西班牙經濟終極的能力。寅吃卯糧的結果是向外國金融業者舉債，而以未來進口的白銀和出售羊毛的稅收爲抵押。外國金融業者因而樂得把錢借給西班牙。西班牙始終沒有一套清晰的經濟政策，其帝國政府不過是財富進入義大利、日耳曼南部，和荷蘭國庫的管道。一六〇九年到一六一四年，政府將不肯改宗基督教的回教徒二十五萬人逐出西班牙南部。此舉進一步削弱西班牙的農業。由於停止付租金給大地主，他們也不能償付抵押。十七世紀中葉，甚至西班牙羊毛的外銷也不能與英國爭一日之短長。運輸業也衰退。到了十六世紀末葉，西班牙的造船業者已敵不過北歐造船所的新技術。資本開始流入私人貸款及政府債券，因爲貸款及債券的利率高於投資直接生產事業的利率。一六〇〇年的西班牙，已是塞凡提斯(Miguel Cervantes)在其傑作《唐•吉訶德傳》(*Don Quixote*)中所描寫的衰敗無力的妖怪世界。西班牙經濟到此不過是爲其他的經濟處理商業財富，是「外國人的母親，西班牙人的繼母」。

國際商業財富的循環

因此，外國商人在管理葡萄牙和卡斯提爾—亞拉岡的經濟上，逐漸有了關鍵性的作用。葡萄牙得到義大利城市熱那亞在財富與商業上的支持。那個時候熱那亞正與威尼斯爭奪與地中海東部及愛琴海沿岸國家及島嶼貿易的控制權，因而很樂意支持葡萄牙的貿易，以打破地中海各種抑制性的限制。十三世紀時熱那亞的商人已到了葡萄牙。到了十四世紀早期，里斯本已成爲熱那亞商業的重鎮。十五世紀時許多熱那亞人在塞維爾(Seville)定居，並於十五與十六世紀資助西班牙出航西半球，參與這個過程的主要家族是史必諾拉(Spinola)、森圖瑞奧尼(Centurioni)、久斯汀阿尼(Giustiniani)和多瑞亞(Doria)。一四七七年，哥倫布給森圖瑞奧尼家族工作。一四七八年他的蜜月之旅是到馬得拉群島給他們買糖(派克〔Pike〕，一九六六年，頁一五四，註五八；頁二〇六，註二)。哥倫布最初兩次的航行乃由皮乃羅(Francisco Pinelo，義大利文 Pinelli)資助。日耳曼南部奧格斯堡(Augsburg)的福格家族(Fuggers)和威塞家族(Welsers)不久也加入熱那亞金融家的行列。十五世紀中葉以後，這兩個家族的龐大財富乃源於日耳曼南部與威尼斯的貿易和阿爾卑斯山脈及卡爾巴千山脈各處的採礦事業。

安特衛普(Antwerp)位於布拉班的協爾德河(Scheldt River)入海口。其興起乃是由於熱那亞和巴伐利亞(Bavarian)在財政成長以後給它的資助。十五世紀早期它還是一個小港，但是由一四三七到一五五五年，它的居民由一萬七千人增加到十萬多人(羅素，一九七二年，頁一一七；史密斯〔Smith〕，一九六七年，頁三九五）。安特衛普通海上的航道，它是由威尼斯到萊因河以西地區陸路的終點和北海漢薩同盟城市連鎖中的一個環節。安特衛普乃位於布根地公爵（Duke of Burgundy）的領域。在布根地公爵成為神聖羅馬帝國皇帝查理五世以後，它的網絡也涵蓋了由西半球來的白銀艦隊的航道。因而，十六世紀上半時，安特衛普成為國際信貸與支付系統的中心。熱那亞和巴伐利亞的銀行家因為貸款給西班牙國王，旋即成為美洲白銀艦隊和卡斯提爾稅收的債權人。如此白銀向北流到安特衛普，進入其國際循環。

但是安特衛普及其贊助人的優勢為時並不長久。一五五〇年西班牙國王首次破產。一五六六年尼德蘭起而反叛。叛徒「海上的乞丐」封鎖安特衛普的出海口，西班牙人因為安特衛普欠債不還，於一五七六年劫掠安特衛普。一五七五至七六年間，西班牙國王再次破產，連帶拖垮巴伐利亞的商號。不過熱那亞人未受影響，他們加強對帝國資源的控制，讓這些資源愈來愈流入熱那亞。其結果是，「由一五七九年乃至由一五七七年起，熱那亞人成為國際付款、歐洲和世界財富的主人翁。也是西班牙政治性白銀毋庸置疑和根深蒂固的主人翁」（布勞岱，一九七二年，頁三九三）。

但是十七世紀早期，熱那亞人也為阿姆斯特丹和其荷蘭聯盟城市所取代。阿姆斯特丹此時成為歐洲國際付款的中心，收取西班牙的白銀和葡萄牙的黃金以交易北歐的製造品。所謂葡萄牙的「新基督教徒」乃是領洗的或祕密的猶太人，他們早先移民到阿姆斯特丹以躲避伊比利半島上的經濟和宗教迫害。「新基督徒」在阿城的上升中發揮了重要的作用。他們本來在葡萄牙的新世界奴隸與糖的貿易中有重要的地位，現在以其資本和知識爲荷人效力。

聯合省份

當葡萄牙和西班牙都在努力解決其廣大帝國發生的問題時，它們又遭逢到新的對手。這些人是荷蘭屬尼德蘭的水手和漁人。十五世紀中，荷蘭人在波羅的海與西歐間的海上貿易中顯露頭角。他們在向西航行的時候載運波羅的海的穀物和木材以及瑞典的金屬，向東航行的時候將食鹽和布匹載運到北方沿海地區。再者，在一四五二年青魚由波羅的海遷徙進入北海的水域以後，他們又加強漁撈業，也就是他們「主要的金礦」。這種波羅的海的貿易，在經濟上始終比荷蘭人與亞洲和西印度群島的貿易重要。荷蘭人致力海上的商業，繼續擴張到其他的海域。

荷蘭人最初依賴外國的資本來支付這些國外的事業，出資的人主要是義大利和日耳曼南部的銀行家。在查理五世將尼德蘭納入他跨洋的帝國以後，他也將西班牙商人在西班牙港市所享有的特權授給荷蘭人。荷蘭商人因而也由通過里斯本和塞維爾進來的金銀塊流動中獲益，並且累積了足夠的資本從事與外國金融家無關的商業交易。

宗教改革的開始與荷蘭人的改宗基督新教，使荷蘭與奉天主教的西班牙決裂。這個以後荷蘭聯合省份與伊比利半島上的國家打了八年的仗。矛盾的是，這次漫長的戰爭以後，聯合省份不但在軍事上也在財政上都比以前更爲強盛。這次反叛促成若干荷蘭市鎮（各由其當地商人寡頭政治家菁英統治）間的聯盟，以及這些海洋菁英分子與向陸地省份封建地主間的聯盟。新共和國歡迎來自華隆尼亞（Wallonia）和法蘭德斯宗教異議分子，也歡迎葡萄牙和西班牙的猶太人，因而使其資本和技巧大增。一五八五年前荷蘭船隻很少在地中海上出現，這個以後卻成爲地中海的常客。荷蘭與巴西直接的貿易也增加。到了一六二一年，荷蘭人已控制一半到三分之二巴西與歐洲間的運輸業。再者，在漫長的戰事中，荷蘭商人繼續與敵人貿易。西班牙和葡萄牙的海軍需要荷蘭人由波羅的海運來的木材和海軍軍需品。荷蘭商人繳稅給政府以取得與敵人貿易的許可證，他們所繳的稅金成爲供應荷蘭作戰的主要收入（巴克塞，一九七三年b，頁二三—二四）。十七世紀中，由於這種範圍廣大的貿易，阿姆斯特丹成爲歐洲金銀塊貿易的中心。這個情形維持了二百年。

可是到了十七世紀下半葉，荷蘭的霸權盛極而衰。波羅的海的穀物在歐洲的市場上愈來愈不重要，減少了荷蘭人的影響力（格拉曼〔Glamann〕，一九七一年，頁四二—四四）。同時，聯合省份開始遭受到英國的競爭。英國爲了因應不景氣增加穀物的外銷並且開始抽荷蘭貨物的稅，以鼓勵以英國國內實業取代進口。昂貴的戰爭也影響到荷蘭的經濟。爲了支付戰爭的用度必須加稅。

那麼爲什麼聯合省份不轉向工業的發展？理由有好幾個。首先，運輸、造船和與運輸和造船有關的活動仍然重要和有利可圖。其次，商業活動的獲利仍然很高，超過投資紡織業的利潤。第三，聯合省份的農業已經有充分的資本並且已經專業化，工資也很高。因而和英國的情形不一樣，聯合省份沒有貧窮的鄉村人口可以充任低工資的工業勞工。第四，荷蘭整個的發展，終極的基礎在於其利用技巧和服務的能力，而非本身強大的資源基礎。聯合省份的人口不多，由一五一四年的二七五、○○○人上升到一六八○年的八八三、○○○人，但一七五○年時又下降爲七八三、○○○人。事實上甚至運輸業的人力也不足，十八世紀時大量雇用斯堪的那維亞人與北日耳曼人上荷蘭船工作。再者，英國天然有充分的煤與鐵，聯合省份卻沒有。最後，這個共和國一直是由近乎自治的許多城邦組織，每一個城邦有其本身的商業寡頭政治執政團。使這些城邦採取一致步驟的是阿姆斯特丹的優勢和在荷蘭興盛中它們共同的成功。在困難時期，由於小派別的鬥爭日熾，荷蘭聯邦中的諸邦不能制定和執行共同的政策。因此，一六八八年以後，荷蘭的資金開始流入英國，投資在英國東印度公司、英格蘭銀行、英國國債，以及新發展的工業。這樣做使荷蘭付出「領先指導的罰金」，支配權轉入其主要競爭對手之手。

法國

法國的情形是對封建制度危機的另一回應。法國是古典政治性封建制度的中心地。封建制度利用領主與其隸屬省之間關係的法律形式，建立了一個分等關係的巨大體系，體系的頂端是國王。政治統一首在將以國王爲首的封建金字塔轉化爲保護人與受保護人之間關係的網絡。網絡延伸法國全境，國王通過對大半資源的控制，控制這個網絡（參見肯尼柏格〔Koenigsberger〕，一九七一年，頁六）。法國是用集中國內過剩農產品的辦法達成這個轉化，而非用海外擴張的辦法。同時，法國國王較之葡萄牙或卡斯提爾—亞拉岡國王，更能避免對外國金融家的依賴以及其所造成的國際糾紛。

前面已經敍述過未來的法國，如何由控制塞納河和羅亞爾河中游的一個肥沃小地區向外擴張。國王最初只不過是若干其他強大諸侯中的雄長，但是他們將直接的皇室版圖向四方擴展，到一三二八年已佔有現在法國的一半。另一半是國王的封土。然而在這個擴張的過程中，法國國王不僅將英國人和英國人的封建佃戶逐出，而且在西面的阿奎丹(Aquitaine)和南面的奧克西坦尼亞(Occitania)勝過可能與他敵對的人。這個情形使國王可以處置更多的農業資源，也使西面和南面沿海地區服從巴黎政治中心的統治，包括南特(Nantes)、波爾多(Bordeaux)，和土魯斯(Toulouse)等商業城市。十五世紀以後，法國國王以陸地為基礎的核心，其經濟與政治的迫切需要，控制也限制了沿大西洋岸的商業活動，對於法國的參與歐洲擴張有重要的意義(福克斯〔Fox〕，一九七一年)。

可是雖然法王鞏固了法國的統一，他卻不能斷然質疑貴族由農民取得過剩產品的權利。農民有權以現金或貨物支付租金，而不需要在收取貢物者私家農場或領地上服勞役。生產者是農夫。地主收取部分收穫以為貢物，在市場上出售。就這一點來說，國王只是頂尖的貴族，靠他自己的領地生活。由於他的領地很大，他也相對有權勢。但是因為貴族免繳稅，國王的財源仍然有限。國王想要靠與義大利城市的貿易和信貸關係累積資本，可是義大利城市的式微卻影響到他取得經費的能力。

最後，國王將官爵出售給商人和專業人員，想藉以創造他自己的貴族輩——文貴族而非武貴族。新貴族中有賦稅承包人。他們借錢給國王，而取得收稅和保留稅收的權利。終極付稅的人是農民和商業與製造業企業家。法國由收稅所得到的收入非常龐大，較英國所得大十倍（芬納〔Finer〕，一九七五年，頁一二八）。但是正因如此它也壓抑了農業、貿易，和工業。農民的負擔過重。中產階級也不易存活（華勒斯坦，一九七四年，頁二九七）。

國王、舊貴族、新貴族，和農民間的這組關係，在一七八九年的法國革命中破壞殆盡。造成大革命的人是起而擺脫其收稅貴族的農民、巴黎的貧苦工匠和職工，以及感到不易存活的中產階級。它是針對貴族階級的革命，使農民免於付貢物，也使第三階級可以擔任官職。但它卻未給資本主義的發展開道。它所解放的中產階級不是工業資本家的階級，而是工匠、小店主、小商人，和小規模企業家的階級。一直到十九世紀下半，法國才有大型的工業革命。

商業循環的極限

前面已談到葡萄牙、西班牙，和聯合省份這三個歐洲國家如何經歷了一次海外商業的擴張，而結果卻國事每下愈況。第四個國家法國將精力花在國內的統一上。它將權力集中在巴黎，而減縮其沿海地區的活動。

十五世紀早期葡萄牙因政府與商人的聯盟而興隆。十六世紀時這個聯盟繼續擴展，十七世紀卻逐漸式微。一七〇三年的梅旬條約（Methuen treaty），允許英國紡織品進入葡萄牙以交換葡萄牙紫色濃甜葡萄酒的輸出到英國。這項條約更促成葡萄牙政府與商人聯盟的解體。十六世紀時，統一後的西班牙在卡斯提爾統治者的領導之下，擴張成一個由佛羅里達到智利，和由加勒比海島嶼到菲律賓群島的帝國。可是到了十七世紀初，西班牙已經式微，在凋敝的現況中仍不知過去的光榮已成過去。波旁王朝(Bourbon dynasty)在十八世紀時採取重實際的「實用開明」政策以求挽回頹勢，但卻徒勞無功。一五六六年聯合省份反抗西班牙而獲得成功，十六和十七世紀向海外擴張，但是在十七世紀末葉達到勢力的極限，愈來愈感受到英國的壓力。十八世紀時法國想要將英國逐出印度和北美洲。可是這時它的工業成長和海軍軍力都已萎縮，基本上成爲一個陸地國家，無法與英國的海軍和工業競爭。

十七世紀在這些國家大事中是一個關鍵時期。在十五世紀克服「封建制度危機」的國家，十七世紀卻被經濟不景氣和政治上的問題拖垮。伊比利半島的這個情形尤其明顯，所有的盈餘都因政府的軍事和政府活動與朝廷的闊費而耗盡。連綿的戰爭和搶劫使封建貴族持久不衰甚至擴大勢力。南北美洲的「再征服」，使國王和貴族的軍事和社會力量增加，而又造成市鎮與鄉村經濟的停滯。同時，戰爭花銷日益增加，或是耗竭了資源，或是將資源給了國王的債主。法國的盈餘乃集中在國王之手。國王用這些盈餘打擊或收買國內的敵對力量和從事對外戰爭，使其他的經濟和政治活動受到損傷。荷蘭政府的要求比較有分寸，也不揮霍。可是世界性的商業擴張加重了荷蘭商人中間人的作用，也促進了貿易與運輸業的附屬製造業的發展，如造船和供應海軍必需品。荷蘭的情形說明造成危機的不是戰事與宮廷生活昂貴開支的本身，而是由於未能將在戰爭與商業活動中所獲的利潤用於新興生產盈餘物品的活動。這種能力有賴於將商業財富轉化爲資本。

在十七世紀經濟與政治危機背後的是一個更大的危機，其發生是由於商業財富不能改變將勞力用於創造新資源的方法。前面已經談過資本主義與使用財富牟利的區別。歐洲商人確曾賺到錢和累積財富。他們從事皮毛、香料、奴隸、黃金，和白銀的貿易，並且通過發展大宗的貿易而發展出地區性的特性，以一個地方生產的穀物交易另一個地方生產的食鹽，以一個地方織成的布匹交易另一個地方冶鍊的食鹽。他們所創造的商業網絡可以聚集工人和工具，以生產大量的商品供集中銷售。他們影響到也改變了循環的地點和路線。他們從事伊本•赫勒敦所謂的「商業」。伊氏是十四世紀時的柏柏社會學家，他說：

> 我們必須知道商業是爲了牟利。商人廉價購買商品而以較高的價格重新出售，藉以增加最初的金額；不論這些商品是奴隸、穀類、動物，或紡織品。增加額稱爲利潤。取得利潤的方法，是儲存商品等待市場價格的上揚，以得到大的利潤；或者將上述商品運到對它有更大需求的另一個區域，以得到大的利潤。〔引自羅汀森(Rodinson)，一九六六年，頁四七〕

歐洲商人甚至多少改變了工作的組織和用於生產一種待銷售商品的勞力條件。但是他們不曾以他們的財富爲資本，去取得和轉化生產的條件，或購買勞工階級求售的勞動力，以啓動生產的手段。

英國

只有英國才採取步驟由商業財富的累積和分配，走向徹底的資本主義轉型。但是一四〇〇年以前，英國不像日後會那麼昌盛。它的地理位置是在歐洲海岸以外，遠離歐洲的核心。而與大陸國家的發展方向相較，它的發展方向又似乎特別。一〇六六年，挪威海盜說法語的後裔征服英國，給這個海島強加了一個統一和在國王支持下的財政和司法制度。這個制度的作業主要是靠地方貴族輩的合作，而非法國式複雜和中央集權的官僚政治。政府的費用因此減少。再者，英國國民稅收的負擔也較法國公平。英國貴族付稅，法國貴族在一七八九年的革命以前不付稅。英國由於是一個島國，較能免於由大陸來的攻擊。而在英王被逐出法國以後，英國可以不像它日後大陸上的敵國那樣，在陸上和海上支付龐大的作戰費用。

十四世紀末葉以前，英國主要是一個農業國家，向內部著眼，不從事海上的活動(葛拉翰〔Graham〕，一九七〇年，頁一四)。然而英國的經濟有兩個與大陸上各種發展不同的特徵。第一個是，在十四世紀和十五世紀中間，舊日農夫由大地主處取得的可繼承土地使用權逐漸取消。繼起的是付租金的方式。租金的多寡，每隔一段時期按當日的經濟情勢重新磋商。如此，「習慣上」的付款便轉化爲可改變的現金租金。法國的情形迥異。法國農民所得到永續繼承權的保證日增，因而加強對土地的把握。大地主可以用增加現有付給他款項的辦法增加農民的貢金貢物。但他不能在根本上改變土地管理和耕種的情形。因此，與法國農民相較，英國農民異常軟弱。使用土地牟取可變化現金租金的利潤的辦法，使大地主有權把土地重新分配給能得到最大利潤的佃戶。因而英國收取貢金貢物的人，比法國收取貢金貢物的人更容易將土地轉化爲一種商品。十六世紀中間，英國的土地所有人於是以「改良非地主」的身分開始從事商品生產。

英國經濟的第二個重要特徵，在於其早期是一個生產生羊毛的國家；它所生產的生羊毛在歐洲最爲精美。十三和十四世紀時，英國大半的羊毛都賣到國外，尤其是供應法蘭德斯的毛織品工業。羊毛貿易不久便成爲主要的皇家收入。羊毛的外銷使英國成爲法蘭德斯人的一種殖民地。皮宏(Pirenne)說，英國人「心滿意足的」

> 供應法蘭德斯人原料。他們與法蘭德斯毛織品工業的關係，和今日阿根廷共和國和澳大利亞與歐洲和美洲毛織品工業的關係是一樣的。他們不與法蘭德斯人競爭，而只是致力於大量生產羊毛。羊毛總是有很好的銷路。〔一九三七年，頁一五三〕

英國的羊毛不僅預定在外國市場銷售，而且將英國羊毛運到海峽對岸目的地的，大多也是外國人，尤其是漢薩同盟的商人。

可是到十四世紀末期，英國人卻由外銷羊毛變爲自己製造羊毛布。若干互相連鎖的因素促成這個轉變。羊毛布的生產增加以後，在經濟上英國毛織品可以在外國市場上有競爭能力。同時，十四世紀的封建制度危機，使這個新辦法爲人所喜，尤以在設法應付不景氣現況的農業地區爲然。羊毛布的製品，因而可以由市鎮搬遷到鄉村。在鄉村可以利用水力操作蒸洗毛織品的工廠。鄉村的勞力也較低廉，因爲沒有城市同業工會對就業的限制。這是對鄉村勞力另一個雇用的辦法。再加上牧羊面積的擴大與農耕面積的相對縮小，造成土地的密集使用，成爲一種可以銷售的商品以及商品生產中的手段。

擴張羊毛布的製造需要政府方面的支持。政府抵制外國進口貨以保護本國的工業，它鼓勵造船，用新的航海技術建造設備有槍砲的「輕快」大帆船。它創建政府特許的商業機構以促進英國羊毛布的外銷，如十四世紀英國的「布商公司」(Mercers' Company)和十五世紀的「商業冒險家公司」(Company of Merchant Adventurers)。不久商人在國外的機構也繁增，如一五五三年的「俄羅斯公司」(Russia Company)，一五七七年的「西班牙公司」(Spanish Company)，一五七八年成立，在斯堪的那維亞和波羅的海貿易的「東土公司」(Eastland Company)，一五九二年成立的「勒旺公司」(Levant Company)，一六〇〇年的「東印度公司」(East India Company)，一六〇六年的「維琴尼亞公司」(Virginia Company)，「英國亞瑪遜公司」(English Amazon Company)(一六一九至二三)，和一六二九年的「麻薩諸塞灣公司」(Massachusets Bay Company)。一六六〇年時成立的「皇家非洲冒險家公司」(Royal Adventurers into Africa)，十二年以後爲更有效率的「皇家非洲公司」(Royal African

Company)所取代。這些公司和其後繼的公司，不久便拓寬了英國商業經營的規模。而這個情形，又刺激手藝和製造業的發展，以供應循環中的新路線和地點。

一六四〇年與一六八八年的政治大變動，開啓了擴張之路。光榮革命(Glorious Revolution)使收取利潤的地主、製造業者，和商業經紀人聯合起來，反對朝廷、高級大貴族，和商人壟斷者所享有的特權。它摧毀了皇家專制主義、簡化了政府，並且改變了課稅的基本原則——廢除製造業專利稅的皇家封建稅，而改抽一般用商品稅和地產稅。它建立了英國的海陸軍，以備與聯合省份和法國作軍事競爭。它鼓勵進一步的土地和公地圍場，使農業商品生產的成長加速，它支持國內工業的發展，使用流離失所的農人或沒有土地人家的勞動力。

在光榮革命期間，權力由一個階段轉移到另一個階級，由仍然依靠封建性生產方式和以朝廷爲基礎的掌權者，轉移到首都以外地區企業家之手。然而這次革命並沒有消滅失勢的人。相反的，它與失勢者合作(參見希爾〔Hill〕，一九四九年，頁一二六)。事實上英國人保存了許多其封建傳統的制度(如君主政體、貴族制、教會、國會，和習慣法)，而給這些制度新的功能。英國人也維持貴族的意識形態與禮節，以之爲階級規則的形式，即使不以之爲階級規則的內容。收取利潤的地主和上升中的製造業者與給予在家中做工作的商人，採用了傳統鄉紳的象徵性形式。

因而英國的情形在許多方面是獨特的。英國在一開始是一個位於邊緣的殖民國家。對岸的大陸住的是強鄰。它們較英國富有，也有比英國更複雜完備的制度。可是在諾曼第諸王治下它早早統一。

諾曼第諸王統一了它的政府並取消了內部貨物與人民流通的障礙。一直到十九世紀，這些障礙尚在困擾其大陸上的鄰國。它的農民在法律上非常軟弱，很容易連根拔起。它羊毛布貿易的成長是一大成功，由許多幸運的事件受惠。羊毛布貿易也使它進入更廣大的市場和政治勢力範圍。最後，它混合新舊而又成本低廉的統治方式，在建立和維持資本主義工業化所依靠的階級力量的分配上，也非常成功。英國日後也會付出「抑制性領導」的罰金，但卻是在它突破進入新的生產方式後的一世紀。

在紀元八〇〇年以後的幾百年間，歐洲由一個舊世界的邊疆，變成了財富與權勢的中心。歐洲的兩個階級聯合起來促成這個結果。一個是軍事大封主階級，一心一意要擴大其封建的領地。另一個是商人階級，希望將剩餘的貢物轉化爲金錢與利潤。政治與軍事的統一造成許多領土國家，將權力由有自主權的大封主轉移到至高的統治者之手。逐漸地封建貴族不再能跨國界組成獨立的聯盟，而愈來愈服從一個政治中心的指導。爲此，中央政府保證其封建的權利。同時，貿易的成長，促成很多將剩餘貢物轉化爲戰略性和能增加威望商品的機會。新的政治體系因而可以藉贊助商業的辦法增加其手中的資源。可是商業也造成一個可能的威脅。良好的交易固然可以加強政府的力量，不好的交易卻削弱政府的力量，「吞噬國家的心臟」。新興的中央集權政治體系也得決定其與貿易及貿易含糊承諾之間的關係。

葡萄牙與卡斯提爾這兩個伊比利半島國家，在對半島上回教國家的戰爭期間，形成爲有效能收納貢物的團體。這兩個王室對商業的控制，增加了國王的力量，並且使收取貢物的菁英分子有財富購買國外的貨物，而不致改變國內封建的關係。但是葡萄牙與卡斯提爾的財富，都不足以支付行政與戰爭的用度。由於皇室破產與負債，資金與貿易的控制權乃落於外國商人銀行家之手，使這兩個國家成為「熱那亞人的西印度群島」（德費格羅〔Suárez de Figueroa〕，一六一七年，引自艾里奧，一九七〇年，頁九六）。法國卻避免了這個命運，其政治上的中央集權沒有靠外國的信貸。法國重視在國內生產農產品剩餘物，甚於重視商業利益，因而使「古典」以土地為基礎的納貢性封建制度可以繼續發展。不過法國雖然因此不受外債的困擾，後來有很長的時間它也不能在國外的商業中有強大的競爭能力。

伊比利國家為外國商業所苦，法國躲避了外國商業，可是尼德蘭聯合省份與英國卻能成功的適應外國商業。聯合省份蛻變為商人寡頭政治邦國的聯邦。荷蘭人一早便依靠海上的貿易，盡量利用商業上的機會，而不求在其腹地得到大的領土基礎。他們成為「北方的義大利人」，像熱那亞與威尼斯這些城市一樣，把氣力用在長程貿易的拓展上。相反的，英國很久以來便是一個領土國家。在它十五世紀不得不放棄法境它所喜好的戰場以前，英國的統治階級是納取貢物的軍事貴族階級。英國貴族在被逐回其島國以後，在內戰中自相殘殺終至毁滅。繼之出現的新貴族階級，長於利用養綿羊、製造羊毛布，和海外商業的機會。同時，英國的新君也不像大陸上君主那麼有權。雖然他們也力求中央集權，但受到地主階級鄉紳與商人群體的箝制。因而國王、地主和商人被迫彼此合作，其所造成有伸縮性的聯盟，有利於所有這三方面。

聯合省份與英國的發展不同，但是它們與其他歐洲國家不一樣的是，它們都願意以商業為政治競爭的工具。英國一早便擺脫了義大利和漢撒同盟商人對其國外商業的約束。荷蘭人與西班牙進行經濟與政治戰鬥，終於獲得獨立。聯合省份與英國的這一共同經驗，使它們都以利用商業為「祕密戰爭政策」，而不為商業所用（根特〔John Hagthrope Gent〕，一六二五年）。在荷蘭和英國寡頭政治執政團的手中，商業與國外的戰爭殊途同歸，都是累積財富的手段，也是「國王的老命」（馬林斯〔Gerard Malynes〕，一六二三年）。

因而，在荷蘭與英國海外擴張中，造成歐洲內部政治統一的和建立國家勢力的三種手段，融合為一個單一的政策，其目的為盡量增加政府手中的金銀。為了達成霍布斯（Thomas Hobbes）所講的「共和政體的富強」，必須使金銀塊大量流入國庫並且阻礙其外流。就尼德蘭和英國來說，這表示盡量由葡萄牙、西班牙，及其美洲屬地吸收黃金與白銀，並使用這筆財富建立和壟斷在東方的商業。在亞洲自羅馬時代起便為歐洲收取貢物的階級承辦珍貴的貨物，長久以來耗竭了歐洲的貴金屬。在亞洲擴大征服與貿易，可以逆轉這個債務人與債權人之間不對稱的關係，並使歐洲的海上商人可以通行無阻的取得東方的珍寶。十七世紀時達夫南（Charles Davenant）寫道：「控制這個貿易的人，可以向整個商業世界發號施令。」

第2部

尋求財富

歐洲海外的擴張，由一件小事開始。一四一五年，葡萄牙人攻佔直布羅陀海峽非洲一側奉回教的港市秀達。他們最初只不過是想取得「地中海之鑰」，但是在入侵北部海岸以後，卻逐漸到達大西洋上的許多島嶼和非洲海岸。於是，葡萄牙在開闢歐洲船隻去南大西洋的航道上，成爲歐洲的先鋒。前面已經提到，歐洲人由於剩餘物資的減少再加上新生的國家需要用錢，乃向外發展，追求財富。他們原是可以在拜占庭和回教勢力下的地中海東部及愛琴海沿岸的國家和島嶼找到財富。可是卻一方面受阻於拜占庭羅馬人、塞爾柱土耳其人，以及一四五三年以後的鄂圖曼土耳其人，另一方面又受阻於歐洲與東方貿易的經紀威尼斯和熱那亞。而葡萄牙所新闢的大西洋路線，可以使歐洲人不遭遇土耳其這個攔路虎而直取亞洲的財富。

葡萄牙人在攻佔秀達以後，旋於一四二〇年在馬得拉群島殖民，一四四八年在茅利坦尼亞海外的亞琴島(Arguin Island)修建了一個堡壘和一所貨棧，一四八二年在班寧海灣(Bight of Benin)的艾爾米那(Elmina，或稱米那〔Mina〕)修建了第二個堡壘。一年以後他們到達剛果河口，一四八七年又繞好望角航行，打開去印度的海路。一四九七年，達伽馬(Vasco da Gama)繞道好望角到達東非和印度的馬拉巴海岸。一五〇五年，葡萄牙人在東非的索法拉(Sofala)建造了一個先頭基地，四年以後開始征伐亞洲南方海上的關鍵防守據點。一五〇〇年葡人卡布拉(Cabral)橫渡大西洋登陸巴西以後，一五〇二年里斯本的一個世俗修士獲准將巴西木(brazilwood)運往葡萄牙。一五二〇年代葡人開始在巴西東北部種植糖，一五三〇年以後非洲的奴隸開始到達這個新殖民地。於是，香料貿易逐漸使里斯本與亞洲連結，糖使里斯本與美洲連結，而奴隸貿易鑄成了一道橫跨大西洋南部的連鎖。

由這個時候起，所有歐洲內部的爭霸戰都成爲全球性的。歐洲諸國設法控制大洋，將其競爭對手逐出亞洲、美洲，和非洲的歐洲人要害。地球上一個地方發生的事件能影響到其他的地方。幾個大洲進入全球性的關係系統。

卡斯提爾—亞拉岡旋即學步葡萄牙從事海外的擴張。一四九二年哥倫布爲卡斯提爾航行到達加勒比海上的島嶼。卡斯提爾—亞拉岡迅速深入美洲大陸。巴布亞(Balboa)一五一三年跨越巴拿馬地峽到達太平洋。柯特斯(Cortés)一五一九年開始征服墨西哥。一五三〇年皮薩羅(Pizarro)由巴拿馬出發征服祕魯。一五六四年西班牙遠征軍由墨西哥出航佔領菲律賓，將西班牙的影響力擴大到太平洋。一五八〇年西班牙國王同時繼承葡萄牙王位。直到一六四〇年西班牙與葡萄牙結爲一體。

長久與西班牙作戰的荷蘭人，於是有了將葡萄牙人逐出其亞洲與美洲地盤的藉口和機會。一六〇二年成立的「荷蘭東印度公司」，是爲制止葡萄牙人壟斷香料貿易。一六二一年又成立了「荷蘭西印度公司」。二十年後，荷蘭人已奪取大半葡萄牙沿非洲大西洋岸的根據地；佔領巴西、古拉曹(Curaçao)和若干其他加勒比海的島嶼；並在北美洲的新阿姆斯特丹(New Amsterdam)、長島(Long Island)，和德拉威(Delaware)成立殖民地，不過荷蘭人在東印度群島雖多斬獲，卻不能常保其西面的新屬國。巴西起而反叛，一六五四年將荷蘭人逐出。葡萄牙收復了許多非洲的根據地。英國則在一六四四年攻克新阿姆斯特丹。

英國海外的擴張與荷蘭人勢力相較原相形見絀。「英國東印度公司」於一六〇〇年經特許成立，但一直到十七世紀後期才趕上「荷蘭東印度公司」。雖然英國人在十六世紀與西班牙的鬥爭中入侵南北美洲，可是到一六二四年才殖民巴貝多島(Barbados)，而在西屬加勒比海立足。一六五五年又攻佔牙買加(Jamaica)。他們在北美洲沿岸維琴尼亞、馬里蘭，和新英格蘭等地建立若干殖民地，並在與荷蘭人的競爭中鞏固這些屬地。十七世紀下半葉英國與荷蘭作全球性的鬥爭，英國在美洲多所斬獲而荷蘭人勢力縮小。一六六〇年英國組成一個新的公司在非洲貿易，再一步侵犯荷蘭人的貿易。

可是當荷蘭的威脅消除以後，英國人在北美又面臨與法國的競爭。法國於十七世紀早期開始殖民北美洲，一六〇八年建立魁北克(Quebec)，一六四二年建立蒙特婁(Montreal)。在皮毛貿易沿聖羅倫斯河(St. Lawrence River)向西擴展到大湖區(Great Lakes)以後，英國與法國長期纏鬥，想要終止法國的進展。一直到英國在一七六三年攻佔加拿大以後，這場鬥爭才結束。在地球的另一面，「英國東印度公司」又面臨一六六四年成立的「法國印度公司」猛烈的競爭。一七六九年「法國印度公司」因龐大的戰債而破產，英國遂在這場競爭中獲勝。

因而，歐洲國家在兩個世紀中間不斷擴大其在各大洲貿易活動的範圍，使整個世界成爲戰場。對美洲白銀、皮毛貿易、奴隸貿易，和對亞洲香料的追逐，使世人進入始料所不及的新互相依存狀態，並深深的改變了其生活。

第五章
在美洲的伊比利半島人

哥倫布初次航行到加勒比海以後，於一四九三年回到歐洲。一直到臨終，他都以爲他到的是亞洲東海岸外的島嶼。一四九四年，卡斯提爾—亞拉岡與葡萄牙在托德西拉斯（Tordesillas）簽訂條約，標定它們在新發現諸島的地界。這條界線是在福迪角島（Cape Verde Islands）以西三百七十里格。卡斯提爾以爲現在已控制了去東方的直接路線，說界線以西原有的地方歸它所有，因而取得西半球大半的地方。葡萄牙主要的目的是不讓西班牙人進入南大西洋，乃取得界線以東所有的土地，因而也佔有巴西。葡萄牙一心一意想在南大西洋及亞洲季風帶建立霸權，不大注意在新世界爭權奪利。可是卡斯提爾—亞拉岡則迅速採取行動，以取得「印度群島」傳說中的財寶。

卡斯提爾人在發現南北美洲二十年以後，已經鞏固了其在大安地列斯群島（Great Antilles）和沿巴拿馬地峽的根據地。一五二一年，柯特斯摧毀墨西哥首都提諾琪提藍（Tenochtitlán），完成墨西哥的征服。一五三三年，皮薩羅攻下印加帝國首都庫斯科。一五四一年時，卡斯提爾人已爲在智利的新城市聖地牙哥奠基。卡斯提爾國王在兩個城市駐有直接代表。一個城市是新西班牙總督轄區（Viceroyalty）中心的墨西哥城（Mexico City），另一個是祕魯總督轄區的中心利馬（Lima）。由這些代表統治屬於國王的西印度群島。

在由征服所獲得的領域中，勝利的報償是名譽與財富，而兩者都有賴於土著的勞動力。這個新社會於是自一開始起便分爲「當地土著」與西班牙人兩種人。各種土著雖然在語言和文化上有顯著的差異，卻統稱「印第安人」。社會地位在印第安人之上的是西班牙人，包括征服者、其後裔，以及所有後來的西班牙人。這些人自以爲是「有理性的人」，但他們也不同是一種人。征服者之中有貴族有平民，有貧有富。在征服以後，他們很快又分爲若干往往互相敵對的層次，包括眞正有財富與權勢的首領；財富、技巧與影響力不大的人；許多仰賴別人的「麵包和水」維生的飢寒從者，以及居於社會關係網絡邊緣的流浪者。可是他們都想在被征服民眾之前維持其征服者共同的優越感。他們在市鎭是主宰分子。市鎭將已征服的鄉村籠罩在西班牙控制的網絡之下，也是西班牙在西印度群島勢力的基礎。這些市鎭的設計均成格子狀，中心的方場是市政府和教堂，也是日常市場和軍隊緊急召集的所在。每一個市鎭有其寡頭政治的市議會以及有資格出席市議會的人。市鎭代表了在「印第安人」的人山人海中、西班牙控制權的微小宇宙。

殖民者終極想控制的是這些印第安人。可是這個基本的資源卻立刻耗損。

紛紛死亡

最先紛紛死亡的是加勒比海諸島上的印第安人，而後是大陸海岸與中、南美洲一般低地的印第安人，最後受難的是高地，也就是當年阿茲提克、奇布察，和印加等大帝國的所在地。因而，一四九二年哥倫布最初接觸到的艾斯潘諾拉（Española，聖多明哥〔Santa Doningo〕）大約有一百萬居民，可是到了一五二〇年代末期，存活下來的已寥寥無幾（騷爾〔Sauer〕，一九六六年，頁六五—六九，二〇〇—二〇四）。人口凋零的主要原因是因爲舊世界的病原細菌傳播到了新大陸，而新大陸的人對這些細菌沒有抵抗力。天花與痲疹，往往再加上呼吸器官的疾病，在許多地區造成決定性的影響。一五二〇年與一六〇〇年間，中美洲有多達十四種嚴重的流行性傳染病，安地斯山區或許有多達十七種嚴重的傳染病（吉布森〔Gibson〕，一九六四年，頁四四八—四五一；多賓斯〔Dobyns〕，一九六三年，頁四九四）。其他的疾病影響比較局部性。瘧疾或許是由義大利經西班牙的商人和士兵傳入。它是在中美洲的海岸造成區域性的破壞，而後又傳遍熱帶低地。

但是病菌的傳入，其本身並不能充分解釋當日所發生的事情。我們必須質問其時的社會與政治情形，爲何讓病菌繁殖得這麼快？在島嶼上和加勒比亞海邊區，爲了找尋黃金，濫用印第安人的勞力，一四九四年以後，搶劫奴隸與奴隸制度又日益猖獗。十六世紀上半葉，單是尼加拉瓜一地便有二十萬居民被搶劫爲奴。搶劫奴隸的人在加勒比海島嶼、巴拿馬，和祕魯將受害人出售牟利（麥克里奥〔Macleod〕，一九七三年，頁五二）。葡萄牙人的殖民巴西也帶來大規模的印第安人奴隸制度。到了一五六〇年代，已有四萬美洲原住民在巴西東北部成爲操勞的奴隸（漢明〔Hemming〕，一九七八年，頁一四三）。到了十六世紀最後的三十年，由於土著的社會關係完全被攪亂，巴希亞的印第安人乃起而發動強大的千禧年運動。他們不再爲自己種植食物，希望上帝會將他們由奴隸制度下解放出來，讓歐洲人爲他們的奴隸。一般以爲在聖保羅（São Paulo）的搶劫奴隸的人，在巴西奴隸制度期間曾經供給巴西東北部三十五萬土著美洲奴隸。由於低地大半的人口都從事以親屬關係原則安排的生產方式，這種大量的人力耗竭使他們嚴重喪失伸張他們賴以存活的人權的能力。

在中美洲和安地斯地區，往日數目龐大的人口曾經支持複雜的納貢體系，如阿茲特克同盟和印加帝國。在這些地區，人口的凋零促成現存政體的分裂與崩潰。中美洲在西班牙人來到以前的人口，據估計在兩千五百萬人，印加帝國的人口爲六百萬（羅埃〔Rowe〕）和三千萬（多賓斯）之間。不論基線數字爲何，在西班牙人到來以後土著人口大半毀滅。一六五〇年間，中美洲只有一百五十萬人，這在以後慢慢恢復。分別位於祕魯上下部分的利馬和察卡斯（Charcas）的西班牙高等法院轄區，居民由征服時的五百萬人減少到一七八〇年代和一七九〇年代的三十萬人以下（克布勒〔Kubler〕，一九四六年，頁三四〇）。

在這些高地地區，新的疾病或者因爲營養不良而有高度的傳染性（參見芬曼〔Feinman〕，一九七八年）。中美洲與安地斯山區的食物供應，主要是靠高度對土地有組織和密集使用的制度。由於這些制度因戰爭、外國的侵略，和部分勞力因病死亡而擾亂，剩下來人口的存活便受到威脅。水力工程的瓦解與各區域間特產交易的中斷，衍生許多後果。這兩個地區也依靠精確的食物轉移制度。安地斯山是憑藉集中貢物和重新分配貢物，中美洲是憑藉貢物的重新分配與推銷上的安排。由於這些機制遭到破壞，現有的剩餘物質不能抵達有需要的人手中，許多人因而死亡。最後，這些調整的機制又依靠統治階級的政治與思想方式所發生的作用。土著菁英分子脫位了，西班牙的政府與宗教標準又強加在土著頭上，這種作用乃嚴重傷損。

在短短一段時期以後，西班牙也爲了自己的農場、工廠和牧場，開始將土地和水源據爲己有，並且徵召土著工作。在中美洲許多部分，也像在西班牙一樣，綿羊開始「吃」人。在安地斯山區，歐洲式的農業在海岸開展，同時內陸高地又進行採礦。這個情形擾亂了海岸、山麓地帶、高地，以及無樹多風盆地之間同步發生的生態關係（參看第二章）。新農業和畜牧業除了土生農作物如玉蜀黍或馬鈴薯外，也使用由舊世界引進的農作物如小麥，又引進南北美洲在征服以前所不存在的牲畜，如馬、牛、綿羊、山羊和豬。可是即使在築了水壩、掘了運河，和灌溉了土田的地方，新的食物生產方法還是不如西班牙人來到以前的水力園藝學那麼精細。耕作不再密集和整體化以後，所用的勞動力減少，因而可以經得住勞力的減少。耕種得整整齊齊的田地和開放式的牧場，取代了以精耕、排水，和修築梯田方法處理的小塊田地。

西屬美洲的財富

伊比利半島的人，在新世界所找的主要是金銀塊。最初是黃金。安地列斯島上曾發現沙金，但是其生產區很少、很小，也很淺（騷爾，一九六六年，頁一九八）。土著人口不久便在提煉沙金中犧牲。中美洲地峽的含金礦床不過曇花一現。只有所謂「金卡斯提爾」的哥倫比亞出產大量黃金。在一五○三年到一六六○年間運往塞維爾的一八五、○○○公斤黃金中，大半出自哥倫比亞。這批大量的黃金，將歐洲黃金的供應量提高了五分之一（艾里奧，一九六六年，頁一八○）。而白銀的生產最後成爲西班牙財富的基礎，也是皇家控制力強度的重要指標。

追尋白銀

一五四五年西班牙人最初發現白銀礦床。這年一名印第安人的礦藏探勘員發現聖路易波多西（San Luis Potosí）二千呎高的銀山，這個地區是現在的玻利維亞。墨西哥西面山系接著有一連串的重要發現，一五四六年在札卡提卡斯（Zacatecas），一五四八年在關那耀托（Guanajuato），一五四九年在泰克斯柯（Taxco），一五五一年在巴朱卡（Pachuca），一五五五年在松布瑞提（Sombrerete）和杜蘭戈（Durango），一五六九年在佛瑞斯尼羅（Fresnillo）。波多西尤其成爲「夢想所不及財富」的同義字。它的盾形紋章宣稱它是「世界的財富、眾山之王、所有國王的欣羨對象」。到了一六一一年，它已是南北美洲最大和最富有的城市，有十六萬居民。波多西位於一三、〇〇〇呎的高地而且非常荒瘠，所有的食物必須仰賴進口，西班牙人的妻子得到較低的谷地去撫養其子女。爲了開採這座神奇山脈的礦砂，礦場主人乃徵召土著美洲人。一六〇三年波多西有五八、八〇〇名印第安工人。其中大多數（四三、二〇〇人）爲自由的按日計酬散工。一〇、五〇〇人爲契約勞工。剩下的五、一〇〇人爲應召勞工，他們的工作艱險，憑著走危險的梯子將裝著礦砂的籃子擔到礦場口。印加帝國時代已有輪流的和強制性的徵募勞工。西班牙人將這個辦法擴大用在礦場上。一五七〇年他們將這個辦法制度化，規定每個村落每年以其七分之一的成年男性爲礦場或公共工程的勞工。這樣的勞工每七年工作時間不超過十八週，也有工資，由皇家視察員監工。礦工工資現在以白銀支付，他們可以用來作貢金。

但是實際的情形卻較理論殘酷無情。譬如，的的喀喀湖岸的翠桂多省（Chuicuito）在十六世紀末葉每年派遣二千二百名成年男性去波多西的礦場。由於這些徵募的勞工攜家帶眷，上路的有七千人。三百哩的路共走兩個月。用三萬到五萬頭駱馬載負他們的行李和一路上的食物。到了波多西，勞工在礦場上做四個月的工，另外做兩個月強制服務。如果做完這個艱辛的工作而尙能倖存，那麼回翠桂多的旅程又是兩個月。到家以後，他一時不能收穫自己的農作物和放牧一批新的駱馬，必須先靠鄰人接濟而活。在同時，他在自己的村中還得應召服家務、運輸、郵傳、開旅店，和修路等勞役（克布勒，一九四六年，頁三七二—三七三）。而且十七和十八世紀時，村民還被迫生產工藝品和供應城市食物、草料和木材（維拉馬林和維拉馬林，一九七五年，頁七三）。住在村中的人，還得付貢金貢物。

在人口銳減的時期，勞役與貢獻配額依舊。地方官員因而不得不比法律所規定更經常的強迫男人服勞役，讓留在村中的人付更高額的貢金貢物，或雇用契約勞工代替不在村中的人。許多徵召的勞工在做完外面的工作以後不肯回到自己的群落，希望因此避免進一步的貢獻和勞役義務。有些留在採礦的中心，使自由勞工的人數大增。又有一些成爲西班牙人的農奴，以致後來農奴與納貢的村民人數差不了多少（維拉馬林與維拉馬林，一九七五年，頁七六；克布勒，一九四六年，頁三七七—三七八）。還有一些徵召的勞工成爲流動人口。雖然由殖民時代的紀錄上看不出誰是繫屬於村落的耕作者（規律性的以傳統安地斯方式在不同的生態地區間移動），而誰又是無所繫屬的流動人口，可是公開移動的情形卻經常而廣泛（羅埃，一九五七年，頁一八〇；聖塔瑪利亞〔Santamaría〕，一九七七年，頁二五五—二五七）。最後，有一些高地居民乾脆逃入熱帶森林（羅埃，一九五七年，頁一七五）。

雖然波多西和上祕魯的強迫勞役要到一八二三年才廢止，可是在墨西哥，十七世紀開始不久礦場已不再使用輪流的勞力。一方面許多公共工程需要輪流的勞力，如給墨西哥河谷排水。另一方面，到了一六〇〇年，礦區已經有相當大數目的支薪自由勞工。這些勞工中有很快與其家鄉斷絕文化和語言關係的印第安人，或窮西班牙人或非洲人；有非洲奴隸也有非洲自由民。採礦用類似佃農的制度。礦場主人與一個獨立的礦工（採礦人）訂約，後者或許自己做工或者雇用別人代他挖礦。礦主供應採礦人工具和火藥，而得到的回報是一半產品，採礦者支付照明豎坑和將礦砂運到礦口的錢，運到礦口他便拿一半的礦砂。他可以把這部分礦砂賣給礦場主人，或直接賣給熔煉業者。但是用水銀提取白銀礦砂的工作（有水銀中毒和因吸入過量砂土而致肺病的危險）通常是指派給奴隸做，先是印第安人，後來是非洲人。這個合併採礦用自由勞工、加工處理用奴隸勞工的勞力制度，在墨西哥礦場延用到十八世紀末葉。到了這個時候，闕那耀托的大礦場，其出產已補足波多西白銀產量的下降而有餘。

白銀的流動

爲了使白銀流入西班牙，西班牙國王將與西印度群島之間的旅行和貿易轉化爲皇家的專利事業。國王在塞維爾創設商號，控制錢幣、商品和人口的流動。商號特許某些船隻和商人從事貿易，頒發許可證讓他們載運旅客和貨物，並收取由西印度群島來的珍貴白銀。十六世紀下半葉，又舉辦結成艦隊的固定每年若干次出航，以確保在橫渡大西洋時不受外來的攻擊。一五六〇年以後，每年有兩支艦隊由卡迪茲（Cadiz）或塞維爾出航南北美洲。第一支爲「新西班牙艦隊」，在墨西哥的維拉克魯茲（Veracruz）登陸。第二支是祕魯艦隊，目的地是哥倫比亞的卡塔吉那（Cartagena）或巴拿馬地峽上的波多貝羅（Potobelo）。騾隊由卡塔吉那將歐洲貨物運過安地斯山徑到達上祕魯。由波多貝羅另一支騾隊將其船貨運到太平洋海岸，近海行走轉送利馬。騾隊在回程中將白銀和美洲貨物載運到停泊在美洲港埠過冬的艦隊，由艦隊再運回歐洲。新西班牙艦隊再上貨的地點是維拉克魯茲，祕魯艦隊再上貨的地點是哥倫比亞和巴拿馬的港市。這兩支艦隊在哈瓦那（Havana）會合，路上先停在安地列斯島的港口，而後揚帆駛向西班牙的瓜達奇維河（Guadalquivir）。

由一五〇三到一六六〇年，有七百萬磅以上的白銀由美洲運抵塞維爾，使歐洲白銀的供應量增加了三倍（艾里奧，一九六六年，頁一八〇）。國王實收這個分量的百分之四十左右，部分算是美洲繳的稅，部分是皇家所抽白銀生產的五分之一。但是西班牙國王在歐洲和全球各地窮兵黷武，甚至美洲的白銀也不能延緩其破產。一五五〇年代以前神聖羅馬皇帝查理五世每一年收取二十到三十萬杜卡幣的美洲白銀，但是他卻要用一百萬左右的杜卡幣，在三十七年間負了三千九百萬杜卡幣的債，債權人大多是外國人。菲力浦二世（Philip II）比父親節儉。到了一五九〇年代他已由美洲收取二百萬左右杜卡幣的白銀，另外還有卡斯提爾和教會的所得稅約八百萬。可是到那個時候他每年花二千一百萬杜卡幣（艾里奧，一九六六年，頁二〇三，二八二—二八三）。同時，白銀的流入使國內已在衰退經濟中的物價上漲。造成西班牙經濟衰退的原因，是國內食物生產的減少，爲支付外國廉價進口貨而導致木材的增加輸出，以及大量進口在西班牙和西印度群島使用的外國製造品。因而美洲白銀的到來無助於解決國王財政上的問題，但卻使西班牙工業的衰退加劇，無法與外國競爭。

西班牙於是百物飛漲，國王與民間用的商品成本都有所增加。當時目擊這一「物價革命」的人和日後的經濟歷史學家，都認爲其主要的原因是白銀大量的注入。不過貨幣供應量的增加雖然可能是有重要的作用，可是它還是不能解釋整個的經濟危機。美洲對於歐洲貨物需求的增加可能在十六世紀造成物價的上漲。國內對於貨物的需求也有增加。當美洲的屬地在貨物與服務上漸能自給自足以後，對母國或許有不利的影響。然而大多數的白銀並沒有留在西班牙。譬如，到了十六世紀末葉，流入西班牙全部銀塊的五分之三又都流出到國外去淸償皇家的私人債務。而當美洲的貿易發達以後，它又吸收了更多的船隻與供應品，和需要更多的保護。西班牙依靠外銷農牧產品如羊毛、水果酒，和橄欖油，以取得海軍軍需品、錫、亞麻布、魚，和穀物。這個情形造成了支付差額的問題。它以大量輸出白銀來解決這個問題。

次要的輸出品：染料和可可子

白銀雖是西屬美洲主要的輸出品，可是洋紅、靛青，和可可粉也相當重要。洋紅是吃仙人掌的臙脂蟲所產生的紅色染料。於是企業的董事們和皇家的官員乃迫使美洲原住民群落（尤其是墨西哥的美洲原住民群落）採集和加工處理這些昆蟲。十六世紀下半葉，洋紅成爲一樣重要的外銷品，是新西班牙僅次於白銀的外銷品。另一種染料靛青，其所造成的藍色可保持天然不褪色。取得靛青的方法是浸泡一種灌木的葉子，而後讓泡出來的泥狀沉積物沉澱爲餅狀。最初的生產地是早先出產可可子的中美洲太平洋海岸，由季節性的原住民勞工生產。十七世紀時，由於運輸成本太高，靛青工業的中心乃轉移到墨西哥低地。墨西哥東南部的猶加敦半島一直到十九世紀還是一個靛青的主要生產地。

可可樹在西班牙人來到以前，原生長在中美洲太平洋側的地方。在西班牙人的統治之下，美洲原住民人口被迫以可可子爲貢物並以貨物償付皇家官員給他們的貸款。西班牙的官員和受託人甚至要求高地的農人交出可可子，以致這些農人不得不下到海岸去在可可樹叢勞作，以收穫的可可子繳納貢物。可是高死亡率限制了可可的生產，因而中美洲逐漸不再著重可可的生產，而改爲著重在厄瓜多和委內瑞拉熱帶海岸地區的奴隸大農場。

對外貿易的虹吸作用

西班牙由新世界取得白銀、黃金、可可子、洋紅和靛青，又將價格高昂的製造品和奢侈品運到新世界。許多這樣的製造與奢侈品乃在西班牙以外生產，主要是歐洲西北部。它們的訂價很高，以便政府可以多收一般稅和關稅，也給出售的人專利利潤。交易乃由商人經手。歐洲一端的商人，組成塞維爾和商人同業公會，在美洲的一端，是新西班牙和利馬兩個商人同業公會。在歐洲一邊，這個同業公會與皇家商號接合。這個商號是一個大規模的政府經銷處，監督來往於西班牙和西印度群島間的船舶、人員和貨物，並爲西班牙皇家國庫收一般的稅和關稅。貿易有意限於窄狹的管道，以便完全由使用西班牙船舶和卡斯提爾經紀人的專利代辦處進行。它不是起於需求和供應的自由作用原則，而是卡曼那尼（Carmagnani）所謂的「受約束的貿易」，受歐洲一側需求的約束（一九七五年，頁三一）。

這種受約束的貿易事實上牽涉到兩個不同的交易周期。一個是橫越大西洋的周期，另一個是美洲以內的周期。爲了啓動橫越大西洋的周期，歐洲商人以貨幣購買商品，將商品運給其在新世界的代理商或經紀人，希望得到美洲商品的償付，再將這些美洲商品在歐洲出售，在金錢上得到大的利潤。這個交易周期在歐洲開始的時候，必須投資金錢。它在結束的時候，又在歐洲商品變賣爲金錢和利潤。可是在美洲，卻沒有以金錢交易金錢，只有以商品交易商品。美洲代理商將歐洲商品預付給礦場主人或靛青企業家，他們將美洲商品交付其代理商，以爲償付。由於日後製造品的價格在歐洲上漲，美洲白銀和其他商品的交易價值減低。這種不平衡又迫使美洲的生產者壓低或減少生產的成本。下面我們將談到這個周期如何促成在新世界農業與家畜豢養上附屬納貢性生產方式的重現。由土著生產者處取得洋紅和靛青，往往是採取外包工的制度，這個周期也造成外包工制度中許多的詐欺和威逼。

新的供應體系

由於白銀的開採在卡斯提爾屬西印度群島有關鍵性的作用，它逐漸支配和重塑卡斯提爾在新世界領土的結構。由於倚重採礦，關鍵性的經濟地區乃由西班牙到來以前密集的園藝和居留地帶，轉移到乾燥的新西班牙馬德瑞山脈（Sierra Madre）中和形勢險惡的玻利維亞高原上的白銀礦脈。它在食糧和原料的生產上造成重大的改變。政府的政策也有改變，由最初注意皇室對征服者與被征服者的控制，轉移到以盡量擴大採礦和取得白銀爲目的的政策。這些轉變創造了新的地理配置，並且改變了被征服人口的生態學、經濟，和政治情況。

這些改變之間彼此有密切的關係。美洲原住民人口的減少與集約的原住民園藝所必須的政治控制的破壞，使供應礦場與市鎭的食物與家畜產品的生產，需要新的方法。採礦有極大的需求。它需要養活工人和做工動物的飲食、製繩索和容器的獸皮、製蠟燭和多脂木材火炬以照明礦坑所需的牛羊脂、由礦砂提煉白銀所需的水銀、爆炸的火藥、供煉礦所做燃料用的木材，以及做工和運輸用的大數目馱獸。新的農業經濟也必須供養支持西班牙控制管道網絡的西班牙市鎭；市鎭與鄉村的宗教建置；以及連接開礦地點、市鎭、船隻沿途停靠港口的交通線上的駐足點。再者，礦場與都市大量消費的需要，要求以盡量低廉的代價得到商品。

西班牙國王以好幾種方式協助這個支持體系的成長。由於水銀是處理白銀礦砂的必要成分，也是採礦中一大成本，西班牙國王乃力求保障水銀廉價的供應。水銀的生產和銷售是皇家的專利。祕魯的礦工由洹卡福利卡（Huancavelica）的皇家礦場得到水銀，新西班牙的礦工由亞瑪登（Almadén）的西班牙礦場得到水銀，國王也通過公共穀倉，採取保證以管制的價格供應礦場與市鎭食物的政策。尤其，皇家的政策是逐漸將土地和勞動力轉移給農業企業家，因而不像以前那樣想維持其本身對印第安人口的最高控制權。

西班牙國王的初意，是不讓進入美洲的征服者直接控制土地和在地上工作的印第安勞工。他希望抑制獨立納貢大地主階級在西印度群島的發展，因而最初堅持照他自己的意思授予大地主美洲的勞役。爲此，他頒發臨時的託管特權。託管者可以使用規定數量的印第安人貢物和勞力，爲此他必須使這些印第安人改宗基督教。但是授予託管特權並不是授予託管者對印第安人土地和無限勞役的權利。國王把這些權利保留給自己。他希望能出現一個二分爲征服者部分和印第安人部分的社會，因而盡量讓他的皇家官員置身於西班牙籍印第安勞力雇主與印第安人本身之間。

一五四二年以後，受託者如果想分派到原住民勞工做某件工作，照規定得呈請一位皇室官吏。官吏接受這些呈請、決定其間的優先次序，在輪替的基礎上指派勞工、並確保勞工得到規定的工資。這一種勞力分配的方式正式的稱謂是「repartimiento」。可是在中美洲，一般人繼續用阿茲提克語中指公共工程強迫勞力的字「cuatequitl」來指它。在安地斯山區，一般人繼續用魁諸亞族（Quechua）的「mita」一字。

一五四二年，正式廢除印第安人奴隸制度。這是斷絕西班牙人與印第安人口直接關係的另一辦法。除了在叛徒拒絕接受西班牙統治權的邊疆地區以外，各地均宣布以印第安人爲奴隸的制度爲非法，這表示一直到一六八〇年代以前，智利南部的阿羅坎尼亞人還可以被拘捕下獄和奴役。墨西哥西北邊疆也是如此，一直到十九世紀後來，阿帕契人（Apache）、那瓦荷人（Navaho），和壽壽尼人

（Shoshoni）還被奴役（貝雷〔Bailey〕，一九六六年）。可是在西班牙佔領的核心地區印第安人的奴隸制度都廢除了，或至少大爲減縮了。但是這個禁令並不涵蓋非洲人。西班牙人進口到美洲大數目的非洲人，以取代日漸減少的美洲土著人口，尤以在低地爲然。

大田莊

託管制逐漸爲「haciendas」所替代。「haciendas」意謂大田莊，在這些大田莊上工作的勞工也定居其上，並且直接依附於地產的主人。西班牙國王人手與資源不足，無法阻止它們的成長。而充分控制土地和勞力的農業企業家，比依靠皇家官吏的託管人，更能回應市鎮和礦場的需求。但是「haciendas」的發展，在各處的形式不同，節奏也不一樣。在人口稀少可以用極少人力豢養家畜的地方，它們出現較早。在有些地區，土著村落和對土著勞力和貢物有興趣的皇家官吏反對「hacienda」對土地和人力的要求，它們發展得較遲。因此，在祕魯高地，到十八世紀才建立了「hacienda」。別處十六世紀取得授權的託管人，一世紀以後才擁有「haciendas」。在法律上，託管權的授予並不創造「hacienda」。皇家所給予的託管權既不給託管者對土地的權利也不允許他們訂立土著勞動服務或貢金貢物的規定。相反的，「hacienda」直接以土地合法的所有權爲基礎，也以業主直接磋商勞工契約條件的能力爲基礎。

大多數「hacienda」上的工人都是由土著美洲人口中徵召。有的時候「hacienda」的業主剝奪土著居民的土地，以這些居民爲勞工。有的時候他們又吸收離開其重稅盤剝村落到別處定居的流動人口。「hacienda」的業主也願意替其工人付稅，或以其他方式施以信貸。由於債務而造成的斷然農奴制（包括建立可繼承的債務），是日後才發展出來的。

通常業主把「hacienda」土地的一部分交給工人使用，工人按規定給業主服務和農作物。業主自己保留核心的土地（上面有加工的機器設備）、關鍵性的供水，以及最適宜生長主要商品作物的土地，而把他地產上比較貧瘠和邊緣的土地留給佃戶／勞工。因此，「hacienda」逐漸建築在商業作物栽種和附屬於土地的農奴／佃戶勞役的雙重結構之上。逐漸，業主的直接管理與農奴／佃戶的經濟農作互相交錯。市場的擴大有助於業主方面的擴張而不利於農奴／佃戶。市場的蕭條有助於佃戶。

「Haciendas」可以達成若干不同的目的，礦場或作坊主人所有的「haciendas」，以低廉的成本或不花成本供應礦場或作坊必要的生產品。有些「haciendas」供應產品給因應附近市鎮、採礦中心，或港市需求而出現的區域性市場。有的地理區域專門爲這些市場生產食物。智利的中央谷地爲祕魯生產小麥。柯察班巴和蘇克瑞（Sucre）農業谷地供養上祕魯（玻利維亞）。墨西哥谷地與巴久（Bajio）區域供給墨西哥市和各採礦中心穀物。墨西哥乾燥的北部地區以及德拉普拉塔河（Rio de la Plata）的排水區域，爲市鎮和礦場豢養家畜。有些低地區域專爲內部市場生產糖和蒸餾烈酒。墨西哥高地種植龍舌蘭植物和釀造龍舌蘭啤酒。安地斯山熱帶的一側生產可樂葉。各地也有一些教會或上流社會家族簇群（包括食客和隨員）的「haciendas」。有的時候「haciendas」的功能也有改變，由供應一個市鎮的穀倉變爲供應一個礦場，或由市場取向變爲生計取向。它們也回應不斷變化的市場，視需求的波動而調整其作業。

「Haciendas」雖有適應的能力，其可能的成長卻受到實際需求多寡和運輸上困難的限制。在它們在安全但設有限制的當地或區域性市場出售產品的地方，它們的作業最有贏利。在這樣的市場物資稀少，保證適當的要價。譬如說，生產小麥這類歐洲人主食的「haciendas」便是如此。這類穀物有一個小規模可靠的歐洲消費者市場。有些地方用強迫銷售給公共穀倉的辦法先發制人，使往往能以低廉成本生產的土著美洲群落不能以價格爲競爭手段。在這樣的情形下，「haciendas」的作業也有贏利。

一般而言，「haciendas」不是十分有利潤的企業，它們大多數舉債而後轉入新業主之手。最經常和最成功的新業主是教會機構。布瑞丁（David Brading）對於墨西哥「hacienda」的描寫或可說明西屬美洲的一般情形：

> 〔hacienda〕是一個溝渠，不停的將在外銷經濟中累積的盈餘資金排盡。採礦和商業所創造的財富都投資在土地上。可是卻在土地上慢慢的消散或逐漸流入教會的財庫。其結果是地主階級中不斷的以新人易舊人。〔一九七七年，頁一四〇〕

印第安人的群落

市鎮和礦場的四周逐漸都是「haciendas」。圍繞「haciendas」的又是存活下來的土著人口的聚落。這種居留地的模式乃以礦場爲取向，但它卻不僅是地理學上或生態學上的。它是由它所具體表現的政治經濟所安排的，每一個較低的階層將其盈餘轉讓給它上面的一個階層。採礦的人售予商人，商人給歐洲的製造品訂高昂的價格。礦場主人而後迫使「hacienda」業主或管理人以低廉的價格供應他們食糧和原料。「Hacienda」業主和管理人壓迫土著群落，迫使許多土著或是成爲地產上依附性的農奴／佃戶，或是成爲季節性的勞工，賺取低廉的工資。在這個階級組織之內，新出現的印第安人群落是最低的一級。

人類學家在談到這些西班牙人所謂的「印第安人共和國」時，往往視他們爲西班牙人到來以前的舊日博物館，沒有接觸到卡斯提爾人三世紀的統治。可是殖民政府卻將這些群落組織起來，成爲西班牙及其經濟體系的成員。西班牙國王設立這些單位有雙重的目的，一方面是爲了打破征服以前原有的權力機構，一方面想要確保新的管轄區域各自爲政，互不相干。雖然在毀滅了印加、墨西哥，或奇布察這些龐大政體以後，其下面舊日的小邦復現，要求治權與人民的效忠，可是一般而言，西班牙人卻能以小規模的納貢貴族和地方上的群落取代征服以前的邦國。

印第安人的高級貴族，在形式上同化爲西班牙的貴族，有權要求貢金貢物、財產和補助金，但卻沒有任何統治權。這些高級印第安人貴族皈依了基督教，更失去了征服以前其在意識形態上的影響力，而整合進基督教會所進行的各種活動。西班牙人責成印第安人的低級貴族監督地方上的群落。三個世紀以後，英國人對非洲人口做「間接統治」時，設置了許多酋長。與此相仿，這些印第安人的地方貴族，也成爲在征服者與被征服者之間居間調停的人。他們在外面的官府面前代表其群落，又設法運用傳統上的要求和效忠觀念維持其在群落內部的管轄權。

他們所奉派監督的群落和征服以前已存在的群落不一樣。許多征服以前的群落幾乎在前述的「紛紛死亡」中喪亡殆盡。新的群落乃爲了行政與教會的控制聚集剩下的人口而成。西班牙這種遷民和集中的政策，不僅在人口學上，也在經濟上與行政上改變了地方群落的性質。每一個新群落均有法律上的身分，各由其地方議會統治，也有宗教上的身分，各有其供奉守護聖徒的地方教堂。經濟上也有改變，這些印第安人群落對村落的土地和資源有權利要求，但也有納貢的義務。所納的貢有好幾種：給西班牙國王的是硬幣，給西班牙託管人的是貨物與服務，給印第安公認的貴族貢金貢物，在政府工程上做義務勞動（如修築水壩和築路）。

皇家的官員監視印第安人對這些群落的統治，並設有特殊的印第安人法庭處理地方代表所送進的法律案件。建立這種行政結構的原因，是因爲西班牙國王最初想要將印第安人和西班牙人分開，可是印第安人法庭旋即接獲對西班牙征服者和企業家的大量抱怨和控訴，以致不知所措。因爲這些人設法將土著的土地和水道納入其自己的「haciendas」。再者，負有管理共同資源和義務的地方上印第安較低貴族菁英分子，往往與外面西班牙的權貴串通，擴大自己在村落中的勢力。而皇家官員又可由其行政職權中得到商業上的好處。在祕魯，皇家官員收集貢物，將貢物拍賣，以其市價的一半買回應上繳的貢物，再以市價將這些貢物出售（羅埃，一九五七年，頁一六三）。他們可以在市鎮以低廉的價格由商人處買貨，而後強迫其屬下的印第安人以高價收買。或者他們可以由印第安人處購買其產品，而後在別處高價出售。甚至，他們自己也可以成為企業家。譬如，在瓜地馬拉西部，皇家官員可以在海岸地帶買生棉花，強迫他轄區以內的印第安婦女紡織成布料，而後將布料售回給印第安人或殖民者而獲大利（參看麥克里奧，一九七三年，頁三一六）。

這樣的印第安人領袖和皇家官員，如果認為外方的利害關係威脅到他們自己的權力和利潤，也起而保衛其土著群落，在同時，土著人口日減而工業和農業企業家對勞力的需求又日增，他們大多也對維護公眾的利益不再有大的熱忱。西班牙國王也發現，他如果要保護土著美洲人，便不容易透過稅收或津貼盡量增加自己的金融利潤。如果一個殖民者對於勞力和資源的配合使用可以為國王取得盈餘，那麼政治和道德的考慮便往往丟在一邊。當企業家由採辦西班牙人來到以前所珍視的貨物（如可可子、珍貴的羽毛，和棉織品），轉而重新安排土地和勞力以種植小麥、開採白銀、生產羊毛布、採取洋紅，或豢養綿羊取羊毛時，這個情形尤其明顯。當金錢開始說話時，它說的是西班牙語而非那華托語（Nahuatl）或魁諸亞語〔Quechua〕。

最後，為替礦場和市鎮生產貨物而對資源所做的重新安排，招致了許多原不屬於印第安群落的新群體。這些人中有工匠、勞工，和在新居留地上或其附近工作的家僕，以及將貨物由一個地點移動到另一個地點的中間人。這種印第安人與印第安人與白人混血兒的人口日增，不久便填滿了印第安群落與正式附屬納貢性金字塔之間社會與經濟的空隙，而且將一個地方的人與其本地以外的活動與利害關係連接起來。皇家官員一再抱怨外人不斷進入印第安人的群落牟利，而印第安人群落中的人又離開其指定的管轄區域而混進印第安人與白人混血兒群中。由此可見當日群落的界限往往是可以滲透和可以流通的。

再者，印第安人的群落，其內部並非一致和沒有差異的。一個群落有時可以統一在其本身的酋長之下，以對抗西班牙「hacienda」業主或企業家的侵略。有的時候，酋長本人在與其受託管的人交往中，自己像是個「hacienda」的業主或企業家。他可能加入西班牙人的行列，或者跟隨他的人指控他加入西班牙人的行列。在有些地方，一個印第安群落中的商人和農人在致富以後，可能與上面的官員以及其自己的印第安大地主發生衝突，而成爲其群落對抗暴政的代言人。這些致富的商人和農人，在透過洋紅或棉布的生產而進入市場以後，又可能關閉其群落不讓外人進入，以便維持對內部勞動力管轄權的壟斷。

在這兩個總督轄區，西班牙人都允許也期盼各群落通過一個地方官員的階級組織管理其本身的事務；這些官員有西班牙的官銜，也是根據了西班牙的原型。同時，教會依照西班牙天主教慈善團體的模式，設置了許多宗教機構以便在天主教年曆上的節日舉行儀式。在較大的西班牙和西班牙化的聚落中，民事與宗教這兩組機構互相獨立。但是在印第安人的群落中，它們通常都合併爲共同的民事／宗教階級組織，其間世俗政治官職的任期與對宗教事件的贊助輪替。贊助宗教事件往往要花很多錢買煙花、裝飾品，和香燭，也必須支付音樂師和分配給參與者的食物和飲料。因此，只有群落中比較富有的份子才能晉升到宗教和政治較高和較昂貴的職位，因爲擔任這些職位要花很多錢。反過來說，這種在經濟上的重新分配逐漸對領受的人家有重要的作用，使它們在經濟上、政治上，和宗教上依附於祝聖了的官方的作業。民事／宗教階級組織因而在群落中安置了一個菁英分子的統治體系，而同時又允許這些菁英分子在外面的權貴面前代表其整個群落。

這個階級組織也舉行使群落與超自然發生關係的各種儀式。儀式通常有雙重性質，一部分是基督教，一部分是異教。基督教重視神聖的時刻甚於神聖的地點。雖然它注意耶路撒冷、羅馬、阿西西（Assisi），或路爾德（Lourdes）這些聖地，它最重視的卻是透過亞當與夏娃受引誘而吃禁果的墮落、耶穌降生救世、最後的審判，和最後審判日之死者復活的時間累積。相反的，西班牙人到來以前美洲的各種宗教，卻十分重視空間，用空間的分段去劃分時間的分段、社會群體的特性、自然的各方面，以及超自然事物的分群。基督教禮拜式的日曆與西班牙人到來以前美洲宗教的合流，把基督救世的時間系統和先基督教傳統的生態事物連接在一起。在先西班牙時代，這些地方上的事物，形成神聖空間的包括一切的意識形態組織的一部分，由印加、墨西卡，或奇布察這些統治廣大地區的政體安排和維持。西班牙人的征服毀滅了這個較大的意識形態間架，而以基督教救世的經濟加以取代。

同時，基督教傳教士因為想使地方上的人深切了解這種具主宰性的宗教儀式，而地方上的從業者又想讓它表達地方上的利害關係，遂使這種宗教儀式與當地的信仰和實踐結合。最後發展出來的宗教結構由一個群落到另一個群落不一樣，其意識形態上的地方中心主義，與各群落間彼此政治上的疏離情形相似。

印第安人的群落因此是依附於一個較大的政治和軍事體系的一部分，並且隨這個體系的改變而改變。它們既不構成先西班牙人過去的「部落」殘餘，也不是有一組固定特性的靜止類型。它們在征服者與被征服者之間的拔河遊戲中成長，並且受制於內部與外方利害關係的交互作用。西班牙人的政府授予它們土地和稅收的權利，可是也給它們在政治上的義務，包括納貢和服勞役。它們往往無法抵禦有掠奪性的地主、官員，和教會人士。有時橫徵暴斂，迫使它們起而反叛、不合作，或逃亡。西班牙政府允許這些個群落透過其民事／宗教的階級組織自治。這些地方官員可以在外面的權勢與競爭之前保衛自己的群落，但也可以犧牲其村民或出賣其利益給外面的權貴以求自肥。

由較大的西班牙殖民秩序來看，印第安人的群落不構成其主要的基礎，而只是其次要和側面的支柱。這個秩序的中心是採礦經濟與供應採礦經濟的各種活動。而印第安人的群落是勞力的儲藏庫和廉價農業與工業產品的出處。在印第安人必須以貨幣納貢的地方，他們不得不受雇於他人賺取工資，或為市場而生產。他們也可以用實物清償納貢的義務。再者，他們得為官方服勞役。皇家官員可以讓他們在公共工程項目中工作，或為對公眾重要的私人利益而工作。如此，他們以自己的財物支付帝國的苛捐雜稅。

巴西和加勒比海地區

在西班牙人以高地白銀爲基礎建立其領域的當兒，葡萄牙人在巴西沿海地區熱帶低地所成立的大農場開始生產蔗糖。在新西班牙和祕魯的西班牙農業，是爲了供養殖民地內部的需要。但是這些葡萄牙的新企業，一開始便是爲外銷而種植農作物。白銀之於西屬美洲，相當於糖之於巴西和葡萄牙。這個情形會持續很久。可是十七世紀中，甘蔗的種植也散布到加勒比海諸島。荷蘭人、英國人，與法國人在甘蔗的生產上也與葡萄牙人爭一日之短長。雖然西屬美洲大陸的農業面向內陸的市鎮和礦場而不朝向歐洲，可是熱帶美洲日漸開發的大農場地帶，卻與歐洲的市場直接繫聯。

葡萄牙人在巴西東北部黏土性的黑色土壤上種植甘蔗時，將歐洲地中海世界一套悠久的農業方法引進新世界。這一套方法是紀元第一千年之末阿拉伯人引進歐洲地中海的。在征服新世界以前的幾個世紀中，甘蔗的種植逐漸越過地中海諸島向西傳播。十五世紀的最近二、三十年間，葡萄牙人開始在馬得拉群島種植甘蔗，不久又在幾內亞灣的聖托美（São Tomé）種植，使用由附近西非海岸購買的奴隸。一五〇〇年，一支馳往印度的葡萄牙艦隊最初看到「眞正十字架之土」（Land of the True Cross）。不久這個地方便稱爲巴西，因生長在其沿海岸地區的紅色產顏料樹巴西木得名。二十五年以後，里斯本海關已徵收巴西蔗糖的關稅。巴西人原來計畫在非洲擴大蔗糖的生產，但遭到非洲人的抗拒。非洲人限制葡萄牙人只能在海岸地區。因此，葡萄牙加強巴西的蔗糖生產。到了一五七〇年，巴西已有六十所製糖廠，每年產糖四百五十萬磅。同年，巴西帕南布克（Pernambuco）、巴希亞，和里約熱內盧地區的糖產量已趕上馬得拉群島和聖托美，一五七〇年以後巴西的糖產量按指數律增加，一六二七年以後到達二千五百萬磅以上（參見巴瑞特〔Barrett〕和史華茲〔Schwartz〕，一九七五年，頁五四一）。

巴西鄉間的生產焦點是碾碎工廠。它碾碎自己土地上生產的甘蔗與甘蔗農夫在終身享有或可讓予子嗣不動產上所生產的甘蔗，後者佔總數的一半。奴隸勞工很重要，先是巴西的印第安人，後來又是非洲人，但是自由工資勞工也重要。十六和十七世紀時巴西最大的工廠是在巴希亞的塞吉普（Sergipe do Conde），可以碾碎一百八十噸重的甘蔗。一六〇〇年時它自己有二五九名工人，但也付給二七〇名勞工工資。據估計，交付塞吉普甘蔗的那二十個終身享有或可讓予子嗣不動產的人，可能自己擁有二百名奴隸（巴瑞特和史華茲，一九七五年，頁五四七）。

雖然葡萄牙人掌握了生產，可是法蘭德斯人和荷蘭人卻逐漸控制了加工處理和資金供應。由一開始起，葡萄牙人所生產的糖便大半運往低地國家。先是安特衛普，一五九〇年以後又是阿姆斯特丹，都成爲精製糖的中心以及供應葡萄牙蔗糖貿易的中心。一五八〇到一六四〇年間，葡萄牙王國與卡斯提爾王室結合爲一體。但是即使是在這些年間，荷蘭人也設法通過葡萄牙的居間者而保持與葡萄牙的接觸。一六二四至二五年荷蘭人想乾脆佔領巴希亞而未果。他們同時進入非洲中部，控制了盧安達（Luanda）有利潤的奴隸出處。一六二九年他們入侵帕南布克，佔領產糖地區達十五年之久。然而，一六四五年時荷屬巴西的人口在債務纏身的盧索—巴西（Luso-Brazilian）農場主人領導之下，起而反叛其大地主。雖然荷蘭人在波迪瓜爾（Potiguar）和說蓋伊語（Gê）的塔普亞（Tapuia）等族群中有一些土著美洲盟友，但是又有一些波迪瓜爾族和馬蘭豪地區的托巴佳拉族（Maranhao Tobajara）的人卻支持葡萄牙人。盧索—巴西人在接下來的游擊戰中控制了鄉間的地方，荷蘭人被迫退到海岸地區。荷蘭人固守雷塞夫（Recife）到一六五四年，後來也被迫投降。對手使用的游擊戰術給他們造成很大的損失。同時，尼德蘭又捲入與英國的第一次商業戰爭。然而，最重要的卻是巴西的製糖工業硬體建置大半被毀，在巴西建立一個持久的荷蘭蔗糖殖民地的計畫耗費太大，而荷屬西印度公司的股東又開始對高昂的成本與損失嘖有煩言。

荷蘭人因爲在巴西困難重重，乃改在加勒比海地區求發展，一六二六年以後，英屬諸島如聖吉茲（St. Kitts）、那維斯（Nevis）、以及巴貝多已開始在小農場上種植菸草。到了一六三九年，英國的市場已是菸草充斥，許多島民乃遷徙到別處找尋較好的機會。一六四〇年代早期，巴西的荷蘭人引導巴貝多的英國殖民者種植甘蔗。他們向英國貸款，以便購買非洲奴隸以及將甘蔗汁製成糖所需的煮鍋和冷卻鍋，也答應將所生產的糖在歐洲出售。糖不久即改變了這些島嶼上的經濟與政治局面。種植菸草的小地主成了「貧窮的白人」。他們迅速被使用非洲奴隸的大農場取代而遷移到別的地方。一六五五年英國人入侵牙買加，五年以後盡逐西班牙人。

此後甘蔗種植業迅速在這些島嶼上成長，不久便超過盧索—巴西製糖工業的規模。雖然世界糖價日益下跌，它還是能累積資本。我們所知的甘蔗大農場一直有贏利，一七〇〇年的投資有多達百分之二十的贏利，一七五〇與一七七五年間的投資有至少百分之十的贏利，一七九〇年左右的投資有百分之七點五左右的贏利（克瑞頓〔Craton〕，一九七四年，頁一三九）。英國布里斯托（Bristol）和利物浦（Liverpool）的生計，逐漸大半依靠上牙買加和巴貝多。十八世紀末，英國首相小威廉・彼特（William Pitt the Younger）估計英國五分之四由海外所得到的收入，是由西印度群島得來。法屬聖多明哥（Saint Domingue，海地〔Haiti〕）也同樣供養了法國的南特市和波爾多市。當一七九一年海地的奴隸起而反叛其大地主時，他們所摧毀的結構，原來曾吸收法國國外商業股份的三分之二。

非法買賣

甘蔗栽種的擴散到加勒比海諸島，其後果之一，是歐洲濱大西洋岸諸國在進入卡斯提爾王國西印度群島屬地的大門口，建立了許多先頭基地。荷蘭人、英國人，和法國人在西印度群島的推進，正發生在西班牙國力式微的時候。整個十六世紀，白銀流入西班牙的分量都穩穩上升。這個分量在一五九〇年代達到高峰，這個以後走下坡。可是雖然通往西班牙的白銀分量減少，可是新世界白銀的生產並未明顯減少。許多白銀於是留在美洲，或找其他的出路。有些支付針對外來侵略的競爭的防守費用。但是大多的白銀卻用於和西班牙國王敵人的非法買賣，包括和「荷蘭西印度公司」和英國海上商人的買賣。

由於西班牙國勢日弱，這些敵對的競爭者乃愈來愈想取得西班牙在新世界屬國的財富。購買移民特權的外國人日增，以便可以與西印度群島貿易。橫渡大西洋艦隊中的外國船隻不斷增加，到了一六三〇年已佔所有橫渡大西洋所有船隻的三分之一。由這個時候起，非法買賣空前猖獗。

西班牙佔領了葡萄牙和攻佔西杜巴以後，荷蘭人因爲無法取得伊比利半島的食鹽，乃於一五九四年開拓進入加勒比海的固定海運，一五九九年攻佔產鹽島阿拉雅（Araya）。他們於是和委內瑞拉及哥倫比亞海岸的西班牙殖民者直接貿易，先是以北歐的商品和非洲的奴隸交易食鹽，後來又交易菸草和獸皮，再後來又交易大宗的可可子。英國的攻佔牙買加，開啓了另一種贏利的奴隸貿易與歐洲人和西班牙美洲屬國間的非法買賣。委內瑞拉在增加可可子的生產以後，也開始用可可子交易由墨西哥挖掘的西班牙白銀。荷蘭人和英國人因而得以通過加勒比海的管道汲取西班牙的白銀。十七世紀末葉，只是通過牙買加貿易每年便汲取了大約二十萬磅西班牙純銀，也就是接近「英國東印度公司」每年輸出到遠東白銀的一半（蘭恩〔Lang〕，一九七五年，頁五七）。歐洲西北部的貨物也通過巴西進入西半球。葡萄牙人在巴西與在波多西和上祕魯的西班牙人屬地進行陸上貿易。西班牙人用白銀支付這些貨物。據估計，這項巴西貿易在十七世紀時可以汲取到波多西白銀產量的四分之一之多（蘭恩，一九七五年，頁五六）。一七三〇年的烏特勒支條約（Treaty of Utrecht）授予英國供應非洲奴隸給西班牙殖民地的權利，走私貨流入西屬加勒比海的分量隨奴隸的出售而增加。

可是西班牙的白銀不只是輸出到歐洲，也向西橫渡太平洋。十六世紀下半葉，一個多邊貿易的網絡（大部分是走私貨的買賣），在連接墨西哥阿卡波可市（Acapulco）與菲律賓的馬尼拉市這一條主要商業軸線四周成長。一五六四年時，西班牙利用葡萄牙人勢力在南亞海上的式微，乃發動征服菲律賓諸島。可是即使在葡萄牙失去其對菲律賓的權利以後，在中國海岸上澳門的葡萄牙商人仍舊繼續與馬尼拉貿易。一五七三年，第一艘馬尼拉大型帆船將中國絲織品、緞子、瓷器，和遠東的香料運到阿卡波可市，回程中將新世界的西班牙白銀運到馬尼拉。由這個時候起，馬尼拉成爲一個新貿易網絡的中心。這個貿易網絡把中國人拉進菲律賓活動範圍，又創造了一個以中國紡織品交易新世界白銀的商業路線。馬尼拉不僅成爲一個西班牙城市，也成爲一個中國城市。到了十六世紀的最後二十年，中國人在馬尼拉的人數已非常之多，以致給他們劃出一個特區（稱爲「市場」）。到了十七世紀中葉，馬尼拉已有四萬二千居民。供應他們的白米、木材，和勞力，是附近呂宋島和班盤加（Pampanga）的居民通過土著酋長的斡旋而送來的貢物。

貨物在阿卡波可裝上騾背轉運墨西哥市。然而大數目的祕魯商人也來到阿卡波可，以祕魯的白銀交易中國貨物。西班牙政府不久便十分注意在阿卡波可和沿尼加拉瓜海岸的這種非法祕魯貿易，並設法加以限制。可是雖然有政府的禁令而荷蘭人又加緊襲擊南亞諸海，這種貿易卻一仍其舊。十八世紀時它不僅通過廣州得到許多中國的參與者，也通過馬尼拉使印度商人加入行列（肖努〔Chaunu〕，一九六〇年，柏丁〔Bertin〕等，一九六六年）。事實上，十八世紀中，中國貿易已有兩條路線：一路向西以中國的茶交易印度的鴉片；另一條路線逆向而行，以中國的紡織品交易美洲的白銀。一直到西班牙在南美洲的統治結束以後，這項中國／南美洲的貿易才終止（張〔Cheong〕，一九六五年）。

這個商業的規模誠然十分龐大。一五九七年固然是一個異例，不過這一年由阿卡波可運到馬尼拉的白銀高達一千二百萬披索，超過橫渡大西洋的任何運載量。十六世紀末葉，白銀的輸出普通在三百萬到五百萬披索之間，其中三分之二或許來自祕魯（帕瑞〔Parry〕，一九七三年，頁一一九）。一五七〇與一七八〇年間，外銷到遠東的白銀估計在四千到五千噸之間（孔乃茲克〔Konetzke〕，一九七一年，頁三一〇）。

海盜、「殖民部落」，和避居於西印度群島及荷屬圭亞那的黑奴遺族（栗色人）

隨著非法買賣、搶劫奴隸和奴役，在加勒比海邊緣出現了好幾種人口。他們住在根基鞏固社會的邊緣，靠其資源的糟粕爲生。加勒比海多山與割裂的環境，其許多島嶼和港灣，以及其濃密的熱帶植被，成爲走私者與在逃奴隸的藏身之地，也給他們的盟友商業和軍事上的機會。

這個不穩定的世界，其成分之一是海盜。海盜大半是法國人，也有一些英國人。他們在一開始是狩獵西班牙人丟在聖多明哥的野生牲畜的人，將獸肉和獸皮賣給過路船隻的水手。由於被西班牙驅逐，他們乃在狩獵以外兼事海盜活動。當西班牙人取締他們的活動時，他們擴大掠奪的範圍，時而與英國在牙買加的總督聯合，時而又與法國在聖多明哥的總督聯合，最初與西班牙人爲敵，繼而又與荷蘭人爲敵。他們半是海盜半是傭兵，一面攻擊西班牙的大市鎮和港埠，一面又與沿海和內陸腹地的居民貿易。十七世紀最後二十多年，他們的活動已造成對這個地區商業極大的威脅，以致在加勒比海的歐洲國家採取嚴厲的步驟將他們驅逐出境。他們有一些因而在英屬宏都拉斯海岸做苦工和砍伐蘇方木。又有一些將其大本營搬到西非的獅子山（Sierra Leone），又由獅子山到馬達加斯加島。他們在馬達加斯加成立利百它利亞海盜共和國（Pirate Republic of Libertalia），一個眞正的「海盜旗市場」（杜桑〔Toussaint〕，一九六六年，頁一四六）。在被一支強大的法國艦隊驅散以後，他們去到馬達加斯加東海岸從事奴隸貿易的國家拜齊米沙拉卡(Betsimisaraka)避難，在十九世紀初年以前，繼續與土著人口聯合從事海盜活動。

環加勒比海混合群體中的第二個成分是海姆斯（Mary Helms）所謂的「殖民部落」。這些群體中最著名的是宏都拉斯和尼加拉瓜的摩斯基托（Mosquito）海岸的米斯基托人（Miskito）和巴拿馬反哥倫比亞的古那人（Cuna）。米斯基托人是以親屬關係爲原則組成的土著美洲人口。他們吸收了大數目逃脫的非洲奴隸和海盜。米斯基托人由海盜那兒取得槍砲和彈藥，乃開始入侵其鄰人的內陸並與他們貿易。他們由內陸產地得到可可子、黃金、菸草、靛青，後來又得到牲畜，而後拿這些東西再加上他們自己的獨木舟、槳、龜甲、革製品、樹脂，和帆布或繩編吊床與前來的英國人交易，由英國人那兒得到製造品。米斯基托人也搶去奴隸。英國人並且用他們追捕牙買加反叛的「瑪倫人」（坎貝爾〔Campbell〕，一九七七年，頁三九五、四一一—四一二）。

古那人是說奇布察語的人口。在英國人到來以前，他們有比米斯基托人更複雜的工藝技術和組織。古那人組成幾個有階級組織的附屬納貢性國家，各有其王朝統治，並以精深的冶金術和長程貿易的專長著稱。隨著歐洲人的征服，他們失去了複雜的社會和政治組織，放棄了金屬品的製造，愈來愈以採集食物果腹，而成爲史都華和法倫（Faron）所謂「歷史性文化剝脫」的古典例子。他們也像米斯基托人那樣善待逃亡奴隸並與海盜聯合，由海盜那兒得到槍砲和彈藥。使用新得到的武器，他們在十七世紀開始猛烈擴張，橫渡亞翠托河（Atrato River）進入哥倫比亞，一七七九年焚燒西努河（Sinú River）上的蒙特利亞（Montería），並迫使西班牙人以獨木刳成的艇隊渡過西努河（波達〔Fals Borda〕，一九七六年，頁一八）。一直到十八世紀，哥倫比亞才控制了古那人。

逃亡的奴隸在米斯基托與古那人中間都很重要。這個情形讓我們注意到加勒比海周圍漩渦中的第三個人口成分——逃亡的奴隸或「瑪倫人」。「瑪倫人」（maroon）一詞源自西班牙文「cimarrón」，意「野性未馴、黑色」。最初它是指逃脫的野生西班牙牲畜，後來又指逃亡的印第安奴隸，最後於一五三〇年代指逃亡的非洲人。逃亡的人往往爲了相互的支援、保衛，和搶劫而聚集在一起。他們形成團隊，環境許可時也形成比較持久的群落。這種逃亡的現象，是大農場生活一個經常而重要的特色，是大農場制度緩緩不停的溢血。各處都興起逃亡奴隸的反叛群落。最初的一個反叛群落乃出現在近巴基西米托（Barquisimeto〔哥倫比亞〕）的白西亞（Bursia）礦場。一五三〇年代古巴也出現好幾個早期的反叛群落。最後，在加勒比海和伊斯米亞（Isthmian）沿海地區偏避的隱密地點、哥倫比亞和厄瓜多的太平洋沿岸，以及某些加勒比海島嶼的山寨，都有這樣的群體。它們往往以走私和當海盜補充生計農業，也支援刺探西班牙屬美洲虛實的武裝襲擊者。

因此，加勒比海地區的「內海」是西班牙在新世界領土的軟弱點。連接這些領土與西班牙母國最重要的交通線通過加勒比海，但是這個地區在軍事上是脆弱的，是西班牙敵人的入口。這個地區在政治和經濟上也脆弱。走私的人、種植經濟作物的大農場主人，以及傭兵包辦人滲透進西班牙帝國獨佔主義的結構。它們消耗它的力量，使外面的國際經濟蒙利。

伊比利半島上的兩個王國在十六世紀初年擴張進入美洲。西班牙征服了美洲的核心部分，並且鞏固其對大陸的把持。葡萄牙則佔領了巴西的大西洋沿岸地區。

在西屬美洲的高地，卡斯提爾的國王在西班牙征服以前的附屬納貢性國家的廢墟上，建立了新的殖民秩序。這個秩序乃建立在強取美洲的貴金屬之上。而當時所使用的食物生產制度，是一個由歐洲人管制的新制度，將必需的供應品供應給採礦事業。強制性的貿易路線連接美洲的白銀與外面的世界，但是糧食與原料的供應制度卻面向內陸採礦的地點，而無視於海洋。爲了控制土著美洲人口，這個新秩序把美洲的土著群落轉化成直接統治的建置，其自治權永遠是由西班牙人的意思決定。印第安人供應西班牙人廉價的勞力與商品，由西班牙人處購買貨物，而往往是強迫購買。西班牙人允許印第安人在自己的群落中建立自己的官吏階級組織。這些官吏對外代表自己的群落。他們也透過民事／宗教上的次序、經濟上的重新分配，以及對宗教符號的管理，來處理內務。宗教符號同時具有基督教和當地文化的形式。在較大的拉丁美洲系統中，分成爲許多地方個體的印第安人部分，是勞力與產品的出處。

歐洲大農場主人及其後裔，在沿海低地和島嶼的大農場地帶，制服了原來在那兒以親屬關係爲原則組成的附屬納貢性諸社會，而以許多小隊的非洲奴隸予以取代。非洲的奴隸被迫在有嚴密組織的農業制度下工作。這個制度是爲生產外銷的經濟作物，但也封鎖大農場地帶的邊界，不讓內地的土著美洲人闖進來，也不讓沿海地帶的勞工逃跑出去。外銷作物的生產，把這個地區和歐洲的市場牢牢的聯繫在一起。而由於經常需要新的奴隸，又使實施大農場制度的美洲部分，直接與當日不斷擴張的三大洲間的奴隸商業結了不解緣。因此，非洲奴隸及其後裔在巴西沿海、加勒比海諸島及沿海地區、以及哥倫比亞、厄瓜多，和祕魯沿海地區成爲主要的人口。他們在這兒，在大農場上和逃亡奴隸的臨時堡壘中，以自己的方式適應和反叛。他們的歷史此刻才開始有人仔細研究。

第六章
皮毛貿易

伊比利半島的艦隊在十六世紀末葉以前主宰了大西洋，阻礙其他的歐洲人擴張進入北美。可是在伊比利人的勢力衰落以後，北方歐洲人迅速在北美洲沿海岸的地方殖民，北美洲的皮毛貿易也隨之開展，歐洲人在尋求財富的時候，並不十分重視皮毛。黃金、白銀、蔗糖、香料，和奴隸才是他們所喜歡的利之所在。不過皮毛的探求卻對北美土著民族以及其生活方式有深遠的影響，而且構成歐洲商業擴張歷史中最戲劇性的一頁。

皮毛貿易的歷史

在最初的歐洲皮毛商人開始在北美洲大陸活動以前，皮毛貿易在歐洲和亞洲已有悠久和十分贏利的歷史。斯堪的那維亞曾經供應古羅馬城皮毛，外加琥珀、海象牙和奴隸，而由古羅馬城取得黃金、白銀和其他財寶(瓊斯〔Jones〕，一九六八年，頁一三)。九世紀末葉，像來自挪威靠近現在壯索

(Tromsö)狹灣的奧塔(Ottar)這樣的領主商人，將拉布蘭族(Lapp)獵人所進貢的貂鼠、馴鹿、熊和獺的皮毛，在挪威、丹麥和英國出售(瓊斯，一九六八年，頁一六一—一六二)。十世紀早期，斯堪的那維亞的俄羅斯人，將黑貂、松鼠、貂、黑白狐、貂鼠、海狸和奴隸，運到在窩瓦河旁的保加(Bulgar)。阿拉伯人伊賓法蘭(Ibn Fadlan)曾於紀元九二二年生動的描述俄羅斯商人如何沿窩瓦河而下，將黑貂和女奴隸運到奉回教的地中海東部及愛琴海沿岸國家與島嶼的市場。隨斯堪的那維亞人之後，北日耳曼的漢撒同盟也在斯堪的那維亞半島開發皮毛貿易。他們由在柏根(Bergen)的一個商棧殘忍的壓榨挪威人，強迫挪威人交出並清洗大量的皮毛和魚類以償付漢撒同盟預先借支給他們的付款，因而實行一種「國際性的勞役償債制度」(華勒斯坦，一九七四年，頁一二二)。

在今日俄羅斯的地方，北歐俄羅斯人的作爲，促成第九和第十世紀時基輔(Kiev)和諾夫戈羅(Novgorod)這兩個政體的發展。就這兩個國家和後來成立的國家來說，由十八世紀一開始起乃至更早，皮毛已成爲最有價格的一種商品(克納〔Kerner〕，一九四二年，頁八)。有人形容俄國擴張的過程，是「長期設法透過對一個接一個的河流盆地的控制，去豐富這些河流盆地，其擴張的速度由在每一個河流盆地是否已斬盡殺絕有皮毛動物來決定」(克納，一九四二年，頁三〇)。俄國人和從前的奧塔一樣，用強迫全體土著人口納貢的辦法，和對土著個人取得毛皮抽什一之稅的辦法收集皮毛。日後以這些辦法取得的皮毛，成爲俄國主要的一項收入，由一五八九年全國歲入的百分之三點八，增加到一六四四年的百分之十。一直到彼得大帝(Peter the Creat)治下俄國走上工業化之路以後、皮毛的納貢才較不重要。即使如此，在十九世紀以前它還是西伯利亞對俄國經濟的主要貢獻。

因而，皮毛貿易不僅是北美洲的一個現象也是國際上的一個現象。舊世界與新世界之間的連鎖是「荷蘭西印度公司」。在英國人征服加拿大以前，阿姆斯特丹收取由北美所得到皮毛的一個很大百分比。將海狸皮再出口到俄國加工處理，是其波羅的海外銷貿易的一個環節。國際上的再出口網絡，往往可以防止皮毛充斥歐洲市場（尤以在十七世紀的戰爭期間爲然），亦能在整個國際系統中維持其價格的穩定（參見瑞其〔Rich〕，一九五五年）。十九世紀中間海狸漸不重要，其地位爲由北美外銷中國的海獺取代。到了十七世紀末年，俄國也失去其在歐洲皮毛市場中的主宰地位，其皮毛漸銷往中國和亞洲別的地方（曼考〔Mancall〕，一九七一年，頁一二）。

北美洲貿易的主要目標是海狸，尤以十六世紀末海狸在歐洲日益減少以後爲甚。獵海狸不是爲其生皮，而是爲緊接其生皮生長的一層柔軟捲毛。這一個捲毛層必須與生皮和較長較硬保護性毛的一層分開。柔軟捲毛層而後做成製毛布料或有邊帽子的氈。使用柔軟捲毛層製有邊帽子尤其日漸重要。譬如，十六世紀早期，西班牙和荷蘭的移民造成戴有邊帽而非羊毛織品無邊帽的風氣。在這之後，任何節約立法都不能阻止製無邊帽業的式微。戴無邊帽成爲較低階級的印記。就身分高的人士來說，有邊帽子的形狀與類型成爲政治忠誠的標記。斯圖亞特王室（Stuarts）和擁戴它的人士喜歡高頂寬邊近方形的「西班牙海狸帽」。清教徒引進樸素的氈製或海狸有邊帽子。復辟時代（Restoration）喜歡寬邊、略平的法國宮廷式帽簷低垂帽子，上面還飾有一根羽毛。光榮革命帶來低頂、寬邊的「教士鏟帽」，它後來又爲三個角的寬硬帽邊帽子所取代。這個式樣一直流行到法國革命。法國革命推出了高頂硬禮帽。到了十九世紀海狸有邊帽才不流行，繼起的是絲質和其他質地的有邊帽子。

然而歐洲水手進入北大西洋水域的最初動機，不是爲找皮毛，而是爲捕魚。魚在歐洲中古時期是非常重要的商品。在天主教禁食肉類的日子和嚴寒的冬天，乾鹹魚是食物中主要的蛋白質來源。十五和十六世紀時，波羅的海的青魚捕獲量減少，漁人開始探索拉布拉多(Labrador)、紐芬蘭，和新英格蘭海岸邊的多鱈魚的水域。葡萄牙漁人或許最先到來，正式要求在整個海岸線上捕魚的權利。不過他們不能在由諾曼第、不列坦尼，和英格蘭西部來的爲數愈來愈多的競爭者面前，維護這個權利。最初只偶爾能看見陸地，水手帶著鮮魚回到家鄉的港埠求售。不過後來漁人卻開始上岸過夏，補一補漁網，並用風乾和煙燻的辦法保存其手上的魚。因此，紐芬蘭海岸成爲一個堅強、獨立、以及國際性漁業群落的固定季節性營地(帕瑞，一九六六年，頁六九)。

北美皮毛的貿易，乃始於這些漁人與土著阿爾剛琴人用以物易物的方式交換皮毛。探索北美洲海岸的皇家經紀人和殖民者，也不是不知道可以開發利用這些「新發現土地」以求取皮毛。然而，在伊比利人的大西洋海上霸權隨一六〇三年菲力浦二世的駕崩而喪失以後，北歐諸國才能在北美實實在在的殖民。這個以後不久，它們便建立了若干殖民地：英國的「維琴尼亞公司」在一六〇八年建立詹姆斯敦(Jamestown)；「新法蘭西公司」的基地魁北克乃建立於同一個年頭；阿爾班尼(Albany)的那梭堡(Fort Nassau)乃建立於一六一四年，新阿姆斯特丹乃建於一六二四年，二者均爲「荷蘭西印度公司」所建；新普里茅斯(New Plymouth)建於一六二〇年，而麻塞諸塞灣則是建於一六三〇年。

在這些殖民地中，魁北克和新阿姆斯特丹日後在貿易的成長中都發揮了非常重要的作用。這兩個市鎮都橫跨通往出產皮毛地方內陸財富的主要路線。魁北克控制了聖羅倫斯河的水道，通往一連串的大湖及其一個接一個的連水陸地。新阿姆斯特丹控制了直到阿爾班尼的哈德遜河(Hudson River)以及向西到安大略湖(Lake Ontario)上奧斯維戈(Oswego)的路線。因此，北面的路線久爲法國的利害關係所控制，而南面的通路先爲荷蘭人所把持，一六四四年後又爲英國人所把持。於是由一開始，這兩個國家便競爭皮毛的貿易。這種競爭不僅影響到歐洲的商人，也影響到供應他們皮毛的土著美洲人口。

這種貿易的一個顯著特徵，是其迅速的向西移動。因爲一個又一個海狸聚居群都已獵盡，獵取皮毛的人不得不進入更深的內陸以找尋未開採的海狸聚居地。這表示最初感到皮毛貿易影響力的人，勢必被丟在後面，而新的群體又設法進入皮毛貿易。這個貿易的到來，在各地對參與者的生活都造成了分化的後果。它擾亂了習慣上的社會關係和文化習慣，又促成各種新的回應——不論是在內部各種人群的日常生活中，或是在他們彼此之間的對外關係上。由於商人向一個群體到另一個群體要求皮毛，而償付給他們歐洲的製造品，各個群體乃環繞歐洲製造品重新制定其生活方式。同時，歐洲人對皮毛的需求又增加了土著美洲群體中間的競爭。他們競爭新的獵場以滿足歐洲人日增的需求，也競相取得歐洲的貨物。歐洲貨物不久便成了土著工藝技術的必要成分，以及等差身分的標誌。皮毛貿易因此改變了美洲印第安人人口群之間戰爭的性質，並使之更為激烈和有更大的規模。整個的人口因而毀滅，有的又被逐出其從前的棲息地。印第安人所供應的也不止是皮毛。日漸成長的皮毛貿易也需要供應品。當皮毛商業向西面擴張時，它改變和加強了為狩獵者和商人生產食物的模式。

因而在思考整個皮毛貿易時，需要顧到好幾個方面。法國人與英國人互動，又與各種印第安人的群體互動。而一個接一個的美洲印第安人口群，感到重新適應歐洲人的壓力，以及彼此重新適應的壓力。而這些衝突與適應的目標，竟是由誘捕一種重約一磅半生產皮毛的小動物中牟利。

東北部的人口群

阿班那基人

緬因(Maine)海岸說阿爾剛琴語的東阿班那基人(Eastern Abenaki)，是第一個與歐洲人進行持久皮毛貿易的美洲原住民人口群。他們的情形說明這種接觸經常發生的兩個後果：一個是原住民人口的突然減少；另一個是原住民群體經濟活動的重心轉移，其社會關係也因此改變。十七世紀最初幾年，東阿班那基人佔有二十多個村落，每個村落有自己的酋長，總人口一萬人。到了一六一一年，存活下來的只有三千人，其他的都死於美洲原住民對它們沒有免疫能力的歐洲疾病。存活下來的人更頻繁的拿海狸與歐洲人交易。他們仍舊種植一些玉蜀黍，但是由於種植季節很短，收成往往也不好，他們乃切望以皮毛交易食物，一六二五年以後便與普里茅斯殖民地進行這種交易。他們放棄了昔日捕魚和獵水禽的海岸，在內陸開闢小片小片家族狩獵的領域，以家族小群體的狩獵，爲適應新情勢的方法（史諾〔Snow〕，一九七六年）。

阿班那基人不是唯一開闢家族狩獵領域的美洲原住民。大約在歐洲人到來以前原住民獵人便有其所喜歡的特殊獵場，冬天在那兒狩獵。可是由小家族群體所有，並且不許別人使用的狩獵領域，都是像捕海狸的人與商人之間新的個別化交易關係的後果（參見里考克〔Leacock〕，一九五四年）。阿班那基人的分裂爲較小群體，對於隨最初探險家到來的天主教傳教士來說是有利的。由於每一個家族各有其自己的獵場不跟著其鄰人走，讓他們改奉天主教比較容易（《耶穌會關係》〔*Jesuit Relations*，一六三二年，引自貝雷，一九六九年，頁八九）。

休倫人

法國探險家和商人溯聖羅倫斯河而上，不久便與說易洛魁語的休倫人（Huron）建立關係。「休倫」一字是來自法語的「hure」，其義爲野豬、無賴、野人。休倫人自稱溫達人（Wendat），早在十五世紀便組織二萬到三萬個有許多不同起源的人爲一個同盟。他們最初是一個十分重視園藝農業的群體，在定居休倫湖（Lake Huron）上喬治亞灣（Georgian Bay）的岸邊以後，與北面的狩獵採集者展開貿易，以玉蜀黍、菸草，和印第安大麻，交易皮毛、皮衣、魚類、紅銅、狩獵和旅行用具。他們因而在擴張皮毛貿易到北面森林的居民上，居於要衝的位置。

他們在愈來愈致力於商業以後，便減少園藝活動，而由其西面聯盟培頓人(Petuns，或曰提昂它提人〔Tiontati〕)及安大略湖和伊利湖(Lake Erie)之間陸橋上的紐卓人(Neutrals，或曰阿提萬達倫人〔Attiwandaron〕，意謂「說稍微不同語言的人」)處得到玉蜀黍的供應。他們由北面森林的居民處學會使用便捷的樺樹皮小輕舟，以之運輸大量的皮毛順流而下到蒙特婁的一年一度市集。休倫語一度成了上大湖區和加拿大核心地塊(Canadian Shield)的共同語言。一六四八年易洛魁人消滅了休倫人，可是在這個以前他們是法國貿易主要的經紀人和受益人，也是法國在這個地區軍事行動的主要支持。

休倫人在這方面的成功有好幾個理由。他們在適於種植玉蜀黍、豆類、南瓜，和菸草的南方生物地帶和北方由獵人和漁人佔領的地帶之間，居於交易的要衝位置。這樣的交易較與歐洲人的接觸早了好幾個世紀，或者於紀元一二〇〇年左右爲園藝農業所促進(麥克飛隆〔McPherron〕，一九六七年)。當皮毛貿易進入這個地區時，這兒已有現成的機制使貨物的交易可以順利進行，現在只要加上海狸和其他的皮毛。德布瑞柏夫神父(Father Jean de Brebeuf)一六三六年寫道：某些交易路線仍掌握在特殊的家系之手，必須由家系的「家長」啓動：「家長」的權力世襲。

在進行各種交易的同時也交換禮物，以爲友誼的象徵。送禮是治療儀式與外交宴樂的一部分(參見萊特〔Wright〕，一九六七年)。最值得注意的是，在舉行「死者的饗宴」時也伴有大規模的禮物交換。「死者的饗宴」大約每十年舉行一次，埋葬自上一次饗宴以後死者的遺體。在這樣的場合已死亡酋長的繼承人也繼位，並且繼承亡者的名字。這些儀式因而帶有確保地方上繼嗣群領導繼續不斷的意義，同時又是各繼嗣群酋長間交換禮物的場合。它們凸顯各區體的獨立與區別，而同時又建立這些群體間的聯盟連鎖。這樣的場合可以使不同語言和政治群體的人聚集在一起。法國傳教士雷爾曼(Lalemant)一六四一年時在喬治亞灣曾目擊這樣的饗宴。在這個場合當地的尼比星人(Nipissing)由向西遠到騷特(Sault)，向東遠到休倫尼亞(Huronia)的地方，一共邀請了二千人。宴會上拿出來給人的皮毛、禮服、珠子，和五金器皿，其量可觀。雷爾曼說：「那一次光是尼比星人給其他民族的禮物，就值四萬到五萬法郎。」(引自希克遜〔Hickerson〕，一九六〇年，頁九一)。當皮毛貿易由休倫向西傳播時，這種實現聯盟關係和認可酋長身分的禮物交換，成爲其廣泛的伴隨現象。最初採用它的是大湖區說阿爾剛琴語的土著，而後它又由這些人擴散到蘇必略湖的克瑞人，十七世紀末又由克瑞人擴散到北美大平原(尼基其〔Nekich〕，一九七四年)。

易洛魁人

在新阿姆斯特丹的荷蘭人和一六四四年取代荷蘭人的英國人，在哈德遜河上游排水區域遭遇到另一種說阿爾剛琴語的人口。他們也務農，歐洲人稱他們爲易洛魁人。易洛魁這個法文字乃源自阿爾剛琴語，意爲「眞正的無毒害小蛇」。易洛魁人乃組成一個同盟，他們稱這個同盟爲「長屋」(The

Lodge Extended Lenghwise）。組成這個同盟的五個「民族」（或有名稱的母系世系群簇群）是摩和克人（Mohawk）（「摩和克」在阿爾剛琴語中意謂「食人肉的野蠻人」。他們自稱「燧石人」）；昂尼達人（Oneida）；奧農達嘉人；卡尤加人（Cayuga）；和西尼卡人（Seneca）（「西尼卡」一字乃荷蘭文對一個馬希坎人〔Mahican〕的字的誤譯，這個馬希坎字源是指易洛魁對昂尼達人的稱呼）。十八世紀早期，昂尼達人允許塔斯卡羅拉人（Tuscarora）進入同盟。外人於是稱這個同盟為「六民族」，不過塔斯卡羅拉人始終沒有權出席同盟的會議。由現有的證據看，易洛魁人久已住在這個地區。在歷史時代，這五個民族各自控制其自己的聚落、田地、森林，和狩獵領土。它們雖結為一個政治組織，但彼此之間有文化和語言上的差別。它們聽不懂自己族群以外的語言，同盟的事務乃由會說多種語言的酋長們處理。

易洛魁同盟大約成立於十五世紀中間，其目的是減少各族群間的衝突與戰爭。可是日益發達的皮毛貿易不久便成為各族群間凌駕一切的共同利害。雖然在易洛魁人住的地區海狸並不常見，由於密集狩獵數目更為稀少，可是他們旋即明白，他們族群個別和共同的未來有賴於海狸。為了自己能多取得皮毛，他們必先減低或消滅其鄰人的競爭能力。先是在荷蘭人支持之下，後來又在英國人支持之下，他們對法國人所支持的競爭對手發動了一連串的摧毀性戰爭。在一六四〇年的天花流行病削弱了休倫人以後，他們於一六四八年攻擊休倫尼亞，消滅了其獨立的地位。一六五六年，他們消滅了紐卓民族和伊利民族。一六七五年摩和克族攻擊為對抗英國殖民者而在新英格蘭組成的阿爾剛琴同盟。同年，與馬里蘭和維琴尼亞的英國殖民者聯合的西尼卡人，消滅了控制賓夕凡尼亞中部谷地的塞斯克漢諾人（Susquehannock）所造成的威脅。一六八〇年，五民族與伊利諾人（Illinois）開戰，以阻止法國人與他們接觸。

雖然易洛魁人軍事行動的規模不小，可是眞正參加這些行動的戰士卻不很多。一六六〇年時，一位耶穌會的神父估計摩和克人可以動員五百名戰士，昂尼達不到一百名，奧農達嘉三百名，卡尤加三百名，西尼卡不到一千名（引自卓利斯〔Trelease〕，一九六〇年，頁一六）。易洛魁人的軍事能力，在於能取得愈來愈多的火器，這些火器主要是荷蘭人和英國人賣給他們的。到了一六六〇年，每一個戰士或許都有自己的毛瑟槍。這種優越的火力，再加上在游擊式戰爭中的依恃個人勇武，使他們可以勝過鄰人（奧特冰〔Otterbein〕，一九六四年）。

從事皮毛貿易和密集的戰爭，也使易洛魁的生態學和社會組織發生其他的變化。易洛魁人生活的經濟基礎在皮毛貿易成長以前是園藝農業與狩獵。園藝工作多在婦女之手，不過在砍燒周期中男人也幫著開墾土地。這個開墾群體的社會成分仍不可知，但是其他農耕工作卻由村落全體婦女在做。指導這份工作的是具主宰性世系群的主婦領袖，其他家族的主婦當助手。使用土地的權利以及種植和加工處理食物的工具，乃由上一代婦女傳給下一代婦女。婦女也主管農產品的分配。這些經濟任務的分量，使婦女有相當的權威。她們可以使用她們備食和供應鹿皮鞋的能力，否決她們所不贊同的戰爭團體的活動（朗達〔Randle〕，一九五一年，頁一七二）。她們也在饗宴中安排款待，這在鞏固族群以內和族群之間的聯盟上是一項重要的活動(布朗，一九七五年，頁二四七—二四八；羅森柏格(Rothenberg)，一九七六年，頁一一二)。此外，婦女擁有多個家庭共居的住所，並且行使提名議員出席「長屋會議」的權利。

相反的，狩獵與作戰是男人的工作。在易洛魁人涉足皮毛貿易日深和更依靠皮毛貿易以後，這些活動也日益重要。歐洲的商品早在一五七〇年便出現在易洛魁人的居留地，大約是爲了交易皮毛。一百年以後，易洛魁人幾乎完全靠了貿易和外交禮物以取得武器、金屬工具、壺罐、衣服、珠寶，和烈酒。到了一六四〇年，海狸在易洛魁人的家鄉大致絕滅。於是易洛魁人不得不慢慢向遠處走進入鄰人和敵人的地盤，以求取得支付歐洲商品的資源，或與人作戰以償付別人給他們的外交禮物。隨著皮毛貿易的成長和與外人的牽連日深，男人女人的角色也更爲有別。男人往往一走好幾年去追逐皮毛和敵人。女人愈來愈離不開她們的農田和果園菜圃。可能在十七世紀早期以後，由於男女活動的日益分叉，易洛魁人愈來愈實行從母居制(理查茲(Richards)，一九五七年)。

可能像理查茲所說那樣，女人也逐漸有權將俘虜收養進當地的母系世系群。這件事愈來愈重要，因爲易洛魁人想拿俘虜取代其陣亡的男丁。一六五七年，據說西尼加人中外人比自己人多。一六五九年時，耶穌會士雷爾曼說：「一個計算純種易洛魁人數的人，在所有其『五民族』中不易找到一千二百人以上。因爲『五民族』大致已是它們所征服的各部落人集合而成。」一六六九年，三分之二的昂尼達人是阿爾剛琴人和休倫人。耶穌會士甚至抱怨說，不易用易洛魁人自己的語言給他們傳教。（參見貴恩〔Quain〕，一九三七年，頁二四六—二四七。）

這項證據有驚人的意義。它指出在皮毛貿易和升高的戰事中，易洛魁人親屬關係的形式雖然依舊，但其意義和功能已大爲改變。當歐洲人最初到來的時候，「長屋」主要是地方群體的一個聯盟。它裁決地方上農田和其他資源的利害關係，也防止地方上的爭執升高爲夙怨和戰事。可是易洛魁同盟逐漸的却成爲來自各方皮毛商人與戰士的協會，處理皮毛貿易以及歐洲政府諸國間政治鬥爭這樣的地區間迫切事務。芬騰（William Fenton）說這個聯盟是「親屬關係的邦國」，因而將兩個一般以爲互不相容的概念繫聯在一起。我們也許最好說易洛魁同盟是一個協會，想要用親屬關係的各種形式去發揮協會的功能。歐洲的商業公司也合併經濟與政治的功能，我們甚至可以說，這個易洛魁同盟是土著美洲與歐洲商業公司類似的結構。就這一點而言，易洛魁人也與西非尼日河下游的艾羅人（Aro）相似。艾羅人也用親屬關係的機制和儀式去組織和主宰地方上的奴隸貿易（參看第七章）。易洛魁人和艾羅人一樣，沒有一個邦國而有一個協會，這個協會乃基於因應各地區間政治與經濟壓力而發展出的親屬關係淵源。

同盟持續的親屬關係基礎，是其力量也是其弱點。前面已提到易洛魁婦女有權提名其母系世系群中的男性成員在奧農達嘉的會議上任職。這些職位與五十個頭銜或姓名有關，爲許多母系世系群集體所有和控制。值得注意的是，議員們在會議上很維護當地的利益和意見。他們在會議上發言不是爲了自己，而是爲了自己當地以親屬關係爲原則組成的選舉區。因此這個同盟不是一個不分派別的政治機構。它的作用主要是減少選區各村落簇群間的群鬥和夙怨，並且管制與外邦大使和經紀人之間的磋商。它可以代表整個同盟對外宣戰，但所有的議員必須一致同意才能做宣戰的決定。如果大家在一件事上有異議，則這件事便擱置一旁，或由某一個簇群採取行動解決。同盟的許多活動都是儀式性的，像哀悼死亡議員和新議員就職的哀悼會議。即使在分歧的利害關係在經濟、社會、政治，和宗教問題上造成選民的分裂時，這樣的儀式和頭銜以及會議的統一，在意識形態的層次上還是得以持續。

當戰事轉趨激烈時，會議內部的不和睦也增加。貴恩說，

當戰事在與歐洲人接觸的刺激下成爲日常生活的一部分時，戰爭領袖將其軍事上的人望轉化爲政治上的有利條件，成爲重要的政府官員。以前對酋長很有利的酋長與戰將間的權力均勢現在改變，以致酋長政府願意合作的動機不再重要。（一九三七：二六七）

最後，沒有任何機制可以消滅眞實或可能的異議。因此東面的摩和克人與西面的西尼卡人之間往往關係緊張，一六五七年雙方幾乎要打起來。西尼卡人和奧農達嘉人常常鼓勵法國人攻打摩和克人。而當西尼卡人和卡尤加人與塞斯克漢諾人作戰的時候，摩和克人也不肯幫西尼卡人和卡尤加人。在一個村落的簇群中，有幾個村落偶爾也背離其他村落而單獨與法國人和英國人的代表簽署協議。同

盟很少能採取任何一致的行動，因而也不能一致挑起法國人與英國人之間的鬥爭，以坐收漁人之利。卓利斯曾說（一九六〇：頁三四二），困難的所在是議員們或是不能做出決定，或是不能一貫的執行其決定。在美國革命期間，易洛魁人也苦於不能提出和遵守一個共同的政策。摩和克人和奧農達嘉人內部發生分裂，有的支持美國的反叛分子，有的支持效忠英國的人。雖然易洛魁同盟正式宣布中立，卡尤加人和西尼卡人卻支持英國人，而塔斯卡羅拉和昂尼達人又支持美國人。

因而我們不能過分強調易洛魁同盟在政治上的一致性，也不能說它有任何壟斷皮毛貿易的一致政策。取得海狸對易洛魁人而言當然是最重要的，但是他們的方法或者是佔領鄰人的狩獵場地或是奪取別人收集和運輸的生皮。雖然他們迫使休倫人放棄其在皮毛貿易中居間人地位，可是卻不能阻止休倫人的西鄰渥太華人（Ottawa）繼承這個地位。易洛魁人有相當的軍事潛力。但是如果不是法國人和英國人都極願讓易洛魁人充當他們彼此之間的緩衝，他們當年也不會阻撓了歐洲人的入侵。英國人把易洛魁人武裝了起來，以便阻止法國人接近渥太華人以及佔取大湖區的獵場。而正如德拉洪譚（Baron de Lahontan）一七〇〇年所云（引自卓利斯，一九六〇年，頁二四六，註四四），法國人爲了自己的利益想要削弱易洛魁人，但知道易洛魁人的全軍覆沒對他們也並無好處。法國人與易洛魁人之間的關係因而十分矛盾。

雖然易洛魁人構成對加拿大最大的經濟和軍事威脅，可是他們也是阻礙阿爾班尼與渥太華人

發生直接關係而損害到加拿大皮毛貿易的唯一因素。〔卓利斯，一九六〇年，頁二四六〕

事實上，如果當時阿爾班尼和西面地方關有直接的交通線，那麼新法蘭西便無法與紐約競爭。英國人的有利條件，是可以降低製造品和運輸的成本、降低稅率、高品質的商品，以及可以由西印度群島取得低廉的由甘蔗或糖蜜製成的甜酒。一六八九年時，在蒙特婁得到一支槍須用五張海狸皮，但在阿爾班尼得到一支槍只需一張海狸皮；在蒙特婁得到一張紅或白色的毛毯須用兩張海狸皮，但在阿爾班尼只需一張海狸皮。印第安人在阿爾班尼賣一張海狸皮可以得到整整六夸脫的甜酒，可是在蒙特婁這張海狸皮甚至連一夸脫的白蘭地酒也買不到(卓利斯，一九六〇年，頁二一七，註二七)。十八世紀時這種差別依舊。柯森(Cadwallader Colson)總結這種差別說：「紐約商人可以用加拿大人的半價在印第安人住的地區出售其貨物，而得到一倍的利潤。」(參見華希朋〔Washburn〕，一九六四年，頁一五三)。易洛魁人雖然通常是法國人的敵人，卻可以保衛法國與西面地區間的商業。

相反的，易洛魁人可以挑撥法國人與英國人之間的鬥爭，以坐收漁人之利。不過這種外交上的遊戲卻很少發生在易洛魁人同盟的層次。相反的，有些族群今天支持法國人，明天又支持英國人。只有摩和克人始終支持英國人的活動。又有一些像西尼卡人的族群，十八世紀中期甚至爲法國人作戰，並且參與法國所支持的龐提艾克(Pontiac)暴動，反叛英國人(一七六三至六四年)。然而對外關係的不一致，損害到易洛魁人的團結。美國獨立戰爭造成其一個族群與另一個族群間的鬥爭。族群中的小派別也使親屬分子彼此作對。這個情形使同盟軟弱並四分五裂，它只在儀式的基礎上持續。可是隨著美國的勝利它也失去其在軍事和政治上的主要功能。支持英國的易洛魁人遷徙到加拿大，其後裔至今住在那兒。

易洛魁同盟因此自暴其基本上的弱點。只有當族群間的衝突不是不能化解時它才能裁定衝突。它是可以挑撥彼此作對的外國勢力及其盟友間的利害關係而坐收漁人之利，但是在面對強敵時卻沒有一致的政策。使它結合爲一體的是親屬關係和儀式。在哀悼會議的儀式中，它使用鄰近部落廣泛使用的紀念死亡酋長之死與宣布繼立酋長的模式。休倫人的「死者饗宴」也可以達成同樣的目的，使參與者發生結盟的關係。我們在奧吉布威人與聯盟群體中會再看到這個模式。在所有這些情形下，都是用儀式的方法去創造團結。只要政治利害一致，儀式便可以創造在政治上有功能的關係。可是，當這些人口群捲入皮毛貿易與政治活動的矛盾時，它卻不能給它們任何技巧，去創造使各方面都服從的臨時一致意見。易洛魁人雖然在會議和軍事方面都很進步，但卻未能創造出一個邦國。他們在與更中央集權的政體競爭時，仍處於不利的地位。

大湖區的人口群

雖然易洛魁人始終未能壟斷聖羅倫斯河下游以西的皮毛貿易，可是他們對大湖區的人口群卻有巨大的影響。易洛魁人所未殺死或吸收的休倫人，都向西逃難。易洛魁人也將住在大草原和種植玉蜀黍的波塔瓦托米人(Potawatomi)、索克人(Sauk)、福克斯人(Fox)、基卡普人(Kickapoo)、馬斯古騰人(Mascouten)，和部分的伊利諾人，逐出其故鄉。這些人口群被易洛魁人由俄亥俄河(Ohio River)以北的下密西根(Michigan)和俄亥俄地區攆到密西根湖的西面。他們在一六三四年在綠灣(Green Bay)所建立的商棧，通過波塔瓦托米和渥太華的中間人而進入皮毛貿易。這個地區不是他們的家鄉，他們也都沒有像有人說的那樣在這兒定居，利用當地的野生稻米。吸引他們去綠灣的是皮毛貿易，而把他們攆出最初棲息地的是易洛魁人（威爾遜〔Wilson〕，一九五六年）。

然而，休倫人中間人的角色，日後主要爲渥太華人取代。「渥太華人」由阿爾剛琴語中「adave」一字得名。這個字是各種說阿爾剛琴語的民族所熟習的。它是指那些放棄自己生計活動而經營貿易、一六六〇年時已西遷遠至奇貴梅剛灣(Chequamegon Bay)獵皮毛地區的說阿爾剛琴語族群。到了一六八三年，法國人收到的生皮，其中有三分之二由渥太華人經手（派克漢〔Peckham〕，一九七〇年，頁六）。

別的族群也開始西遷追逐皮毛。早在一六二〇年，以動物名稱如「熊」或「鶴」爲名的說阿爾剛琴語族群，開始向連接休倫湖和蘇必略湖的騷特聖瑪利河(Sault Sainte Marie River)的急流輻合。法國人稱這些急流爲索特，因而稱這些急流上的人爲索特人(Saulteurs 或 Salteaux)。這個區域是皮毛商人理想的聚集地，有許多唾手可得的白色的魚可供食用。不久，逃避易洛魁的難民和部分波塔瓦托米人、克瑞人、阿爾剛琴人，和文尼巴戈人(Winnebago)也到來。「索特」一字逐漸不再使用，而以當地一個族群的名稱奧吉布威取代。

這種族群間的摻合和籍別改變，是北極圈附近皮毛貿易加強以後，所觸發一般過程中的例子。有地方化名稱的小地方性群體，

在尋找皮毛的時候離鄉背井，大半西遷。群體間的衝突增加，並且互相混合。它們逐漸失去自己的籍別而沒入較大的群體，以較大群體之名爲名。較大群體有時以從前的一個小群體得名，如「索特」或「奧吉布威」。在法國人的時代，尚沒有稱爲奧吉布威或騷特的大群體。此外，商棧的取代傳教站，或許也鼓勵由附近地區來的不同群體形成較大的群體。（羅傑斯（Rogers），一九六九年，三八）

蘇必略湖南岸上的奇貴梅剛村，便是這樣一個融合點。一六七九年時，奧吉布威人佔領了這個村落。他們與在蘇必略湖以西狩獵和種植玉蜀黍的達科塔人（Dakota）達成協議，以由法國人處得來的商品交易進入狩獵場的權利。一七三六年，出產玉蜀黍等農作物的奇貴梅剛村大約已有七百五十到一千人。這一年協議取消，雙方發生激烈戰鬥。

米德維文

以前各自有地方籍別的個別群體，其融合與結盟的過程，在意識形態上有重要的影響。新的宗教形式取代了「死者的饗宴」，而成爲交換和聯盟的主要儀式。最著名的宗教形式曰米德維文(Midewiwin)。這種禮拜儀式大約於一六八〇年前後源自奇貴梅剛村。「死者的饗宴」原是爲慶祝地方群體的籍別以及地方領袖的繼位。它也在類似的地方群體之間加強聯盟與交易。相反的，米德維文的對象是個人，以及個人的整合進超越地點與繼嗣群的有階級組織團體。

在米德維文的儀式中，由一個白色的貝傳達個人透過與超自然直接接觸所得到的力量。米德祕密會社支部中每一個人都有一個裝有人工製品的「醫藥」袋子，其中有一枚白色的貝。入會社的儀式是以這些貝發散的「射線」去「射擊」。每一枚白貝都是超自然力量的貯藏器，它在每一個聚落中複製整個團體的力量。同時，團體成立的神話又說它的形成早於任何繼嗣群的表記或圖騰，因而高出於任何特殊地方性繼嗣群之上。團體的本身又分等級。團員貢獻財富給主管官員，便可由低級晉升到高級，由對神聖知識了解的較低層次晉升到較高層次。

財富因而是一個人在團體中晉升的先決條件。在戰爭與皮毛貿易中的成就，使一個人成爲領袖。再者，這個社會的規模超越特殊的地點。團體的領袖與僧侶，在新成立的複合聚落中，一方面稱是具有最高的神聖知識，一方面又仲裁社會與法律上的關係。他們也和外人如商人、政府官員，和傳教士打交道。因而，隨著皮毛貿易，各繼嗣群的特殊象徵符號逐漸失色，超越特殊地點的教堂日益發達，成爲控制冬天集結的大數目人口群在社會上與意識形態上的方法。

向西擴張

在十七世紀最後三十來年以前，北美洲的皮毛主要是通過聖羅倫斯河與哈德遜河兩條路線運到歐洲。可是一六八八年又新開闢了一條貿易路線。在哈德遜灣從事貿易的「總督公司」和「英國冒險者公司」，這年在流入詹姆斯灣的魯帕河(Rupert River)的入海口，建築了一個堡壘。這個堡壘日後稱爲魯帕社(Rupert House)，而這個公司稱爲「哈德遜海灣公司」。別的商棧迅速繼之成立，吸引了克瑞人和說蘇族語(Siouan)的阿西尼波英人。阿西尼波英人原與克瑞人爭戰，現在卻與他們聯合，對抗自己的親族揚克托乃人(Yanktonai)。「哈德遜海灣公司」最大的吸引力是槍枝。一六八九年到一六九四年間，每年交易的槍枝有四百多支(雷伊〔Ray〕，一九七四年，頁一三)。即使這些武器一壞了就沒有用，可是它們卻使克瑞人和阿西尼波英人比他們的敵人(南面達科塔／蘇族、西南面的大腹族〔Gros Ventre〕和黑腳族〔Blackfoot〕，以及北面說亞薩巴斯坎語〔Athabascan〕的人)佔有決定性的優勢。

法國人害怕受到哈德遜海灣、紐約，和新英格蘭敵人的包圍，乃挑起激烈的戰事，想要佔有沿海灣的堡壘，並挑撥蘇族與英國的商棧爲敵。可是一七一三年的烏特勒支條約把哈德遜海灣劃歸英國人。配備有英國槍枝的克瑞人與阿西尼波英人於是進一步對蘇族施壓。法國人因而開始西向設立商棧和傳教機關，一面想與新狩獵地區的土著美洲人發生直接的接觸，一方面想抵制「哈德遜海灣公司」由北方挺進，以及商人由路易斯安那殖民地向南移動。可是法國人的這個舉動，只引起奧吉布威族的猜疑，以爲自己將失去其作爲蘇族中間人的作用。包括由奇貴梅剛村來的人在內的奧吉布威人，因而與阿西尼波英人與克瑞人聯合，與蘇族作死傷枕藉的戰鬥，把蘇族由其在明尼蘇達(Minnesota)和威斯康辛北部的居留地逐出。克瑞人與阿西尼波英人繼而擴張進入亞薩巴斯坎人的領域，一直到邱吉爾河(Churchill River)。一七一七年邱吉爾堡開闢，亞薩巴斯坎人有了自己的槍枝，才制止了克瑞人與阿西尼波英人的擴張。

蘇族與奧吉布威族、克瑞族，和阿西尼波英族之間的衝突，不僅是土著美洲人口群之間的爭執，更是法國與英國全球性衝突在北美洲的體現。在印度，「法國東印度公司」與「英國東印度公司」進行未宣戰的戰爭，直到一七五六年「七年戰爭」(Seven Years' War，在美洲稱爲「法國與印第安人戰爭」〔French and Indian War〕)，才使這兩個國家及其盟邦發生全面對抗。在烏特勒支條約中英國得以保留哈德遜海灣。但是在一七一三年到一七五六年中間，法國勢力卻有增強。它鞏固與土著群體的聯盟，建立新奧爾良(New Orleans)使海船可以進入密西西比河，又在匹茲堡建築杜格斯尼堡(Fort Duquesne)以鞏固對俄亥俄的把持。一七五五年英國人想奪取杜格斯尼堡，但大敗輸虧。可是在接下來的「七年戰爭」中，英國人卻在三個大洲上決定性的擊敗法國人。在印度，一七五七年，克來夫(Clive)在普拉西(Plassey)擊敗法國人及其盟邦。一七五八年，英國人攻佔杜格斯尼堡，用英國首相之名名之，曰匹特堡(Fort Pitt)。一七五九年英國海軍在法國海岸外擊敗法國海軍，使之元氣大傷。一七六〇年英軍攻佔魁北克市。在一七六三年的條約中，法國將加拿大割讓給英國，將上密蘇里(Missouri)地區割讓給西班牙。

皮毛貿易起變化

十八世紀下半葉，皮毛貿易擴張進入薩克其萬河(Saskatchewan)流域。這件事觸發一連串的連鎖改變。貿易本身的輸給系統有改變。於是涉足貿易的土著美洲群體，其內部的結構起了改變；商人與捕海狸的人，其關係也有改變。在這個以前，皮毛貿易的路線是天然的滲透路線，由東部的海岸上溯河流、沿湖泊的連鎖、渡過內陸海。主要的內陸商棧和堡壘都建於這些近海或河邊路線的前端，可是現在卻想將路線在陸上延伸到越過流入大西洋與流入太平洋河流分水嶺。因此他們也撇下聖羅倫斯河下游的供應基地與大湖的漁場和大湖沿岸生產玉蜀黍的地區，而進入需要新運輸工具的地方。

皮毛貿易組織上的改變也隨這些新的生態學危機而發生。在十八世紀中葉以前，各貿易公司對於依靠土著美洲中間人的合作交付皮毛感到滿意。可是這種合作只能部分滿足貿易公司的需要。因爲只要一旦中間人的群體有自主權，則這些公司對它們的社會與政治關係便只能有起碼的控制權，包括它們的聯盟與衝突。因而貿易公司設法取消中間人，而直接與獵人和收集皮毛者這些主要「生產者」本人打交道。於是商人便直接深入內陸地區在皮毛的出處求取皮毛供應。

龐帝克起義事件

貿易上這些與英法之間戰爭在時間上巧合的改變，一七六三年導致一次大規模的美洲原住民暴動——龐帝克起義事件。龐帝克是渥太華人。渥太華是大湖區一個最重要的中間人群體。到了十八世紀中葉，它已十分倚重歐洲商人以求繼續其居間者的角色和取得歐洲製造品。同時，歐洲皮毛商人的直接深入內陸，又威脅到他們特權的地位。這個時候大家都明白歐洲人是住下不走了。他們不再是美洲原住民的訪客，而是永久的定居者，要佔領整個的住處。原住民所依靠的經紀人，也正是在剝奪他們存活機會的人。這種「雙重關係」在東面森林地帶的美洲原住民中間激起強烈的意識形態抗拒趨勢。原住民先知宣講道德改革，並且呼籲驅逐侵略的殖民地開拓者。這個時候，英國人決定讓渥太華人此後過勤勞的生活以供養其家人，而不求助於外人。龐帝克起義，一方面是對於「生命宗師」所傳訊息的神祕回應，一方面也是對於英國人這個決定的軍事回應（傑克布斯〔Jacobs〕，一九七二年，頁八一；也參見派克漢，一九七〇年；華來士〔Wallace〕，一九七〇年，頁一二〇—一二一）。參加渥太華人反叛的，尚有紹尼人（Shawnees）、奧吉布威人、休倫人、邁阿密人、波塔瓦托米人，和西尼卡人。反叛最初成功，可是當叛徒無法攻下底特律（Detroit）、尼加拉，和匹特堡這些主要的英國堡壘時，這個運動終於失敗。叛徒武器和彈藥不足。法國人逐年單獨與英國人締和，遺棄了土著美洲人。反叛終因內部的紛爭和變節而一敗塗地。

西北亞薩巴斯坎人

當中間人群體在皮毛貿易中不再有關鍵性的作用時，哈德遜灣以西的新人口群卻直接牽扯進這個貿易。皮毛商人與說亞薩巴斯坎語的奇比維揚人（住在邱吉爾堡與大奴湖〔Lake Great Slave〕及亞薩巴斯卡湖〔Lake Athabasca〕之間的地方）聯絡。奇比維揚團隊有了槍枝，乃開始將海狸族和奴隸族的人口由亞薩巴斯卡湖和奴隸河地區逐出，並由北面的黃刀族（Yellowknife）和多格瑞布族（Dogrib）要求皮毛。奇比維揚人與其南面和東面的森林地帶克瑞人之間也發生摩擦。克瑞人原是中間人，可是現在其地位已不保。有些克瑞人和阿西尼波英人逐漸遷移到北極圈附近森林與大草原之間的邊界地帶，開始以狩獵野牛為生。一七三〇年後他們有了馬匹，此後成為專業的騎馬畜牧民族。

皮毛商人現在想主動與捕海狸的人做生意，而非等誘捕海狸的人前來和他們做生意。狩獵馴鹿與捕魚的需要與誘捕海狸的任務衝突。因而皮毛商人便想將「吃馴鹿的人」變為「備辦者」（奇比維揚人最初指出其間的區別）。他們把食物、槍枝彈藥、陷阱、布匹、毛毯、烈酒，和菸草借貸給印第安人的「酋長」和個別的印第安人。十八世紀中間，這種借貸麵粉、豬油和茶等主食的情形，使誘捕海狸人口群的自主狩獵活動衰退。由於印第安人逐漸不依靠大的馴鹿群和群體捕魚，以前組織狩獵馴鹿大團隊的「大家追隨的大人物」，現在失去功能。皮毛商人於是雇用獵人供應肉類給其堡壘，或與「貿易酋長」打交道。「貿易酋長」因爲有了由商棧借貸的狩獵器具和主食，乃對其追隨者有相當的影響力。有些以親屬關係爲基礎的群體開始自營狩獵與貿易，因爲商人對於皮毛的競爭，已使想與他們結盟的酋長人數和這些酋長間的衝突，都大爲增加。於是商人與誘捕海狸的人之間的關係個人化，適合形成以一對對夫婦爲基礎的小團隊，而非早先那種較大的狩獵群體。

新成立的公司

一七九七年時，「哈德遜海灣公司」面對了一個新的競爭對手「西北公司」(Northwest Company)。贊助「西北公司」的是因爲在美國獨立戰爭時期效忠英國國王而被阿爾班尼逐出的皮毛商人。這個公司的基礎，是法國皮毛商人的專門知識和技術，其員工大半是在加拿大不毛之地往來的法裔運貨者，或曾經參加英國征服加拿大戰役或英國對美國戰役的蘇格蘭的退役軍人。這個新成立的公司在直到洛磯山脈(Rocky Mountains)以及洛磯山脈以西的各大湖和連水陸地上，大力探索和貿易。在西北內陸的新領土上，其人員往往是最初出現的歐洲人。

這兩個以加拿大爲基地的公司的西向擴張，激起美國人的競爭。美國這個新成立的共和國，希望能控制美洲大陸。一八〇三年，美國取得路易斯安那領土。一八〇四到一八〇六年，劉易斯與克拉克(Clark)替美國國會探索西部的土地。一八〇八年，艾斯托(John Jacob Astor)在傑佛遜總統的默許下，組成美國皮毛公司（American Fur Company）。一八一一年，該公司在哥倫比亞河口興建艾斯托利亞堡（Fort Astoria）。雖然艾斯托利亞在兩年以後歸英國人所有，可是美國皮毛公司卻得以取代在聖路易市營業的較早法國公司，並且在與加拿大的公司的競爭中得利，直到一八四二年「美國皮毛公司」才破產。

大平原上的騎馬、牧畜者

在大湖區以西的整個地區，皮毛商人愈來愈依靠在大平原（the Plains）騎馬的狩獵野牛獵人，供應他們食用的肉類。一五一九年西班牙人征服墨西哥，將馬匹引進新大陸。在大湖區以西所發展的騎馬牧畜，是一項最近歷史性的發展。最初騎馬的美洲原住民，是新西班牙北疆採集食物的奇奇米卡人（Chichimecas）。他們由西班牙的前哨站抓馬或偷馬。後來一個接一個美洲原住民取得了馬，用牠們襲擊較弱的鄰人，抓俘虜賣給法國人和西班牙人當奴隸。

阿帕契人一六三〇年左右由奇奇米卡人處取得馬匹。烏特人（Ute）和柯曼奇人（Comanche）一七〇〇年左右由阿帕契人處取得馬匹。懷俄明（Wyoming）和蒙大拿東部的東壽壽尼人（包括蛇人〔Snake〕），十八世紀最初三十年間開始騎馬。蛇人不久便成為北部大平原上主要馬匹商人和捕捉奴隸的人。壽壽尼人又供應馬匹給黑腳人。馬匹傳播的另一條路線是向東北。一七三〇年前後柯曼奇人將馬匹供應給其北面的奇奧華人（Kiowa）。奇奧華人或許供給務農的鮑尼人、艾瑞卡拉人（Arikara)、希達札人(Hidatsa)，和曼丹人的馬匹最多。

馬匹提高其新主人的作戰能力，也改進其狩獵水牛和運輸工具和供應品的能力。較大的機動性又使人可以涉足日益開展的貿易網絡，而從事貿易不久又可取得新的軍事資源——槍枝。

達科塔人是最早合併騎馬和用槍的美洲原住民族。前面曾經提過在一七三〇年代以前達科塔人是蘇必略湖以西森林地帶和平原上徒步的農人和獵人。到了這個以後，配備有「哈德遜公司」所供應槍枝的克瑞人、阿西尼波英人，和奧吉布威人，向他們所住的地方挺進。達科塔人由法國人處取得槍枝，因爲法國人想阻撓英國盟友的前進。達科塔人使用這些槍枝抵擋由北方來的攻擊，驅逐咸安(Cheyenne)等其他印第安人，並且在密蘇里河沿岸劫掠農村中的居民，售予歐洲人爲奴隸。可是這些村民已由奇奧華人處取得馬匹，乃以騎兵攻擊達科塔人。這個形勢到一七五〇年達科塔人自己也由艾瑞卡拉人處取得馬匹時才得扭轉。到了一七七五年，達科塔人已在大平原東北部騎馬荷槍，逞威作福。他們與聖路易市的歐洲商人展開直接的貿易關係，因而越過那時已壟斷大半大平原與密西西比河上市鎮間貿易的曼丹人。達科塔人擊敗咸安人，斷絕奇奧華人與艾瑞卡拉人的關係，而又攪擾烏鴉人與曼旦人之間的接觸。

黑腳人在平原的西北部也發生類似的作用。黑腳人原住在哈德遜海灣以西，後來被克瑞人和阿西尼波英人驅出家園。他們在一七三〇年前後取得馬匹，在十八世紀下半葉取得槍枝。他們不久即擊退大敵蛇人，以及庫特乃人(Kutenai)和平頭人(Flathead)。這些人都沒有槍枝。

馬匹的到來不僅改變了軍事的模式和增加了機動性，而且使人更易追逐野牛，可以在部落周圍的地方獵取大數目的野牛。這種新生活的誘惑，使許多人口群變成專業的獵牛人。起碼的農人拋棄了其農田，如大腹人、達科塔人、咸安人，和阿拉帕荷人(Arapaho)。有的時候農業人口中又發生分裂，如由希達札人中分出的烏鴉人。

甚至沿密蘇里河和普拉特河(Platte River)的曼丹人、艾瑞卡拉人、希達札人，和鮑尼人的永久農村，也感到這些新機會的衝擊，這些大村落以種植玉蜀黍為基礎，由婦女在母系世系群所擁有的土地上種植。男子作戰和狩獵，但園藝和農業儀式主宰年度的周期，包括每年的獵野牛。母系世系群中分層為菁英分子人家與平民人家。一個世系群出村落的酋長，另一個出儀式的領袖。村落的酋長維持村中的秩序和控制戰事。儀式的領袖與其他菁英分子照顧母系世系群的「神聖束」，把它們放在每個村中央的住屋中。菁英分子由生產力很高的農業中得到盈餘，也收到儀式過程中奉獻的禮物、進入有階級組織的男子會社的入會費，以及周圍食物採集者用以交易農產品的貨物。這些收到的財富又按菁英分子身分的等差重新分配。社會整體的形態似乎是根據親屬關係的方式。雖然義務乃根據親屬關係與儀式的參與，可是也可能具有附屬納貢的性質。菁英分子開始使用多餘的玉蜀黍與阿西尼波英人和歐洲人進行廣泛的交易。阿西尼波英人以得自「哈德遜海灣公司」的火器和製造品交易這些農村的玉蜀黍。

狩獵野牛使個人有了事業進取心的機會。這個情形使人質疑菁英分子是否有權控制戰事、會社的活動，以取得超自然的力量。年輕的男性戰士想要自己獨立狩獵、貿易，和進行戰鬥，開始質疑其村落領袖的權威。因此，當鮑尼人「小狗會社」(Young Dog Society)的社員在維持村落治安時偷了神聖的肉類時，他們辯解說他們曾到過西面的村落，那些村落的人一切平均分配(荷德〔Holder〕，一九七〇年，頁一三三)。偏袒蘇族的艾瑞卡拉「不良男性青年」必須逐出族外(荷德，一九七〇年，頁一二九)。

最重要的是，宰殺野牛的能力提高以後，村民多了一大樣新的東西可以與歐洲人交易。十八世紀下半葉，皮毛貿易擴張到麥肯錫盆地(Mackenzie Basin)。皮毛商人因此可以由騎馬的牧畜者得有一種新的食物——乾肉餅。這種食物是用野牛肉做成。野牛肉切成片，在太陽下或火上弄乾，用木槌搗成粉，和融化的脂、骨髓，和由曬乾的野櫻桃糊混合而食。這種乾肉餅裝進獸皮袋子中，重九十磅。據估計每個旅人每天須進食一磅半的乾肉餅，因而每袋可以供養一個法國人六十天(梅瑞曼〔Merriman〕，一九二六年，頁五，七)。一八一三年，「西北公司」需要五八、〇五九磅，或六四四袋，以供應其二一九艘小輕舟(雷伊，一九七四年，頁一三〇，一三二)。大平原上的遊牧民族成爲主要供應森林地區(Woodland)、瘠地(Barren Grounds)、和邱吉爾、哥倫比亞，與佛瑞塞(Frazer)諸河上驛站乾肉餅的人。他們也供應馬匹給這些驛站。在艾德蒙頓堡(Fort Edmonton)小輕舟停泊所以北的地方，需要用馬匹運輸。野牛也可構成其他商品。村民與聖路易市大量交易野牛舌和脂肪。一八二五年以後，海狸已經不再重要，野牛外套成爲主要的皮毛貿易商品。一八四一到一八七〇年間，單是黑腳族故鄉的班騰堡(Fort Benton)，便收集了二萬多件野牛外套(劉易斯，一九四二年，頁二九)。

因此，在日漸擴張的商業關係脈絡中，馬匹與槍枝共同在短短幾年中間促成大平原上印第安人的組合形態。徒步的狩獵採集者和農耕者也迅速採取這個形態。再者，這些彼此不同的人口群雖然起源各異，可是逐漸在社會上和文化上彼此相似。這種合流的理由，有的是在於生態適應的新方式。野牛群冬天四散，各以小群遷徙到山脈中的庇護所，到了春天，牠們遷回多草的平原，在七、八月的交配季節再集結爲大獸群。狩獵野牛必須配合這個節奏。獵人在冬天分散爲小團隊或家族群體，而後再集合在一起進行年度的大圍獵。選擇紮營地點也必須顧到馬群對牧草和保護的需要。

大平原文化的輻合性發展，也是由於大團隊的需要。大團隊在狩獵和襲擊時必須聚合集結，而在適應不斷變化的季節性需要時，又得保持伸縮性。每年的圍獵，需要分散而不同的群體集合爲一個共同的營帳圓圈。爲了因應這個需要，騎馬／牧畜人由鄰近曼丹人和鮑尼人這些定居的農人處借得有向心力的組織形式。其中之一是會社。會社同時是舞蹈俱樂部、軍事協會，以及協調每年狩獵野牛的「野牛管轄處」。另一個統一的方法，是使用維繫各團隊的象徵符號，如鮑尼人的部落藥物束、威安人的神聖箭，和阿拉帕荷人的神聖煙斗和輪子。就這一點而言最重要的是一年一度的大規模太陽舞(Sun Dance)儀式。太陽舞儀式源於以前務農的群體如阿拉帕荷人、威安人，和達科塔人。這種儀式特殊的成分，其原型與類似處均見於曼丹人、艾瑞卡拉人，和鮑尼人的文化。可是騎馬牧畜者在採取這種儀式時，集體儀式造成統一的功能，又與個人的建立功能合併。太陽舞儀式通常與年度的野牛狩獵共同舉行。它的主要部分是個人的自我折磨，但是呼籲世界爲大家而更新。這種新儀式由大平原東北部擴散到所有遷入大平原的人口群中。

雖然在村落中土地、特權，和藥物束是由母系世系群或家族所擁有，可是在大平原上共同的親屬關係單位卻衰減或完全消失。生產工具(如馬匹和武器)的所有權以及對藥物束、歌曲、舞蹈，和姓名的權利，都個人化。與繼嗣血統有關的親屬關係術語逐漸失落，繼之而起的是雙邊的看重，強調透過一個人雙親的血統。再者，將「兄弟」這個字延伸到非親戚，又是犧牲了繼嗣血統的團結，而加強戰士組人人平等的團結。在這些村落中，領袖地位原是菁英人家的繼承性特權。這些人家要求全體村民的服從。然而在騎馬牧畜者之中，領袖權逐漸主要視一個人在戰爭與貿易中的成就而定。主要支持領袖的人是他自己的團隊而非整個部落。因此，雖然大平原上的組合形態是由農村得到向心力的成分，但它也使親屬關係的聯繫與權威減弱。

決策權力的分散與大平原上騎馬群體機動性的提高，也是由於日益擴張的貿易的需要。騎馬的牧畜者爲了取得多的槍枝和彈藥、壺罐和金屬工具、毛織品、菸草，和烈酒，乃不得不取得多的乾肉餅和馬匹，以出售給皮毛商人。因而對馬匹的需要上升，同時搶劫馬匹和偷竊也有增加。而這個又需要更多的馬匹做進攻與防守之用。在準新郎給新娘家送的聘禮中，所需馬匹的數目也增加，更增加了對馬匹的需求。男人有了馬便可多娶幾個妻子，也可使製作乾肉餅的人手大增。

一個人能將乾肉餅投入貿易的量愈大，他取得配備自己戰團武器和裝備的能力便愈大，他釋放自己親人和依附者使他們參加戰事的能力也愈高。因此，比較成功、與商棧有關係的企業家和酋長也變為成功的戰爭領袖。其結果是馬匹和珍貴的貨物都集中在成功的富人之手，使富人與窮人分異，酋長和依附他的人分異。由於社會地位的取得需要慷慨的分配財富，於是繳納入社和在會社中晉升的費用、支付藥物束和舞蹈特權、準新郎給新娘聘禮，以及取得馬匹和槍枝，最後代表在社會以及超自然關係中的成功。甚至分等級會社在黑腳族、阿拉帕荷族，和大腹族中的發展，可能也不是由村莊部屬中借用古老成分的結果。這項發展大致頗晚，在一八三〇年前後。會社因而給了隨財富增加而垂直的流動，一種表現和疏導的理想辦法（劉易斯，一九四二年，頁四二）。

紅河上的歐洲人與印第安人混血兒

平原印第安人不久便不是唯一供應皮毛貿易乾肉餅的人口群，而平原印第安人的生態學適應，也不只限於印第安人。十九世紀初年，蘇格蘭移民在曼尼托巴（Manitoba）的紅河流域定居，不久便以狩獵補充其貧乏的農業。歐洲人與土著美洲人的混血兒（皮毛貿易的合理化改革，使他們不再是誘捕海狸的人與中間人）以及克瑞人和奧吉布威人的團隊，不久便加入了他們的行列。當「西北公司」想要配備其薩克其萬和亞薩巴斯坎的人員時，便請這些紅河上的獵人與誘捕者供應他們乾肉餅。因此，沿紅河岸所興起的各種活動的周期，不是不像密蘇里村民的活動的周期。紅河上的人住在穩固的殖民地，在靠近其農場的木造小屋中，並向各公司借貸。他們在雨季搬進帳篷中，騎馬追逐野牛，以可以裝九百磅野牛肉的二輪馬車將其獵獲物載回來。有時候他們也與達科塔人作戰。一八四〇年，紅河上的歐洲與印第安人混血兒在兩個月的狩獵中得到近一百萬磅的野牛肉。這些肉售予公司償債和買家用貨物。但是那年許多獵人必須又出獵二次或三次，以便取得夠其家人過冬的野牛肉。加拿大政府在授予土著印第安人群體和半土著保留地的時候，並沒有把歐洲人與印第安人的混血兒包括在內。這使混血兒大為不滿，在瑞爾(Louis Riel)的領導下於一八六九年和一八八五年兩度反叛。

西北海岸

十八世紀最後二、三十年，北美洲西北海岸又開闢了一個皮毛貿易的新領域。一七七八年，庫克船長的兩艘船『決心號』(the Resolution)和『發現號』(Discovery)在努特卡海灣(Nootka Sound)登陸，取得一些海獺皮。這些海獺皮在中國出售，最好的賣美金一百二十元。消息傳出去以後，到一七九二年時已有二十一艘歐洲船想找海獺皮。這種海上貿易在一七九二年到一八一二年間達到最高點。在它開始以後不久，「西北公司」的皮毛商人便由陸路到達海岸，一八〇五年洛磯山脈以西已成立了第一個皮毛商棧。到了一八一二年美國與英國之戰結束時，「西北公司」已充分控制了洛磯山向太平洋傾斜的一面。但是一直到一八二一年「西北公司」與「哈德遜海灣公司」合併以後，才開始有系統的陸上貿易。新公司最重要的堡壘是辛普森堡(Fort Simpson)和魯帕堡。前者乃一八三一年建於那斯河(Nass River)河口「大市場」附近濟姆咸印第安人(Tsimshians)地區,後者乃一八四九年建於瓜久托人(Kwakiutl)地區。

西伯利亞的皮毛貿易

歐洲人在進入北美洲西北海岸的水域以後,其貿易船便遭逢到俄國人。俄國人在一七三〇年代已開始探索這個海岸。前面已提到,俄國人早在第十世紀已開始搜索皮毛。十六世紀中葉,俄國戰勝在窩瓦河盆地的蒙古/土耳其汗國,皮毛的搜索隨之擴展。一五八一年,受雇於斯卓加諾夫(Stroganov)商號的許多哥薩克人(Cossacks)越過烏拉山(Urals)消滅了西比爾(Sibir)汗國。哥薩克人繼續前進,於一六三八年到達太平洋岸。一六九〇年時堪察加半島(Kamchatka)已有永久的聚落。一七三〇年代與一七四〇年代又探勘千島群島(Kuriles)和阿留申群島(Aleutians)。一七九七年,俄國政府組織了一個貿易公司探勘遠東北(Far Northeast)的皮毛資源。它在柯迪克島(Kodiak Island)建立基地,並沿海岸建立殖民地,南端直到加利福尼亞。一八三九年,「哈德遜海灣公司」以供應北方的俄國堡壘為條件,租借到由費爾威澤山(Mt. Fairweather)到波特蘭運河(Portland Canal)之間的大陸海岸地區。一八六七年,美國購買了阿拉斯加(Alaska)。

北美貿易是以商品交換皮毛,可是俄國的皮毛貿易主要是依靠貢物,也就是以接納皮毛作為政治征服的象徵。譬如,在征服了西比爾汗國以後,立即規定西比爾每年納貢,貢物是黑貂和銀狐。

沙皇波瑞斯・古都諾夫(Boris Godunov)以使俄國農人成爲農奴著稱。他所規定的皮毛貢獻細節，是每個已婚男子十隻黑貂，每個未婚男子五隻黑貂，再加上其他獵得皮毛的十分之一。俄文中皮毛貿易一字是「iasak」。這是蒙文也是土耳其文，其意是「規定」(格魯塞，一九七〇年，頁五八六，註一〇六)，是蒙古建國的遺產。皮毛貢獻的規定與西伯利亞的擴張同時進行。一六七三年爲彼得大帝所繪製的民族誌學地圖，說明皮毛貿易的分布與各居留地和社會群體之間的關係(拜德雷〔Baddeley〕，一九一九年，頁一三六)。最初收集皮毛的是軍事指揮官，後來又是「宣過誓的人」。宣過誓的人不領薪水，但是特許蒸餾酒精和經營酒店，他們給人喝酒而收受皮毛以爲代價。私人商人在十八世紀以前作用受到限制，但是這個以後很惹人注意，開始以皮毛交易中國的茶葉、絲織品、亞麻布和大黃。商人的作業，受到布里亞特(Buriat)、通古斯(Tungus)，和雅庫特(Yakut)家族和部落酋長的支持。俄國人將這些酋長轉化爲世襲貴族，而加以吸收。他們得到俄國的稱號和特權，一七六〇年代以後又得到自己收集皮毛的權利(華卓斯〔Watrous〕，一九六六年，頁七五)。

然而狩獵在北美爲因應皮毛貿易需求的擴張，造成成群產皮毛動物的毀滅。黑貂在十五世紀時曾漫遊到遠在西方的芬蘭，但是一六七四年時只限於在西伯利亞才有，一七五〇年時更只限於在西伯利亞東南部。十八世紀時，貿易的焦點由黑貂改爲海獺。中國人珍視海獺，滿洲貴族尤然。俄國人的擴張進入北太平洋，乃由尋找海獺促成。

俄國貿易的擴散進入太平洋活動範圍，需要極大的後勤支援。貿易的中心是伊爾庫次克(Irkutsk），供應品取自遠在西面的葉尼塞斯克（Yeniseisk）。當地的雅庫特人不僅奉命供養牲口，也奉命供養馬匹，將穀物和其他供應品運輸到海岸以及各半島。酋長召集大數目的馬匹和雅庫特嚮導，自己備辦全套旅行用品。個別的雅庫特人常被徵調。他們所用的健壯小馱獸是雅庫特著名的「吃魚」馬，其飼料除了牧草、樹皮，和柳枝以外尙有魚（吉布森，一九六九年，頁一九一）。冬天的運輸靠狗隊，地方上得加強捕魚，以餵養每一個人所需要的六隻狗。

俄國人既需要地方上的人口供應魚，也需要他們海上的技巧以獵海獺。俄國人先使用堪察加人（Kamchadal），可是到一七五〇年時，堪察加的海獺已經獵盡。一七五〇年代俄國商人進入阿留申群島，強迫阿留申土人替他們獵海獺。在七年之內，土人人口銳減，只有以前的二十分之一。到了一七八九年阿留申群島也沒有多少海獺了。這個以後，大半的海獺貿易轉移到北美洲的西北海岸。這個貿易主要是在美國和以波士頓為基地的美國船隻之手，俄國人大致不許加入。

西北海岸的人口群

歐洲人到達海岸以後，進入與北美北部極不同的環境。這兒的氣候溫和，溫暖潮濕的空氣由日本潮流上升，在海岸一帶凝結為雨或霧。大的雨量滋養了濃密的針葉樹叢，如樅木、針樅、香柏、紫杉，和紅木。西北海岸的居民主要是漁人，靠大量的大洋鮭魚和青魚為主。鮭魚和青魚一年一度游往河流的上游，尋找淡水的產卵地點。漁人便在這個時候捕魚。除了捕鮭魚和青魚以外，他們也在海岸的水域捕魚，獵野禽，採集甲殼類和可食的根部作物。有一種漁人曰努特卡人，專事捕鯨。海岸上的食物資源豐富，不過偶爾的惡劣天氣和產卵魚數每年的波動，也會偶爾造成食物短缺的現象。

歐洲海員與海岸居民第一次有紀錄的遭遇是在一七七四年，西班牙船「聖地牙哥號」與一群海達人(Haida)交易，用衣服、珠子和刀，交換獺皮、毯子、雕刻的土盒，和其他人工製品。四年以後庫克船長的船在努特卡海灣靠岸，交易海獺毛皮。

新來者旋即發現他們貿易的對象和別處的人一樣狡猾和工於心計。他們事實上是進入了一個廣泛的土著貿易範圍。由於西北海岸地區的資源是地方化的，在島民與大陸居民之間以及在海岸居民與內陸人口群之間，久已有了貿易。譬如，只在有限的地區移動，如那斯河和沿夏綠蒂后海灣(Queen Charlotte Sound)的某些河流和港灣。許多人由遠處攜帶貨物來交易交歐拉琛油。有權在這個捕魚區捕魚的群體，對油也有專利權。在上游的群落中，狩獵陸地的動物尤其重要。北方的特林吉特人(Tlingit)用山羊毛和香柏樹皮織奇爾凱特(Chilkat)毛毯，但是由於他們住的地方不長香柏，樹皮和香柏木須由南方運來。紅銅是由紅銅河地區運到奇爾凱特人的地區，又由此往南方運。海達人和努特卡人尤其以其精良的小輕舟著稱。努特卡人和瓜久托人生產的黃香柏皮外套和說薩利希語(Salish)各民族所生產的用山羊毛、狗毛，和野禽柔毛製成的外套，也在海岸上下交易。島民供應大陸人乾鹿肉、海豹油、乾魚、貝、做工具用的綠岩、香柏樹皮、香柏樹皮籃子、做儀式物件的香柏木，以及做弓和儲藏盒子的紫杉。大陸人供應島民獸皮和皮毛、布料和衣著、歐拉琛和歐拉琛油、蔓越橘、角質匙、針樅木根製成的籃子，和奇爾凱特籃子。

雖然土著的貿易之行不進入空曠的大洋而主要是靠近海岸，但是有時也會走得很遠。特林吉特人走三百哩去和海達人或濟姆咸人貿易。大陸人也與內地說亞薩巴斯坎語的人貿易，帶去香柏皮籃子、魚油、鐵、貝殼裝飾品給他們，回程帶回獸皮、鹿皮鞋、狹長皮帶，和砂銅(朱克〔Drucker〕，一九六三年·，奧柏格〔Oberg〕，一九七三年，頁一〇七—一〇八)。沿哥倫比亞河下游的金努可人(Chinook)，是沿海岸的貿易和海岸與內地間貿易的重要中間人，他們由加利福尼亞沿哥倫比亞河到海岸出售奴隸(參看福蘭其〔French〕，一九六一年，頁三六三—三六四)，以交換努特卡的小輕舟和牙貝。他們的語言兼有金努可和努特卡的結構特色和英語的字彙，成爲金努可「洋涇濱英語」，是西北海岸的貿易用語。

歐洲人在海岸地區找的主要是海獺皮。根據記載，一七八五到一八二五年間有三三〇艘船來到海岸上，其中近三分之二交易兩季或兩季以上(費希爾〔Fisher〕，一九七七年，頁一三)。最初歐洲人以鐵和其他金屬交易海獺皮，後來又以布料、衣著，和毯子交易，再後來又以甜酒、菸草、糖蜜，和毛瑟槍交易。土著美洲商人大多是「酋長」。他們動員自己的徒眾和私人關係以交出海獺皮，他們的權勢也隨這項貿易的發展而成長。

這些酋長在海岸地區的親屬關係單位中居於頂尖的位置。在道格拉斯海峽(Douglas channel)以北的人口群(特林吉特人、海達人，和濟姆咸人)中，這個基本的單位是母系世系群。在海峽以南，尤其是努特卡人和瓜久托人，這個單位是兩邊的擴展家庭，或「家族」。每一個世系群或家族簇群便形成一個當地的群體，集體擁有對漁場、獵區、貝床，和漿果田等資源的權利，也擁有儀式性的特權。管理這些資源的權利屬於某些有官銜的職位。佔有這些職位的人爲酋長，西班牙人稱之爲「tais」，金努可洋涇濱英語稱之爲「tyee」。這些酋長管理群體的資源，也成爲皮毛貿易的主要經紀人。其中最著名的一個是有馬貴那(Maquinna)頭銜的努特卡酋長。一七九一年歐洲人最早和他們接觸。他控制了住在溫哥華島東岸人口群的貿易網絡，不久便成爲那個地區傑出的商人。一八〇三年時他已非常富有，給出二百支毛瑟槍、二百碼布料、一百件襯衫、一百個鏡子，和七桶火藥的禮物(吉威〔Jewitt〕，一八一五年，引自費希爾，一九七七年，頁一八)。他這樣的酋長還有多個。他們不但讓自己的人加強狩獵海獺，也把別處的群體拉進他們貿易的網絡，並再出口其皮毛。

這些人一定很喜歡進入皮毛貿易，因爲如此一來他們立刻可以擴大由他們所處理資源的規模。維克(Joyce Wike)說(一九五七年，頁三〇九)：「在大多數地方，比較容易取得的重要或珍貴資源都已有了主子或已分開給幾個主子，以致一個群體除非侵略其他的群體便不可能擴張。」有了歐洲人的武器便可以挑起戰爭，以求取得領土和奴隸。同時地方上的酋長一定也視這項新的貿易爲他們在自己社會中提高自己地位的辦法。由於獲得職位並非自動自然的，而是需要用資源給大家禮物，參與皮毛貿易便可擴大他們身分所依賴的財富。

將人組成母系世系群的群體以後，每一個這樣的群體便共有一個共同的系譜以及許多儀式性的頭銜。照理酋長是由繼嗣關係的長房選出，但是只有規則說明哪些人可以當酋長，而沒有規則說明到底哪一個是眞正的繼位人。繼位人的選擇要看一個人通過贈與禮物證實其繼承權的能力，也就是把禮物分贈給由眞實或可能親戚世系群中來的賓客。這種贈與稱爲「potlatches」，來自金努可語「給予」一字。雖然接受任何頭銜都牽涉到某種贈與，可是這些北方人最重要的贈與都是宣布繼任酋長職的贈與（這典禮使我們想起休倫人和大湖區阿爾剛琴人的「死亡的饗宴」）。由於皮毛貿易，這種贈與的規模大爲擴大。在歐洲人到來以前，贈與的東西大半是食物和皮衣。在皮毛貿易開始以後，禮物有各種歐洲商品，以及通過交易這些商品所取得的土著食物和工匠產品。

在南面的群體中，這種兩邊擴展的「家族」彼此之間排出高低位置。想要高位的人，必須列出其父母雙方的頭銜目錄。因而在這些人中，成功之道不是繼嗣關係長房的繼承權，而是通過各種生命禮儀、通過儀式而雙邊累積的頭銜。最重要的儀式是婚姻。每一個生命禮儀，通過儀式都伴有贈與。婚禮中的贈與，在爲一個可能成爲酋長的人列出頭銜目錄上有決定性的作用。

一個母系世系群或一個兩邊的擴展家族，其成員當然有親屬關係，但是他們也分等級。北方長房的後裔與南方「出身良好」的有頭銜者，形成「貴族階層」，透過衣著、舉動，和儀式特權以示與「平民階層」有別。北方的貴族透過交表婚以鞏固其特殊的地位，因而將純粹的血統和用於贈與的財富保留在有限的家系中。在提高身分和贈與在理論上都不明說的南方，最重要的高級頭銜，事實上均已被每一代擁有頭銜的人替他們直系後裔搶先佔有。擁有頭銜是有好處的：貴族收取平民所生產食物的五分之一到一半（萊爾〔Ruyle〕，一九七三年，頁六一五）。管理世系群資源的人、戰爭領袖、貿易企業家，和主辦儀式性交易的人，都出自貴族階層。貴族階層也實得這些職務的所有先決條件。

再者，貴族擁有和買賣奴隸。奴隸主要是戰俘，或由普蓋特海灣（Puget Sound）或加利福尼亞北部買來的男女。各群體中奴隸的百分比據不同的估計佔人口的七分之一到四分之一（萊爾，一九七三年，頁六一三—六一四）。據吉威的說法（一八一五年），努特卡酋長馬貴那有近五十個奴隸。吉威曾給馬貴那當了三年的奴隸。「哈德遜海灣公司」的書記芬來森（Roderick Finlayson）說，在斯提坎堡（Fort Stikine）的兩個特林吉特酋長各有九十到一百個奴隸，大多是由海達人處購得（海斯〔Hays〕，一九七五年，頁四五）。奴隸的親屬群體也可以把他們贖回去。如果擄掠奴隸的人就住在附近或者這個奴隸是一個重要的人物，常常便被贖回。就十九世紀最初十年來說，特林吉特人主要是用海獺皮贖回奴隸（朗斯多福〔Langsdorff〕，一八一七年，引自根塞〔Gunther〕，一九七二年，頁一八一）。俘虜如果離其原來親屬群體過遠，被擄回的可能性便不大。

平民世系群分子可以脫群而去形成新的聚落。可是奴隸的身分卻是世襲的。奴隸不能脫離其主子。奴隸主可以用奴隸爲犧牲或把他們當禮物交換，也可以讓他們做工。他們往往是做低賤的家僕工作。皮毛貿易興隆以後，他們又做艱辛的弄乾和撐開海獺生皮工作，以供應市場。我們不知道當時一個奴隸值多少錢。不過一八四〇年時，斯提坎堡的特林吉特酋長，願意用十元美金的價錢出售一個奴隸。一八七〇年時奇爾凱特的特林吉特人以每車美金九元到十二元的價錢將其奴隸租給白人(海斯，一九七五年，頁九六)。一九三一年時，奧柏格的老報告人說，他們年輕的時候(大約是十九世紀最後二十五年)，一個奴隸值四床奇爾凱特毯子或一支後膛裝彈槍，十到十五個奴隸可以買一艘大的獨木舟(一九七三年，頁一一一—一一二)。

因而，酋長們利用其在皮毛貿易中重要的地位去累積贈與用的財富，通過幸運的婚姻增加姻親關係，延伸其貿易的網絡，和加強其社會特權。有的酋長利用其奴隸的勞力增加財富物件的生產。不過在西北海岸的諸社會，社會勞力的基本利用，仍舊是根據親屬關係的方式。酋長居於領導地位，是其親屬群體的行政官。家家戶戶由於其親屬關係向他繳納貨物以盡義務，也希望由重新分配中得到回報。民族誌學的記載中常常出現「沒有價值的人」，因而族人對酋長的貢獻(勞役或用於贈與的財富)大約不是自動自發的。有人如果對酋長不滿，可以脫離他搬到別處去。最後，如果酋長對群體的資源管理不善，也可以被殺。

當哥倫比亞的文官開始干預土著戰事時，贈與在敵對與結盟中的政治作用更增強了，「以滾滾財富阻止血流漂杵」。奴隸的經濟利用價值日增，使儀式性的殺戮減少，同時又有助於暴富的企業家出人頭地。可是酋長不能獨立於贈與系統之外。一八九六年努特卡的馬貴那酋長在給「每日殖民者」(Daily Colonist)的一封信中(海斯，一九七五年，頁八八)，說贈與是一種銀行作業。果真如此，它是親屬關係中的銀行作業，而非納貢財富或資本的銀行作業。

到了一八三〇年代，海獺已十分稀少，貿易由島民之手轉入大陸人之手，後者主要是想保有對由多山內陸地區來的皮貨的控制權。藍吉爾(Wrangell)的特林吉特人在協克斯酋長(Chief Shakes)領導之下，壟斷了斯提坎河源頭與亞薩巴斯坎人的貿易。泰古(Taku)的特林吉特人控制了上下泰古河的貿易。在奇爾凱特的特林吉特人，控制了奇爾凱特河谷的貿易。米爾班克海灣(Milbanke Sound)的居民，主宰了麥克勞夫林堡(Ft. McLoughlin)與內陸奇爾凱特間的路線。住在「哈德遜海灣公司」的辛普森堡的濟姆咸人，在勒介酋長(Chief Legaic)的領導之下，壟斷了斯吉那河(Skeena)上游與吉茲坎人(Gitskan)的貿易。吉茲坎人又控制了與西坎尼人(Sekani)的貿易。貝拉・古拉人(Bella Coola)在與艾卡卓加利爾人(Alkatcho Carrier)的關係上也有同樣的作用。當「哈德遜海灣公司」一八四九年建立魯帕堡時，搬遷到那兒的瓜久托人控制了與其他人口群的貿易。

在海岸群體與內陸地區群體之間的關係上，親屬關係往往建造不對稱貿易的合夥關係。譬如，貝拉・古拉人接受艾卡卓的男子爲女婿，因而將艾卡卓加利爾人納入其貿易合夥的網絡。這些艾卡卓的姻親乃由「善獵者、精明強悍的商人，及幸運的賭徒中徵召而來」(戈德曼〔Goldman〕，一九四〇年，頁三四四)，他們可以供應其貝拉・古拉岳父皮毛。而他們所得到的是貴族貝拉・古拉妻子，以及由妻子世系群得到的頭銜與大名。他們因此建立了一個艾卡卓「貴族政治」，成爲貝拉・古拉人贈與系統的一部分。村落中最重要的艾卡卓「貴族」，成爲其贈與酋長，以及其村落間贈與的經紀人。不過這些人眞正的權威很有限。艾卡卓人的生計基礎太有限，只允許少量的贈與交換。「一次普通的交換只在十張毯子左右」（戈德曼，一九四〇年，頁三四七）。貝拉・古拉人毀滅財物，但艾卡卓人只象徵性的把財物「丟進火中」。禮物贈與增加了參與的擴展家族的生產力，並使某些艾卡卓的企業家由附近加利爾人和奇爾珂丁人((Chilcotin)處收集皮毛。但是有限的生產基礎終於限制了禮物贈與的升高。再者，艾卡卓人也沒有接受其富有姻親複雜成熟的祕密社會綜合結構。艾卡卓村落資源短缺，不容易支持這樣的事件，這大約是他們未能採用這些形式的部分原因。同時，貝拉・古拉人防守這些儀式以及相關的儀式特權，以之懾服其鄰人。他們的鄰人也害怕貝拉・古拉人的巫術。

在貿易上具有支配力量的人口群，不是不願意維護其專利權。一八三四年，當「哈德遜海灣公司」想在斯提坎河上修造一個堡壘以便中途攔截特林吉特人與俄國人的皮毛貿易時，特林吉特人威脅要毀掉這個堡壘。（事實上，這個堡壘一八三九年在俄國人的同意下修成。）一八五四年，奇爾凱特的特林吉特人因爲認爲「哈德遜海灣公司」的塞爾可克堡(Fort Selkirk)干擾他們的貿易，乃派了一支戰隊深入內陸三百哩到玉康河谷(Yukon Valley)加以摧毀。

對於貿易管道的這種有力控制，利於海岸的中間人而不利於內地的群體。一九三〇年代，有些特林吉特人還欣然記得他們如何以一堆高達一支槍的皮毛交換一名歐洲商人若干燧發步槍，之後又用這些槍由亞薩巴斯坎人處交換到一倍高的一堆皮毛（奧柏格，一九七三年，頁一〇）。那個時候，搶劫奴隸與奴隸貿易之風大盛。普蓋特海灣以北民族由於早早有了槍枝，乃佔了仍然使用弓箭作戰的海岸上薩利希人的上風。奴隸搶劫異常猖獗，以致河流上游的民族，在其年度周期中不久便害怕下到海邊去（柯林斯〔Collins〕，一九五〇年，頁三三七）。辛普森堡和「急流」（The Dalles），旋即成爲主要的奴隸市場。

再者，在辛普森堡和魯帕堡，濟姆咸人和瓜久托人都有了重要的新政治發展。辛普森堡乃位於濟姆咸人的區域。濟姆咸的十四個群體中，有九個在梅拉卡拉隘口（Metlakatla Pass，在今日魯帕王子市〔Prince Rupert〕附近）形成了一個共同的冬日聚落，在斯吉那河下游及那斯河上的歐拉琛區域有捕鮭魚的區域。這些群體已發明了在每一個群體中排列各世系群高下的制度，將最高的地位給予最高世系群的酋長。可是它們在組成一個同盟的時候，便面臨了排列九個世系群群體高下的問題。一八四九年遷移到魯帕堡的四個瓜久托人群體，也形成了一個同盟，因而它們又稱「魯帕堡人」。這些人是博厄斯（Franz Boas）最初描寫的一個民族，他們的禮物贈與之風特盛。這些互相競爭的禮物贈與絕非整個地區在與歐洲人接觸以前的一個現象。相反的，「它應當屬於涵化研究的範圍，而非原始經濟學的範圍」（萊爾，一九七三年，頁六二五）。朱克曾經指出（一九五五年，頁一三七—一四〇）在這兩個面對同樣問題的群體中，競爭性的禮物贈與尤其顯著。魯帕堡人在排列新同盟中四個群體酋長的高下時，沒有先例可以引援，乃發明競爭性的禮物贈與以建立其高下次序。濟姆咸人也一樣，用禮物贈與來排列同盟以內九個群體的高下。因此，在這兩個地方競爭性的禮物贈與發展到登峰造極，或者說到了其競爭最激烈的高峰（朱克，一九六三年，頁一三七）。

競爭性的禮物贈與不僅升高競爭激烈性，也增加送出去貨物的分量。柯迪爾（Helen Codere）在描寫一八四九年前的禮物贈與時指出：

在一八四九年以前的六代（每一代約二十年。這以前許多年或在記載中的最初神話性的三代以前，沒有禮物贈與的紀錄）中，所提到的十次禮物贈與內有五次是一七〇—二二〇床毯子的規模（一般贈與規模在七五—二八七床毯子間），而規模也沒有擴大的趨勢。記載中較小的兩次禮物贈與，是日後的事。（一九六一年，頁四四三）

這個以後，分贈的毯子數目迅速增加。一八六九年的一次禮物贈與中用了九千床毯子。一八九五年的一次用了一萬三千床毯子以上。一九二一年最後的一次瓜久托禮物贈與用了三萬床毯子以上（一九六一年，頁四六七），還另加其他貨物。

這種財富部分是來自皮毛貿易。一八五〇年時，魯帕堡據估計用皮毛貿易賺了六千英鎊（柯迪爾，一九六一年，頁四五七）。但是由一八五八年起，突然繁榮的市鎮維多利亞（Victoria），給了瓜久托男人當按日計酬散工的機會，而瓜久托婦女開始充當洗衣婦和妓女賺錢。愈來愈多的食品罐頭工廠也雇用男人捕魚，雇用婦女裝罐頭。同時，人口又因梅毒和天花這些歐洲疾病而銳減。南方瓜久托人在一八三五年時為數七千五百到八千人，一八八一年時減少為二千三百人，一九一一年時減少為一千二百人，只是其七十五年前人數的六分之一（柯迪爾，一九六一年，頁四五七）。因此，當貨幣的流通量增加時，有頭銜和特權的人數卻減少。這個情形使在社會和經濟意義上流動的人有了新的機會。十九世紀後期一個平民可以利用家族和繼承人的死亡，用由賣淫和充當報告人的收入，去取得高級的頭銜(維克，一九五七年，頁三一一；參見博厄斯，一九二一年，頁一一一三—一一一七)。

一八五八年，在佛瑞塞河發現黃金的消息傳到了加州，而使這個地區的土著美洲人遭遇到最後的挫折。在短短幾個月之間，來了成千淘金的人。跟在他們後面的是想在他們所謂這片「荒廢的不可救藥的土地上」立足的殖民者(引自費希爾，一九七七年，頁一〇四)。一名溫哥華原住島民很明白這個情形的後果。他在一八六〇年時說：「更多喬治王的人不久便會來這兒，搶走我們的土地、我們的柴薪、我們的漁場。他們會把我們安置在一個小地方。喬治王的人想叫我們做什麼我們就得做什麼」(引自費希爾，一九七七年，頁一一七)。

前來的歐洲人與其土著貿易夥伴間，所展開的商品交易網路日益拓廣。三世紀多來，皮毛貿易的發達與擴展，不斷將美洲原住民引進這個網絡。這個貿易最先接觸的是東面森林地與北極圈附近地區的採集食物和務農的人。而後，隨著法國人的被逐和英屬加拿大與美國的瓜分北方地域，它也到達大湖區以外的西面北極圈附近，並在大平原地區創造了一個新的供應地帶。最後，在十八世紀末葉，皮毛貿易在瀕太平洋的西北地區建立灘頭陣地，並跨越海岸的山脈，與逐漸向西擴展的內陸商棧繫聯。

所到之處，皮毛貿易也引進其接觸傳染病及頻仍的戰事。許多土著民族被毀滅，或整個消失。又有一些大半喪生、四分五裂，或被迫離鄉背井。殘餘的人口群投靠其聯邦或與其他的人口群結合，往往有了新的名稱和民族籍別。少數幾個，如易洛魁人，也向外擴張犧牲其鄰人。

有些居於戰略要衝位置或有強大軍事力量的群體，成爲皮毛貿易主要的受益人。它們發達昌盛，精心創作了兼收並蓄原住民和歐洲人工藝製品和模式的新文化結構。而所以能這樣，是因爲新穎和珍貴的歐洲貨物，流進當時尚是自動調節的原住民經濟。只要美洲原住民可以透過以親屬爲原則所產生的關係，將其大半的勞動力用於保證其生計的任務，那麼由兼事獵取皮毛中所得到的貨物，便是補充而非取代其自己生產的方法。

再者，在十八世紀末葉以前，歐洲各國由於彼此在北美洲做政治和軍事上的敵對競爭，乃在美洲原住民中找尋盟友。那個時候的印第安人仍是獨立的軍事和政治力量（當時稱爲「民族」）。要取得他們的支持，必須給他們財貨，包括武器在內。因此，印第安人與歐洲人之間的交易貨物與服務，好像是贈禮行爲而不僅是交易商品，其所表示的關係超越僅僅物質上的關係。牟斯(Marcel Mauss)曾經指出：禮物的交易具體表示友誼和聯盟的貢獻，或中止爭議與戰爭。

歐洲貨物與禮物的取得，不久便改變了各群體之內和群體與群體之間交互行動的模式。在以親屬關係爲原則組成的社會群體中，取得這類貨物和把它們分配給親屬與徒眾的能力增加以後，「大人物」或戰爭領袖的地位更形突出，也提高了主持再分配的酋長的影響力和勢力範圍。禮物和稱爲禮物的貨物，也在印第安人的群體間，和歐洲人與印第安人之間創造聯盟。這種交換在新群體的形成上與發展範圍廣大的民族群體上，有重要的作用。有的時候這樣的群體或同盟，乃由圍繞一個歐洲人堡壘或商業中心的從前個別地方群體合併而成。有的時候，組成這種同盟或聯盟，是爲了控制新的獵場或要衝的貿易路線。日後政府官員或人類學家認爲是個別民族群體的許多「民族」或「部落」，都是爲了回應皮毛貿易本身的擴張而形成。在這個過程中，土著美洲人與商人、傳教士，和歐洲從事侵略的士兵，一樣是積極的參與者。因此，這些所謂沒有歷史的民族歷史，是歐洲擴張本身歷史的一部分。

土著美洲人發明超越個別群體的集體形式和儀式，以團結這些新的民族群體。有的時候他們賦予傳統文化的形式新的功能，譬如將阿爾剛琴人的「死者的饗宴」轉化爲「貿易儀式」，將類似亞洲北部黃教的宗教競爭演化爲米德維文的「教會」，或使用西北海岸的禮物贈與去鞏固合夥關係或協調互相競爭的群體。有的時候，又合併來源各異的許多文化形式，而創造較廣泛的團結。譬如大平原上的諸民族發展出一種群體的儀式太陽舞，適合他們比較流動的生活方式。

可是在歐洲商人鞏固了其經濟與政治的地位以後，土著誘捕海狸、海獺等動物的人，與歐洲人的關係由平衡改變爲不平衡。國際戰爭減少以後，爲了政治動機而由歐洲官方流動到土著美洲聯盟的貨物也減少。土著美洲人本身逐漸愈來愈依賴上商棧，不僅是爲了皮毛貿易中使用的工具，也是爲了他們自己生計的手段。這種依賴性日增，迫使土著皮毛獵人和供應乾肉餅的人愈來愈致力於貿易，以償付歐洲商人借貸給他們的貨物。他們放棄了自己的生計活動，成爲外包工制度中的專業勞工。歐洲的企業家借貸給他們生產貨物和消費貨物，將來他們以商品償付。專業化使土著美洲人愈來愈牢牢的進入全美洲和國際的交易網絡，成爲附屬性的生產者而非合夥人。

第七章 奴隸貿易

歐洲人在南美洲尋寶，主要是找黃金和白銀，在北美洲尋寶，主要是獵海狸；印第安人米克麥克族（Micmac）稱海狸為「歐洲人的最愛」。非洲的主要商品是「黑象牙」，也就是可以在南北美洲等地出售的人。

人的貿易並非當時的新現象，也不限於在南北美洲。歐洲半島在這個以前很久已是奴隸的出處，先是供應拜占庭城，後來又供應回教世界。在地中海區域的塞浦路斯島（Cyprus）和西西里島，早在十二世紀，已使用奴隸勞力種植甘蔗和開礦。那個時候，奴隸顯然不限於是什麼膚色。歐洲人在亞洲也使用奴隸。譬如，十七世紀時，荷蘭人用遠自馬達加斯加島和民答那峨（Mindanao）獲得的奴隸，在非洲好望角的殖民地和班達群島（Banda Islands）的荳蔻小樹林工作。荷蘭人新建的爪哇巴達維亞城，住的是由孟加拉灣引進的奴隸（巴克塞，一九七三〇年b，頁二六八—二六九）。可是奴隸貿易在十五世紀展開以後，大半的奴隸是來自非洲，到後來大量的非洲奴隸，都輸往南北美洲。美洲的需求最大，非洲供應的最多。

奴隸貿易的趨向

美洲的需求經過各種階段的變化。這種需求在十六世紀間逐漸增加，因為西班牙的白銀礦場和大農場需要勞工，葡萄牙在巴西東北也需要砍伐和研磨甘蔗的人。一四五一年與一六〇〇年間，輸往美洲和歐洲的奴隸在二七五，〇〇〇人左右。十七世紀中間，主要是由於加勒比海島嶼上甘蔗種植日漸發達，非洲奴隸的外銷增加了五倍，總計一，三四一，〇〇〇人左右。（安地列斯群島的繁榮多少補償了西歐十七世紀的經濟蕭條。）十七世紀中葉是加勒比海諸島農業生產上的分水嶺。一六五〇年以前，這些島上主要是種植煙草，由經營小農場的歐洲殖民者把持。一六五〇年以後，加勒比海諸島改在使用奴隸勞力的大農場上生產蔗糖。北美洲大陸，尤其是在維琴尼亞和南北卡羅來納(Carolinas)的大地產上，也愈來愈使用奴隸勞力種植煙草。

十八世紀是從事奴隸販賣的黃金時代。一七〇一到一八一〇年間，強迫由非洲輸出的人口超過六百萬人。生產主要的中心是英屬牙買加島和法屬聖多明哥。輸往加勒比海地區的奴隸，三分之二在甘蔗大農場上工作。英國在一八〇七年廢止奴隸貿易。可是一八一〇與一八七〇年間，由非洲輸出的奴隸幾乎仍有二百萬人。許多這些奴隸是輸往十九世紀加勒比海蔗糖主要的產地古巴。十八世紀與十九世紀上半葉顯然是奴隸貿易的高峰。一七〇一與一八五〇年間到達新世界的奴隸佔全部奴隸的百分之八十。

肇始沿非洲西海岸奴隸貿易的是葡萄牙人。葡萄牙人在這個以前將殖民事業由大西洋上的諸島向南延伸。十四世紀繪製地圖的人已經知道馬得拉群島，一四〇二年有葡萄牙人定居。卡斯提爾在一三四四年攫取了加那利群島。但是十五世紀二〇到四〇年代，葡萄牙也在某些加那利島嶼上定居，並像卡斯提爾殖民者一樣，與這些島嶼上的白色土著關奇人(Guanche)鬥爭。葡萄牙人奴役關奇人，把他們帶到馬得拉群島，用他們的勞力建造灌溉工程，不久便把馬得拉群島轉化為一個小麥和甘蔗田的「眞正農業樂園」(格林斐〔Greenfield〕，一九七七年)。一四三〇年代葡萄牙人最初佔領亞速群島。一四四五年在茅利坦尼亞海岸以外的亞琴島建立第一個商棧。接下來一四七〇年在幾內亞海灣發現聖托美島和普林西比島(Principe)，一四七一年在尼日河口發現佛南度・波島(Fernando Po)。未久，他們於一四八二年在班寧海灣的艾爾米那建立第二個大商棧，一五〇三年又在艾克西姆(Axim)建立了一個商棧。一四八三年卡奥(Diogo Cão)上溯剛果河口，肇始了剛果王國與葡萄牙國王之間一段時間的「友好關係」。

葡萄牙人在西非的商業，重點最初不在徵召奴隸。他們出航西非，早期是為了找尋黃金和香料。商人載運回家的，有黃金、胡椒、象牙、產顏料的樹木、樹膠、蜂蠟、皮革、和木材，以及奴隸。在曼紐爾一世(Don Manuel I)朝(一四九六—一五二一)，單是由艾爾米那輸入葡萄牙的黃金，每年平均便達一七〇，〇〇〇金幣(巴克塞，一九七三年a，頁二九)。回程中，葡萄牙人將英國、愛爾蘭、法國和法蘭德斯的紡織品；摩洛哥、大西洋海岸外諸島、和北歐的小麥；日耳曼、法蘭德斯、和義大利的黃銅器皿和玻璃珠子；以及加那利群島的蠔殼運到非洲。因而他們主要是轉口其他民族的貨物。然而巴西產的煙草，不久便在非洲馳名，使葡萄牙人在整個對非洲的貿易中，都有了一種有市場的商品。

雖然葡萄牙人進行多種商品的貿易，可是由一開始起奴隸貿易便可以賺大錢，由一四五〇年到一五〇〇年，葡萄牙人可能取得多達十五萬人的奴隸，其中許多運回葡萄牙（巴克塞，一九七三年 a，頁三一）。一五〇〇年左右，葡萄牙在發現聖托美島和普林西比島非常適合種植甘蔗以後，奴隸貿易更加發達。這個以後非洲奴隸大量湧入這兩個島嶼，不過有其他人，如由葡萄牙逐出的猶太兒童，也進入定居。聖托美島成為新興蔗糖與奴隸貿易的一個激發點。一五〇〇到一五三〇年間，其甘蔗的生產量增加了三十倍。然而到了一五三〇年巴西也開始種植甘蔗，而且旋即成為奴隸最大的僱主。

如果葡萄牙人在十五和十六世紀是奴隸貿易最大的承辦商，則「荷蘭西印度公司」也在此時開始侵略葡萄牙人的禁區，而且不久即主宰了奴隸貿易。荷蘭人的來到非洲海岸，是與其在一六二四年到一六五四年間的想要由葡萄牙人手中奪取巴西產糖的海岸有關。荷蘭人在進入東非以後，一六〇七和一六〇八年攻擊在莫三鼻克的葡萄牙人。在西非，他們在一六三七年攻克艾爾米那、艾克西姆、以及黃金海岸的沙瑪（Shama），一六四一至四八年間又佔領安哥拉的海岸。然而，到一六五四年時他們已失去在巴西的最後一個根據地，這個以後便不再設法在巴西和非洲直接控制什麼領土。不過他們對加勒比海的外島古拉曹和艾魯巴(Aruba)卻緊抓不放。

荷蘭人自己不以生產蔗糖為主，而主要是以資金和技巧供應加勒比海生產蔗糖的人。由於葡萄牙人在荷蘭人的工廠中加工處理甘蔗，大半巴西運往歐洲的蔗糖都是運到阿姆斯特丹。然而到了一六六〇年，荷蘭人卻初次遭遇到有組織的英國競爭，先是所謂的「皇家非洲冒險者」公司，後來又是更幹練的「皇家非洲公司」。由一六六四年起，法國人也特約了好幾個公司在南大西洋貿易。

英國人和早他們一步的葡萄牙人一樣，最初來非洲並不是只為了奴隸貿易。十七世紀末葉「皇家非洲公司」經手的最重要項目是黃金。在一五〇〇年與一七〇〇年中間，據估計黃金海岸出口的黃金每年值二十萬英鎊(賓恩〔Bean〕，一九七四年，頁三五三)。可是由十八世紀初年起，奴隸便成為非洲貿易的主要商品，而英國主宰了奴隸貿易。一七〇一到一八一〇年間，英國由西非輸出了二百萬名以上的奴隸，佔三大奴隸貿易國輸出總數的三分之二。另兩個大奴隸輸出國是法國和葡萄牙，在同一時期各輸出六十萬名奴隸左右。到了一七一〇年，以倫敦為根據地的「皇家非洲公司」勢力已不如由布里斯托市出航的私人商船，到了十八世紀中葉，布里斯托勢力又不如利物浦。在一八〇七年廢止奴隸貿易以前，利物浦成為歐洲最重要的奴隸港埠。利物浦的得勢主要是由於它與日漸工業化的內陸地區有密切的關係。內陸地區給它資金和廉價的工業製造品，以此與非洲的奴隸販子交易。法國主要的奴隸貿易港埠是南特。一七六三年以後，南特和其他幾個法國港埠聯合起來，想彌補英國人奪取法國和加拿大皮毛貿易所造成的損失。

雖然輸往美洲的奴隸數目穩定增加，可是由奴隸貿易中獲利的比率卻有待商榷。有的獲利率高達百分之三百（克瑞頓，一九七四年，頁一二〇），有的卻破產。奴隸貿易商必須付雜費和稅給當地的非洲官員、僱用當地的勞力，承擔載運延期的成本、和面臨在非洲與西印度群島間大西洋中央航線上水手與奴隸的喪失問題。不過整體來說，這種貿易誠然有利可圖。英國重商主義者波斯托維為「皇家非洲公司」的利益辯護說：「異種人貿易與其自然的後果，可以認為是英國無盡財產與海軍力量的泉源」（引自戴維斯〔Davis〕，一九六六年，頁一五〇）。他說：「奴隸貿易是所有其餘一切的第一泉源和基礎，是驅動機器所有輪子的大發條」（引自克瑞頓，一九七四年，頁一二〇）一七〇〇年時「皇家非洲公司」期望出售奴隸的價值是用以支付奴隸的商品價值的四倍，而私人商人期望贏利是六倍。克瑞頓估計一六二〇到一八〇七年間的全部贏利大約是一千二百萬鎊，其中半數或許是一七五〇至一七九〇年間的自然增殖（一九七四年，頁一一七）。克林柏（Klingberg）估計十八世紀奴隸貿易每年的利潤為百分之二十四（引自戴維斯，一九六六年，頁一五五，註六〇）。可是安思台（Anstey）所估計一七六九與一八〇〇年間的利潤卻較低，每年百分之八到百分之十三不等（一九七七年，頁八四）。

奴隸貿易對參與的歐洲國家有間接的影響。母國需要生產或支付用以在非洲海岸交易奴隸的商品。因而，在一七三〇到一七七五年之間，英國外銷非洲貨品的值上升了百分之四百。製造商、糧食供應者、和水手都由這種貿易中獲利，而往往祈求其繼續。再者，使用奴隸勞力的大農場很賺錢，而利潤回歸母國。西印度甘蔗大農場在一七〇〇年以前每年贏利大約在百分之二十左右，一七五〇到一七七五年間至少在百分之十，一七九〇年爲百分之七點五左右（克瑞頓，一九七四年，頁一三九）。克氏下結論說：

因而，根據甘蔗大農場的情形來說，我們很可以假設在整個十八世紀，所有西印度大農場的利潤，自來没有低於奴隸年均市價的百分之八到十二。（一九七四年：頁一四〇）

威廉斯（Eric Williams）在其所著《貿易主義與奴隸制度》（*Capitalism and Slavery*）一書中，主張奴隸貿易與伴隨它的活動，事實上供應了英國工業革命起飛所需要的資金。威氏或許低估了國內市場的成長，而高估了非洲與南北美洲在爲英國成長滋生資金上發揮的作用。國內市場很重要，而英國在十七和十八世紀輸出到歐洲大陸的貨物價值，又超過其輸出到非洲和南北美洲貨物的價值。可是十七世紀下半葉英國大農場日增的需求，的確給了「英國製造商在其中受到保護的市場，在其中很少遭遇土著競爭的市場，而這個市場的吸收能力又隨殖民地外銷的成長而迅速增強（戴維斯，一九五四年，頁一五四）。再者，十八世紀中英國外銷到非洲和南北美洲的貨物增加了十倍，而輸出到歐洲大陸的量卻没有增減。「因而，整個十八世紀中葉，英國外銷貿易的主要推動因素是殖民地的貿易」（戴維斯，一九六二年，頁二九〇）。所以我們可以換一句話來申述威廉斯的論點，也就是說英國的工業發展主要不是根據了大西洋上的貿易，但是大西洋上的貿易卻將「主要的推動因素」供給了英國的工業發展。

在大西洋貿易發展的過程中，由於舊日的大農場地區和採礦區爲新的地區所取代、需求奴隸的地方有了改變。而隨著商人與供應者的興衰，供應奴隸的地區也有改變。在葡萄牙人在十五世紀這個貿易中竄升的初期，奴隸的來源地主要是由塞內加爾河(Seuegal River)向南到獅子山。由福迪角群島很容易到達這個地區，因而葡萄牙人稱之爲「福迪角的幾內亞」(克汀〔Crutin〕，一九六九年，頁九六)。十六世紀時，塞尼甘比亞仍然是一個主要的供應地區，將在若洛夫國(Jalof State)崩潰以後的戰爭中所擄獲的無數俘虜出售爲奴。同時，隨著葡萄牙人的深入納東戈王國(Kingdom of Ndongo)，剛果河以南的地區也日漸重要(克汀，一九六九年，頁一〇一—一〇二)。到了十七世紀中葉，外銷到新世界伊比利半島人所屬地區的大部分奴隸，都是「安哥拉人」。

十七世紀中間，巴西所接納的奴隸是由非洲運來奴隸的百分之四十二，西屬美洲所接納爲百分之二十二，但是此時英屬加勒比海地區接納百分之二十，而法屬加勒比海地區接納百分之十二。可是英國人所購買的奴隸愈來愈來自一個新供應區，也就是山角(Cape Mount)到班寧山(Gap of Benin)之間的西非地區，包括穀物海岸(Grain Coast)、象牙海岸(Ivory Coast)、黃金海岸、及奴隸海岸。一六七五年前後，「皇家非洲公司」所買賣的所有奴隸中，百分之六十四來自這個區域(克汀，一九六九年，頁一二二)。這種分佈上的改變，或許影響到西半球的新非洲／美洲文化。

十八世紀中間，塞內甘比亞和獅子山更不重要，而西非成了主要的供應出處。在這個期間，葡萄牙、英國、法國商人外銷的奴隸中，約有百分之六十來自西非(三，二三四，〇〇〇人左右)，而百分之四十(二，二二八，〇〇〇人)來自中非和東南非(克汀，一九六九年：頁二二一)。在西非內部，各地區所供應奴隸的數目隨情形的改變而改變。在十八世紀最初的十年間，班寧海灣(或稱奴隸海岸)透過衝要的港埠懷達(Whydah)，在奴隸貿易上發揮了重要的作用。一七三〇到一七五〇年間阿善提國興起，國勢鞏固，黃金海岸成爲奴隸的重要出處。一七四〇年代和一七六〇年代，大量的奴隸來自向風海岸(Windward Coast)，尤其是今日賴比瑞亞(Liberia)地區。克魯族在這個地區成爲奴隸販子和水手。到了一七四〇年，比亞福拉海灣(Bight of Biafra，尼日河三角洲)也開始大量供應奴隸。由那個時候起到十八世紀之末，這個地區每十年輸出十萬名以上的奴隸，一七六〇年代和一七九〇年代，更達十四萬左右。奴隸輸出的增加，也是由於在以往以親屬關係爲原則組成的人口群中，出現了有效的捕捉奴隸方法和遞交奴隸的組織。一七八〇年代奧約王國(Kingdom of Oyo)積極參與奴隸貿易，以致奴隸海岸又成爲奴隸重要的出處，外銷了十二萬名以上奴隸。

十八世紀中間，非洲中部的奴隸貿易也急遽發展。葡萄牙在一七一〇年代和一七二〇年代雖然大半由班寧海灣得到奴隸，可是由一七三〇年代起到奴隸貿易終止的時候，他們由中非和莫三鼻克輸出的奴隸每十年自來不少於十二萬人，到了一七九〇年代，更超過十八萬人。英國人也依靠這個地區，由一七八一年到一八一〇年間，每十年由這個地區得到不止十萬名奴隸。法國在一七八〇年代由這個地區買了十三萬名左右的奴隸(克汀，一九六九年，頁二一一)。這些數字指出中非奴隸貿易的龐大擴張。它對這個地區有重大的社會/政治影響。

雖然英國在一八〇七年決定廢止奴隸貿易，而奴隸不再流入英屬加勒比海地區，輸入美國的奴隸人數也大減，可是在十九世紀中仍有不止六十萬奴隸進入新世界的西班牙自治領，其中五十五萬人運往古巴。法屬加勒比海地區在一八一一與一八七〇年間幾乎取得十萬名奴隸，巴西取得一，一四五，〇〇〇人之多。到巴西的奴隸大致來自剛果河流域和安哥拉。可是更多的奴隸卻來自東非的莫三鼻克。在非洲中部有一條奴隸買賣的大道，莫三鼻克的姚族(Yao)在這條大道的東端作業。

爲什麼是非洲?

爲什麼非洲成爲西半球奴隸的主要來源?爲什麼非洲成爲歐洲人奴隸的主要來源，而歐洲不是歐洲人奴隸的主要來源?這個問題絕無清楚的答案，但其蛛絲馬跡卻日漸明顯。前面已經提到，歐洲在紀元第一千年確曾供應奴隸給回教徒和拜占庭人。在十字軍東征的那幾個世紀，回教徒奴役基督徒，基督徒又奴役回教徒。一直到十五世紀末，在伊比利半島上還是這個情形。十三世紀時，熱那亞人和威尼斯人開始由黑海上的塔那(Tana)進口土耳其和蒙古奴隸，而十四世紀時，大半進口到歐洲的奴隸都是斯拉夫人和希臘人。十四世紀和十五世紀時，由這些地區進口的奴隸構成托斯坎尼(Tuscany)和加泰隆尼亞—亞拉岡人口的一個重要部分。雖然一三八六年以後不能用公開拍賣的方式出售奴隸，可是在十六世紀間還是可以用私人契約的方式出售。一直到十七世紀後來，奴隸貿易還是地中海兩岸海盜活動的一大部分。可是在歐洲，奴隸制度不完全是一個地中海的現象。十七與十八世紀時，蘇格蘭的礦工和製鹽工仍然受到奴役，有些還必須戴上寫有其主人姓名的項圈（米拉〔John Millar〕，一七八一年，引自戴維斯，一九六六年，頁四三七；曼托〔Mantoux〕，一九二八年，頁七四一七五）。此外，蘇格蘭和愛爾蘭的戰俘也送到新世界做苦役（不過不是終生奴隸制度）。

再者，英國人十分倚重服務契約僕人在其新世界的殖民地上服勞役。所謂服務契約（indenture），是一種契約上的關係，「各方面以一定條件在有限的時期中受制於一個人之下」（貝因斯〔Baynes〕，一六四一至四三年，引自喬丹〔Jordan〕，一九六八年，頁六二）。服務契約勞役事實上與奴隸制度相差無幾。在契約約束下的服務契約僕人往往被人購買或出售，如果違反紀律，便受到嚴厲的責罰，許多人在契約滿期以前便死亡了。這個情形和進口到加勒比海的非洲奴隸是一樣的，這些奴隸出名的短壽。一六〇七到一七七六年間，每十個英屬北美洲的服務契約僕人中，只有兩個能活到其勞役屆滿，取得獨立農夫或工匠的身分，他們大多在契約期滿以前便死了，其餘的變成按日計酬的散工或貧民（史密斯，一九四七年，頁二九七—三〇〇）。服務契約在十八世紀末年在北美達到最高峰。服務契約苦役對僱主可能有些好處，因為服務契約僕人的成本不及奴隸的成本。可是在同時，服務契約有期限、受到習慣與法律上的限制、僕人也比較容易逃脫。不過，我們不應過份高估法律或意識形態對奴役歐洲人的約束力量。為什麼歐洲人未被合法的奴役，是一個尚未解答的問題。每當訴諸基督教的平等不夠用時，或許重商主義者的主張保全國內人力的想法，便發生作用。在新世界的系絡中，歐洲有時限的奴僕與非洲終身奴隸之間的區別，便在無數法律和社會系絡中將白人和黑人分開。

那麼為什麼歐洲人沒有更廣泛的使用美洲原住民奴隸？西班牙人對於奴役印第安人沒有感到良心上的不安。這個情形尤以其在加勒比海殖民的初期為然。他們不僅在中美洲大陸搶劫奴隸，也在北美洲大西洋海岸和墨西哥灣海岸上搶劫奴隸。一五二〇年，德艾隆(Lucas Vásquez de Ayllon)由北美洲大陸拐了五十名印第安人到西印度群島(那希〔Nash〕，一九七四年，頁一一〇)。巴西的葡萄牙人十六世紀時開始在巴希亞的產糖區使用原住民勞力。十六與十七世紀中間，據說以聖保羅為基地的搶劫奴隸者，曾經使多達三十五萬的印第安人成為奴隸(克汀，一九七七年，頁六)。

在北美洲日後南卡羅來納的地方，英國的殖民者由原住民人口中取得印第安人奴隸(戰俘)和鹿皮，並以歐洲的商品報償獵奴的群體。那希說：英國人「把戰爭轉包給」印第安人(一九七七年：頁一一七)。他們挑撥威斯托人(Westos)反對內陸的人；紹尼人反對威斯托人；克瑞克人反對提姆瓜人(Timucua)、瓜爾斯人(Guales)、和阿帕拉契人(一七〇四年，這些族群中有一萬人被輸出為奴隸)；卡陶巴人(Catawba)反對紹尼人；卡陶巴人、康加瑞人(Congarees)、和紹尼人反對契若基人；契若基人什麼人都反對。一七一五至一七年的雅馬西人(Yamasee)戰爭中，卡羅來納的印第安人奴隸貿易達到最高峰，此後便走下坡。

歐洲人所以喜歡非洲奴隸甚於喜歡美洲原住民奴隸，一般的說法是非洲勞工比較好，比較可靠。到了一七二〇年代，非洲奴隸的價格已經比印第安奴隸為高（參見帕度〔Perdue〕，一九七九年，頁一五二，註五）。可是主要的因素卻是印第安奴隸因為住得離其原住民群體近，容易反叛，也常脫逃。英國殖民者也害怕以印第安人為奴隸，會疏遠在對西班牙人和法國人作戰中的美洲原住民盟邦。最後，歐洲人也可以請土著美洲人幫忙，將逃走的非洲奴隸抓回來歸還主人。譬如，一七三〇年時，契若基人簽約捕捉和歸還逃走的奴隸，代價是每歸還一名奴隸由歐洲人付一枝槍和一件斗篷（帕度，一九七九年，頁三九）。

雖然白色服務契約僕人和美洲原住民奴隸多少可以由其自己的族群中得到一點支援，非洲奴隸的這種支援卻被剝奪。在非洲的一端，奴隸被捕捉或出售，遠離自己的親屬和鄰居。在到達美洲的港埠以後，歐洲人又有意將不同民族和語言的非洲奴隸混合，以防止其團結一致。一旦有了指派的主子以後，又因法律上的歧視和種族主義感情的成長，而使白色服務契約僕人與土著美洲人劃清界線。如果他們脫逃，則任何想領賞的「巡邏者」，卻可以用他們的膚色為識別標誌。因而，奴役非洲人所得到的勞力，可以在奴隸主的指揮下不斷做辛勤的工作，法律與習俗的約束減低到最小的程度。它使非洲奴隸沒有新世界、其他勞動人口群所有的其他辦法。

那麼，為什麼看上非洲？在葡萄牙人和西班牙人探索大西洋地區的時候，地中海的奴隸貿易十分頻繁。可是不久以後，由於一四五三年鄂圖曼帝國攻佔君士坦丁堡，而隨後土耳其人又封鎖了去東方的路線，地中海西部地區不再能由地中海東部地區和黑海四周取得奴隸。那個時候，葡萄牙人已經開始在非洲的西海岸從事奴隸販賣，荷蘭人、法國人和英國人只不過是學步葡萄牙人。郝京斯(John Hawkins)一五六二年初次出航時，在加那利群島聽人說：「黑人在希斯盤紐拉島(Hispaniola)是最好的商品」(引自喬丹〔Jordan〕，一九六八年，頁五九)。由奴隸貿易中有利可圖的觀念，無疑啓發了他盾形徽號上端的飾章——上面是一個被綁住的半摩爾人俘虜。

非洲的背景

雖然郝京斯聽人說「在幾內亞海岸可以得到大量的黑人」，可是非洲當時的人口事實上並不很多。由塞內加爾北界到今日奈及利亞的東界，一五〇〇年時人口估計在一千一百萬左右。那個時候非洲西中部(赤道國〔Equatoria〕、薩伊、和安哥拉)約有八百萬居民(麥克維迪〔McEvedy〕和瓊斯，一九七八年，頁二四三、二四九)。到了一八〇〇年，西非人口約有二千萬，非洲西中部人口約有一千萬。這個增加，可能是美洲農作物如玉蜀黍和參茨引入的結果。因而，這個地區能維持大規模的人口貿易、以及在歐洲需求與非洲供應間傳遞系統的迅速發展，都是出人意外的。這種發展是歐洲的主動與非洲的合作配合而成。歐洲人出資主辦奴隸貿易。捕捉、遞交、以及俘虜在等待運送出洋期間的控制和維持，大多由非洲人經手。歐洲人主辦運送出洋、讓俘虜習慣其新環境，以及到了目的地出售俘虜。

這種新貿易發生的所在地，是在生態學上類似的許多社會。它們以砍燒方式種植塊莖、香蕉、粟和高粱，也養牲畜。（由於采采蠅的猖獗，大半森林地帶不適宜養牛馬。）製鐵工匠供應有鐵質頭的鋤和斧、以及矛尖和劍。通過廣大的交易網絡和市場，各地的人交易許多工藝製品和鐵礦、紅銅、鹽、和棕櫚等地方性的物質。世系群代表祖先與後裔間的繼續合作，並控制了土地與其他資源的取得。這些世系群乃由長老統治。長老以新娘聘禮交換對婦女生殖能力及其子孫的控制權，也因此實踐世系群間的聯盟。這種適應中所缺乏的不是土地而是勞力。長老以世系群代表的資格操縱親屬關係的安排，而掌握對勞力的使用權。

雖然這些交互行動的世系群往往形成自主的社會與經濟體系，可是往往也有罩在許多世系群上方的政體。統治這樣政體的是「神王」，其本人具體表現超自然的身分與屬性。在這種儀式性王權、與國王控制最重要資源（如黃金、鐵礦床、鹽、和奴隸）和對長距離貿易管轄權結合的地方，便出現了更複雜的「金字塔式」的政治結構。這些政體的起源乃因神祕的特許權，說其爲首的世系群乃出自超自然力的主要中心。但是沿由非洲森林地帶到地中海沿岸地區貿易路線的各人口群，其間不斷改變的關係，對於上述政體的形成，或許有密切的關係（參看第二章）。戰事和涉足長程貿易所造成的政治統一，使從事戰爭和貿易的精英分子發達，使若干地方世系群結合起來環繞一個皇家中心。如此而造成的政治「金字塔」，乃建築在一個相當自治的農業基礎之上。但是其統治階層卻集合軍事和經濟資源，把這些資源集中在皇家的朝廷。地方性以親屬關係原則組成的世系群，對於土地和勞力保留相當大的控制權，不過在戰爭與貿易上卻服從皇家中心。權力的如此分配，也使主管地方上土地和新娘聘禮經濟的「長老」，將其利害關係、與皇家世系群儀式與貿易精英分子範圍較廣大的利害關係結合。（這種輻合或許反映在流行的意識形態之中，也就是說權威不十分是委託的，而主要是參與和分享的）。關鍵性壟斷權的發展、戰爭的加劇、以及長程貿易的擴展，可以擴大社會政治的金字塔。外來的侵略或脫離又可加以縮小。而這樣的金字塔系統又可能被外人征服或滲透。

與歐洲人的接觸引進金屬、五金器具、槍砲和火藥、紡織品、甜酒、和煙草。它在兩點上影響到這樣的金字塔體系。第一點是主宰聯姻與分配子孫的那些威望貨物的流通。第二點是精英分子的消耗，也就是長程貿易的關係的頂點。因而我們可以說歐洲擴張吻合原先存在的非洲交易系統，沒有改變其基本的結構，只不過是將許多貨物注入非洲的交易系統。但是這樣的遭遇還有另一個方面，而它不久就不但影響到流通，也影響到勞力的分配。只要歐洲人只是想得到胡椒或黃金或明礬，奴隸制度的問題便是次要的。但是不久因爲歐洲要求以進口的貨物交易非洲人，生產關係的本身便受到影響。

新生的奴隸貿易無疑對供應地區造成政治上的影響。尤其是因爲歐洲人自己很少動手捕捉奴隸。十七世紀晚期，法國代理人巴保特（Jean Barbot）說，歐洲人所依靠的是「國王、富人、和第一流的商人」（引自戴維森〔Davidson〕，一九六六年，頁二一三）。而非洲的合作又加強了已有的邦國，並在歐洲影響力到來以前沒有邦國的地區促成邦國的建立。

在歐洲人來到非洲以前,兩個日後對奴隸貿易有重要作用的地區,已經在非洲邦國的控制之下。其中一個是剛果王國(Kingdom of Kongo)。據說剛果王國乃建於第十四世紀下半葉,若干源於剛果河以北的高級親屬群體,主宰了剛果河以南的人口。第二個在歐洲人來到以前已有邦國的地區是奈及利亞南部的班寧。班寧的統治者和日後奧約王國和達荷美王國(Dahomey)的統治者一樣,說自己的世系可以追溯到神聖的尤如巴族城市艾爾艾芙(Ile-Ife),與尼日河更東面和北面的地區有關係。

在另外兩個地區,邦國的形成是在與歐洲人接觸以後。一個地區是在剛果王國以東,其中心在基薩爾湖(Lake Kisale)四周,在上剛果河區域。這是魯巴—倫達族十七世紀初年以後擴張的心臟地帶。向這個擴張乃是受到葡萄牙人開啓,大西洋海岸所造成的經濟刺激(奧立佛〔Oliver〕和斐吉〔Fage〕,一九六二年,頁一二九)。第二個在歐洲人來到以後才形成邦國的地區是黃金海岸。十七世紀末葉阿善提人勢力成長,掃除了幾個較少的政體。

奴役的方法

奴隸是些什麼人?是用什麼方法使他們成爲奴隸的?在歐洲人來到以前,使一個自由人變成可能的奴隸的方法有三:人質的制度,在司法上使一個人脫離其世系群的保護,以及爲取得俘虜而打仗。

人質的方法用得很廣。償付債務用抵押,把一個人歸於另一個人所有以償付債務。在人質的期間，收債者對接收到的這個人的勞力、生殖活動、和子孫都有權控制。人也可以在饑荒的時候抵押自己和自己的親戚，以人的權利交易食物。

第二個創造可能的奴隸的方法是透過司法的過程。簡言之，違反親屬關係秩序和世系群結構的行爲，被視爲不但反抗活人，也反抗祖先，因而也就是反抗超自然。當爲了處罰一項犯罪而將一個人由其世系群開除時，這個人非但再得不到其親屬的支持，而且也被宣佈爲違反超自然的秩序。好像是親屬關係秩序爲了自我保護，乃將向它挑戰的人置於它的領域以外。這樣的人可以被賣爲奴。當奴隸主的世系群或姻親使用權力避免自己被指控時，也可以讓奴隸代他們受過(巴蘭迪爾〔Balandier〕，一九七〇年，頁三三八—三三九)。

第三個辦法是抓戰俘。和其他的方法一樣，受害人實際上也被強迫與其自己本土的世系群斷絕關係，失去親人的支持。因此，一般而言不論他們是人質、罪犯、或戰俘，取得可能奴隸的方法，都是斷絕他們與親人的關係，並把他們轉移進入奴隸主的親屬群體。

應該注意的是，人質或奴隸一旦爲其主人世系群所有，即使不讓他們與主人的世系群有關聯，可是在家族團體中卻可以成爲一個有作用的份子。因而人質和奴隸制度也可以有比較良好的結果，不像西半球特有的那種「動產奴隸制度」(Chattel Slavery)。不過人質和奴隸卻也都沒有世系群分子所有的權利，因而由其奴隸主任意擺佈。道格拉斯曾經指出這種操縱奴隸的能力，如何在母方組成的社會結構中特別重要：

> 一個女性人質可以生產其他家族的世系群分子，不過這些子女可望住在其主人的村落中，並受他的控制。他可以把這個女性人質的女兒許配給自己年輕的族人爲妻，而建立他在當地的家族分支。她生下的兒子也將是他的人質，他可以說服他們住在他的村子中，他可以把自己家族中的女子許配給他們爲妻，使這些兒子不去找自己母親的兄弟。人質主人之間也可以締結聯盟，使許多不同家族的人質結合。〔一九六四年，頁三〇三〕

再者，在一夫多妻制的情形下，人質可給世系群長老更大的權力，因爲長老控制婦女與新娘聘禮的分配（參見道格拉斯，一九六四年，頁三一〇）。

在培養家族團體的層次與在精英分子管理的層次，所有這些方法都有不同的作用。酋長和最高統治者所取得的人質、罪犯、和戰俘，不變成家族團體的成員。相反的，他們被指派在酋長的花園菜圃中和皇家的金礦上工作、以及在長程貿易中運輸貨物。商人也用奴隸供給沿貿易路線商隊站食物，或擔任挑夫。因此，就軍事、司法、和商業精英分子來說，奴隸勞力供應他們生活所需剩餘物質中的絕大部分、以及與他們精英身分相稱的貨物與服務。因而戰爭與司法控制同時被用來擴大奴隸階級，以其勞力支持精英分子的各種特權（泰瑞〔Terray〕，一九七五年）。

這三種方法也都用來供應奴隸貿易中的奴隸。如此，原來已有的制度便爲歐洲的商業擴張所用。

非洲各社會專事遞交奴隸，專事奴隸貿易向前與向後的聯繫。爲了研究奴隸貿易的細節與其對當地人口群的影響，我們將集中討論兩個地區。這兩個地區大批供應輸往西半球的奴隸：西非（尤其是黃金海岸、奴隸海岸、和尼日河三角洲），和中非（也就是奴隸登記簿中「安哥拉人」和「剛果人」的來源）。

供應奴隸的地區：西非

黃金海岸

奴隸貿易的到來立即在黃金海岸造成一連串的大變動。十六世紀下半葉，若干小邦在沿熱帶森林地帶出現，利用這種新的商業機會。有些小邦乃以「大人」爲中心形成。這些大人有足夠的權勢，視其本身的利害關係今天支持一群歐洲商人，明天又支持另一群歐洲商人。艾克羅森（Akrosan）兄弟便是這種「大人」的例子，十七世紀中葉，他們在菲圖（Fetu）有很大的權勢。一六五六年哥哥死了以後，弟弟（歐洲人稱爲克雷森〔John Claessen〕）成爲整個幾內亞海岸最有權勢的人（達古，一九七〇年，頁一〇九）。他有一支作戰用獨木舟艦隊和配備毛瑟槍的二千名士兵。他周旋於在艾爾米那的荷蘭人與「瑞典公司」之間，可以不接受雙方的賄賂。他拒絕接受菲圖的王位，因爲國王在禮儀上不許接觸大海，因而會使他不能與歐洲人協商。另一位大人是艾瓜木（Akwamu）的艾柯曼尼（Akomani）。他因爲有大砲，可以任意攻佔克麗斯成堡的城堡（Christiansborg Castle）。

可是，這些海岸企業家中最著名的一個卻是柯曼達（Komenda）的凱布斯（Johnny Kabes）。他生於一六四〇與一六五〇年間，死於一七二二年。凱布斯成爲英國人與阿善提人之間主要的中間人，而又維持其對英國人與阿善提人的獨立。他控制了供應（非洲與西印度群島間大西洋中央航線上）奴隸販子所需食物的最重要鹽池與大農場，爲興建堡壘和商棧提供勞力和原料，並且維持獨木舟艦隊租給別人。他雖然承認艾古福（Egufo）統治者的統治權，但自己卻擁有軍隊。與凱布斯同時代的人艾漢達（Ahanta）的波柯索的剛尼（Johnny Konny of Pokoso）也是阿善提人的中間人，尤其是在阿善提人的黃金貿易當中。他反荷蘭人，而支持「布蘭登堡公司」（Brandenburg Company）。荷蘭人和英國人事實上曾經結盟想擺脫他，但沒有成功（參見達古，一九七〇年；漢尼吉〔Henige〕，一九七七年）。

這些早期企業家維持其自己的軍隊，成爲一個新的政治因素（槍砲）到來的預兆。我們不應過於高估槍砲本身的影響力，因爲在熱帶森林的環境中，早期形式的槍砲往往不是很有效力。只有當這些新武器進入能有效利用它們的人之手以後，才有了力量。班寧國在歐洲的武器引進之前便在這個地區成立。這個森林國家的王朝在十四世紀早期便已存在，那個時候葡萄牙人尚未到來（布來德百瑞〔Bradbury〕，一九六四年，頁一四九；基亞〔Kea〕，一九七一年，頁一八五—一八六）。

槍砲的使用和有關的技巧，並不完全是由歐洲人引進這個地區。在森林以北的無樹木大平原地帶，槍砲與火藥的使用乃按照近東的方式而非歐洲的方式。雖然金屬槍砲十四世紀早期最初在西歐和斯堪的那維亞使用，但是到了十四世紀末葉，大砲已傳到巴爾幹半島並進入鄂圖曼土耳其人之手。手槍則在十五世紀早期已流傳廣遠，而到了十五世紀中葉大砲與火繩槍已造成一次鄂圖曼戰爭的革命。一五九〇年，由持火繩槍的西裔回教徒和葡萄牙與西班牙戰俘所組成的摩洛哥軍隊，摧毀了桑海國。到了十六世紀之末，波努(Bornu)的統治者，以由的里波里請來的土耳其教師爲教練，訓練了一個軍團的步兵(古迪〔Goody〕，一九七一年，頁五二；戴維森，一九六六年，頁一三九)。因而，在與歐洲人接觸的時候，森林地帶的北緣已經知道槍砲這樣的東西。

然而，森林居民的大規模擁有火器，卻顯然改變了政治力量的平衡，並加速新政府的形成。葡萄牙人爲了保護其堡壘，將槍砲分發給艾爾米那周圍的「友善原住民」。而一六一〇年，英國人開始出售槍砲。到了一六六〇年，與艾坎尼(Akany〔艾坎(Akan)〕)商人間的槍砲貿易十分興隆。十七世紀中葉以後，由於「英國東印度公司」開始自由出售武器，這個地區火器的量急遽增加。一六五八與一六六一年間，「東印度公司」在黃金海岸賣出五，五三一枝毛瑟槍和火藥。一七〇〇年，荷蘭商人鮑斯曼(William, Bosman)在艾爾米那寫道：

> 主要的軍事武器是毛瑟槍或卡賓槍。這些非洲人很長於使用毛瑟槍與卡賓槍。我們大量賣給他們，等於是給了他們一把殺我們自己的刀。可是我們也不得不賣給他們，因爲否則他們也很容易由英國人、丹麥人或普魯士人那兒得到。而且即使我們管理者都同意停止出售火器，可是

英國或荷蘭的私商還是會繼續賣給他們。〔引自戴維森，一九六六年，頁二一七〕

到了一七三〇年，西非每年進口的槍枝已達一八〇，〇〇〇之數。一七五〇與一八〇七年間，槍枝的進口在每年二八三，〇〇〇與三九四，〇〇〇枝之間上下（英尼柯瑞〔Inikori〕，一九七七年；理查茲，一九八〇年）。燧發槍在因應對武器的大量需求上最爲重要。它提高了槍主的軍事能力，並爲會使用它的政治組織供應了暴力的工具。

貿易和戰爭的新機會促成了小邦國的出現。如基亞所言（一九七一年：頁二〇一），它們都以火器爲基礎。一個最早的小邦國是奧達河（Oda River）上的丹吉拉（Denkyira）。丹吉拉國由艾爾米那的荷蘭人處購買到火器，終於擺脫其以前的霸主艾丹斯（Adanse），而成爲一個獨立的邦國。再向東，沿比林河（Birim River）的艾瓜木聯邦在一六七七年衝到海岸上，征服嘉阿（Ga）市鎮（尤其是大阿克拉市〔Great Accra〕，並與英國人、荷蘭人、和丹麥建立直接的接觸。艾瓜木在歐洲人的協助下，進一步向遠處擴張，向西面囊括了阿剛那（Agona）的凡泰國（Fante），以及到懷達的全部東面黃金海岸（一七〇二年）。可是一七二九至三〇年間，艾瓜木爲北鄰的艾奇姆（Akyem）所毀滅。艾奇姆控制了豐富的黃金礦，組成一個短命的國家艾奇姆・艾布瓜（Akyem Abuakwa）。

這些小群體的動作，卻被阿善提的迅速擴張所打斷。十八世紀和十九世紀時主宰黃金海岸的阿善提，一直到十七世紀末葉才成爲一個獨立的政體。十七世紀較早，有些說推語（Twi）的母系世系群開始遷離艾丹斯區域。到了十七世紀中葉，其中有一些（尤其是艾古諾〔Ekuono〕和奧約柯〔Oyoko〕），或許由於通過海岸上的火器貿易而取得槍砲，乃在政治上有了勢力（韋爾克斯〔Wilks〕，一九七五年，頁一一〇）。一六六〇年代和一六七〇年代，這些世系群互相鬥爭，想要控制舊日塔否（Tafo）的黃金市集周圍的瓜曼（Kwaman）地區。最初它們受制於丹吉拉國。丹吉拉榨取它們的黃金與奴隸，以便在艾爾米那支付槍砲和其他貨物。然而它們在一六九九年起而反叛，一七〇一年消滅了丹吉拉的勢力，而後取代它在與歐洲人交易中的地位。

皇家的凳子變成阿善提王權的象徵，其權力似乎直接是建築在阿善提統治者由歐洲人取得槍砲和控制貿易的能力之上，也就是建築在軍事與商業職權的中央集權之上。阿善提的金凳也象徵司法的主權，以及所有阿善提人興起自然的共同關係。在同時，在酋長治下的母系世系群相當自主自治，即使在軍事組織上亦然。而阿善提國主要是許多世系群的一個複合體，其次才是中央集權的國家。

庫瑪西特區（district of Kumasi）是阿善提統治者的所在，坐在他的金凳上。這也是一個人口稠密的區域，有一個相當大的城市（一八一七年時人口一二，〇〇〇到一五，〇〇〇）以及許許多多的農夫，農夫爲酋長及其家人種植食物。它構成阿善提軍隊中最強大的軍事單位。一八一七年時，它提供了六萬名士兵。次大的地區德瓦本（Dwaben）提供了三萬五千，其他三個地區各提供一萬五千士兵。然而，只要是奴隸貿易興隆，阿善提國內所有的領土族群就都對阿善提霸權的擴張有興趣，因爲霸權使他們可以進入新的貿易路線和取得奴隸。

阿善提人配備了最初由荷蘭人所供應的毛瑟槍，乃向四面八方擴張。他佔領了西剛加(Western Gonja)(一七二二—一七二三)、東剛加(Eastern Gonja)(一七三二—一七三三)，阿克拉(一七四二)、艾奇姆・艾布瓜(一七四四)、和曼布如西(Mamprussi)(一七四四—一七四五)。十九世紀初年，他們拆散海岸凡泰國與英國人的聯盟。十八世紀上半軍事勝利的日期，反映在當時由黃金海岸輸出大量的奴隸上。每次勝利以後，阿善提人便以戰俘和納貢的方式取得奴隸。一七五一年，克潘比(Kpembe)的國王承認阿善提的霸權，並且答應每年納貢一千名奴隸。當一七七二年阿善提人擄獲達剛巴(Dagomba)的統治者時，他的兒子用一千名奴隸把他贖回(韋爾克斯，一九七五年，頁二二)。看起來只要是奴隸貿易興隆，阿善提國便喜歡用兵。商人受到政府的控制，不允許發展爲一個獨立的階級。

奴隸貿易在十九世紀的衰退，削弱了軍方的影響力，而造成了新的政治聯盟。它使商業企業主與較低的階級聯合。構成較低階級的是大半由北面來的奴隸，阿善提人以他們爲抵押償債，官員剝奪他們的地位。這個聯盟尤其在軍事徵集的問題上結合(韋爾克斯，一九七五年，頁七〇一—七二〇)。

奧約王國和達荷美王國

阿善提王國由森林地的核心擴張，囊括了南方海岸與內陸無樹木大平原的地區。另外一個政體尤如巴族的奧約王國，由其開敞的溫帶草木區向外擴張，向北由尼日河上的努比族(Nupe)收取貢物，向南與新港埠的歐洲人接觸。在阿善提的西面森林地與延伸到尼日河的東面森林之間，一個廣闊的開敞無樹木大平原向下到海岸。在這兒的奧約王國，可以比在森林地帶的人更自由的部署其騎兵。奧約的統治者由其北面的豪薩人處購買馬匹，一五五〇年左右開始軍事與政治上的擴張，逐漸主宰了無樹木大平原的走廊地區。

奧約統治者是說尤如巴語王朝的成員。這個王朝的宗譜可以追溯到奧都亞(Odua)，也就是地球的創造者及聖城艾爾艾芙的第一位國王。一直到今天，這種信仰仍是大多數尤如巴人子群王權的神話特許狀，而許多國王間地位的排列次序，也是用他們與奧都亞的十六個兒子在宗譜上的關係決定(參見巴斯康〔Bascom〕，一九六九年，頁九—一二)。雖然奧約的君主有神聖的血統，可是事實上他們卻面對了貴族輩的勢力，所有的貴族都控制騎兵。爲了抵制貴族，群主乃由以前的奴隸中徵召官員。對於馬匹的依靠同時是奧約王國的長處與弱點。由於采采蠅猖獗，當地不容易繁殖馬匹，因而必須由北方進口馬匹，連帶照顧馬匹的馬夫。爲了支付馬匹，統治者必須有貨物輸送北方。隨著歐洲人的到來，此方最喜歡的是海上商人帶來的商品，而奧約又必須以奴隸償付這些海上商人。因此奧約王國變成重要的奴隸承辦者。奴隸貿易在十九世紀的減少，最後擾亂了這個交易模式，使貴族與國王發生衝突。

然而奧約王國卻不僅是由自己的資源去支付奴隸的需求，它也由其他的國家收取奴隸和商品這一類貢物。其中一個國家是達荷美。十七世紀下半葉，方族(Fon)中的阿拉達克索努家族(Alladaxonu c.an）組成達荷美國。這個家族像奧約國的統治者一樣，說自己是奧都亞的後裔。他們像奧都亞其他各支的子孫一樣，控制了當地的百姓，在無樹木大平原缺口以內阿波美（Abomey）高原上建國（這也就是「達荷美」一字的來源）。

往往有人說由昂尼達達（Onidada）（或方族君主）所統治的達荷美國，是一個完全自主的邦國，獨立的進行奴隸搶劫和買賣的活動。可是事實上達荷美在一七一二年敗給奧約以後，便是奧約的一個屬國。一七二四到一七三〇年間，奧約至少五次派騎兵攻擊阿波美高原，以加強其宗主國的地位。達荷美年年進貢，幾乎達一世紀之久。貢物中有每年一千七百枝左右的槍。奧約的攻擊阿波美高原，不僅是爲了取得貢物，也是爲了禁止方族控制海岸。一七二五年時，方族曾經攻擊阿德拉（Ardrah）。那個時候，阿德拉是奧約霸權下的一個王國，控制了好幾個海岸上的港埠。方族攻佔了幾個港埠，如懷達（一七二七）、薩維（Savi）（一七二八）、和傑京（Jakin）（一七三二），不過旋即把對阿德拉和傑京（或波托諾伏〔Porto Novo〕）的控制權讓給奧約。方族在設法讓英國人在排外和家人的基礎上接管懷達以後（參見博蘭尼，一九六六年，頁二九—三〇），承認了薩維與歐洲人間一七〇四年的一項協議，此後將薩維港對一切來者開放。方族在攻佔懷達以後，可以有系統的組織奴隸貿易。不過在一七七二年以前，他們卻面對無數的地方性反叛。協助這些反叛的，有奧約，也有各種外國的官員和公司。因而懷達非但不是達荷美的資產，反而成爲它政體上的一個傷口（博蘭尼，一九六六年，頁三三）。

達荷美外交上的困難，在十九世紀初年奧約瓦解以前持續不斷。可是它卻是一個高度中央集權的國家，內部也團結一致。這個國家基本的單位是擁有土地的父系群，其領袖是長老。幾個父系世系群形成一個村落，有其本身公共勞力的組織。村落的村長需由國王以證書授權。不過這個新的國家不止是一個由皇家父系世系群統治其他父系世系群的組織。它有備配毛瑟槍的一支常備軍，包括由二千五百名女兵組成的皇家扈從。此外，戰時也普遍徵兵。國家也有有效的稅收制度，對每一個村落徵收農產品的基本稅；牲口、鹽、和工匠產品稅；以及送到市場的貨物的通行稅。它以智巧的方法保存和核對人口調查表和生產統計數字。國王有強大的司法控制權。如果一個酋長犯罪，則他的圍地被毀、財產被沒收、女眷被售為奴、男性子孫強迫在軍中服役。西非森林地帶普遍有祕密會社。達荷美以祕密會社為非法，以抑制反側。相反的，控制入會式的僧侶主持國訂的崇拜。為了進一步抑制對政府的挑戰，皇家父系世系群的成員不許擔任官員，而只有國王與民女生的兒子才可以繼承王位。政府官員通常是由平民出任，請他們任官的條件是送他們禮物，也允許他們要皇族的女子。他們不能鞏固自己的權勢，因為他們得聽命於國王，職位不能傳給子孫，又有一名皇族的婦女嚴密監督他們的工作。這名婦女稱為她所主管的官員們的「母親」。

政府也強力控制對外的貿易。國王的代表前往迎接每一艘到達懷達的船船，並指派當地的挑夫將貨物載送到城裡的庫房。歐洲人住在城裡辦事，由政府派僕從照顧他們三名皇家官員控制貿易。閣王給貨物和奴隸定價格。不得國王的許可，歐洲人不許擅自離開懷達。同時，由北方來的奴隸販子不許造訪懷達和直接與歐洲人貿易，他們必須把俘虜賣給達荷美的代理人。不許任何槍砲和彈藥通過達荷美到北方的國家。

一個人只有經國王公開的授與才許擁有奴隸。任何人都不得獨立擁有或買賣奴隸。不過某些官員卻可以以其自己的軍隊捕捉奴隸，並在付給政府一筆稅以後保留其士兵捕捉到的奴隸。在戰爭中攻下一個城市以後，戰勝的軍官可以壟斷該城的貿易，不過要繳稅。而且他也必須透過有執照的貿易官員作業，而這些官員與軍方沒有關係。

班寧

在歐洲人控制西非海岸以前，那兒或許只有過一個國家，也就是在幾內亞東部的班寧。班寧的君主和奧約及阿波美的君主一樣，追溯其血統到尤如巴聖城艾爾艾夫的奧都亞。或許由於尼日河上的貿易，這個王朝在一四〇〇年前後控制了班寧地區說艾多(Edo)語的人口。奧約的統治者必須與世襲貴族輩鬥爭。班寧國沒有這個問題，其眾多的會社使平民的地位可以提升。這些會社與東面尼日河區域的會社類似，是擁有稱號者的商人的有組織團體(布來德百瑞，一九六四年)。在班寧興隆以後，這些會社或許在土著人口中間爲國王爭取到廣泛的支持。

班寧先是將胡椒、後來又將奴隸出售給葡萄牙人。它是奴隸海岸上第一個取得火器的國家。班寧的統治者使用毛瑟槍向東擴展遠到朋尼(Bonny)，向西擴展遠到艾柯(Eko，拉戈斯〔Lagos〕)。十七世紀時，它成爲奴隸的大出處。不過到了十七世紀末，由於與其他尤如巴城市的激烈競爭，由班寧運出的奴隸成本太高，以致歐洲人改在懷達和卡拉巴（Calabar）找比較廉價的奴隸。班寧的經濟持續衰退，內部的衝突也加劇。班寧的統治者仍是其神聖的中心，可是在他的四周，世襲貴族、在皇宮侍從協會中有稱號的人、平民儀式代表、控制奴隸海岸與內陸市場間路線的貿易協會會員，都衝突時起，鬧作一團。這些利害的衝突導致內部的反叛，以致到了十八世紀之末，班寧的國勢已經江河日下。

尼日河三角洲

阿善提、奧約、達荷美、和班寧這些黃金海岸和奴隸海岸的國家，都由其在內陸的基地向海岸發展，以控制裝船和進口的衝要地點。在班寧以西的地區，也就是尼日河的三角洲，奴隸貿易的中心都是沿海岸和水道發展，興起的大港埠有朋尼、新卡拉巴、和舊卡拉巴。它們是歐洲貨物和影響力的人口點，也是由內陸來的奴隸裝船的地方。黃金海岸與奴隸海岸的奴隸商業乃由納貢國經營，可是尼日河三角洲的奴隸貿易卻植根在由親屬關係轉體所主宰的社會系絡之中。

班寧已在尼日河三角洲上開拓，其派出的殖民者，乃由皇親國戚和君主的家臣所率領。這些殖民者組成許多小的衛星王國，與班寧保持變化無常的關係。其中一個是艾波（Aboh）。艾波的位置衝要，正好在尼日河入海前形成三個分支的分叉點上。班寧的另一衛星是在北面伊加拉（Igala）王國的伊達（Idah）。伊加拉國王由伊達派出有稱號的許多酋長向內陸殖民，由這個附屬地區吸收奴隸、象牙、和其他產物。他們順尼日河而下，以奴隸、象牙、和其他內陸的產物與艾波交易食鹽和歐洲製造品。

艾波以下的三角洲紅樹沼澤地帶住的是說艾較語的人，他們組成自治的村落，村落的單位是擴展家庭的「家戶」。艾較人捕魚和收集食鹽，將他們的產物與北面的衛星王國交易農作物、家禽、和牲口。艾較所生產的食鹽和魚類，而後又沿尼日河交易紅薯、棕擱製品、牲口、一種供製紅色染料的木材、象牙、和碳酸鉀。

在歐洲人接觸海岸的時候，艾較人乃居於衝要的位置，可以利用由新港埠出來的路線，越過三角洲上的小溪和河流的小支，到達上游的城市。十六世紀早期，北方的諸王國開始以奴隸、農產品、和牲口交易艾較的食鹽。艾較人又以這些奴隸、農產品、和牲口交易歐洲人的紅銅手鐲。到了十七世紀末葉，艾較的群落如卡拉巴利（Kalabara）、安多尼（Andoni）、朋尼、奧克瑞卡（Okrika）、和布拉斯（Brass）（南比〔Nembe〕），已成為以奴隸交易歐洲製造品的中心。十八世紀時，火器在這個地區已相當普遍。艾較的軍事領袖乃給其坐五十人的獨木舟裝上大砲，互相競爭日益成長的貿易的控制權。在貿易與打仗中間，艾較擴展家庭的家戶，變成了「獨木舟家戶」。這些由親屬和已同化奴隸所構成的團體，為取得奴隸而廣泛的經商和作戰。

到了十八世紀，有大數目配備大砲獨木舟家戶，也出現在艾波。艾波實質上成為整個三角洲上這種獨木舟的主要出處。艾按所取得的奴隸，大多來自北方伊達的伊加拉人。伊加拉人由尼日河與班紐河（Benue River）合流處的地區取得奴隸和象牙，以之與南方交易食鹽和歐洲貨物。這些奴隸貿易的活動，使這個地區的人口極化。一端是有國王領導的捕捉奴隸的河邊人口（olu），另一端是有人前來搶劫奴隸的高地人口（igbo）。「Igbo」這個字原是指奴隸貿易中的受害人，日後才變成一個民族類別的名稱，也就是今日的伊波人（Ibo）（參見韓德森〔Hendersan〕，一九七二年，頁四〇—四一）。這些鬥爭的結果，使布拉斯、卡拉巴利、和朋尼成為三角洲東部的主要中心。

十字河上的老卡拉巴，在海岸說艾比比歐語（Ibibo）的民族中間，也出現了另一個這樣的中心。這兒的人口也主要是以捕魚、製鹽維生，並將其產品在北面伊波人的地區交易紅薯。十七世紀後期，一群說艾比比歐語的漁人和商人離開其老家遷居日後所謂的小溪城（Greek Town）（伊同柯〔Etunko〕）。十七世紀初年，一部分小溪城的居民相率出走，組成老城（Old Town）（奧布同〔Obutong〕）。一六二〇與一六三〇年代，古老的一個世系群又分支出來建立公爵城（Duke Town）（艾塔巴〔Atakpa〕）。這幾個城組成了老卡拉巴。十七世紀中葉，奴隸貿易在這裡開始。在一六五〇年與對外奴隸貿易結束的一八四一年間，據估計輸出奴隸二十五萬人之多（拉山〔Latham〕，一九七三年，頁二二—二三）。他們所得到的歐洲貨物，最初是鐵、紅銅、五金製品、和布料；一七一三年又加上火器。

販賣奴隸旋即成為老卡拉巴的一大企業。就好像販賣奴隸在說艾較語的民族中間將擴展家庭的家戶轉化為「獨木舟家戶」一樣，在說艾比比歐語的艾費克人（Efik）中間，奴隸貿易也像損了父系世系群及由世系群酋長所組成的會議。取代父系世系群的是七個住區，每一個區由不同的擴展家庭和世系群分支組成，而以一個重要的商人及其奴隸從者為中心。有的住區繁榮起來，犧牲其他的住區而自我成長。拉山說：

> 最成功的住區，因爲聚集的侍從最多，擴張得也最快。由於歐洲人喜歡與那些迅速而誠信償債的人貿易並相信他們，有的住區成長快，有的住區成長慢。逐漸，不好的債務人便得不到信貸，只有値得相信的人才得到支助。愈爲人信任的人，其組織與貯藏也變得愈大愈多，也有資格得到更多的信貸。〔一九七三：五一〕

與說艾較語的人相反，艾費克人沒有將奴隸納入其擴展家庭和世系群。部分是透過對一個共同守護神納丹・艾費克(Ndem Efik)的崇拜，他們維持和鞏固自己上層階級的地位和團結。不過他們也與非艾費克血統的企業家溝通，允許他們參加祕密的艾克比(Ekpe)會社。這個會社乃以一位森林幽靈得名。艾克比(歐洲人稱之爲艾格波〔Egbo〕)，在十八世紀早期最引人注意。它接受所有的男人，不論是自由人還是奴隸。會員的身分是購買的。會社分階級，最上面的四級理論上只能是自由人，不過據知有一個出身奴隸的人曾當上副會長，每一級有一位指揮者，在艾克比的頂端是會長和副會長。指揮者、會長、和副會長往往由具支配力量住區的成員擔任。頂上一級的成員組成決策會議。第二級執行這些決定。

這個會社有各種功能。在一個層次上它是一個社交俱樂部，重要住區的男人可以在此會時飲宴。

在另一個層次上它有法律上的權威，它制定和執行法律。它可以對人處罰金、拘捕或軟禁人、並處決罪犯。它可以宣佈聯合抵制。它可以沒收或毀壞一個人的產業，或者禁止其使用。最重要的是，這個會社還有經濟上的功能。它有權強迫人償債。「這一種堅持償債的權力，是艾克比會社可以在更往內陸十字河面上地區的其他民族間擴散的原因，因爲在採用艾克比會社以後，艾費克族便認爲他們可以信賴，因而可以由艾費克人處貸款(拉山，一九七三年，頁三九)。其結果是若干歐洲商人也參加了艾克比會社。

雖然艾費克人在裝船的地點主持奴隸貿易，可是他們市場上大多數的奴隸卻是由一個稱爲艾羅的內陸群體供應。艾羅這個群體包含來源不同的人，他們乃由小溪城附近艾坎巴(Akankpa)的奧柯永(Okoyong)傭兵所集合在一起。僱用傭兵從事貿易或戰爭的模式很常見，但是艾羅代表這種模式的一項特殊發展。他們最初在十字河附近立足，正在大奴隸市場班德(Bende)的東面。他們的聚落包含九個主要的村落，每一個村落中住著一個原始的世系群，又包含十個次要的村落，由這些世系群的分支構成。奧土西村(Village of Otusi)中央父系世系群的首領，也是艾羅酋長世系群的首領。艾羅的會議乃由九個父系世系群的首領與次要村落的代表所組成。他們遵循伊波人習用的模式，在艾羅·朱克伍(Aro Chukwu)地方建立了一個神諭和朝聖的中心(英國人日後稱之爲大朱朱(Big Juju))。

由其在艾羅·朱克伍的中心，艾羅群體在其他民族間殖民，規模由沿艾羅貿易路線上的小站到主宰一個市場或村落簇的大聚落不等。這些殖民地往往有一個地方上的神諭處，大家可以把疑難案件(如對土地和繼承的爭執、仇恨夙怨、偷竊、巫術、魔法、及謀殺案)拿到這兒來求神問卜。在當地不能化解的爭論，便送到艾羅・朱克伍來求解。任何艾羅的人都有權送人求卜，同時也爲神諭典藏人收集資訊，作爲裁決之用。神諭認爲有罪的人，可以被處罰金、處決、或出售爲奴隸。

艾羅群體也貸款給群體以外的個人，使他們感恩圖報，而如果他們不能償債，便強迫他們出售其本人或其家人爲奴隸。艾羅也在當地奴隸市場上買奴隸或僱用傭兵捕捉奴隸。艾羅的人透過與卡拉巴的關係取得大量的火器，以對火器的控制，作爲其司法、超自然、和經濟功能的後盾。

艾羅的人始終沒有建立一個眞正的邦國。他們始終沒有發明中央集權的發號施令的階級組織，對政治的支配權也不感興趣。不過他們卻實踐某些與邦國有關的功能，是一種有宗教合法性氣氛的經濟祕密社會。在這些方面他們近似易洛魁同盟和九世紀時帶著奴隸和琥珀順窩瓦河而下的瓦蘭吉亞俄國人(Varangian Rus)，而不像阿善提、達荷美、或班寧等中央集權的西非國家。

奴隸供應地區：中非

剛果王國

當葡萄牙人在一四八三年上溯剛果河時，他們遭遇到最大的一個非洲政權，也就是巴剛果王國(Kingdom of Bakongo)，其首都爲木班薩剛果(Mbanzakongo，日後稱聖薩爾瓦多〔San Salvador〕)。

這個剛果王國當時已是沿上剛果河及其兩個支流卡塞河（Kasai River）與森古魯河（Sankuru River）幾個國家中，最重要的一個。這幾個國家都可溯源於史坦利潭（Stanley Pool）地區以北的一個創業王國。再向東，在不能穿過的史坦利瀑布（Stanley Fall）以上、剛果河上游及其支流流域，有第一個形成邦國的地區。其中心位於基薩爾湖周圍。當奴隸貿易向內陸深入到魯拉巴河（Lualaba River）兩岸的時候，許多愈來愈積極想建國的魯巴和宋蓋（Songye）精英分子，都來自基薩爾湖周圍（參見凡西那〔Vansina〕、茂尼〔Mauny〕、和湯姆斯〔Thomas〕，一九六四年，頁九六－九七）。

剛果王國幅員廣大，佔地約六萬平方公里，由剛果河向南延伸到丹德河（River Dande），由大西洋海岸東向到廣戈河（Kwango River）。在初與歐洲人接觸的時候，這個地區大約住有二百五十萬人。王國的社會組織以母系繼嗣關係為基礎，再加上從舅居的制度。基本的社會單位是母系世系群，這些世系群分階級，頂端的是皇家母系世系群。每一個母系世系群把其女子嫁給緊接在下面階級的世系群，向由這個階級較低的世系群取得新娘補償金和禮物。嫁出去女子所生的兒子，也歸於其娘家的母系世系群所有。這些兒子住在其母親家兄弟的圍地之中。皇家世系群保留其女子不以她們與人交換。它們的女子可以嫁平民也可以嫁奴隸，不過她們與她們的子孫都留在皇家世系群中。這個制度的一個自然結果，是皇家世系群也肇始走向階級較低母系世系群新娘聘禮和禮物的連鎖（艾柯姆〔Ekholm〕，一九七七年）。由於皇家母系世系群不收禮只送禮，這整個一組的婚姻交易，其基本的先決條件之一，是皇家可以得到其他任何群體所得不到的資源。

在歐洲人來到以前，這些資源是紅銅、食鹽、和盧安達島皇家漁場的貝。皮喜費塔(Pigafetta)稱這個漁場爲「剛果國王與周圍地區居民的金錢礦場」(引自巴蘭迪爾，一九六八年，頁一三〇)。這種貝幣的單位已經標準化。二萬大貝的價值爲一萬大貝的一倍，一萬大貝相當於十倍的一千大貝。盧安達島皇家漁場的貝，是歐洲人來到以前貢金的主要部分，也是王國中通用的硬幣，公共財政的主要工具。在私人的交易上，也常使用標準尺寸的布料。近十七世紀之末，一百塊餐巾大小的布相當於四千葡萄牙里斯幣(reis)或一個奴隸(巴蘭迪爾，一九六八年，頁一二九—一三二)。因而，皇權爲了拓展其在國內權力的基金，顯然歡迎國外新資源的到來。

剛果國王熱切的接待葡萄牙人，可是葡萄牙人要求剛果以奴隸和象牙交易其貨物。於是，與葡萄牙人交易的增加，也增加了奴隸販賣和加強原有的奴隸制度。事實上剛果王國一度是葡萄牙人的聯邦。葡萄牙派傳教士在巴剛果王國朝廷上傳授基督教，並給王族受洗。尼津加・尼文巴國王(King Nzinga Nvemba，一五〇六—四三年)皈作基督教，成爲阿方索一世(Dom Afonso I)，同時拋棄了巴剛果歷來對神聖王權的認可。葡萄牙人因爲能給巴剛果王國的貨物有限，乃提供我們今日所謂的技術協助。里斯本派來木班薩剛果技術勞工、工匠、乃至家庭經濟的教師，將其技巧傳授給巴剛果王國。有些年輕的巴剛果人也派往葡萄牙留學。

可是日益擴張的奴隸貿易卻破壞了這些工作項目。到一五三〇年，剛果每年輸出的奴隸據估計在四千到五千「件」(peça)之間，身強力壯的青年男子稱「一件」，婦女或其他年紀的男子稱「不到一件」。最初奴隸是由巴剛果王國境外取得，經由與東北方的提克（Teke）或莫潘布（Mpumbu）「以物易物」，或與南方的莫本度（Mbundu）交易。可是不久以後葡萄牙人卻愈來愈想在剛果的本身找奴隸。葡萄牙的工匠、商人、僧侶、船船職員和水手、以及皇室官員，也為了本身的利益而從事奴隸貿易。由於葡萄牙人大批的參與，歐洲的商品和槍砲也不再只是經由剛果皇家世系群之手流通，而是任何地方上的酋長和強人只要能交出奴隸便可取得。因此，剛果王國的社會政治組織、以及其母系世系群的階級組織與婦女與賦稅力役流動，全部崩潰。國王的勢力也隨之崩潰。再者，當地方上的酋長自己也搶劫奴隸時，母系的計稱法為父系的族群所取代，因為需要人力捕捉奴隸的酋長，開始說他們與自己女奴所生的子女是自己的子女。

為了擴大捕捉奴隸的地區，葡萄牙人將其貿易的範圍延伸到丹德河以南的納東戈人的莫本度王國。他們以剛果的酋長為莫本度酋長的大封主，並由莫本度酋長處榨取奴隸。肇始這項貿易的是由聖托美來的私人企業家。雖然葡萄牙國王想要讓所有的奴隸通過剛果的港埠莫品達（Mpinda）輸出，可是這些私人企業家卻將奴隸由廣薩河（Kwanza）河口輸出。不過十六世紀中葉以後，葡萄牙國王積極加強對納東戈國的控制，並在這個地區的東緣牽制搶劫奴隸的人；這些人利用剛果王國的軟弱為自己的利益捕捉奴隸。到了十六世紀末葉，葡萄牙皇家軍隊逐步進入安哥拉。他們俘擄奴隸，迫使莫本度酋長貢獻奴隸，並且派歐洲／非洲商人在內地市集上購買奴隸。內地市集名，「彭波斯」，這個字原乃史坦利潭地方的亨姆人（Hum）大市集之名，是一個最重要的市集。逐漸這個字也用來指購買奴隸遠征隊的非洲頭目。買賣奴隸所用的是葡萄牙水果酒和白蘭地酒、巴西的甜酒和煙草、歐洲和印度的布料、以及細緻的非洲棕櫚布。這種棕櫚布是用海岸的食鹽和海貝與剛果北面邊界的森林居民交易而來。由於奴隸貿易的擴張，到了十七世紀中葉，由安哥拉輸出的奴隸已有一萬三千人到一萬六千人。剛果王國的式微，也可以由葡萄牙人在十七世紀中葉佔領盧安達島的皇家漁場看出。這個動作事實上將剛果的皇家財富轉移給葡萄牙王若奧(King João)的官府。

雖然奴隸貿易再加上商品貿易，最初曾把人口吸引到海岸地區，可是這種貿易的荼毒，又使人東遷離開海岸。撤離部分是爲了逃避捕捉奴隸的人，部分也是爲了捕捉奴隸的頭目想要壟斷內地深處的奴隸貿易，以改進其與葡萄牙人交易的條件。

伊班嘉拉人

剛果霸權的式微和內地貿易的擴張，在遠離葡萄牙人直接影響的地區造成一連串的事件。這些新發展的一個所在地是上魯拉巴河與卡塞河之間的無樹木大平原。一五〇〇年後，這一帶發生重大的政治變動。一開始的時候這些變動可能不是由於外力的影響，可是它們不久即捲入起於奴隸貿易的各種過程。

當捕捉奴隸的人出現在剛果和納東戈的東界時，在葡萄牙人影響力以內的地區，最初感覺到這些改變。剛果王國日益紊亂，各種副酋長與酋長彼此爭奪王位。內地深處武裝的團隊利用這個紊亂的局面，侵佔較大王國的附屬群體，建立其本身的奴隸貿易國。有兩世紀之久，這些國家的群主在爲葡萄牙人搶劫和買賣奴隸上有重要的作用，一方面又阻礙歐洲人深入內地。他們一般稱爲伊班戈拉(Imbangola)或伊班嘉拉(Imbangala)，不過有一些伊班嘉拉的分支史稱傑嘉人(Jaga)。葡萄牙虛構的故事中描寫傑嘉人是食人肉的野蠻人，在覺得自己的小孩是累贅的時候便把他們殺死(米勒〔Miller〕，一九七三年)。伊班嘉拉人在剛果和納東戈東面邊界的出現，部分大約是由於魯巴人和倫達人更向東面擴張，也無疑是由於奴隸貿易的潛力。伊班嘉拉人在廣戈、艾姆巴卡(Ambaka)、卡三吉(Kasanje)、及班格拉高地(Benguela highlands)建立了一連串的國家。卡三吉旋即成爲對海岸來說最重要的奴隸市場(凡西那，一九六八年，頁一四五，二〇二)。再向北，雅嘉族(Yaka)的廣戈王國恐怖統治廣戈—卡塞河的中游盆地的居民。馬譚巴(Matamba)是一個重要的雅嘉族貿易中心，其貿易是在當地艾姆巴卡人、其他非洲人、及葡萄牙人之手。伊班嘉拉人在班格拉高地的歐文本度族(Ovimbundu)中建立的幾個王國，也開始侵犯內地，將俘虜賣給由納東戈來的商人。十八世紀時，所有這些王國都積極參與奴隸貿易(凡西那，一九六八年，頁一九九)。

魯巴—倫達族

伊班嘉拉人的所以出現在剛果和納東戈的邊疆，可能是由於一個較廣大的政治過程。這個過程的根源在更朝東面的基薩爾湖周圍。它是一個政治／軍事貴族政治輻射的過程，促成魯巴王國和倫達王國的發展。

魯巴最初是一組父世系群，它強行統治大數目的當地群體，而成為一個入侵的精英階級。這個精英階級產生一個國王。國王據說運用由男性承傳的超自然力量統治。精英分子也提供酋長，監督被征服的群體。土著酋長保存下來，其權力據說是「地主的儀式性權力」。魯巴人又向外擴張，由酋長率領四出殖民。酋長對中心負責，與其所部在鄰近的人口群間定居。可是魯巴的宗主權還是有限的，因為入侵的精英與「地主」是分開的兩類人。地主不與魯巴的統治階級精英分子混合，仍然只是收集貢金貢物的人，因而往往與精英分子意見不一致。入侵精英的父系世系群也制衡國王的權力。這些世系群嫁女兒給皇族，並且可以任意支持那一個他們所喜歡的皇族繼承人；因為這些繼承人彼此競爭王位。在勒文比河（Lwembe River）與魯拉巴河之間的大魯巴族王國，以及在東面的吉康嘉（Kikonja）和在西面的坎紐克（Kaniok）的幾個較小的魯巴族王國，都是這個情形。

有些魯巴入侵精英分子的世系群在納卡藍尼河（Nkalaany River）定居，成為倫達王國的核心分子。魯巴王國的入侵精英分子世系群始終與土著群體分開，但是倫達人所發明的政治模式，則是一面維持倫達精英分子間的親屬關係，一方面又允許通過虛構的親屬關係將非倫達人收納進來。這個模型包含一雙孿生的原則，也就是「地位的繼承」與「無休止的親屬關係」（凡西那，一九六八年，頁八〇—八三）。地位的繼承是指一個在職的人不但繼承了一個職位而且繼承了他前任的資源和社會身分，包括他前任的姓名和親屬關係。因而，兩個兄弟在世系上的後代，雖然已是很遠房的親屬，可是卻可以因爲他們的那兩位祖先，而被認爲也是兄弟。連續的在職者可以取得王國初建時他們原來祖先的身分。同時，又可以任命非倫達族的當地酋長爲村落的頭人，而且在倫達無休止的親屬關係系統中給他們社會身分，因此而同化他們。

根據倫達人的模型，這些頭人統治各村落。頭人的職位是在母系組織中世襲，頭人也得到長老會議的支持。十五個最古老村落的頭人在朝廷上有特殊的儀式性職位。許多村落根據其頭人所承認的無休止親屬關係而組織在一起成爲群體。許多村落的群體又形成行政區。行政區乃受中心監督，但由許多頭人所提名的酋長統治。這些酋長的主要職責是收集貢物。

這個階級組織的中心是國王莫阮·雅夫(Mwaant Yaav)，他的四周是有宗教職稱的人，包括最古老村落的頭人；其「兒子」收集行政區酋長所呈送貢物的「父親」官員；以及鄉間非倫達人的酋長(也就是國王的「孩子」)。「旅行酋長」外出到王國非倫達人住的邊遠地帶，在那兒收集貢物和執行命令。

倫達王國不是一個有界限的實體而是一個勢力範圍。它的勢力集中在中央，由首都向外逐漸減弱。供養首都木森巴(Mussamba)的是貢物和貿易。流入的貢物包括食鹽、紅銅、食物、和奴隸。木森巴是一個大的商業中心，由十七世紀起，它的主要貿易夥伴是西面的伊班嘉拉族的卡三吉王國。卡三吉與莫阮·雅夫有親屬與儀式性的關係。奴隸與象牙由木森巴運到卡三吉而後到海岸，所需槍砲和布料由海岸經卡三吉進入木森巴。這也是美洲食品農作物傳播到內陸的路線。十六世紀下半葉玉蜀黍傳到這個海岸，一六〇〇年參茨也傳入（凡西那，一九六八年，頁二一）。這些農作物可能鞏固了倫達的勢力。木森巴使用奴隸耕作參茨田，可能因此加強了王國的生產基礎。顯然倫達的結構乃以從事奴隸販買及戰士貴族輩遞交奴隸到中央的能力爲基礎（維勒〔Vellut〕，一九七二年，頁七七、八三—八四）。

倫達戰士精英分子也把這個政治模型帶到南方和東方。在向西南遷往尚比西河上游的倫達戰士精英分子中，有一個是戰士酋長卡農吉沙（Kanongesha）。他把他新贏得的土地分給親屬和隨員，因此所得到的貢物部分傳送給莫阮・雅夫。在新土地上的諸酋長逐漸自主自治，又與其他新來者及其隨員聯合。透過這個精英分子殖民過程而歸屬倫達霸權之下的人中有納丹布族（Ndembu）。由於騰納（Victor Turner）的著作，人類學家大多知道納丹布族。雖然納丹布的統治者與在木森巴的倫達中心之間的關係日益薄弱，可是一九五〇年代他們還告訴騰納說他們是「莫阮・雅夫的人」（騰納，一九六七年，頁三）。

其他的倫達酋長東遷到魯巴拉河與魯普拉河（Luapula）之間的地區。這一次倫達領域的延伸非常迅速，因爲他們已配備有槍枝。而且雖然新領土上的酋長在政治上日益獨立，可是與莫阮・雅夫的儀式關係還是保存了下來。到了十八世紀末葉，有克尚比（Kazembe）稱號的一位倫達酋長取得主宰的力量，他將向他納貢的各酋長組織起來，勢力範圍廣大，直到莫維如湖（Lake Mweru）以外。他獨立的與在提特（Tete）的葡萄牙人進行交易，他的首都成爲去尼雅薩湖（Lake Nyasa）以及繼續向基瓦爾走的路上，一個固定的停留之處。不過克尚比終始沒有放棄與莫阮・雅夫的關係。他送奴隸到木森巴，而由木森巴得到細緻的羊毛織品、子安貝、藍珍珠項鍊、鏡子、和茶具（庫尼森〔Cunnison〕，一九六一年，頁六五）。玉蜀黍、參茨、和拉菲亞樹也由這個路線向東傳播（凡西那，一九六九年，頁一七三）。

因而，到了十八世紀末葉，大西洋岸與印度洋沿岸地區之間已有一條越洲貿易大道。在這個貿易大道西面經營的是卡三吉的伊班嘉拉中間人，在東面的是比薩人（Bisa）。比薩人的故鄉是在邦維陸湖（Lake Bangweulu）與班巴高原（Bemba Plateau）之間的地區，他們乃由承認克尚比霸權的倫達酋長所組織。他們以長程商人著稱。一八〇六年時，一位造訪魯普拉河上克尚比首都的葡萄牙訪客遇到一位熟知安哥拉的比薩人（庫尼森，一九六一年，頁六五）。

東非的象牙與販賣奴隸

十八世紀晚期與十九世紀早期，克尚比領土東面邊疆遭受到對象牙和奴隸日增需求的壓力。東非久已供應象的長牙給亞洲的市場。可是十八世紀時，歐洲人習染了中國和印度的藝術品味，也嗜好象牙的雕刻、鑲嵌物、扇子、彈子球和鋼琴鍵。同時，對奴隸也有了新的需求。法國人想給他們在印度洋上團圓島（Réunion Island）和模里西斯島（Mauritius）的新大農場找奴隸。他們由馬達加斯加島上捕捉奴隸的諸王國和東非海岸回教港埠奴隸販子手中，買的奴隸愈來愈多。一八〇七年，英國廢除奴隸貿易，並干預西非奴隸的出處。這件事使巴西和古巴的奴隸販子往東非找新的奴隸。同時，阿曼的阿拉伯人(Omani Arab)在尙西巴建立丁香大農場，在附近的非洲海岸爲這個新事業購買奴隸。

東非內部的好幾個人口群，充份滿足這種對象牙和奴隸的雙重需求。一七〇〇年時，他們已經開始將象牙運到海岸。其中主要的一群商人是比薩人。他們在魯普拉河上的克尙比首都與海岸上的基瓦爾之間往來貿易。他們也與姚族交易。姚族是主要供應葡萄牙人象牙的人。他們住在馬拉威湖(Lake Malawi，原稱尼雅薩湖)東面的地區，現在將他們的貿易網絡向北擴大到涵蓋基瓦爾和尙西巴、以及葡萄牙人沿尙比西河的殖民地。在克尙比和比薩人失去其以前對這種貿易的支配力以後，姚人加強販賣奴隸。另一群人奇工達人(Chikunda)也加強販賣奴隸，並開始向西沿尙比西河搶劫奴隸。奇工達人原是幾種不同民族的混合，但是在進行奴隸貿易的當中，他們卻成長爲一個「新的」部落，有其本身的語言和民族本體。在馬拉威湖以北的地區，尼央威濟人(Nyamwezi)從事奴隸販賣與貿易，他們組成許多由做決策的酋長領導的群體。酋長一面有儀式和司法的職責，一面在內陸與海岸之間商隊貿易中發揮作用。

這些新的商業機會不僅促使內陸的群體進入象牙和奴隸貿易，也吸引了尙西巴的阿曼阿拉伯人和海岸回教的斯華希里(Swahili)商人。這些新來者組織武裝的商隊，並在內陸興建堡壘和商站。他們日益有了火器的配備，成爲地方上有權勢的人，時而與非洲酋長聯合，時而又與他們公開衝突。由於政治競爭加劇而奴隸貿易又日漸擴張，武裝的衝突乃日益激烈。有些政體式微，另一些適應軍事昇高情勢的政體又展露頭角。在這些上升的群體中，有一個稱為班巴。

班巴人

班巴人公認他們的酋長世系源於鱷魚家族，有永久的稱號「chitimukulu」。他們以為自己是建立倫達王國的第一位魯巴入侵精英從者的後裔。這位魯巴人的美稱曰「chitimukulu」，也就是奇提大帝（Chiti the Great）。他的名字是奇提・馬魯巴（Chiti Maluba），或「魯巴人奇提」（Chiti the Luba）。班巴人在十八世紀中葉前後到達上魯拉巴河，仿效倫達人的模式在他們佔領的人口群中間建立酋長職。到了十八世紀末葉，他們已經開始自己收集象牙貢物，並捕捉奴隸。由一八〇〇到一八三〇年代，他們逐漸統治比薩人。在占領尼雅薩湖和摩奴湖（Lake Meru）上的基華以後，班巴人便控制了與斯華希里海岸之間日益成長的象牙和奴隸貿易。

一八四〇年前後，一位通過控制比薩中間人而在象牙貿易中致富的班巴行政區酋長，篡位為班巴國王，並且集大權於一身。他組織了一支常備軍，同時把象牙貿易變成皇家的專利。他以象牙交易槍砲，擴大對象牙貿易的控制，並為捕捉奴隸而侵襲鄰國。這位班巴君主與外來的阿拉伯人聯盟，一度抵擋了所有競爭對手，甚至納工尼人（Ngoni），班巴因此至今享有勇武的美名。在此，我們又看到一個與奴隸、象牙、和槍砲貿易有關的侵略尚武國家，在迅速發展。當英國人廢止奴隸貿易和獵象以後，班巴人被迫改在荒脊的土地上耕種，和遷徙到紅銅地帶的礦場上做勞工（參見史蒂文森〔Stevenson〕，一九六八年，頁一一四）。

有五百年之久，由西面的塞尼甘比亞到說斯華希里語的東海岸，奴隸貿易將上百萬的人向海岸送，以便運載到海外，主要是新世界。奴隸販賣乃由非洲人與歐洲人分工合作。奴隸的捕捉、贍養、和陸上運輸乃操在非洲人之手。歐洲人管理越洋的運輸、奴隸的適應、以及其最後的分配。這種貿易回應美洲的需求，其基礎是購買奴隸者與供應奴隸者之間的合作，以及雙方面各種複雜的活動。

這一點是需要強調的，因為奴隸販子及其受益人所寫的歷史久已抹殺非洲的過去，說非洲人是野蠻人，是歐洲人讓他們接受文明的洗禮。這樣的歷史一方面否認了歐洲人來到以前已經存在的複雜政治經濟，一方面也否認了非洲人在奴隸貿易開始以後，在這種貿易中所表現的組織能力。近年來，另一種對非洲歷史的研究卻轉了一百八十度的大彎。它否認非洲的軍事與商業精英分子參與奴役其自己的同胞。可是真實記述非洲人口群的工作，不是在於說什麼人對什麼人不對，而是要揭示在建造世界的時候，使歐洲人與非洲人（和其他的人）發生關聯的各種力量。奴隸貿易所造成人類的犧牲仍然無法計稱，但其經濟與政治原因與對所有參與者所造成的後果卻可以確知。

奴隸貿易在西非加強了某些現存邦國，如班寧，也促成某些邦國的出現，如阿善提、奧約、和達荷美。在尼日河三角洲，它促使以親屬關係為原則的父系世系群，轉化為以企業人物為首的戰鬥與貿易組織。沿尼日河岸，奴隸貿易增加了從事販賣奴隸的地方性納貢國統治者的權勢，而在內地，它肇始了從事捕捉奴隸的艾羅人世系群聯盟。在剛果河流域，奴隸貿易削弱了以前的政治結構，並使中非的納貢軍事與商業精英分子繁增，他們在貿易與戰爭中向東散佈。

在這些商業與軍事活動中，有人成功也有人失敗。失敗的人往往被奴役或驅逐到邊緣地區，今日那兒還有他們的後人。上伏爾塔吉（Upper Volta）與迦納之間邊境上的羅達嘉（Lo Dagaa）、「格蘭西」（Grunshi）、塔倫西（Tallensi）、和柯康巴（Kokomba）便是這個情形。在人類學上有名的塔倫西人，是由那個地方原來的居民與由捕捉奴隸的酋長率領的移民混合而成。這些酋長是貢獻奴隸給阿善提人的酋長階級組織的一部分。另一個因販賣奴隸而破滅的地區是奈及利亞中間地帶（Nigerian Middle Belt），就北面的回教酋長國和由海岸來的奴隸販子來說，這都是很好的販賣奴隸地方。奴隸販子在它以親屬關係為原則所組成的人口群中，找尋奴隸。這個地帶的東南方是「伊格波人」的家園。由於海岸來的人在這一帶普遍搶劫奴隸，使地方性的以親屬關係為原則所組成的簇群，有了「民族的」共性，而成為現代的伊波人（Ibo）。搶劫奴隸者的另一個目標地區是現代安哥拉、薩伊，和尚比亞幾個國家邊界上的地區。住在這個地區的是南倫達人，其中納丹布人在人類學的文獻中最為知名。在這個地區，追隨一位倫達精英分子的若干酋長，由於替歐文本度族的奴隸販子搶劫奴隸，在十九世紀下半葉有了新的經濟和政治生命。

非洲久已形成舊世界政治與經濟系統的一個主要部分，而一四〇〇年以後歐洲的擴張又把它拉進全球性的貿易。對於非洲奴隸的需求，重塑了整個非洲大陸的政治經濟。它在一個共同的過程中引起新的納貢國和專門捕捉奴隸者的組織，而且將人類學家所謂的「無領袖、割裂、和以世系群爲基礎」的社會，轉化爲奴隸販子所偏好的目標人口群。因而，我們不能認爲這些不同的外貌爲在類型學上可以分開的邦國或沒有歷史的「部落」。相反的「它們是一個單一歷史過程的可變結果。我們如果不能掌握非洲人在歐洲的發展與擴張中所發生的作用，那麼便也無法了解歐洲。在這個成長中的主要參與者，不僅是歐洲商人與奴隸貿易的受益人，也是其非洲方面的主辦人、代理人、和受害人。

第八章
東方的貿易與征服

歐洲人自來想像亞洲含蘊有無盡寶藏，其探險家與商人的遠航美洲和非洲，原先都爲了找尋去亞洲的路線。一二九一年馬可波羅回到威尼斯，細述在東方旅行中所見的奇事異聞。同年威華迪兄弟(Vivaldi brothers)由熱那亞出發，想找一條「向西走」到「印度」的海道。他們後來下落不明，但仍然不斷有人想由西面的大洋去到亞洲。哥倫布(Columbus)以爲他是乘船去馬可波羅筆下的日本國。威尼斯人卡鮑托(Giovanni Caboto，或者卡鮑特〔John Cabot〕)以爲在高緯度向西航行，可以由北方到達日本國，因爲高緯度的世界比較狹窄。甚至到了一六三八年，皮毛商人尼珂來(Jean Nicolet)在密西根湖接觸到文尼巴戈印第安人以後，便穿上他帶來的一件中國長袍，預備謁見中國的大汗。

自馬可波羅去東方以後，歐洲人便知道去中國的陸路。十四世紀早期，托斯坎尼人皮戈洛蒂(Pegolotti)在他所著的《商業業務》(*Practice of Commarce*)一書中，細述如何由亞速去中國。一四五九年，威尼斯人茂洛(Fra Mauro)所繪的地圖，說向東行海路可以抵達亞洲。這個說法與托勒密

(Ptolemy)以爲印度洋完全爲陸地所包圍的說法抵觸。葡萄牙王子航海者亨利拿到一本茂洛的地圖。葡萄牙的水手旋即將這個可能性化爲眞實。他們沿非洲海岸航行，不僅是爲了找尋幾內亞的黃金，也是爲了找尋普勒斯特・約翰(Prester John)——一位在傳說中印度某處統治的神祕君主。一四八七年，狄亞士(Bartholomeu Dias)環航好望角，證明托勒密的說法乃錯誤。十年以後，達伽馬繞道好望角，在馬林迪接上一位有經驗的航海者，到達印度的卡里克特(Calicut)。東向去東方的路線於是打開。

當歐洲海上商人在十六世紀中間開始在亞洲擴張貿易的時候，亞洲大陸是在幾個龐大富強的附屬納貢國之手。它們比歐洲的國家幅員更大，人口更稠密，往往生產力也更高。然而亞洲四周的海道卻爲入侵者敞開。只要入侵者能有足夠的軍事和組織策略，擋開土耳其海岸的艦隊並深入印度洋的水域，便可揚帆亞洲諸海。最早完成這項偉大事業的是爲葡萄牙王，也是爲自己經商的葡萄牙人。「荷蘭東印度公司」旋即跟進，與葡萄牙人在南方諸海爭一日之短長。接著來的是英國人。英王所特許的「東印度公司」爲控制海道與貿易向葡萄牙人和荷蘭人挑戰。有三個世紀之久，這幾個歐洲國家大半時間不能直接接近亞洲的領土國家。它們在亞洲大陸沿海的邊區建立殖民地和通商的地點，因而活動範圍只限於海岸上不穩定的幾個立足點(墨非〔Murphey〕，一九七七年，頁一三)。一直到了十八世紀後期，英國才佔領了一個大陸帝國莫臥爾政權，在商業的利潤之上，加上了稅收的收入。

歐洲人因爲有超強的海軍力量和商業組織，乃得以攫取諸海上通道、主宰大洋上的交通。阿拉伯、古嘉瑞、馬來和中國商人在印度洋和中國海的海岸線與島嶼上經營範圍廣大和有優厚利潤的載運業。歐洲人也插足這個載運業。可是歐洲人卻不能像他們在南北美洲以及透過奴隸貿易在非洲那樣，決定性的主宰亞洲的生產與商業。各歐洲貿易群體仍然常期依靠當地統治者的善意，並且在政治上朝秦暮楚。它們互相競爭對海軍駐紮點和市場的控制權，但無法建立霸業。在同時，他們又與另一個文化領域的對手鬥爭。這個文化領域是較早回教擴張中所創建的亞洲回教國。

南亞的回教國

紀元第九世紀時，由波斯灣出航的海船，開始在東非海岸南北航行，透過在外島上建立的商棧，發掘「贊吉」(Zenj)窮鄉僻壤。這些回教商人進口布料、陶器和玻璃，而出口象牙、龍涎香、豹皮、龜殼、黃金和奴隸。由九世紀中贊吉奴隸在伊拉克反叛的規模看來，回教商人由東非所獲得的奴隸，數目一定很大。早在七世紀乃至更早的時候，阿拉伯便在中國建立商業殖民地。此時阿拉伯商人在東非所取得的許多奢侈品，都再銷到中國。

十一世紀末葉，印度北部建立了第一個穩固的回教政體。一二〇〇年以後，擁有許多朝向南海重要港埠的孟加拉和古嘉瑞地區，已在回教徒的手中。十三世紀後期，沿馬來海峽的東南亞貿易要衝地區，已都奉了回教，其中海峽北面的麻六甲，更是重要的商業中心區和根據地。到了十四世紀之初，除了最南端奉印度教的維堅那嘉王國(Kingdom of Vijanagar)以外，印度已在回教徒的控制之下。隨著海峽的落入回教徒之手，諸島上的港埠和港口公侯國也落入回教徒之手。它們在信奉了回教以後，面對原來的世襲階級組織，而又接受了一個宣揚宗教平等主義的文化模式。同時回教呼籲全球性的貿易關係。到了十六世紀之初，爪哇內陸的統治者也信奉了回教，此舉或許是爲了能控制其農民，因爲回教已開始在其農民間傳佈(威禪〔Wertheim〕，一九七三年，頁一三)。只有位於貿易路線邊遠地方的巴里島，仍然堅持其印度教的信仰。因而回教和貿易在亞洲諸海攜手並進。當歐洲人進入這些海域時，他們於是進入一個有霸權的回教國。

葡萄牙人在亞洲

葡萄牙人到達東非斯華希里海岸以後，便與這個南亞日益擴張中的回教貿易網絡發生直接的接觸。葡萄牙艦隊總司令阿布克吉(Alffonso de Albuquerque)很快明白了這個網絡的性質，而在其中設置要衝的壓力點。葡萄牙人接二連三的攻佔回教沿亞洲海岸的要塞。其中有比嘉普王國(Bijapur)境內印度康坎海岸上的果阿；位於波斯灣入口處荒瘠島嶼上、一個作爲印度與波斯之間轉載點的富裕城市荷姆茲；以及麻六甲。麻六甲是一個有五萬名居民的富有城市和與摩鹿加群島(Moluccas)進行香料貿易的商業中心區。葡萄牙人在一五一〇年佔領臥亞，一五一五年佔領荷姆茲，一五一九年佔領麻六甲。在佔領這些關鍵性的根據地以後，他們在由東南非洲的索法拉到摩鹿加群島的特耐(Ternate)之間的海岸上，建造了許多葡萄牙的堡壘和商棧。最後，他們又在其他宗主國所控制的地區建立殖民地，如在柯羅曼德(Coromandel)海岸建立聖托美德梅利波(São Tomé de Meliapor)，在孟加拉建立休里(Hughli)，在中國的海岸建立澳門。

此後使葡萄牙人和其他歐洲人可以擴張進入亞洲的工具，是配備有槍砲的大帆船。一四〇〇年左右，歐洲造船的人已經開始合併其傳統模型的橫帆裝置與阿拉伯人的大三角帆。前桅上的橫帆利於迎風航行。後桅和主桅上的阿拉伯式大三角帆，使船行駛的速度加快。更進一步的成就是在船上裝上大砲。十四世紀時，大砲在歐洲和亞洲的使用已經很廣泛，可是十五世紀中歐洲的製砲工匠在砲的質與量上已超過其亞洲的競爭對手。再者，一五〇〇年以後，歐洲已普遍的不僅在上層甲板和船樓上架砲，也在船身開砲門。這樣的大型帆船成爲配備有大砲的具威力帆船，一半是戰艦一半是商船。海戰中最有功勞的不再是撞擊敵艦和登上敵艦的船長，而是知道如何操縱其船隻以舷側砲轟擊的海軍砲手。一五〇九年在狄由(Diu)，阿布克吉便以這種大型帆船摧毀了埃及奴隸和古嘉瑞的聯合艦隊，而使葡萄牙人可以擴張進入南海的海上航道。

葡萄牙人想找的主要是香料，尤其是胡椒。一五八七年，里斯本方面提醒這位總督說，胡椒是「東印度群島的特殊物質」。對於胡椒的需求，乃由於歐洲人需要各種香料。香料是肉類和魚類必要的防腐劑，部分因爲歐洲的家畜在漫長的冬天不能在廄中飼養，而秋天屠殺的動物，其肉必須醃製以便儲藏。另一個因素是東方烹飪法影響到歐洲人，使他們認識以往所不熟習的香料。胡椒成爲最重要的香料，其次是薑。葡萄牙在西非交易到的「樂園穀」香料，大量供應歐洲對胡椒的需求。樂園穀的交易量很大，但是其利潤敵不上由南亞和東南亞進口胡椒的利潤。事實上，在歐洲部分的地方胡椒逐漸被當成貨幣使用。它像黃金一樣耐久和容易分開，有的人要求以胡椒付稅。

香料的由亞洲賣到歐洲，其悠久的歷史可以追溯到古典時代。在葡萄牙人闖進來以前，這個貿易的東端是操在中國人之手。中國人收集乾丁香花苞、荳蔻和荳蔻乾皮，運到麻六甲。回教商人由麻六甲加上錫蘭的肉桂皮和印度胡椒，把這些貨物一齊運到馬拉巴海岸港埠和古嘉瑞。回教商人常駐東非、阿拉伯和埃及的代理人，在馬拉巴海港港埠和古嘉瑞接收貨物，而後又把它們運往紅海和波斯灣的港埠。香料由此由陸路運送到東地中海的港埠。威尼斯商人在亞歷山卓港和敍利亞海岸以高價購買這些農產品，而後再轉賣歐洲各地。葡萄牙人幹練的介入這種貿易，一度以較低的價格供應胡椒，而具有支配力。但是他們始終未能完全壟斷這項貿易。相反的，他們決定控制亞洲諸海的運輸，讓船長們都拿葡萄牙執照，並在葡萄牙的要塞付稅。因而，「葡萄牙人在這個區域的運輸業，只是現存馬來／印尼港埠間貿易網絡上的一支線索而已」（巴克塞，一九七三年a，頁四九）。一五二一年，當葡萄牙人想用兵力在中國擴張其灘頭陣地時，又爲中國海岸巡邏艦隊打得大敗。這個以後，他們使用在澳門的立足點分享一份對中國的貿易，但是得看中國皇帝的意思。

因而葡萄牙人的勢力是有限的。葡萄牙人所以能戰勝在軍事與政治上不團結的海上諸王和商人殖民地，是因爲他們依循統一的政治策略、爲友人與代理人開啓經濟機會，並拒絕給敵人機會。他們控制了主要的海上航道，由亞洲的載運業中獲利，但是始終未能主宰任何亞洲的內陸地帶。他們整頓海岸上船隻沿途停靠的港口，並利用這些港埠增加其在亞洲各海岸間貿易中的份量。只要他們在印度洋上的控制權不受到挑戰，便可因取得胡椒及其他香料而獲利。可是到了一六三〇年代，他們的力量已經顯然不足以封鎖想要將香料運過波斯灣的競爭對手。土耳其勢力日強，現在也防守波斯灣。其結果是，東方的葡萄牙殖民地開始了解，存活的前景是在亞洲而非與母國的關係。用戈汀荷(Godinho，一九六九年，頁七八三)的話來說，他們把自己「鑲嵌進東方的世界」。

荷蘭人在亞洲

到了一六〇〇年時，葡萄牙人開始感覺到荷蘭人的競爭力量。荷蘭人在東印度群島的作業最初是由若干個別並且互相競爭的公司進行，但是在一六〇二年，荷蘭的議會發給「荷蘭東印度公司」特許狀。「荷蘭東印度公司」和葡萄牙的公司很不一樣。葡萄牙王壟斷香料貿易，可是私人可以投資這種貿易。非專利商品的私人貿易與香料貿易同時進行，使用亞洲的商人。相反的，「荷蘭東印度公司」完全壟斷了全部的荷蘭貿易。它有權與當地的君王作戰和締和，修建堡壘和管理地方上的事務。雖然管理其在荷蘭總公司的是理事會，有十七位理事，可是在東方代表公司的總督在制訂策略和就地執行決策上，有很大的自由。這個機構主要的目的，是在於及早建立對香料的生產與分配完全的支配權。

一六〇五年時，荷蘭人開始攻擊葡萄牙人在亞洲的根據地，佔領了摩鹿加群島中的提多(Tidore)和艾姆波耶納(Amboyna)。「荷蘭東印度公司」因爲想到這些要塞離亞洲貿易的中心太遠，一六〇六年意欲攻佔麻六甲。他們在此舉中失利，但是由班譚(Bantam)的回教國君主處奪得爪哇的雅加達港(Jakarta)。他們在此建立其主要的根據地巴達維亞，並於一六二八—二九年抵擋了爪哇的馬塔蘭(Mataram)國的侵略。一六三八年他們征討在錫蘭的葡萄牙人，到一六五八年時已贏得對錫蘭及其肉桂生產的控制。一六四一年他們將葡萄牙人逐出麻六甲。一六六二年又盡逐前來協助葡萄牙人的西班牙人。他們在征服麻六甲以後，便控制了外銷稻米到馬來半島的馬塔蘭王國。一六七七年他們戰勝馬德蘭王國，一六八四年又接著征服爪哇的班譚。由於葡萄牙人已於一六二二年將荷姆茲港喪失給波斯人，此時他們手中只剩下臥亞和澳門。

南海上最珍貴的領土是摩鹿加群島，生產丁香、荳蔻和荳蔻乾皮。艾姆波耶納島是丁香主要的產地。班達島生產荳蔻和荳蔻乾皮。這些島嶼正式的統治者是特耐的回教君主。「荷蘭東印度公司」答應保護他不受菲律賓群島上西班牙人的侵擾，而因此由他取得壟斷這些香料的權利。荷蘭人而後與艾姆波耶納島與班達島上地方頭人(所謂的「富人」)簽訂正式契約，包辦香料的轉運。

可是回教君主的正式授權與和當地頭人訂立的契約，都不足以防止亞洲和歐洲其他國家的商人購買這些商品，或防止土著出售這些商品。爲了確保其控制權，荷蘭人乃殘酷的限制競爭。一六二一年，他們殺戮班達人或將他們驅逐到巴達維亞。荷蘭人在班達島上殖民，分到種植有荳蔻樹的廣大土地，也有公司的奴隸爲他們耕作。公司控制丁香生產的辦法，是除了在艾姆波耶納島與其鄰近的幾個島上以外，毀壞所有的丁香樹林。它對特耐回教君主收入損失的補償辦法，是支付給他公司帳簿上所謂的「連根拔起款項」。由一六二五年起，武裝的裝有舷外鐵架的小艇，開始週期性的造訪未經授權的丁香產品，將無執照的丁香樹砍伐。一六五一年，公司強迫西塞蘭（West Ceram）的一萬二千居民移住到艾姆波耶納島，以加強勞力的供應，一六六九年在最後征服馬加薩（Macassar）以後，荷蘭人終於結束了香料的一切非法交易。他們也控制了以往來自其他地區快快不樂回教商人避難的港口。

荷蘭在東印度群島與葡萄牙的爭奪戰中所以占上風，有各種因素。首先，荷蘭比葡萄牙的船船數目多太多。這些船較輕，修得較好、比葡萄牙船也容易操作，還裝有更精良的長程大砲。荷蘭人的根據地是在島嶼上，出海的時間可以比較長，比以臥亞爲根據地的葡萄牙人更容易採取主動。其次，荷蘭人很容易找其所需要的水手和士兵，如果不在荷蘭國內找，也可以僱用法國、日耳曼、斯堪的那維亞和英國的傭兵（英國傭兵限於一六五二年以前）。葡萄牙人缺乏航海的水手。他們不容易在東印度群島讓人當兵，乃由葡萄牙監獄中徵召犯人。第三，荷蘭指揮官與葡萄牙指揮官相較，更精通海軍戰術，更依靠訓練有素的軍隊，也更有部署其豐富資源的自由。葡萄牙人海戰仍然是用與交船並列或相對航行加以攻擊和佔領的辦法，在陸戰中仍然是聽「聖詹姆斯，對準他們」的口號而後進攻，其行動受制於缺乏效率和集中的指揮。此外，葡萄牙人十分倚重宗教的激發，可是荷蘭人了解他們最注意的是貿易，明智的不以傳教去危及貿易（梅林克—饒洛夫（Meilink-Roelofz），一九六二年，頁一八）。可是最主要的因素卻是尼德蘭富有，而葡萄牙人愈來愈貧窮。其財富上的差異又是由於荷蘭商業寡頭政治集團廣泛的商業活動，而葡萄牙人不久即成為其母國貧困的犧牲者，也是其母國需要進口穀物、布料及製造品這個情形的犧牲者。在荷蘭人與葡萄牙人的競爭中，商業資產階級戰勝了海上貿易貴族的精英分子。

可是雖然荷蘭人戰勝了葡萄牙人，其在東方的勝利卻旋即消逝。「荷蘭東印度公司」的贏利是付出沉重成本的，其中主要的是戰爭的成本。再者，正當荷蘭人鞏固了對香料貿易的把持時，這些香料的本身，卻在歐洲失去市場的吸引力。荷蘭人的公司為了想以極大的代價維持其壟斷，乃窒息了亞洲商人的活動，並擾亂了諸王國的港埠公侯國的貿易。麻六甲未再重獲其以前的地位。以往供應麻六甲稻米的爪哇島上的馬塔蘭，因而失去其與麻六甲的貿易關係。班譚位於爪哇東北部，一度是一個偉大的商業中心，供應稻米和奴隸給香料群島以及馬來亞和爪哇的港埠。現在它的貿易流失給巴達維亞。港埠的侯國式微；產米的諸王國成為「荷蘭東印度公司」的衛星國。在丁香樹被除盡的島嶼上，居民改以西米為主食。因此，荷蘭公司為了替遠方市場生產少數幾種珍異的商品，乃攪亂了南方諸海的貿易網絡。

英國人在印度

英國人像葡萄牙人一樣，最初在與荷蘭人的關係上居於不利的地位。但是他們旋即扭轉這一頹勢。「英國東印度公司」不像「荷蘭東印度公司」那樣嚴格中央集權。它的壟斷也不像荷蘭公司那麼嚴格。許多英國鄉間的私人商人也與英國公司並肩貿易。英國公司比荷蘭公司資本少，現金少。荷蘭公司一開始的時候資本是英國公司的八倍。事實上英國公司往往得由當地王公和著名人士處借錢（梅林克—饒洛夫，一九六二年，頁一九四）。十七世紀初年，荷蘭公司的船隻，幾乎是英國公司的一倍。

英國人旋即承認荷蘭人對香料貿易的把握，尤其是因爲一六一九年英國人想以武力佔領班達而不果。他們於一六一二和一六一三年分別在暹羅和日本設立商棧，可是一六二三年卻又予以關閉。荷蘭人在艾姆波耶納島處決英國商人以後，英國人更是趕快撤出其延伸過份的地點。一直到十七世紀最後三十年，印尼的貿易對英國人而言都還是重要，但他們的注意力，卻日漸由印尼轉向印度。

英國人在進入印度次大陸的時候，即不像葡萄牙人那樣是宗教傭兵，也不像荷蘭人那樣尋求即刻的政治勢力。他們所選擇的不是道德或政治，而是經濟。他們既無組織又無資金去興建堡壘和供給戰艦水手。再者，他們也很了解荷蘭人在海上的優越。在不得已的情形下，他們接受了地方上統治者的宗主權。他們依靠磋商中在貿易中得利，並且往往使用其地主國的政府保護他們不受葡萄牙人和荷蘭人的欺壓。因此，他們於一六一一年在哥康達(Golconda)的瑪蘇利巴譚(Masulipatam)成立了一個代理處，一六一二年又在莫臥爾國西面邊疆上的蘇拉特(Surat)成立了一代理處。他們於一六三九年由一位小印度酋長處取得馬德拉斯(Madras)，並以印度統治者代表的身分加以治理。孟買(Bombay)到一六六五年才成爲英國的殖民地，它是葡萄牙的布拉甘扎的凱撒琳(Catherine of Braganza)嫁妝的一部分，歸爲英王查理二世所有。而查理又將這個殖民地割讓給「英國東印度公司」，以交換一筆貸款。一六九〇年，這個公司在加爾各答(Calcutta)建立了一個小殖民地。

十七世紀大半的時間中，英國商人乃依靠了莫臥爾統治者的善意。他們在馬德拉斯、在蘇拉特以及在海岸其他地方的殖民地，必須適應原已存在的情況。英國人可以努力用經濟和政治的策略改變這些情況，但絕不能用武力。蘇拉特是莫臥爾帝國主要的港埠，外銷由廣大內地來的紡織品和靛青。英國人在蘇拉特做買賣。蘇拉特也是去麥加朝聖的人主要的登船港埠。載運業乃在回教徒之手，他們與紅海上的阿拉伯港埠貿易。印度商人強大的世系群主宰了經紀人或掮客的業務、商業和貸款。這些經紀人又與主要生產區的村落頭人接觸。每一個經紀人由他自己的供應區取得農產品。這些嚴格的控制使英國人沒有什麼周轉的餘地。一直到了十八世紀，當莫臥爾人的勢力衰退而好戰的馬拉沙人(Maratha)又攫取了大半蘇拉特的腹地以後，當地若干商人家庭才要求「英國東印度公司」的保護。這個時候反叛與政治上的紊亂開始干擾由蘇拉特到西方的貿易，而英國人遷移到孟買，其印度拜火教徒貿易夥伴也跟著他們到了孟買。

在蘇拉特與西方的貿易衰退的當兒，與東方(中國、菲律賓和印尼)的商業卻有增加。英國商人在印度東南的柯羅曼德海岸尤其受歡迎。在這個超越莫臥爾範圍的海岸上，他們不像在蘇拉特那樣受到強大商人家族的抵制，並可以與許多小商人交往，以便取得內地興隆紡織業的產品。此外，通過互惠的安排，英國人可以在印度的船隻上充任海軍軍官，而印度主持僱用的經紀人與運貨船長又為英國人服務。

由英國主要的根據地馬德拉斯，我們可以看到外國商人與當地人口之間關係的結構。這個由英國人所建聖喬治堡(Fort St. George)所主宰的城市，有一個「白色的」城和一個「黑色的」城。白城住有五十名「東印度公司」的歐洲僱員、二十五名歐洲的自由商人和六十名歐洲船長，還有九家亞美尼亞人、六家猶太人、三或四家上流社會歐亞混血人以及偶爾一名印度商人。鎮守白城的是三百個歐洲私人士兵及四百名非歐洲的步兵和砲兵。住在黑城的是一萬名當地人口。在馬德拉斯，由歐洲來的船隻運來白銀以及猶太人在雷格亨(Leghorn)專為東方貿易所生產的珊瑚首飾。回程中又運走中國的茶，印尼的胡椒，由菲律賓來的西班牙銀幣和由柯羅曼德來的紡織品。可是到了十七世紀，由於加爾各達外銷中國的貿易日漸發達，加爾各答又占了馬德拉斯的上風。

莫臥爾帝國

英國人在加爾各答又遭遇到莫臥爾人。他們在莫臥爾帝國鼎盛的時候受到莫臥爾的主宰，而在莫臥爾式微的時候，又隨之興敗榮枯。現在大家都說莫臥爾帝國的印度是「傳統的」印度，但是莫臥爾政府的本身也不過只是一個最近的政治現象。創造這個政體的是由土耳其斯坦來的帖木兒王朝的土耳其人（Timurid Turks），他們在十六世紀初入侵印度，並於一五二七年以其酋長巴博為第一位莫臥爾皇帝。在巴柏之孫阿克巴（Akbar）治下，莫臥爾的制度具體化。它所固守的土耳其中亞模式，將顯赫的權位給予軍人，軍人的等級，則依其麾下士兵的數目而定。最高級的官僚也出於這些軍事上的精英分子。在阿克巴的時候，這些軍事官員中有大約三分之一是由越過土耳其斯坦進入印度的最初軍隊中徵召；三分之一由波斯人、傑嘉泰人（Jagatai）和烏茲別克回教徒構成；另外三分之一為當地印度人（主要是印度北部的拉吉普人和回教的酋長）。到了後來，當地酋長的份量增加。

這些人形成國際性的精英分子，也創造了國際性的宮廷文化，如精緻的甲冑和武器、昂貴的紡織品和地毯和有豪華花園和內部的宮殿。他們藝術的品味、衣著和款式（褲子、襯衫和現代「尼赫魯式短外衣」（Nehru jacket），對於詩歌、書法和小畫像的嗜好以及波斯和波斯化了的印度習俗，是境內權力較小的、較低階級的模範。朝廷與宮殿文化又促進了宮殿城市與專業手工藝地區工匠手工藝的生產。由於精英分子的報酬是貨幣，他們也促進了生計貨物與奢侈品的商業。這個情形又導致商人階級的興起，他們貸款給精英分子，以便精英分子可以支付其奢侈的生活方式。

這些精英分子得到授權，可以收取某些特殊地區的貢金貢物。這樣的授權乃為終生所享，不能繼承，情形和土耳其的貢金貢物授權和西班牙的臨時托管特權類似。再者，一個擁有授權者，由於一生中遷移到帝國不同的地區任職，其貢金貢物所出的地區也隨之改變。

在這些精英分子與一般百姓之間的是首要世系群的酋長。他們有世襲的權利，可以由某些地區收取貢金貢物。這些酋長的世系群屬於一個區域中主宰性的世襲階級。他們是中央世系群的首領，由其他世系群份子處取得貢金貢物，又將所得多餘的金錢轉交莫臥爾政府。中央勢力與其世系群之間的這些中間人，其得勢與失勢視政府官吏與世系群之間的關係的強弱爲轉移。當關係弱時，中央世系群的酋長在其眾多親屬的支持之下，變爲更有勢力，更可以影響政府的官吏。當政府強大時，政府便擴張自己收取貢金貢物的權力，因而越過中央世系群而直接由地方上的世系群分支收取，或者它便將不同世系群體的世系群分支混合在一起，而創造新的居留地。因此權力的分配是有流動性的。再者，首要世系群酋長的權利是可以由出售而轉讓的（哈比布〔Habib〕，一九六四年，頁四三）。無法干預時，當中央政府擁有授權的精英分子，便可將其授權轉化爲首要世系群酋長權利的保有權。相反的，當政府強大時，又可強制將首要世系群酋長的權利轉化爲精英分子的授權。因此政府與首要世系群酋長之間可能發生衝突，這樣的衝突是莫臥爾帝國龐大結構中的一大弱點。

宗教上的異議是莫臥爾帝國的另一弱點。維堅那嘉王國奉印度教。它是十四世紀早期由德干高原逃避回教侵襲的難民所建立，十七世紀時還存在。反回教的反對勢力，部分是由維堅那嘉王國所支持。另一種反對勢力是來自各種折衷派的崇拜。它們引援印度教的神祕主義和回教的神祕主義，宣揚一神崇拜，而反對儀式和世襲階級的制度。折衷派的教師以土語向會眾講道。許多這樣的領袖是工匠，甚至出身低等世襲階級。其中最有名的是卡比爾(Kabir，一四四〇—一五一八)，他是一名織工。另一位領袖耐克(Nanak，一四六九—一五三九)創立錫克教(Sikhism)，他宣講各宗教的統一，並主張廢除旁遮普的傑特族(Jat)中農民世襲階級的社會區別。還有一個教派合併印度教和回教作法(Satnamis)，他們所吸引的是農夫、工匠及小商人。

莫臥爾帝國的統治者最初接受宗教上的差異，因爲無宗教信仰的人死後不付稅。可是他們逐漸愈來愈不寬容。奧倫傑布(Aurangzeb)於一六五八年即位爲王。他是一個宗教狂熱者，不但毀壞了印度教的寺廟，而且給非回教徒強加特別的稅收。他的宗教迫害驅使許多首要世系群的酋長及其農民徒眾公開反叛，當莫臥爾政權削弱以後，反叛愈來愈嚴重。一六四七年，德干高原西部的說馬拉西語(Marathi)人口在其領袖西華吉(Sivajji)率領下，起而反叛莫臥爾人，想要恢復回教統治者所違反的印度教信仰。他們組成馬拉沙同盟，成爲德干高原上的主宰勢力。莫臥爾人也失去恆河平原中部印度世系群的支持(這個地區今日稱爲烏達•普瑞德希〔Uttar Pradesh〕)。最後，當莫臥爾帝國的統治衰微以後，莫臥爾在邊遠地區的官員開始擴張自己的勢力，並且爲了自己的利益與進入印度次大陸的歐洲人貿易。因而，到了十七世紀末葉，英國人闖入印度天下的局面已經成熟。

英國統治的發展

英國人一六九〇年在加爾各答的殖民，在地理位置上由莫臥爾帝國的式微中得利。孟加拉省比較遠離困擾印度其他地區的戰爭與危機。它此時進入商業繁榮期，不僅輸出精緻的絲質品，也輸出糖、稻米、硝石、靛青和鴉片。雖然法國人和荷蘭人在這個地區也有商站，可是「英國東印度公司」不久即在一百五十多個「代理店」進行貿易。印度有權勢的商人／銀行家承包爲半獨立的莫臥爾省長或統治者收稅，並往往借貸鉅額的貸款給英國人。「英國東印度公司」透過這些商人／銀行家，而擴大其與爲其貿易生產紡織品的織工間的契約。在孟加拉、半獨立莫臥爾省長或統治者與首要世系群酋長之間鬥爭。他們許多人在新的土地上殖民，而不向統治者繳納應繳的稅收。英國人在這種衝突中支持首要世系群的酋長，而與半獨立的莫臥爾省長或統治者爲敵。在商人／銀行家的支持下，公司與許多首要世系群的酋長祕密結盟，挑釁半獨立的莫臥爾省長或統治者公開作戰。一七五七年，在得到孟加拉主要銀行家所借貸的經費以後，它在普拉西大敗莫臥爾省長或統治者的軍隊。

在這次勝利以後，「東印度公司」刼奪孟加拉國庫多達五百萬英鎊以上。它也得到進口與出口的專利權。它爲了自己的利益訂價，逐出當地的商人階級，並於一七七五到一七八〇年間又收獲了五百萬鎊的利潤。它使用印度的居間人（這些居間人的職位往往乃花錢由公司購買），直接控制了一萬名孟加拉的織工；織工的契約迫使他們只與公司來往。到了一七六五年，「東印度公司」也成爲正式的孟加拉民政機構。它迅速採取行動使稅收制度合於經濟原則，將土地直接稅由一七六五年的近一千五百萬盧比，增加到一七七六－七七年間的三千萬盧比。稅收負擔的增長毀滅了大量的孟加拉農人和工匠。一七七〇年和一七八三年，兩度發生大饑荒。

「東印度公司」在孟加拉取得一個立足點，並因政治鬥爭而獲利以後，乃迅速而有效的擴張其對領土的統治。連綿不斷的戰爭使公司必須建立一支愈來愈精銳的軍隊。對於有領土的統治者內政不斷的「干預」，更促使公司發展出以領土爲基礎的官僚政治。公司直接接管某些印度的地區，並且贊助地方統治者治理其他的地區。因此一七六五年以後，「東印度公司」的性質改變，由按照另一個政府規定作業的有執照貿易公司，變爲英國政府的一個軍事和官僚部門。

公司性質的改變以及因此而造成的英國在印度統治的性質的改變，在英國人的希望上也造成重大的改變。在普拉西的勝利以前，在印度典型的英國人是一名商人。他透過在代理店的生活與在內地的貿易往來，感覺自己與他交往的印度精英分子有平等的地位。這個商人(或像一位官員般辦事的公司商人)，生活往往像印度的著名人士。他有一位印度情婦，身邊環繞著印度拜火教或回教的僕人、葡萄牙或臥亞的廚師以及馬拉巴或馬拉加西(Malagassy)的奴隸司膳人。如史比爾(Spear)所云，矛盾的是：

> 腐敗的公司官員、來路不正的財富、壓迫、農民騷動、閨房與非法性關係的那些時代，也正是英國人對印度文化感興趣、寫波斯詩歌，與印度智人、回教法律教師、半獨立蒙兀兒省長，以社交上平等地位集會和交結爲私人朋友的時代。(一九六三年，頁一四三)

雖然在普拉西之戰以前英國商人與印度商人在平等的基礎上交往，可是英國人在戰勝以後卻開始利用其新得到的政權，去控制其印度的競爭對手以及其他歐洲公司的商人。在普拉西之戰以前，英國人乃透過地方上的中間人作業，這樣的人在柯羅曼德和馬拉巴稱爲「dubash」或「modeliar」，在孟加拉稱「dadni」。「dadni」一字，是指有息貸款給內地的商人，這些內地的商人又貸款給地方上的農人和工匠，農人和工匠以未來遞交農品爲抵押。這樣的中間人不但盡金融與組織上的職責，也與當地政權和工藝組織打交道。他們同時是「朝臣、辦交涉的人、翻譯人、制訂契約的人，也充當保證人和專家」（德米尼〔Dermigny〕，一九六四年，一，頁七八三）。現在這些人爲領薪的書記所取代。書記處理「東印度公司」的業務，頒發貿易許可證。我們在下面將看到，這個情形並不使英國人不依靠印度的資金。「英國東印度公司」與私人企業家各種活動的目的，是利用印度的資源與勞工，生產與中國貿易的貨物。投資於這種日益成長貿易的財富，乃來自印度銀行家和放利者。

英國商人的作用有了基本上的改變，由印度人的貿易夥伴變爲在社交上疏遠的上司。在政治方面也發生平行的改變，因爲秩序的建立與施政的程序化使軍人／行政人員有了優越的地位。這些人傾向於輕視「愚蠢的孟加拉人」，並且自以爲是的居高臨下看不起印度人，想要以英國人的榜樣統治他們，改革他們與英國人不同的習慣。

英國人在普拉西的成功爲英國的接管印度半島鋪路。英國的走向主宰印度，並不是依照總體的規劃，其發生乃是由於回應區域性的危機和戰爭。莫臥爾帝國瓦解爲好幾個繼起的戰亂區域，如德干高原西部的馬拉沙聯邦、克瑞希那河（Krishna River）與戈達華瑞河（Godavari River）之間高地的海德拉巴（Hyderabad），以及統一內陸高原與克瑞拉以北海岸地區的邁索爾（Mysore）。這些新的國家給孟買、馬德拉斯和加爾各達的英國人造成眞正的威脅。它們朝秦暮楚的聯盟，也求助於法國人或阿富汗人，因而可能將區域性的戰爭昇高爲國際間的衝突。同時，它們內部的不團結與不能締結一個共同的聯盟，又使英國人可以分化它們，個別擊破。英國人一七八九年打敗海德拉巴，一七九九年打敗邁索爾，一八一六年與一八一八年間擊敗馬拉沙聯盟。

這些爲控制權而作的多邊戰爭，對於財富和資源造成極大的破壞。有半世紀之久，所有各方面爲了維持政治與軍事上的競爭力，都用收稅和搶劫的辦法籌措經費。然而，英國在戰爭中的勝利，卻使「東印度公司」及其官員可以有辦法用印度的資源累積母國的財富。由搶劫得到的龐大私人財富都送回英國投資。透過無報酬的輸出，以前維持地方上統治者的貢金貢物，現在都可以轉手到在歐洲的公司股東（費爾德豪斯〔Fieldhouse〕，一九六七年，頁一五九）。在征服了政治上的獨立國家以後，英國人也可以整頓印度的土地保有權和土地稅收法，讓印度支付戰爭的開銷和英國繼續佔領所需的成本。最後，也可以用土地和稅收的改革，去使印度的農業改變方向，生產有利潤的商品如生棉和鴉片。因爲這些都是提高英國人與中國貿易的最重要工具。

土地保有權與稅收的新模式

莫臥爾帝國的生產方式基本上是附屬納貢性的，終身擁有授權的人和首要世系群的酋長，可以由他們在私人性質上或在公職上所主宰的農夫身上，抽取剩餘物資。這種方式與日後英國人做法最大的不同，是這些權利不是對土地的產權，而是要求人民的勞力與其勞力的產品。然而在一七九三年英國人在孟加拉所訂立的「永久產業贈與」(Permanent Settlement)中，首要世系群的酋長成爲徹底的土地所有人，但是他們由他們農夫所收到的貢獻，十分之九得交給英國當局，只保留十分之一爲自己所用。因而，英國人一舉而創造了一個有三千名印度地主的階級。他們與英國的地主享有同樣的權利，包括出售、抵押和繼承土地的權利。

由於柯恩所做的研究，我們現在很知道這種英國的新土地法與稅收評估，對受「永久產業贈與」影響的一個區域，所造成的影響。孔恩所研究的是巴耐爾斯區域(Region of Benares)。美國人類學家在一九四〇年代和一九五〇年代在強帕地區(Jaunpur distrcit)進行了許多研究。強帕地區以前是巴耐爾斯酋長(土王)轄區的一部分。孔恩的研究，爲這些美國的人類學家提供了歷史背景。十八世紀時，對這個區域中居民和貢獻的權利，乃屬於世系群團體(主要是印度北部剎帝利族)、小酋長或土王以及擁有服務授權者之手。所有這些收取貢獻的人都對巴耐爾斯土王有義務，而這個土王本人又臣屬於奧德(Oudh)的半獨立莫臥爾省長。而這位省長效忠於莫臥爾統治者。擁有服務授權的人收取貢獻但不付稅。所有其他的人都必須向若干上司納貢，不過實際的貢獻隨進貢者與收取貢物者的政治與軍事能力而異。各群體間對資源有過無數的衝突，需要仲裁和折衷處理。

英國的統治一舉將所有這些群體及對人民與貢獻的身分權利，都轉化爲私人財產的權利。地產成爲登記有案的納貢者的財產。他們照規矩付稅，而取得擁有、繼承和處理的私人權利。由於稅額永久固定，他們乃不受地價與其上農作物價值的影響。實際評估和收稅的工作乃指派一群印度官員做。他們在這件事上有利可圖，可以不誠實的評估，和強迫不付稅的人出售其地產。有些官員兼差爲放利者、商人或銀行家，並與這些管理錢財的知名之士交往。

這些官員也因他們懂得英國的法律程序而獲利。印度的法律，是以對緬因爵士所謂的「身分」的考慮爲基礎，而不考慮「契約」。可是現在英國法律取代了印度法律。印度的法律程序以爲爭執的各方不是個別的個人，而是與其他的人有各種複雜的社會、政治和儀式關係。它承認在社會上、政治上及儀式上有不平等的世系群團體和世襲階級，並認爲衝突的案子是這些群體間持續關係的片刻。可是現在世系群團體被視爲個人對待。英國法律堅持以原告和被告爲一份契約上平等和個別的夥伴，而只處理法官面前的案子，不管產生這個案子的母體爲何。印度法律上的做法，是避免最後的決定和解決，喜歡繼續磋商下去。相反的，英國的法律程序堅持對送進法庭的案子做明白的裁決。其結果是印度的原告和被告共謀用智巧的辦法迴避英國法律裁決的過程。這些辦法由法庭看來是非法的，但是爭執的人卻用它們自衛。柯恩下結論說（一九五九年，頁九〇）：「大多數送進法庭的案子都是隱藏眞正爭執的揑造故事。」因而，爲了公正公平起見而強迫使用的新法典，事實上嘉惠於最能利用法律的那些人。

由於地產、稅收評估以及法律程序的新制度，巴耐爾斯區域乃興起一個新的地主階級，其成員乃由印度公務員、銀行家及商人中間徵召而來。這些新地主往往缺席，透過代理人而非透過舊日對人民和貢獻權利的制度，管理其地產。到了十九世紀中葉，這個階級將控制巴耐爾斯區域近一半的土地，而許多失敗的首要世系酋長，下降到農民的身分。

在印度西部和北部部分地區以及其他的一些地區，一八三三年實行改革了的解決辦法。它認爲印度的村落乃一個團體中份子的平等共和國，乃盡逐收稅的大地主，而將土地授與村落團體或「從事耕作的轉體」。

在印度各處，所有的新地主都被迫爲市場生產農作物，不論是甘蔗、煙草、香料、棉花、黃麻或靛青。雖然當時也在英國的贊助下成立了幾個種植一種作物的大農場，但是大半農業產品都是透過一種農業外包制而獲得。農作物透過一連串中間人由生產者進入購買者之手（摩爾〔Moore〕，一九六六年，頁三五六）。各地的放利者此時在印度的鄉村已經是根深蒂固的人物。他們擴大活動的範圍，以高利貸協助農民收成和付稅。同時在各地，不能與其較富裕同儕競爭的首要世系群酋長、其收入被剝奪的地方著名人士以及反抗英國人侵略的酋長，聯合起來形成對新秩序不滿意和批評的朋黨。因爲新秩序剝奪了他們的資源與稱號，使他們在社會流動中節節下降。無土地勞工的數目也有增加，這個情形尤以在英國機器生產的布料在一八一四年以後湧入印度市場後爲然。英國機器生產的棉布，有效的毀滅了印度市鎮高品質的紡織工藝及鄉間供應這種工藝原料的人。

新情勢也使鄉村權貴的力量大增，他們抵抗了當時所發生的激烈和摧毀性改變，甚至由其中獲利。這些「強人」(索那與索那〔Thorner and Thorner〕，一九六二年，頁一六－一七；索那，一九六四年，頁六四－六六)使用當地世系群和世襲階級的機制，持續和擴大控制因迫於飢饑被迫工作以求溫飽的農業勞工和佃戶。同時，這些地方上的權貴使用地方上的親屬和婚姻關係去抵制不住在當地的首要世系群酋長和政府官員的勢力。他們可以有效的對這些酋長和官員作法律上的要求，而且甚至有權勢的首要世系群酋長與商人，爲了取得收入和農產品，也不得不與他們訂立契約。這些在當地世系群分支中強有力的強人；透過借與其同村村民款項、種籽和食物；透過其在村子中處理衝突的作用；也透過對當地暴力手段的控制，掌握了控制權。所謂地方暴力的手段，包括由在身體上威脅其敵對人士，到摧毀他們的農作物，以及不讓他們在村落中有土地和住宅(施瑞尼華，一九五九年，頁一五；孔恩，一九七一年，頁八五)。其結果是產生了農村的寡頭政治，受制於親屬關係和世襲階級。雖然就與市場的關係而論這些鄉村的寡頭執政者都是一些企業家，可是他們在鄉村卻維持了附屬納貢的關係。

新軍與官僚制度

就被征服的人口來說，英國的統治權還有兩個其他的後果。其一是創建了一支由英國人所管轄的軍隊，其軍官爲英國人，士兵爲印度人（婆羅門、北印的拉吉普人和回教徒）。這些印度士兵是僱用的傭兵，由英國政府支付。這個情形有效的結束了莫臥爾帝國的模式。莫臥爾收取貢金貢物的著名人士，有權維持軍隊，但也有供應統治者軍隊的義務。它使新的歐洲統治者掌握了暴力的工具。另一個後果是創建了一個最高階層全是歐洲人的政府，作業的基本人員是數目愈來愈龐大的下級書記。

這些下級官員大多數是由孟加拉無數的翻譯人員、經紀人、小吏和曾經擔任英國東印度公司和私商的次要合夥的小商人小地主中徵召（莫克基〔Mukherjee〕，一九七〇年，頁四八）。他們之中許多在爲英國人做事以前曾爲蒙兀兒人做事。現在變節並利用英國人所造成的新的政治和軍事機會。他們許多出身於婆羅門、臣師（Baidya）和剎帝利高等世襲階級，用他們的職位加強自己精英文化模式承載者的地位。可是他們也允許徵召階級較低的人。

這些新的專業人員自稱「可敬之士」，以新的標準取代以往以世襲階級決定的身分。這些新標準是英語的教育，對文士印度傳統的掌握以及專業性和教士性的職位。他們因此不僅是使印度人西化的人，也是創造他們自己獨特模式的人。他們有歐洲人所想要的技巧，也有自己強烈的使命感。他們展望用自己的力量回到偉大的孟加拉的過去，那時眞正的婆羅門美德尙未遭到佛教和宣揚個人崇拜一個神祇的感情衝動印度教的破壞（參見布隆斐〔Broomfield〕，一九六六年，頁六三—六四）。類似的區域性精英分子群體也在東南的馬德拉斯和西部的馬哈拉希翠（Maharashtra）出現。英國人在控制了新的地區以後，便由這些群體中徵召僱員去高地服務。當然，這些支持英國人統治的人，遭遇到以前精英分子的敵意。在英文和讀書識字教育傳播到其他的人口部分（如回教徒及階級較低的印度人）以前，這些「可敬的人」甚至在其家鄉區域也遭受到愈來愈大的壓力。

在印度南部（如一八一二年的馬德拉斯）沒有首要世系群，所用爲一個不同的模型。爲了希望創造一個健壯和自恃的農民階級，英國人將土地授與個別的農夫，但他們必須直接付稅給政府。古芙（Kathleen Gough）對譚佳任地區（Thanjavur District，英國人稱之爲譚覺〔Tanjore〕）的研究（一九七八），對這些財產稅收新規則所造成的改變，提出了一個好例子。譚佳任位於馬德拉斯附近，現在是塔米爾·那都（Tamil Nadu）的一部分。在英國人來到以前，每一個譚佳任的村落均由一個婆羅門或塔米爾世襲階級分子（Vellala）群體所掌理。這種世襲階級分子集體行動，將固定成分的穀物收成配給村落的農夫、佃農和僕人，並集體負責納貢給政府。新的英國政府讓每一個家戶個別對其佃農負責和對付稅負責，十九世紀中葉以後，又頒發村落土地份額個別的所有權狀。必須以現金付稅的農夫，愈來愈負債給放利的人。在過去，放利的人只能收房屋、農作物和首飾爲貸款的抵押品，現在也可以收土地爲抵押品。其結果是許多人失去其土地，而有人的財產增加。農業在以前著重供應家戶的需要，現在改爲著重生產外銷到南亞大農場的稻米。而過去繼承性質的佃農，現在愈來愈變成按照每年訂立一次的契約工作的無保障佃戶。譚佳任地區因而變成一個服務契約僕人的主要供應區，他們想到海外就業（參看第七章）。

反叛

十九世紀近中葉的時候，英國政策影響所及的地理區域也愈來愈大。各種土地的安排和稅收的改革，改變了經濟和政治階級組織的性質。十八世紀末葉以前，印度的紡織品是主要的外銷品，可是這個以後印度的紡織品禁銷英國市場，而印度照規定又得允許英國製造品免稅流入。這個情形，使專門化的印度紡織品手工藝生產迅速毀滅。機器製造貨品的傳播摧毀了村落的手藝，減少了以生產陶器、鞣製皮革、染色布料、油與珠寶維持生活的工匠數目。一八四〇年代和一八五〇年代的造船業和修築鐵路，加速了鄉村商業作物生產的成長，鼓勵旁遮普外銷小麥；孟買外銷棉花；孟加拉外銷黃痲；以及由生產食品作物改爲生產工業作物，如棉花、花生、甘蔗和煙草。在農夫開始在市場購買糧食、需要貨幣刺激經濟作物以及十九世紀中葉地價上漲以後，高利貸擴大。人們不滿的情緒日益高漲。煽動這種不滿情緒的是以前的權貴及其隨員，他們逐漸被英國人的土地和稅收改革所排擠和威脅。這種不滿在印度北部爆發爲暴亂，英國人稱這些暴亂爲「一八五七年的大兵變」。

這種暴亂表面的原因是傳聞新式李—安斐爾德步槍的彈藥筒擦了許多由牛油和豬油做的脂。要裝彈藥得在末端咬開彈藥筒。印度教徒對殺牛恨之入骨，而回教徒不許接觸豬身上的東西。五月間英國軍隊中的印度兵兵變，在許多地區觸發武裝的反叛。這些兵變不過是點燃火種的火花。這個火種久已因不滿而火上加油。被排擠到一邊的昔日顯要，想要恢復莫臥爾和馬拉沙權勢的地方上知名人士，受到經濟和政治壓迫的村民、反對「闖入的基督徒」的宗教活動信徒，所有這些人再加上其他的人，都共襄盛舉，支持反叛。兵變在犧牲了許多人的性命以後終於平定。英國人由於突然認識到印度可能脫離其控制，乃改變了對其臣民的態度。在這次兵變以後，英國的統治者放棄以英國自由思想改革印度的想法，而努力加強他們所認爲的印度傳統。當時興起了赫欣斯(Hutchins)所謂的「眞正印度」的荒誕說法。

> 這個「眞正的印度」包含鄉間的古印度；英國勢力的隨從與依靠者、王公、農夫和少數民族群體。住在城市中、經商和從事專業、不依靠英國人的恩寵、無意爲自己保存英國勢力所保證特權職位的那些印度人，被指認爲「非典型的印度人」。（一九六七年，頁一五六）

英國人再度注意各世襲階級間的區別。它根據各種群體的宗教和其世襲階級的身分加以分開，並支持剎帝利階級的特權。這樣做無疑是爲了想分化統治，並加強世襲階級和特權的約束，以抵制或是個人或是群體的「新」人，不讓他們自由活動和維護自己的權利。

在印度的英國人聚集爲一個新的統治者半世襲階級，與印度的居民分開而且不一樣。他們日漸稱印度人爲「黑人」（赫欣斯，一九六七年，頁一〇八），認爲其母國內較低的階級與印度人一樣低下。他們日漸想努力達到辛勤工作、陽剛、權威性舉止、不圖舒適和喜好運動的理想，以便培養道德的品質，而同時又認爲印度人的天性與此相反，視他們爲怠惰、體弱、懦怯、柔弱、好欺詐、浪費和不道德（赫欣斯，一九六七年，頁二九—七八）。吳卓夫（Woodruff）稱他們爲監護人。他們覺得因爲自己是新統治者，便可以追求一種精英分子的生活方式。這種生活方式是超過他們在英國所習慣的。「印度的作用是把英國人轉化爲「立即的貴族」（赫欣斯，一九六九年，頁一〇七—一〇八）。英國人堅持這些新的標準，與其在母國的眞實身分成反比例。

由印度到中國

印度內部政治與經濟上的統一，與英國的擴張與中國的貿易同時進行。英國人動員印度的資源，以期進入東方的寶庫。德米尼說英國人，「每一件發生的事情，都好像是說明他們所以將印度半島變成一個家臣，是爲了向中國發展」（一九六四年，一，頁七八二）。

然而，在進入中國的市場時，英國人卻遭遇到極大的障礙，因爲中國政府不願意與「紅毛番」做任何買賣。隨著滿洲人的入主中國（一六四四），帝國對於對外貿易的控制更爲嚴格。這種重新的控制一面是爲了撲滅明朝遺民中的首領，一面也是爲遏制外國人在中國海岸上的影響力。南方擁有最力的是鄭成功(國姓爺)。鄭成功主宰了福建省，並幾乎克服南京。他與歐洲人有廣泛的接觸。曾在澳門和馬尼拉替葡萄牙人和西班牙人工作，在台灣爲荷蘭人工作，並在日本成婚。他在被逐出中國大陸以後，避難到台灣，統治台灣到一六八三年。雖然鄭成功在挑戰滿洲人統治的人中很有名和最爲強大，可是還有其他的人(德米尼，一九六四年，一，頁九七、一三二)。滿洲皇帝接受鄭成功以前一位參謀(編按：即施琅)的建議，整個肅清海岸，希望用創造一個無人之境的辦法，去減少航海者與內陸居民無限制接觸的可能性。

不過在滿清帝國的控制重新鞏固以後，又歡迎外商進入中國的港埠。「英國東印度公司」由這個新機會中獲益最多。由一六八五到一七六〇年，英國人許可在福建省與浙江省的好幾個港埠做買賣。但是他們逐漸改在廣州做生意，並在廣州成立了一個外商同業公會。廣州很富有，可以事先儲蓄大量的供應貨物，而其海關關員又直接代表滿清皇帝，與地方上的士紳無關。當一七六〇年清廷再度限制對外貿易時，廣州成爲唯一開放對外貿易的港埠。

英國人在與中國貿易的初年，向中國購買絲織品、瓷器和藥品。他們原想以英國的毛織品支付，但中國人不接受。於是他們賣一些英國的鉛(用以作爲大箱子的襯裡)、錫、由馬來海峽得到的籐條、胡椒、硝石以及爪哇和菲律賓的稻米。可是一七九三年中國皇帝卻給喬治三世寫信說：「我們什麼都不缺，我們也不再需要你們國家的製造品」(引自鄧〔Teng〕與費正清〔John Fairbank〕，一九六一年，頁一九)。最後英國人不得不付白銀，使他們的銀塊持續外流。十八世紀中間，「東印度公司」又將茶葉灌木的鋸齒狀葉列入其所想要的商品，支付的虧損乃進一步增加。

以鴉片交易茶

飲茶的習慣在英國乃始於一六六四年，最初是由荷蘭人所介紹。這一年進口的茶葉量爲二磅二盎斯。到了一七八三年，單是「東印度公司」所銷售的茶葉便達近六百萬磅，兩年以後更超過一千五百萬磅以上（格林柏〔Greenberg〕，一九五一年，頁三）。或許想要逃稅的私商還走私進入英國同樣多的茶葉。（當英國國王在歐洲無法收茶葉稅時，便想在波士頓收茶葉稅，而將美國人變爲叛徒和販茶的人。）所有這些茶葉都必須用白銀支付，使白銀像「長期慢性出血一樣」流向東方（德米尼，一九六四年，一，頁七二四），中國同時由日本和馬尼拉取得白銀。一六〇〇年時，由日本流入中國的白銀量達到二十萬公斤，但是同年由馬尼拉每年流入中國的白銀量卻達八百萬公斤（饒斯基〔Rawski〕，一九七二年，頁七六）。中國成爲「美洲財富的尾閭」。德米尼估計一七一九年到一八三三年間流入中國的白銀量爲三億六百萬到三億三千萬披索之間。這是那個時期墨西哥白銀總產量的五分之一，或許多達歐洲所有白銀積貯的五分之一（一九六四年，一，頁七四〇）。

在這種白銀的外流上，英國人是繼承了一個古老的問題。甚至在羅馬帝國的時代，印度南部即輸出香料、細薄棉布和寶石到地中海地區，而賺得羅馬的黃金。印度曾發現大量的羅馬銀幣（惠勒，一九五五年，頁一六四—一六六）。由地中海外流的金銀塊，數量相當龐大。普林尼（Pliny）說：「印度沒有一年不吸收少於五千萬的羅馬錢幣(sesterces)」(引自惠勒，一九五五年，頁一六七)。羅馬帝國滅亡以後，金銀的外流並未終止。中世紀時黃金和白銀穩穩經義大利外流到拜占庭和回教世界，由回教世界流入印度(羅培茲、米斯基敏〔Miskimin〕和烏多維其〔Udovith〕，一九七〇年)，布勞岱說：在現代早期，

> 整個地中海地區好像是一架累積貴金屬的機器，貪得無厭。這個地區囤積貴金屬，卻將它們全部喪失給印度、中國及東印度群島。地理上的大發現可能在路線和物價上造成革命，但是沒有改變這個根本的情勢。(一九七二年，一，頁四六四)

到了十七世紀，歐洲西北部也面臨了同樣的問題。

當然，所有這些商業活動在中國本身的內部也造成影響。十六世紀時，日漸擴張的葡萄牙與西班牙貿易，在中國南方海岸造成爲海外市場而專門生產蔗糖、紡織品、瓷器和五金製造品的現象。伊比利半島人帶來的是新世界的煙草、甘薯和花生。中國的農夫熱切的接受了這些新農作物，它們似乎也促成了中國人口迅速的成長(何〔Ho〕，一九六五年)。煙草在十七世紀成爲一種主要的經濟作物，由海岸向內陸傳播，到雲南、中國西北部以及長江下游地區。饒斯基在不斷上漲的地價中、對土地激烈的競爭中、對土地改進較多的投資中、生產率的提高中以及較高的租金和利率中，追蹤這

種商業化的連鎖後果(一九七二年)。對於茶葉日增的需求加強這個循環。預付的款項開始由「東印度公司」流入廣州的英國人外商同業公會，由此又流入福建、浙江、江西和安徽的茶葉批發商。茶商把這個錢貸給家庭大小的「丘陵家戶」。這些家戶逐漸由副業種茶葉灌木改變為專業種茶。

這樣的茶是要付錢的。「東印度公司」的國際收支平衡上赤字日增。它在征服印度的時候已向英國國王借了很多的錢。為了償債，它向富有的印度祆教徒(例如塞斯〔Jagath Seth〕)借錢。而其以私人身分經商的職員，又向印度的放利者舉債。這個錢用來在印度種棉花以及將棉花運到中國。當時出現了一種複雜的三角貿易。大致上是由印度拜火教徒與蘇格蘭商人所經營的私人「家鄉商人」代理商號，將棉花運到廣州出售，換取白銀。他們用白銀購買「東印度公司」的貸記票，把這種貸記票在倫敦贖回。公司又用出售貸記票取得的白銀購買茶葉。

在這些交易中，許多英國為其本身利益經商的家鄉商人和東印度公司職員，為巨大的私人財富打下基礎。他們將這個財富用於在母國購買影響力與政治上的主張。在英國國會中，他們的影響力再加上西特所謂的「孟加拉小群人馬」，不久即比在西印度群島的利害關係更為重要。

可是雖然英國人在一七八五和一八三三年間平均每年出售二千七百萬磅的印度生棉，他們所得到的代價還是不夠購買他們所希望運到英國的全部茶葉。為了增加硬幣的存量，「英國東印度公司」不得不由新世界的西班牙領土進口硬幣。然而一七七六年時，美國的革命卻斷絕英國由墨西哥來的白銀供應。同時，中國北方的棉花又開始注入中國紡織品的生產，其價格低於印度棉花的價格。「東印度公司」財務上的唯一解決辦法，乃是在於由印度來的鴉片。

鴉片的銷售久已構成莫臥爾帝國的一大財源。一七七三年，「東印度公司」已取得對鴉片銷售的專利權。一七九七年，它又延伸這種專利權到鴉片的生產。在帕特那（Patna）和巴耐爾斯附近的嘉濟帕（Ghazipur），代理人以其地名為其所生產鴉片的名稱：帕特那與巴耐爾斯。印度西海岸毛華（Malwa）公國也加入生產。帕特那與巴耐爾斯鴉片裝在各盛一百四十五磅重鴉片的芒果木盒子中（五、六英畝的產量），在加爾各答的坦克方場（Tank Square）拍賣。毛華的鴉片透過孟買的印度拜火教商人抵達廣州。美國人也加入這種貿易，將愈來愈大量的鴉片由土耳其運到紐約，再由紐約運到中國。

鴉片貿易是隱密、非法和有極大利潤的。從事鴉片貿易的代理商號，不久其所經手的鴉片量，便值得「東印度公司」以其自己船隻運到廣東全部貨物的四倍。大群的支持者和貪官污吏把鴉片向內陸推送。到了十九世紀末葉，每十個中國人中便有一個成為有鴉片癮的人。然而，歐洲人終於有了可以賣給中國人的東西了。在十九世紀的頭十年，中國還有二千六百萬銀元的貿易盈餘。但是在第三個十年中，三千四百萬銀元流出中國去購買鴉片（韋克曼〔Wakeman〕，一九七五年，頁一二六）。白銀的由中國外流，旋即影響到整個國家。政府所設的稅額是用白銀，農民用銅質的現金付稅。由於白銀因日漸稀少而價格上揚，付稅所需要的紅銅量便愈來愈大。因此，鴉片不僅損傷中國有鴉片癮者的健康，也開始敗壞中國鄉間的社會秩序。

太平洋上的貿易

鴉片絕對是輸入中國最重要的商品，但是歐洲人還竭力想找中國人所感興趣的其他東西。其中一樣是檀香木。中國人用檀香木的油製供神所焚的香。在檀香木貿易發展的初期，一艘駛出澳洲雪梨市的「檀香木貿易」船，可以有百分之二十五的贏利〔福納斯（Furnas），一九四七年，頁一二一〕。歐洲商人在太平洋群島大肆搜索檀香木，往往全部拿走。他們在一八〇四年與一八一〇年間砍伐斐濟群島（Fiji）的檀香樹，一八〇四年到一八一八年間砍伐馬貴薩斯群島（Marquesas）的檀香樹，一八一一年到一八三〇年代中期砍伐夏威夷的檀香樹。夏威夷國王每年賣出價值三十萬美元的檀香木，他所得到的五金器具、布料、衣著、甜酒、槍砲，乃至在麻塞諸塞州撒冷市（Salem）修建了一艘豪華遊艇。然而，到了一八二六年，因爲夏威夷酋長拖欠交貨，美國商人乃強制要求簽訂契約。根據這項契約，每一個夏威夷男人每一百四十磅重的檀香木收稅西班牙幣四元，以爲償債之用（福納斯，一九四七年，頁一二〇）。

十九世紀中葉，商人以契約僱用土著在新卡爾東尼亞（New Caledonia）和新海布里地群島（New Hebrides）收取檀香木。一八五〇年代，由於澳大利亞的淘金潮耗竭了歐洲的勞力供應，使用土著的情形更爲普遍。土著勞工所得到的報償是鐵器和五金器具、布料、煙草和煙斗以及毛瑟槍和彈藥。同時，商人也以土著產品支付其他島嶼，因而加強了島嶼與島嶼間的交易。斐濟群島、果佛（Lifu）和塔那供給其他島嶼豬隻。塔那要所羅門群島(Solomons)以龜殼交易其豬隻;艾若曼嘉島(Eromanga)想要新卡爾東尼亞的貝;聖埃斯皮里圖島(Espiritu Santo)和艾若曼嘉島以檀香木交易豬隻、貝、龜殼與鯨牙(尚柏格〔Shineberg〕,一九六六年)。

另一種在中國有需求的產物是海參。中國人珍視海參,以之爲食物,也以之爲春藥。長久以來,印尼和菲律賓的水手供應中國海參,但是現在歐洲的商人也開始從事海參的貿易。收集和處理海參需要花很大的勞力。一個普通大小的工廠,可以僱到三百個人清洗這種海生動物和採集柴薪加以烘乾。土著勞工訂有契約,最初是爲其自己的酋長工作,後來又在歐洲人的控制下工作。商人爲支付海參所給土著的商品,包括槍砲在內,或許比檀香木貿易所給更多。在廣州,一百四十磅的海參要價高達九十美元(福納斯,一九四七年,頁二一二)。

檀香木和海參的貿易,再加上捕鯨業的加強,有助於火器在南方諸海的分佈。有勢力的土著酋長在控制了這些新武器以後,軍事潛力便大爲提高。因此,與歐洲人的貿易在若干島嶼上促成小邦國的興起,其首領是有歐洲軍事配備的強大酋長。

在夏威夷群島,夏威夷國王的姪兒(或外甥)卡米哈米哈(Kamehameha),由於控制了幾個位置適宜的海濱,於一七九〇年代取得大量的武器。他先用這些武器征服若干敵對的酋長團體,而後又取代了合法的太子。到了一八〇四年,卡米哈米哈已擁有六百枝毛瑟槍、十四門小砲、四十門旋迴砲和二十艘帆船(福納斯,一九四七年,頁一一二)。他的兒子與繼承人再進一步鞏固王權。由於僧侶可以透過傳統的禁忌制度質疑出現中的中央集權。他於是廢除了傳統的禁忌制度（維布〔Webb〕，一九六五年；德文頗〔Davenport〕，一九六九年）。

在大溪地島（Tahiti），年輕的酋長杜伍（Tu）使用他因出售豬隻給新南威爾斯（New South Wales）監獄殖民地而取得的歐洲槍砲，自立爲波瑪爾國王（King Pomare）。他的兒子波瑪爾二世與英國的傳教士聯合並強迫他的子民改宗基督教，以此鞏固了王位。

隨著海參貿易，一八二八年與一八三五年間進口到斐濟群島的槍有五千枝。一八四二年到一八五〇年間或許又進口了五千枝。當一位名叫卡瑪包奧（Cakobau）的酋長壟斷了火器的進口以後，這些槍枝造成包奧（Bau）政體的興起（華德〔Ward〕，一九七二年，頁一一〇—一一一）。類似的戰爭領袖也在所羅門群島與海布里地群島興起（多克〔Docker〕，一九七〇年，頁二三—四二）。

葡萄牙人開拓了進入亞洲水域的海上航線，而荷蘭、英國和法國的公司和私商，旋即尾隨而至。歐洲人因爲無法直接深入大陸，乃鞏固其沿亞洲海岸的入口點，並著手將亞洲大陸的沿海地區發展爲一個長程交通和商業的網狀組織。爲了供應新生貿易的所需，沿這些海上航線的地區，開始專精於某些商品的生產，以之交易其他商品。有些商品造成極大的需求，其中最重要的是中國的茶葉。爲了支付茶葉，北美西北海岸的海獺皮、太平洋上的海參和檀香木、美洲的白銀以及印度的生棉都開始流向中國，商業活動一時大盛。水路商業的增加也在遙遠的內陸地區造成影響。它減少了陸地上的商隊貿易，降低了商隊商業中心區的重要性，並且改變了遊牧民族與定居人口之間的均勢。

雖然大多數的歐亞商業活動都仍舊與其大海媒體保持密切關係，可是「英國東印度公司」這個貿易組織卻向自己與眾不同的方向發展。它接管以陸地為基礎的莫臥爾帝國，據其政治與經濟遺產為己用，並將自己由貿易公司改變為政治上的獨立國家。這個國家一旦建立，宗主權便歸於英國國王。英國的統治對印度社會造成深遠的後果。土地與稅收的改革取消了形成莫臥爾帝國秩序的收取貢金貢物階級組織，而代之以排成梯隊的土地所有人。在地方上和區域中具有支配力量的世襲階級精英分子，被轉化為擁有土地的企業家。他們因為必須籌錢付稅，乃生產經濟作物。地主、村落僕人和依靠別人的勞工，其間關係的性質也有改變。雖然世襲階級間義務與依靠的文化形式不但保存下來而且加強，這些關係卻愈來愈用於為生產農業商品而動員勞力。

印度在整個大英帝國的結構中，逐漸有非常重要的作用。在英國統治印度的全部期間，印度都以殖民地的身分向英國納貢，以支付英國在征服與平定一八五七年英軍中印度士兵大反叛的花銷、以及英國統治印度的成本。十八世紀屢次戰爭中所累積的戰利品，使英國人財富大增。由孟加拉所得到的稅收，多到足以供給與東方日益擴展貿易所需的經費，使金銀不必每年流出英國。印度的鴉片使中國開始進入外國的貿易，逆轉了錢幣由歐洲流向亞洲的流向。英國人在歐洲、非洲和印尼出售細緻的印度紡織品，使母國更能累積用以賺取更多金錢的金錢。

隨著英國的建立資本主義生產方式（參看第九章），工業資本逐漸主宰了商業財富，也將印度引入其不斷擴展中的勢力範圍。英國機器製造的紡織品入侵印度市場，傷害到印度的手工藝。十九世紀中葉，印度鐵路的修建使英國的資金有投資的地方，刺激了英國鋼鐵的生產，並且打開英國煤炭在印度次大陸的市場。此後，印度農業商品和機器製造印度棉織物的外銷到國際市場，有助於平衡英國與歐洲工業化國家與美國貿易的赤字。印度的剩餘物資使英國可以創造和維持一個全球自由貿易的體系。如果當年英國被迫禁止美國和德國貨的進口並與它們在外國市場上競爭，則美國和德國的工業化便會遲緩得多。因而，整個亞洲，尤其是印度和中國，絕非當時國際上經濟演化的周邊，而是對這個演化有非常重要的影響(拉山，一九七八年，頁七〇)。印度在英國的支配之下，成爲當日出現全球性質資本主義大廈的關鍵性基礎。

第3部

資本主義

自十五世紀起，歐洲的士兵與水手背負著統治者的旗幟前往世界各個角落，歐洲商人從維拉克魯茲（Vera Cruz）到長崎都建立起貨棧與倉庫。主宰了全世界的海上航線，這些商人侵入既有的交易網絡，並一個接一個地將它們連結起來。服務於「上帝與利潤」，他們鎖定歐洲所需的生產原料，為運送建立起強制的系統。相應地，全歐洲不論獨立或整合進工廠的作坊，都著眼於更廣大的軍事與海上活動生產大量貨品，銷售給海外供應商，以換取可以在歐洲本土銷售的商品。規模達全球的商業網絡就這樣建立起來。

經過長達三個半世紀的歐洲擴張，西班牙與葡萄牙瓜分了南美洲大陸。英國與法國控制了安地列斯山脈（Antilles）並遍植甘蔗。英國與法國同時也在北美洲東部海岸相爭，意欲取得通往大湖區與更遠地區的通道。相形之下，在舊世界，極少歐洲人向內陸發展，當葡萄牙人挺進安哥拉高原，英國人則取得印度次大陸的控制。大體來說，歐洲航海商在亞洲與非洲都更傾向取得主要的海上航線，藉由控制重要港口染指蘊藏大陸的鉅額財富。

同時，歐洲商業的成長也遇到了自身瓶頸與矛盾。商人藉由多種壟斷與對貿易的限制，確保廉價資源的供應。背後是統治者的庇護與支持，意在充實國庫並壓縮敵方的獲益。受到國家保護強化的商業活動擴大了商品流通，但大體上仍然限定在有限的管道內，以特許和特權設下重重障礙。即使商人已在各地經由採購協議與散工制動員工匠與鄉村生產者生產產品以供銷售，只有在少數情況下他們會將勞工集中在雇主控制的工廠裡。商人更傾向於獲取商品流通的利潤，而將生產的風險轉嫁給直接生產者。於是，如同多布（Dobb）所說的，「在個別生產者之間或生產者與商人之間的經濟依賴關係，並非取決於生產本身的需求，而取決於外在環境。」（一九四七年，頁二六〇）

在資本主義關係支配工業生產前，一連串相關的必要變革確保了新的秩序。國家的附屬納貢結構必須轉變為足以支持資本主義企業的結構。所有專制政體蘊涵的附屬納貢關係阻礙了資本的再生產效能，要被廢除。國家官員必須回應資本積累的需求，去除國家對於生產資源的壟斷，降低統治君主對於國家機器的控制。於此同時，國家投資必須重新引導至交通與運輸等基礎建設，有利於資本而毋庸額外的支出。還有法令的翻新，一方面保護私有財產與積累的權利，另一方面推行新的勞動契約。必須動用國家的干預以去除國境內限制資本、機器、原料與勞工流通的藩籬。最後，還需要國家的支持保護初萌的工業免於外部競爭，或打開外銷市場。

突破了商業支配並朝向資本主義的生產方式，發生在十八世紀下半葉的英國。由於資本主義投資的帶動，一連串相互關連的發明建立機器生產的主導地位，首先是紡織業，其次是鐵路網的建設。歐洲與美洲各國很快便起而仿效英國。新興的工業生產需要原料與糧食以支應新的「世界工廠」。當資本主義下的工業生產改變了工業化地區，同樣強大的力量也造成地球上供應地區的人民生活的變遷。資本主義生產方式的傳散不僅推動商品流動，也促使大規模人口朝向新近發展的工業中心流動。這個世界目睹了工人階級的誕生，隨著地區與加入積累過程的時間點的差異而有著眾多面貌。為普遍的動力所驅動，資本主義卻也造就自身的多樣變化。

第九章
工業革命

十八世紀英國的紡織工業，是過渡到資本主義生產方式的主要工具。在布料的生產中，商業財富有形的轉化爲資本。因爲它取得雙重的功能，一面購買機器和原料，一面購買人力去操作生產。由那個時候起，財富的累積便不再依靠經濟以外的方法去榨取剩餘物資，也不再依靠由商人銷售剩餘物資。通過購買機器，作爲資本的財富把持了工藝技術，並擁有了使自然轉型的物質設備。藉由購買勞力，資本可以自由支配社會勞動力，並照自己的意思去使用它改造自然。在資本主義的方式成立以前，人也爲工資而工作。但是現在工資勞力成爲勞力徵召的最重要形式。而必須依靠工資生活的勞工階級，其存在成爲主宰社會勞動力動員和調度的最重要因素。工藝技術和勞動力都受到創造剩餘價值的計算法的支配，其結果是加速工藝技術的變化，以及勞力與工藝技術必要條件的同步作用。博蘭尼說，「十八世紀以前，西歐的工業生產只不過是商業的附屬品」（一九五七年，頁七四）。而以馬克思的話來說，現在商業成爲工業生產的僕傭（《資本論》，三，一九六七年，頁三三〇、三三六）。

這個轉型爲何發生在歐洲？有人說這是因爲歐洲具有「落後狀態的特殊條件」。紀元一〇〇〇年以前，歐洲是一個邊疆，在地中海、信奉回教的近東，以及東方中央集權國家的邊緣上。它的政治權力支離破碎。掌權的人軟弱。軍事政治霸主與商人之間的關係不明確而且敵對。貴族可以搶劫商人、限制其政治上的自主權，或禁止商業投資土地。可是他們與龐大的中央集權國家相較，卻更需要商人去以剩餘物資交易關鍵性的商品，因爲中央集權國家可以透過稅收籌集所有必要的供應品。矛盾的是，歐洲的貴族因爲不許商人取得土地和政治力量，也迫使他們再投資於貿易，將他們的財富在商業中冒險，而非安全的投資在地產上。因此，在軟弱勢力範圍中的間隙與在軟弱勢力範圍的間區，歐洲商人得以建造商業的連鎖，在廣大的地理區域將剩餘物資轉化爲商品，又將商品轉化爲財富與金錢。

貿易的存在，其本身並不導致資本主義生產方式的出現。近東、印度和中國，當時都有範圍廣大的地區間貿易。所有這些地區甚至還有由商人所主辦的手工藝生產，或是集中在工廠，或是分散在民家。可是在這些中央集權的納貢國家，仍然受到政治統治者強力的約束，並且依靠這些統治者。中國的學者說，當時可能有「資本主義的萌芽」，但沒有資本主義的生產方式。英國情形的特點，不是商人買賣商品，而是他們迅速而不能抗拒的被拉進生產的領域。

英國的轉型

這個情形如何和爲何發生，又爲何發生在英國？雖然有人做了許多研究，可是至今尚沒有容易了解的答案。不過我們卻可以指出這個不尋常發展的幾個可能原因。

十五世紀時，英國已由養綿羊取毛賣到國外，過渡爲自己生產羊毛織品。之後，羊毛織品的生產，成爲英國主要的製造業。成群結隊的商人和金融業者去到外郡的市鎮，由最初的生產者處取得產品，監督其加工處理，送到市場。因此羊毛織品的貿易造成一個商業業者的階級組織，將倫敦牢牢的與內地連接。

接下來是四種互相關聯的發展。首先，地主逐漸將農業轉化爲一種企業，將土地轉化爲綿羊放牧區，但也用由歐洲大陸引進的新方法加強農耕。陶尼(Tawney)說，「地主如果修改其農耕的方法以配合新的商業條件，便會獲大利。如果他們保守而墨守成規，便會失敗」(一九六七年，頁一九五)。

其次，內地與倫敦之間的連鎖不僅造成眾多的商人群體，也在商業經紀人與納貢大地主之間、以及商人與有土地的貴族之間，促成高度的交互行動和互相依存關係。在歐洲大陸的許多地方，擁有土地的貴族不許經商，而商人又不許取得土地。在英國，商人和有土地貴族的互婚與交互行動，達到不尋常的程度。

第三，這些商人與地主聯合起來，由英國「農夫」奇特的身分上獲利。「農夫」的身分，是英國發展的一個典型矛盾的結果。自十五世紀中葉起，農夫向大地主納的貢，便愈來愈少，可是他們同時也未能建立對土地的保有權（終身享有或可讓與子嗣）。到了十五世紀中葉，英國農夫已贏得農奴制的整個廢除，也結束了力役與隨意的納貢實物代金。租金按照習俗是固定的。由於通貨膨脹造成貨幣的貶值，租金的眞實價值也減少。貴族由於不能以領主的身分重建和加強農奴制，乃開始使用金融上的手段，合理改革農業生產。他們將農夫以慣常保有權所保有的土地改變爲租用的土地，喜歡那些耕作大單位土地而有贏利的富有佃農。此外，他們增加農民的負擔，繼承要罰金，批准地契也要罰金。在穀物耕作發達的地區，租與佃農供其自用的土地，被人接管用於「改進的」商品農業。在農業勢弱而以豢養家畜爲主的地區，尤其是北方與西方的高地，農夫不得已兼事鄉村手工藝以及其他副業。因而，即使租與佃農供其自用土地的減小，可是在農夫先是以製造羊毛布、後來又以紡織開始補充其收入的地方，十六和十七世紀中間，依據官冊享有不動產產權和按慣例付地租的農民，人數甚至增加（塞斯克〔Thirsk〕，一九七四年）。在能夠合併農耕或畜牧與工藝品生產（日後又合併領工資工作）的地方，夫婦可以比以前早婚和早生子女。可是人口的增加卻或許再一步分割租與佃農供其自用的土地（參見提里〔Tilly〕，一九七五年，頁四〇四—四〇五），完全沒有土地者的人數也有增加。到了十七世紀末葉，地主擁有百分之七十到百分之七十五的可耕地（布倫那〔Brenner〕，一九七六年，頁六三）；而在一七九〇年代，大地主和士紳則控制了百分之八十到百分之八十五的土地。（明蓋〔Mingay〕，一九七三年，頁二五）。瓊斯曾經估計：到了十七世紀之末，多達百分之四十的英國人口已離開土地，許多人去就工業上的職位(引自布倫那，一九七六年，頁六六)。因而雖然「改良的」地主及其佃農爲資本密集的農業奠定基礎，它也使工業有了流動「自由」勞工的勞動力。

第四，連續的政治鬥爭，削弱了支持國王的大貴族與商人的力量，使外郡階級較低的土地持有人和商業經紀人有較大的自由。因而現在在地方的層次上也可以有創新的行動。

農業的轉型與需要全職或半職職業的鄉村人口的出現，使商人可以在各處鄉間擴大經營。商人擴大經營的一個辦法，是在外郡的市鎮向工藝品師傅訂貨。然後這些師傅在使用家庭勞力或僱人工作的小規模作坊中照商人所囑製造貨品。另一個辦法是用外包工制。商人將原料分發給工人，工人在其自己簡陋小屋中加工，其所用簡單機器往往是由這些商人處租來。這兩種動員勞力的制度往往互相交叉，從事一個階段工作的工匠師傅，在另一個階段成爲鄉村的代理商。然後商人與其經紀人收集完工的產品，送到市場上。

荷蘭與印度的競爭

這種在商人財富庇護下的織物貿易，不久便遭遇到來自兩個方面似乎勢不可擋的競爭：荷蘭對手，以及印度的技工生產者。

荷蘭人在紡織業上的競爭很嚴重。他們染色和完成布料表面的技術比英國人精良。爲了應付荷蘭人的競爭，英國人改爲生產較廉價的產品。他們放棄以前所生產的不染色、不完成布料表面、純羊毛的「舊織物」，以便生產羊毛與絲、亞麻和棉混紡的「新織物」，以及經緯線都是梳刷過羊毛的較輕毛紗。他們先將生產由都市地區轉移到鄉下，而後又將紡織工業機器化，因而可以比荷蘭人生產較廉價的產物。荷蘭人無法跟進，因為其工業與農業的工資當時都偏高（德福瑞斯〔de Vries〕，一九七五年，頁五六），而其商業比其紡織業的贏利又大得多（參見斯米特〔Smit〕，一九七五年，頁六二）。而且那個時候荷蘭的勞力昂貴，英國鄉間的勞力低廉。

然而，這種成本上的長處，在英國與印度紡織工業的競爭中不存在。印度生產的紡織品比歐洲紡織品價廉物美。印度的棉布或印花布（印花布〔Calico〕，以馬拉巴海岸上的卡里克特得名），在歐洲風行一時。「荷蘭東印度公司」和「英國東印度公司」因而開始委託印度織工按照歐洲人的品味生產印花布，也開始進口印度的白棉布到歐洲，再加印上歐洲圖案。印度的絲質品和細薄棉布在歐洲也很受歡迎。這兩個公司除了進口印度棉織物以外，也進口絲織品和細薄棉布，尤其是由孟加拉進口。可是這個時候母國的工業卻用政治的手段，打斷印度紡織品的流入歐洲。「英國東印度公司」被禁止進口印花布或白棉布。在同時，英國的紡織工業又開始自己仿製印度的印花布，尤其是麻紗布。麻紗布是棉麻混紡。英國的麻紗布愈來愈可以亂印度產品的真。這種競爭又加強了英國紡織業的機器化，使它可以透過生產廉價的機器製布料，擊敗亞洲的競爭對手。另一方面，英國人在使用機器生產製造亞洲產品「進口代替品」上的成功，也使他們在十八世紀末葉得以抑制德國人和法國人的競爭。

新興的企業家

一七六〇年時，英國棉織業中所使用的機器「幾乎和印度使用的一樣簡單」（班斯〔E. Baines〕，一八三五年，引自羅斯托，一九七五年，頁一二六）。棉織品透過外包工制在無數簡陋小屋中紡織。這個制度「是組織上的創新，技術上沒有激烈的改變」（柯曼〔Coleman〕，一九七三年，頁一四）。二十年以後，技術與組織上的改變都活躍進行。然而造成這個變化的是些什麼人呢？

他們不是倫敦布料商業中心黑井館(Blackwell Hall)的倫敦大商人，而是涉足外包制商業網絡的外郡商人和其經紀人或代理人。這些商人和代理人，爲了得到可以與國外生產布料競爭的標準化產品，乃親自監督布料生產完工的各階段，如漂白、染色和印花。由對完工階段的控制，他們進而生產改進的紗棉，或是自己生產，或是鼓勵作坊主人操作新機器，前面已經談過這兩個角色有時交叉。作坊主人可兼任外包商人的鄉間代理人。由查普曼(Chapman，一九七三年)對於一七三〇與一七五〇年間一千名紡織企業家資產的分析所示，他們往往也從事製麥芽酒、釀造和開旅店、零售業和農耕，以及房地產業。這些資產使他們可以累積財富並提高自己的社會地位，也可以在紡織品市場衰落的時候賴以維生。房舍、旅店和旅店天井，都很容易改建爲作坊和織工的住宅，或抵押借錢以爲投資之用。購買早期機器和僱用勞力所需的資金最初很有限(在三千英鎊與五千英鎊之間)，可是一八三〇年以後，羅勃茲(Roberts)的自動紡織機，卻將成本提高了十倍(查普曼，一九七二年，頁二六、三〇)。下面將談到，在紡紗機械化了以後，也必須改變織布的方式以便趕上紗線日增的產量。用在機器、原料和勞力上的資金支出，再度產生了其本身操作的推理法。它用「合理」配合各種生產因素的辦法，設法盡量擴大盈餘。於是，以人操作機器的過程，造成企業家上升，他同時是資本家、金融業者、作坊經理、商人和推銷員(威爾遜，一九五七年，頁一〇三)，在社交上，這是一個「新」人階級，出於外郡的中下階級，當時有人說「其地位在紳士與佃農或農夫之間」(引自達布〔Dobb〕，一九四七年，頁一二五)。「工程師」和「設計家」也來自這個階層和背景。他們設計、改進和製造新的機器，以及用水力推動的水車、蒸氣機，以及農業設備。

工業最初的資本大致是地方性的，透過親屬、婚姻、友誼和當地熟人的關係籌措，而非來自規定的出處(柏金〔Perkin〕，一九六九年，頁八〇)。不過授與短期信貸(匯票)的辦法，卻使各種交易能順利進行。匯票是給借方的結單，說明借方因貨物與服務而欠下的債。借方在匯票上簽名以確認其債務，而後把匯票還給供應者。供應而後背書匯票，而後用它支付自己的債務。到了十八世紀末葉，許多居間人(稱爲票據商人或票據經紀)興起，加速這些交易。他們通常是與新成立的鄉村銀行打交道，將由倫敦來的票據轉給它們以便用於工業。

機械化

資金的股票支付機器，但是在使用機器以使成本低廉和具競爭力上的關鍵問題，卻是紡紗與織布的不能同時進行。以紡輪紡紗很慢，而織布比較快。一七三三年凱伊（Kay）發明用手操作的飛梭，使帶著緯線的梭與經線交叉的速度大增，因而織工的產量增加了一倍。而後在將紗線傳遞到織布機上時，出現了瓶頸。因此發明家集中精力想使紡線的效率與產量增加。

一七七〇年，哈格雷夫（James Hargreaves）發明了一種同時可以紡幾條線的紡紗機。一七六九年，阿克瑞（Arkwright）的水架獲得專利。水架抽出捲軸上疏鬆的棉花纖維束，不斷的將它們纏繞在直立的紡錘上。一七七九年克朗普頓（Crompton）發明的紡織機，兼用了上述同時紡幾條線的紡紗機及水架的優點，一七九〇年又用蒸氣加以推動。這些新發明使生產力驚人增加。十八世紀一個印度用手紡線的工人處理一百磅的棉花要用五萬個小時以上。克朗普頓的紡織機把這個時間減少到二千小時。一七九五年前後的動力紡織機，更把這個時間減少到三百小時。阿克瑞所發明機器的作業速度也在這個層次。它大都僱用無技巧和待遇低的婦孺，在生產力上立於不敗之地。一直到一八二五年羅勃茲的自動紡織機才將作業的時間減低到每一百磅棉花用一百三十五小時（查普曼，一九七二年，頁二〇—二一）。在生產力增加的同時，所生產紗線的品質也有改善。這個是以每磅線所紡紗束的數目而度量。手輪紡十六到二十紗束。十八世紀末克朗普頓的紡織機紡三百紗束。因而，紡織機的紡錘數由一七八八年的五萬個，上升到一八一一年的四百六十萬個（查普曼，一九七二年，頁二一—二二）。

同時，機械化也改變了紡紗所需的預備步驟。剛由大包中拿出來的棉花需要精選和清洗。需要打開它的纖維，用梳或刷的辦法加以解開，拉成平行。當這些步驟都能以機械控制以後，便奠定了協調紡紗各種活動爲連續作業流程的基礎。瓦特(Watt)蒸氣機(一七六四年)在這些機器上的應用，使手力作業過渡到機器作業。

這些新的機器也影響到操作它們所需的那些勞力。前面已經提到，阿克瑞的水架可以由婦孺操作，因而一直到十八世紀末十九世紀初還能有效的與生產力比較大的機器競爭，甚至之後在某些邊遠的地區也還是這樣。新的機器誠然使一個工人可以照顧的紡錘數增加。一八三〇年代羅勃茲的自動紡織機，使一個紡工在兩三個男孩的協助下，可以操作多達一千六百個的紡錘。紡織機紡紗因而成爲一種高度技巧和待遇優厚的技術。它不久便有了自己的同業公會，會員佔用酒店最好的房間——房門上寫著：「只爲紡織機紡工保留」。

矛盾的是，在紡織機械化的時候，織布的技術卻長久停滯。加特瑞(Cartwright)的動力織布機於一七八五年獲得專利，但四、五十年後才流傳，其使用的數目由一八二〇年的一二，一五〇架，增加到一八三三年的八五，〇〇〇架。可是同時手搖織布機織工的人數又由一七九五年的七五，〇〇〇人，增加到一八三三年的二五〇，〇〇〇人(查普曼，一九七二年，頁六〇)。這些數字指出若干改變。首先，與動力織布機的競爭，連累手搖織布機機工所賺取的工資和收入下降。這些織工迅速失去其獨立的地位，而日漸貧困和被剝削(湯普森〔Thompson〕，一九六六年，第九章)。手搖紡織機紡織工資的下降，實際上可能妨礙了動力織布機的採用。其次工資與身分的下降，影響到散布在遼遠地方的鄉村人家，而由於彼此分散，他們更無自衛的力量。然而，這個情形的必然結果，卻是棉花工廠事實上一直到一八三〇年代才普遍。一八三〇年代早期，手搖織布機棉織工的人數，也超過全部棉、毛、絲紡織工廠成年男女工人的總和。第三，操作動力織布機的新勞動力主要是婦女和少年。到了一八三八年，只有百分之二十三的紡織工廠工人是成年男子（霍布斯邦〔Hobsbawm〕，一九六九年，頁六八）。

工廠

無可避免的，勞力散漫的組織方式，終於為新式生產事業——工廠——所取代。工廠的構想，也就是將從事不同技術作業的大數目工人集中在一個地方、甚至集中在一組建築物中，並非新穎的構想。可是新穎的，是創造在統一技術管理之下的機構，去負責同時進行的生產過程，和負責生產上的各種改變，以因應市場不斷變化的情形。外包工制的作坊和簡陋小屋，是「在部分不能移動的環境中作業，用相當固定的技術，享到實際上或法律上的專利，或由朝廷或軍隊這些非商業性質買主所送來的大訂貨單」（波拉德〔Pollard〕，一九六五年，頁七）。

工廠制度乃因外包工制度上面的各種缺陷而產生（參見藍德斯〔Landes〕，一九六九年，頁五五—六〇；波拉德，一九六五年，頁三〇—三七；希倫邦〔Schlumbohm〕，一九七七年，頁二七四—二七六）。在外包工制度中，商人企業家提供原料，在許多小的家庭作坊中加工處理。這個制度在維持和擴張作業的規模上，遭遇到嚴重的困難。因而也爲累積資金的潛力設限。在生產者分散和無人監督的經濟單位中工作時，勞力的密集度和持久性都受到限制。只要工業操作乃是補充農業任務，以致田地的工作比紡織機前的工作更重要，情形便更是如此。類似的，宗教活動、親屬間的事件、以及娛樂，也可以影響工作的密集性和程序。再者，商人無法防止分散開的工人偷竊和貪污原料，也很難控制產品的素質。十八世紀時這兩個問題都變得愈來愈嚴重，生產順序中的同步驟的不能同步進行，增加了運輸的成本。當紡紗慢下來時，商人／協調人不得不去找織工以供應織布機。當紡織因創新而得到改良以後，商人得去找手搖織布機的織工。加工處理和交貨當時延誤的情形，使資金循環遲緩，而顧客感到不滿。因此，不幾興起的大規模貿易遭遇到外包工生產制的限制。這個制度分成無數小作坊單位，無人監督，也無法監督。(波拉德，一九六五年，頁三一)。對於這種矛盾的解決方法，是建立資本主義的工廠。

這個新形式的組織工作造成幾種相關的改變。首先，它將儘量多的工作階段聚集「在一個屋頂之下」，只要行得通和有利潤就妙。這樣的集中，減少了外包工制所特有的監督與運輸成本。它也增加了對勞動力的控制。烏爾(Andrew Ure)是一位爲工廠制辯護的人。他在一八三五年寫道：工廠制使組織生產的人可以「壓制習於突然勤突然惰的工人的倔強脾氣」(一九六七年，頁一六)。其次，工作的過程分割爲其本的成分，取代工匠間因勞力等級的劃分(烏爾，一九六七年，頁二〇)。第三，這些工作的不同階段逐漸以所需的訓練和技巧分高下，而給以不同的酬勞。這樣，工作可以更有效的同步進行，勞工分爲由不同目的所推動的團隊，也便於控制。第四，任務的同步進行使工作過程持續不斷，所得的盈餘價值可以增加到最大限度。事實上，當增加的資金固定在機器中以後，工作的持續成了工廠作業必須履行的一大責任。當需求遲滯時，指導外包工制度的商人，可以乾脆停止作業。可是在資本主義生產的關係下，停止的機器日漸磨損貶值，直接消耗資本。再者，如果在機器新的時候不用它，則它在過時作廢以前可能值不回成本。而企業家便將成爲「他投資的囚犯」（藍德斯，一九六九年，頁四三）。

然而，早期英國紡織工廠卻面臨一個問題：可能的勞動階級，普遍不願意進工廠工作。他們尤其抗拒工廠中不鬆懈的勞動和嚴格的紀律，因爲這些和較早的習慣與古老自主勞力的愛好交際習俗不符合。許多早期的工廠乃仿效用作處罰之地的收容院和監獄，其所用的人也是非由己意的窮困學徒。以爲工廠是強迫刑罰勞力的想法，也使以前的工匠或家庭工業的勞工認爲，由家庭生產者相當的自決走向工業工人的苦役是有失社會身分。「只要一個工人可以多少自由選擇在家中工作或在工廠中工作，他便寧可在家中工作」（波拉德，一九六五年，頁一六二）。自由的工廠勞動階級，其成長遲緩，並且當時受到抗拒。對於工廠制度的懷恨，相當程度的促成紳士與百姓之間近於內戰的狀態。它成爲十九世紀初期英國的特色。一直到十九世紀中葉衝突才開始降溫。到了這個時候，工廠勞動力比較穩定，工人的身分也逐漸有了差異，不同的職位有不同的報酬。工作與新工人階級服從風氣的傳播，加強了工廠的紀律（波拉德，一九六五年，頁一八六、一九七；佛斯特〔Foster〕，一九七四年）。

紡織棉布工廠的成長，造成英國若干生產紡織品中心的成長，歷史上以前也有過巨大的都市，但是在英國製造業市鎮的興起中，世人看到在規模和速度上都無法超邁的素質改變。偉大的倫敦城，一六六〇年已擁擠了五十萬的居民。那個時候它不是一個工業城市，而是「貿易與分配的重要中心；金屬與印刷技術工匠、衣著傢俱與時尚，以及與運輸和市場有關活動的重要中心」（威廉斯，一九七三年，頁一四七）。相反的，推動工業革命的新工業城市，「是環繞其重要工作場地組成的，而且往往是從事單一的一種工作」（威廉斯，一九七三年，頁一五四）。在這些市鎮中，曼徹斯特既是典型的具體表現又是象徵。一七七三年時它只有二萬四千名居民。到了一八五一年英倫三島居民大都住在市鎮的時候，它的人口已增加不止十倍，到二十五萬人。到了十九世紀中葉，它每三個居民中便有兩個工人。在曼徹斯特附近的工業衛星市鎮中，十個居民中便有九個工人。同時，到了那個時候，二十歲以上的人口中，有三分之二以上是在別處出生的。其中大約有十三萬人來自周圍的各郡，四萬人左右來自愛爾蘭。有的人說這個新城「和尼加拉瀑布一樣壯麗」（卡萊爾〔Carlyle〕），有的人說它是「新地獄」（德・托克維爾〔de Tocquerille〕，「實現進入地獄的說法」（那比爾〔Napier〕）。恩格斯（Friedrich Engels）說它是英國勞動階級誕生的地點之一。人們搬到那兒是出於他們自己的自由意志（一九七一年，頁一三五）；由於一度緊緊掌握他們的生產方式已經瓦解，他們現在可以自由出售自己的勞力。然而，他們現在又須服從資本主義生產方式的迫切需要。這個方式把他們當做出賣勞力的人推到市場上。它只不過是將他們的產品轉化爲資本家可藉以購買這些產品的手段。於是，工業城市變成龐大的勞力市場，各種群體和類別的人（用手紡織紗線的人、手搖織布機的織工和動力織布機的工人、男人女人和兒童、以前的工匠和新來的移民），在此競爭就業的機會。這些勞力市場又創造了若干持續的對立——形將被機器取代的工匠與機器工人之間的對立；監督生產的人與生產者之間的對立；其勞力比較價昂的男人與工資較低的婦孺之間的對立；就業者與失業者之間的對立（尤以一八二六年與一八四〇年代的週期性下降趨勢時爲然）；以及英國人與愛爾蘭移民間的對立。

隨著工業化的進展，英國工人與愛爾蘭工人之間的衝突更形尖銳。一八〇〇年以後，愛爾蘭人大批移居到英國的城市。到了一八三〇年代，所有體力勞動的最低部分中，都有愛爾蘭人（「愛爾蘭窮人在大不列顛情況的報導」〔Report on the State of the Irish Poor in Grear Britain〕，引自湯普森，一九六六年，頁四三五）。馬克思在一八七〇年寫到：

> 英國每一個工商業中心，現在都有分爲兩個敵對陣營的工人階級，一個是英國勞動階級的陣營，一個是愛爾蘭勞動階級的陣營。一般的英國工人恨愛爾蘭工人，認爲愛爾蘭工人是他們的競爭對手，降低了他的生活水平。相對於愛爾蘭工人來說，他感覺自己是天朝上國的一分子，因而將自己轉化爲他自己國家那些反對愛爾蘭的貴族和資本家的工具，而加強了貴族和資本家對他的支配力量。他珍愛對愛爾蘭工人的宗教、社會和民族偏見。他對愛爾蘭工人的態度，很

像美國從前蓄奴各州的「窮白人」對「黑人」的態度。愛爾蘭人以偏見回報偏見，而且偏見更深。他視英國工人是英國主宰愛爾蘭的從犯和愚蠢工具。英國工人階級雖有組織，這一種敵對卻是造成它虛弱無能的祕密。〔一九七二年，頁二九三—二九四〕

英國人與愛爾蘭人之間的衝突在十九世紀上半偶爾爆發，但到了十九世紀下半卻大爲增加。這個情形與工人階級策略上的巨大改變有關。這個策略由十九世紀上半普遍反對現狀的人民憲章主義，轉移到十九世紀下半對資本家支配力量的較能接受。工會運動日漸發展，它組織了工人，但也制定了技巧上的等級；加強職業上的階級組織(包括由男工監督女工)；並且接受上流社會的教育和道德標準，以期在就業與工作情況上能夠得到穩定(參見佛斯特，一九七四年)。同時，英國工人與愛爾蘭工人間的衝突加強，主要因爲英國國教鼓動反對天主教，想要拒絕愛爾蘭天主教徒在政治上的要求(參見赫其特〔Hechter〕，一九七五年，頁二六九，註)。

棉布的外銷

因而在不列顛資本家的保護下，棉織品的生產，成爲工業革命主要的承載工業。霍布斯邦說，在拿破崙戰爭以後：

棉織品大約佔所有英國外銷貨品值的一半。在一八三〇年代中期棉織品外銷鼎盛的時候，生棉佔了所有進口貨淨值的百分之二十。英國的國際收支平衡眞正是有賴於這一項工業的盈利，英國一般的運輸業和海外貿易也大致有賴於這一項工業。第三，它對於資金累積的貢獻，幾乎一定比其他的工業都多。〔一九六九年，頁五一〕

這些棉織品都到了哪兒？照英國人看來，拉丁美洲是一個極大的尚未開發市場。到了一八四〇年，它已吸收百分之三十五的英國外銷紡織品(霍布斯都，一九六九年，頁一四七)。伴隨這一增加的，是英國貿易公司在拉丁美洲各地紛紛成立。到了十九世紀第二個十年間，在拉丁美洲營業的這種商號已超過五百家，其中大半是在巴西和阿根廷。可是當拉丁美洲當地的生產可以與英國貨競爭時，其進口貨的市場便達到極限，進口貨價格雖然降低也無濟於事。爲了保持拉丁美洲的市場，英國政府用公家的經費在拉丁美洲有英國公司營業的國家，爲其政府開設信用限額。爲了補償在拉丁美洲的損失，英國紡織品外銷商乃擴大其在亞洲的銷售。印度和中國在拿破崙戰爭後只吸收英國棉織品外銷的百分之六，可是一八四〇年吸收了百分之二十二，一八五〇年吸收了百分之三十一，一八七三年以後吸收了百分之五十以上。一八七三年以後，印度則成爲這項亞洲貿易的主要參與者(霍布斯邦，一九六九年，頁一四七)。

供應地區：美國的產棉南方

羊毛是英國進入海外商業的第一張王牌。它是英國國內的生產。可是棉花卻必須進口。一七八七年時，這些生棉一半以上是由歐洲國家在西印度群島的屬國進口。斯摩那（Smyrna）和土耳其供應另外的四分之一。可是到了一八〇七年，到達倫敦、利物浦和格拉斯哥（Glasgow）的棉花，百分之六十以上卻是來自英國從前的殖民地美國（諾斯〔North〕，一九六一年，頁四一）。此後美國一直是英國棉花的主要來源。一八一五年後，棉花收成成爲美國經濟擴張的最重要直接原因（諾斯，一九六一年，頁六八）。一八一五到一八六〇年間，棉花構成美國外銷品總值的一半以上。

在英國，蒸氣機和多軸紡織機與動力織布機這些技術上的配合，促進了紡織業。同樣的，惠特尼軋棉機（Eli Whitney's cotton gin）也使美國南方可以大量產棉。英國最初所需求的是「海島棉」（Sea Island cotton）。一七八六年時海島棉由巴哈馬群島傳入喬治亞州和卡羅來納海岸地區。這種棉的纖維在壓過滾軸以後很容易與種子分開，可是氣候先決條件上的限制，使得產量偏低。美國外銷的棉花因而大半是第二級的「中等短纖維棉」。惠特尼的軋棉機，旋即使一個人從前清理一磅短纖維棉花所用的時間可以清理五十磅短纖維棉花，因爲這種機器使種子與黏黏的纖維容易分開。

以使用奴隸勞力爲基礎的種植棉花企業，是高度有組織和使用大量勞力的生產單位。當大農場向西面移動時，它們由種植菸草和穀物改爲生產棉花。這時需要農場的規模更大，奴隸的數目更多，只有少數的奴隸主能跟上這個發展。專業產棉的農場，大半都有三十個以上的奴隸。在美國南北戰爭以前的十年間，阿拉巴馬州和德克薩斯州沿海岸平原沃土地區，其產量較大的大農場至少有五十個奴隸；而在密西西比州沖積平原上的大農場至少有二百個奴隸。爲了使勞力高度密集，乃指派勞動幫夥從事在種植週期中一個接一個的特定工作，其節奏使人聯想到工業生產。維持這些作業所需紀律，使奴隸不怠惰的，當然是工頭和監工的威力。威力在這個制度中非常重要。佛格爾(Fogel)和恩格曼(Engerman)(一九七四年，頁二三八)說：「現有的證據說明，用威力由奴隸身上所得到的勞力，其花費爲不用威力的一半不到。」

用奴隸勞力種植棉花是有利潤的行業。平均來說，奴隸主可以賺到其奴隸的市價的百分之十。這個比十九世紀中葉前後新英格蘭興隆紡織廠所賺到的報酬率更好(佛格爾和恩格曼，一九七四年，頁七〇)。同時，我們必須記住，當時許多白人家庭根本沒有奴隸。而即使是在有奴隸的人家，幾乎一半只有五個以下的奴隸(布汝其〔Bruchey〕，一九六七年，頁一六五)。

種棉不是引起美國奴隸制度的原因。可是美國奴隸制度的延續到十九世紀中葉以後，種棉卻是一個重要因素。造成奴隸制度延續的，是對棉花持續的需求，尤其是英國人的需求。一七九〇年時美國的全部棉產量只有三，〇〇〇包，可是一八一〇年上升到一七八，〇〇〇包，一八三〇年上升到七三三，〇〇〇包，一八六〇年上升到四，五〇〇，〇〇〇包(佛格爾和恩格曼，一九七四年，頁四四)。伴隨生產成長的是種棉地的擴大。棉花的生產向西移動。沿著每年至少有二百個無霜天氣和有棉作物所需雨量的氣候帶，由大西洋岸移動到南方深處。種棉業的擴散配合汽船和鐵路運輸的穩定發展。汽船和鐵路使遙遠的地區也可以與搭載貨物的大港埠銜接。隨著這個擴張，人口也大規模遷徙，一七九〇到一八六〇年間八三五，〇〇〇個奴隸遷移，大都是由馬里蘭州、維吉尼亞州，和南北卡羅來納州遷移到阿拉巴馬州、密西西比州、路易斯安那州和德克薩斯州。這些奴隸中，三分之二以上是在一八三〇年與一八六〇年間遷移。那是歷史上最大的一次被迫遷移。

與西印度群島的情形相反，北美洲的奴隸人口大致自我繁殖。早在一六八〇年，美國殖民地所出世的黑人，已佔奴隸人口的一大半。到了美國獨立戰爭結束的時候，土生的奴隸數目已爲非洲出生奴隸數目的四倍。到了一八六〇年，除了百分之一的奴隸以外，都是美洲土生的。大多數的奴隸都是其他土生奴隸的第三代或第四代後裔。這個情形與西印度群島和巴西的情形成一明顯對比。西印度群島和巴西必須不斷進口奴隸以爲補充。傑諾維斯(Eugene Genovese)說(一九七二年，頁五)：「在新世界所有的奴隸社會中，只有美國南方的奴隸勞力是自我繁殖。」這件事的理由不完全清楚。對於大農場紀錄的研究，質疑所謂有計畫生育奴隸出賣的說法(參見佛格曼和恩格曼，一九七四年，頁七八—八六)。有人說黃熱病在熱帶的西印度群島殺死了奴隸，但在比較有益健康的大陸上卻不曾。但是只有比較這兩個地區整個的傳染病環境，這個意見才能有說服力。格特曼(Gutman)說(一九七六年，頁三四一—三四三)：緊接一七二〇年以後的幾十年，在美洲大陸由西印度群島奴隸死亡模式轉變到自我延續的生殖上，是關鍵的時期。他說，在北美奴隸中，家庭的形成與親屬網絡的出現，在支持進一步的成長中發生很大的作用。

不論美國奴隸生生不息的理由何在，顯然這個人口將累積其自己的經驗和發明其自己的適應模式，並且傳諸後代。最近的研究(尤其參見格特曼，一九七六年)說明親屬和虛構親屬的網絡，如何在奴隸中間發展和發生作用，又如何用它們傳遞和發揮知識與信仰；這些知識與信仰乃根據奴隸的經驗，而非奴隸主的要求。

這種在時空上連接一代又一代的親屬和虛構親屬的網絡，其存在使人懷疑以奴隸爲一個在社會關係上完全適應其主人家長式意識者的說法。奴隸學著對付其主人，但是卻沒有證據說明他們被動的甘願接受主人的命令。佛格爾和恩格曼曾經說(一九七四年，頁二三二)，在這樣的勞力制度中，不大可能「恰當的」運用威力，以最低的成本，達成最大的結果。奴隸主與奴隸之間的問題，不是仔細校準「待遇」以得到「最適當的服從」，而是兩個階級之間複雜和不斷改變的關係。這兩個階級因指揮和勞力而凝聚，又因階級的組織與利害關係而分化。格特曼曾經說：「一八四〇年代與一八五〇年代，整個南方奴隸群落以內親屬和虛構親屬網絡的存在，是奴隸制度一直還是殘酷和威壓的重要原因」(一九七六年，頁三二五)。可是在這些束縛以內，需要繼續不斷的重新磋商逐日的關係，拉維克(George Rawick)說(一九七二年，頁六二)：「這個關係很有問題。需要經常創造與再創造逐日的禮節，以便將階級性和根據赤裸裸權勢的社會關係變爲具有人性。」

南方的大農場因而有雙層的關係，一層是「大廈」與其奴隸之間的階級組織關係，一層是黑人群落延伸到大農場以外的水平關係。大農場這個單位通常有一個監工（一般是白人），幾個工頭（一般是黑人），大數目和往往技藝高超的工匠，和下田工作者，還有擔任家僕的奴隸。不過家僕與下田者之間的區別往往是生命週期中的階段，而非絕對的界線。家僕乃由年輕和年老的奴隸中調來，而下田者只限於身強力壯的年輕人與中年人。也還有自由黑人。一八六〇年時自由黑人爲數約五十萬人，大都集中在馬里蘭州、維吉尼亞州，南與北卡羅來納州，和路易斯安那州。這些人往往是工匠和勞工，尤以在路易斯安那爲然，不過在別的地方大農場主人對他們有矛盾的看法。相反的，市鎮中的奴隸往往出租到別處工作。

經紀人

奴隸、工頭、監工和大農場的主人只是一條鏈鎖上的環節。這條鏈鎖中尙有將棉花傳遞到目的地的中間人，以及使傳遞加速的商人。棉花由南方諸州流出，換取貸記以及貸記購買的貨物。管理這種雙向流動而銷售中賺取佣金的主要代理人是經紀人。海港的港埠如薩瓦那(Savanna)和查爾斯頓(Charleston)都駐有經紀人。內陸城市如斐雅特維(Fayetteville)、哥倫比亞、奧格斯塔(Augusta)、梅康(Macon)、亞特蘭大、蒙哥馬利(Montgomery)、那希維爾(Nashville)、孟斐斯(Memphis)和施瑞夫波(Shreveport)。這些內陸的經紀人直接與較大的農場主人打交道。他們通過內地的店商與小農場主人接觸。店商以預付的方式傳遞貸記而收取棉花。銀行也協助這些交易，爲農場主人的經紀人所背書的農場主人票據貼現。貸記流入，棉花流出。店商或農場主人將棉花傳遞給內陸的經紀人。內陸經紀人又與海岸經紀人磋商，將貨物轉運歐洲，在一八一五年拿破崙戰爭結束以前，大半的棉花是由薩瓦那和查爾斯頓運往利物浦。之後，巴爾的摩(Baltimore)以及紐約成爲轉運棉花橫渡大西洋的主要港埠，其中紐約尤其重要。

紐約在南方棉花貿易中的得勢，有幾個原因。一八一六年時，一群主要彼此是姻親的教友派企業家，創設黑球航線公司(Black Ball Line)。黑球航線公司不久就在美國海岸經營去歐洲的固定包裹運送業務。它由美南港埠和紐約將棉花運到利物浦，再由歐洲歸來時運回歐洲製造的貨品和歐洲的移民。歐洲與美國北方的製造品又運往美國南方(亞比昂〔Albion〕，一九三九年)。在美國西部的穀物、肉類和木材開始沿新完成的伊利運河運往東部，而美國土產和外國的製造品又沿這條運河由東部運往西部時，紐約在這種三角貿易中的地位更爲衝要。另一個使紐約日益重要的因素，是紐約立有規則，當投標偏低時，禁止撤回出售的貨物。因此，紐約吸引了愈來愈多想要便宜貨的購貨人。而贏利的銀行業機構的發展又方便了這些多重的商業交易。最後，許多在南方作業的棉花經紀人，便或許本人是紐約人，或許是紐約公司的代理人。貸與南方農場主人的貸記大都來自紐約，其規模超過南方商號可能提供(福納〔Foner〕一九四一年，頁一二)。

南方所使用的製造品大都由東北部供應，或者是在東北部本身製造或是由國外進口。在拿破崙戰爭結束以後，東北部也用一部分南方的棉花於其本身日益成長的紡織工業。一八一五到一八三一年間，這個區域紡錘的數目增加了三倍。一八三一年到一八六〇年間又增加了三倍（諾斯，一九六一年，頁一六〇）。日漸擴大的美國西部，所供應南部糧食愈來愈多，尤以一八一六年以後密西西比河上開始有汽船行駛以後爲然。一八二〇年代與一八三〇年代俄亥俄、伊利和賓夕凡尼亞運河通航以後，西部的食物也日漸向東北流。隨著一八五〇年代修築東西行的鐵路（大半由英國出資），芝加哥成爲美國的穀倉和「豬隻屠宰場」。因此，美國的各區域愈來愈專業化而其專業又互相配合。可是在這個互相依存關係的網絡中，南方顯然居於不利的地位。大農場主人手中一累積到錢，這筆新的財富便又流出去——以購買糧食，供應糧食不足的農場，或進口製造品，如奴隸用的布料和五金器具，和奴隸主用的奢侈品。

驅逐印第安人

西向的擴張像是使「美國夢」成眞。北美洲的曠野似乎有土地待人佔取。而像傑佛遜這樣主張平均分配土地的民主黨員，盼望美國成爲一個堅強自耕農小地主的國家，自耕農因爲有自己的土地，不仰人鼻息。但是當然這不是一個「爲無土地者而存在的無人煙國土」。土地乃由美洲原住民所佔領和使用。爲了創造自耕農小地主，必須先剝奪這些原住民的土地。就新定居者而言，土地比它可以滋養的農作物與牲畜更有價値。「在共和國立國以後的第一個五十年間，這個國家最想要的商品是土地」（羅保〔Rohrbough〕，一九六八年，頁 xii），是「它最大的投資機會」（羅京〔Rogin〕，一九七五年，頁八一）。

東南方最重要的印第安政治單位是契若基人、克瑞克人和卻克陶人（Choctaw）。契若基人當時住在今日的阿拉巴馬州、喬治亞州、北卡羅來納州和田納西州。克瑞克人住在今日的阿拉巴馬州和喬治亞州。卻克陶人住在密西西比州。數目較少的契卡騷人（Chickasaw）住在密西西比州的北部。塞米奴人（Seminole）住在佛羅里達南部。這些群體都是從事園藝的人（耕作由婦女擔任）和獵人。他們牢守在自己的田地上和狩獵區，不願把土地讓給新來者。基本的單位是村落。契若基人的村落在三百五十到六百人之間。克瑞克人的村落在一百人和多達一千人之間。所有的村落都自主自治。每個村落有許多母系家族，由母系世系群挑選出來長老所組成的會議，通常由某個特殊母系世系群挑選出一個村落酋長。由於家族不是地方性的而是散布在不止一個村落，它們便有了結盟的可能。十八世紀早期，許多契若基人和克瑞克人的村落開始組成同盟，在由法國人、英國人或西班牙人的印第安友朋所傳遞來的歐洲人壓力之下，這些同盟愈來愈中央集權。促成中央集權的主要原因，是爲了要抗拒不斷擴張、到處搶劫奴隸的卡羅來納殖民地。同時與歐洲人的關係，又使印第安人採用了許多歐洲的風物，如農作物、牲口和火器。有些重要的酋長逐漸擁有種植棉花的大農場，並且往往由歐洲人那兒購買非洲奴隸從事耕作。十八世紀後期與十九世紀早期出現土著的精英階級。他們與歐洲人通婚，往往也受洗爲基督徒。在契若基人的情形，精英分子也學會閱讀書寫。十九世紀早期西郭亞(Sequoya)發明契若基字母，他認爲對英文沒有閱讀書寫能力的人也可以寫字（克羅伯，一九四八年，頁三六九）。

這些部落，尤其是克瑞克人和卻克陶人，擋住白人向西面開疆拓土和取得土地種植棉花。一八一三到一八一四年與克瑞克人的戰爭，打開了第一個裂罅。由於英國和美國人一八一二年的戰爭以後棉價上升，種棉的白人乃通過這個裂罅進入阿拉巴馬。一八一七至一八一八年傑克遜（Andrew Jackson）總統對塞米奴人（滲入佛羅里達半島的克瑞克人）所作的戰爭，不僅使佛羅里達進入美國版圖，也關閉了逃亡黑奴在躲入土著美洲人中時所用的避難所。

傑佛遜原已主張把所有印第安人搬到密西西比河以西的地區。這個想法在一八一七年得到大家的支持，在傑克遜的鼓動下，美國政府給了印第安人兩個選擇：或是接受在商業上可轉讓的個別土地攤派，或是整個搬走。在鼓動印第安人搬遷的同時，又有許多白人闖入印第安人的土地，並且往往還是在政府祕密支持之下。他們攫取印第安人的土地、家畜和地上的建設；殺戮其獵物。如果印第安的獵人進入州界狩獵，便會受到攻擊。白人賄賂印第安人出售其土地，又以欺詐取得地契。他們援引州的法律騷擾住在州內的印第安人。安置在印第安人中間的政府官員提倡搬遷，又以送禮物和授贈年金的方式選出印第安酋長，讓他們鼓吹搬遷的政策。住在印第安人中間而反對搬遷的傳教士和白人，都奉命離開。

一八三〇年，搬遷的本身成爲法定。如果印第安人的群體不肯自動離去，便派兵執行搬遷的命令。一八二〇到一八四〇年間，住在密西西比河以東的十二萬五千名印第安人中，有四分之三都奉政府之命西遷。在同一時期有四分之一到三分之一的南方印第安人喪生。到了一八四四年，留在美國東部的印第安人已不到三萬人，大半住在蘇必略湖的周圍。伴隨整個強迫遷移過程的，是讚美文明戰勝野蠻的凱歌。遷移行動的成功完成，實現了傑克遜的希望，也就是可以快快地把印第安人的土地「帶進市場」(引自羅京，一九七五年，頁一七四)。

供應區域：埃及

英國的紡織業不僅由美國南部、也由地中海東部地區進口棉花。地中海東部及愛琴海沿岸的國家和島嶼久已種植棉花銷售歐洲。十九世紀時，埃及成爲替歐洲市場生產棉纖維的重要國家。埃及的這種發展，是有雙重利害關係的。埃及是鄂圖曼帝國中最早與西方發生商業關係的地區之一。而在這樣做時，它又成爲想要趕上歐洲工業化和商業化的第一個非歐洲國家。

想達到這雙重目的，首先必須使以前的政治和經濟關係大規模轉型。十八世紀時，在埃及掌權的是曼路克。他們是土耳其塞卡西亞的軍事奴隸和收取貢獻者的精英分子，由鄂圖曼天朝上國購買到由農民身上榨取貢獻的權利。埃及原來常常與歐洲貿易，將葉門的咖啡運到歐洲。但是到了十八世紀之末，這種轉運貿易已一蹶不振。這個情形使強加在久已受苦農民身上的納貢，相對增加。收取貢獻的軍人，彼此競爭權力與資源，更加重了納貢的負擔。不過農村還能維護其對公有保有權和土地轉讓的自主管轄權。而且只要村落頭人能轉交曼路克適宜的貢獻，他們想種什麼作物便可種什麼作物。

可是一八〇三年阿里(Mehemet Ali)掌權以後，政治和軍事力量的分布便有了劇烈的改變。阿里是一位來自阿爾巴尼亞的鄂圖曼帝國副總督之姪(或甥)。他在故鄉因菸草貿易致富，並且曾帶領阿爾巴尼亞分遣部隊在將法國人逐出埃及的戰爭中，發揮重要作用。阿里不僅相對於鄂圖曼帝國伸張他的自主權，而且摧毀曼格克的權力，把他們殺了許多。雖然阿里以爲埃及是他私人家庭的領土而非公家的託管地，他也知道爲了應付外國的競爭，必須推動政治和經濟上的改變。因而他在一八二〇年代制定了一個方案，減少爲國內生計而生產的穀物，增加可以輸出外銷的作物長纖維棉花。他也設法興建工業，提高他的軍力，並成立了一支由農民中徵召士兵組成的軍隊，以之取代他不可靠的阿爾巴尼亞分遣隊。在這樣做時，他得到歐洲第一批「贊成技術專家政治者」——法國烏托邦社會主義聖西門學派——的協助。蘇彝士運河便是在聖西門派的德・李西普(de Lesseps)指導下修建，並於一八六九年竣工。爲了創造種棉所需的水力基本建設，他也抽調大量的農民修建灌溉工程和運河。

在阿里及其繼任的統治之下，農民種植生計作物的自主權大爲縮減，以便他們聽命遞交棉花和做強迫性的勞動服務。農民的土地也劃歸大地主，以增加棉花的生產。當然皇家本身也是一個大地主。由一八一八年到一八四四年，農民所擁有的土地，由全部土地面積的百分之八十五至九十，減少到百分之五十六。這個喜好開發的政權，其所舉的外債，使政府要求更多的貢獻，而這又使埃及愈來愈著重在大地產上以勞工生產棉花，也使佃農和小地主努力生產棉花，以便跟得上繳稅。在這個過程中，村落的頭人也得勢。他們既是農民與政府的中間人，也是放利者。其結果是他們的土地增加。日增的內部不安狀態和反叛，再加上政府愈來愈無法償還外債，終於引起外國的干預，平定了一次反外人的軍事叛亂。一八八二年英國接管埃及。英國人加強在大地產上種植棉花的模式，而造成了一些在二十世紀將會折磨埃及的問題。

印度的紡織工業

在大英帝國的亞洲領域，十九世紀下半紡織品的工業生產開始發展。在歐洲人擴張進入亞洲的早期，印度已有高度發展的紡織工藝，但是這個發展卻非以往印度紡織工業的衍生。英國人進口到印度機器製造的布料和紗線，也因此大致扼殺了印度的手工藝。以致到了一八四〇年，在印度經商的一家大英國公司的首長竟說，用手印花的絲手絹，是「印度行將絕滅製造品中的最後一件」（引自索那與索那，一九六二年，頁七一）。再者，印度的生棉在英國市場上也不吃香，只有美國的棉花供應斷絕時，才有人喜歡印度的生棉，印度的生棉纖維短，不容易清理，又需要很操心，因而比美國長纖維的品種需要較高的勞力成本。然而，印度的棉花卻是英國外銷到中國的主要物品之一。因此印度種棉的英畝數日益擴大，到了一八五〇年已超過八百萬英畝。其中一半是離印度西部的開發中城市孟買不遠（古哈〔Guha〕，一九七二年、一九七三年）。孟買的代理商號和商人，透過中間人貸款給外地的地主耕種棉花，而後集中產品以爲當地之用或外銷。運輸大量棉花的需要造成了一次「閹牛輕便送貨車革命」（古哈，一九七二年，頁二二），新發明的兩頭閹牛所拖輕便貨車載重比一頭閹牛所拖輕便送貨車載重多了六倍。之後，棉花生產得到印度鐵路網絡之助，在十九世紀最後十年間已佔地一千七百萬英畝（古哈，一九七三年）。

印度的作用，是作爲英國與中國貿易的主要基地。印度機器紡織工業最初的成長以及棉花田在這個次大陸所佔英畝數的擴大，都必須由這一個角度去了解。棉線和棉製品在送往中國的物品中，重要性僅次於鴉片，而在鴉片貿易式微以後，又成爲最重要的物品（拉山，一九七八年，頁八八－九〇）。印度商人的參與鴉片和棉花貿易，其所累積的財富，是投資發展紡織工業的基礎。紡織業在印度是唯一因國內資金與國內企業的主動精神而誕生和發展的工業（塞尼〔Saini〕，一九七一年，頁九八）。這種自主發展所以可能，是因爲印度是由中國汲取剩餘物資的轉接站。在十九世紀末年遭遇到日本人對中國市場的競爭以前，印度的紡織工業不斷擴張。不過甚至到那個時候，它仍繼續供應日本工廠所使用的一大部分棉線。

孟買

這個新紡織工業的中心是孟買。孟買最初是七個小島中的一個上面的居留地，這七個小島，乃以當地漁夫所崇拜女神之名爲名。一六六五年，它讓渡給英國國王。雖然孟買這個貿易港的重要性，與蘇拉特及布洛哥(Broach)這兩個與地中海東部及愛琴海沿岸的國家和島嶼貿易的終點相較，黯然失色，可是在來自狄由和蘇拉特的商人在此定居，和印度教徒殖民地日益成長以後，孟買的商業重要性旋即增加。這些人是最初來自伊朗信奉祆教的工匠、商人和造船者。他們不久便在與東方利潤優厚的貿易中有了大的份量。在十九世紀第二個十年間，孟買的人口由最初的一萬名居民增加到十六萬到十八萬名居民之間〔摩瑞斯〔Morris〕，一九六五年；羅埃，一九七三年〕。

到了一八〇〇年，孟買已成爲印度西部的一個大港埠。它將鴉片和生棉外銷到中國，又進口糖和五金器具。到了十九世紀中葉，它已是英國製造品在亞洲主要的分發點，以及轉運短纖維生棉到歐洲的首要貨物集散地。十九世紀中葉以後，由於有了鐵路，孟買在轉運由古嘉瑞和納格帕(Nagpur)來的棉花上，更成爲重要中心。在美國南北戰爭期間，由於美國不再供應英國棉花，印度棉花的外銷出人意外的盛極一時。

也是在十九世紀中葉，孟買成爲印度棉紡織品工業的中心。第一家工廠乃使用英國技術和印度資金；出資者大半是印度拜火教徒。它在一八五六年進入生產。最初各工廠只生產紗線，但不久也織棉布。到了一九〇〇年工廠已有八十六家之多。工廠中的勞工，也相對的由一八六五年的六千六百人，增加到一九〇〇年的八萬人，其中五分之一到四分之一是婦女。

雖然這些銀行在開辦時用了很多印度資金，可是經營控制權卻在經營代理人之手。經營代理人開始時往往是商人。他們在股份公司中有重要的股份，並擔任好幾個不同行業中的互兼董事。他們在印度用以支付外國進口貨資源的開發中，發生不可或缺和投機的作用。棉紡織業只是這些企業中的一個，往往被視爲爲了這些代理人所營其他事業「擠乳求利的乳牛」（摩瑞斯，一九六五年，頁三四）。

各工廠的行動和技術人員最初都是英國人，但不久也徵召印度人擔任。工廠組織中關鍵性的人物，是負責徵召和監督非技術性工人的工頭。他有很大的權力。在由排在工廠門口等待挑選的新勞工中挑選工人時，他可以挑自己的親戚或來自他的村子或區域的世襲階級分子，或是接受報酬或折扣而選別的人。由於他負責維持工作紀律，他可以讓什麼人留下什麼人走路，這又是一個賺錢的辦法，而且往往造成工廠經常在換工人的現象。同時他又借錢給工人取息，又把感興趣商人的貨物賣給工人，而由商人處拿佣金。他雖然照說不是勞工承包商，可是透過與他的徒眾私人的關係，在組織勞工市場上有重要的作用。我們猜想他往往優先錄用他自己世系群或世襲階級分支的分子。

工廠中的工人不因其世襲階級而專業化。不過也有一大例外。佔全部勞工不到百分之十的「不可觸摸者」，通常被派擔任最低賤的工作。織布是成長最快待遇最好的部門，可是「不可觸摸者」不許織布，說如果他們在換緯線的線軸時將紗線吸入梭子中，便會污染在儀式上較他們優越的工人（摩瑞斯，一九六五年，頁七九）。

十九世紀時，孟買工廠中大多數的勞工都來自一百到二百哩之外，來自孟買南面和東面的康坎地區和德干高原。二十世紀時，由北方七百五十哩以外的烏塔・普瑞德希來的移民勞工顯著增加。

一九五〇年代研究這種北方移民的羅埃，說他們最初是由回教梳理棉紗和織布的世襲階級徵召而來(一九七三年，頁二二二)。他們按照自己的故鄉和階級在孟買定居下來。一九五〇年代這樣的群落乃由血親組成，但也有來自同一階級的姻親。使用「村落兄弟」一詞的虛構親屬關係，進一步加強了群落的團結。群落也有頭人。他們熟習孟買城，在群落以內是權威人士，對外又代表群落。同時，有較高階級身分的群落，有較廣泛的親屬關係，並且利用這樣的關係找待遇好的理想工作。

印度的紡織品生產，其市場大都在亞洲。它是日漸成長中工業資本主義體系「邊緣」工業繁殖的一個早期例子。雖然紡織業受制於英國的進口稅、消費稅，以及資本由印度的輸出，可是它仍是以土著資本爲主的一個經濟範圍。縱然生產最初擴張，可是它的成長率在一八九〇年以後卻開始波動，並在較低的層次穩定下來。印度的紡織外銷品主要是紗線。由十九世紀末的最高點到二十世紀的第二個十年，其價值幾乎減少了一半。這種衰退是由於外國的競爭，其日本和中國市場均爲日本奪去，因爲日本自明治維新以後便創建其本身的紡織工業。之後印度的紡織業改爲替國內的市場生產布料，第一次世界大戰以後甚至進口日本的紗線(塞尼，一九七一年)。

在印度境內，紡織工業的發展又影響到它所在的地區。前面已經提到它引起了印度紡織工人勞動階級的興趣。它也刺激印度土地種棉花英畝數的增加，尤以在孟買—信德(Bombay-Sind)、柏拉(Berar)和海德拉巴爲然(古哈，一九七三年)。孟買的代理人給與貸款，而取得棉花收成。當棉花田面積不夠時，便由其他英國屬地找棉花，如由烏干達。一九〇〇年的烏干達協議(Uganda Agreement)，將世系群體和家族的土地轉化爲可繼承的不動產保有權。其結果是大半的土地均由大約一千名的酋長和著名人士所壟斷。他們任用自己家族的兄弟爲佃農，種植棉花（梅爾〔Mair〕，一九三四年；艾普特〔Apter〕，一九六一年，頁一二二—一二三）。

因此，當早期印度手織工匠人口在政治與經濟上大致毀滅以後，大英帝國的擴張及其東方貿易，又促成有其本身供應品和勞力的印度機器紡織工業，作第二次成長。即使這種工業成長並不持久，它卻是邊緣地區資本主義工業化的一個早期事例。這個過程在二十世紀大爲加速。

危機與再次擴張

資本家最初是在英國走上使生產方法轉型的「眞正革命路線」。而他們是在棉紡織品的生產中走上這個路線。我們在前面曾經追蹤這種「承載工業」的發展，以及其對歐洲以外供應地區的影響，尤其是美國南部和埃及。但是我們卻必須記住：它雖然在一開始便刺激英國的經濟並對未來也有重要性，可是那時的規模並不大。紡織工業只是許多工業中的一種，而其所需要興建和經營新工廠的資金，又必須是在財產有限的企業家能力所及的範圍以內。同時，它雖然到後來也創造對新機器的需求，它卻主要是一種消費品的工業。它最初的成功乃基於日增的利潤，而利潤的增加又是由於工匠所製的機器價格低廉，勞力的成本也不斷下跌。

可是，在英國的紡織工業看來正穩定發展的時候，十九世紀第二個二十五年間它卻突然沈滯。

這是資本主義生產方式的第一次「結構上的」大危機。使贏利率不再上升的部分原因是機器成本的上揚。它可能部分是「變現」的危機，因為偏低的工資縮小了國內的市場，而國外的市場似乎又飽和。不論原因是什麼，由一八二六年和一八四七至一八四八年間，是一段收縮時期。在英國，這個時期中間有許多政治上的大動亂，日增的不滿情緒爆發為激烈的擾亂。這個時候，愈來愈多的人開始離開英倫三島，想到國外安居樂業（參看第十二章）。

修築鐵路

要重新發動製造金錢的引擎，必須注入新的資金，並且發展一種可以恢復累積率與發掘新市場的新工業。這項新工業便是修築鐵路，以及其鋼鐵生產與採礦的孿生衛星工業。達布說（一九四七年，頁二九六）：「鐵路的修築對於資本主義有不可估計的好處，因為它大量吸收資金。在這方面只有現代戰事的軍備超過它，連現代的都市建設也比不上它。」

這種工業也始於英國，第一條鐵路乃修築於一八二五年，連接德拉謨（Durham）的煤田與海岸。同時，這個新發明迅速傳播到國外。一八二七年，巴爾的摩與俄亥俄公司（Baltimore and Ohio Company）獲得修建鐵路的特許狀，五年以後完成七十哩的鐵路。英國資金的投資美國的開發，對於美國築路的開始與迅速成長有很大的影響。它最壯觀的成果是伊利運河的修造，始於一八一七年，完成於一八二五年。它連接紐約水牛城（Buffalo），又通過水牛城與西部銜接，使紐約城成為對西部貿易最大的終點站和貨物集散地。美國的鐵路修築業是這個成功的直接後果。其他各州也不甘示弱，紛紛邀請英國的資金投入其運河和鐵路的修建。到了一八三六年，英國的投資人至少擁有價值二億美元的股票。可是這一年景氣卻以金融破產結束，「以致三大洲的貿易減縮了一半」（簡克斯〔Jenks〕，一九七三年，頁九八）。北美合眾國由於不能付其所貸款的利息，乃使「美國的股票和葡萄牙、墨西哥和希臘的股票一樣，不再值錢」（簡克斯，一九七三年，頁九九）。

然而，到了這個時候英國本身的鐵路修築給了另一種投資的機會。當美國不景氣的效應傳到英國時，大家卻發現一八三〇年代外地資本家在那兒所修築的鐵路很賺錢，一八四〇年代已在付出股息。接下來的茂盛修築鐵路業，旋即吸收了六千萬鎊以上的投資。英國國內鐵路的資本總額在一八四四年與一八四九年間增加了三倍以上，鐵路的哩數也增加了近三倍。鋼鐵生產隨之增加。「賺得小財富的老年男女、大小手藝人與小店主、領年金的人、公務員、專業人員、商人、鄉紳都投資鐵路的修築」（圖克〔Thomas Tooke〕，引自簡克斯，一九七三年，頁一三二）。其所促成的經濟好轉，也使英國避免了社會的暴亂。

鐵路的修築因而保證了工業革命的第二個階段，使生產由主要依靠綿紡織品轉而依靠鋼鐵。我們習於認爲工業是「重」工業，因而當布勞岱說，在十九世紀初年以前鐵是個「窮親戚」（一九七三年b，頁二七五—二七七）時，我們便覺得很奇怪。在這個以前，冶金工業的重要性主要在於作戰，在戰爭中發達，在和平時期不發達。十六世紀時，英國的生產趕不上巴士克人住的地區(Basque country)、斯泰瑞亞(Styria)、列日(Liège)、法國、德國和瑞典這些產鐵地區。一五三九年它只生產了六千噸。在一六四〇年英國內戰的前夕，英國的生產上升到七五，〇〇〇噸，但一七八八年時，又只有六八，〇〇〇噸。

然後，在十九世紀中它向前躍進一大步。產鐵的先決條件是技術上的。要使產量大增，需要燃料和動力轉換器將熱轉換爲能量。英國由於缺少木材因而也缺少炭，乃以煤爲燃料。再者，英國的礦沙成分不好，需要用動力透過精煉和輾壓以去掉雜質。爲了給這些作業供應動力，革新的人改裝用以清除礦場積水的抽水機。從此以後，煤和鐵的使用，將英國變成了「世界的工廠」。

推動這個轉型的力量是鐵路。鐵路的修築由一八四〇年的四萬五千哩（其中一萬七千哩是在歐洲，二萬八千哩是在北美），上升到四十年後在世界各地的二十二萬八千哩（霍布斯邦，一九七五年，頁五四）。這種大肆修築的原因，是因爲

> 許多機構需要工作，製鐵業者需要訂貨單，銀行家和企業家需要工作做。而如果大不列顛的金融和工程工廠在本國沒有足夠的事做，它便可以把這種服務丟給國外。（簡克斯，一九七三年，頁一三三—一三四）

到了十九世紀中葉，英國的鐵產量到達二百五十萬噸。一八四五與一八七五年間，英國鐵路用鋼鐵

外銷量增加了三倍以上，而機器的外銷增加了十倍以上(霍布斯邦，一九七五年，頁四〇、三九)。由鐵路「大王」出資、由承包商主辦的「工業化的基本部隊」(霍布斯邦，一九七五年，頁三九)四散海外，由阿根廷到旁遮普修築鐵路。有些鐵路的修築只是引人注目的生產，但大多數的鐵路成爲運輸的基本設施，使大量貨物可以自生產地點由陸上運輸到海岸上船的地點。貨暢其流的重要後果之一，是陸路運輸價格下降，十九世紀最後二、三十年間已下降了百分之九十(白樂奇〔Bairoch〕，一九七五年，頁一一五—一一九)。

海運

十九世紀中間海運的費用也戲劇性的下降，情形與陸運相仿。在技術上這是由於大帆船的改良，尤其是尖船首、窄船幅的美國快船發明。十九世紀上半葉美國船運的發展，大都是拜這些船舶(巴爾的摩快船、鴉片快船和茶葉快船)之賜。然而，十九世紀下半葉，英國重執船運的牛耳。英國所修造的快船，比美國的快船更適合運送各種產物。一八五三年時，船身是用鐵造。到了一八六四年，船身是用鋼造。這些有金屬船身的大帆船，其載重量爲一千五百到二千噸，使它們有一陣可以與比較昂貴的汽船爭一日之短長。

可是，汽船最後卻戰勝大帆船，因爲它噸數較大、速度較快。這一勝利的關鍵在於鋼質汽鍋的發明，使汽船可以產生較大的壓力，因而也有較大的動力。一艘載貨量大約是一千噸的普通快船，由中國南海岸到倫敦是在一百二十到一百三十天之間。可是一八六五年首次下水的載重量三千噸的藍煙囪運輸公司(Blue Funnel Line)汽船，只用七十七天(海德〔Hyde〕，一九七三年，頁二二)。汽船最初只用以橫渡大西洋。它在一八四〇年代和一八五〇年代征服了大西洋。一八六九年蘇彝士運河通航以後，汽船乃大批行駛於亞洲諸海。可是快船一直到十九世紀最後二、三十年才不見於亞洲諸海。一直到一八七三至一八九四的大蕭條期間，由於過多的噸數引起航海船隻過度生產的危機，汽船才終於戰勝了帆船(拉克羅亞〔A. Lacroix〕，引自杜桑，一九六六年，頁二一二)。

蘇彝士運河的開掘，使由英國到東亞的旅行時間減少了一半。一八五一年時，鐵路已經開始通過這個地峽。一八五四年，埃及將開掘運河的特許權授與一家法國財團。法國認捐三分之一的成本，埃及統治者三分之一，剩下的股份預備賣給其他國家。可是這最後一部分股份始終無人購買，因而不得不由歐洲私人資本家再投資。運河於一八六九年竣工，徵用了二萬名埃及當地勞工。可是運河的成本和其他開發計畫的成本，埃及乃聽信財務專家的建議向人借貸。借貸數目愈來愈大，利息愈來愈高(參見簡克斯，一九七三年，第十章)，終使埃及國庫破產。一八七四年，英國政府通過與羅斯契爾德銀行(Rothschild bank)的安排，取得蘇彝士運河公司大半的股分，所需的錢乃向羅斯契爾德銀行借支。強加在埃及頭上的龐大債務，使它的財產由英法公債金庫(Anglo-French Treasury of Public Debt)接管，此後並且每年付息。最後償債的是埃及的土著勞工。埃及部分軍隊在村落酋長支持之下，反叛使埃及如此完全依靠上外國資金的統治者。英國干預這次反叛，而強加片面的控制。

蘇彝士運河完工以後十年的一八七九年，又在西面巴拿馬地峽開掘與蘇彝士運河同樣的運河。主持開掘的又是德・李西普所領導的一家法國公司。運河的工程在一八八一年開始，所用主要為牙買加的勞工，但是技術上的困難使工程在一八八八年停頓下來。一九〇二年復工。這一年美國鼓勵巴拿馬脫離哥倫比亞。美國用黃金付給巴拿馬首期付款，以後每年付金幣的分期付款。為此，美國取得對這個十里寬地峽的權利。一九〇四年，美國由那家法國公司購得對運河的權利。十年以後，竣工的運河開放航行大洋的船隻通行。

英國紡織業的成長，肇始了一個建築在新生產方式上的社會秩序。在這種方式的支配性關係之下，資本家購買機器並僱用勞工操作機器，而新的勞工人口服從工廠工作的紀律以賺取工資。對於生產手段的控制，使資金可以視需要使喚機器和勞力，並且對機器和勞力做種種安排以提高利潤。同時，資金也可以在利潤低的區域使機器停頓和解僱人力，又在其他利潤可以較高的區域重新開始生產。在這個新方式的情形下，資金可以在國內和國際上不停的周轉，將愈來愈多的人群吸收進它的活動範圍，並在它生根的任何時間和地點，複製其關鍵性的關係。

這種資金和依靠工資的勞力之間的大規模結合，在歷史上是十分不尋常的。它讓我們問：「自由」勞力是怎麼發展出來的？為什麼發展出來的是自由勞力而非某種奴役？英國人和其他歐洲人一樣，是熟習苦役監禁的，也就是流浪者的強迫工作、貧民的學徒制、收容院中的強制工作，和契約服務。他們本可用這些高壓的方法，爲初期的工廠徵召工人。然而，最初的工廠主人卻可以僱用到很多失業的勞工。就歷史上來說，他們是土地圍場和開闢所造成的，也是在外包工制度下工作的家庭大量增加所造成的。由於這些有利的因素，英國的紡織工業乃得以僱用自由勞力克服荷蘭人和印度人的競爭。

這些新的工業不僅需要勞力和機器，也需要原料。世界上許多廣大地區都經重新規畫，以供應工廠原料。這樣做產生了新的勞力制度，或大大加強了在現存制度中對勞力的需求。爲了供應蘭開郡(Lancashire)的工廠，奴隸大農場取代了美國南方的土著人口，而對於棉花日增的需求又使奴隸必須愈來愈大量出貨。在埃及，農民生產輸給種植棉花的大農場。爲了供應孟買的工廠，印度西部成百萬英畝以前種植食品作物的土地，如今都改爲種植棉花。

當資金開始由紡織品的製造流向鐵路時，又開發了許多原料供應地區去支持鐵路時代所創造的新的人與機器的配合。而鐵路的修築與海運的發展，又拓展了供應的地區和商品貿易的地區。可是，雖然資本主義的方式不斷將新的人口直接和間接引進其連鎖日益拓展的活動範圍，可是它也使他們受制於它加速與前進，和減速與後退的節奏。在這個新方式之下，結合引起專門化，而專門化又使人依靠上全球性經濟與政治的局面。

第十章
資本主義中的危機與變異

英國的紡織工業在資本家的贊助下機械化以後，整個國家便走上「眞正革命的途徑」。資本主義的生產方式愈來愈佔優勢。十九世紀中間這種方式由英國向外擴張，終於支配了全世界。有些地區（如北美洲和一八六八年以後的日本）直接受到它的影響。在有些地區它包圍和滲透其他生產方式，並以不同的方式組成其腹地。

在資本主義的母國和在國外，各地都在創造資本主義方式及其附屬地帶的重要基礎。這一點必須強調，因爲往往有人隨便使用「核心」與「邊緣」這樣的辭彙，而遮蔽了這個事實。資本主義的發展，在其核心地帶本身創造邊緣地帶。以機械化紡紗織布爲基礎的工業資本主義來到英國以後，使按照商業外包工制度組成的鄉土手工藝大規模的崩潰。在英國本身，可以迅速過渡的區域如西來丁(West Riding)和烏爾斯特(Ulster)，變成了重要的工業中心，而另有一些地區如英格蘭西部、東英格蘭(East Anglia)和愛爾蘭南部，則日漸衰落。拿破崙的大陸封鎖政策瓦解以後，英國的紡織品進入歐洲市場。在這種廉價進口貨的競爭下，歐洲手工藝活躍的地區一個接一個凋敝。歐洲其他以前的海外市場（尤其是拉丁美洲海外市場）生產紡織品的地區，在國外也敵不過英國的競爭。愛爾蘭、法蘭德斯和布拉班、法國西部、西班牙南部、義大利南部、日耳曼南部和東部，尤其受到這種衰落的影響。他們成為附屬區域，供應日漸工業化的心臟地帶廉價的糧食、原料和勞力。

資本主義：方式和市場

這個過程所造成的結果，是由資本主義生產方式所控制的一個複雜階級組織體系，但也包括許許多多附屬的區域。在附屬區域中，資本主義的方式與其他方式有各種不同的配合。資本主義方式中的承載工業主宰了這個體系，但是其所根據的，卻是往往植入不同生產方式而且不斷變化的支柱。孟代爾（一九七八年，頁四八—四九）曾經描寫這個體系中的各種複雜關係，說它是「資本主義、半資本主義和先資本主義生產關係的一個用活結結合的體系，由資本主義交易的關係互相連接，並由資本主義的世界市場所主宰」。這個定義說明了至少三點。首先，它區別資本主義的生產方式和「資本主義世界市場」。資本主義生產方式在資本主義市場關係的體系中可能具有支配力量，但它並沒有把世界上各民族都改變為剩餘價值的工業生產者。其次，它說明資本主義方式如何與其他生產方式關聯的問題。第三，它使我們注意到構成這個體系的各種不同社會與子社會的不均質性，而不將這種不均質性在二分法中一筆勾消，說世界分成兩個部分——「核心地區—邊緣地區」，或「母國—衛星地區」。

應該強調的是，孟代爾的定義，其所指出的方向，與福蘭克和華勒斯坦所發明的資本主義制度模型不一樣。福蘭克暗示這些模型，華勒斯坦明言這些模型。他們都認爲資本主義是爲市場而生產的制度，爲牟利的動機所驅策。不事生產的企業家，侵吞直接生產者的盈餘。因而，這兩位作家的注意力都集中於盈餘轉移的過程，而非生產盈餘的生產方式。華勒斯坦尤其認爲生產盈餘時所使用的社會勞力的方式是不重要的，因爲他認爲在資本主義交易關係中所有生產盈餘的人，都是「無產階級」，而所有取得盈餘的人都是「資本家」。這些模型將資本主義生產方式的概念融入資本主義世界市場的概念。再者，由於這個說法認爲資本主義是爲了牟利而爲市場生產，便也認爲歐洲自第十五世紀以來的擴張，便是整個資本主義的興起。福蘭克和華勒斯坦不僅說，十六、十七世紀歐洲人的尋求財富簡簡單單便是資本主義，也認爲由那個時候起全世界各部分也都變成資本主義的地區。

資本主義這種生產方式，不僅是根據以利用交易機會牟利(根據和平牟利機會)爲原則的經濟行動，不僅是終極以由交易中獲利爲取向的行動，或「以持續的、合理的、資本主義事業追求利潤，並永遠在追求新利潤的有紀律行動」(韋伯，一九五八年，頁一七)。韋伯給資本主義的定義，只是伊本・赫勒敦的「尋求利潤」或亞當斯密所假定「人類嗜好利潤」的當今翻版。任何人都不否認商人求利。十四世紀普拉脫(Prato)的商人狄馬可・達提尼(Francesco di Marco Datini)，在他的總帳簿上所寫的標題是一句箴言：「爲了上帝和利潤的緣故」(奧瑞戈〔Origo〕，一九五七年)。但是我們必須明白「使用財富以追求未來財富」與資本主義間分析上的區別：資本主義是一種在本質上不同的方式，用社會勞力轉化自然。

此處我們所談的是韋伯和馬克思的差異。馬克思認爲資本不僅是許多財富，也是一個關鍵性財務因素與其他因素(機器、原料和勞力)的配合。馬氏說這種配合不是由於任何假想的人類嗜好，而是由於人類的貪婪。它不是普遍的，而是一時一地所特有的。它牽涉到許多可指明的先決因素的歷史發展及其逐漸配合。這些因素誠然是出於財富、人類精力和工具的形式。但是只有當財富可以購買人力，並用人力操作工具去生產更多的財富，而這更多的財富又可以購買更多的人力與工具時，財富才成爲資本。在財富、人力和工具配合爲一個合理的體系，而每一個體系中的因素又與其他因素互動以前，它們只不過是因素而已。只有當以財富購買人力爲「勞力」(由沒有其他方法使用其勞力謀生的人所出售)，又使勞力操作買來的機器(具體表現人類過去花精力所完成的自然轉型)時，「財富」才變成「資本」。

因而，我與福蘭克和華勒斯坦持不同的看法。我認爲一直到十八世紀後期，資本主義的生產方式才出現。在那以前，歐洲人的擴張，產生了一個錨定在非資本主義生產方式中的廣大商業關係網絡。商品世界性的流動產生了物價和可以賺錢的錢，不過還不曾把生產手段與勞力包含進資本。只有在將生產手段與勞力轉化爲可以在市場上買賣的因素以後，才創造了經濟學家所謂的包括一切和「自動調節」的市場。之後，「勞力的組織便與市場系統的組織一致改變」(博蘭尼，一九五七年，頁七五)。資本主義的方式,一舉產生了利用社會勞力的新形式與由商業到資本主義市場的改變。因而資本主義交易關係的興起,乃是基於資本主義生產方式的發展,而資本主義生產方式的發展,不是由於資本主義交易關係的興起。那一種新方式的動力,將這些關係大力提高到世界性資本主義市場的層次。

資本主義的擴張

但是,資本主義不停向其本身邊界以外擴張,這種傾向是哪兒來的呢?馬克思的答案是:資本不斷累積,加上透過在工藝技術上的投資而出現的不斷上升的生產力層次,造成了奇怪和矛盾的結果。在資本主義生產的過程中,資本所購買的兩個因素,是生產的手段與勞動力。隨著工藝技術輸入的增加,投資在生產手段上面資本的比例便增加,而投資在勞力上的資本比例便減少。在資本主義的情形下,「盈餘」是除了需要賺到其工資的時間以外,勞動力在它操作生產手段的時間中,所生產的價值。因此,增加用於工藝技術輸入的資本量,便相對減少在整個資本進量中投資於勞動力的資本。事實上,雖然盈餘量可能增加,可是盈餘的生產率卻會減少,因而所得的獲利率也減少(參見斯維濟,一九四二年,頁六九)。馬克思在這個不平衡中看到資本主義生產方式最重要的矛盾。爲了競爭,必須不斷投資於生產手段,但是這種成長卻威脅要降低獲利率。當獲利率降低到某個臨界點以下時,便會發生危機。

危機的後果是什麼？馬克思強調後果之一是資本不再有生產力，甚至會毀滅。工廠倒閉，根據未來生產的貸記崩潰，資本貶值。同時，日益嚴重的失業使工資下跌。然而這雙重的移動，又使這個週期重新開始。投資在生產手段上的資本，在危機中會貶值，勞動力可以用較低的價格購買。因此，投資在生產手段上資本與投資在勞力上資本的比率，現在與危機以前的這個比率正好相反。在過去，工廠對勞力比率的增加造成利潤的下跌。現在，勞力對工廠比率的增加會再度造成利潤的上升，而擴張重新開始。這個模型不應視爲在特殊危機中實際發生事情的原因，而應該是想要描述資本主義生產方式中結構上固有不平衡的企圖。這樣的不平衡，使資本主義的生產方式永遠不穩定。

馬克思本人注意到另一個造成危機的原因，但不曾加以解決。問題的所在，是在於當生產的東西太多，市價過低，而利潤減少或消失時，如何獲得盈餘。這一種「獲利危機」，不是由於利潤率下降的固有趨勢，而是由於資本家因爲消費者不能充分吸收生產的商品，而不能獲得利潤（參見斯維濟，一九四二年，第十章），引起這個危機的，或是由於資本家因彼此競爭而生產的比事實上能賣出的多，或是由於消費者手上沒有充足的購買能力。

馬克思一派的作家，運用他資本主義危機的某一方面，去解釋資本主義擴張越過一個單一政治體系界限的趨勢。馬克思只是略微觸及這個問題，他沒有談到帝國主義，但是談到對外貿易。事實上，雖然帝國主義這個字一八五〇年代已經有人使用，可是他的著作中卻沒有這個字。他所感興趣的，主要是使用英國的情形爲基礎去建立一個抽象的模型，以此說明資本主義的「運動律」。然而，他的若干接班人，尤其是列寧(Lenin)和盧森堡(Luxemburg)，注意的主要卻是要解釋帝國主義。列寧的《帝國主義》(*Imperialism*)寫於一九一六年。盧森堡的《資本的累積》(*Accumulation of Capital*)寫成於一九一三年。

列寧援引英國自由派經濟學家約翰・霍布森(John Hobson)的著作。霍氏的《帝國主義研究》(*Imperialism: A Study*)乃發表於一九〇二年。他對於帝國主義發展的解釋，是說雖然資本家手上往往累積有資本，可是國內的市場卻不足以吸收所有生產出來的產品，因而資本家找國外新投資的機會。霍氏說，在許多民族－國家政治與軍事競爭的背後，是資本家經濟的競爭；他們想要找機會輸出和投資資本。但是雖然霍氏寫作《帝國主義研究》的目的，是主張創造更大的購買力和創造由國內購買力所支持的市場，可是列寧卻擴大霍氏的分析，說帝國主義不是資本主義的一個可逆轉變體，而是資本主義進一步發展的必要階段。列寧認爲資本主義的發展，已超越個別廠商間競爭的情形而進入另一個階段。在這個新的階段，金融與工業資本的巨大聯合企業，將生產與資本的累積集中在金融寡頭政治執政團之手，由他們主宰整個經濟。這些巨大聯合企業因爲擁有的資本太多，在生產上得不到出路，乃找尋國外的投資機會。而在外國的投資又需要相對的伸展政治的控制，因而這些巨大的聯合企業乃著手將世界分割爲許多勢力範圍。在分割完了以後，他們挑撥起資本主義民族－國家間的戰爭。列寧的主張，因而把壟斷性的資本主義、輸出資本的需要、政治上的攫取殖民地，以及互相鬥爭的資本主義國家間戰爭的爆發，連接爲一個累積性因果關係的連鎖。

在列寧說過這樣的話以後，有人曾經指出這個因果關係連鎖中的一些環節，其作用是在特殊情形下的伴隨特徵，而非連續和不可避免的階段。首先，列寧或許高估了他寫作時候壟斷在資本主義中的作用。在一九〇〇年的大不列顛，重要的資本—工業聯合企業並不多。在德國，銀行很早便控制了工業，一直到二十世紀初年大托拉斯才興起。在美國，二十世紀早年的合併運動，引起更多而非更少的競爭（柯科〔Kolko〕，一九六三年）。因此，巨大的聯合企業不是以同樣方式同樣時間在各處成長，其成長也沒有造成相同的結果。

其次，英國大半的資本，不是外銷到其殖民地，而是外銷到其他的資本主義國家，如美國、阿根廷和英國的屬地加拿大、澳地利亞和南非。印度收到大約五分之一的外銷資本。非洲國家主要是由小認股人得到經費，而非由大銀行（凱恩克羅斯〔Cairncross〕，一九五三年）。即使是在列寧的時代，資本主義已有重新投資在已經存在的累積中心的趨向，而非開拓新投資的邊疆區域。

第三，貿易與國旗的關係，在世界許多地方比列寧的分析所示爲間接。英國與印度的關係對於大英帝國體系誠然是非常重要的，而英國也確曾於一八八二年在埃及干預以保護去亞洲的蘇彝士運河生命線。然而，英國在非洲和馬來亞的干預，往往卻是歐洲海外商人之間衝突的結果，以及互相競爭的地方權貴之間衝突的結果（這種地方上的衝突，也羼合上歐洲人的因素：互相敵對的歐洲國家，伺機利用地方上的衝突爲自己圖利）。事實上，英國甚至沒有怎麼想在拉丁美洲成立殖民統治。奪取白利茲(Belize)，即英屬宏都拉斯(British Honduras)，是一個例外。英國也很快放棄奪取布宜諾斯艾利斯(Buenos Aires)的計畫。不過在資本主義擴張的策略中，在地方上有什麼特殊行動以後，便出兵干預及奪取。羅賓森(Ronald Robinson)曾經強調融合非資本主義與資本主義社會結構的困難。這樣的同步化需要一個媒介者或合作者的社會群體。如果這些合作者本身之間因衝突而決裂，或無法掌握必要的調停功能，則使用資本主義方式的人便不容易辦事。羅賓森認爲宗主國的接管，是因爲以前各種在歐洲政治以外的合作機制曾經給他們充分的機會和保護，而現在這些機制卻瓦解了(一九七二年，頁一三二)。

可是我們不應忘記歐洲的社會結構也不穩定，不過不穩定的方式或許不一樣。譬如，熊彼得(Joseph Schumpeter)認爲大戰爭之起，不是由於資本主義本身，而是由於壟斷性工業與以戰士傳統爲特色的過時政治機構結合的結果。雖然他關於資本主義方式的非戰主義說法也許不對，但是他的判斷的確指出一個可能性，那便是一個與以前非資本主義方式有關的附庸大地主階級，可以透過進入軍方或進入殖民地公職的辦法，而在資本主義之下延續其生命。這樣的階級贊成戰爭與殖民統治，他們在工業領袖和工業工作人員中以及殖民主義者和商人中間找到同志。工業界可以由軍備競爭或取得較低廉原料中獲利，而許多殖民主義者和商人很喜歡在地方上接管。最後，「社會帝國主義」永遠想把國內的衝突丟給國外的敵人，以團結國內的人民。而由於支配眾多的「中東國家的人」，可以爲「主子種族」滋生眞實的利益。因而，帝國主義的傳播與殖民統治的公然擴張，似乎是由於比列寧所說更爲複雜的許多社會結構間的相互作用。

盧森堡的分析在其他方面很重要。她認爲資本主義危機眞正的原因，既不在於利潤率有下降的趨勢，也不在於累積的資本沒有投資的機會，而是由於整個制度有生產超過購買力所能吸收商品的趨勢。因而她認爲資本主義的擴張，只有用延伸其市場和將商品售與新顧客的辦法。照她看來，這樣的顧客只有到非資本主義的經濟中去找。

盧森堡的經濟診斷大約是錯誤的。她所忽略的一件事，是資本主義生產的擴張，其趨勢是使「生產」爲其本身的「消費者」——生產更多的生產手段以擴大生產，而非生產更大量的使用價值去爲人們消費。她也認爲在資本主義下工人的收入不能增加。事實上，資本主義的擴張增加了資本在生產手段上的投資，不僅是在生產者的實業，也在消費者的實業，因而工人工資的眞正價值提高。再者，她也沒有解釋在非資本主義諸經濟中，可能的顧客到何處去取得購買資本主義實業所生產商品所需的購買力。

不過盧森堡的確指出資本主義有擴張的趨勢，一面在別處找新的原料，一面找處理新原料的廉價勞力。再者，她以實例爲基礎的記載充滿許多例子，說明對這種原料和勞力的控制往往是使用壓力取得，而又使用壓力迫使勞動人口購買在別處所生產的商品。她因而比以往的人更能說明資本主義方式在國外的擴張，往往引起主宰非資本主義方式的過程。她所初創的研究方法，不以視資本主義的民族—國家爲孤立現象爲研究焦點，而強調資本主義中心與受支配邊緣地區間的各種關係。

資本主義方式的變異

雖然馬克思建造了一個純粹形式的資本主義生產方式模型，但我們不確知他有沒有想到各地都會建造相同的模型。在《資本論》中(第三冊，一九六七年，頁七九二)，他說由於無數不同的實際情形、自然環境、種族關係、外在歷史影響力等，同樣的經濟基礎會在外表上有無限的變異和等級。他也認識到大數目農民的存在可能抑制資本主義方式的充分發展(《資本論》，三，一九六七年，頁一九六；也見原本《資本論》，一：第六章，引自孟代爾，一九七八年，頁四五)。一八八一年，馬克思在寫給扎蘇里其(Vera Zosulich)的信中說：他「對於資本主義方式的分析，特別是限於西歐的國家」(尤其參看這封信的草稿(馬克思，一九四二年，頁二九八—三〇二)。有重要意義的是，馬克思在寫這封信的時候，正埋首於民族學和農業歷史的文獻之中。

列寧和盧森堡都想把馬克思的純粹模型，用來分析由一八七三至一八九四年間大蕭條開始到第一次世界大戰之間、資本主義方式全球性的傳播與影響。列寧的焦點是資本輸出的需要，盧森堡的焦點是國內市場的缺陷。然而他們所最感興趣的，卻是在於說明驅策資本主義方式由其發源點向全球其他地區移動的「移動律」。他們集中注意力於資本主義向前吐出資金與商品時的渦動，也想像其效果在各處基本上相似，將整個世界納入一個均質的活動範圍。

俄國革命在一九一七年爆發(以及德國隨後模仿俄國革命的失敗)，說明馬克思所謂的「外表無限變異和等級」，對於這個假設的制度在歷史實情上作用的方式，有很重要的影響。當列寧描寫俄國爲資本主義主宰連鎖上「最弱」的一環時，他含蓄的提出是什麼使一個環節較強或較弱的問題。托洛斯基(Trotsky)想回答這個問題，他說這種可變性乃是由「不平衡和合併的發展」所造成。所謂「不平衡」，是因爲資本主義遭遇到過去不平衡發展所造成的許多極端情形。所謂「合併」，是因爲資本主義在滲透這些不平衡的情形時，必須與它們合併。這個答案承認從前存在的非資本主義方式有一些影響力，而且資本主義作用的方式有賴於這個影響力。可是托洛斯基仍然認爲資本主義在其「移動律」上是一致的。因而在其效用上也是一致的。然而，如果資本主義方式不僅透過其與其他方式合併，而且也在其本身作用的過程中，造成易變性與變異又如何？

我們可以區別好幾種變異的原因。有的是起於這個方式的本身。所有的資本家都知道：爲了求較大的利潤，必須不斷投資於新的工藝技術，以便將其生產的手段盡量擴大。然而不是所有的資本家都能做同樣的回應。在資本累積上升曲線的每一個點上，有的資本愈積愈多，有的落在後面。有些資本的持有人徐緩推進，有的原地不動，有的撤退或退出競賽。勝利者將失敗者的籌碼兌換爲現金：

> 利潤層次的差異，是由於許多資本間的競爭，以及在這個競爭中落後的所有廠商、支部和地區無情的受懲罰。落後者必須將其「自己」部分的盈餘讓給領先者。除了落後的廠商、分支、

地區和區域持續生產以外，這個過程是什麼？（孟代爾，一九七八年，頁八五）

因此，在每一點上資本主義方式都滋生區別，有的財團使用資本在生產手段上較之使用資本在勞力上多得多，有的這個比率較低。而這個區別，又影響到資本單位與若干事項（經費的來源、技術的輸入、市場、取得勞力的安排，以及在國內外的政治影響力）間的關係。

發生變化的另一原因，是資本主義方式表現出經濟活動反覆上揚與下沉的趨勢，以及資本輪替累積與減少的趨勢。根據馬克思的模型，這些搖擺乃是由於模型本身的矛盾。孟代爾在其《晚近資本主義》（*Late Capitalism*，一九七八年）一書中，在資本主義方式的發展中，分辨出七個「長波」，由十八世紀最後十年，到越戰的時候。每一個波與前一個波的分野，是獲利率的改變，而利潤的改變又是因爲投資在生產手段與投資在勞力上比率的變化而產生。當把資本投資在新奇的工藝技術時，每一次投資在工廠上的比投資在勞力上的資本多，便會促進獲利率。這個情形不斷發生：在以工匠製機器取代手工藝的工業化初期（一七九三至一八二五年），在最初使用機器製機器和鐵路修築工程旺盛的一八四八至一八七三年間，在最初使用電動機器和內燃機的一八九四至一九一三年間，以及第二次世界大戰開始與一九六六年間，都是如此。在上述最後的一個時期，資本大量投資戰爭工業，又創造了戰後的各種電子工業。

在每一個獲利率加速上升的階段以後，接下來便有一個減速階段。因此，在工業革命的情況好轉階段以後，接下來便是一八二六到一八四七年間的不景氣時期，由於工業產品的市場萎縮，出現「變現危機」。一八四八到一八七三年間機器所製造機器與大量修築鐵路的太平時期，變爲一八七三到一八九四年間的大蕭條。在這個下降趨勢中，資本輸出日益成長，又設法減少原料的成本。在政治上，它表現爲互相敵對歐洲國家在國外激烈競爭勢力範圍與取得原料。一八九四到一九一三年的繁榮時期，收穫到前一時期資本輸出和高度原料生產的善果，並且勞力的生產率透過新工藝技術的引入，而陡然增加。然而，隨著第一次世界大戰與接下來的經濟與政治分裂(一九一四至一九三九年)，繁榮也消失。只有等到第二次世界大戰與其後的工藝技術革命，才由不景氣中將這個制度搭救出來，而肇始利潤率擴大的一個新階段。

資本主義發展的週期化，說明資本主義方式的影響，在各個階段都不一樣。這個方式在不同的時代有不同的需要，因而它對世界不同地區的需求也不一樣。

變異的另一原因，是若干先資本主義的商業財富模式，有時在資本主義下面也得存活。就歷史上和發展上來說，用來賺錢的錢在生產中有了資本的功能以後，便成爲資本。就這一點而言，資本是商業財富儲備的衍生。可是在改變其功能時，作爲資本的錢，達成了用來賺錢的錢以前所不能達成的任務：它能影響和控制具體表現在商品上的社會勞動力的量和質。

商業活動以賤買貴賣牟利，一般稱爲非等值和不平等的交易。爲了這個目的，商人以好幾種方式取得貨物。在皮毛貿易中，商人預付像槍枝和毯子這樣的貴重貨品，而取得皮毛。在香料貿易中，

「荷蘭東印度公司」以歐洲貨或在印度製成的精美布料，交易土著大地主所收到的貢物——香料。在奴隸所生產的蔗糖的情形，商人借出奴隸和加工設備等生產手段以及預付歐洲商品，而由農場主人處取得蔗糖。在上述各種情形下，商人都是用錢和以錢購買的貨物，而對生產有留置權，但是他們卻置身於生產過程的本身之外。他們將自己交易的環路安放在其他使用社會勞動力的方式中，混合使用壓力與銷售吸引力去得到合作與順從。然而合作與順從是不穩定的。當一個地方上的盟友要求增加、去和一個競爭者做生意、或完全不肯合作時，便得重新談判。商人永遠依靠政府替他說話。他同時也不得不讓他的貿易夥伴不要生氣，以便繼續他們之間不平等的交易。

隨著資本主義方式在英格蘭及其邊界地區的建立，工業資本乃控制了國內的商品生產。它因此把商業環路在國內的終端放置在一個新的生產基礎之上。當資本主義的方式散布到其他地區時，它又影響到商人作業的國外終端。由於新機器的發明要求由國外安全遞交愈來愈大量的商品，情形也愈來愈是如此。於是，在十九世紀中間，工業資本逐漸剝奪了商人的自主權，使他們成爲資本的經紀人，而非爲他們自己利益工作的人。可是這個過程在資本主義發展的不同階段和在世界的不同地區，作用也有參差。在日益成長的紡織工業中擔任經紀人的商人，在十九世紀最初二、三十年間在拉丁美洲找尋市場。可是隨後的經濟下降趨勢卻又使他們在非洲和亞洲找尋新的銷路。在修築鐵路的階段商業活動加強後，但接下來的不景氣又給商人極大的壓力。這個時候對原料的極大需求，使世界上若干部分建立以資本主義方式經營的大農場和礦場。在這些地區，商人或是被排擠到新工業農業和開礦陣線的邊緣，或是被迫將其資源集結爲大型的工商業卡特爾，如英國和法國在西非貿易的公司。

世界上有許多區域雖然受到資本主義進展的影響，卻沒有直接捲入機器生產或地方工廠。它們在資本主義擴張的前緣或在資本主義前進的若干凸角之間。然而在這樣的區域，商業活動與累積仍然重要。它們是：大英帝國在「白色」殖民地與主要原料生產地區以外的後置地，拉丁美洲海岸大農場地帶以外的內地，北美洲大陸上美國與加拿大拓殖的邊緣，以及太平洋諸島。向前挺進的商人，在這些地區創造了商品的邊疆與勞力的邊疆。他們將由工業中心來的貨物運到這些地帶，以之交易地方產品，或在與大農場或礦場勞工訂立契約的時候拿它們墊付。

在這些區域，最初的商業滲透往往使許多群體可以在整個十九世紀乃至二十世紀，繼續以親屬關係爲原則組成的或附屬納貢的生產方式。偶爾的交易，可以加強一個群體應付其環境和抵抗外來侵略者的能力。可是頻繁的交易，卻逐漸損害到地方群體的自主權。只要交易的活動範圍有限，土著的貿易夥伴和外面的商人在交易中便是平等的，各拿出對方所想要的東西。但是當交易的範圍拓寬了以後，土著的生產者往往變成貿易中的顧客而非對稱的夥伴。他們在依靠商人供應生產工具如槍枝、彈藥、鋼質捕捉機和金屬工具，和製造品乃至食物這樣的消費品以後，便愈來愈依靠較廣大的資本主義市場。他們控制自己生產手段的能力日漸減低，尤其是因爲日漸拓寬的交易腐蝕了他們透過親屬關係和權力的機制重新生產這些手段的能力。類似的，附屬納貢生產方式中的精英分子日漸依靠資本主義制度下所生產的貨物，乃感到加強附庸勞力並使之從事商業生產的壓力。以金錢或商品交易勞力的徵召勞力者，在連接勞力與其親屬或大地主的關係上造成改變。在這樣的情形下，地方上的資源與服務往往變成商品，愈來愈受制於在先前生產方式以外進行的各種交易。

於是，這些邊疆的周邊逐漸被拉進資本主義的市場，並間接與資本主義生產方式的工業基地搭上關係。在這個過程中，商人陷於一個矛盾。他們是邊疆地帶市場的先頭經紀人，往往將他們所享有的某種程度自主權轉化為在地方上或區域中的支配力量。然而，在市場關係日深以後，他們對資本和商品的需要，使他們與主持生產和分配的母國各中心有了更密切的關係。同時，在拓寬了的競爭下，他們在地方上暫時的壟斷往往消失。

有些以往偶爾供應勞力的邊疆區域，逐漸變為現成勞力的永久儲藏庫。這些區域是十九世紀時在印度和中國捕捉契約勞工的地區、十九世紀末葉在非洲所創造的「原住民保留區」，以及二十世紀地中海周圍供應流動勞力的地區。在歷史上，這些區域是戰敗國的一部分，或在歐洲擴張中降落到次要地位國家的一部分。歐洲人重組這些區域，使它們培養勞力以應需要，並在勞力的生產歲月過去以後，繼續維持勞力。人口中的一部分被動員在供應區以外從事有工資的勞動。其家人與親屬留在保留地上，以家庭的生計和為銷售而生產商品，維持自己的生活。工資與匯款由外面流入這個地區，這個地區自己也製造商品。這些資源使商業中間人可以出現，他們將勞力儲備與其資本主義的母體組織連為一氣。

造成資本主義方式內部變異的主要原因，是因爲推動資本主義發展的是在政治上分開和不同的邦國。要了解資本主義方式的這個方面，我們必先和波洛卓夫(Ber Borochov)一樣問：

> 一方面，資本主義制度似乎是國際性的，它打破了部落與民族間的界限，並將所有傳統連根拔起。另一方面，它本身又加強了國際間的鬥爭，並提高了國家—民族的自我意識。這是爲了什麼？〔一九三七年，頁一六〇〕

變異：政府

在本書第三章中，我們說資本主義方式中的邦國，是爲了維持和促進各種「主宰社會勞動力的資本主義使用」的重要關係而設的機構。資本主義邦國的存在，是爲了確保一個階級支配另一個階級。可是在每個邦國中，這個職能的運用都有不同，而後果也不一樣。

這個情形是有歷史上的原因的。資本主義不是一下子便支配一切的。它乃形成於較古老的附屬納貢方式，而且只是斷斷續續和逐漸的佔領較廣大的社會地帶。每一群新的資本家，都遭遇到根植在各種附屬納貢安排中的其他先已存在的階級。每一個新出現的社會，其工人階級的背景都不一樣，其工人階級發展的速度與強度也不一樣。階級「配合」的可變性，又因資本家階級取得支配權的各種不同方式而擴大。英國工業家在其權力的上升中，與從事「改良的地主」聯合。在德國工業化的過程中，大企業的首腦以「鋼鐵與麵包協定」與普魯士貴族聯合。在美國，由誰主宰國家的問題，終於引起合眾國(Union)與南部聯邦(Confederacy)之間的戰爭，最後南方所代表的階級力量終於失敗。

一旦這些內部的戰爭平靜下來，階級支配的問題便有了政治上的形式——在階級統治的體制以內，「誰在什麼時候得到什麼」。這樣的政治活動每個國家又都不一樣。首先，資本主義下的政治活動涉及到資本家階級本身各部分之間的衝突。雖然所有的資本家都對階級支配有共同的興趣，可是個別的資本家群體事實上爲短期的利害關係所驅策，互相爭執。這些衝突甚至可以發展到威脅國家的程度。資本家階級的不同部分又與其他階級的部分聯合，包括發展中工人階級的部分。由於所有這些階級的特色由一個國家到另一個國家都不一樣，階級以內與階級之間衝突和聯合的性質也不一樣。這一種變異性，在經年累月以後，逐漸形成政府機構的形式與職能。

資本主義國家間另一變異的原因，是由於每一個資本家群體在國外累積資本的方式。歐洲商人較早在國外擴張，在世界各地區曾經創造了商業影響力的網絡。有些擴張中，資本家的群體可以利用這些商業網絡，並把它們轉化成自己累積資本的資源。再者，每當一個資本主義國家控制了一個地區以後，它也更改日後競爭者進入這個地區的談判條件。因此，英國在最初突破進入資本主義方式以後，也得以利用英國商人所創造的商業網絡，在取得市場和原料上得到關鍵性的好處，並且不許日後的競爭對手如法國和德國得到這些好處。

英國的成功，又改變了其競爭對手政治發展的方向。英國霸權性的擴張，以其資本家階級喚醒所有與它競爭民族—國家間的團結。這樣的團結，又想以加強國家勢力的辦法，改進每一個資本主義社會對其本身「生產條件」的控制。它們採用支持資本主義擴張的政策，以求保護初生的工業對抗英國的競爭，因應國家的需要發展交通與運輸的基本設備，成立集中的投資與銀行業，創造勞工紀律與官辦教育的國家制度，發展作戰的潛能。雖然英國以「廉價的」政府推動資本主義的發展，而且仍然可以將許多支配的職能委託給地方上掌權的人，可是後起的競爭者爲了在競爭中不落人後，必須建設強大和昂貴的政府。

不論是廉價或昂貴，所有的政府都需要經費去支付政府的各種服務。籌措經費的方法通常是收稅，或者由國家出面貸款，而後用稅收清償貸款。收稅的辦法是扣工資，或把盈餘價值由資本家轉給政府。每一個政府扣稅和轉移的辦法都不一樣，也對其公民造成不同的結果。然而，它們都能累積一筆「間接剩餘價值」的經費（奧康諾〔O'Connor〕，一九七四年，頁三九—四二），由政府機構管理。這筆經費可用於促進進一步的工業發展，尤其是與戰爭有關的工業，嘉惠資本階級中一部分而非其他部分。或者它可以用在社會服務和各種支持物價的方案上，嘉惠某些階級和階級的部分。於是階級支配的問題又轉化爲政治活動。因「誰在什麼時候得到什麼」而起衝突的結果，又加深資本主義政府的分化。雖然我們在此所談的主要是十九世紀時國際政府制度在資本主義下的發展，可是也不妨指出：這些基於間接剩餘價值累積的政府職能，在不景氣、社會紊亂和戰爭的影響下，在二十世紀大為擴展，尤其在一九三〇年以後為然。

第十一章
商品的流動

十九世紀後半，資本主義制度下的生產向前躍進了一大步，增加了對原料和糧食的需求，並且創造了一個有全世界規模的大市場。整個區域專門從事生產某種原料、食品農作物或興奮劑。有些區域性的專業化較早在商業的庇護下成立，如加勒比海地區的產糖區。又有些是因應早期資本主義的發展而成長，如美國、埃及和印度的種棉地區。還有一些完全是新的。如果一個區域著重單獨種植一種農作物或是原料產物，則它又需要其他地區種植生計作物養活它的生產者，或者由其他地區供應勞力給新的大農場、小農場、礦場、加工工廠和運送系統。由於日益擴大專門商品的生產，在世界市場層次發生的改變，影響到家戶、親屬群體、群落、區域和階級的層次。

要了解人們如何被迫進入或被拉進這個市場，我們必須知道市場不僅是交易貨物與服務的地方，而且也是一組社會互動的機制（明茲〔Mintz〕，一九五九年a，頁二〇）。替市場生產的貨物與服務是商品，可以不管生產它們的社會母體，而加以比較和交易。前面已經談到，商品交易比資本主義生產方式早得多，在附庸性或以親屬關係爲原則組成的生產方式中，商人已拿商品在交易。每一件商品具體表現「花在爲人類的目的而轉化自然」的微量社會勞力，也就是在生產方式主宰性的關係下動員的社會勞力。隨著資本主義的發展，愈來愈大量的商品進入市場，在市場中遭遇到在其他生產方式下產生的商品，並與之競爭。在資本主義日益在全球占優勢的情形下，市場變成了互相競爭的生產方式之間衝突和互動的鬥技場，表現在其各種不同商品的交易上。資本主義不一定取消其他的生產方式，但是它由遠方或通過直接接觸而改變了許多民族的生活。

工業資本主義的發展，並非平穩的沿一條上升的直線進行。接在資本累積增高階段以後的，便是走下坡。接在樂觀擴張的時期以後的，便是沒有把握和陰鬱的時期。每一個進展的階段都開啓新的活動舞台和新的供應區。每一次走下坡都質疑資本投資的主要方向，並且引起市場的收縮，如一八二五年在拉丁美洲的情形。每一個進展的階段和每一次想阻止不景氣的發生，都影響到捲入資本主義連鎖網絡中的人口。有的時候資本主義的影響是直接性的，是投資或不投資於全球各區域工業設施、原料供應或食物生產事業的結果。有的時候它的影響是由市場的機制傳遞，加強或減少資本主義方式對其他方式造成轉型的影響力。每一次進展都在社會勞動力的組織上引起改變。然而，當衰退接著進展而來時，便不可能回到以前的適應辦法。就人類學家所研究的許多民族來說，這樣的改變在十九世紀最後二、三十年間最爲重要。

大蕭條

大家都知道蘇彝士運河的開鑿會大大促進歐洲與亞洲之間的商業。可是在它開鑿的僅僅五年以後，資本主義的擴張走了一個大下坡。鐵路的修築曾經將資本主義由一八二六到一八四七年的衰落中解救出來。一八四八到一八七三年間，透過鐵、鋼和煤生產的突然大量增加，它又促進再一次的發展。一八七三年，擴張又變成走下坡。這次走下坡的影響人稱「大蕭條」(Great Depression)。經濟學家對於這個現象的普遍性有不同的意見，說它在每一處不是同樣廣泛和劇烈。有的學者說它根本不曾發生。可是資本累積的速度和性質的確發生了一次巨大的改變，甚至一直到現在還餘波盪漾。大蕭條引進了資本主義與世界其他部分遭遇的新階段。在這個階段，好戰的資本主義，愈來愈猛烈的侵略根據附屬納貢和親屬關係原則的生產方式下的種種社會安排。它將以不同方式組織的資源和勞動力，引進一個由資本主義生產關係所支配和滲透的大體系。在這個體系以內，各附屬部分被強迫或鼓勵生產特殊的商品，而一切都在資本累積的中央過程中成長和銷售。

造成資本主義發展中這一改變的有若干因素。由於在歐洲眞正的工資增加，而在世界其他地方原料的成本又上漲，獲利率乃下降。爲了減少成本，乃投資加強生產的手段，但這件事遲遲才發生。很可能當時沒有足夠的資本，去推動由蒸汽機技術，迅速改變爲以用汽油和電力驅動的內燃機和渦輪爲基礎的新技術。新出現的化學工業也在初生階段。

工業的遲滯有其地理與政治的方面。遲滯下來的是由蒸汽驅動的英國工業，而美國和德國逐漸在新的工藝技術基礎上擴展其工業。英國不再是世界上優越的作坊。到了一八七〇年，它只擁有世界上蒸汽力的四分之一，所生產的鋼也不到世界上鋼產量的一半（霍布斯邦，一九六九年，頁一三四）。在一八八〇到一八九〇年間，美國鋼的產量超過英國鋼的產量。在接下來的十年以內，德國的鋼產量也超過英國（巴拉特・布朗〔Barratt Brown〕，一九七〇年，頁八二）。英國的「惡魔工廠」仍在伯明罕和雪費爾德（Sheffield）努力增產。英國的銀行「線針街老婦銀行」（The Old Lady of Threadneedle Street），仍然是全世界金融交易的中心。大英帝國仍然稱雄四海。可是英國已不再是世界工業的領袖。它只不過是幾個工業化中的國家之一。

大蕭條因而是資本主義累積的一個危機，因爲它影響到推動這個過程並改變它與世界其餘地區關係的國家。它在美國的霸權上肇始了一次危機。之後，支持英國持續繁榮的主要不是它本身的工業能力，而是其過去成功事業的贏利。使英國在國際競爭中不落後的是它對印度的控制。印度的棉花和紡織品愈來愈傾銷美國、歐洲、大陸和日本，爲大英帝國系統提供贏餘。印度的棉花和紡織品貿易在十九世紀下半由四百萬美元上升到五千萬美元。更重要的是「本地費用」。英國向印度徵稅，以支付英國統治印度的花費，以及殖民地英國政府所舉債務的利息。這種「本地費用」在十九世紀最後二十五年，由七千萬英鎊上升到二億二千五百萬英鎊（巴拉特・布朗，一九七〇年，頁八五）。這些款項的流動維持了英國作爲金融中心的優越地位，但在國際上的領導權卻落入他人之手。

在同時，歐洲的農業生產也發生重大變化。美國和俄國的小麥突然大量進口，導致農產品價格突然暴跌。美國的擴張進入大平原與俄國的開墾東南大草原，增加了小麥的供應量。鐵路的修築以及汽船和大帆船橫渡大西洋的日益頻繁，使運輸大爲改良，也引起運輸成本的迅速下降。一八六九與一八七九年間，運輸八蒲式耳的小麥由芝加哥到利物浦，花費平均十一先令，可是到一九〇二年已下跌到三先令以下（拜格維〔Bagwell〕和明蓋，一九七〇年，頁七五）。這個情形動搖了歐洲農業的根本，並加速了前往南北美洲的移民。

其結果是若干歐洲資本主義的國家，在這個機會日益減少的時期，著手努力找尋新的投資和市場。它們互相激烈競爭，想要控制供應廉價原料和勞力的區域。在美國和俄國，同樣的原因推動擴張、殖民和統一整個大洲。國內日增的不滿情緒和國外愈來愈激烈的競爭，又驅使各國運用政治手段以求擴張，也就是從事帝國主義的政治活動。這些政治活動的目的，是透過共同爲爭取國外殖民地和勢力範圍的奮鬥，以團結國內不滿意和互相鬥爭的階級，而同時使「母國」可以優先取得市場與資源。大蕭條刺激了歐洲國家在國外的擴張。非洲被瓜分。在亞洲建立新的殖民地。在太平洋地區殖民。在這個經濟不景氣的時期，歐洲各國在國外所取得的領土增加了三倍。資本主義的累積因而恢復，只不過是斷斷續續。資本利用十九世紀最後二、三十年間的新運輸工具，著手爲歐洲的市場開發「熱帶」農產品和原料。

區域性的專門化

新農作物和新產品引進以後，重大的改變了同一大洲上區域和區域間的關係，和整個大洲與大洲間的關係。有的區域專門生產糧食或工業原料。有的區域加工處理原料、消費用食品穀物或肉類，送回製造品。前面曾經談到英國如何依靠美洲供應的棉花，後來又依靠埃及和印度供應的棉花。而產棉的地區又因爲專門生產其主要的經濟作物，以致必須由別處取得食物和製造品。英國在十八世紀糧食自足且有剩餘的農產品外銷，可是到了十九世紀末葉卻依靠外國供應其所消耗五分之四的小麥以及五分之二的肉類(吳卓夫，一九七一年，頁一一二)。美國產棉花的南方，幾乎完全依靠北方的製造品和西方的小麥。

區域性的專門化不限於食品穀物、肉類和棉花。爲了大量供應蔗糖、茶葉、咖啡或橡皮，世界上整個整個地區成爲生產蔗糖、茶葉、橡皮或咖啡的大農場。由於大農場的生產往往集中在一、兩種經濟作物，又需要可以供應糧食和其他必需商品的生產者，維持其勞動力。在亞洲，維持勞動力的主食是稻米而非小麥。因而大農場農業的擴張與稻米生產的擴張同時進行；稻米是爲了送往沒有稻米的地區。世界上還有一些區域，不是專門種植作物或從事工業活動。它們專爲農業和工業生產勞工。雖然在工業資本主義的庇護下，這些地區之間有了聯繫，可是它們彼此之間的關係事實上卻導致分歧，也使每一個地區不斷重新整理其內部的社會關係和文化模式。

當年亞當斯密和李嘉圖(David Ricardo)想像世界各地的日漸分工時，他們認爲每一個國家會自由選擇其最有資格生產的商品，每一個國家以其最好的商品交易另一個國家最好的商品。因而，照李氏的說法，英國將把其紡織品送給葡萄牙，而英國人將喝葡萄牙的水果酒。這種自由商品交易的想像，其所忽略的是主宰特殊商品選擇的各種制約，以及持續用以確保相當不對稱交易的各種政治和軍事制裁。這樣不對稱的交易，嘉惠於一方面而減損另一方面的資產。

在日漸成長的相互關係體系中，選擇很少是自由的。在大多數的情形下，選擇是在壓力下做成的，或者是在各種制約下做成的。產生這些制約的原因，是比較有權勢的參與者主宰了市場。不論是透過對一個殖民地直截了當的政治接管，或僅是通過經濟上的主宰，威逼或制約都是這個過程的精髓。它們不是副現象。再者，一旦一個區域被包括進資本的環路，則由於累積的要求，它必須整理它生產的因素以加強資本的成長，否則便會落伍。在資本主義的農業中，這個情形或許引起高度投資的「就地工廠」的成長，或許引起小規模專業化生產者的成長。後者的經營是聽命於經濟作物的市場。同時，這個累積過程的本身，又剝奪了其他地區取得生產手段的權利，因而讓它們可以出賣勞力給第三方面。

在本章中，我將談到某些農業和畜牧產品，如何逐漸在大農場上或小塊租給佃農的土地上生產。我也將說明這些新形式的生產，如何影響到參與的人口。在下一章中，我將仔細探究工人階級在世界各地的發展。資本的累積愈來愈多，其所促成的新工業和農業，就是由這些工人操作的。

商業性農業：大農場

在農業方面，十九世紀資本主義擴張主要的工具，是大農場和專門生產經濟作物的小農場。大農場正式的定義，是「一個使用資本的單位。它僱用大數目的勞工，在嚴密的監管下，爲銷售而生產一種作物」。勞工通常成群結隊工作，在工頭的監視下做重複性和吃力的工作。工頭維持工作所需的順序和同步性。大農場的農業因而具有軍隊秩序與操演的特性，湯普森稱它爲「軍事」農業。它的目的是爲市場生產一種或兩種農作物。這種專門化同時是它的長處和缺點。它可以回應市場增加的要求，但是當經濟走下坡的時候，便容易受到損傷。

大農場的面積往往很大。它們盡量把資源集中用於種植單一的一種作物，而面積愈大收穫愈多。大量的產品必須由農田運到加工處理中心。加工處理後的農作物必須加以儲藏以備送到市場上。組織性控制、加工處理，和儲藏的功能，加起來創造了大農場的中心。它成爲一個指揮部，四周有圍牆與田野和工人廣布的簡陋房舍分開。當形式和功能新穎的大農場在一個已有人居住的鄉村建立起來時，它像是在一個完全不同的環境中的一塊「袋地」。當大農場在較古老聚落的邊緣形成時，它們構成日漸擴張的邊疆。它們事實上是一種生產方式在其他生產方式中間的前哨站。大農場與根據其他生產方式的生產形式，其間的關係往往是敵對的。大農場是一個入侵者，而其成功的擴張是成功入侵的成果。

一直到十八世紀之末，大農場還主要是創建於南北美洲及印度洋上的幾個島嶼。操作大農場的主要是由非洲進口的龐大數目奴隸。可是一八〇七年英國廢除奴隸貿易，不久美國、法國和荷蘭也廢除奴隸貿易。一八三三年，英國進一步在其世界各屬地上完全以奴隸勞力爲非法。

爲什麼十九世紀最初幾十年各國廢除奴隸貿易和奴隸制度，是一個不容易回答的問題。誠然當時使用奴隸的利潤是在減少（參見克瑞頓，一九七四年，頁一一三）。另一件明顯的事是，一度是擴張中大英帝國金融引力中心的英屬加勒比海產糖島嶼，其農場主人階級在十九世紀最後二、三十年間已經嚴重削弱。法國以利用聖多明哥奴隸勞力爲基礎的競爭，加上由孟加拉進口的愈來愈多蔗糖，使糖價下跌。與美國的戰爭和後來與法國的戰爭，破壞了與北美諸殖民地的關係，引起加勒比海諸島上的饑荒與通貨膨脹。在某些島嶼上，甘蔗的產量已達到生產力的極限。而且在拿破崙戰爭期間歐洲大陸也種植甜菜製糖，甜菜糖旋即成爲蔗糖的勁敵。英國在加勒比海的農場主人債務纏身，經歷了一次眞正的「農場主人階級的危機」（參見瑞嘉茲〔Ragatz〕，一九二八年）。

可是要了解英國人活動範圍以內由奴隸勞力到其他形式勞力控制的改變，不能只看英國內部的發展。英國是當日逐漸改變的國際體系的一部分，因而也要看這個國際體系。在工業資本主義霸權的上升中，大家愈來愈喜歡使用自由勞力而非奴隸制度。可是我們必須知道奴隸制度在美國繼續實行，十九世紀中在巴西和古巴甚至愈演愈烈。巴西一直到一八七一年才廢止奴隸制度。古巴新生的「產地工廠」產糖量日增，一直到一八八六年才廢除奴隸制度。牙買加以前的奴隸離開大農場，在其自己的小塊土地上從事生計農業。可是一八一一年到一八七〇年間，巴西仍然進口了近一百九十萬名奴隸，古巴進口了五十五萬名。世界上一個部分的終止奴隸貿易和奴隸勞力，使它在另一個部分繼續甚至加強。美國產棉的南方，是繼續使用奴隸勞力的地區之一。它現在是英國日漸擴張的資本主義重要原料的主要產地。因而，即使奴隸制度不再依靠奴隸貿易的持續，可是工業資本主義的興起，卻依靠了在世界另一部分維持奴隸制度。

奴隸制度自英國活動範圍以內的消失，其另一個方面，是拿破崙戰爭使英國控制了加勒比海地區以外的大半熱帶世界。戰前英國的許多財富來自加勒比海地區，可是戰後英國的廠商可以開始期盼一個「新的」帝國。這個帝國將不依靠幾個島嶼上的強迫勞力，而是依靠將製造品外銷亞洲和非洲，和由亞洲和非洲進口熱帶產品。新的大洋上運輸工具可以將這些商品運過大洋；英國海軍防止奴隸貿易。因而，英國人在其產糖的島嶼上犧牲了奴隸制度，以便擴張大農場農業，並在世界其他部分進行由小生產者從事的經濟作物耕作。由於英國利害關係的改變方向，由英屬加勒比海地區來的奴隸所種植的蔗糖，不再是資本累積的重要泉源，而在世界其他部分所種植的其他種類經濟作物，卻日益重要。

十九世紀中間，大農場上的農業發生了一項重大的改變。本來農場上的投資者是農場主人的家庭及商人，商人預付大農場所需的商品，而將來拿走收成。可是現在愈來愈走向高度資本化、團體法人的「就地工廠」，其所有生產的因素，包括勞力在內，都由日益擴大的資本主義市場的行動決定。

「農場主人階級的式微」不限於加勒比海地區，它是一個全世界的現象(白克福〔Beckford〕，一九七二年，頁一〇二—一一〇)。農場主人與商人間的優惠關係，爲加速資本的自由流動所取代。爲了盡量累積資本和降低勞力成本，必須讓資本無約束的流向可以加強和擴張的農業形式和部分，而遠離那些受阻於老朽的技術、設限的機構，和呆滯勞力供應的形式和部分。

農場主人階級得不到多的資本，又固執過時的生產模式。他們在一個接一個大農場的地區不能完成這樣的過渡。母國的股份有限公司取得他們的資產，利用由倫敦、巴黎、紐約和漢堡注入的資本，在法人團體的控制下，改變大農場的工藝技術和組織。巨大的生產和分銷機構，如「聯合非洲公司」(United Africa Company)、聯合水果公司」(United Fruit)、「哈瑞森和克羅斯飛公司」(Harrisons and Crosfields)、「布魯克邦德」(Brooke Bond)、「法國西非公司」(Compagnie Française de l'Afrique Occidentale)，和「西非商業公司」(Société Commerciale de l'Quest Africain)，逐漸主宰了經濟活動的許多部分和整個國家。於是，大農場農業和小規模經濟作物生產，都受到遠方中心在金融和商業上的控制。

商業性農業：種植經濟作物的小農場

十九世紀時，在歐洲以內和在世界其他地區，租給佃農供其自用的較小土地上的經濟作物生產，也有發展和增加。用一般的話來說，即是耕者有其田。在歐洲，這種轉變出諸兩種方式：一種是在經濟和政治上使農夫不再對一個大地主的階級有納貢的義務，而可以把他們的土地和勞力當作生產的市場因素使用。這是一個逐漸的過程，分許多階段發生。其中一個是由西向東行，一七八九年始於法國，一八四八年以後到達奧匈帝國的領土，一八六一年隨著解放令的頒布而在俄國奏凱。將農夫階級轉化爲專門的經濟作物生產者。第二種方式，是斷絕生計農作與外包工制下家庭手工藝生產之間的關係。由於在商人控制下的手工藝生產爲資本主義工業所取代，比較窮的農夫—工匠被迫放棄農耕，遷移到別的地方在工業中工作，讓他們比較幸運或富有的鄰人壟斷他們的田地，用這些田地爲市場種植專門的作物。不用說，這不是同時在各地發生的一個均勻過程。在某些地方要經過若干世代才完成。然而到了最後，附屬納貢的生產方式和與之並存的商業財富業務一齊取消，一種新的農業生產者得到釋放，去回應市場的消耗。

下面將談到，這些發展也發生在歐洲以外的地區，尤其是西非和東南亞。資本主義的擴張乃由小土地持有人和大農場農業所推進，但是這些可以說只不過是當地的代理人，代理在別處公司的資本持有人或代理處。商業農業的擴張涉及一個資本流入、地方生產與銷售，和資本流出的多層結構的發展。下面我們將追蹤某些作物和產物的成長與擴散，並簡述這種成長和擴散如何影響到地方上的人口。然而，這些發展及其效果，只不過是一個全球性巨大資本累積過程的地方性事件。

商品生產：食物

在這個新的全球性農業的專門化中，最重要的是食品穀物（尤其是歐洲和美洲的小麥和亞洲的稻米）、專門的牲畜生產，以及香蕉一類的大農場食品作物。

小麥

前面已經談到英國逐漸依靠穀物的進口，以供應這個「世界的作坊」。在這個時期專門爲外銷生產小麥的重要地區有三個：第一個是美國的中西部和西部。農人進入大平原，並且用深犁和機械收割機割除這個地區的韌草。第一次東運的小麥只有七十八蒲式耳。於一八三八年到達芝加哥。但是南北戰爭以後穀物的生產量大增。到了這個時候，鐵路的修築與不定期航行貨船的出現，使穀物的外銷海外愈來愈有利可圖。

鐵路向內陸延伸，最初引起了許多大規模小麥農場的成立，由流動工資勞工耕作。不過一八八〇年代，這些農場轉盈爲虧，由備有農耕機器的家庭經營農場所取代。蒸氣打穀機於一八三〇年代出現，機械收割機於一八五〇年代出現，收割—打穀並用機於一八八〇年代出現。有了這些機器，有兩個男人（如父與子）的家庭，便可以在兩百英畝大的農場上成功的種植小麥。這些人不是爲了生計而耕作的農夫。他們是商品生產者，在市場上購買生產的手段，又將其產品賣給市場（佛瑞曼（Friedmann〕，一九七八年)。

美國的小麥在歐洲的售價比歐洲本身小麥的售價低廉，引起了歐洲農業中的一次危機，使川流不息的破產農夫相率到萌發中的南北美洲找出路。反諷的是，他們所乘去美國的船，正是那些運小麥到歐洲而毀滅了他們的船。

德東貴族輩應付這次穀物危機的辦法，是以流動工資勞工取代其永久性佃戶勞工。在過去，這些佃戶在貴族輩的地產上工作，換取住一幢簡陋小屋的權利、一小塊爲自己耕作的農地、其牛群可以吃草的牧地，以及一份收成。他們現在失去這些權利，許多人於是向外移民(華克〔Walker〕，一九六四年，頁一八四一一九〇)。爲了取代他們，東德的貴族引進季節性的波蘭農業勞工，因爲可以付他們低廉的工資。由貴族所支持的政府政策把這些工資壓得很低，以便抑制波蘭人所擁有獨立農場在這個地區的成長(韋伯，一九七九年，格興克隆〔Gerschenkron〕，一九四三年)。

一八八〇年代，阿根廷也變成世界上重要的生產小麥地區。一八七〇年時它還由國外進口小麥，但是到了十九世紀末葉，它已是世界上主要外銷小麥的地區之一。歐洲的移民－殖民者、佃農，和收割勞工將小麥的前線往西推，一直到達最低降雨量的界限。

西歐又得到第三個小麥生產地區(俄國南部)的供應。南俄草原上的小麥，在一八三一與一八六〇年間產量增加了三倍。百分之九十的南俄小麥都是由敖得薩港(Port of Odessa)出口。這個港口的世界價格開始爲整個俄國區域(里亞成珂(〔Lyashchenko〕，一九四九年，頁三六七)訂立標準。與歐洲俄國其餘地方不同的是，俄國草原發明了農業工資勞工的模式，在日漸以機器耕作的地產上，取代了農奴制。

稻米

在小麥由俄國和南北美洲大量湧入歐洲半島的時候，稻米在南亞和東南亞成為非常重要的外銷作物。一八五五年英國佔領下緬甸。在這個伊洛瓦底江的三角洲區域，稻田大約有一百萬英畝。一八五五到一八八一年間，這個英畝數增加了九倍。主要生產稻米的人是農夫，其中許多是由上緬甸乾地來的新移民。投資生產的是透過鄉村放利者網絡的仰光和巴聖(Bassein)大碾米廠。這些放利者大半來自馬德拉斯的奇提阿世襲階級(Chettiar caste)，他們取代了緬甸的放利者。農夫的負債更刺激稻米的生產，而農夫又因向緬甸和中國小商人小店主貸款而負債日深。這些貸款是花在消耗、生命週期儀式，和戲劇表演上的。在緬甸，大約一半為外銷而種的大米外銷到印度、四分之一外銷到錫蘭和馬來亞的大農場(這些大農場已開始專門生產茶葉和橡皮)。另外四分之一供養模里西斯和西印度群島的殖民地。消耗緬甸大米的大都是在海外地產上工作的印度服務契約勞工。載運這些勞工到其目的地的船，也載運供養他們的大米。

泰國也同樣開始生產大米外銷，不過其規模比緬甸小。泰國的碾米廠乃在中國人之手。擴張進入鄉村當中間人和放利者的是中國人。稻米的栽種尤其在泰國的中央平原擴展。曼詹(Bang Chan)位於曼谷的東北，是十九世紀中葉前後建立的居留地。夏普(Lauriston Sharp)和「康乃爾泰國科研項目」(Cornell Thailand Project)在一個世紀以後，研究了這個居留地(夏普等，一九五三年；夏普與漢克斯〔Hanks〕，一九七八年；漢克斯，一九七二年)。這個居留地的發展是爲了回應塞恩塞布運河(Saen Saeb Canal)的開鑿。這條運河長三十四哩，連接東部平原與曼谷市建於其上的昭福拉亞河(Chao Phraya River)。運河最初是爲軍事上的理由開鑿，不過它使這個區域可以直接通往曼谷的市場。住在曼詹的人口龐雜，有些泰國人通婚的海南島中國人、由南面來的信奉回教馬來戰俘、由東北來的寮國戰俘，以及由曼谷來的釋放了的奴隸。當地的佛寺給予這些定居簇群一致性。它乃建於一八九一年前後，由一個來自運河與湄南河交匯處村落華裔河上商人所建。十九世紀五〇到七〇年代爲市場而栽種的稻米尤其增加。到了第一次世界大戰開始的時候，它已凌駕一切。

曼詹在人類學的文獻中很重要。它是「結構鬆散社會體系」的一個典型事例。安布瑞(John Embree，一九五〇年)最初發明這個「結構鬆散社會體系」的概念去描寫泰國的社會。對於曼詹研究的結論是：「曼詹沒有分化的社會結構，清楚的反映所有泰國社會異常無定型和相當沒有結構的性質」(夏普等，一九五三年，頁二六)。這個看法激起關於泰國社會結構的許多辯論。爲此，波特(Jack Potter，一九七六年)提出另一個模型，說這個模型中的幾個「結構因素」，「引起了」泰國的鄉村群落。但是要了解曼詹的特徵，必須不僅視它們爲某種社會結構，也必須視它們爲商品生產擴張的結果。像以其他方式捲入稻米經濟的泰國社會的特徵一樣，曼詹的特徵，使人說它是一個結構鬆散的社會體系。

亞洲生產大米外銷的第三個區域是交趾支那(Cochinchina)。這是越南南方的三角洲地帶，一八六一年被法國佔領。這個區域大致上是法國水利工程的產物。水利工程的目的，是爲了生產大量的大米外銷。大半的稻米都是產於由佃戶耕作的大地產上。一八八〇與一九〇〇年間栽種稻米的面積增加了一倍。同一時期通過西貢輸出的大米增加了三倍。大半的大米都是通過香港運往中國。大致是由中國人經手這個貿易。

肉類

歐洲人本來消耗相當大量的肉類，但是這個消耗量在工業革命開始以後卻顯著減少。不過鐵路與汽船的來臨，卻引起新「家畜邊疆」的發展。到了一八六〇年，歐洲和美國餐桌上的肉類，有了若干新的來源。

最著名的一個邊疆是美國「未開發的西部」。南北戰爭結束以後，它成爲世界上一個「牲口王國」。在戰前，大群半野生的、無主的牲口在德克薩斯州南部開闊的牧地上漫遊。南北衝突結束以後，對於肉類的需求突然增加，使前此牧地上無用的牲口變爲可以銷售的商品。這一轉變肇始了大規模的「趕」牲口。「牛仔」把獸群帶到已鋪鐵路的最遠點。火車再把牠們運到東部的屠宰場。這些騎在馬上趕牲口的領取工資工人中，有英裔美國人、墨西哥人，以及奴隸制度廢止以後去到西部的美國黑人。這個牲口行業的技術，乃源自墨西哥畜牧的技術。

雖然牛仔的歲月已經銘記在通俗美國神話之中，可是它們也只有不到二十五年。此外，美國西部所供應的牲口，從未超過美國所生產全部牲口的三分之一。半野生牲口在空曠牧地放牧的情形，只不過是牲口業成長中的一個插曲。這種牲口業不久便與日漸向西發展的農耕人口妥協，改爲馴服在仔細圍有柵籬的牧場上密集飼養的純種牲口。

北美牲口業的發展乃附屬於芝加哥、聖路易和堪薩斯市的包裝肉類工場。而阿根廷大草原上牲口飼養業的發展，也是附屬於布宜諾斯艾利斯的包裝肉類工場。在阿根廷多草的大草原上，牧人最初狩獵野性未馴的牲口取其獸皮，後來又醃製其肉供應巴西的奴隸大農場。可是一直到十九世紀最後二、三十年，阿根廷才有了工業化的牲口業。到這個時候，已經可以冷凍肉類並廉價的把它運送到歐洲的市場，尤其是英國。修築大半阿根廷鐵路，建造冷凍新屠宰肉類的冷凍櫃，和提供將肉類運過大西洋有冰箱船隻的，是英國的資金。潘德(George Pendle)(一九六三年，頁一四一)說：「到了十九世紀末葉，阿根廷大草原已被馴服、組織，和爲英國的經濟所用。」

阿根廷牲口業的擴張可分爲三個互相關聯的階段。首先，是在軍事上擊敗草原上騎馬的阿羅坎尼亞人。其次，是剝奪半獨立的大草原獵牲口者的自主權。鐵絲柵籬的使用，減少了將牲口關在牧場界限以內所需的人數。半獨立的牲口獵人變成了牧場上的僱工。第三是使牧場的生產和農場土地上的生產同步進行。這些現在租與西班牙人和義大利人移民的土地，輪種小麥和紫花苜蓿。小麥供外銷，紫花苜蓿供應牲口牧場。

第三個發展出牲口業的地區是澳大利亞。自十九世紀最初二、三十年起，由土著處得來的牧地上，便飼養綿羊外銷羊毛。十九世紀中葉的淘金熱使綿羊牧場上的勞力外流。之後，綿羊主便使用騎馬的邊界騎士，並引入新世界築柵籬等新技術，以節約其生產所需的人力。不過澳大利亞的牧羊場，與這個大陸周邊的農業區域卻是分開的。澳大利亞綿羊的數目由十九世紀中葉的八百萬隻，增加到末葉的七千萬隻。

十九世紀最後二、三十年間，澳大利亞的飼牛業也向內陸擴張。牛羊日漸與以親屬關係原則組成的土著人口競爭植物和水。這個情形使土著與歐洲人的衝突勢所難免。有些土著群體，如納嘉迪吉人(Ngadidji)和阿倫達人(Aranda)，乾脆被牧人毀滅。另一些土著群體如華比瑞人(Walbiri)，由於居住在放牧地區以外，有一個時期保全了其自主權。後來較年輕的華比瑞人開始在牧場上受僱工作，不久別的人也跟進。邁吉特(Mervyn Meggitt)曾經提到：一九五〇年代中期，華比瑞人因爲過渡到領工資的工作，而不必辛勤的採集食物，有了較多的空間。他們乃利用這個空間加強社會和儀式性的活動(一九六二年，頁三三三)。

香蕉

香蕉不是與穀物和肉類同一階級的主食。可是香蕉大農場在十九世紀因商業顯著進步的刺激而發展，卻影響到許多廣大的地區，尤其是中美洲。香蕉是在西班牙征服的早年，由來自加那利群島的西班牙人引進南、北美洲。它在熱帶低地廣泛散布，同時成爲原住民人口和農民人口的主食。一八七〇年代，它成爲大農場的作物。一八七一年一位來自美國的鐵路創辦人在哥斯大黎加修築鐵路。他也開始試驗商業的香蕉生產，以便由他的鐵路載運。由這些試驗中所成長的「聯合水果公司」，乃組成於一八八九年。

「聯合水果公司」在哥斯大黎加、巴拿馬、宏都拉斯、哥倫比亞和厄瓜多都有自己的大農場。在三十五年間，這些農場共生產了二十億串香蕉。地理上的分散使這個公司可以不在乎任何一個地主國的政治壓力。由於分散，它也可以利用不同地點的適宜環境，因而不至於因爲洪水、颶風、土壤的耗竭，以及植物疾病而停工。爲了進一步減少這些風險，公司所取得的土地比任何一個時候能夠使用的土地爲多，以備不時之需。在某些地區它又與當時種植香蕉的農夫搭上關係，這些農夫把香蕉賣給公司。

哥倫比亞北面海岸聖馬它內華達山脈下面的沖積平原便是這個情形(參見帕垂吉〔Partridge〕，一九七九年)。這個地區在西班牙人來到以前爲原住民泰隆那人所居住。他們給它排水、灌溉，並在上面密集耕作(參看第二章)。不過在西班牙人的征服毀掉大半的土著人口以後，住在上面的人已經稀少。在十九世紀最後二、三十年以前，這個地方或是許多牲口牧場，或是爲砍燒農夫所用；後者住在分散的小村中種植作物爲生計之用，偶爾也出售。這些居民的生活方式，成爲哥倫比亞小說家馬奎斯(Gabriel García Márquez)所著《百年孤寂》(*One Hundred Years of Solitude*)的背景。他在描寫想像中市鎮瑪康多(Macondo)的時候,綜合了若干居留地的經驗。一八七〇年代哥倫比亞的企業家開闢這個地區,在上面修築了一條鐵路,又開鑿了一條排水運河和灌溉溝渠。哥倫比亞種植者不久以後肇始香蕉的生產,將香蕉運往紐約市場銷售。一八九六年「聯合水果公司」買下這條鐵路,並取得哥倫比亞以南的土地以建立其本身的灌溉地區。公司因爲控制了陸上的運輸、船運和銷售,不久即使哥倫比亞的種植者依附上它。他們將自己生產的過程安排得和公司的生產過程同步進行,並透過這家公司出售其水果。勞力包商徵召大農場工人,並監督整個實際勞作過程。工人每天得到一小份現金工資,以及在大農場食物的日用品商店購買東西的小條子。馬奎斯的小說辛辣的描寫工資勞力在當地人口的生活中所造成的一些變化,以及這些變化在一九二八年血腥罷工中達到最高點。

雖然哥倫比亞香蕉農場大多數的工人均是在當地徵召,可是在中美洲,「聯合水果公司」都喜歡來自加勒比海說英語島嶼(尤其是牙買加)的工人。公司在由附近高地吸收工人去熱帶低地工作時,常遭遇困難。說英語的西印度群島人不僅能與北美大農場工作人員溝通,他們在國外受僱於這家公司時,也完全依靠這家公司,因而比土著工人容易駕馭。當公司放棄一個地區而去種植另一個地區時,這些島民也容易解僱。可是,當地主國施加壓力反對進口外國工人,而土著人口又比較熟習了海岸上領工資的工作以後,西印度群島工人在「聯合水果公司」的大農場上,作用逐漸減少。

成爲公司巴拿馬大農場工人的一個中美洲群體是貴密人(Guaymí)。在西班牙人征服時,這個說奇布察語的人口群撤退到巴拿馬西部崎嶇的山區避難。他們在山區中保存了以親屬關係為基礎的共同擁有土地群體。一九三〇年代，愈來愈多的貴密人開始有時在家鄉耕作，而又週期性為「聯合水果公司」做定量的工資勞動。當公司在一九六〇年代開始機械化、以機器取代工人時，愈來愈依靠工資及商店出售商品的貴密人，遭到很大的打擊。楊格(Philip Young，一九七一年)認為這種免職，是當時貴密人士著保護主義千禧年運動的主要原因。

工業作物

美洲的橡膠製品

橡膠這種工業樹生作物，十九世紀時變得非常重要。一八三九年發現以高溫及硫磺處理橡皮的方法以後，它變成了首要的工業材料。橡膠最初是用於製造雨衣、鞋、腳踏車輪胎、保險套和其他家用物件上。而後它也逐漸用在鐵路和工程上，並成為新興電氣工業中的絕緣體。最後，它在十九世紀末成為汽車工業的主要原料。

在一九〇〇年以前，巴西是唯一生產橡膠的國家。它的產量由一八二七年的僅僅二十七噸，增加到十九世紀最後十年的每年平均二萬噸(波平諾〔Poppino〕，一九六八年，頁一四〇—一四一)。最初主要的生產者是亞瑪遜河上的印第安人和在亞瑪遜河上從事耕作的盧索—巴西人。稍後又以契約的方式引進巴西東北部勞工收集橡膠。巴西東北部原是巴西經濟的心臟地帶。由於這個地區產糖工業的普遍不景氣，這些勞工不得不在熱帶林中找尋新的謀生辦法。就近因來說，他們是一八七七年到一八八〇年間這個地區大旱的受害人。這一次大旱可能使二十萬左右的人因饑餓而喪生。另外二十萬左右的人，在十九世紀的最後幾十年遷入亞瑪遜尼亞（福達多〔Furtado〕，一九六三年，頁一四三—一四四）。華格雷（Charles Wagley）所描寫的伊塔市（Itá）（一九五三年），可能是一八八〇年這些東北部的移居者所創建的。

採集橡膠的人：蒙都魯古人

有一個民族可以例示亞瑪遜河上的印第安人對橡膠業引入這個地區的反應。這些人自稱「我們的人」（Weidyénye），但是卻以蒙都魯古人這個名稱廣爲人知。蒙都魯古是一種螞蟻，這個名稱是其巴林丁丁（Parintintín））敵人給他們的。十八世紀晚期盧索—巴西人襲擊下亞瑪遜流域的其他印第安人和白人殖民者，這時初次與他們相遇。蒙都魯古人與入侵者成爲盟友。在這個聯盟中，蒙都魯古的男性和女性有不同的作用。婦女開始爲拓荒者生產參茨。男人最初雖然有敵意，可是以傭兵的身分，與其新的盟友並肩對木瑞印第安人（Mura Indians，居住在亞瑪遜河與尼格羅河〔Rio Negro〕之間的地區）和塔巴和河（Tapajós）上游地區的卡華希瓦人（Cawahíwa）作戰。盧索—巴西人使用蒙都魯古人在這些人口中間搶劫奴隸、壓制地方上的叛亂，和平定大規模的反叛，如一八三五年的卡巴納

(Cabanas)革命——一次地方上白人、黑色巴西人、木瑞人和其他印第安人的叛亂。

由婦女所達成的參茨增產，和由男人所擴張的長距離戰爭，不僅造成男女兩性間更明確的分工，也影響到蒙都魯古人的居住和繼嗣關係模式。一九五〇年代，當墨費(Robert Murphy)研究蒙都魯古人的時候，他們代表民族誌學上的一個異例。他們一面是父系繼嗣，一面又是從母居。克羅伯(一九五二年，頁二一三)說他「不知道有這樣的社會，並設想它很少發生」。墨費又發現蒙都魯古人這種出人意外的配合法，乃是因爲其較早的父系繼嗣與從父居制模式的改變。有些人類學家認爲這種改變很不可能發生，其所遭遇的障礙幾乎是不能克服的(墨篤克〔Murdock〕，一九四九年，頁二一七)。墨費說明了蒙都魯古人如何完成這一改變。

一直到十九世紀早期，蒙都魯古人都是住在村落中。在每一個村落的中心是一個單一的父系世系群。父系世系群透過從父居的規則，由其他父系的村落以婚姻的方式徵召婦女。在「男人的房子」中，藏有具體表現祖先靈魂的神聖小喇叭。每一個父系世系群，透過擁有和在儀式中使用這些小喇叭，象徵其團結。可是，隨著基於女性生產的參茨貿易的到來，婚姻的規則成爲從母居，以便維持以女性爲中心家族特別任務班子的團結和持續。以前是女人在結婚的時候搬到其丈夫的村落中去，可是現在男人搬到其妻子住家的地方。在任何一個村落中，都有由好幾個不同男系世系群中徵召來的男人，而父系世系群不再錨定在當地。因而村落中的「男人的房子」不再只是爲一個單一的父系世系群所用，而變成共同的男人會社和「兵營」。神聖的小喇叭不再象徵父系世系群的特殊性。相反的，它們開始代表「男人的房子」的團結，強調其超越地方性的軍事潛力。

汲取橡膠使蒙都魯古的社會組織發生另一個轉型。在橡膠貿易來臨以前，蒙都魯古人村落通常位於無樹大平原似的高地。在每年的乾季，村民便下到河邊捕魚。可是，隨著對橡膠日增的需求，他們開始在沿河的一圍森林汲取野生樹木的樹液，並以收集到的乳液交換金屬器物、衣著、乃至食物。逐漸個別的家族團體沿河邊建立永久的住處，聲稱某一片森林是他們的。他們愈來愈在商棧以樹液交易商品，終於放棄了他們自己的手工藝，而更依靠商人預付的貨物。一度是戰鬥和種植參茨單位的蒙都魯古村落，現在解散為無數的小家戶，每一個家戶在交易和債務累積的網絡中，分別與商棧連接。商人取代酋長成為當地生產和交易環路的樞軸。橡膠貿易者又依靠下游的商號收取他的橡膠，並供應他必要的商品，而商號本身又依靠進出口公司，以取得供應品和銷售橡膠。因而，蒙都魯古人、貿易者、商人和進出口公司，都在一個日漸擴張的生產和流通網絡中連接起來。

橡膠在亞洲

在十九世紀大半的時間中，巴西的野生橡膠壟斷了世界市場。然而，一八七六年時威克漢爵士(Sir Robert Wickham)將亞瑪遜河橡膠樹的種子走私到英國的克尤鎮植物園(Kew Gardens)，在那兒讓它們適應水土，並經選擇栽種在馬來亞。一九〇〇年以後，橡膠的生產迅速在亞洲擴張，尤其是在馬來亞。一九〇〇年時，馬來亞橡膠大農場佔地五千英畝，一九一三年時已達一百二十五萬英畝。

原來小本經營的農場主階級，不久便爲經銷處所安置的經理所取代，這些經銷處在倫敦發行公債（傑克遜〔Jackson〕，一九六八年）。勞工大多數是由印度南部進口。他們是塔米爾人與勞力包商訂立契約工作。包商在勞工故鄉的村落中僱用他們，並且在大農場上監督他們成群結隊的工作（簡恩〔Jain〕，一九七〇年）。

南亞發展出來的另一生產橡膠地區是在蘇門答臘的東海岸上，狄里（Deli）的周圍。荷蘭人久已在這個地區大農場上種植菸草，與當地馬來和巴塔克（Batak）村民的砍燒農業共生。大農場接過焚燒植被的工作，而後在上面種植第一種農作物——菸草。當菸草生產力在次年降低時，大農場又開闢出另一片土地，而讓村民接收菸草田在上面種食物。當橡膠在一九〇六年引入時，這種共生的關係告終。橡膠樹是多年生的作物，不能與一年生的作物交替。相反的，由進口日本和中國勞工所從事的橡膠種植，現在呑噬了土著人口的種生計食物田地。當地的村落變成了公司街鎭。

在印尼或馬來亞，大農場的橡膠都不是橡膠的唯一來源。在印尼，蘇門答臘和婆羅洲有土地的小農，也開始種植橡膠樹。最初，他們一面種植橡樹，一面從事砍燒食物生產，視市場情況和價格的許可逐漸倚重經濟作物。在馬來也一樣。馬來的農耕者逐漸依靠橡膠生產爲收入來源。譬如在凱蘭譚（Kelantan）的一個農村，一九五〇年代後期所做的研究（參看當斯〔Downs〕，一九六七年，頁一六二——一六六），說明汲取橡膠已成爲幾乎四分之三成年村民的一個現金來源。雖然馬來亞大米的基本價値很高，可是大家愈來愈喜歡汲取橡膠而非種植灌漑田的稻米。

棕櫚油

十九世紀日形重要的第二種樹木作物是棕櫚。西非的棕櫚油外銷最初與奴隸的外銷相似。一八六〇年代廢止了奴隸貿易以後，西非森林帶棕櫚油的外銷一枝獨秀。一八一〇年，西非外銷到英國的棕櫚油只有一千噸，可是在一八六〇年到一九〇〇年間，每年平均已達到五萬噸。棕櫚油在製肥皂中取代了動物脂肪，而且成爲機器潤滑油愈來愈重要的來源。十九世紀後期，棕櫚核的油也可以用來製造人造奶油和牲口飼料。

奴隸貿易舊日的中心回應這種新的需求。可是這種新貿易卻引起內、外關係上的大變動。其一個直接的後果是「貴族階級的危機」。所謂「貴族階級」，是指以往透過奴隸貿易而富強的戰士精英分子和政府機關。一個像達荷美這樣完全專門從事搶劫與販賣奴隸的實體，尤其感到不容易轉爲經營這種新商品。爲了取得劫奪品和貢物的便捷出處，邦國與邦國之間的戰爭加多。此外，達荷美的統治者和尤如巴人的酋長，又想在由奴隸耕作的大農場上生產棕櫚油。爲了補償奴隸販賣式微所造成的損失，阿善提人乃擴大其可樂果的生產與銷售，銷售給北方的豪薩人。可是同時海岸上凡泰族的中間人又自己生產棕櫚油供應新市場，藉以擺脫阿善提人的控制。舊日精英階級的收入受到威脅。尼日河三角洲的「獨木舟奴隸公司」瓦解了，以前的奴隸堅持自己獨立的身分以便參與新貿易，奴隸之間也因此糾紛迭起。如果小農能夠取得其繼嗣群或住區土地上的產油棕櫚樹，並動員其家庭的勞力，則也可以從事棕櫚油的生產（參見烏成度〔Uchendu〕，一九六五年）。

在奴隸貿易中，非洲的中間人將奴隸遞送到海岸以便他們上船出洋。可是在棕櫚油貿易中，歐洲的批發商卻與生產者或生產者在非洲內陸的代表，建立直接的接觸。而非洲的新商業精英分子（其中許多是受過歐洲宗教傳教團體教育的昔日奴隸），接管了以前由奴隸販子經手的進口貿易。歐洲在各方面都能用的貨幣傳入非洲，取代了以前所用的鐵、紅銅和子安貝通貨，使歐洲棕櫚油商人和非洲進口商人的雙重發展更能順利進行。新貨幣減少了以歐洲貨物交易奴隸或非洲產品的情形。而將棕櫚油的外銷和商品的進口，放在現金購物自行運送的基礎上。

這種競爭力量的相互作用，很受到一八七三年大蕭條的影響。棕櫚油產品價格下跌，利潤百分比減少。以前從事奴隸貿易的貴族輩、新的非洲中間人、歐洲的批發商，和非洲的生產者，機會都日漸減少，並且更激烈的競爭較以往稀少的資源。霍普金斯說：「無足爲奇的，十九世紀後期出現了猛烈的鬥爭，各方都想控制當地的市場，並向另一方提出條件」（一九七三年，頁一五四）。歐洲商人要求法律與秩序。殖民地的官員往往支持這個要求，因爲他們的名譽和以歐洲爲基礎商業的擴張，密不可分。歐洲人想要將鐵路延伸到內陸，以便更進一步爲商業和運輸找藉口。以前的統治階級，正確的看出這是對他們日漸衰微勢力的致命一擊。使情形更爲紊亂的是，歐洲各國互相競爭，每一個都受其商業代表團的支持。這些代表團都想捷足先登受到控制的市場。

最後，歐洲的軍隊進入非洲，征服了阿善提、達荷美、奧約和班寧這些內陸王國，毀滅了艾羅人及其「主要發布神諭的地方」，並建立了歐洲人的主宰權。歐洲人在西非帝國主義的擴張，是由帝國的官員所進行，不過這些人也許不完全明白經濟上的必然後果。各種力量的辯證法很複雜，其所造成的紊亂又引起干預。可是這些紊亂的基本原因是經濟性的，而干預的後果也是經濟性的。

興奮劑

在各種最後由工業化地區所消費的產物中，少數幾樣顯然不是主食或工業產物，而是興奮劑。茶葉、咖啡、可可粉、糖、菸草、乃至鴉片這些商品，在歐洲最初海外擴張的時期已經很重要。它們在十九世紀後期進出口貨物的名簿中重複出現，以致有些學者甚至說它們的作用是「大解決」。

這些興奮劑為何那麼受人歡迎是不容易解釋的。也許是由於它們在藥物學上可以使人上癮，滿足人體的某些生物化學的嗜好。就這一點來說它們並不獨特，只形成人類所使用興奮劑的一部分。其他的興奮劑中，還有西非的可樂果、南亞和東南亞的檳榔、阿根廷的馬黛茶，和安地斯山的古柯。不過這些產物與在工業革命中間成為流行的產物不一樣，只為某些區域的人所喜好。有人說這些工業時代的興奮劑所以為人所喜，是因為在人體需要從事比較漫長和緊張工作的時候，它們可以很快的使人精神煥發。它們有些供給人體碳水化合物和精力，而不像酒那樣會使身體減低效率。因而，「飲茶時間」和「工作時喝咖啡休息的時間」，比杜松子酒或甜酒這樣的酒類，更能配合新的工業化工作時間表。不過，雖然有人大力提倡禁酒運動，大量喝酒的人還是不少。

我們也許不應該以各種興奮劑的生理學上性質，作爲最後的解釋，相反的，應該視它們日漸增加的使用爲消費模式重塑的一部分。十八和十九世紀時，飲食上有過許多重要的改變，其中若干改變就營養學來說是變壞（布勞岱，一九七三年b，頁一二九－一三〇；霍布斯邦，一九六七年，第五及第七章）。由於供應地方市場的小生產者日減，較以往不容易得到農產品，尤其是肉類。聚集在城市和工業中心的人口日多，更需要少數幾種大宗產物。可是當時也有了交際和溝通的新模式，如在咖啡館和茶館的交際與溝通。新的、以階級爲基礎的規範出現，如應該在哪兒、在什麼時候吃飯，又是如何吃法。這些又訂立了正在經歷社會和文化迅速變遷的社會之中文化競爭的標準。隨著這些新的模式，生物鹼、可可鹼、糖、甚至「鎮靜劑」，其消費量在社會各階級中都迅速增加。歐洲企業在供應這些新產品的時候，又累積了相當的儲金，它們供應歐洲工人階級低廉的食物和代用品（明茲，一九七九年b，頁六一）。

糖

最重要的興奮劑仍是糖。糖是果醬和用油及麵粉烤成點心時不可或缺的添劑，也是無數杯咖啡、茶葉和可可的甜料。甘蔗供應蔗糖的霸權曾多次受到挑戰。先是法屬聖多明哥（海地）的奴隸叛變，而英屬牙買加又廢除了奴隸制度，其後甜菜又在歐洲氣候溫和的地區傳播。但是它始終沒有完全失敗，並且在十九世紀二〇和三〇年代，它種植地的英畝數再度擴張。

在英國人的活動範圍以內，甘蔗糖的再興得力於一種新的勞力，也就是來自東印度群島的服務契約勞工。英國人於一八一五年由法國人手中贏得印度洋上的模里西斯島。它是得力於這種新勞工的第一個英國殖民地。它在新的甘蔗糖生產地中也是首屈一指。接下來的是英國由西班牙奪來的千里達島(Trinidad)，和由荷蘭奪來的圭亞那(Guyana)。十九世紀下半，來自東印度群島的服務契約勞工，開始在斐濟群島(一八五〇)和南非的那塔(Natal)(一八六〇)的蔗田中工作。而大半來自新海布里地群島的美拉尼西亞人(Melanesians)，都以徵用或簽約的方式在澳大利亞的昆士蘭(Queensland)(一八六三)和斐濟群島(一八六四)工作。

對美拉尼西亞人強迫的徵召，影響了大數目的人。一八六三到一九〇七年間，單是抓到昆士蘭的美拉尼西亞人便有六萬一千名之多，其中後來能夠平安還鄉的不到四萬五千人(多克，一九七〇年，頁二七四)。這樣的強迫徵召在許多島嶼上促進了當地勞工徵召人或獵奴者的事業。其中一個這樣的人是蘇魯渥(Sulu Vou)島上的桂蘇里亞(Kwaisulia)。桂氏簽約在昆士蘭工作，於一八八〇年代還鄉。他依賴他在當地的關係網絡，將勞工供應給強迫徵召的人，而取得的報酬是武器與彈藥、炸藥、煤油、藥品、五金器具和建築材料(多克，一九七〇年，頁一三〇—一三八)。他利用這筆財富擴大營業的規模。美拉尼西亞有些地方勞工貿易不是由壟斷的人所控制。不過強迫徵召引進了槍砲，搶劫與戰鬥增加，毀滅了大半當地的人口。

由一八三〇年開始，荷蘭人也在印尼、尤其是在爪哇，著手擴大糖的生產，其所用的制度曰「耕種制度(Culture System)(參見紀爾茲〔Geertz〕，一九六三年)。「耕種制度」要求村民以農作物而非貨幣向政府付稅。這個辦法是為了增加所有熱帶農作物的生產，而在糖和咖啡的情形最為成功。糖和咖啡成為「荷蘭東印度公司」最主要的兩種外銷農作物。甘蔗是一年生的作物，可以種植在爪哇村民水稻灌溉田那樣的田上。荷蘭人的甘蔗農場以村中五分之一的土地生產甘蔗，一方面得到適宜的土地基礎，一方面得到就住在村落中的勞力，這些勞工可以季節性的在蔗田上工作。荷蘭人阻礙爪哇小農獨立生產蔗糖，但加強爪哇村落慣常的活動。在這些村落中，勞工因不斷加強在灌溉田上種植稻米而人數增加，很可能是蔗糖作業的儲備人力。

一八七〇年時，新制定的立法，將執行「耕種制度」的責任由政府轉移給私人企業這項法律，因為保護村落的土地產權，乃繼續維持了村落的完整，但卻將其上甘蔗叢的所有權授與私人農場主。不久以後，這些新創立的農場主人破產，其權利遂歸於本部在荷蘭的公司。這些公司於是將蔗田和投入很多資金的加工處理工廠合併。生產蔗糖的勞工仍然由種植水稻的村落中徵召，但是對每一個新工廠及其相關蔗田的管理權，卻完全進入歐洲人員之手。

資金充分的大農場興起

荷蘭人將東印度群島甘蔗田由一個主要依靠大量使用勞力的單位，改變為以資金充分的糖廠為中心組織的單位。這個情形，說明全球性「農場主人階級」的式微。農場主人依賴商人的資金，而以其經濟作物償付。日漸增加的資本累積，需要較高層次的運輸、勞力作業和加工處理。而農場主人無法調度金融與技術的資源以達到這個層次。這個要求在蔗糖的生產上增加以後，土地、加工處理設備，和基本交通設施便有大數目的新花費，創造了許多「就地工廠」。在同時，對這些企業在金融上的控制權，又由商號轉移到合股或有限償債責任公司，再後來又轉移到公司的資本家。

加勒比海地區和印尼均曾發生這種轉型。這個轉型在古巴發生最多。十九世紀下半，古巴由於加強糖的生產，也加強了對苦役的榨取。在古巴和在波多黎各一樣，美國加入地方上與西班牙分離的運動，終於以由美國引入的公司資本取代了農場主人的資本。

明茲(一九七四年，第四章)曾經追蹤波多黎各南海岸上這樣一個農場轉型的詳細經過。在一八七三年奴隸制度廢除以前，維嘉大田莊(Hacienda Vieja)除了用奴隸以外，也用由強制性勞工立法所強迫工作的無土地自由民。由單獨一個家庭所擁有的這個農場很小，通常在一百到四百英畝之間。農場四分之一的土地用來種植甘蔗，其餘的地方是牧場和種植生計作物的田地，以其所收穫的餵養勞工。耕地是用鐮刀式的犁，肥料限於獸糞。而耕種這個乾燥海岸地方所需的灌溉，也很有限。加工處理蔗糖的機器老式，所生產的糖粗糙。在奴隸制度廢除以後，農場改爲使用自由勞力，支付工資，並授與工人小塊土地，讓他們生產自己的食物。然而可用的資金太有限，不可能過渡到更現代化的農業和加工處理技術。

一直到二十五年後，隨著被北美的佔領，才完成這個過渡。這個農場賣給了一家大陸上的公司。

公司將幾個較老式的農場集結爲一個大的「附庸農場」複合體，以一個巨大的加工處理工廠爲中心。甘蔗的耕作擴張，吞沒了生計田和牧地，將整個地區都變成一片青青甘蔗的地帶。公司擴大灌溉和沼澤排水的作業，並引入肥料的使用。生計田消失。工資以代用貨幣按工作量支付。工人可以拿這種代用貨幣在公司的商店換取商品。在很短的時間內，這個地區的勞工，便由大致以實物支付的勞力人口，轉化爲發育完備的鄉村勞動階級。

咖啡

喝咖啡是透過與近東的接觸傳到歐洲。咖啡的原產地是衣索比亞，十五世紀之末已在亞丁飲用。雖然有許多禁令，但是在十六世紀間它已在鄂圖曼帝國各地流行。十七世紀後期，它與咖啡館的制度一起傳遍歐洲。最初唯一產咖啡豆的地方是葉門的艾爾摩加鎮（Al Mukhá，摩卡〔Mocha〕）的腹地，但是到了一七一二年荷蘭人已在爪哇種植咖啡灌木。一八三三年時，爪哇已有一百萬株以上的咖啡樹，到十九世紀中期有三百萬株（紀爾茲，一九六三年，頁六六）。在荷蘭農地上和由印尼小地主所生產的咖啡，不久便成爲荷屬東印度群島主要的外銷農作物。

可是，一八八〇到一八九〇年間，由於招致咖啡病害的菌類在樹叢間肆虐，咖啡的生產大爲減少。之後農場與外島農夫所擁有的砍燒田上產量恢復，但換了一個品種。不過它現在已不是首要出口農作物，糖成爲首要農作物。而在同時，爪哇咖啡十年的摧毀，給了巴西擴大生產的機會。

咖啡在十八世紀早期傳到巴西，不過最初其生產只是爲了國內的消耗。海地的奴隸反叛使咖啡的價格上漲，又刺激了巴西咖啡的外銷。雖然後來咖啡價格下跌，可是在使用奴隸勞力大農場上生產的咖啡，很快的成爲巴西最重要的農業外銷品。使用無報酬的奴隸勞力，事實上補償了贏利的下跌。可是巴西想進一步擴大生產時，卻遭遇到一個嚴重的人力問題（參見福達多，一九六三年，第二十一、二十二章）。非洲的奴隸貿易已經停止，巴西內部的奴隸也不能源源不斷。再者，爲了各種的原因，奴隸制度在一八八八年終於廢除。將勞力由不安定的砍燒生計農業轉移到大農場農業，會逐漸損傷食物經濟，而又不能保證可用勞力的增加。當農業上的困難及義大利南部紡織業的式微，使很多歐洲人移居巴西時，有些巴西人已想到進口亞洲人。一八八〇到一八九〇年間一百五十萬歐洲移民來到巴西。他們大都是義大利人，其中許多在迅速發展的聖保羅市咖啡大農場上成爲勞工。到了十九世紀末年，巴西已能供應四分之三世界上所飲用的咖啡。

雖然巴西逐漸主宰世界上的咖啡市場，可是其他地區也進入咖啡的生產。中美洲便是這樣一個地區，尤其是墨西哥的嘉巴斯（Chiapas）和瓜地馬拉。商業咖啡生產在此處的擴散得力於立法（墨西哥，一八五六年；瓜地馬拉，一八七七年）。新法律廢除了土地的公共管轄權。以前法人組織的土著美洲群有法律上的保障，可以在面臨奪取他們資源和利用他們勞力的不斷威脅下存活和過安穩的生活。可是新法律取消了這樣的保障（參看第五章）。現在實行土地私有制，土地可以購買、出售和抵押。這個情形使非印第安人可以買下沒有登記的土地和沒收印第安債務人的擔保。到了十九世紀中葉，嘉巴斯的聖克里斯托巴・拉斯卡薩斯(San Cristóbal Las Casas)，其周圍說澤塔(Tzeltal)和左濟(Tzotzil)語的群落，已大致失去其領土基礎，只剩下一點使用過度的公有土地。一八六九年澤塔族事實上起而反叛，抗議在外來壓力下失去其資源。然而在一八七〇年代，咖啡開始在外國人所擁有的土地上栽種，而又鼓勵許多印第安人在新的種植咖啡地區定居。第一次世界大戰以後，農場主人透過使用預付現金貸款的辦法，由高地群落僱用臨時工人，以此增加其勞力的供應。這種預付現金的辦法，使工資勞力成爲許多高地居民主要的收入來源。他們工作之暇，便回到自己的群落中去耕種小片的生計農田(華賽斯重〔Wasserstrom〕，一九七七年、一九七八年)。此處我們又看到生產經濟作物的大農場，與以生計作物爲取向的「勞力儲備」，逐漸互相支持。

在比較晚近的第二次世界大戰期間，低地格瑞嘉華(Grijalva)盆地的墨西哥地主，由於首都食糧的價格好，乃擴大其糧食的生產，尤其是玉蜀黍。他們將未開發利用的土地租給濟納康提珂(Zinacanteco)佃戶去開闢和耕作，因而一面保守地權，一面又得到現成的勞力。比較成功的濟納康提珂佃戶，又由恰木拉(Chamula)僱用工資勞工以盡量增產，或者僱用其群落中其他分子替他們徵召和組織工人。

自一九四〇年起，美國的人類學家便精心研究住在嘉巴斯高地的聖克里斯托巴・拉斯卡薩斯周圍的其他說澤塔和左濟語群落。這些研究，大都或是以他們爲古代馬雅人的「部落」遺民、不與外界接觸；或是以他們爲殖民時代西班牙社會的一部分，在日漸現代化的墨西哥以內以密閉的形式保存下來。然而澤塔人和左濟人以及許多其他的中美洲土著民族，很早便被拉進商業擴張的網絡（參見麥克里奧，一九七三年），而且自十九世紀起，他們便已積極參與當地的商業咖啡和玉蜀黍經濟以及墨西哥國的政治活動。而這些參與，又改變了他們在農業上的適應，更改了他們的階級結構，和影響了他們政治與儀式上的組織。他們持續的「印第安」群落居民身分，因而不代表許多以連續方式出遙遠過去維持下來的傳統。相反的，它是由資本主義發展所啓動許多互相關聯而且往往敵對過程的結果。

茶葉

當然，在供應全世界含鹼興奮劑上，茶葉成爲咖啡的勁敵。歷史上第一次關於茶的可靠記載，見於第四世紀的一份中國文件，但是到了第八世紀的紀錄上它才有了自己的名稱——「茶」。這時它已有相當的經濟重要性，以致政府收茶稅。葡萄牙傳教士或許是最初報導茶葉的歐洲人。而荷蘭的航海商人將這種飲料介紹給歐洲。到了十七世紀中葉，它已成爲荷蘭和法國的通俗飲料。而在十七世紀五〇到七〇年代，又爲英國朝廷圈子所偏愛。這時茶仍直接來自中國。在十八世紀最初的二、三十年，英國沿中國海岸交易的船隻，其所裝最主要的貨物已經是茶而不再是絲。不久非但英倫三島飲茶，美洲的英國殖民地也飲茶。它在美洲殖民地成爲僅次於紡織品與五金器具的第三大進口貨，一直到亞當斯（Sam Adams）拙笨化裝爲印第安人的一群叛徒，將新到的一把茶葉拋進波士頓港果魚腹爲止，此舉引起了美國的獨立戰爭。

由一八四〇年起在阿薩姆（Assam）和印度各地都種茶。阿薩姆的茶樹野生，印度的茶樹栽種。可是在蘇彝士運河通航以前，印度茶只佔全世界所飲用茶的一小部分。在這條運河通航以後，在載運茶葉上汽船戰勝了快船，而印度所產的紅茶在商業上戰勝了中國的綠茶。

在錫蘭，一八七〇年代茶葉大農場以驚人的速度在丘陵地擴散，大致上犧牲了坎地（Kandy）的辛哈里斯（Sinhalese）農民。大量的村落公地變成了皇家的土地，而後售與農場主人。一八四八年時，咖啡樹佔地六萬英畝，共分三百六十七個大農場，但是一八六八年咖啡樹發生病害時，農場主人改種茶葉。到了一九〇三年，種有茶葉灌木的土地已超過四十萬英畝（皇家坎地農民調查團〔Royal Kandyan Peasantry Commission〕，引自姚曼〔Yalman〕，一九七一年，頁二〇，註一〇）。其結果是將辛哈里斯農民局限在水稻村落的區域，並且減少其在自己特居地上開闢砍燒農田的能力。

種茶要花很大的氣力。每一英畝如果種有三千到五千株茶樹（每株產茶五到八盎司），則每天需要二十到四十名收割者。爲了取得必要的勞力，農場主人乃將印度南部說坦米爾話的人進口到錫蘭。這些「印度坦米爾人」和北面與東面海岸較古老的「錫蘭」坦米爾人不一樣。今天他們的人數近一百萬人，而高地坎地的辛哈里斯爲數約二百萬。印度坦米爾人與周圍辛哈里斯農民之間在社會與經濟上的對立，又因語言和宗教的差異而加劇。辛哈里斯人說印歐語，坦米爾人說德瑞威語（Dravidian）。辛哈里斯人是佛教徒，塔米爾人是印度教徒。這些差異又使辛哈里斯的農耕者與塔米爾的大農場勞動階級間的衝突，更爲加劇。

可可粉

可可樹最初是中美洲的農作物。十七世紀時，荷蘭人將它帶到西非海岸外幾內亞灣的聖托美島。一八七九年，一位富於創業精神的說嘉阿語者，將可可樹種子由比鄰的佛南度・波島帶到今日迦納的黃金海岸阿克拉市以上的阿瓜平山脊(Akwapim Ridge)。一八八五年後阿瓜平山脊的棕櫚產物跌價，於是這個地方在一八九〇年代改種可可樹。可可樹很容易種，不需要新的工具，將可可豆弄乾和使之發酵過程很簡單，而且只有在收割的時候才需要大量的勞力。當地也有生產和推銷這種新作物所需的金融技巧。前面(第七章)已經談到西非的人得到許多關於商業技術細節的知識和技巧。進入可可粉生產的農人，熟習貨幣與信貸的機制。有的以前從事過貿易，又有的曾經採集橡膠求售。

新的種植者爲了取得種可可樹的土地，乃與控制阿金・阿布瓜(Akim Abuakwa)多餘土地的酋長磋商，想購買其多餘的土地。這些新地主在購買土地時，巧妙的合併取得土地的新方式與較古老的群體組織模式，像克羅波人(Krobo)這樣的父系社會人口，組織了許多非親屬的「公司」或購買土地的會社。每個公司或會社分別單獨購買土地，分爲小塊分配給公司成員。母系社會的艾布瑞人(Aburi)和阿克羅邦人(Akropong)給自己的母系世系群購買土地，將土地的使用權分配給世系群分子，通常最初在新土地上定居的人維持其肇始核心的團結，同時在政治上隸屬於當地的酋長。

生產可可粉的人最初是在其故鄉村落的附近種可可樹，直到樹長成。而後他們用出賣最初可可所得之錢，開闢新的生產可可地帶，引進佃農及其家人耕種及收穫，而通常將三分之一的收成給佃農。在收割與收割之間，也僱用尤伊(Ewe)人和其他來自伏爾塔河以東的人爲勞工，給地上除草。逐漸累積了資金的人便「預購」土地，並且借錢給別人去購買邊遠地方的可可樹叢，或者接收無法競爭的耕種者所放棄的土地。

到了一九一一年，迦納已是世界上可可粉的主產地，而可可又是每一個喜歡吃巧克力糖的人最鍾愛的商品。在擴大的生產中，擁有龐大土地且以佃農和季節性工資勞工耕作的人，比只使用家庭勞力的家戶佔了上風。因此，種植可可樹的人日漸增加以後，整個人口便分爲農民與勞工兩個階級(希爾，一九六三年)。

可可樹的種植迅速傳遍西非，向北到阿善提、向東到奈及利亞的尤如巴，向西到象牙海岸。象牙海岸種植的可可樹不是非洲農人所引進，而是由法國的殖民政府所發起，以開發商業財富和稅收的新資源。與迦納的情形不同的是，在象牙海岸種植可可樹的人不是在居留地邊疆的拓墾農人，而是在法國殖民地政府控制之下有階級組織的非洲邦國國民。形成這些邦國的是艾格尼人(Agni)，一個與阿善提人有關的戰士民族，他們在十七世紀中遷入今日象牙海岸東南面，形成兩個邦國：北面的納旦尼(Ndenié)和南面的森維(Sanwi)。每一個邦國都是以國王爲中心組成，他授權給村落和母系社會的酋長。人口分爲接受貢物者與納貢者。接受貢物者有皇室(最初艾格尼酋長的母系後裔)以及幾層酋長，包括被任命爲酋長的戰士和移民與分支群體的酋長。納貢（勞力或實物的貢獻）者或是艾格尼母系世系群的分子，或是艾格尼人所征服人口群的後裔。土地的使用權乃由母系繼承取得，由母親的兄弟傳給姐妹的兒子。

可可生產的來到象牙海岸，使這個制度受到壓力。首先，對於土地有超級權利的世系群首腦，開始把世系群的其他分子貶低爲勞工的身分，並且獨佔新作物所滋生的利潤。這個情形造成世系群以內的分裂。其次，權利由母系繼承的辦法，又與種植可可樹的模式衝突，因爲種樹的是從父居的工人群體。土地的新繼承人又與實際在上面耕作的人衝突；後者的身分或是佃農或是按工作量付工資的人。母系繼承權利的辦法，使一個曾經在一塊土地上投資其勞力的兒子不能繼承這塊土地，他也沒有把握他的舅父將來會給他一塊相當的土地。第三，狄由拉（Diula）、鮑尤來（Baoulé）或莫西這些申請使用艾格尼人世系群土地的外族人，又與授與這些權利的艾格尼酋長不睦。新來者想把他們新闢的土地傳給他們自己的兒子，但是不久便發現受困於他們以母系原則組織成的大地主的要求。再者，這些外來人種植可可樹的事業往往很成功，因而想要得到和艾格尼人同樣的地位。可是艾格尼人卻自認比任何外來人優越，因爲他們是勝利的戰士。最後，對於貨幣和資金日增的需要，使富有的商人、放利者，和可可樹農場主掌握大權。這個情形使家財凌駕了親屬關係和以艾格尼人／非艾格尼人極化爲基礎的身分區別。尤有甚者，包括艾格尼人與非艾格尼人在內的新興富有精英分子與外人建立關係，而將艾格尼群體與阿必堅（Abidjan）和更遠方的資本環路連接起來。這些外人通常是狄由拉或黎巴嫩的商人。於是，在艾格尼社會上又添加了一組完全不同的社會關係，而使各階級與民族群體間發生衝突。

鴉片

鴉片是十九世紀中愈來愈重要的農作物之一。前面已經提到過它在英國與中國的貿易中曾經發生重要的作用。中國政府竭力想阻止中國內部的鴉片生產和由外面進口這種「外國泥」，但沒有效果。一七二九年中國下令禁止吸鴉片煙。一八〇〇年又有一道敕令禁止吸食、種植和進口鴉片。然而這道敕令反而刺激了鴉片的走私以及四川省和雲南省地方上的鴉片生產。最後，由於中國在一八三九至四二年與英國的「鴉片戰爭」中戰敗，印度的鴉片乃無限制的進口中國。一八五八年，中國簽署了一份協議，對進口的鴉片多少抽一點稅。此舉說明中國政府承認已無法控制這種由英國所主持的貿易。同時，一八六〇年以後中國境內的鴉片生產大量增加，成爲外國產品的勁敵。到了一八八〇年代，四川每年收穫的生鴉片估計在一萬噸，雲南也開始外銷鴉片到東南亞。

鴉片的生產與走私，在住在中國邊界與東南亞低地之間山區的山民中間，也成爲經濟的主要基礎。其中有些人是自十七世紀後期起逐漸被逐出中國的苗人和傜人。他們現在自己也開始生產這種罌粟花。一八九〇年代泰國和緬甸東北部也生產鴉片，一位英國的觀察家說那兒成里的山坡都長滿罌粟花（史考脫〔J. Scott〕，引自麥考艾〔McCoy〕，一九七二年，頁六五）。在東南亞大半的山居者（苗、傜、拉祜等）中間，鴉片自此成爲主要的經濟作物。

由於雲南品種的罌粟花在三千呎以上的地方長得最好，於是往往是種在旱稻砍燒田以上的高地，或者它是在砍燒田上與每年種植一次的玉蜀黍輪種。由於砍燒田生產力漸弱，因而每五年便搬到另一個地方。爲了與其他群體爭奪適宜的地盤，人們乃援引廣泛的親屬關係與其同族群的支持。

生產鴉片需要花很大的勞力。不僅要開闢土地，且罌粟花田也必須不斷除草和除去部分作物，使之稀鬆。一旦花瓣掉了下來，便必須汲取暴露出來的莢子。必須仔細斫刻莢子讓樹脂狀沉澱物流出來。而後又必須將凝結的沉澱物刮下來包裝。當然，這份工作又必須與其他種植大米、玉蜀黍或蔬菜的工作同步進行。應付這種對勞力高度需求的是家庭中的人與應該爲娶妻而服務的女婿。家戶與家戶也交換勞力，有時也僱用勞工做細緻汲取樹脂以外的工作。這些受僱的勞工往往是其他民族群體的「癮君子」，他們的工資部分是鴉片，以供本人使用。於是鴉片生產的成功有賴於一個人吸引足夠勞力的能力，而且一個人可以因爲有許多子女和女婿而受益。而養育眾多的少女和得到許多的女婿，關鍵又在於能夠操縱婚姻市場和聘禮的流動。種植罌粟花與擴大親屬關係的成功，使一個人有了政治上的影響力。他又用爲了家庭和世系群亡靈而大開的宴席，去提高他的影響力。

鴉片之在山居民族生活中成爲關鍵性經濟因素，可以在緬甸東北部山區的克欽族（Kachin）中看出。李區（Edmund Leach，一九五四年）所做開路性的工作，使克欽族在人類學的研究中十分重要。李區是最初超越芮克里夫布朗所倡靜態結構主義的英國社會人類學家。他描寫克欽族的社會結構，為搖擺於酋長—徒眾階級組織模型(gumsa)與平等組織模型(gumlao)間，一個可反轉的過程。克欽族階級組織的支配型，近似善恩谷地(valley Shan)的神權政治的王權。可是它先天是不穩定的，因為它缺乏在低地灌溉農業中的經濟基礎。以及在神權政治中的政治基礎。相反的，在它所錨定其間的體系中，父系世系群分類為嫁女的與娶妻的。由於兄弟往往競爭同一酋長職，而女婿往往又不同意將其娶妻服務轉化為更永久和威逼的依靠形式，這個體系不斷的有分裂的危險。因此，「gumsa」階級組織天生便容易崩潰，引起分裂，也引起按照更平等的方式組成的新群體。可是，當想成為善恩式酋長的人開始擴大其「食腿肉的酋長」的角色時，平等型又變成支配型。

福瑞曼(一九七五年)曾經質疑這個以克欽族分化的原因在於其社會組織固有矛盾的說法。福氏提出另一個模型。他說平等型反叛的主要原因，是政治—經濟特徵的結合。隨著砍燒農業贏利的日減，將貴重聘禮給嫁女者的群體負債累累，乃以分裂解決這個困境。相反的，如果能夠將貴重物品轉變為祭亡靈的功德宴，某些克欽族的分支便可得到更多的妻子與徒眾，因而更有名有影響力。

然而，當我們把友配型和平等型放在一個較廣大的歷史系絡中去看時，便可看出平等型的叛變，代表晚近歷史上對十九世紀後期影響克欽山地的改變所作的反應，而不是支配型身分競爭與要求姻親勞役的一定後果。

紐京(Nugent)最近(一九八〇年)有一篇文章分析這段歷史。在十九世紀最後二十五年以前，克欽族的酋長都是克配型。他們使用奴隸種植鴉片，並且控制了琥珀、蛇紋石和玉的礦產；十八世紀早期以來，中國的玉大致都是來自這個地區（李區，一九五四年，頁二九〇）。尤其，他們對中國和緬甸間廣泛而利潤優厚的中國載運業徵收通行稅。十九世紀後期，這些通行稅的收入構成主要支配型酋長權力的來源（李區，一九五四年，頁二三七）。進入阿薩姆的英國人、想要抑制英國人前進的緬甸人，以及在雲南與緬甸間經營商隊業的中國商人，都想與支配型酋長結盟。因此，克欽酋長想要模仿善恩的神權政治王權，必須能夠控制奴隸勞力、貿易，和在這個地區互相競爭政治勢力所供應的武器。

十九世紀下半葉，這種優惠的情勢愈來愈不保。雲南的叛亂與善恩對分崩離析緬甸國的反叛，使中國與緬甸間運輸業衰落。英國干預緬甸的事務，一八五二年兼併下緬甸，一八八六年攻佔上緬甸，對善恩和克欽族的平定戰爭一直打到一八九一年。除了在密支那（Myitkyina）以北的三角地帶以外，英國的統治嚴重縮減了克欽族支配型酋長的勢力（這個三角地帶一直到一九二〇年代才平定）。克欽支配型酋長的領土被分裂，在其本身酋長治下的每一個村落，都被視爲一個個別的政治實體。奴隸被解放，減少酋長的插足鴉片生產。英國人不允許酋長再收過路商隊的通行稅——也就是他們在十九世紀主要的收入。他們也不許向鄰近的善恩群落收取貢獻。中緬邊界貿易的乾涸最初使吃股酋長勢力日衰。英國人的強制減少酋長權力，終使他們式微。當支配型酋長衰微時，平等型的反叛開始出現。因而，這些反叛主要是對酋長軟弱的反應，而非對酋長勢力日增的反應。

再者，反叛是在生產鴉片的背景下發生。梅蘭・拉・饒（Maran La Raw）曾經說，「平等型的違離克欽族傳統和本來的理想模型，與其日漸依賴高地罌粟花（經濟作物）的耕種在時空上相合，而不再從事高地稻米的生計農業」（一九六七年，一，頁一三八—一三九；也參見李區，一九五四年，頁二六）。在種植鴉片時，克欽人也是在籌錢，因爲在山區的人口中，鴉片自來便是隨時隨地可以使用的貨幣。它甚至在操縱取得身分與勢力很重要的聘禮上，也有作用。李區曾經提到過一個例子：一個經營鴉片買賣致富的人，完全用鴉片付聘禮。而聘禮（新娘身價）本來是用牲口、白銀、鴉片和來福槍計算（一九五四年，頁一五一，註六六）。因不斷生產鴉片而創造的財富似乎又造成新支配型酋長的興起。他們主要是依靠種植、出售和走私鴉片。緬甸瓦邦（Wa States）的人便是如此。其成功的種植鴉片者模仿平原上的水稻農人，改宗了佛教，並以「山區善恩人」見稱。

黃金和鑽石

十九世紀中，大量進入世界市場的商品，不僅是植物和牲畜產品。當時還有礦沙，如來自馬來的錫和來自智利的紅銅。一八六六年在南非的阿福瑞坎納（Afrikaaner〔波爾（Boer）〕）奧倫治自由邦（Orange Free State）境內發現鑽石，二十年後又在德蘭士瓦的惠特華特斯蘭（Witwatersrand）發現黃金。到了一八七四年，鑽石礦場上已僱用了一萬名非洲人，而在發現黃金以後的十年，九萬七千人已在金礦上工作。到了一九一〇年，非洲礦工的數目已上升到二十五萬五千人。到了一九四〇年到達四十四萬四千人。

歐洲殖民地在南非所開闢的新邊疆，不是不像在北美洲的邊疆。歐洲人最初在這個區域殖民的地方是好望角，一六五二年「荷蘭東印度公司」在此爲其亞洲貿易開設了一個供應站。荷蘭最初的殖民者由這個供應站向四方擴散，驅逐並毀滅了採集食物的森恩(布希曼)人，並且奴役畜牧的柯伊—柯伊(霍騰圖)人，同時將其肥尾綿羊和牛群據爲己有。

歐洲人進一步向北擴張，接觸到說班圖語的諸民族。他們分好幾個階段驅逐這些人，一七七五年到達了魚河(Fish River)。這個邊區在此存在了五十年，其範圍由與開普敦牛市場的距離決定。然而，在一八二〇年大批的英國殖民者到達阿爾班尼灣的魚河下游時，這個邊區又開始移動，這一次引起了波爾人與說班圖語的克索薩人(Xhosa)之間，爲牛群及牧地而起的衝突。隨著這些遭遇，在南面魚河與北面葡萄牙人所佔據的德拉戈阿灣(Delagoa Bay)之間的地區，情勢愈來愈緊張。

佔據這個地區的是許多恩古尼(Nguni)酋長領地。每一個領地以一個酋長、其父系世系群，以及其他因繼嗣關係或聯盟連接的父系世系群爲中心。酋長領地在一個連續不斷的分裂與再結合過程中分分合合。恩古尼的軍事與狩獵組織以酋長這個人爲中心，它隨著一個酋長領地的分裂而破碎，又圍繞另一個酋長領地重組。十八世紀最後二、三十年間，三個酋長簇群戰勝了其餘的簇群。十九世紀最初十年間，這三個簇群之一——摩設特華(Mthetwa)——逐漸主宰了其他的簇群，部分是由於其酋長丁吉斯華約(Dingiswayo)的軍事勇武，部分是由於與海岸上葡萄牙人的貿易關係。丁吉斯華約將他的人民的年齡級序軍事化，以此取代效忠次級酋長的軍事與狩獵組織。他也將鉗形包圍的狩獵技術用到作戰上。在丁吉斯華約死了以後，其一個小聯盟家族(祖魯人)的領袖沙卡(Shaka)，篡奪了摩設特華的酋長職，並建立了一個更大的祖魯政體。他成功的組織這個政體作戰，使用丁吉斯華約的年齡級序組織和戰術。沙卡也用短刺槍提高祖魯軍隊的攻擊力。他也許是這種短刺槍的發明人，而不論如何是他命令祖魯的鐵匠製造的。

人類學家不常能找到一個比較充滿活力的文化轉型例子。祖魯邦國的形成，便是一個這樣的例子。丁吉斯華約和沙卡回應他們周圍政治立場的變化，建立了一個新的政治實體。他們在這樣做時，援引了自己所熟習的過去組織模式，但是卻大力加以改動。這些改動損害到地方上父系世系群的排他主義利害關係，而同時又將其人力凝聚在強大的軍事機構之中。在過去，割禮學校將相關住宅的成員聯合在其酋長兒子管轄權之下。丁吉斯華約乃禁止了這些學校。在過去，軍事組織由比鄰住宅召集親屬，使他們聽命於其當地的酋長，丁吉斯華約乃將年齡群軍事化。年齡群的使用，將一代又一代同一世系群及複合體的人，指派到不同的軍團，並使他們專心對國王效忠。每個軍團均穿特殊的衣服，拿特殊顏色的牛皮盾牌。沙卡加強軍團的作用，並爲婦女成立平行的組織。男人到四十歲才許娶妻，由軍團指定他們從對應的婦女單位中娶妻。

沙卡也負起祖魯地(Zululand)所有的魔術責任。他親自接管所有的祈雨功能，驅逐敵對的祈雨師。他迫使土醫教給他療法。他使所有妖術案件的裁決都必須得到皇家的批准。爲了進一步加強祖魯的王權，他將一年一度嘗新祭和戰爭的儀式集中在國王一身和他的皇室祖先。這種一年一度的儀式成為由集結的軍隊表現力量與團結的場合。「祖魯皇家世系群的傳統變成全國的傳統。祖魯的方言變成全國的語言，而每一個居民不論由何而來，都變成一個祖魯人，對沙卡效忠」（湯普森，一九六九年，頁三四五）。這個轉型強烈表現在建國過程中操縱儀式的辦法。而啓動土著建國的，是歐洲人殖民地不斷的擴張。

十九世紀初年到一八三六年間祖魯人的擴張，又將其他人口群向四面八方推動。因此，恩古尼人的古瑪洛(Kumalo)家族先主宰了比鄰的茲萬那人(Tswana)和索作人(Sotho)，而後超越金巴布威—羅德西亞在林波波河以外的人口群，而建立恩德貝爾(Ndebele，馬它貝爾〔Matabele〕)宏大簇群。馬可樂洛(Makololo)家族北遷進入尚比西河流域，去主宰巴羅澤人(Barotse)，並且成為可樂洛人(Kololo)。由德拉戈阿灣來的德拉敏尼人(Dlamini)統治了史瓦濟蘭(Swaziland)北部的恩古尼人和索作人，而形成史瓦濟宏大簇群。又有一些簇群，如賴索托(Lesotho)的巴蘇托人(Basuto)，乃是由其他群體難民分支所形成。今日巴澤萬那(Botswana)的恩格華托(Ngwato)簇群也是以說西索作語的人為核心群體混合而成，在這個核心群體之外又加上茲萬那人、北索作人、壽納人、羅澤人(Rotse)、庫般人(Kubam)、蘇比亞人(Subia)、希瑞羅人(Herero)，和班圖化了的森恩人成分（恰培拉〔Schapera〕，一九四〇年）。因而，祖魯人所發動的強迫遷徙，創造了許多新政治簇群。這些簇群在十九世紀以前不存在。現在的人類學文獻形容它們為「部落」或「土邦」。

英國人在一七九五年征服好望角。十九世紀二十年代以後，他們沿海岸殖民。這種殖民又迫使荷蘭農人和牧人向內陸遷移。他們分別於一八五二年及一八五四年在內陸建立了德蘭士瓦共和國和奧倫治自由邦共和國。荷蘭人和英國人都向非洲人的地盤進展。這些所謂的卡費爾戰爭(Kaffir war)，是針對克索薩人(一八三五年、一八四七年、一八五一年)和巴蘇托人(一八五八年、一八六五至六六年，一八六七至八八年)。這些戰爭破壞了克索薩人的畜牧基礎，使克索薩人在歐洲人所擁有的農場上做苦工和當棚戶。在一八五〇年代的千禧年運動中，非洲人屠殺牲口以促成大家所希望的淨化與豐饒，並且降災給白人及其盟友。這些運動進一步削弱了克索薩人的抵抗能力。祖魯仍然強大到在伊聖達華納(Isandhlwana)擊敗英國人，但在五個月以後在烏倫迪(Ulundi)的最後一戰中戰敗。之後，祖魯的軍隊便不再存在。後來雖然常常也有戰爭和反叛，可是一個接一個的非洲人口群都落入歐洲人的控制之中，包括一八八〇年代時的巴蘇托人和一八九〇年代的史瓦濟人。

非洲人口的平定，伴隨著南非採礦業的成長。這個行業乃依靠使用非洲的勞力。在格瑞貴藍(Griqualand)發現鑽石以後的五年，鑽石的外銷值達每年一百六十萬鎊。在之後的一百年間，在世界這一部分所找到的鑽石價值不少於七億鎊。在一八八六年發現黃金以後的八十年間，南非的金礦所生產的黃金價值，達到六十億鎊。這兩種礦的開採都需要龐大的資金，尤其是由表面的「乾挖」變爲在深處開採以後。此外，黃金的開採又需要昂貴的機器裝設，由巨量但低級的礦沙中找出黃金。「德比爾綜合礦業有限公司」(De Beers Consolidated Mines Ltd.)乃羅德斯(Cecil Rhodes)所創辦。它乃以一位波爾人農場主德比爾之名爲名。最早的一個礦址金柏利(Kimberley)，是在這個農場附近。

羅德斯以一萬八千美元買下這個農場（根塞，一九五三年，頁五五三）。它今日是七個知名公司的企業組合，並且控制了鑽石的生產與銷售。黃金的開採乃由七個互相連結的股份有限公司所控制，其中兩個最大的——德比爾公司和英美公司——也在同一家族之手。

十九世紀後期的大蕭條，在世界各部分之間，肇始了史無前例的商品大流動。每種促成資本主義發展的商品，如食品、工業用農作物、興奮劑、黃金、鑽石，都進入日漸成長的流程，並且不斷擴大，不斷加強其流勢。我們在前面已經談到幾種對人類學上有紀錄的若干民族很重要的商品。其他未談到的商品還很多，它們加速的流動，表現在世界各金融市場的交易上。

商品的生產與交易自然不是新穎的事。一四〇〇年時的世界，在附庸納貢社會之間，以及在附庸納貢社會與以親屬關係組成的群體之間，商業交易的路徑已經是縱橫交錯。在歐洲航海商人到來以前很久，許多人口群已進入商品生產，以供應這種貿易。然而歐洲的擴張卻創造了全球性規模的市場。它合併早先已經存在的交易網絡，並在各大洲之間創造新的路線。它鼓勵區域性的專門化，並肇始世界性的商品流動。

資本主義的成長，不僅是在生產的流行方式上，也在與它有關的商業網絡中，造成了質的改變。這些網絡現在促進資本累積的過程，不但使商品的種類和數量大增以求賺更多的錢，而且也滋生資本以購買機器、原料和勞力，以求擴大生產並因此累積更多的資本。商業交易失去獨立與自主權，因爲利潤率不再只是由區域性價格的差異(這樣的差異使商人可以賤買貴賣)來決定，也是由生產的過程本身來決定。

「沒有歷史的人」於是被拉進一個駕馭世界資源以求累積資本的體系。可是這不表示所有供應商品給市場的生產方法都是資本主義式的。根據孟代爾的說法，資本主義的世界經濟，是一個生產的資本主義關係與非資本主義關係互動的體系，由交易的關係加以聯繫，而交易的關係又爲資本的累積所主宰。在某一個時期，這個體系中的某些部分和區域，對其作業是有中心的重要性，其他部分和區域屬於輔助和邊緣的地位，供應中心商品和勞力。過了一些時候，中心和次要區域的分布可能改變，因爲資本累積的需求可能將輔助的部分提高到中央的地位，或者將以前的中央部分貶低到邊際的地位。

雖然中央的部分和區域乃直接由資本主義方式的生產關係所主宰，可是在輔助的邊際地區，還是可以容許、維持、乃至加強以親屬關係組成或附屬的方式所建立的各種社會安排。這個情形往往發生在非常有限的政治和經濟自主權的條件下。首先，這些社會爲了追逐其獨立的利害關係，必須放棄其眞正的主權與使用武器的能力。其次，它們逐漸放棄重建其社會網絡與階級組織的能力，而又未能參與由資本主義所主宰的市場。它們的人民，由於是商品生產者與勞工，成爲資本主義的後備部隊，在前進的時候加以動員，在後退的時候釋放回其特居區或袋地。因而，在世界上一個區域又一個區域，許多民族的生活被資本主義的方式所重塑，或服從資本主義方式的命令。

第十二章

新勞工

資本的本質，是它可以購買勞動力並使之工作，動員社會的勞力。這樣做需要一個市場，在這個市場中人類工作的能力可以像其他商品一樣購買和出賣。購買勞力者付出工資，出賣勞力者接受工資而報之以一種商品——也就是其自己的勞力。市場讓人誤以爲這種買賣是雙方平衡的交易，但是事實上市場的交易卻促成不同階級間不平衡的關係。透過這種交易，工人以工資的形式得到其勞力產品的一部分，而將剩餘的部分讓出給資本家，作爲剩餘價値。

在資本主義生產方式支持下進入工業或大農場農業的工人階級，構成世界上一個新的現象。十九世紀的許多觀察家，很了解這種新奇事物，這些工人階級的出現，是現代歷史和社會科學應該研究的事，但是學者們只是很遲疑的承認它們在創造各種新社會上所發生的作用。它們在歷史舞台上的出現，使人害怕群眾的侵入和社會的騷亂，以及對於即將來臨社會更新的誇大希望。對於那些主要是注意權貴行動的歷史家來說，新的工人階級沒有歷史，只有一部反動歷史。對於那些認爲社會學主要是「道德」科學的社會科學家來說，這些新出現的「群眾」意指無根之萍與社會的反常狀態。對於那些堅持人類精神較高成就的人文學者來說，勞動階級使人想起已經駐馬羅馬城中的東哥德人。對於革命分子來說，工人階級具體表現社會轉型的實現，這些新人提供與文明的一個對比。

即使在社會科學家開始更仔細的研究這些新人以後，他們仍然視這些人爲社會問題（由於他們失去部落特徵或移民而連根拔起，所產生的問題），而不視他們本身便是社會上的行動者，回應新的情形。甚至勞工歷史學家最初也是集中精力於勞工組織與勞工運動的歷史。他們所注意的是如何超越一個情形，而非描寫這個情形的本身。於是，研究工作主要是注意不存在的事情，如一度存在而現已不存在的情形與特徵，以及將來的情形。學者不大談當時所存在的事情，也就是工人階級存在的理論基礎及內容。一直到最近，某些社會歷史學家才開始寫工人階級活動和理論的歷史，態度就好像開始寫在演化永久性停滯狀態中止步的人口一樣。事實上，歷史這兩個分支只不過是一件事。各大洲上「沒有歷史的人」的軌跡，在歐洲擴張和資本主義生產方式所創造的較大母體中接榫和輻合。

勞工市場

在十九世紀中間，工業化與大規模經濟作物的農業加速進行。當資本流向新的機會和進入新的活動範圍以後，它將機器聚集爲愈來愈大的集合體，並將愈來愈多的新勞動群眾引入日漸成長的工業隊伍中。由人而非機器決定工作速度的生產（藍德斯，一九六九年，頁一二一），愈來愈變爲由機器決定工作速度的生產。政治經濟重新塑型，社會關係破碎又重新安排，人們由供應的地區搬到需求的地區。

許多指數說明生產額的增加，並反映對工業勞力日增的需求。由十八世紀下半工業化的開始起，世界上的蒸氣動力在一八五〇年估計達到四百萬馬力，而在僅僅二十年後又達到一千八百五十萬馬力。煤對於工業主義的成長有重要的作用。一八〇〇年時其產量爲每年一千五百萬噸，一八六〇年時爲一億三千二百萬噸，一九〇〇年時爲七億零一百萬噸。世界上含鐵礦物的生產，由一八二〇年時的一百萬公噸，上升到一九一〇年的六千五百萬公噸。由煤、褐炭、石油、天然汽油、天然氣和水力所生產的無生命能量，一八六〇年時達十一億「百萬瓦時」，一九〇〇年達六十一億，一九五〇年達二百一十億(西波拉〔Cipolla〕，一九六二年，頁四八、四九、五一；吳卓夫，一九七一年，頁九)。鐵路軌道由一八三一年的三百三十二公里，增加到一八七六年的三十多萬公里。汽船的噸數由一八三一年的三萬二千噸，增加到一八七六年三百三十萬噸(霍布斯邦，一九七五年，頁三一〇)。世界各地的港口堆滿大農場的產品，等待裝船去歐洲和美洲。

生產的單位規模增加，加速對勞力的需求。一八二〇年代，蘭開郡普通的紡織廠僱用一百到二百個勞工。但是一八五一年時在奧德漢(Oldham)，三分之一的紡織工人已受僱於有不止二百五十個勞工的工廠(查普曼，一九七二年，頁二六；佛斯特，一九七四年，頁九一)。到了一八四一年，半數以上的奧德漢礦工，都是在僱用有不止二百個工人的礦場上工作。更大的工人群體也早早出現，而且後來愈來愈普遍。因此，一八一五至一六年間歐文(Robert Owen)在新蘭納克(New Lanark)僱用了一千六百到一千七百個工人(查普曼，一九七二年，頁三二)。一八四九年時，聯合王國最大的鐵工廠(在新道來〔New Dowlais〕)有七千名以上的工人(藍德斯，一九六九年，頁一二一)。一八四八年在艾森(Essen)的克虜伯工廠(Krupp works)只有七十二個工人，但是到了一八七三年已有近一萬二千人。在法國的勒克魯索(Le Creusot)，一八七〇年時施奈德公司僱用了一萬二千五百名工人，佔城裡面一半的人口(霍布斯邦，一九七五年，頁二一三)。同樣的，大農場農業也需要勞工。祕魯海岸上有一個大農場集結了二千名左右勞工，爪哇的大農場上有好幾千名勞工。

資本主義方式所肇始的新勞工制度，賦與資本主義企業家因應成長的機會和要求上極大的伸縮性。在以親屬原則組織的生產方式下，不能僱用或解僱親屬。在附屬納貢生產方式下的大地主，必須用武力或其他相當的辦法，去增加或減少他所管轄生產者的人數。甚至奴隸主操縱其勞力供應的能力也有限制。因爲他必須保護他在奴隸上的投資，他在他們不工作的時候也必須養活他們。相反的，資本主義的企業家，可以因應不斷變化的情況，而僱用和解僱勞工或改變其工資。利潤率的變更可以導致供應上和勞力報酬上的改變，因而也導致勞工市場大小與性質的改變。資本累積的增強開啓勞工市場新的部分，或擴大舊的部分。資本累積的減緩減少工作的機會，或者將工作的機會轉移到勞力成本較低的區域。當資本累積發生變化時，其在對勞力需求上所造成的改變，又更改不同工人階級出現和穩定化的條件。

在資本主義之下，企業家也可以改變其使用勞力與機器的比例。他可以召集更多的勞工去操作現有的機器，或削減其工資經費，以機器替代人類勞力。資本主義生產方式在其不斷的求取資金累積中，在歷史上往往增加投資在工廠和原料上的資本，而減少花在勞力上的資本。使用機器以擴大生產規模的工業單位，在減少每個生產出來單位的勞力成本時，往往想以較高的勞力對工廠的比率去更換工業單位。不過這個趨勢並非在時間上呈直線性發展，而是在任何時候也非普遍的。在任何時間，資本家之間的競爭，造成各種不同的工業、工業分支，和各工業以內的企業單位，其資本的配合比很不一樣。因而，倚重機器和原料甚於倚重勞力的工業單位，將永遠與倚重勞力的工業單位共存和對抗。

特殊的情形事實上可能有利於高勞力、低機器的配合比。例如，無技巧和低工資的婦女和兒童，在有充分水力供應的工廠中使用較古老的阿克瑞滾筒紡紗技術時，一度可以與生產力比較高的紡紗機競爭(查普曼，一九七二年，頁二〇——二一)。歐洲大陸紡織業製造者對機器的反應雖比較遲緩，但也可以與英國競爭(藍德斯，一九六九年，第三章)。有的時候，那些以高機器對勞力比率工作的企業家，如果將工作過程中的幾個階段交由比率較低的工廠去做，也許是有效率和有利潤的。爲了降低每一產量單位生產成本而增加工廠和公司的規模是可以的，但可能在增加到某一臨界點上時，其單位生產的成本便不再改變，甚至可能上升。這些臨界點不僅是成長的機械過程的結果，也是與集中、地點、管理、勞工紀律和需求有密切關係。因而資本比率機器高於勞力的工業，可以引起結構成分較低的工業的興起。

有不同資本比率的工業單位，其間的變異影響到勞力市場，造成對勞力在量上與在質上需求的變異。其結果是勞力市場「分割成許多部分」和「分化」，而非均質的（高登〔Gordon〕，一九七二年）。在任何時候，工廠對勞動力資本率高的那些工業，將要求高層次的技巧與正式的或在職的訓練，並且付比較高的工資和身分報酬，希望其勞動力能夠穩定。而工廠對勞動力資本率較低的那些工業，將付比較低的工資、不顧身分報酬、不重視技術和訓練的要求，並使用不穩定或輪換的勞動力。勞工市場的若干環節，以及回應在這些環節所產生要求的工人，因而彼此之間劃分階級。最上層的是收集收入與威望上報酬的「勞動貴族」。底層就業情形不穩定的工人，工資也低。這樣的階級組織可以描寫一個特殊工業地點的情形。它可以形容與不同工業有關的工業區域的對比。就國際上來說也是這樣。在不同的國家和大洲從事不同工業上職業的勞動力也分等級。

資本與勞工市場的分布，以及其所造成勞動力在當地、區域性、全國性與國際性的變異，絕非固定和穩定的。正如工業企業家的先驅在競爭中可能倒在路邊一樣，昔日的勞動貴族也可以爲機器所取代，成爲明日勞動力的冗贅部分。在資本主義制度下技術改變的歷史，充滿技術勞工失去技術的例子（百拉沃伊〔Burawoy〕，一九七九年；華納〔Warner〕和洛歐〔Low〕，一九四七年）。同時，位於一個區域的勞動階級群體，可能因爲資本移動到另一個群體，而被丟進半就業和失業的「工業後備部隊」中去。第二次世界大戰以後，由於工廠和資本遷移到美國南部，新英格蘭的紡織工業乃告式微。比較晚近，製造業的活動又遷移到台灣、香港和韓國這些勞力比較廉價的地方，這些現代的例子，都可以說明在資本主義生產方式支持下，一個不斷重複的過程。

工人階級

當「工人階級」（working classes）一詞在一八一五年前後出現時，它是個複數的辭彙，形容眾多的階級。雖然各處工人階級的發展都「複製」勞力與資本的一般關係，可是個別工人階級的特徵仍然很不一樣。它們起源不同，進入勞動力的點不同、成分不同，與其他群體和社會類別的關係也不同。

起源的不同可以把改變中的資源交由新的工人階級處理。像法國南部卡茂(Carmaux)吹玻璃工匠這樣的群體，其所從事的工人階級職業與同一區域礦工的職業不同。吹玻璃工匠是一個有廣泛「國際性」關係的流動技巧工匠團體的後裔。礦工是小農的後裔，有本地的根源，說本地的言語，在農閒的時候兼職礦工。在他們失去了土地以後，便愈來愈依靠工業採礦，而彼此間在技巧和身分上的差異都消失(史考脫，一九七四年；春培〔Trempé〕，一九七一年)。日耳曼的工人階級中有一個很高百分比的技巧工匠。俄國的工人階級大半由農夫的少女中徵召(華克，一九七一年；摩爾，一九七八年；里亞成珂，一九四九年)。有的國家，其工人階級來自本國以內。又有一些像美國這樣的國家，其勞動力主要是由國外進口的各種族群和類別。

徵召工人階級的特殊環境，又進一步提高工人階級的變化。「舊」工人階級與「新」工人階級有不同的特徵。英國的工人階級又分爲許多的「行業」，並且應徵在比較小的工廠中工作。他們所回應的市場需求，與十九世紀後期的俄國工人階級（高登，一九四一年）、二十世紀最初幾十年中國工人階級（奇斯瑙〔Chesneaux〕，一九六二年），或在一九二〇年代進入羅德西亞銅礦的班巴人（艾普斯汀〔Epstein〕，一九五八年），所面臨的市場需求很不一樣。

各工人階級的成分也不一樣。徵召進入工業化第一個階段英國紡織工廠的勞工，大半是婦女、兒童和貧窮的學徒。早期新英格蘭的工廠工人大半是未婚的年輕女子。相反的，一八五〇年以後開工的孟買工廠，其勞工大半是成年的已婚男子。工人階級在地點、地理範圍和支持他們贍養與生殖的社會關係能力上，也有不同。一八五〇年前後，英國工廠街鎮的組成單位是核心或主幹家庭。它們應付存活問題的方法是送婦女與兒童出去工作，或是集結爲較大的家族團體。在奧德漢紡織業中心，三分之一十一歲以下兒童的母親都出去工作，四分之一的兒童本人也出去工作。許多家庭在共用的房舍中簇集在一起（佛斯特，一九七四年，頁九六—九九）。在同時，在工廠街鎮的人又努力與鄉村的親屬維持關係，並且著眼於盡量擴大相互的利益（參看安德森，一九七一年，頁九九）。與英國的情形相反的是，印度的紡織工人把妻子兒女留給他們在故鄉村落的聯合家族，等到回來以後換其他家人去接他們的工作（摩瑞斯，一九六〇年）。在其他地方，工人階級的經驗只是生命週期中的一個階段。譬如，徵召到新英格蘭紡織工廠做工的，主要是拓墾農夫未婚的女兒。她們的工資使其農耕家庭可以留在這個地區，女子在結婚的時候回到這個地區。在南非，生命週期中的這種往返移動，是寫進勞工契約的本身。工人由不同的「部落」特居地帶到礦場上，而在其契約終結時又被迫回到其「部落」特居地帶。因此抑制了永久居留工人階級的發展。在一八七九與一九一八年間進入美國的移民中，男性大約比女性多一倍。距離與旅費的因素使回原居地不容易辦到，因而大半的移民留在新世界。即使如此，一八八〇年代以後，百分之三十多的新移民，仍舊回到歐洲(羅森布倫〔Rosenblum〕，一九七三年，頁七二—七三、一二六)。

於是，工人階級的特徵不僅是由工資的關係決定，也是由親屬關係、地點和團體的關係決定。這些關係由其故鄉的村落和街鎮，一直涵蓋到工業地點的新街坊鄰右。一個工人與其留在故鄉的父母和兄弟姐妹、未婚妻、妻子和兒女有關係；與新居留地的親屬有關係；與勞工老闆、移民經紀人、放利者、僧侶有關係；與朋友、鄰居、工人同事，以及在寄宿酒店和工會會堂的相識有關係；與教區團體、喪葬會社和放風箏俱樂部有關係。工人階級不單是在工作的地點形成的。他們是許多伸入較大社會的連鎖所產生的。這個較廣大的關係網絡也決定工人階級的政治活動，如特殊工人階級質疑僱主和政府的能力；組織協會、工會及政黨的能力；以及改進其工作與生活情況的能力。

都市化

工人階級的發展，與一八〇〇年以後城市加速的成長有關係，也與都市人口的多寡、密度和湊拼性有密切關係。一六〇〇年時，只有百分之一點六的歐洲人口是住在有十萬或十萬以上居民的城市。一七〇〇年時這個數目是百分之一點九。一八〇〇年時這個數目是百分之二點二。工業化的先驅國家英國，也領先都市化。一八〇一年時，英格蘭和威爾斯大約有十分之一的人口是住在有十萬人或十萬人以上的城市。到了一八四〇年時這個數目加倍，到了十九世紀之末又加倍。到了一九〇〇年，英國已是一個都市化了的國家(戴維斯，一九六五年，頁四三)。歐洲其他國家工業化雖較英國為遲，可是不久也走上與英國類似的都市擴張之路。

人口的朝向與大規模工業有關的人煙稠密大城市移動，是較早趨勢的反逆。在一六〇〇到一八〇〇年的兩百年間，外包工制的普及，使「工業化以前工業化」的島嶼散布在各地的鄉村。在這個時期中，雖然整個人口相當大的成長，可是住在有二萬人口以上城市的歐洲人，沒有顯著增加，還可能減少(提里，一九七六年)。或許是由於愈來愈多的農業勞工和工匠進入鄉村的家庭工業，人口乃由大的中心遷移到較小的街鎮和鄉村。一八〇〇年以後，資本主義的工業化把人口往反方面拉。它在將鄉村地區變成工業勞力的儲蓄地區時，也使鄉村不再是工業化的地區。

走向集中都市的轉變，不僅是在量上的。在將人口配置到空間和活動上時，其機制也有質上的改變。舊日政治行政、貿易，或符號溝通的中心，現在變成新生產方式的中心點。機器製造的方式引起像曼徹斯特和艾森這樣的新工廠市鎮，並且在已有城市的周圍創造一圈工業地區。金融服務的發展與企業溝通的需要，促成有銀行、辦公室和俱樂部的企業區域的成長。初生的工人階級住在工人階級的街坊或區域，其特色是大規模修蓋多家合居的住宅，或「出租的多人居住廣大簡陋房舍」。港口有了設施。鐵路軌道、調車場和車站，改變了都市的景觀。在工業區域、工人階級街坊和貨運調車場以外，工商業的大首腦修蓋新的豪宅和鄉間別墅。

移動的勞力

爲了因應對勞力日增的需求，勞力開始由人口就業率低，或不能再從事農業或家庭工業的地區，走向工業和農業活動繁多的地區。資本主義隨後的成長和擴張，引起人口大規模的遷徙。大家將其勞力和資源由它們過多或過時的地區，帶到累積的新衝要地區。這並不是說人口的遷徙永遠是回應需求的上下擺動。勞力往往受到嚴格的制約，政府也不願見其人民向外移民。有的時候，人口的遷徙發生在經濟活動上揚以前而非以後。勞工多了工資便下跌，有利於投資。不過資本主義通常隨時隨地都可找到其所需要的勞工，而遷徙的活動又將勞力帶到地球的每一個角落。

在討論遷徙這個題目時，社會科學家往往區別「內部」與「國際」的遷徙，或以人口「在本洲以內」的遷徙與在「各大洲間」的遷徙作對比。對於遷徙的人或接受遷徙者的人口來說，長距離或跨越政治界限的搬遷，都會造成後勤與交通上的特殊問題。可是起源點與目的地、社會與文化間隙的大小，卻不是由地理上的距離或政治的界限決定。我們也不應該用與歷史無關的國別辦法，來臆斷遷徙者所經歷的疏離程度。歐洲的十九世紀是一個建國的世紀，一個經濟與政治合併；語言標準化，以及創造、強迫接受和傳播掌霸權的文化模式的世紀。這些過程在十九世紀開始的時候發動，但仍然元氣淋漓。同一個國家的居民，彼此又因語言的障礙和文化上的不了解而分開。這些城市與鄉村之間、階級之間，與區域之間的內部障礙，與面對向外或作洲際遷徙者的障礙沒有不同。

認爲遷移的人承載和代表一個均質和整合的文化。而且他或是保留或是揚棄整個文化，是不對的。我們關於文化模式所知甚多，知道它們的內部也有矛盾，而且它們也可以與其他文化的模式合併。一個祖魯人或夏威夷人，在學習與忘卻文化上，不比一個帕麥蘭尼亞人(Pomeranian)或中國福建人更感困難。對於遷移的人來說，重要的是當他到了一個新地方的時候，他的職位身分。這種職位身分決定他可以應用以前的什麼辦法，而又必須取得什麼新辦法。

遷徙者的職位身分主要不是由他本人或他的文化決定，而是由他處境的結構決定。在資本主義的生產方式下，乃是在其特殊時空作業中的資金與勞力關係所創造，也就是勞力市場的結構。人可以因宗教、政治、生態學上，或其他的理由而遷移，但是十九與二十世紀的遷徙卻大致上是勞力的遷徙，也就是勞力承載者的遷移。當然，這些勞力遷徙也帶上報紙編輯去爲波蘭礦工或德國製金屬品工人出版報紙；小店主去供應其他的移民麵食或紅豆；宗教專家去照顧天主教徒或佛教徒；以及其他的人。每一次遷徙不僅是將人力搬到新的地理地點，也搬過去服務與策略。而每一波遷徙又在到達點滋生供應服務的人，不論這些人是勞力經紀人、商人、律師或玩打擊樂器的人。

在資本主義的發展中，顯著的遷徙有三次，每一次都是回應對勞力需求的重要改變，每一次都創造了新的工人階級。第一次遷移是與歐洲工業化肇始的時期有關。由英國開始，這些最初朝向資本主義工業的搬動只涵蓋短的距離，因為工業發展的本身還是有限和地方性的。因而，在蘭開郡的棉織市鎮普瑞斯騰（Preston），一八五一年時大致一半的人口是移民，而其中百分之四十是由離其出生地不到十哩的地方來的，只有百分之三十來自三十哩以外。然而全部移民中有百分之十四出生在愛爾蘭，是一八四〇年代愛爾蘭移民潮的一部分（安德森，一九七一年，頁三七）。這些移動雖然是地方性的，但到了十九世紀中葉已使蘭開郡成為英國最都市化的地方。這一郡一半的人口住在人口不超過一萬人的十四個市鎮中（安德森，一九七一年，頁三二）。

比利時在工人由鄉村的遷徙上緊接在英國之後。因為一八二〇年代，說華隆語（Walloon）的南方省份工業城市勃發。一八三〇年代，普魯士的西發里亞（Westphalia）、萊因、柏林和布蘭登堡等省份肇始其工業擴張，由普魯士東部農業區域吸引來大批的人口（米爾華〔Milward〕和薩奧〔Saul〕，一九七七年，頁四四－四六）。大規模的普魯士貴族地產整合與機器化，使昔日依附在上面的農夫流離失所，人口的流動在十九世紀最後二、三十年間大為加速。

資本主義下第一波的勞力遷徙將人口帶到歐洲半島以內的各工業中心。而第二波則把歐洲人帶到海外。一八〇〇到一九一四年間，估計有五千萬人永遠離開了歐洲。這種移動最重要的目的地是美國。一八二〇到一九一五年間美國吸收了約三千二百萬移民，其中大半是來自歐洲（羅森布倫，一九七三年，頁七〇）。人口的大量注入，為美國的工業化提供了勞力。

第三波的遷徙將來自各處的契約勞工帶到熱帶日益擴大的礦場和大農場。這種流動代表好幾種發展，如南美礦場上流動勞力的建立、印度和中國契約勞力貿易的成長，以及義大利勞工在贊助下遷徙到巴西的咖啡區域。這些移動不僅爲熱帶生產的大量增加奠定基礎，也在創造交通與運輸的基本設施上有重要作用，而這些基本設施是進一步加速資本主義發展的先決條件。

美國

英國、比利時和德國大致是透過內部與洲內的移民徵召其工人階級，而美國則是用大帆船和汽船進口其工人階級。當然，這種對移民勞力的依恃是在美國工業化開始之前。我們在前面已經討論過非洲人的被強迫遷徙到新世界，包括日後在英國紡織業發展影響下而成爲「棉布南方」的地區。在美國獨立戰爭以前來到的歐洲移民中，也有許多人是爲了希望在新世界立足而接受臨時服務契約約束的。這些服務契約勞工可能佔所有早期移民中的三分之二。到了十八世紀後來，來了二十五萬名蘇格蘭—愛爾蘭人。他們先是由蘇格蘭低地被移植到烏爾斯特，而後又爲要索極高地租與日益升高的什一之稅所迫，放棄烏爾斯特而移民美洲。十八世紀以來美國的另一群人是蘇格蘭高地人，他們是被綿羊或被日益升高的租金趕出來。領導他們的人是酋長家族幼支的頭人，其作用是酋長與平民之間的居間人（參見福克斯，一九七六年，頁一一二—一一三）。另二十五萬名移民來自日耳曼西南部，這一帶是貧瘠與割裂的農業地區。但是一直到拿破崙戰爭停止以後，到美國的大量移民才開始。

一八二〇年代，一五一，〇〇〇移民來到美國。在一八三〇年代的十年間，這個數目增加了三倍，到五九九，〇〇〇人。一八四〇年代它又增加到一，七一三，〇〇〇人，一八五〇年代到二，三一四，〇〇〇人（瓊斯，一九六〇年，頁九三）。使這些人離開歐洲的原因，主要是工業資本主義的擴散與農業的商業化。工業資本主義擴散以後，工匠流離失所，家庭外包工的制度也被破壞。農業的轉型，使愛爾蘭人和德國西南部的農人租金、抵押和負債增加，並爲了養綿羊和牛，將蘇格蘭、英國和斯堪的那維亞的農夫由土地上逐出。因而，在一八二〇與一八六〇年間，美國主要的移民群體是由愛爾蘭（二百萬人）、德國西南部（一百五十萬人）和英倫三島（七十五萬人）來的。美國當然也並不是這種遷徙唯一的目的地。一八一八到一八二八年間，二十五萬日耳曼人在俄國定居下來。又有一些人去到巴西。許多愛爾蘭人也在加拿大和加拿大沿海諸省定居下來，或在澳大利亞覓新居。新移民到達美國以後，加速資本主義的工業化，瓊斯(Maldwyn Jones)說，「如果不是移民潮儲備了廉價的勞力，則這個時期工廠制度和大運河與鐵路的發展，便不會如此快速的出現」（一九六〇年，頁一三二）。就這一點而言，愛爾蘭移民所發揮的作用尤其重要。他們與美國的黑人激烈競爭，很快便壟斷了這個時期修建工程和工廠作業的非技巧勞力市場。

一八六〇年與一八九〇年間，更多的英國人、瑞典人和易北河以東的德國人來到美國。一八六五與一八七五年間，價格低廉的美國和俄國穀物的進口，使英國、瑞典與德國小麥的生產崩潰，而使許多農人流離失所。「大蕭條」也影響到德國和英國煤礦的開採、鋼鐵的生產和紡織品。許多礦工、製金屬品工人、紡紗工和織布工都到新世界來找工作。他們之中，農人尤其受惠於鐵路發展和中西部及西部諸州和不成爲州的領土所授與他們的土地。

一八九〇年前後，歐洲向外移民的地區由歐洲北部和西部轉移到南部和東部。新移民主要是在義大利南部、奧匈帝國和巴爾幹諸國失去土地的農夫與農業勞工。此外，還有來自俄羅斯帝國的波蘭人、猶太人和窩瓦河日耳曼人；俄國人自己大半移民到西伯利亞。新來者在若干工業地點和職業上很快取代了以前的工人。一八九〇年以前，賓夕凡尼亞的礦工大都來自英國或德國，但是之後他們主要是波蘭人、斯洛伐克、義大利人和匈牙利人。雖然新英格蘭紡織工廠的工人以前主要是法裔加拿大人、英國人和愛爾蘭人，可是新的紡織工人則是葡萄牙人、希臘人、波蘭人和敍利亞人。俄國猶太人和義大利人搶了德國人、捷克人和愛爾蘭人的成衣業工作。

歐洲勞力這種大規模的注入，對於美國科技發展的方向有顯著的影響。十九世紀上半葉，資本主義的企業家相當程度的面對了勞力短缺的情形。那個時候，想務農的人便可以得到土地，工匠也有就業的機會，使許多新來者不願在工業上工作。各種工人的工資都比較高。這個現象似乎促進了節省勞力器械的發明以及其及早引入工業(哈巴庫克〔Habakkuk〕，一九六二年)。無工業技巧工人日後的由歐洲南部和東部大量湧入，又促進不依靠機械技巧的機器和過程的進一步發展。一九〇八年，美國移民委員會(U. S. Immigration Commission)說，新移民縱然缺乏技巧，卻往往進入資本額高的工業：

因而，他們所以能在美國的礦場和製造工廠就業，只是因爲許多機械器械和過程的發明。這些發明使昔日在大數目職業所需要的技巧和經驗不再需要。〔引自羅森布倫，一九七三年，頁七六〕

絕大多數外國出世的工人，進入無技巧和工資低的工業職業。雖然他們在新職業上取得的報酬比以前在歐洲所得高得多，可是機械化與無技巧移民的勞力，加起來使美國的企業家可以把工資壓得很低（道格拉斯，一九三〇年；瑞斯〔Rees〕，一九六一年）。到了一九〇〇年，義大利、斯拉夫、希臘、葡萄牙、法裔加拿大和俄國猶太工人，已經在供應美國主要工業大半的勞力。沒有這些人，美國在一八八〇年到一九〇〇年間所發生的工業擴張，便不可能（瓊斯，一九六〇年，頁三一二）。

礦場上所用的勞力：南非

前面已經談到（第十一章），在美國走向全盤工業化的同時，南非也有一次資本主義發展的起飛。在南非奧倫治河和瓦爾河（Vaal River）以南的地區，十九世紀五〇到七〇年代發現了鑽石和黃金。南非發展的核心地區，也隨之遷移到這些內陸地區。最初，鑽石和黃金都由表面挖掘者開採。有的時候特別的工作項目以契約包給白人企業家做，由這些企業家組織勞工群體。雖然有些非洲人付出做全職挖掘者規定的執照費，可是到了一八七六年，工資較高的技巧工作卻由白人挖掘者壟斷（韋爾希〔Welsh〕，一九七一年，頁一八二），而非洲勞工只能簽約做三個來月的短工。到了一八九二年，技術工人已組成一個工會，以防管理部門為了降低勞力成本而使用非洲勞工，或贊助英國人進一步移民南非。

一八九九年到一九〇二年，由於英國與波爾人之間為爭奪對南非政治控制而作戰，中斷了採礦的作業，並減少了一半的可用勞力。可是到了一九〇六年時，各個礦場又全面作業，其所用勞力有一八，〇〇〇白人、九四，〇〇〇非洲人，及五一，〇〇〇中國服務契約僕人（豪夫頓〔Houghton〕，一九七一年，頁一五）。一九〇七年，白人技術工人罷工，反對管理部門的計畫增加中國移民和以黑人勞力取代白人勞力。當失業的波爾人被拉來當破壞罷工者時，罷工便平息了。可是其所造成持久的結果，卻是遣返中國礦工，並加強就業上的膚色障礙。

到了一九一二年時，大多數的白色礦工均來自南非以外的地方，如英國、澳大利亞、美國等地。這些白人構成技術勞力。相反的，非洲人是無技術的流動工人。他們簽為期六到八個月的契約，工資為白人工資的十分之一。

僱用非洲人為臨時勞工的想法，乃在開礦最初的十年建立。一八八〇年代，這個想法又與在非洲勞工契約期間把他們局限在自己所住地方的概念結合。這個辦法最初是在金柏利鑽石礦場上生根，部分是為了使非洲礦工不再非法的將鑽石售與商人，部分是為了控制逃亡。自此以後，這種關閉的「綜合住宅」便成為鑽石礦場的一個特色。地方上的商人最初抗議採礦公司為其關起來的勞工成立公司的商店。當黃金礦場後來採用「綜合住宅」的制度時，這些綜合住宅是開放式而非關閉式的，以回應地方上店商的反對(韋爾希，一九七一年，頁一八〇)。

由一開始起，採礦業便不僅吸引了來自南非本身的工人，也吸引了遠在尼雅薩蘭(Nyasaland)和莫三鼻克的工人。在二十世紀一〇年代，礦場開始日漸依靠由所謂「土著保留區」進口的臨時契約勞工。這些保留區乃是專為非洲人居住而劃出的領土。它們所佔的地方包括南非聯邦全部領土的百分之十三左右，以及貝專納蘭(Bechuanaland，今日的巴澤萬那)、巴蘇托蘭(Basutoland，今日的賴索托)和史瓦濟蘭等的英國「保護領地」。這些地區理應給礦場供應流動勞力，也為流動者的家庭和為老年人提供基本的生計。然而土著保留區的制度，只構成較大勞力控制系統的一個成分。這個系統同時牽涉到為白色農人安排非洲勞力的供應，並且不許非洲人在街鎮和城市作永久性合法居留。一九一三年的土地法案(Land Act of 1913)，將仍留在白人所擁有土地上的非洲人，指派給農場主為「勞力佃戶」。這些佃戶為農人服定額的勞役以交換在其土地上居住的許可。這樣的勞力使白色農人可以擴大食品農作物的商業生產，以供應日漸成長的礦場和城市，而同時又減縮住在保留地上非洲農人的經濟作物銷售。這個情形促進了白人所擁有的商業性農業，也抑制了耕種經濟作物的非洲農夫的成長，使保留地只能生產生計作物。保留地的制度也造成礦場上的工資降低，因為礦場主人可以付給非洲勞工低於生計所需的工資，而土地法案又禁止勞力由白人的農場上遷移到市鎮。

勞力控制政策的另一個要素是「通行證」法。這些法律規定非洲人隨身攜帶居住許可證、寄宿許可證、其僱主所給的證件、宵禁通行證，也允許政府將其所認爲多餘的非洲人由一個地方遷移到另一個地方。這些法律使非洲人不能自由移動。還有進一步的法律以曠職與違反法紀爲犯法。這些法律的作用，是抑制一個穩定的非洲工人階級在市鎮中的成長（一個可以對經濟和政治制度提出要求的階級），而強迫都市中的非洲人與其保留地維持關係。而在同時，白色工人又可以擔任監督性的職位和得到報酬上的好處，因而造成了一個由政治方法所維持的分裂勞力市場。

自從第二次世界大戰以後，南非採礦以外的工業發展大爲加速，將愈來愈多的黑色南非勞工引進採礦以外的工業工作。爲此，採礦公司乃在南非聯邦以外的地方加強找尋廉價的流動勞力，如在馬拉威和莫三鼻克。這個政策得以在採礦方面以及採礦以外的工業方面，將非技術性勞力的工資壓得很低。

爲農場主供應勞力：東印度人

在英國、歐洲大陸西北部，以及南非高地雜樹草原進口勞力，操作其新型的工業機器時，世界上其他地區也在找新的農業勞力資源。隨著奴隸制度的廢除，大都是種植甘蔗的大農場農業「老」地區，便失去了奴隸勞力的供應。在加勒比海的一些小島（如巴貝多和聖吉茲）上，獲釋的奴隸因爲別無選擇，只有仍然爲其從前的主子工作。但是在像千里達島和牙買加島這樣較大的島嶼，以及在大陸上的圭亞那(當時曰德瑪拉拉(Demarara))蔗糖殖民地，昔日的奴隸卻得以在大農場以外取得土地，而拒絕爲舊日的大農場工作。農場主人由於面臨毀滅的可能性，乃開始發起找新的勞力資源。有的時候英國人攔截去巴西的奴隸船，在名義上釋放了這些奴隸，而後卻把他們送到西印度的蔗糖島嶼(福達多，一九六三年，頁一三五)。

但這些不過是權宜之計。除了補充舊日勞工供應的呼籲以外，不久又有了新的需求，因爲商業農業的規模日益擴張，需要愈來愈多的勞力。在舊日種植甘蔗的地區以外，進口勞工有時也有政治上的理由。譬如在馬來亞，英國人決定維持馬來農民階級的完整以及其與村落頭人及統治階級貴族的附庸關係。因而，爲了滿足大農場對勞力的需要，乃有組織的由印度引進服務契約勞工，由中國引進契約勞力。

雖然中國勞力逐漸主要是用於採礦和建築工程，印度的服務契約僕人卻主要是用在大農場上，尤其是位於大英帝國以內的大農場。在莫臥爾王朝治下，已有成群的男人擔任挑夫或在船上的勞役。到了十八世紀末葉，在所有東南亞的港埠都有印度的勞工，僱用期爲二到三年。可是刺激丁克(Tinker，一九七四年)所謂「第二次奴隸制度」的，是一八〇八年的廢止奴隸貿易與對廉價和溫順勞力的突然需要。這個情形，尤以在熱帶產糖的大農場上爲然。

圭亞那想要印度的勞工。一八三六年起牙買加和千里達也想要(目前，圭亞那人口中有百分之五十以上的東印度群島人，千里達是百分之四十左右，牙買加約百分之二）。東印度勞力在一八三五年開始進入模里西斯。到了一八六一年，東印度人構成模里西斯島人口的三分之二。一八六〇年時，阿薩姆和不丹的茶葉大農場開始競爭移民。由一八七〇到十九世紀之末，七十萬到七十五萬的勞工應徵在那兒工作。斐濟群島在一八七九年開始需求東印度人。今日在那兒的印度人比土著斐濟人更多。一八七〇年代以後，錫蘭成爲主要需求的地區。一八八〇年代是緬甸。二十世紀初是馬來亞。一八七〇年前後，南非的那塔開始進口東印度契約勞工在其甘蔗大農場上工作。據丁克估計，「一八七〇年以前的四十年間，一百萬以上的印度勞工到海外的熱帶大農場上工作，不過這個數目也許高達二百萬」（一九七四年，頁一一四—一一五）。

當英國人最初開始爲其在拜哈的靛青大農場和加爾各答徵召勞工時，他們十分倚重焦達納格布爾高原（Chota-Nagpur plateau）的山居人口，如森塔人（Santals）、猛達人和奧拉昂人。這些山民在奴隸制度終止以後，隨即派往模里西斯和圭亞那的服務契約僕人中，也很有分量。一八七〇年代，他們參與向阿薩姆和不丹茶葉大農場的遷徙。除了這些山民之外，徵召勞力的人也去到孟買、馬德拉斯和加爾各答等「東印度公司總經理治下的城市」。一八四〇年代，由於軍隊中的拜哈人爲奧德的婆羅門和剎帝利所取代，拜哈也成了一個徵召勞工的省份。之後，印度南部成爲一個主要的徵召場所，以致所有海外的印度南方人後來都被稱爲馬拉巴人。去錫蘭、緬甸、馬來亞和那塔的勞工，大半說坦米爾語。一九四五年時，最初來自東印度的人口，在緬甸約爲一百萬人，在錫蘭爲七十五萬人，在馬來亞爲七十五萬人，在模里西斯爲三十萬人，在斐濟爲十萬人，在千里達和圭亞那爲三十萬人，在那塔爲十萬人。

爲了進行這種服務契約僕人貿易，當時曾發明了一個複雜的運送系統。在印度這種企業的頂端，是代理人的代理人的精英分子。這些人通常屬於中間人的少數分子群體，如猶太人、亞美尼亞人、印度基督教徒，以及歐亞混血兒。代理人的代理人通常派出一名熟習當地情形的徵召人。他或許直接與可能的人選接觸，或許透過當地群體領袖或徵召者辦事。在南方，這樣的群體領袖稱爲「Kangani」，這個字源自坦米爾語中的「頭人」。到了這個世紀的中葉，一個「Kangani」往往透過忠於他的經紀人而管理一隊新徵召的勞工。徵召是用貸款的辦法，應召的人用這筆貸款清償債務，開一次告別宴，並且買票。到達地點以後，一切債務都必須以工作償付。不幸的是，能不能到達最後目的地卻不可確知。一八五〇年代，去加勒比海的每六名乘客中，便幾乎有一人在這三、四個月的旅途中喪生。

在一八三〇年以後的一個世紀中，像馬德拉斯省的譚佳任地區(英國人稱之爲譚覺)，均經重新整頓，以應印度勞工貿易的急切需要(古芙，一九七八)。一八三〇年代，英國政府開始修復在征服期間所破壞了的灌溉系統。到了十九世紀中葉，四分之三譚佳任的耕地面積都得到灌溉，生產稻米。一八四一至四二年間，灌溉生產的大米佔這個地區輸出的近百分之七十。到了一八六八至六九年，佔百分之八十以上。大半的大米都是由海路運到錫蘭、馬來亞和模里西斯等大農場屬地。同時，英國的統治在譚佳任的土地保有權和勞力組織上，造成許多大的改變。英國逐漸將土地當作私產分配給村落管理者世襲階級的個別家戶。新的地主有權與佃戶磋商私下的租約、開除不想要的依從者，並隨意僱用臨時工人，而不必像以前那樣集體與村落的僕人和佃戶打交道。這樣的改變促成居民的大批外移。一八三〇到一九三〇年間離開譚佳任的一百萬人中，大多數是「不可觸摸者」或非婆羅門的較低農夫階級。其中四分之三是男人，其餘是年輕女子。譚佳任生產勞力和稻米以爲外銷之用，實際上成爲英國大農場的人力與營養服務站（古芙，一九七八年，頁四二）。

爲農場主供應勞力：歐洲人

農業勞力另一個主要的來源是歐洲。前面已經提到，一八七〇年以後，在德國東部的普魯士貴族農場上，波蘭工人已開始取代日耳曼佃農—勞工。在巴西產咖啡的地帶，奴隸制度的終結也造成了一次勞力危機。當時已不可能利用盧索—巴西小農的勞力，這些人與當地地主和其他權貴有密切的依從關係。一度有些巴西政治領袖想要引進簽服務契約的「亞洲人」。最後的解決辦法是進口義大利的勞工。政府給他們出旅費、當地的農場主預支他們一年的工資，並給他們一小塊種植自己生計作物的田，以此津貼「自由」義大利勞力。

義大利人的向外移民，大致是由於自一八七〇年代起，義大利內部發生了一次農業危機（參見施奈德和施奈德，一九七六年，頁一二〇—一二五）。國有土地與教會地產的出售，使大地主可以增加其土地面積，而小農又因農產品價格的下跌而被排擠出來。農產品價格的下跌，主要是由於俄國和美國小麥的競爭。製造品大量流入，也破壞了地方上的手工技藝行業。而葡萄蟲又毀滅了葡萄園。富有的地主開始將其流動財富投入工業（參見邁克·史密斯〔Mack Smith〕，一九六九年，頁一五九），可是小農和勞工唯一的辦法是移居別處，不論是季節性的、臨時性的，或永久性的。

最初，在一八六〇年代，義大利人在法國、瑞士、德國和奧匈帝國就業，但這十年間永久外移的人只有一萬六千人。一八七〇年代永久外移的人增加到三十六萬人，其中一萬二千人左右去到阿根廷和巴西。而後，在一八八一到一九〇一年間，永久外移的人數上升了六倍，到達二百萬以上。總計在一八六一到一九一一年永久離開義大利的人超過四百萬。其大多數原來是住在農業危機最嚴重的義大利南部。其中五分之四是農業勞工和建築工人（塞蘭尼〔Sereni〕，一九六八年，頁三五三）。一八〇〇年代與一八九〇年代時，南美是移民主要的目的地。去巴西和阿根廷的人比去美國的人多三倍。然而到了一九〇一年，這個趨勢卻逆轉。二十世紀第一個十年去美國的移民超過去南美的兩倍以上。不過到了那個時候，由於有新的勞力供應，巴西的咖啡農場主人已爲迅速的工業發展奠定基礎，巴西政府爲新勞力付旅費。

里約克拉羅郡，巴西

迪恩（Warren Dean）曾經研究在聖保羅以北一百五十哩的一個郡，以探究在巴西咖啡大農場上由奴隸勞力到移民勞力的轉變。這個郡是里約克拉羅(Rio Claro)。十八世紀時,里約克拉羅郡仍是腹地開向外面荒野的一個口。郡中住的是棚戶。他們在砍燒田上種植生計作物,並且養豬以補充狩獵得到的肉類。少數人也出售其豬及菸草。然而到了一八三〇年代,或是透過土地的授與或是透過投機買賣,三分之二的土地已進入大農場業主、商人、官員和都市職業分子之手。被逐出的棚戶更向荒野遷徙,侵略土著杜比(Tupi)群體的領土。在接下來的衝突中,他們受到土著美洲人憤怒的攻擊而又還擊,因此在杜比人與開發中的大農場之間,插入一道障礙。

里約克拉羅最初種植的農作物是甘蔗,往往種植者是有其自己加工處理工廠的農場主人。構成他們勞力的是非洲的奴隸、定居在大農場上的依附勞工、當地尚存的棚戶(做工資工作以補充其生計產品),以及為一件工作而僱用的流浪工人。

咖啡在一八四〇年代引入這個地區,到了一八五九年,這個郡已有二百六十萬株咖啡樹。種植咖啡的錢是蔗糖利潤的再投資,或由在聖保羅外港森托(Santos)定居的英國和德國外銷業者出資。咖啡樹的種植最初是由擁有奴隸的包商經手。農場主人而後接管咖啡樹叢,以其自己的奴隸照管,他也得買去殼所需的昂貴機器。土地、奴隸和設備的高昂成本,使集中生產比較合宜。到了一八六〇年,咖啡產品的百分之六十,都是由十一個咖啡樹種植者所生產。雖然咖啡成為主要的農作物,可是這些大農場始終不曾專業咖啡。它們種植自己的食物;飼養自己的馱獸;而且雖然由街鎮上購買製造品,卻也維持自己的工匠。

咖啡的生產穩定上升，在一九〇一年到達最高點。促成其擴張的是一條新建通往森托港的鐵路，以及當地農場主與英國投資人的出資。咖啡是售與有時是農場主親戚的經紀人。到了後來，農場主人自己紛紛遷居聖保羅市，讓僱用的經理人代他們監管大農場。

雖然一八三五年非洲的奴隸貿易已成為非法，可是一八七〇年代，里約克拉羅一半以上的農業勞力仍然是奴隸。那個時候，巴西其他部分使用奴隸的情形已在減少。但是在里約克拉羅，由於農場主人由比較貧苦的區域購買奴隸，而有奴隸群體的企業家仍舊從事種植，奴隸的使用在里約克拉羅事實上在擴大。不過奴隸人口不自我繁殖。殺嬰的情形普遍，嬰兒因其他事故的死亡率也很高。奴隸也經常逃亡，得僱用職業的捕奴隸者。在十九世紀中葉以後，大多數的奴隸均是在巴西出世的，而勞力也成為比較均質。這些奴隸的反叛也日增。

為了補充勞力的供應，農場主人開始打移民的算盤。一八四〇與一八五〇年代，有些里約克拉羅的農場主人已經實驗引進葡萄牙、日耳曼和瑞士的服務契約勞工。一八五七年時，這樣的工人在里約克拉羅已不止一千人。可是，當這些歐洲人透過其領事館抗議其工作情況時，這個實驗終於失敗。於是農場主不得已回頭再用奴隸的勞力。不過奴隸的價格在其後二十年穩定上升，而控制他們的成本也上升。

在一八八八年廢除奴隸制度以後，農場主人改為進口義大利的勞工。政府為這些人及其家人出由歐洲來到森托的旅費。新來者以家庭為單位僱用，由男性家長指導工作。契約以一年為期，由收穫的季節到收穫的季節。工資的支付是根據所需鋤掘的工作以及收穫到的咖啡量。住宅免費供給。工人可以在大農場的商店購物，先拿了東西以後用做的工抵償。他們也可以為自己種植生計農作物；不過這個情形常引起工人與農場主人間的衝突，後者害怕他們因為去管自己家的果園菜圃，而不能集中注意力於咖啡樹。在每一次契約到期的時候，勞工便大搬動，去到生產力較高的大農場就業。

雖然大農場上大半的工作都交由這樣的移民去做，可是一半的咖啡樹仍然由臨時僱用的巴西佃戶勞工或結隊勞工經管。未婚義大利人或解脫奴隸身分而得自由的勞工，是訂約出賣勞力的。在開闢、種植和築籬這樣的工作上仍然很重要。

工資勞力的到來，在市鎮的階級結構上造成很大的改變。在移民佃戶勞工中，只有百分之十左右自己購買土地。通常他們買地的錢是由政府津貼，因為，政府想要穩定移民人口。剩下的移民佃戶勞工或是回家或是加入市鎮的勞動階級。工資所供應現金的流動加強了商業。這個情形將新的商人吸引到市鎮，商人而後將其利潤投資於購買土地。解脫奴隸身分而得自由的人，通常被貶低到零工的階級，與留在這個地區的棚戶後裔一樣。義大利的移民因而構成了人口中的一個「民族」層次。政府用當初由壓榨巴西勞力所得的經費，給他們相當程度的津貼。

維持咖啡樹生產力的工作做得很少。當生產力下降時，咖啡的邊疆便更向內陸移動，而農場主人也一起向內陸移動。這個市鎮被留在後面，其中住的是新的商人和專業人員中產階級和沮喪的勞動階級。日後聖保羅市的擴展，逐漸將它吞噬。

中國勞工的貿易

中國是供應外面世界勞力的另一出處。在歐洲擴張以前，東南亞便有中國人。在十三和十四世紀的蒙古人統治期中，中國的穆斯林(漢、波斯、阿拉伯和中亞人等，又叫回教徒)進入中國西南邊疆。他們許多與亞洲南部進行陸上貿易。中國也在那個時候在許多島嶼上建立商業殖民地。然而，十五世紀時，中國政府禁止對外國的商業活動，它在海岸上創設無人煙的地帶，以防止外國人與漢人接觸。這個情形阻止了向外移民。不過葡萄牙人通過澳門輸出中國人。而「荷蘭東印度公司」爲了充實其總辦公處所在的巴達維亞城，也在中國沿海亂抓中國人(德米尼，一九六四年，一，頁八三一)。

一八四二年鴉片戰爭以後所訂的條約，取消了中國人向外移民的障礙，也允許外國企業家建立「苦力」貿易，直接發掘中國的勞力市場。中國政治上的紊亂和經濟上的危機，如太平天國之亂，驅使許多人接受國外的契約。不久便有了複雜世故的商人機關促進這樣的移動。如果一位企業家想在馬來亞使用中國的勞工，他便可以在新加坡或檳城(Penang)接觸一位「苦力經紀人」，苦力經紀人又向廈門、香港或澳門等地「飯館」管理人發出勞力訂單。飯館管理人而後接觸在村落層次徵召勞工的「頭人」。勞工或是自付路費，或是與「信貸票」經紀人簽服務契約，由這些經紀人出他們的路費。

自付路費的勞工在抵達目的地以後，可以自由找工作。可是沒有自付路費的勞工必須對經紀人履行服務契約，直到清償債務爲止。在馬來亞，這些簽有服務契約的人在到達以後，便安置在「保管處」，由苦力經紀人所僱用的「保管處管理員」看守。苦力經紀人和保管處管理員往往在強大的祕密社會任職，祕密社會也供應守衛給「保管處」。祕密社會在勞力貿易的系絡中發展出雙重的功能。它們對附屬的中國人口維持社會控制與威逼，而同時又針對當地政府的命令和策略，維護華人腹地的利益。一九一四年第一次世界大戰開始以後，保管處的制度才在馬來亞結束。

新加坡

新加坡是中國人勞力遷徙的一大中心。它是一個很好的例子，說明勞力貿易如何適應亞洲一個主要港埠和商業中心的活動。

一八一九年英國人得到對新加坡這個地點的權利而建立新加坡市。那個時候，居民只是少數的馬來和中國漁夫。到了一九〇〇年，這個城市已有二二九，〇〇〇居民。其中三分之二是華人，其餘是馬來人。馬來人主要來自馬來半島，但是有的遠自婆羅洲及菲律賓列島而來。

周圍的人口也大致是馬來人。這個人口乃以附庸的方式組成，並且分爲幾個王國。每一個王國的君主乃來自皇家血統，其職位並由一個有貴族血統的地區和地方酋長的階級組織所認可。在階級組織的底部是村落，住著馬來農夫。實物形式的貢物和勞力貢獻，由村落透過頭人和貴族階級組織流向皇家的首都。首都往往是位於一個國家主要河流河口附近的衝要位置。英國人在統治馬來諸邦時，做了一個政治決定，它盡量保存馬來的社會秩序，盡可能不加改變，爲此而每年收免役稅。其結果是，大多數的馬來人仍然鎖定在傳統社會的體制中，這個社會只是慢慢的在變化(洛夫〔Roff〕，一九六七年，頁一二二)。

可是它還是改變了，並且大致是透過在它中間所創建的大商業城市的作用。當華人農場主開始在新加坡島上種植胡椒和檳榔膏這一類經濟作物時，馬來的統治者乃歡迎中國農場主和農人進一步移民，以便開啓可喜的新稅收來源。一八五〇年以後，他們也贊助華人開採錫礦的公司向內陸遷移。不久新加坡後面的窮鄉僻壤便成了互相敵對聯盟的戰場。這些聯盟乃由當地的馬來酋長、華人錫礦工，以及資助和供應酋長和礦工的華商組成。鬥爭所造成的敵對與競爭，逐漸損害了英國人所提倡的間接統治，而使英國人進行直接的干預。

由一八六七年起，新加坡成爲英國人統治馬來半島的樞紐。官員是英國人，助理是馬來人，書記是華人和塔米爾人。英國人也管理負責經手歐洲貿易的代理商號。與歐洲商人並肩而立的是華商。華商的領袖許多是有威望的巴巴(Baba)家族，這些家族彼此有親屬關係。由於他們不是馬來人，因而不能擔任任何有政治權威的正式職位，但是他們對新加坡的人和財卻掌握有眞正的權力。他們借錢給農場主人和礦工。他們經營勞力貿易，將工人送到吡叻(Perak)和雪蘭莪(Selangor)的礦場，或送到大農場。他們主宰了控制移民勞工的強大祕密社會，給這些勞工保護與協助，以交換他們的效忠和服務（參見福瑞曼〔Freedman〕，一九六〇年，頁三三）。而英國人又使用這些祕密社會的首領為「華人的首領」，以控制華人人口。一八八九年，由於這些祕密社會本身累積的權力太大，英國人才宣布它們為非法。取代祕密社會的是宗親會。宗親會乃仿中國的同鄉會，它們的功能也是資助和福利。這些宗親會也是宗教性的團體。在新加坡的環境中，它們一方面具體表現祕密社會反對滿洲人的政治態度，一方面也透過靈媒的崇拜為個人的需要提供非正統的宗教說明。

因而，新加坡市的資金主要是通過英國人和華人之手流動，而大半的勞力又由華人供應。在這個建立在他們中間的城市，馬來人被貶到一個小角色。有幾個馬來人擔任政治上的職位。若干是與這個列島打交道的商人，如由西里伯斯島（Celebes）來的布吉（Bugis）、由婆羅洲來的迪亞克（Dyaks），和由蘇門答臘來的米南克保（Minankabau）。又有幾名宗教師和清眞寺職員。大多數的馬來人都從事待遇不好的職業，如警察、更夫、車夫、僕人、沿街叫賣的小販，以及在馬來人住的區域開小店鋪的人。當種植橡膠樹在二十世紀初成為要事時，這份工作也進入印度勞工之手。在新加坡的馬來人已能做邊際性或間隙性的工作。鄉間的馬來農人，雖然其政治權利受到保護，可是卻對許許多多的非馬來碾米廠商、推銷橡膠的經紀人、村落小店主，以及放利者負債累累，受害很大。

中國勞工：其他的目的地

馬來不是中國勞工唯一的目的地。一八四九年與一八七四年間，九萬來個中國服務契約僕人被送到祕魯。他們大都是由澳門出海，去祕魯取代在海鳥糞地層工作而喪生的夏威夷人（史提華〔Stewart〕，一九五一年，頁七四）。當美國南北戰爭過後棉花因爲缺乏而需求日增時，有些中國人便奉派前往祕魯海岸的棉花田工作。另一些人修築鐵路。

一八五二年與一八七五年間，另有二十萬中國人送往加利福尼亞州（坎貝爾，一九二三年，頁三三），在加州種果樹和加工處理水果、淘金，和修鐵路。一八六〇年代，一萬到一萬四千名華工築成加州的中央太平洋鐵路（Central Pacific Railroad）。這條鐵路到一八八五年時連接西海岸與猶他州的東部，因而完成了橫跨美洲的鐵路。另外五千名華工由香港到達維多利亞，修築加拿大太平洋鐵路（Canadian Pacific Railroad），開啓了英屬哥倫比亞（British Columbia）的沙金河床。

加利福尼亞州華工的移動乃由商人—經紀人所控制。他們視需要讓華工受僱，而又透過祕密社會保持對他們的控制（狄倫〔Dillon〕，一九六二年；李〔Lee〕，一九六五年）。這些祕密社會又與所謂的「六合會」互相聯結，六合會得名是由於其在廣東省的起源地，又模仿中國在滿清治下所發展出來的區域會社（何，一九六六年）。在新加坡，六合會在富有敵意的環境中維護華人的利益。而在同時，他們又在美國西海岸控制華人。「太平洋汽船公司」與他們合作，同意不讓任何沒有清償債務的人回中國。在勞工貿易停止以後，六（後爲七）合會仍是在美華人社會的政治、教育和福利會社。

不僅是在加利福尼亞州和英屬哥倫比亞發現了黃金，在澳大利亞也發現了黃金（一八五三年）。一八五四年時，澳大利亞金礦上有兩千名華人礦工，一八五九年有四萬二千名。世界上若干其他地區也進入華人勞工貿易。一八四七年，古巴訂約僱用了八百名華工，一八五二年已有八，○○○到一五，○○○名。一八五六到一八六七年間，一九，○○○中國人簽約離開香港，其中六，六三○人去到英屬西印度群島（主要是圭亞那），四，九九一人去到古巴、二，三七○人去到印度的孟買，一，六○九人去到荷屬貴安那（Dutch Guiana），一，○三五人去到大溪地、夏威夷及其他太平洋島嶼（坎貝爾，一九二三年，頁一三○、一五○）。

有些外移的華工在國外契約一滿期便回中國，但有一些外移的華人是想在國外永久定居。他們前往定居的一個主要地區是東南亞。一九七○年代東南亞有一千二百萬華人（麥克維迪和瓊斯，一九七八年，頁一六六）。早期移居的群體往往是商人。他們逐漸形成了一個商業貴族階級，如麻六甲的巴巴和印尼的皮蘭那坎（Peranakans）。後來者往往得與先到者爭權。

在新家園的華商，常藉親屬或來自中國同一故鄉者之助，建立可靠的徒眾。在就業上，近親比遠親吃香，遠親比說同一中國方言的人吃香，說同一方言的人比其他華人吃香，華人比非華人吃香（傑洛明〔Jeromin〕，一九六六年，頁五三）。這種建立在親屬或類親屬關係上的徒眾，參與許多不同的活動，而其活動的中心事項，是在於聯繫窮鄉僻壤的主要生產者與西方的商業企業。華人是活躍的中間人，以致印尼人開始稱他們爲「中間族」。華商也匯出款項使商業環路更爲流通。「土著農夫欠華商的債、商人欠批發商的債、批發商欠進出口公司的債。債務將貿易所有的步驟聯接在一起」（傑洛明，一九六六年，頁七五）。無足爲奇的，這些中間人和信貸功能往往使華商－債權人成爲東南亞政治攻擊和迫害的目標。他們在東南亞的處境與猶太人在東歐的處境相似。

中國勞工也受到他們進入地區工人的敵視。一八八二年，美國在「勞工會」(Knights of Labor)的壓力下通過「排華法案」(Chinese Exclusion Act)。「勞工會」甚至要將華人逐出洗衣業。美國西海岸所爆發的反華騷動，不僅是加州一地的問題，也是美國初現的種族主義的一部分(參見休恩〔Hune〕，一九七七年，頁四八—五〇)。對華人移民的限制，只構成在就業機會上種族歧視這個較大運動的一部分。其他的地方也有類似的排華運動。澳大利亞在華人於金礦的工作結束以後便排斥華人。一九〇四年時，有四三，二九六名中國契約勞工在南非蘭德(Rand)工作，但一九〇七年卻被遣返(坎貝爾，一九二三年，頁一八七)。

民族的分割

在資本家贊助下在世界各地所興建的工業與大農場綜合結構，其特點是不同社會與文化起源群體比鄰而居。建立於這種綜合結構(尤其是大農場屬地)上的社會，有時被稱爲「多元社會」(芬尼華〔Furnivall〕，一九三九、一九四二、一九四八年)。這個字旨在說明其內部的分裂爲不同的社會和文化環節。並列在市場上的異類環節，被認爲是由一個主宰環節運用權力凝聚在一起，而這個主宰環節是人數少的歐洲人。其基本的假設是，一旦統治權取消，這些環節便會互相殘殺，因而歐洲人的統治對於控制這種由於龐雜而一定會產生的衝突，是必要的。加勒比海地區和東南亞都是這種多元性顯著的例子。

這種看法的錯誤，是在於它給了社會和文化異質性在解釋上的力量。相反的，這種異質性的本身，必須固定在勞動過程的組織之中。當然，聚集在一起的不同群體，確乎利用不同的文化形式去建立親屬關係、友誼、宗教關係、共同的利益和政治組合，以便互相競爭，盡量取得資源。但是不由工人階級中不同的群體如何被引進資本主義累積的過程著眼，便不能了解這樣的活動。

再者，強調這些群體的不同，會讓我們不正確的拿異質的「多元」社會，與所謂歐洲的均質社會對比。說文化上的一致性使國家在歐洲容易建立是不正確的。許多情形都使我們質疑簡簡單單的拿多元的異質和歐洲的均質做對比。譬如：想要整合法國不同分區與將「粗鄙人變成法國人」時所遭遇的困難（韋伯，一九七六年）；「意志軟弱的西班牙」的離心傾向所造成的問題（奧特嘉·伊·嘉塞〔Ortega y Gasset〕，一九三七年）；想要將眾多城市和省份的居民變成「義大利人」時所遭遇的障礙（邁克·史密斯，一九六九年）；將日耳曼有個性和不情願的「故鄉市鎮」鍾鍊成一個德國（華克，一九七一年）；以及英國的持久劃分爲塞爾特（Celt）邊疆和英格蘭核心（赫其特，一九七五年）以及劃分爲許多階級，分爲兩個國家（迪斯瑞里〔Disraeli〕，一九五四年）。

大農場屬地的「多元社會」不構成一種特殊形式的社會。它們只是資本主義生產方式一般傾向在歷史上和地理上的特殊實例。資本主義方式，傾向於由不同的人口中創造一群「可以自由處置」的勞工，而後把他們丟進缺口，以滿足資本時時改變的需要。在所有這些步驟中，資本主義的方式再造資本與勞力間的基本關係。在同時，它也給產生的勞動力再造異質性。它以兩種方式做這件事：它將勞工的群體和類別劃歸不同的階級，又不斷製造和再造他們之間象徵性的「文化」區別。

前面已經談到：花在工廠上的資金與支付工資的資金，其間的比率造成勞力市場的分裂。在市場比較特權環節任職的工人，比進入較低環節的工人享受較高的給付和較好的工作環境。他們比較能夠透過工會的組織與政治上的影響力，去維護和增加其因身分和地位而享有的特權。相反的，在較低環節的工人，直接暴露在失業勞工對他們所施加的壓力；失業的勞工，要把他們的工資與工作環境往下壓。從較廣大處著眼，他們不僅比較高的工人階級工資低，工作也沒有保障，也在「後備部隊」的直接工作競爭前替較高階級做緩衝，不論這種後備勞力是國內的或國際上的。

分割工人階級的相反利害關係，又因訴諸「種族」和「民族」的區別而加強。這樣的呼籲將不同類別的工人分配到勞力市場不同的等級，將受污辱的人口貶到較低的層次，而又使較高層次與下面來的競爭絕緣。資本主義沒有創造分開各類工人的所有民族和種族區別。但是使這些區別有效用的，卻是在資本主義下動員勞力的過程。

就這一點來說，「種族」的區別和「民族」的變異有相當不同的含義。種族的名稱，如「印第安人」或「尼格羅人」（Negro），是歐洲商業擴張過程中壓制許多人口群的結果。「印第安人」一詞代表新世界被征服的人口，不論土著美洲人之間任何文化上或體質上的差異。「尼格羅」一詞，也涵蓋供應奴隸的或成為奴隸的，在文化和體質上有變化的非洲人口群。印第安人是被征服的人，可以迫使他們服勞役或納貢。尼格羅人乃「砍柴汲水之人」，以暴力得之，又威逼他們工作。這兩個名詞因而讓我們注意到一個歷史事實，也就是這些人口被迫服勞役以供養一個新的主子階級。同時，這些名詞不顧這兩大類別本身以內的文化和體質差異，不許任何一個類別有其自己的政治、經濟，或意識形態的本體。

種族名詞反映在整個大陸上，人口被轉化為供應強迫剩餘勞力的政治過程。在資本主義下，這些名詞不失其「無政治能力」的含義。它們繼續由這些被征服的人口中看到其所謂的代代相傳，以致不許其假定的後代進入勞力市場較高的環節。於是「印第安人」和「尼格羅人」便被局限於工業群眾較低的階級，或貶低到工業後備部隊。工業資本主義中的種族類別是具有排外性的。它們污辱某些群體，以便不許他們擔任待遇比較高的職位，也不許他們接觸擔任這些職位所需的資訊。它們使比較佔優越地位的工人與來自下面的競爭絕緣，使僱主不容易使用被污辱的人口為低廉的代替工人或打斷罷工的人。最後，它們強迫這些群體擔任臨時的職務，因此加強了他們彼此之間對稀少而不斷變化資源的競爭，用這個辦法削弱他們為自己的利益而動員政治影響力的能力（參見波那西奇〔Bonacich〕，一九七二年，頁五五五—五五六）。

種族類別主要的作用，是將許多人排除到工業群眾（除了最低階層以外）所有的階層之外，而民族的類別卻是表示特殊人口群本身與勞力市場某些環節發生關聯的辦法。這樣的類別有兩個來源，一個在所談到的群體以外，另一個在以內。當每一個群體進入工業的過程時，外人可以用其想像中的來源和其與勞力市場某些特殊環節假定的密切關係，給它歸類。同時，這個群體本身的分子，逐漸以如此決定的群體的成員身分，作爲建立經濟和政治權利要求的資格。這樣的民族品質和關係的說法，很少吻合工業上徵召到的新工人最初對自己身分的看法。他們最初認爲自己是漢諾威人(Hanoverians)或巴伐利亞人，而非日耳曼人；是其村落或教區的分子，而非波蘭人；是東加群島人或倭人，而非尼雅薩蘭人。一直到特殊的工人群體進入勞力市場不同的環節，並開始認爲其晉身爲在社會上和政治上應該維護的一項策略時，比較廣博的類別才出現。這樣的民族性因而不是「最初的」社會關係。它們是在資本主義方式下勞力市場分割的歷史性產物。

新工人階級同時被創造和分割的過程，一直持續到現在。它乃按照資本主義累積的一般節奏進行。這個節奏在加強時刺激新勞力市場的發展，在變爲緩慢時又減少對勞力的需求。在第一次世界大戰以後，累積隨國際市場的混亂而慢了下來。但是一九一九到一九二六年間，由於新的自動運送系統使汽車和電氣用品等耐久消費品成本降低，它又有擴展的趨勢。而後，累積的過程停滯和崩潰，直到第二次世界大戰造成龐大軍事支出，以及重建戰爭所破壞的工廠時，它才恢復。

在累積的這個最後階段中，工業上有了由電子機器所指引的自動操作(「連續過程工業技術」)。自動化的生產單位，成長爲自動化工廠及其周圍相關活動場所的較大綜合企業(奈尼華薩〔Nehnevaj-sa〕和法蘭西斯〔Frances〕，一九五九年，頁三九七)。在這些綜合企業中任職的人，逐漸不再直接干預生產的過程，其主要的職責只是確保自動化機器順利的作業。自動化的工廠需要新的作業團隊。構成團隊的是技術精英工作人員和從事簡單維持慣例工作的輔助人員。因此，自動化創造了對有適當技巧勞工的特殊需求，而同時又減少需求的人數。

然而，只有少數的工廠才能因自動化而增加利潤。其餘的工廠必須用別的方法盡量增加利潤，由部分自動化到主要依靠廉價勞力。對於仍然以勞力爲主要生產要素的，不僅是紡織品生產或半自動食物加工處理等「輕工業」的特徵。甚至是生產衝要控制自動化工具的電子工業，也仍然高度依靠勞力，勞力大約佔其生產成本的一半（福芮曼〔C. Freeman〕，引自孟代爾，一九七八年，頁二〇六）。因此，資方繼續尋找有多餘勞力供應和低廉勞力成本的地區，而且通過其對廉價勞力的需求，創造新的工人階級。譬如，自一九六〇年起，四十多家一流的工業工廠由美國西北部遷到美國南方，因爲南方的工資比全國的平均工資低百分之二十，而且只有少數的勞工屬於工會（NACLA—東服裝科研項目〔NACLA—East Apparel Project〕，一九七七年，頁二）。更多的美國資金向南移進入里約格蘭德河（Rio Grande）以南墨西哥的邊境地區。而美國、德國和日本的資方，又利用香港、新加坡、南韓和台灣這些「小日本」的低廉勞力成本。

資金的流動引起了一個新的工業模式，以某些生產階段的高科技與其他階段的勞力密集手工生產配合。零件的標準化、電子監控生產，以及數據處理，使勞力過程可以分開在自動化母工廠和在位於低工資地區依靠勞力的裝配工廠進行。因此，自動作業工廠勞力減少的同時，新的工人階級也在所謂的「輸出工作台」成長。這些輸出工作台主要是位於亞洲東部和東南部沿海地區，以及南北美洲沿加勒比海地區。

資金不但流向比較依靠勞力的工業，也流向由第二次世界大戰以後消費主義擴張所產生的新穎產品和許多不同的方面。這個現象得力於顧客信用的擴張，也爲廣告業所刺激。它將許多以前在家中進行的活動，轉移到工業和商業的企業中去，也大大增加了對工業所生產和加工處理的商品的需求。伴隨這種以消費顧客爲取向工業與服務成長的，是對勞力的需求，尤其是對低工資勞力的需求。而供應這一需求的，大致是新的工作人口。而大規模的工業食品加工處理，又重新使資金投資在農業上。其所造成的「農業企業」，合併了高成本的機器和科學投入與低成本流動工人的密集手工作業。

第二次世界大戰以後的時期，世界各地加強了徵召和僱用工人階級的情形。一九六〇年代後期，已有來自地中海地區的一千一百萬「臨時工人」，在西德、法國、瑞士、比利時、荷蘭及盧森堡工作（凱索斯〔Castles〕與柯薩克〔Kosack〕，一九七三年）。西德的工業又吸引了東歐一千萬的難民。在美國，由於非裔美國人在迅速機械化的南方失業而向北遷徙，一九五〇到一九七〇年間就業的婦女幾乎增加了三倍，及墨西哥和加勒比海的勞工移民美國，使得勞工市場部分重組。中東產油國開始進口由埃及人、巴勒斯坦人和印度人中間徵召的工人階級。勞力和遷徙在非洲與拉丁美洲也加速。一九五〇年時，十萬莫西人季節性的由伏爾塔河上游遷移到象牙海岸的大農場，一九六五年時幾乎有一百萬人，一九六八年迦納吸引了二百三十萬外國人，其中大多數是來到可可樹林工作（艾敏，一九七三年a，頁五二—五三、六八）。大約有一百萬的農村哥倫比亞人遷移到比鄰富油藏的委內瑞拉，另有六萬進入厄瓜多，在厄瓜多的新石油企業中就業（恰尼〔Chaney〕，一九七九年，頁二〇五）。

因此，資本主義的累積在世界分散遼遠的地區繼續產生新的工人階級。它由各種各樣社會和政治背景中徵召這些工人階級，並把他們安插進各種各樣的政治和經濟階級組織。新工人階級的出現改變了這些階級組織，而其本身又因暴露在各種力量之下而改變。因而，在一個層次上，資本主義方式的傳播，透過其特有資本勞力關係的經常重組，而在各處造成更廣泛的一致性。在另一個層次上，它也造成變化，即使在使社會合成一體的時候，也強調社會的對立與分割。在一個愈來愈整合的世界以內，我們看到愈來愈不一樣的散居各處無產階級少數群體。

後記

本書提出一個問題：如果我們把世界當成一個整體、一個體系來看，而不把它當做許多獨立社會和文化的總和來看；如果我們更能了解這個整體逐漸的發展；如果我們好好聽人勸告，認爲人類的群體以網狀的關係，與其他遠近的群體難分難解（勒塞，一九六一年，頁四二），那麼我們的認識會如何不同呢？當我們探索在特殊群體的生活中發生作用的因果連鎖時，便可看出這樣的連鎖延伸到任何一個人口群以外，去包含其他群體的軌跡，所有其他群體的軌跡。

歸根結底，這些因果關係的連鎖，環繞了整個大洲，把舊世界和新世界連貫在一起。在造成這個全球性的結合上，歐洲這個由亞洲大陸伸出的小半島，發生了顯著的重要作用。我們以紀元一四〇〇年爲時間上的參考點，以展示這種擴張的性質。一四〇〇年時世界已經萌發了區域性的連鎖和關係，可是歐洲人隨後的飄洋過海，卻將區域性的網絡引進世界性的和諧組織，並讓它們配合全球性的節奏。

這些力量將來源各異社會成分也不一樣的人拉進各種集體的活動，驅使他們參加建造一個共同的世界。他們中間有歐洲的海上商人和各國軍人，也有美洲、非洲和亞洲的原住民。在這個過程中，所有這些人的社會和文化都發生了重大的改變。改變不僅影響了所謂「眞正」歷史的創造者，也影響到人類學家所謂的「原始」人口；人類學家往往把這些「原始」人口當超時間的過去純淨存活者來研究。歐洲擴張所發動的全球過程，也構成「他們的」歷史。用李維史陀的話來說，沒有任何民族的歷史是「冷態的」。

說明人類群體的全球性相互關係是一件事，可是解釋這些關係的發展與性質又是另外一件事。我認爲除非由造成和維持這些關係的經濟和政治情況去看，便不能了解這些關係。爲了說明這些連鎖的物質基礎結構，我援引了許多馬克思的構想。我借用馬克思的基本概念，也就是說社會生活乃按照人類透過生產利用自然的各種方法而形成。我也借用了馬克思勞力的價値理論、商業與工業資本間的差異、以及資本主義發展長波的構想。我盡量把這些觀念當思想工具而非眞理看待，它們的用途在於可以有助於解釋。

我在分析的時候特別著重生產方式這個觀念。這個觀念旨在揭示社會勞力藉以開發自然的各種關鍵性關係。在我的用法中，「生產」與「工作」不是同義字。一種生產方式與一個工藝技術系統是不同一回事。而生產方式也和「社會」不一樣。社會的構想以群體的社會組合爲中心。生產方式的構想，目的在於指出指導這些組合的力量。生產方式因而讓我們注意到人類爲了照自己的利害改變世界時，應付世界的各種方法。它的焦點在於這些方法的高效能後果。我不用「關係」一字去指各種因素可以覺察的特徵的伴同發生或伴同變化，這種事件本身沒有後果。我以爲關係有力量。關係使人有必須履行的責任。它把人們在社會上組合起來，並給這些組合一個方向。一種生產方式的關鍵性關係給人類行動力量、鼓舞，也爲人類行動所推進。馬克思說，人類創造自己的歷史，但不是在自己所選擇的條件下創造歷史。他們在創造歷史時受到各種關係和力量的束縛。這些關係和力量指導他們的意志和慾望。

每一種生產方式引起一個典型的社會群體與環節的組合。這個組合具體表現其原動力，並複製其繁衍的條件。每一種方式也創造其本身特有的裂隙與對立。以親屬關係爲原則的生產方式，乃根據那些「屬於」和「不屬於」的人之間的對立，並且造成性別、等級和特權上的區別，對某些親屬好，或對另一些不好。附庸性的生產方式造成接受納貢者與納貢者之間的對立，並在互相爭鬥的階級以內和互相爭鬥的階級之間引起軍事和政治的競爭。資本主義的生產方式透過僱用勞力累積資金，但它週期性的輪流動員勞力和解僱勞力。每一次引入勞力，便將以前的某些適應方式連根拔起。而每一次解僱勞力又會造成許多人失業。由於主宰社會勞力動員的關鍵關係在每一種生產方式都不一樣，也由於每一種生產方式都產生其本身的分裂，就其所包含的人口來說，與不同生產方式的遭遇，便引起矛盾與衝突。

如果我們想像人類群體在時空上互相關聯，可是又回應各種不同生產方式所產生的力量，便會由比較功能性的著眼點，去思考社會這個觀念。各種「社會」乃爲社會群體、環節和階級的組合，其間沒有固定的界限或穩定的內在構造。每一種生產方式，就其影響力所及，滋生群體與階級的組合，以此滿足其在特殊歷史和地理情況下的需要。這些需要有變化，其所造成的組合也有變化，在不同生產方式交叉的地方，群體的組合便帶有各種力量相互作用的標記。因此，我們不應假設有跨世代的連續性、制度的穩定性，和合於規範的一致性。相反的，我們應該視這些爲有問題的。我們必須由歷史的角度去了解這些特徵、注意其出現、維持和廢止的條件。再者，我們不當視社會的組合是自決的。我們在一開始探討的時候，便必須由它們多重外在關係的系絡去看它們。

這種以人類群體爲互相關聯的看法，也要求我們再思考文化的概念。我們必須記得文化的概念是在一個特殊的歷史系絡中出現。那個時候，某些歐洲國家互相競爭霸權，又有一些國家力求個別的本體和獨立。每一個掙扎中的國家如果能證明它具有爲其特殊文化精神所激勵的特殊社會，那麼它想形成自己一個個別國家的願望便是正當的願望。個別和完整文化的觀念對應這種政治上的計畫。然而，一旦我們在歷史上有變化、界限不分明、多重和分支的社會組合中，找到社會的實際情形，那麼固定的、單元的和有界限的文化的概念，必須改換爲成組文化的流動性和可滲透性。在社會交互行動的混戰中，各群體往往利用繼承而來形式不明確的意義，給予它們新的評價和帷幕，假借更能表現它們利害關係的形式，或者創造全新的形式，以回應已改變的情況。再者，如果我們不認爲這樣的交互行動就它本身而論爲造成的原因，而認爲它是回應較大的經濟和政治力量，那麼對文化形式解釋必須考慮到這個較大的系絡，這種較廣闊的力量。因而，我們最好視「一個文化」爲一系列建造、再建造和拆除文物材料的過程，以回應可指認的決定因素。

近五十年以前，洛維區別「實際的用法」與「次要的解釋」或「合理說明」（一九三七年，頁一三八—一三九）。這種區別至今還有用。甚至是最單純的採集食物群體，在處世上也使用許許多多的物件、習俗和知識，再加上使用這些物件、習俗和知識的說明。這個構成文化現象的實際層次。在另外一個層次，物件、行動和構想等這些重要的形式，以文化符號因素的形式出現，旨在說明其在人類互相關係中的位置，在人類與周圍社會關係中的位置。關於對使用文化形式的說明，與關於人類處境的性質與慣例的溝通，同時出現。這是解釋、據理說明，或意識形態的層次是說明對人類命運特殊看法的假設與看法的層次。這些溝通不止是概述和邏輯性的，而往往也是軀體的、運動性的和美學上的。

人類學家稱這種實際用法和意識形態上的據理說明的特殊配合爲「文化」。他們在處理文化的時候，視文化逐漸擁有與生俱來的一致性。可是實際方法與關於其較廣泛意義之間的關係，絕非自動和不證自明的。意義不是由自然銘刻進事物的。它們是人類所發明和強加的。由這一點可以衍生好幾件事。賦與意義（給事物、行動和構想名稱）的能力，是權力的來源。對於溝通的控制，使管理意識形態的人可以定出類別，透過這些類別理解眞實情形。相反的，這也容易使人否認另類類別的存在，把它們指派到紊亂的境地，使它們在社會上和在符號上看不見。再者，一旦給了事物名稱，則需要權力將如此而產生的意義放在正確的位置——中國人說：必也正名乎！又必須用各種方法制裁可能的質疑，以維護思想論述的各種類別。因而，建造和維持一個思想溝通的體系，是一個社會過程，不能把它只當一種內在文化邏輯的正式規畫。發明一個整體的霸權性模式或「生活設計」，主要不是集體認識力的邏輯或審美的衝動，而是重複能力的發展，也就是關於創立出來實際情形的同樣基本命題，在各種重要領域中不斷重複。

創造思想方式，其性質是社會性的。因而創造思想方式的過程是發生在歷史時期，並在可以詳細說明的情形下。設計「符號宇宙」的能力，很可能位於人腦的結構中。據李維史陀的說法，它力求解決自然與文化間不能解決的矛盾。然而，雖然李維史陀這麼說，處理這種矛盾的方法不僅是純粹思想上的(「思想荒誕的人」)，也在於透過人類社會勞動力積極轉化自然。有的人認爲心智有它本身獨立的方向。可是我卻認爲思想方式的創造，不是由於活生生的人考慮赤裸裸的宇宙。相反的，它是發生在一種生產方式的有限範圍以內。這種生產方式，乃人類所以順服自然以爲自己所用。

每一種生產方式，都引起人與人間基本上的區別。由這些區別所造成的社會對抗，是建造思想方式的強制原因。在以親屬關係組成的生產方式中，血親與姻親的區別分別以血統關係、骨骼或使婦女受精幽靈來象徵。附庸生產方式主要的對比法，是以接受貢獻的「太陽的子女」、「神的後代」、「貴族血統」或「白骨頭」，與納貢的「平民」、「黑骨頭」或「黑髮人」對比。而每一個類別中，又進一步劃分等級。資本主義生產方式的基本對比，是拿擁有生產手段的人與工人對比。它在法律和政治上得到認可。這種對比又配合上另外的歧視，如「白領工作者」與「藍領工作者」。

這些區別不僅被認爲是社會關係非常重要的方面，也被認爲是建築在宇宙的本質上——在自然的性質上、人性的性質上、社會的性質上。在以親屬關係組成的社會中，血親與姻親的區別是錨定在超自然的作業上。在附庸社會，基本社會類別的區別，被概念化爲宇宙階級組織的一個方面，而又以虛構故事、儀式和力量來維持地球與天堂之間正當的和諧組織。在以資本主義生產方式所主宰的社會中，本質上的區別出現在喀爾文派的觀念中，也就是說上帝報償美德，成功的人是有德的人。這些區別也出現在「自然在天然選擇中將成功的棕櫚枝頒給贏家」的觀念中，貧窮被認爲是證明一個人沒有價值和在天然選擇中失敗，因而被指派擔任低賤的職業。

可是每一種生產方式也滋生行爲與思想上典型的矛盾。在以親屬關係爲原則組成的生產方式中，有的親屬「比其他親屬更平等」，而遠親在得到親屬的協助上，遭遇到眞正的限制。再者，一個分爲自己人和外人的社交世界，又創造了陌生人和孤兒的問題。在附屬納貢的生產方式，收取貢物者與納貢者之間利害關係的持續衝突，不僅造成社會的對立，也使人在意識形態上注意到什麼是「正確的行動」或「適當的公道」，什麼又是「錯誤的行動」和不公平。因而附屬納貢性的社會秩序，在堅持神聖階級組織時，很可能面對「糾正這種堅持所造成不公平」的反叛。

在資本主義生產方式中，流行的思想方式假設：儘管在資本家與工人的政治與經濟力量上有基本的區別，所有參與市場的人都是平等的。雖然所有的社會行動者都被認爲是商品交易中的參與者，可是這個方式在結構上卻依靠資本所有人與出售勞力者「不平等的天賦」。思想方式的造成，因而使階級之間的區別變成品德與功績之間的區別。取得有價值商品的能力證明一個人的成功。因而不能消耗代表社交上的失敗。然而，由於資本主義生產的方式不斷在勞力的動員與拋棄之間輪替，它也不斷複製品格優良的消費者與失去價值的窮人之間的對立。正如附庸的生產方式同時引起階級對立和想要糾正不公平的反叛一樣，資本主義的生產方式也同時引起勞工的不滿，和想要改變美德與缺點定義的思想運動。

思想方式可以調停矛盾，但不能解決矛盾。各種生產方式作業的本身，不斷滋生「構想」與「帶有意識形態行爲」的備擇體系。這些體系是許多群體與階級相互作用所造成的。而這些群體與階級又是意識形態上所採用的方法，去說明它們在由一種生產方式所滋生力場中的地位。可採用方法有各種不同的形式，同時表現各群體與階級在某種生產方式中的互相關聯與反對。它們可以是不同的音調與含義，是佔據不同有利地位的社會行動者輸入同一溝通法規中的。它們可以是對溝通的主流、系統化表示反對的構想與作法。它們甚至可以發展爲對眞實情形非正統的幻象，威脅要反叛當前的秩序。再者，這些含義、反對和異端，很少局限於單一的社會構象或社會。崇拜、宗教或政治活動，往往界限重疊，其思想上的各種訊息，也傳給邊界以外的聽眾。

因而，構想系統的形成有其經濟和政治的方面。而構想系統一旦產生，便成了社會利害關係衝突中的武器。然而，成組的構想與特殊的群體利害關係。不是機械性一對一的關係。如果一種生產方式引起構想體系，那麼這些體系是多重的，往往互相矛盾。它們形成集體象徵的一種「生態學」。這種思想方式乃在思想方式選項的場所形成。群體在對各種選項的複雜選擇過程中，描述其立場。這種收容與排斥的過程不僅是認識上的，它也牽涉到權力的運用。爲了要維持在思想上的唯我獨尊，維護正統的人必須把其訊息傳到愈來愈大數目的重要領域，而同時減縮僚屬群體提出另外可能選項的能力。當重複能力不穩定而思想方式又不能產生時，可以用武力彌補這個缺點。

本書認爲我們不能再視諸社會是孤立和自我維持的體系。我們也不能認爲諸文化是許多整合的整體，其間每一部分出力維持一個有組織的、自主的和持久的整體。存在的只是作法與構想的文化組合，由在明確情況下的堅決人類行動者使它們起作用。在行動的過程中，這些文化組合永遠在集合、拆除和再集合，以可變的音調傳達諸群體與階級的分歧路徑，這些路徑不能在交互行動的許多個人自私自利的決定中找到解釋。它們乃由社會勞力的使用中產生。社會勞力的動員，是爲了約束自然的世界。動員的方式決定歷史的措辭。在歷史的措辭中，與歷史有特權關係的人，和那些沒有歷史的人，遭遇到共同的命運。

參考書目摘要

本書包含許多學科的研究發現，其在歷史時間上和地理空間上涵蓋範圍也很廣。在這樣一本書中，作者應該向讀者交代其資料的出處和選用這些資料的原因。正文中的引用參考資料，只限於量的數據、引文，與可能有爭論之點。我在這篇摘要中，談到本書所根據的較多資料。我無意列舉全部我所參考的著作，而只想指出那些對我理論性了解最爲重要，和最直接給我解說每一個主題的著作。由於本書是許多經驗與研究工作所累積的結果，對於資料的討論，也有幾分是我智識歷史的自傳。

一、導論

長久以來，便有人批評社會科學過分專門化、缺乏專業的遠見，和忽略歷史。一九三九年社會學家萊恩德(Robert S. Lynd)發表《求知做什麼》(*Knowledge for What?*)一書，一九四九年又有〈無人性關係的科學〉(“The Science of Inhuman Relations”)一文，評論社會學的方法。米爾斯(C. Wright Mills)畢生提倡修補社會學，而古德納(Alvin Gouldner)在一九八一年逝世以前，大力批評社會學。休斯(H. Stuart Hughes)精彩的三部曲(一九五八、一九六六、一九七五)，最有助於我對社會思想發展的了解。布蘭森所著的《社會學的政治系絡》(*Political Context of Sociology*)(一九六一)，聲聞不及於情，其中對社會學的保守基礎有獨到的見解。

政治科學自從放棄政治社會學和不再注意「行爲」研究的經濟學以後，便失去其形成概念的衝勁。克伊(V. O. Key, Jr.)一面做微觀研究(如他一九四九年發表的《南方政治》〔*Southern Politics*〕)，一面對政府機關也有興趣。可是由於後來的許多學者集中注意力於小群體的政治活動與態度調查，克伊這樣的學者的影響力，似乎已被一掃而光。林布隆(Charles Lindblom)的近作(一九七七)是一本相當獨特的書，書中比較了不同政治制度的經濟效能。近年關於政治活動最重要的著作，其作者都是有歷史頭腦的社會學家，如摩爾(一九六六、一九七八)、提利(一九七五)、春柏格(Ellen K. Trimberger)(一九七八)，及史考波(Theda Skocpol)(一九七九)。麥克佛森(C. B. Macpherson)的《佔有性個人主義的政治理論》(*Political Theory of Possessive Individualism*)(一九六二)，和鮑蘭札斯(Nicos Poulantzas)的著作(尤其是一九七三年出版的《政治權力與社會變遷》〔*Political Power and Social Change*〕)，對於政治理論多所發明(一九七九年鮑氏自殺身亡，志業中輟)。吉索普(Bob Jessop)一九七七年的著作，綜述「有關資本主義國家最近的理論」，是一本有用的參考書。

人類學的檢查其基本假設，晚於社會學。早在一九四八年，格瑞格(Dorothy Gregg)和威廉斯(Elgin Williams)即曾攻擊功能論及其含義，成爲日後對功能論批評的前兆。但是由於其議論的風格與對克羅伯和雷布朗所表現的憤怒，其作用也被抵消。下一位重要的批評者是華斯來(Peter Worsley)。華氏的批評，先見於他《小喇叭將鳴》(*Trumpet Shall Sound*)一書中鮮爲人知的附錄(一九五七)，後來又見於其〈英國社會人類學中反叛與革命的分析〉("The Analysis of Rebellion and Revolution in British Social Anthropology")一文(一九六一)。一九六〇年代早期，虎克(J. R. Hooker)質疑在非洲做的人類學研究(一九六三)，馬凱特(Jacques Maquet)也批評「人類學中的客觀性」(一九六四)。在美國人類學以內，一九六七年古芙最先質問：爲什麼這門學問偏過「世界社會最重要的問題」(一九六八年，頁一三八)。之後，大量出現自覺的批評討論。只舉少數的幾個例子，如海姆斯(Dell Hymes)編的《再造人類學》(*Reinventing Anthropology*)(一九六九)、艾薩德(Talal Asad)編的《人類學與殖民地的遭遇》(*Anthropology and the Colonial Encounter*)(一九七三)，與柯班斯(Jean Copans)編的《人類學與帝國主義》(*Anthropologie et impérialisme*)(一九七五)。可是大家遲遲才找適合的其他辦法。其中兩種嘗試很有趣，也是由很不一樣的角度看問題，一是華斯來的《第三世界》(*Third World*)(一九六四)，一是瑞貝洛(Darcy Ribeiro)的《文明的過程》(*Civilizational Process*)(一九六八)。

由於馬克思這個名字是嚇人的妖怪，我們必須集中注意力於他的思想，而非環繞這些思想的爭論。照我看來，維那波的《人性：馬克思式的看法》(*Human Nature: The Marxian View*)(一九四五)

仍是對這個課題最好的綜合導論。奧曼(Bertell Ollman)給他所著《疏離》(*Alienation*)(一九七六)所寫的〈哲學性引言〉("Philosophical Introduction"),是進入馬克思式哲學思想的一個有用門徑。施密特的《馬克思的自然概念》(*Concept of Nature in Marx*)(一九七一)寫得很好但不容易看。我由梅林(Franz Mehring)所寫馬克思的傳記(一九三五)中,懂得許多馬克思思想的發展情形。古德納的《兩個馬克思主義》(*Two Marxisms*)(一九八〇),介紹了馬克思本人思想中的矛盾,以及後來採納馬氏思想某一個或另一個方面的馬克思主義變種,古氏的書寫得很好。霍布斯邦深刻的描述〈馬克思對歷史學的貢獻〉("Karl Marx's Contribution to Historiography")(一九七三)。

人類學家可以看一看里考克給恩格斯所著《家庭、私有財產制和國家的起源》(*Origin of the Family, Private Property and the State*)一書一九七二年版所寫的引言、戈德利爾(Maurice Godelier)所著〈馬克思關於原始社會想法中的失效章節和活性構想〉("Dead Sections and Living Ideas in Marx's Thinking on Primitive Society")(一九七七),以及威斯曼(James W. Wessman)的佳作《人類學與馬克思主義》(*Anthropology and Marxism*)(一九八一)。克瑞德(Lawrence Krader)於一九七二年編輯並出版馬克思本人的民族學研究。

二、一四〇〇年時的世界

想把世界史寫作文化聯結的過程,或想由全球的觀點去了解文化,在人類學上都不是新穎的事。

在我進入這個領域的時候，查爾德（V. Gordon Childe）的《歷史上發生過什麼事》（*What Happened in History*）（一九四六）是必讀的書，而研究生也必須熟讀克羅伯重寫的《人類學》（*Anthropology*）（一九四八）。林頓（Ralph Linton）的《文化的樹》（*Tree of Culture*）（一九五五），乃根據他的演講集成，沒有參考書目。這本書也在同一傳統之中，不過今日在人類學中似乎只有考古學者在讀它。在歷史的領域，有些像湯恩比（Arnold Toynbee）這樣驚人多才多藝的歷史學家。然而湯氏認為歷史乃是走向救世的看法，也只能說服相信他的人。麥克尼爾的《西方的興起》（*Rise of the West*）一書（一九六三）對人類學家來說有用得多。這本書以人類歷史為連鎖和相互關係，質疑史班格勒（Spengler）或湯恩比這樣的人所謂的文明單元。

我所以喜歡由同一觀點敘述歐洲和亞洲，是受到斯垂高斯基（Joseph Strygowski）的影響。我的童年是在維也納度過。那個時候，許多人討論斯垂高斯基關於歐亞大陸動物藝術風格的演講和展覽。拉提摩爾所著《中國的亞洲內側邊界》（*Inner Asian Frontiers of China*）（一九五一）以及他後來的論文集（一九六二），其對遊牧與農耕人口交互行動的一般看法，很具有啓發性。

艾善（Altheim）（一九五四、一九六〇年）和巴洛文（Barloewen）（一九六一）的著作，有助於我對地中海周圍遊牧與農耕人口關係的了解。泰嘉所著的《羅馬與中國》（*Rome and China*）（一九三九）是一部有趣的書。它是早期使用經濟模型和高深資料處理和分析數學方法研究歷史的例子，也暴露機械性量化的缺點。

格魯塞的《大草原上的帝國》(*Empire of the Steppes*)(一九七〇)，是我敘述亞洲遊牧生活的政治歷史時主要的資料出處。克瑞德對這種文化類型的人類學多所發明，尤其見於他關於社會組織(一九五五)、生態學(一九五七)及邦國(一九五八)的著作。我們顯然不能認爲遊牧民族是政治歷史獨立的主要原動力，而應該由他們與定居地區生態學、交易制度，和權力結構的關係上，去看他們。關於這一點，參看拉考斯特(Lacoste)(一九七四)、里斯(Lees)和貝茲(Bates)(一九七四)。

我很久以來便對回教世界的歷史和發展感到興趣(參見吳爾夫(Wolf)，一九五一年；一九六九年，第五章)。一九六一到一九七一年，我和壽格(William D. Schorger)一同在密西根大學教授地中海文化。教學相長，這十年中我自己也學到很多。關於回教的標準論著，有許多現成的書目，但是我認爲郝吉森(Marshall G. S. Hodgson)的三冊《回教的冒險事業》(*Venture of Islam*)(一九七四)最爲重要。有人批評這部書，說它帶有理想主義的偏見。可是對於大多數強調回教國贊成規範性質的著作，都可作此批評。這部書談到回教世界地理上與時間上的所有方面，並且不帶其他西方作家有民族優越感的偏見。它主要的缺點在於缺乏社會與經濟歷史的基本知識。但這個缺點在寫回教國的作家中也很普遍。關於對有關回教世界精闢的批評，參看騰納(Bryan Turner)所著《馬克思與東方主義的終點》(*Marx and the End of Orientalism*)(一九七八)。

除了較早幾篇零星的論文以外，關於回教世界的社會和經濟歷史，現在才有人寫。庫克(M. A. Cook)(一九七〇)、艾薩維(Charles Issawi)(一九六六)，尤其是烏多維其所編輯的書(一九八〇)，都很突出。華生(Andrew Watson)的〈阿拉伯農業革命〉("Arab Agricultural Revolution")(一九七四)與布里艾特(Richard Bulliet)的《駱駝與車輪》(*Camel and the Wheel*)(一九七五)，對於工藝技術和生產，都有很中肯的討論。關於市鎮與鄉村的關係，參看拉比德斯所收集的論文集《中東的城市》(*Middle Eastern Cities*)(一九六九)，尤其是拉氏本人的論文。特別注意回教歷史上社會與經濟方面的學者，有卡亨(Claude Cahen)(一九五五、一九五七、一九五九、一九六五)和戈伊坦(S. D. Goitein)，後者研究近東工匠和中產階級的興起(一九五六至五七、一九六四)。有一天，我們會更了解回教世界廣大的貿易關係。海伊德(Heyd)(一八八五)和來拜爾(Lybyer)(一九一五)的著作仍然是經典。羅培茲和雷蒙(Irving Raymond)關於地中海貿易的論文集(一九五五)，包羅萬象。理查茲(D. S. Richands)曾經編輯了關於回教和亞洲貿易的好書(一九七〇)。烏多維奇曾經寫過一部關於中國回教商業法律精彩的書(一九七〇)。而羅汀森的《回教與資本主義》(*Islam et capitalisme*)(一九六六)，饒有見解與資料。

關於鄂圖曼帝國的早期歷史，威泰克(Wittek)的著作(一九五七)乃必讀之書，尤其應與維納(Werner)的書(一九六六)一併研讀。英那西克(Halal Inalcik)的《鄂圖曼帝國》(*Ottoman Empire*)(一九七三)，是一位土耳其歷史家重要的貢獻。我也在此請讀者注意他的〈鄂圖曼帝國中的基本結構〉("Capital Formation in the Ottoman Empire")(一九六九)。基德關於鄂圖曼帝國瓦解(一九七六)與伊斯拉摩格魯和基德合著的〈鄂圖曼歷史紀事〉("Agenda for Ottoman History")(一九七七)這些最近的論文，也很有趣。

非洲史前歷史的探討，是一個十分有趣的研究新領域。奧立佛(Roland Oliver)和費更(Brian Fagan)合著的《鐵器時代的非洲》(*Africa in the Iron Age*)(一九七五)，綜述這個主題。斐吉和奧立佛由《非洲史學報》(*Journal of African History*)中選輯了若干重要的論文，出版爲《非洲史前史論文集》(*Papers in African Prehistory*)一書(一九七〇)。然而，奧立佛本人在這本論文集中的一篇文章〈班圖人擴張的問題〉("The Problem of Bantu Expansion")，卻不及菲力浦森(D. W. Phillipson)關於這個問題的說明——〈班圖語言的傳播〉("Spread of the Bantu Languages")(一九七七)。我在本書中所用爲菲力浦森此文。凡西那、茂尼和湯姆斯(一九六四)，以及麥考爾(McCall)(一九六九)，曾經探討研究非洲的歷史學家所面臨的各種機會與困難。

今日我們略知將非洲許多部分繫聯在一起的廣大交易網絡。波維爾(E. W. Bovill)的《摩爾人的黃金貿易》(*Golden Trade of the Moors*)(一九六八)主題是跨越撒哈拉大沙漠的貿易。本書乃波氏於一九三三年所撰《老撒哈拉的商隊》(*Caravans of the Old Sahara*)一書的修訂版。森斯仲(Lars Sundstrom)的《先殖民時代熱帶非洲的交易經濟》(*Exchange Economy of pre-Colonial Tropical Africa*)(一九七四)，是一本瑞典出版鮮爲人知的書籍可喜的翻版。茂尼一九六一年的書也很有價值。韋爾克斯(一九六二)著重東西貿易路線，以及南北的聯繫。梅拉蘇編輯的一本論文集(一九七一)資料中肯，但所談主要是十九世紀的貿易。關於十一世紀與十七世紀間西非之爲國際經濟主要的黃金供應者，參看布勞岱(一九七二年，頁四六二—四七五)與霍布京斯(一九三七年，頁八二)。

在艾傑伊(Ajayi)和克勞德(Crowder)合編的《西非史》(*History of West Africa*)(一九七二)中，勒夫濟昂(Nehemia Levtzion)和史密斯(Abdullahi Smith)討論了蘇丹的政治。勒夫濟昂所談爲一五○○年以前蘇丹西部的邦國。史密斯所談爲蘇丹中部的邦國。麥考爾(一九七一)曾經著書討論十一世紀時這個地區的回教化。古迪(一九七一)透過歐洲與亞洲邦國形成過程的比較，說明非洲邦國的形成。但也請參看泰芮(Emmanuel Terray)的評論(一九七三)。

洛特柏(Robert Rotberg)和契提克(H. Neville Chittick)所編輯的《東非和東方》(*East Africa and the Orient*)一書(一九七五)，讓我們想到橫渡阿拉伯海和印度洋的聯繫。福芮曼—格倫威爾(G. S. P. Freeman-Grenville)所著的《坦干伊喀海岸中古史》(*Medieval History of the Coast of Tanganyika*)(一九六二)和契提克的論文〈葡萄牙人來到以前的海岸〉("The Coast Before the Arrival of the Portuguese")(一九七一)，談到海岸殖民地的考古背景。森墨斯(Roger Summers)對於說明辛巴威的考古學層序和爲之斷代，很感興趣。參看其所著《辛巴布威》(*Zimbabwe*)一書(一九六三)及其日後的論文〈羅德西亞的鐵器時代〉("Rhodesian Iron Age")(一九七○)。羅賓森(K. R. Robinson)曾撰有〈羅茲威人的考古學〉("The Archaeology of the Rozwi")一文(一九六六)。亞伯拉罕首創合併葡萄牙紀錄與非洲口語傳統的研究，並曾以此撰成數文(一九六一、一九六二、一九六六)。艾爾帕斯(Edward Alpers)的討論〈木塔巴和馬拉威的政治制度〉("The Mutapa and Malawi Political Systems")(一九六八）和木丹吉（S. G. Mudenge）的討論〈對外貿易所發生的作用〉（"The Role of Foreign Trade"）（一九七四），都很有用。

我對於印度的看法，乃形成於最初上研究所的時候。最影響我的，是羅薩斯（Paul Rosas）的論文〈印度的世襲階級和階級〉（"Caste and Class in India"）（一九四三）。後來又受到勒曼雄心勃勃的博士論文《一個文明的人類學特性》（*Anthropological Parameters of a Civilization*）（一九五七）的影響。柯恩的《印度：一個文明的社會人類學》（*India: The Social Anthropology of a Civilization*）（一九七一），是一部傑作。我由協萬卡（K. S. Shelvankar）的小書《印度的問題》（*The Problem of India*）（一九四三）中學到一些東西，又由和希（P. C. Joshi）的一篇論文（一九七〇）中學到很多。和希主張傳統印度不是千篇一律和一成不變的。

我和所有研究印度的人一樣，設法了解世襲階級。關於這個課題的文獻錯綜複雜，不知道讀者最後能不能撥雲見日。有的學者在思想體系中、在基礎結構或儀式潔淨和污染的假設中，找到維繫世襲階級制度的結合力。杜蒙的《階級組織的人》（*Homo Hierarchicus*）（一九七〇），持這一立場最力。我比較同意的說法是：「維繫世襲階級組織的，是集中在某些群體的權力，而非輿論」（百瑞門〔Berreman〕，一九七九年，頁一一二）。斯瑞尼華的論文〈藍普拉的具主宰性世襲階級〉（"The Dominant Caste in Rampura"）（一九五九），以及貝雷的《世襲階級與經濟邊疆》（*Caste and the Economic Frontier*）（一九五七）和《部落、世襲階級和國家》（*Tribe, Caste, and Nation*）（一九六〇），都充分說明權力在維持世襲階級的區別與世襲階級的地位上，有重要的作用。米勒(Eric Miller)在其〈馬拉巴的世襲階級與疆域〉("Caste and Territory in Malabar")(一九五四)中，說明皇家的權力是這個制度的關鍵。希斯特曼的〈印度與各種傳統的內在衝突〉("India and the Inner Conflict of Traditions")(一九七三)討論僧侶權力與政治權力的衝突。傑耶華德納解釋〈斐濟農村社會世襲階級的解體〉("The Disintegration of Caste in Fiji Rural Society")(一九七一)。由以上三位學者的著作中，我認識到這種權力的制度化性質。

在同時，我們不該隨便下結論說世襲階級只是一個附帶現象。即使次級世襲階級和世襲階級的環節按照環境和處境分分合合，世襲階級的類別還是牽涉到團體分子身分、共同血緣，和內婚(貝特爾，一九六九年，頁一五七)。在整個世襲階級改變其社會地位時亦然(參見信達爾〔Sinder〕，一九六四年；西福柏〔Silverberg〕，一九六八年)。克拉斯(Morton Klass)(一九八〇)追溯世襲階級的興起，到原來相等的團體的分化過程很有道理。梅拉蘇(一九七四)所提出的世襲階級制度模型，乃以在取得生產手段上的分化爲基礎，不過他認爲在決定哪個群體得到什麼上，意識形態的因素不重要。曼契爾的〈上下顛倒的種姓制度〉("The Caste System Upside Down")(一九七四)，闡明「不可觸摸」種姓的地位。

我的結論是：世襲階級的現象與權力和對經濟資源的控制有密切的關係，但是爲了了解在一個權力場所印度階級制度如何發生作用，必須考慮到以血統爲基礎的群體的團體性質。我認爲這種研究方法的模範之作是福克斯的《親屬、家族、統治者和統治》(*Kin, Clan, Raja, and Rule*)(一九七一)：我很倚重這本傑作。

第二次世界大戰時，我在軍旅之中讀到歐文和艾琳娜・拉提摩爾(Owen and Eleanor Lattimore)所著的《現代中國的形成》(*Making of Modern China*)(一九四四)。那是我讀到中國方面書籍的開始。隨後我又看到兩本好書：魏復古的《中國的經濟與社會》(*Wirtschaft und Gesellschaft Chinas*)(一九三一)和歐文・拉提摩爾的《亞洲內側的邊疆》(*Inner Asian Frontiers*)(一九五一)。我在研究所讀書的時候，由福來德處領受許多教益。那個時候，他正為他一九五〇年最初開的著名的有關中國和中國外圍課程扎基。福來德也指點給我中國西南邊疆複雜的民族分布：請參看他的〈土地保有權、地理和生態學〉("Land Tenure, Geography and Ecology")(一九五二)。艾伯哈(Wolfgang Eberhard)的著作現已合成為一本《中國史》(*A History of China*)(一九七七)以及艾文的佳作《過去中國的模式》(*Pattern of the Chinese Past*)(一九七三)，提出一個不同的看法，著重中國發展的累積性和非週期性變化。艾文對於漢人擴張進入中國南方的敍述，尤其富有戲劇性。

我關於中國土地保有權趨勢的討論，援引巴拉茲的〈第四和第五世紀時中國土地所有權的演化〉("Evolution of Landownership in Fourth-and Fifth-Century China")和〈中國由第四世紀到第十四世紀的土地所有權〉("Landownership in China from the Fourth to the Fourteenth Century")(以上二文均收入他的論文集〔一九六四〕)；推奇特(Denis Twitchett)的《唐宋時代中國的土地保有權和社會秩序》(*Land Tenure and the Social Order in T'ang and Sung China*)(一九六二),以及艾文著《過去中國的模式》中的第六章〈沒有封建制度的采邑制度〉("Manorialism without Feudalism")及第十五章〈農奴制的消失〉("The Disappearance of Serfdom")。艾文的著作和韋莫特(W. E. Wilmott)所編《中國社會中的經濟組織》(*Economic Organization in Chinese Society*)(一九七二),都影響了我對中國商業活動的看法。桑原實藏(Jitsuzo Kuwabara)在其〈論蒲壽庚〉("On P'u Shou-keng")的著作(一九二八至一九三五)中,討論了與阿拉伯世界的關係。我最初是由戴文達克(J. J. L. Duyvendak)的《中國的發現非洲》(*China's Discovery of Africa*)(一九四九)中,注意到中國與非洲的接觸。

我在初上研究所的時候,讀了一些關於東南亞生態學的書,如摩哈(E. C. J. Mohr)的《熱帶土壤形成的過程》(*Tropical Soil Forming Processes*)(一九三三)和《赤道區域的土壤》(*Soils of Equatorial Regions*)(一九四四),古勞(Pierre Gourou)的《越南北部三角洲的農民》(*Les paysans du delta tonkinois*)(一九三六),和裴爾澤(Karl Pelzer)的《亞洲熱帶地區的拓墾殖民地》(*Pioneer Settlement in the Asiatic Tropics*)(一九四五)。在那個時候,漢吉登(Robert von Heine-Geldern)、湯瑪森・艾・蘇辛克(Anj Thomassen a Thuessink),和福來克(B. H. M Vlekke)的各種著作,只能給讀者對早期文化史一個有缺點的揣度性看法。之後情形很有進步,主要是由於幾本書的問世,如勒爾的《印尼的貿易與社會》(*Indonesian Trade and Society*)(一九五五),柯艾德斯的《中南半島的諸民族》(*Les peuples de la Péninsule Indochinoise*)(一九六二)和《中南半島和印尼的印度教邦國》(*Les états hindouisés d'Indochine et d'*

Indonésie)（一九六四）；惠特來(Paul Wheatley)的《紀元一五〇〇年前馬來半島歷史地理學研究》(*Golden Khersonese*)（一九六一）及其有關由互惠到重新分配的論文佳作（一九七五）；以及渥特斯(O. W. Wolters)的《早期印尼商業》(*Early Indonesian Commerce*)（一九六七）與《馬來歷史上的斯瑞維亞亞王國的覆亡》(*The Fall of Śrívijaya in Malay History*)（一九七〇）。

豪爾(D. G. E. Hall)所著《東南亞史》(*History of South-East Asia*)（一九六八），是關於這個地區歷史和政治活動很好的概論。在勒巴(Lebar)、希基(Hickey)和摩斯格魯(Musgrave)合編的《東南亞大陸的民族群體》(*Ethnic Groups of Mainland Southeast Asia*)（一九六四），和孔斯塔特(Kunstadter)編的《東南亞部落、少數民族和邦國》(*Southeast Asian Tribes, Minorities, and Nations*)（一九六七）中，也有許多系統化的有用資料。班達(Harry J. Benda)一九六二年的論文〈東南亞歷史的結構〉("The Structure of Southeast Asian History")，對於了解這個地區有持久的貢獻。本文提醒我們注意重要的社會、經濟和政治關係。在這位多才的作者過世以後，這篇論文與其他論文合併爲一紀念論文集出版(班達，一九七二年)。

史都華對新世界文化發展的研究很有貢獻。他使美洲考古學注意到生態學和社會經濟過程的發展。我由史氏所編（一九四六至一九五九）《南美印第安人手冊》(*Handbook of South American Indians*)中，得到許多人類學上的領悟。在史都華和法倫一九五九年的合著中，有這部七冊鉅著的簡略本。史都華的論文〈由南美看美洲文化史〉('American Culture History in the Light of South America')（一九四七），有助於我對土著美洲人類學作比較性思考。在詹寧斯和諾貝克(Norbeck)合編的《新世界的史前人類》(*Prehistoric Man in the New World*)(一九六三)以及梅傑斯(Meggers)與艾文斯(Evans)合編的《拉丁美洲原主民文化的發展》(*Aboriginal Culture Development in Latin America*)(一九六三)；惠理的二冊《美洲考古學導論》(*Introduction to American Archaeology*)(一九六六、一九七一年)；和善德斯(William T. Sanders)與馬瑞諾(Joseph Marino)的《新世界史前史》(*New World Prehistory*)(一九七〇)中，有許多有用的文章。

慕拉的《安地斯世界的經濟與政治結構》(*Formaciones económicas y políticas del mundo andino*)(一九七五)；梅傑斯的《厄瓜多》(*Ecuador*)；和瑞協—多瑪托夫的《哥倫比亞》(*Colombia*)(一九六五)，對於安地斯山區和亞安地斯山區的「古社會學」，多所闡明。關於白瑞塔卡遺址，參看《今日的哥倫比亞》(*Colombia Today*)(一九七九)。在《亞瑪遜河上游》(*The Upper Amazon*)一書中，拉斯瑞普(Donald Lathrap)強調安地斯山區和亞瑪遜河流域的關係。這個課題，將來很可能有意外的發現。林耐爾斯(Olga R. Linares)(一九七九)評論了美洲地峽考古。海姆斯寫過一本好書：《古代的巴拿馬：追求權力的酋長》(*Ancient Panacma: Chiefs in Search of Power*)(一九七六)。

我在一九五九年便曾寫過關於中美洲的文字。關於這個課題，我所用的資料是善德斯和普來斯(Barbara J. Price)所著：《中美洲：一個文明的演化》(*Mesoamerica: The Evolution of a Civilization*)(一九六八)；卡拉斯可(Pedro Carrasco)等的《西班牙人到來以前中美洲社會階層的形成》

(*Estratificación Social en la Mesoamérica prehispanica*)（一九七六），及卡拉斯可和布羅達(Johanna Broda)合編的《中美洲的經濟、政治和思想方式》(*Economía, política e ideología en Mesoamérica*)（一九七七）。

艾柯姆和惠理合編《中美洲印第安人手冊》(*Handbook of Middle American Indians*)中的第四冊，冊名是《考古學的邊疆和與外面的關係》(*Archaeo logical Frontiers and External Connections*)（一九六六）。在這一冊中，凱雷談中美洲與美國西南部的關係，格瑞芬(James B. Griffin)討論中美洲與美國東部的關係。也參看狄皮索(Charles Di Peso)所著《大屋》(*Casas Grandes*)（一九七四）。關於美國東部的史前史，參看考德維爾(Joseph R. Caldwell)所著《趨勢與傳統》(*Trend and Tradition*)（一九五八）及〈北美東部〉("Eastern North America")（一九六二），佛勒(Melvin L. Fowler)的〈北美洲東部的農業與村落〉("Agriculture and Village Settlement in the North American East")（一九七一），和布朗(James A. Brown)的〈渦卷藝術與其墓葬系絡〉("Spiro Art and Iho Mortuary Contexts")（一九七五）。

三、生產方式

本書廣泛使用「生產方式」的概念，但用法比當今好用這個概念的人折衷。關於這個概念的導論，參看奧拉夫林(Bridget O'Laughlin)所著〈馬克思式的人類學研究方法〉("Marxist Approaches in Anthropology")（一九七五）、佛瑞曼的〈馬克思主義、結構論和通俗唯物論〉("Marxism, Structuralism and Vulgar Materialism")（一九七四），和威斯曼一九八一年著作的第六章。不過應當注意的是，生產方式的概念，最近才透過馬克思主義和結構論在法國的融合，而得到其目前的彰顯。它因而是馬克思思想的一個特殊變型，而非其全部。

馬克思和恩格斯本人常常隨便和含糊的使用「生產方式」一辭。他們指出若干不同的「生產制度的一般形式」（維那波之辭）。他們有時好像視原始共產主義、亞洲社會、蓄奴社會、封建制度、資本主義，和社會主義這一連串的制度，爲演化的階段。有時又將這些一般的形式作雙線排列，想像一條演化的線路由原始共產主義走向亞洲的方式，另一條演化的線路由原始共產主義走向西歐模式的資本主義。霍布斯邦在其所編馬克思的《前資本主義經濟結構》(*Precapitalist Economic Formations*)（一九六四）的〈引言〉中，檢討所牽涉的若干問題，其中編入長久以來無人翻譯和不爲人知的《綜合綱要》(*Grundrisso*)。在馬克思和恩格斯以後、正統的說法往往喜歡一個直線分階段發展的演化模型，其中每一個一般性的生產制度又引起一個較高的階段。蘇維埃式的解釋，尤其是史達林(Stalin)的解釋，爲了證明蘇維埃社會主義是以前的封建與資本主義合理合法的繼承，乃倡言一個全球性的普遍次序——由蓄奴社會到封建制度、到資本主義、到社會主義。

法國結構派學者（尤其是哲學界的阿圖塞〔Louis Althusser〕和貝立巴〔Étienne Balibar〕和人類學界的戈德利爾），想要把生產方式當作本身便是結構或制度來說明和分析，而不涉及演化、過渡或歷史的問題。我們應當視這是對大家所接受的正統說法的反動。這幾位法國學人使討論更爲明晰，也爲自己的作法巧辯。

我由結構學派學者處學得很多，但也看到他們研究方法上的缺點。由於他們認爲馬克思是超前他自己時代的制度理論家，並因爲不能用阿圖塞式的措辭而用了黑格爾式的措辭，於是他們淘汰了馬克思學說中的黑格爾式辯證法。這個情形抵消了馬克思想建立「內在關係的哲學」的努力(我認爲這種努力很有趣，也很有價值)，而贊成機械性制度的研究方法。研究「關係中的因素」而非「關係的因素」(參看奧曼，一九七六年，第二部)。再者，結構學派賦予結構或制度一個絕對的目的論(「結構上的因果關係」)，它以世人爲制度的載運者，但是不給人類的意識或歷史空間。因而，在他們的人類學中，往往將所有文化與文化的變化壓縮爲生產方式的因素。再者，他們將生產方式的概念具體化爲許多無時間性的要素，讓它們不管歷史上的時間和情況，而自我生殖和彼此互動。

我的採用生產方式的概念，是把它當作思考各種關係的方式，而不是把它當作上帝的眞理。這個概念並非什麼都能說明，也並不能解決所有理論性的問題。我在本書中採用它，是因爲這樣可以遠離機械性和直線型的因果關係。但是我無意接受高柏格(Rube Goldberg)式對明言的方面、層次、時刻和實例所作的理論性解釋。這些解釋往往只是對「功能」這個古老神聖觀念的另一種複雜說法。

有興趣進一步發掘相關文獻的讀者，應當一讀阿圖塞和貝立巴的《讀資本論》(*Reading Capital*)(一九七〇)，尤其是第三部·;以及戈德利爾的《經濟的合理與不合理》(*Rationalité et irrationalité en économie*)(一九六六)。西當(David Seddon)所編輯的《生產的關係》(*Relations of Production*)(一九七四)中，精選英譯法國結構學派人類學家的論著。不過西當的引言卻讓我們誤以爲人類學中馬克思的研究方法，是在一九六〇年代起源於巴黎的高等師範學院(École Normale Superieure)。可以看德文的讀者，將發現塞爾惱(Irmgard Sellnow)的《早期歷史分期的基本原則》(*Grundprinzipien einer Periodisierung der Urgeschichte*)很有趣，來自一個不同的傳統。韓德斯(Barry Hindess)和赫斯特(Paul Q. Hirst)，是英國馬克思社會科學的肆無忌憚作家，他們在給《前資本主義生產方式》(*Pre-capitalist Modes of Production*)所寫的引言中，批評阿圖塞(一九七五)。他們堅持沒有理論便沒有事實，又堅持不用歷史解釋其生產方式，這些都是令人惱怒的。但是其他人卻可以拿他們的極端說法爲標準，測驗自己的構想。湯普森(E. P. Thompson)在《理論的貧乏》(*The Poverty of Theory*)(一九七八)中，憤怒的批評整個結構學派的事業，他的批評很有深度。

一九三〇年代大蕭條的時候，我在波希米亞北部德國和捷克邊界的紡織工人中長大。我日後對於資本主義方式如何作業的見解，有些是由這個經驗中得來。一九三九年時我看了斯垂奇(John Strachey)的《資本主義危機的性質》(*Nature of the Capitalist Crisis*)(一九三五)一書。我在上紐約的皇后學院(Queens College)時，由於閱讀迪克森(Dixon)和艾伯哈的作品(一九三八)，我懂得了經濟學的原理。斯維濟的《資本主義發展的理論》(*Theory of Capitalist Development*)(一九四二)和孟代爾的《馬克思式的經濟理論》(*Marxist Economic Theory*)(一九六八)，是討論馬克思式經濟學的好書。自一九六八年起，《激進政治經濟學評論》(*Review of Radical Political Economics*)生動的告訴讀者，許多有關經濟和政治主題的高品質出版品。當然馬克思的《資本論》(*Capital*)，最是分析的參考寶典。我在看卷一的時候，用的是一九七七年藍燈書屋(Vintage/Random House)本，卷三用的是國際出版公司(International Publishers)本。

阿敏在他的幾種著作中(如《不平等的發展》〔*Le développement inégal*〕〔一九七三〕。尤其是論先資本主義結構的第一章)，都使用「附屬納貢生產方式」這個概念。但是馬克思在《綜合綱要》裡對征服可能產生結果的討論中，已預示這個概念(《綜合綱要》，一九七三年，頁九七)。日本歷史學家早川次郎在一九三〇年代中期寫作的時候，說亞洲的生產方式即是附屬納貢的方式(參見鹽澤君雄，一九六五年)。布加勒斯特大學(University of Bucharest)的哲學史家巴努(Ion Banu)也說，亞洲的社會結構是附庸的社會結構(一九六七年)。

亞洲獨特生產方式的觀念乃源於亞當斯密、詹姆斯・米爾(James Mill)、瓊斯(Richard Jones)，和約翰・斯圖亞特・米爾(John Stuart Mill)這幾位古典經濟學家的著作。馬克思在若干著作，尤其是在《綜合綱要》中推衍這個概念，但是著重之點卻有變化，有時強調亞洲社會的水力基礎，有時強調村莊群落；這些村落支持一個神王，神王代表其沒有區分的統一。魏復古的鉅著《中國的經濟與社會》(*Wirtschaft und Gesellschaft Chinas*)(一九三一)，最初嘗試在分析水力社會時使用這個概念。史達林禁止在蘇聯和共產主義國際(Communits International)別處討論這個構想，但是魏復古卻仍舊竭力倡議。蘇維埃馬克思主義—列寧主義顯然受到這個概念對政府官吏批評態度的威脅，受到有人可能用它形容蘇維埃社會爲「亞洲」社會的威脅，受到社會文化的演化乃多線而非單線進行想法的威脅(這個想法可能使人要求多線和非正統的政治回應和策略，而非一致和正統的政治回應的策略)。史達林死了以後，對這個概念重起的興趣，似乎是由於左派的想要走多線的、民族分化的通往社會主義路線。指向這個方向的作品，其作者中有東德英勇的近東和古典古代歷史家韋爾斯可普(Elisabeth Charlotte Welskopf)(一九五七)、法國的東方史學家奇斯瑙(一九六四)、法國人類學家戈德利爾(一九六五)，和匈牙利東方文學史家托凱(Ferenc Tökei)(一九六六)。關於這個概念所造成的問題，有用的著作有惠特福吉的《東方的專制主義》(*Oriental Despotism*)(一九五七)，尤其是第九章；「馬克思主義調查與研究中心」出版的論文集《論〈亞細亞生產方式〉》(*Sur le, mode de Pruduction Asiatique*)(一九六九)；克瑞德的《亞細亞生產方式》(*Asiatic Mode of Production*)(一九七五)；韓德斯和赫斯特(一九七五)中最重要的第四章；以及哈比布的〈魏復古東方專制政治理論的分析〉("Examination of Wittfogel's Theory of Oriental Despotism")(一九六九)。福瑞曼的《制度、結構和矛盾》(*System, Structure and Contradiction*)(一九七九)，提到亞洲政府的形式，乃可能由原先存在的以親屬關係組織的「圓錐形家族」結構發展出來。這個想法使我們認爲以階級組成和以親屬關係爲基礎的、封建的，與亞洲的結構，乃彼此的轉型。

普瑞華(Joshua Prawer)和艾森斯塔(Shmuel N. Eisenstadt)在《國際社會科學百科全書》(*International Encyclopedia of the Social Sciences*)(一九六八)的一篇文章〈封建制度〉("Feudalism")中，介

紹了封建制度所造成的問題和重要的參考書目。布洛赫(Marc Bloch)的《封建社會》(*Feudal Society*)(一九六一)仍是關於這個課題的經典著作。這部書乃於一九三九至一九四〇年第二次世界大戰爆發之初出版，其作者在大戰中陣亡。「馬克思主義調查與研究中心」於一九七一年出版一冊論文集《論封建制度》(*Sur le féodalisme*)。其中蓋里索(René Gallissat)質問：爲何軟弱、短期和邊際性的歐洲西部封建制度，會被當作各地封建制度的典型事例？溫德(Heide Wunder)集成了一本西德和東德作家的論文集《封建制度》(*Feudalismus*)(一九七一)：溫德本人寫了一篇很有用的引言。不過出版公司沒有獲准重印興澤(Otto Hintze)重要的論文〈封建主義的性質和傳播〉("Wesen und Verbreitung des Feudalismus")(一九二九)。這篇文章最初鼓勵我視封建制度爲一個較大方式中的階段。它視封建制度爲經常發生但不普遍的現象或症候，可以發生在邦國形成的過程中，也可能是政治退化或崩潰的結果。溫德所輯論文集中的東德學者，視封建制度的爲一種生產方式，韓德斯與赫斯特亦然(一九七五年，第五章)。在東德學者中，托普福(溫德，一九七一年，第七章)，最注意封建主義是否爲多線過程的特殊結果。韓德斯和赫斯特，由於其極端結構主義的主張，不過問其假設方式的跨文化時空發生與可變性。庫拉(Witold Kula)的封建制度經濟理論，其關於封建「理由」和商業在封建制度中作用的討論也很重要(一九七〇)。

我對於以親屬關係爲原則的生產方式的解釋，受到各種影響。其中有克契霍夫(Paul Kirchhoff)的〈人類社會家族制的原則〉("Principles of Clanship in Human Society")。本文最初寫成於一九三五年，但一直到一九五五年才出版（一九五九年重印）。福來德在其〈團體單系繼嗣群〉（"Classification of Corporate Unilineal Descent Groups"）一文（一九五七）中，又修改克契霍夫的看法。我的第二個參考出處是梅拉蘇的幾篇文章，如〈經濟現象的解釋〉（"Essai d'interprétation du phénomène économique"）（一九六〇），〈由加工到生產〉（"From Reproduction to Production"）（一九七二），以及〈農民階級的社會組織〉（"The Social Organization of the Peasantry"）（一九七三）。第三種對我的影響是薩林斯關於家族層次與親屬關係之間矛盾的觀念（尤其參看薩氏的《石器時代經濟學》（*Stone Age Economics*，一九七二年，第二及第三章）。第四個出處是西斯坎（Janet Siskind）的傑作〈親屬關係與生產方式〉（"Kinship and Mode of Production"）（一九七八）。本文將親屬關係和婚姻的基本因素，與兩性間的分工繫聯。施奈德（David M. Schneider）的〈親屬關係是指些什麼？〉（"What is Kinship All About?"）（一九七二）使我明白親屬關係作爲象徵性結構的複雜性。

關於酋長在親屬關係秩序中的矛盾作用，以及關於由親屬關係到階級的過渡，參看克契霍夫（一九五九）、福來德（一九五七、一九六〇年）、薩林斯（一九六〇年；一九七二年，頁一三〇—一四八、二〇四—二一〇）、萊爾（一九七三），和韋布斯特（Webster）（一九七五、一九七〇）。

芮伊（Pierre-Philippe Rey）的《階級間的聯盟》（*Les alliances de classes*）（一九七六），提出各種生產方式如何互動的問題。這本書中關於互動的論文，自一九六九年起便以油印本的方式流傳。布來德比（Barbara Bradby）的論文〈自然經濟的破壞〉（"The Destruction of Natural Economy"）（一九七五）

是一明白易解的重要作品。福斯特—卡特(Aidan Foster-Carter)的〈我們能明確表達互動嗎?〉("Can We Articulate Articulation?")(一九七七)，討論某些重要的文獻及其問題。

四、歐洲—擴張的序幕

要解釋在羅馬帝國滅亡以後、歐洲相對於地中海東部及愛琴海沿岸的國家島嶼而言的邊際性地位，必須先問滅亡的究竟是誰和什麼。謙伯思(Mortimer Chambers)所編的小冊子《羅馬的滅亡》(*The Fall of Rome*)(一九六三)，介紹給讀者對這個問題各種的看法。安德森(Perry Anderson)的《由古代通到封建制度》(*Passages from Antiquity to Feudalism*)(一九七八)，是最近對這個問題的精密研究。羅馬帝國的西半誠然有一次政治上的崩潰，但是在同時羅馬的模式卻傳遍鄉村地區。關於這一點，參看海奇漢(Heichelheim)(一九五六)。我們也必須記住：雖然西羅馬滅亡了，東羅馬卻又存活了一千年。奧斯卓高斯基(Georg Ostrogorsky)的《拜占庭史》(*History of the Byzantine State*)，是關於拜占庭的一部重要著作，但是安德森關於拜占庭的討論(一九七八年，頁二六五—二九三)，所引的新文獻卻甚多。我關於將歐洲箝制在西方的拜占庭—維京(Byzantine-Viking)鉗子這一概念，是根據劉易斯(Archibald Lewis)精彩的《海軍力量與地中海的貿易，五〇〇—一一〇〇》(*Naval Power and Trade in the Mediterranean, 500–1100*)(一九五一)和《北方諸海》(*The Northern Seas*)，以及瓊斯(Gwyn Jones)的《維京人歷史》(*History of the Vikings*)(一九六八)，後者討論維京人與東方的關係(第二部，第四章）。

關於將歐洲人送往東方爲奴隸的貿易，不必進一步做詳細研究，這些奴隸是十世紀以前一種重要商品。關於拜占庭的奴隸制度，參看哈金尼可勞—馬拉瓦（Hadzinicolaou-Marava）（一九五〇）。關於九世紀艾爾—瑞漢尼亞人（Al-Radhaniyya）的奴隸販賣活動，參看羅培茲和拉蒙（Ramond）合著：《中古的貿易》（*Medieval Trade*）（一九五五年，頁三一—三二、一一五）。關於維京人將奴隸販賣給回教世界，參看托甘（Togan）一九三九年著作中伊賓法蘭陰鬱的描寫。關於威尼斯的奴隸貿易，參看蘭恩的《威尼斯》（*Venice*）（一九七三年，頁六九）。威林頓（Charles Verlinden）《奴隸制度》（*L'esclavage*）（一九五五）是我關於通過黑海港埠奴隸貿易的主要資料出處。奧瑞戈記載十四與十五世紀時托斯坎尼有大量這樣的東部奴隸（一九五五）。

關於義大利城邦的發展，參看雷諾茲（Robert Reynolds）的《歐洲出現了》（*Europe Emerges*）（一九六一）、盧札托（Gino Luzzatto）的《義大利經濟史》（*Economic History of Italy*）（一九六一）（本書有許多中肯的參考書目資料），以及羅培茲關於中世紀商業革命的小書（一九七一）。十字軍東征的整個主題需要重新研究。雷諾茲在〈地中海邊疆，一〇〇〇—一四〇〇〉（"The Mediterranean Frontier, 1000-1400"）（一九五七）中，對於歐洲在地中海地區的擴張，有許多有用的評論。海伊德（一八八五）仍是與宗教—政治東進有關商業活動關鍵資料。我們應當視一四〇〇年以後歐洲人的再度擴張到歐洲半島以外，爲回應所謂的「十四世紀的危機」。吉尼考（Leopold Génicot）在給《劍橋歐洲經濟史》

(*Cambridge Economic History of Europe*)（一九六六）所寫的一篇文章中，充分討論了這一次危機，並有詳盡的一份參考書目。華勒斯坦在其《現代世界體系》（*Modern World-System*）（一九七四年，頁二一—二八）中，淸楚陳述這次危機所造成的問題。希爾頓（Rodney Hilton）（一九五一）主張當時有一次封建制度的普遍危機。他認爲這次危機的根源，是封建制度的不能在不加緊榨取農民貢金貢物的情形下增加收入；以及農民爲回應這種壓榨起而反叛，終至吞噬歐洲。

奧利維拉・馬貴斯（A. H. Oliveira Marques）的《葡萄牙史》（*History of Portugal*）（一九七二）充分討論葡萄牙的發展。我關於海外葡萄牙人討論所根據的資料，有巴克塞所著《葡萄牙人的海上帝國》（*The Portuguese Seaborne Empire*）（一九七三a）；迪菲（Bailey W. Diffie）和文紐斯（George D. Winius）合著的《葡萄牙帝國的基礎》（*Foundations of the Portuguese Empire*）（一九七七）；以及戈汀荷的關於地理大發現全球經濟方面的二冊著作（一九六三至一九六五）。

我對於西班牙的看法大致來自巴勒姆（Ángel Palerm）的論文〈工業主義和衰微〉（"El industrialismo y la decadencia"）（一九四九）。威森・威佛斯（Jaime Vícens Víves）的《西班牙經濟史》（*Economic History of Spain*）（一九六九）和《西班牙歷史研究》（*Approaches to the History of Spain*）（一九七〇），以及艾里奧的《西班牙帝國，一四六九—一七一六》（*Imperial Spain 1469–1716*）（一九六六）也是不可少的參考書。巴勒姆也指引我看卡蘭德（Ramón Carande）的《查理五世及其銀行家》（*Carlos V y sus banqueros*）（一九四三、一九四九年）。我由派克的敍述中，懂得熱那亞人在打開新世界之門上所發生的作用（一九六六）。《塞維爾與大西洋》（*Séville et l'Atlantique*）（一九五五—一九五九），乃兩位紹努氏（Huguette and Pierre Chaunu）對西班牙和西班牙屬美洲經濟的研究。我參考了這長達八冊的鉅著，並對它十分敬服。漢彌頓（E. J. Hamilton）的《美洲財寶》（*American Treasure*）（一九三四）是一本多經討論和批評的書，但至今仍是關於美洲白銀對西班牙經濟影響這個課題的經典著作。

關於荷蘭共和國的發展，我在上大學的時候便看了吉爾（Pieter Geyl）的《尼德蘭的反叛》（*The Revolt of the Netherlands*）（一九三二）。像史密斯（C. T. Smith）一九六七年的著作這樣的歷史地理學，使我們可以在發展中的歐洲經濟以內爲低地國家定位。巴博（Virginia Barbour）對於十七世紀阿姆斯特丹的研究（一九六三）與巴克塞（一九七三a）和馬塞曼（George Masselman）（一九六三）對荷蘭人海外擴張的研究，使我們可以把內在與外在的發展連接起來。布隆雷（J. S. Bromley）和柯斯曼（E. H. Kossman）所編關於英國和尼德蘭的諸家論叢對我很有助益，尤其是其中迪倫（J. G. van der Dillen）所寫關於阿姆斯特丹所發生作用的文章，以及汝爾達（J. D. Roorda）所寫關於十七世紀荷蘭統治階級的文章（均在第二冊）。德福瑞斯（一九七四）強調荷蘭所達到的高度專業化，並且認爲荷蘭人的得以充分利用風車、運河、木製機械裝置和土煤燃料等「文藝復興」工藝技術，抑制了荷蘭走向工業資本主義和無產階級主義的能力（德福瑞斯，一九七五年）。

我們不容易掌握法國發展的持續線索，這或者是因爲很少關於法國歷史的著作，能逃避一七八九年革命的浮夸言語。由一個人類學家的立場來說，我認爲在巴黎的政治和思想體系中心，其力量能使法國的變化多端歸於和諧一致，是一件很了不得的事。在讀到福克斯（一九七一）關於法國內部地理分割的著作、提利對於凡德地區(Vendée)起而反抗革命的分析（一九六四），以及羅森保(Harriet Rosenberg)論落後的阿爾卑斯山區魁拉(Alpine Queiras)所以如此尚未發表的博士論文（一九七五）佳作以後，我的這個印象更爲深刻。塞義(Henri Sée)（一九三七）、摩爾（一九六六）和史考波（一九七九）爲我說明掌霸權的法國的成長。布洛赫的《法國農村歷史》(*French Rural History*)（一九七〇）講的是法國農業基礎的發展及其許多變異，並與英國的農業發展對比。克勞才(François Crouzet)所做法國和英國十八世紀經濟成長的比較（一九六七），令人信服。柯班(Cobban)（一九六四）、霍布斯邦（一九六二）和坎普(Kemp)（一九七一）都設法解釋法國大革命奇異的性質——中產階級的但非資本主義的，甚至是反資本主義的。

關於英國的中古時期，我援引的是史騰頓(Doris Stenton)的《中古早期的英國社會》(*English Society in the Early Middle Ages*)（一九五二）、吉布斯(Marion Gibbs)的《封建秩序》(*Feudal Order*)（一九四九），和斯垂耶(Joseph Strayer)見解深刻的《論現代國家的中古起源》(*On the Medieval Origins of the Modern State*)（一九七〇）。英國境內政治上的統一發生甚早。可是它同時又將法律和政治活動委託給地方群體和人群。以上的幾本書，說明這個似乎矛盾的情形。英法百年戰爭以後，英國貴族輩在自相殘殺的玫瑰戰爭中毀滅。賓多福(S. T. Bindoff)的《都鐸王朝治下的英國》(*Tudor England*)（一九六六）一書，說明都鐸王朝如何在這個殘局下鞏固其統治。英國的農夫階級在政治上得到一些權力，但對經濟資源漸失掌握。希爾頓關於農奴制消滅的著作（一九六九）與布倫那寫得很清晰的論文〈農業階級結構與經濟發展〉（"Agrarian Class Structure and Economic Development"）（一九七六），闡釋這個矛盾。麥法連（Alan MacFarlane）（一九七九）所討論爲同樣的問題，但是他的看法比較理想主義。他認爲英國人的個人主義導致土地私有制的發展，而不深察英國農夫階級的處境以解釋其個人主義。陶尼的《十六世紀的農業問題》（*Agrarian Problem in the Sixteenth Century*）（一九六七）、摩爾的《民主政治與獨裁政治》（*Democracy and Dictatorship*）（一九六六年，第一章），和拉佐尼克（William Lazonick）有關圍場的論文（一九七四），我認爲都充分闡明英國耕者與土地分離的經過。拉氏的看法很正確。他說像艾希頓（T. S. Ashton）、謙伯思（J. D. Chambers）和明蓋這樣認爲人與地的分離改進其就業機會的學者，其觀點乃根據已發展的資本主義，而非當時的證據；那個時候，資本主義不過剛成立。斯拉普（Sylvia Thrupp）談論十四與十五世紀時《中古倫敦的商人階級》（*The Merchant Class of Medieval London*）（一九六二）。戴維斯（Ralph Davis）綜合其關於國外貿易的許多論文，寫成《英國海外貿易，一五〇〇—一七〇〇》（*English Overseas Trade 1500-1700*）（一九七三）。達布的《資本主義發展的研究》（*Studies in the Development of Capitalism*）（一九四七）、希爾（Christopher Hill）的《由宗教改革到工業革命》（*Reformation to Industrial Revolution*）（一九六七），和威爾遜（Charles H. Wilson）的《英國的見習時期》（*England's Apprenticeship*）（一九六五），詳述隨後的發展。威爾遜也寫了一本好書《利潤和權力》（*Profit and Power*）（一九五七），討論英國與荷蘭的抗衡。關於英國由十六世紀到十八世紀的階級聯合與分裂，文獻浩瀚。摩爾（一九六六）和華勒斯坦（一九七四）都能善加利用。

對於歐洲海外擴張的一般看法，我援引了若干作者的著作。華勒斯坦的著作常富於資料和見識。福蘭克的《世界性的積累》（*World Accumulation*）（一九七八），細述全球性的商業財富儲備，不過他所謂的資本主義，我和馬克思一樣，認爲是「資本的史前史」。我由考克斯（Oliver C. Cox）的《資本主義的基礎》（*Foundations of Capitalism*）（一九五九）學得甚多，不過我不同意他的所謂資本主義根源在義大利諸城邦的說法。茂若擬訂一六〇〇與一八七〇年間歐洲擴張的時間表（一九六七），並細述一五〇〇到一八〇〇年「洲際」的經濟關係（一九六一）。帕瑞的著作，論及一四一五到一七一五年間歐洲霸權的建立（一九六六）和十八世紀歐洲人的海外帝國（一九七一）。

五、在美洲的伊比利半島人

自從我在一九五〇年代開始研究和敍述伊比利人美洲屬地以來，新出現的資料和解釋已經很多。由於貝克維（Peter J. Bakewell）（一九七一）、布瑞丁（一九七一）、布瑞丁與克羅斯（Cross）（一九七二）等關於開採白銀的研究工作，我們現在明白土著美洲人口的銳減，與白銀生產層次關係很小或沒有關係。我們現在也明白，雖然十七世紀對於伊比利半島上的母國來說是一個不景氣的時期，可是其美洲屬地卻日趨繁榮，只不過其繁榮的方式有一些矛盾而已。這種繁榮的一個重要原因是走私。這個情形表示世界歷史的許多部分，都應根據今日客氣的稱爲「非正式經濟」來改寫。對於殖民統治主要中心以外地區的進一步研究，也發現許多始料所不及的變化和有趣的差異。大田莊的組織與功能，現在似乎也比過去以爲的更有變化。關於這一點，參看摩納（Magnus Mörner）（一九七三）和福樂瑞斯坎諾（Enrique Florescano）所輯的《大田莊、大莊園與大農場》（*Haciendas, latifundios y plantaciones*）（一九七五）。

我認爲蘭恩論西班牙和英國在美洲（一九七五）與論葡屬巴西（一九七九）這兩本書很有用。這些著作乃出於對經濟事實有堅實了解的歷史社會學家之手，其焦點在於歐洲的殖民所創造的各種不同邦國。其他的好論著有二史坦恩氏（一九七○），本書由附屬理論的觀點看拉丁美洲；卡曼那尼（一九七五），本書對於貿易和經濟理性行爲的討論很有用；以及福樂瑞斯坎諾所輯有刺激性的論文集（一九七九）。福氏所輯的論文集中巴勒姆的那篇〈論殖民制度的形成〉（"Sobre la formación del sistema colonial"），對我的想法尤其有影響。

目前有人類學根基的歷史學家與有歷史學根基的人類學家，其關於特殊人口和區域的著作，愈來愈多。其中最重要的是：吉布森（Charles Gibson）今日已成爲經典著作的關於殖民時代阿茲提克人的論著；泰勒（William Taylor）關於奧艾克薩嘉省（Oaxaca）的著作（一九七二）；麥克里奧的論述中美洲（一九七三）；二維拉馬林氏（Juan and Judith Villamarín）的論述哥倫比亞（璜·維拉馬林，一九七二、一九七五年；二維拉馬林氏，一九七九年）；洛克哈特（James Lockhardt）的論述西班牙人征服祕魯的第一個世紀（一九六八、一九七二）；斯鮑丁（Karen Spalding）的論述殖民時代祕魯的印第安人社會(一九六七、一九七二年)；鮑塞(Frederick Bowser)的論述祕魯的奴隸制度(一九七四)和夏普(William Frederick Sharp)的論述卓柯人(Chocó)的奴隸制度(一九七六)；克瑞頓和華溫(James Walvin)的論述一個牙買加的大農場(一九七〇)；和福拉吉諾(Manuel Moreno Fraginals)的論述古巴蔗糖工廠(一九七八)。

六、皮毛貿易

皮毛貿易的發展，像一條血和黃金的線一樣貫穿北美洲。人類學性質的民族歷史學，現在開始與社會和經濟歷史學的研究輻合，可以更清楚的論述日益擴張的皮毛貿易，如何牽涉到當地的人口而又受到他們的影響。

我認爲在了解殖民時代北美不同人口群的歷史遭遇上，最有用的一本書是那希的《紅、白和黑》(*Red, White, and Black*)(一九七四)。關於皮毛貿易的標準著作，有勞森(Murry Lawson)(一九四三)、瑞其(一九五九)、菲利浦斯(Paul Phillips)(一九六一)，尤其是英尼斯(Harold Innis)(一九五六，一九三〇年經典著作的修訂本)。討論皮毛貿易的論文佳作收在好幾個集子中，其中有兩次學術會議的論文集(「美洲皮毛貿易學術會議」〔American Fur Trade Conference〕，一九六七年；波魯斯〔Bolus〕編，一九七二年)；《加拿大西部人類學報》(*Western Canadian Journal of Anthropology*)的兩本專刊(畢士博〔Bishop〕與雷伊合編，一九七二、一九七六年)；以及豪普特曼(Hauptman)和干比錫(Campisi)合編的論文集（一九七八）。里考克和陸瑞（Nancy　Lurie）收集了一些《由歷史觀點看的北美印第安人》（*North American Indians in Historical Perspective*）的事例歷史（一九七一），其中有一些明確的討論這種貿易的影響。

關於東北方面的人口，一九三七年貝雷（Alfred Bailey）寫過一部通論：《歐洲文化與東面阿爾剛琴文化的衝突，一五〇四—一七〇〇》（*The Conflict of European and Eastern Algonkian Cultures 1504–1700*）（一九六九）。里考克有關蒙它格乃人（Montagnais）的研究（一九五四），率先細說誘捕動物取其皮毛這件事，對家族狩獵領域組織的影響。詹寧斯（Francis Jennings）（一九七六）論述歐洲人的入侵美洲大西洋海岸，尤其集中討論新英格蘭。易洛魁人在美洲人類學上和美洲歷史上都有重要的作用，但是像貴恩（一九三七）和芬騰（一九七一）這樣概述易洛魁人發展的好書還很少。新的《北美印第安人手冊》（*Handbook of North American Indians*）的第五冊是談東北部（崔格〔Trigger〕，一九七八年），綜述芬騰、圖克爾〔Elizabeth Tooker〕、華來士等人對易洛魁研究的結果，其所附參考書目也絕佳。亨特（George Hunt）（一九四〇）、卓利斯（一九六〇）和格瑞蒙（Barbara Graymont）（一九七二）闡明易洛魁人外在的政治牽涉。關於休倫人，現在有一部眞正的傑作——崔格著：《艾塔安濟克的兒女》（*The Children of Aataentsic*）（一九七六），也參看芬騰給這部書寫的書評（一九七八）。

金尼茲（Kinietz）以傳統的方式寫大湖區的民族志（一九六五）。但是我們對奧吉布威人及其鄰人的新了解，則完全拜希克遜以及最近畢士博著作之賜。我對於「死者饗宴」和「米德維文」的解釋，乃根據希克遜（一九六〇、一九六二a），也根據他的《西南的奇比瓦人》（*Southwestern Chippewa*）（一九六二b）和他的一部民族歷史——《奇比瓦人及其鄰人》（*The Chippewa and Their Neighbors*）（一九七〇）。關於北面奧吉布威人發展的討論，我根據的是畢士博（一九七六）的研究。派克漢一九七〇年的著作，是一位歷史學家對龐帝克反叛的研究。雷伊（一九七四）研究印第安人在「哈德遜海灣公司」貿易中的作用。在達瑪斯（David Damas）所編輯的幾冊書（一九六九a，一九六九b）中，羅傑斯、斯洛波丁（Richard Slobodin）和海姆（June Helm）有幾篇寫北極圈附近地區獵人和誘陷動物者的好文章。

關於平原印第安人的文獻很豐富、精彩和不平衡。奧立佛（Symmes Oliver）的〈生態學與文化連續〉（"Ecology and Cultural Continuity"）（一九七四）綜述大平原上的適應。威爾遜（H. Clyde Wilson）（一九六三）分析了大平原上的放牧。西柯艾（Frank Secoy）的博士論文（一九五三），充分描述大平原上社會、政治與軍事組織的出現。布倫納（Edward Bruner）（一九六一）探討曼丹人的發展與貿易成長間的關係。荷德（一九七〇）概述大平原園藝社會以內充分專業化牧馬所造成的各種矛盾。特別討論大平原群體與外界關係的著作也有兩種。一是劉易斯（Oscar Lewis）關於皮毛貿易對黑腳族影響的專論（一九四二）。另一是傑布羅（Joseph Jablow）的佳作《咸安族在大平原貿易關係中的地位，一七九五—一八四〇》（*Cheyenne in Plains Trade Relations, 1795–1840*）（一九五一）。貝雷（一九六六）討論了奴隸搶劫之風在西南的擴散。不過其較爲廣泛的意義尚有待說明。皮毛貿易在由大湖區擴張到薩克奇萬河流域時，其後勤學的改變，我在看了梅瑞曼的《野牛與皮毛貿易》(*The Bison and the Fur Trade*)(一九二六)以後才明白。關於紅河的歐洲人與印第安人的混血兒，霍華德(Joseph Howard)的《奇異帝國》(*Strange Empire*)(一九五二)是一個有趣的資料來源。也參看麥克休(McHugh)(一九七二)和希克遜(一九五六)。

朱克的小書《西北海岸的印第安人》(*The Indians of the Northwest Coast*)(一九六三)，仍是一本見解很好的導論。根塞(Erna Gunther)(一九七二)收集了許多這個地區早期歐洲旅客所寫的報告，其中大半是費了很多事才得到的。一七九二年西班牙博物學者摩濟諾(José Mariano Moziño)所著《努特卡資訊》(*Noticias de Nutka*)，現已有英譯本(一九七〇)。費希爾(Robin Fisher)(一九七七)解說土著美洲與新來者長期的接觸。

一九四七年，當我在哥倫比亞大學上第一年研究所的時候，維克在那兒寫成了一篇論海上貿易及其影響的畢業論文，寫得很好。她日後所有的論文(一九五二、一九五七、一九五八a、一九五八b)都非常有價值。蘇特斯(Wayne Suttles)以及他所影響的學者，加深我們對區域性生態學的了解。他寫西北海岸地區環境與文化變化的一篇文章(一九六〇)，例示他的研究方法。羅斯曼(Abraham Rosman)和汝白爾(Paula Rubel)對於「贈與」的研究(一九七一)，探討禮物交換在繼承與婚姻中的作用，有很好的成績。照我看來，蘇特斯的生態學研究方法，與羅斯曼和汝白爾對群體關係的結構學派研究方法乃相輔相成，而非反對。我也用了德拉古那(Frederica De Laguna)關於雅庫塔特(Yakutat)

的特林吉特人的研究(一九七二)；奧柏格對奇爾凱特的特林吉特人的研究(一九三三年的博士論文，一九七三年出版)；嘉飛爾德(Viola Garfield)對濟姆咸印第安人的研究(一九三九)；〈貝拉・古拉〉("Bella Coola")麥克伊瑞(McIlwraith)對貝拉・古拉人的研究(一九四八)；朱克對努特卡人的研究(一九五一)；柯迪爾(一九五〇、一九六一)和戈德曼(一九七五)對瓜久托人的研究；以及柯林斯對斯凱吉特人(Skagit)的研究(一九七四)。我始終認爲戈德曼關於艾卡卓加利爾人的論文(一九四〇)(收入林頓關於北美印第安人涵化論文集)，是一篇小傑作。

我自小時候起便對俄國的皮毛貿易感到興趣。我那時看了一些俄國探險家阿申聶夫(Arseniev)和誘捕小動物者德蘇(Dersu)的故事書，以及《最後的摩希坎人》(*The Last of the Mohicans*)和《文尼托》(*Winnetou*)。在主修人類學以後，我對雅庫特人吃魚的馬的可疑故事也十分好奇；吉布森(James Gibson)(一九六九年，頁一九一)提出一些確切的證據，證明這些故事可信。克納的《出海的堅強願望》(*The Urge to the Sea*)(一九四二)，是我關於俄國擴張與皮毛貿易基本的資料出處。拜德雷所著《俄國、蒙古與中國》(*Russia, Mongolia, and China*)(一九一九)中，有一張取自《瑞米佐夫地圖集》(*Remezoff Atlas*)的一六七三年地圖印本。費希爾(一九四三)談到一五〇〇到一七〇〇的俄國貿易。曼考(一九七一)有許多關於一七二八年以前與中國貿易的資料。福斯特(Clifford Foust)(一九六一、一九六九)談到十八世紀皮毛貿易在中國一段的情形。瑞其在〈俄國與殖民地皮毛貿易〉("Russia and the Colonial Fur Trade")(一九五五)中，闡明皮毛貿易的國際連鎖。吉布森(一九六九)談到許多西伯利亞的民族學，說明在俄國的亞洲沿海省份，如何供應皮毛貿易的食物。格拉本(Nelson Graburn)和斯壯(B. Stephen Strong)的《極地附近的民族》(*Circumpolar Peoples*)(一九七三)，談到皮毛貿易對雅庫特人的某些影響。

七、奴隸貿易

我在少年的時期看過佛羅賓努斯(Leo Frobenius)的《非洲文化史》(*Kulturgeschichte Afrikas*)(一九三三)，之後很久仍爲它著迷，不過對它臆說性的故事和對「文化人類學」主觀的解釋愈來愈懷疑。在讀了史蒂文森的《熱帶非洲的人口與政治制度》(*Population and Political Systems in Tropical Africa*)(一九六八)以後，我相信寫一部非洲社會的眞實歷史是可能的。而這樣的歷史將改變在非洲工作的社會人類學家所發明的看法，這部書在批評功能論的人口學時，也批評了功能論的人類學。它遭到質疑(參見古迪，一九七三年)，也有人成功的爲它辯護(哈瑞斯〔Harris〕，一九七九年，頁三〇六—三〇七)。自一九六〇年以後，關於非洲歷史的著作增加，其中很多傑作值得一讀。

非洲的奴隸制度是早於歐洲到來以前，或是大致由歐洲對強迫勞力的需求所造成的一個現象？這個問題不容易回答，需要進一步研究。柯比托夫(Igor Kopytoff)和麥爾斯(Syzanne Miers)(一九七七)認爲，非洲的奴隸制度只不過是設法增加對人的控制，而這個動機是根植在非洲的親屬關係和婚姻制度之中。他們認爲奴隸制度使親屬群可以把沒有親屬群體支持的個人拉進來。因而奴隸制度的反面不是「自由」，而是「歸屬」。道格拉斯（Mary Douglas）在她論典當的論文佳作（一九六四）中，也持這個看法。許多研究學者也正確指出：對奴隸的權利與奴隸本身的權利在每一個社會都不一樣。

不過臆想非洲完全由平等的親屬群體組成，則又錯了。一四〇〇年以後，非洲已有逐漸分等級的附屬納貢邦國和以親屬關係爲原則組成的社會，也已有越過撒哈拉大沙漠和印度洋的非洲奴隸貿易。第八世紀以後回教世界的奴隸制度尚有待研究。茂尼（一九六一年，頁三七九）和陸維基（Tadeusz Lewicki）（引自霍布京斯，一九七三年，頁八二，註一二）都說，越過撒哈拉大沙漠的奴隸外銷作業，牽涉到成百萬的人。歐洲對於奴隸持續的需求，誠然加強了奴役，並促成搶劫奴隸的貴族階級和邦國的成長。梅拉蘇（一九七五）和華生（一九八〇）也有一些相關著作。

爲了掌握西非的奴隸貿易，我引用克汀關於塞尼甘比亞的論著（一九七五）、羅德尼（Walter Rodney）關於上幾內亞海岸的論著（一九七〇）、達古關於黃金海岸的論著（一九七〇），以及艾興（Kwame Arhin）（一九六七）和韋爾克斯（一九六七、一九七五）關於阿善提發展的問題。摩騰—威廉斯（Peter Morton-Williams）論貿易在形成阿善提和奧約王國政策上作用的論文（一九六九），以及艾京若冰（I. A. Akinjogbin）論奧約和達荷美互相關聯發展的論著（一九七二），都很富於見識。摩騰—威廉斯（一九六四、一九六五、一九六七、一九六九）和勞奧（Robin Law）（一九七五）有助於我對奧約王國的了解。我原由赫斯柯維茲（Melville Herskovits）（一九三八）、戴蒙（Stanley Diamond）（一九五一）和博蘭尼（一九六六）中，知道達荷美的情形，而艾京若冰（一九六七、一九七二）在這方面使我知道得更多。

樂易德(Peter Lloyd)(一九五四、一九六五、一九六八)和巴斯康(一九六九)中有許多關於尤如巴王國的重要資料。布來德百瑞曾談到班寧(一九五七、一九六四)。關於尼日河三角洲，文獻豐富而且往往出人意外。除了瓊斯(G. I. Jones)(一九六三)和戴克(K. O. Dike)(一九五六)論三角洲區域的貿易和政治以外，尚有荷頓(Robin Horton)的新卡拉巴社會史(一九六九)、拉山的論述《舊卡拉巴，一六○○—一八九一》(*Old Calabar 1600–1891*)(一九七三)，和韓德森(Richard N. Henderson)論奧尼沙·伊波(Onitsha Ibo)的《人人國王》(*The King in Every Man*)(一九七二)。諾斯拉普(David Northrup)列有許多關於伊波人貿易的資料(一九七二)。奧騰保(Simon Ottenberg)對於伊波人的神諭和群體間的關係，有極佳的討論(一九五八)。

關於中非，凡西那的《大草原上的王國》(*Kingdoms of the Savannah*)(一九六八)是一部拓墾之作，也爲我們提供進一步研究的基礎。凡氏關於中非長距離貿易路線(一九六二)和剛果王國起源的論文(一九六三)也很重要。里斯本和羅馬的巨大檔案，未來無疑還會給我們許多驚喜，目前古威利(Jean Cuvelier)和傑丁(Louis Jadin)已經開始收集關於剛果的羅馬文獻。他們的《古代剛果》(*L'Ancien Congo*)(一九五四)，成爲巴蘭迪爾在《剛果王國的日常生活》(*Daily Life in the Kingdom of the Congo*)(一九六八)中敘述剛果歷史的基礎。我十分倚重艾柯姆富於見解的結構研究(一九七七)，它根據威望貨物的流傳，談母系繼嗣與政治之間的關係。關於安哥拉，我用的書是伯明罕(David Birmingham)的《葡萄牙人的征服》(*The Portuguese Conquest*)(一九六五)和《貿易與衝突》(*Trade and Conflict*)(一九六六），以及他對較早若干解釋審愼的重新評估（一九七二）。米勒（Joseph C. Miler）的《安哥拉的莫本度邦國》（*Mbundu States in Angola*）（一九七五）以及〈剛果和安哥拉的奴隸貿易〉（"The Slave Trade in Congo and Angola"）（一九七六），讓我覺得早就應該看他的論著。凡西那的《諸王國》（*Kingdoms*），與維勒的〈倫達人筆記〉（"Notes sur le Lunda"）（一九七二），也使我了解魯巴—倫達人的擴張。庫尼森談倫達人的向東擴張（一九五六、一九五七、一九六一），而尼維特討論《葡萄牙人在尙比西河上的殖民》（*Portuguese Settlement on the Zambesi*）（一九七三）。羅勃茲的《班巴人歷史》（*History of the Bemba*）（一九七三），將這個族群牢牢的放進日益擴張的奴隸與象牙貿易系絡中。

非洲外銷奴隸的數目取材自克汀的《大西洋奴隸貿易人口調查》（*The Atlantic Slave Trade, a Census*）（一九六九）。

八、東方的貿易與征服

我們必須了解歐洲人的深入亞洲水域，乃爲過去歐洲人與亞洲關係的繼續。米勒（J. Innis Miller）（一九六九）詳述羅馬帝國與亞洲之間的香料貿易。羅培茲與雷蒙合著關於地中海地區貿易的書（一九五五），中間有許多有關歐洲人在亞洲經商的資料。羅培茲在其小書《中世紀的商業革命》（*The Commercial Revolution of the Middle Ages*）（一九七一）中，談到由格陵蘭到北京的「義大利貿易爆炸」。豪爾的《東南亞歷史》（*History of South-East Asia*）（一九六八，第十章），概述回教勢力的擴張進入南亞和東南亞。威禪（一九七三年，頁一三）也討論這個主題。沁京（C. G. F. Simkin）（一九六八），討論在歐洲人到來以前亞洲的「傳統」貿易。西波拉關於歐洲海外擴張的書（一九七〇），其論述「槍砲和帆船」的第一部，對於歐洲海上商業海軍與軍事後勤學有很好的介紹。史汀斯嘉（一九七三）關於這種商業對亞洲大陸商隊貿易的影響，寫得很好。

關於葡萄牙人在亞洲的擴張，我用的參考書是戈汀荷（一九六九）、巴克塞（一九四八、一九五三、一九七三a）、張天澤（譯音）（一九三四），和迪菲及文紐斯（一九七七）。關於荷蘭人的擴張，我參考的是馬塞曼（一九六三）、巴克塞（一九七三b）、格拉曼（一九五八）、尤其是梅林克—饒洛夫（一九六二）。

莫臥爾王朝治下的農業制度，其詳細的描寫以摩蘭（W. H. Moreland）（一九六三，最初出版於一九二九年）最早，但是哈比布的近著《農業制度》（*Agrarian Systems*）（一九六三）卻有許多新資料。哈氏強調商業化與階級衝突。他的一篇文章〈莫臥爾王朝治下印度的銀行業〉（"Banking in Mughal India"）（一九六〇）討論當時的貨幣經濟，本文收在芮喬都瑞（Raychaudhuri）的《論文集》（*Contributions*）一書中。斯波戴（Howard Spodek）在其〈統治者、商人和其他群體〉（"Rulers, Merchants and Other Groups"）（一九七四）一文中，強調獨立商人和放利者的作用，連帶也提到其他都市中的社會環節。史比爾有一篇文章收在李區和莫克基合編的著作（一九七〇）中，文中對莫臥爾帝國的統治結構有很好的介紹。

吳卓夫在其二冊厚的《統治印度的人》(*The Men Who Ruled India*)(一九六四)中,說明英國人在印度所發生的作用。這部書可喜而且有用。不過關於他對英國人統治的頌揚,我們也得參考其他人的著作,如德特(Romesh Dutt)的《印度經濟歷史》(*Economic History of India*)(一九六〇,一九〇一年初版),和莫克基對「英國東印度公司」的評價(一九五八)。剛古里(Ganguli)(一九六四)和芮喬都瑞(一九六〇)所編的二冊論文,代表印度人所寫的印度經濟史。摩瑞斯和史坦恩寫有一篇關於印度經濟歷史的有用參考書目(一九六一)。摩瑞斯對於十九世紀印度工業化和商業化的正面評價,以及日本和印度經濟學者的批評,已重印在《印度經濟與社會史評論》(*Indian Economic and Social History Review*)(參見摩瑞斯,一九六三年)。李區和莫克基的論文集(一九七〇),描寫各種印度商業和政府精英分子。布隆斐的論文〈區域性精英分子〉("Regional Elites")(一九六六),說明在英國統治之下這些精英分子的上升與演替。史比爾在他的《半獨立的蒙兀兒省長》(*The Nabobs*)(一九六三)中,記述英國人在印度所採取的生活方式。

柯恩做過許多研究,探討英國統治在印度北部地方層次所造成的影響。我引用他關於法律變遷的討論(一九五九、一九六一),以及他對巴耐爾斯區域各種政治制度相互作用的分析(一九六〇、一九六二)。關於英國人所佔領的馬德拉斯,我引用費伯(Holden Furber)(一九七〇)中的資料。古芙(一九七八)探討在譚佳任所肇始的改變。

德米尼的《中國與西方》(*La Chine et L'Occident*)(一九六四)是一部像布勞岱著作一樣的大部頭

精彩著作。由德氏的這部書中，我更了解了英國對印度的控制與對中國商業滲透之間的關係，也覺察到十六、十七世紀沿中國南方海岸祕密貿易與政治活動的重要性。關於荷蘭和英國之間的關係與競爭，布隆雷和柯斯曼曾編有一套論文，很是有用（一九六四、一九六八）。

關於鴉片貿易的書很多。格林柏說鴉片貿易是當日最大宗的商品商業（一九五一年，頁一〇四）。韋克曼在他的傑作《陌生人上門》(*Strangers at the Gate*)（一九七四）中，描寫鴉片貿易所造成的社會紊亂。費正清的《中國海岸上的貿易與外交》(*Trade and Diplomacy on the China Coast*)（一九五三），是十九世紀這個課題的經典著作。

關於太平洋地區商品貿易和文化遭遇，我還沒有看到一本完全令人滿意的論著。奧立佛（一九六一）和道奇(Dodge)（一九七六）寫過很好的簡介。歷史學家茂德(H. E. Maude)（一九六八）和華德(R. Gerard Ward)(編者)（一九七二）提供關於某些貿易的詳細記載。華德所編的這部論文集中，有他個人談海參貿易的一篇文章(頁九一—一二三)。麥克耐(C. C. MacKnight)（一九七二）曾經談到這種貿易對於馬來澳人和澳大利亞土著之間關係的影響。但是我記得較早華納(W. Lloyd Warner)在其論墨琴人(Murngin)的著作中（一九五八，一九三七年原版，尤其是附錄一），也談過這個課題。尚柏格曾寫美拉尼西亞的檀香木貿易（一九六六、一九六七）；她也曾撰文論述在潮濕的熱帶使用毛瑟槍的困難，很有見地（一九七〇）。福納斯的《樂園的解剖》(*Anatomy of Paradise*)（一九四七）對於夏威夷的研究很有用。維布（一九六五）、勒文(Levin)（一九六八）和德文頗（一九六九）都曾探討為何夏威夷廢止其複雜的禁忌制度，克羅伯說這是由於「文化的疲勞」（一九四八年，頁四〇三—四〇五）。

九、工業革命

許多作家都曾懷疑一七五〇年以後一段時期是否獨特。說「那個」工業革命不過是許多工業革命中的一次而已，或者它只是一個繼續不斷進行的累積過程中的階段。不過在本章中我還是用了「工業革命」一辭，因爲它表示生產力與生產關係上一次質的改變。這個看法乃根據朵布（一九四七）和曼托（一九二八）。博蘭尼的《大轉型》（*Great Transformation*）（一九四四），和藍德斯的《獲釋的普羅米修斯》（*Unbound Prometheus*）（一九六九），其書名與內容也作如是觀。克瑞特（Kriedte）、麥迪克(Medick)和希倫邦（一九七七）乃根據曼德爾斯(Franklin Mendels)「工業化原型」（proto-industrialization)的概念（一九七二）。我由這本書獲益甚多。施隆邦談外包工制缺點的那一節（頁一九四—二五七）尤其有用。我認爲這幾位作家對於牽涉到的現象有很好的分析與掌握，不過簡寧(Pierre Jeannin)（一九八〇）責備他們低估地理與社會的分化所造成的改變。

朵布（一九四七）和霍布斯邦（一九六二、一九六九、一九七五）爲我的陳述指點線索，但是我也參考了朗巴德(Lampard)（一九五七）、福臨(Flinn)（一九六六）和哈特維(Hartwell)（一九七〇）的不同看法。現在我們已相當知道最初工廠主人的社會背景。在這方面重要的著作是查普曼（一九六七、一九七三）。我倚重這兩部書中的發現。柏金（一九六九）對於一七八〇年以後一個世紀的英國社會，有社會學性質的討論。也可參看湯普森的著作（一九七八）。

在說明棉紡織業（工業革命的「承載工業」）的發展上，我所用為我自己父親方面祖先所累積的知識，我家累代從事紡織工業。我基本的資料有曼托的《工業革命》（*Industrial Revolution*）（一九二八）、華茲華斯（A. P. Wadsworth）和曼恩（Julia de L. Mann）的名著《棉布貿易和工業郡蘭開郡》（*The Cotton Trade and Industrial Lancashire*）（一九三一）、曼恩的《布料工業》（*Cloth Industry*）（一九七一），和查普曼的佳作（一九七二）。關於工廠的組織和管理，我讀了波拉德（一九六五）和班迪克斯（Reinhard Bendix）（一九五六）。鮑爾斯（Bowles）和京提斯（Gintis）堅持認為「在生產點上的權威，必須用來激勵工人的行為。工資勞力合約並不保證工人的行為」（一九七七年，頁一七七）。這幾句話很給我啓示。

湯普森（一九六六）關於英國工人階級成長的書，現在已是一部經典著作。拜索（Duncan Bythell）（一九六九）特別研究手搖紡織機的織工，其觀點與湯普森相反。為了熟習關於工人階級徵召、家族和親屬關係日增的文獻，我看了史墨塞（Neil Smelser）（一九五九）。史氏強調家庭工作與工廠就業間的連續性。我也看了批評史氏的著作——艾德華茲（Michael Edwards）和洛伊—瓊斯（R. Lloyd-Jones）（一九七三），這本書說得很有道理。關於勞工的遷徙，我看的是瑞德福（Arthur Redford）（一九二六）。關於日益赤貧農人與工匠家庭的轉型，我用的是安德森（Michael Anderson）（一九七一）和雷文（David Levine）（一九七七）。佛斯特的《階級鬥爭與工業革命》（*Class Struggle and the Industrial Revolution*）（一九七四），精細研究包括奧德漢在內英國三個市鎮發展中的工人階級群落。馬可士（Steven Marcus）在

《恩格斯、曼徹斯特和工人階級》(*Enge, Manchester, and the Working Class*)(一九七四)中，對恩格斯對於新資本主義工業主義的解釋表示同情。

自從一九六〇年以後，關於黑人奴隸制度和美洲產棉南方的佳作出版很多。我避免關於種族關係帶有道德主義色彩的文獻，而集中注意力於以實際經驗爲基礎的歷史研究，如傑諾維斯(一九六六、一九六九)、摩爾根(一九七五)、佛格爾和恩格曼(一九七四)、湯普森(Edgar Thompson)(一九七五)，及萊特(Gavin Wright)(一九七八)，以便了解奴隸制度與大農場農業之間的關係。雖然我不同意佛吉爾和恩格曼的某些結論，我對於他們的提出重要問題，比批評者的看法好一點。我也依靠他們的數據資料。爲了將南方棉花的生產放在美國發展中經濟的較大系絡中，我引用了布汝其所編：《棉花與美國經濟的成長》(*Cotton and the Growth of the American Economy*)(一九六七)，以及摩爾(一九六六年，第三章)。陶德(Dowd)(一九五六)、諾斯(一九六一)和布汝其(一九六五)。爲了了解「奴隸所造成的世界」，我看吉諾維斯(一九七二)、格特曼(一九七六)，布拉辛蓋姆(John Blassingame)(一九七二)，和拉維克(一九七二)。明茲和普來斯(Richard Price)(一九七六)對非裔美國人文化模式的研究方法很有用。格特曼(一九七八年，第八章)談到這些模式是如何產生的。

關於美國東南方的原住民人口，文獻很多且具啓發性，不過卻不平衡。斯萬騰(John Swanton)(一九四六)和赫德遜(Charles Hudson)(一九七六)提出民族學的概觀。威利斯(William Willis)(一九八〇)援引考古學和民族歷史學的證據，討論土著多群落體系的形成。關於歐洲殖民者與土著美洲群體在十七和十八世紀的交互行動，我認為克蘭（Verner Crane）（一九五六）和寇克倫（David Corkran）（一九六二、一九六七）很有用。福爾曼（G. Foreman）的《五個文明的部落》（*The Five Civilized Tribes*）（一九三四）和柯特利爾（R. S. Cotterill）的《南方印第安人》（*The Southern Indians*）（一九五四），已是標準的資料出處。吉林（Fred Gearing）的《僧侶與戰士》（*Priests and Warriors*）（一九六二）分析契若基人的社會與政治。那希（一九七四年，第十章）概述克瑞克人和契若基人的社會和政治變遷，並討論印第安人在面對白人的侵略時所用的策略。關於在美國東南方對印第安人的奴役可參考勞（Lauber）（一九一三）和溫斯頓（Winston）（一九三四）的作品；關於非洲人、印第安人和白人的交互行動（威利斯，一九六三、一九七〇年）；以及關於印第安人口中間黑人的奴役（威利斯，一九五五年；帕度，一九七九年），需要知道的還很多。斯特特凡（William Sturtevant）曾寫過印第安人與西班牙人的關係（一九六二），並曾發表過一篇極佳的論文談塞米奴人的發展——〈克瑞克人成為塞米奴人〉（"Creek into Seminole"）（一九七一）。我也受益於塞德（Gerald Sider）一篇關於美國東南的未發表的手稿，這篇手稿乃根據他的博士論文（一九七〇）。狄保（Debo）（一九四一）曾論述驅逐印第安人的問題。關於傑克遜總統在迫使土著美洲人離開這個區域上的作用，我援引羅京（一九七五）中的歷史資料，但沒有依據羅氏的心理歷史解釋。

關於埃及這個課題，我使用理查茲（Alan Richards）的〈原始累積在埃及，一七九八—一八八二〉（"Primitive Accumulation in Egypt, 1798–1882"）（一九七七）。理氏在這篇文章中精闢的分析了埃及與鄂圖曼帝國的分離、阿里(Muhammad Ali)的設法發動自主的現代化過程，以及埃及的逐漸轉向生產棉花。歐文〔E. R. J. Owen〕(一九六九)特別論述的是棉花在埃及經濟中的作用。貝爾(Gabriel Baer)(一九六二)細說種植棉花的莊園如何置換了農民階級。貝爾在別的地方(一九六九年，第二、三章)描寫埃及村莊群落的瓦解，以及成爲地主的地方酋長權力的日增。藍德斯(一九五八)研究國際金融對埃及的影響。較早簡克斯在他《一八七五年以前英國資金的流動》(*Migration of British Capital to 1875*)(一九七三年，一九二七年初版)中的精彩一章〈近東的破產〉("Bankrupting the Near East")，也探討了同樣的課題。

關於英國的棉布貿易，艾德華茲(一九六七)探討這種貿易的發展；普賴特(D. C. M. Platt)(一九七三)談論拉丁美洲這個棉貨市場的缺點；哈乃提(Peter Harnetty)(一九七二)討論蘭開郡與印度市場之間的關係。摩瑞斯(一九六五)是關於孟買棉紡織廠的發展與其勞動力成長的重要著作。摩氏的論文〈在印度工業勞動力的甄用〉("The Recruitment of an Industrial Labor Force in India")(一九六〇)，比較印度勞動力的甄用與英國和美國勞動力的甄用。關於一七五〇年與一九〇一年間印度生棉的生產，我大致取材自古哈(一九七二、一九七三年)。協麥洪(Richard Schermerhorn)(一九七八年，頁二六八—二七二)討論涉足棉織業和貿易的印度祆教徒商業精英分子。梅爾的《二十世紀的一個非洲民族》(*An African People in the Twentieth Century*)(一九三四)和艾普特的《烏干達的政治王國》(*Political Kingdom of Uganda*)(一九六一)描述種植棉花對烏干達的影響。在嘉卓(Beverly Gartrell)論述烏干達英國官員的博士論文中，棉花的生產也是一個主題（一九七九）。

簡克斯（一九七三年，第五章）有力的論述修築鐵路對於再發動資本累積過程的作用。朵布和霍布斯邦都引述這部書。索那（一九五〇）寫印度的修築鐵路。泰勒（George Taylor）的《交通革命》（*Transportation Revolution*）（一九五一）對美國的經濟歷史很有貢獻。吳卓夫（一九六六）在第六章〈征服距離〉（"The Conquest of Distance"）中，討論土地與海上交通在統一世界上所發生的作用。海德（一九七三）研究遠東運輸與貿易的發展。白樂奇（一九七五）和拉山（一九七八）則討論十九世紀下半運輸成本的減少。

十、資本主義中的危機與變異

馬克思主張資本主義累積的過程造成利潤率下降的趨勢。我雖然同意他的說法，但是卻也認爲包爾（Otto Bauer）（一九〇七）、斯維濟（Paul Sweezy）（一九四二）和孟代爾（一九七八）的話也不錯。這幾位先生說特殊的危機可能是由各種原因所觸發，也可能導致各種回應。危機也許是地方性的，但是危機的形式與其解決的方式卻是可變和偶然的。孟代爾（一九七八年，第一章）認爲馬克思關於資本主義危機的理論，是旨在解釋爲什麼資本主義雖然天生有發生混亂的趨向，卻還能有效作用。我很同意孟氏的說法。

我不同意列寧（一九三九）、盧森堡（一九二二）和斯騰保（Sternberg）（一九二九）的說法。我認爲侵略戰爭、帝國主義、殖民主義和新殖民主義是偶爾的現象，不是結構上的現象。關於各種不同的帝國主義理論以及關於歐洲各國所採取的各種帝國主義策略，歐文(Roger Owen)和塞特克里夫(Bob Sutcliffe)(一九七二)輯有一本很有用的書。艾瑞吉(Giovanni Arrighi)(一九七八)嘗試發明一個結構的模型，以此分析和預測這些不同的回應。我認爲這本書中充滿好的見解，但過於「笛卡兒式」和「類型學式」。我覺得有兩個事實很重要。首先，英國雖然在拉丁美洲只有間接的「新殖民式」影響，可是透過在印度的帝國主義和殖民主義，卻在十九世紀取得對世界貿易的支配權，參見巴拉特·布朗(一九七〇)和拉山(一九七八)。第二，第一個資本主義國家的成功，改變了後來進入資本主義發展國家所遭遇的情況。最初明白指出這一點的是「第一位國家社會主義者」李斯特(Friedrich List)(一七八九—一八四六)，後來又是格興克隆(一九六二年，第一章)。再者，雖然資本主義群體、環節或小部分間的競爭可能是結構性的，可是沒有什麼天然的理由支持這些競爭爲什麼應該牽涉到國家而非城邦、區域或多國公司。

由若干互相敵對競爭的民族國家瓜分競爭的場所，是馬克思式分析的一個懸而未決之點。我們現在能比在十九世紀時看得清楚的是：民族與民族國家也許只不過是歷史的產物，它們是慢慢建立的，或許在面臨新的跨國過程中會衰微。爲什麼一種特殊形式的「豐富」國家在資本累積成長的緊要階段是必需的乃至有作用的？爲什麼階級間歷史性的互動正需要這種政治—經濟機構的發展？我不知道有充分令人滿意的答案。關於這兩個問題，在包爾誤受人詆毀的《國家問題》(*Nationalitäten-*

frage)(一九〇七)或德其的《民族主義與社會溝通》(*Nationalism and Social Communication*)(一九六六)中，尚有待發掘的寶藏。我在一篇只有西班牙文版的文章中，自己也曾設法解答這個問題(吳爾夫，一九五三年)。鮑蘭札斯(一九六八、一九七八)和奧康諾(一九七四)，在了解資本主義國家做些什麼上，有一點進步。

關於資本主義發展階段的改變，我用了孟代爾在《晚期資本主義》(*Late Capitalism*)(一九七八年，第四章)中對於「長波」的討論。我也大致接受他對這個現象的解釋，不過我注意對它的批評(例如，饒松〔Rowthorn〕，一九七六年)。孔卓提夫(Nikolai D. Kondratieff)是一位經濟學家和統計學家，一九二〇與一九二八年間任「莫斯科企業情況研究所」(Moscow Business Conditions Institute)所長，但卻在隨後史達林的整肅中失蹤。孟代爾像許多其他人一樣，繼續了康氏的傳統。孔氏是在一九一九至二一年確切的說明了他的假設。他的一篇文章於一九二五年以俄文出現，一九二六年譯爲德文，後來又譯爲英文發表在《評論》(*Review*)這個刊物專論《週期與趨勢》的特刊上(康德拉提耶夫，一九七九年)。熊彼得在《企業週期》(*Business Cycles*)中使用孔氏的概念(一九三九)。羅斯托對於孔卓提夫週期的討論(一九七八)，由一個反對的政治立場與孟代爾的解釋一致(參見華勒斯坦，一九七九年，頁六六五)。羅森柏格(Hans Rosenberg)在其《大蕭條》(*Grosse Depression*)(一九六七)中，使用這個概念解釋十九世紀最後三、四十年間德國對「大蕭條」的多面解釋。

十一、商品的流動

我之所以探索特殊產品由生產到市場的流動，是爲了聚合三個通常分開處理的方面：一是由於資本累積的需要而發生的不可避免的事；二是採集或種植某種農作物或抽提某種物質在生態學上的意義；三是對於其勞力被動員從事這些工作者所造成的後果。討論中所以包括特殊的商品，是因爲這些商品的量在世界市場上有重要的意義；因爲經濟學家、經濟地理學家或歷史家，注意到由大量生產這些商品所造成的各種轉型；因爲人類學家對於捲入這些轉型中的人口，有他們的看法。

我對於大農場的討論，大半是由於我與明茲對大農場與農夫間回饋關係的共同興趣。自從明茲與我同時參加史都華對波多黎各的研究以後，我們便對這個課題有興趣（參見史都華等〔一九五六年，第七及九章〕，以及對鄧肯〔Duncan〕編〔一九七八〕中研究的新評價，尤其是關於羅斯伯利〔William Roseberry〕的那篇文章）。我們對於這個課題的著作中，有明茲對大農場類型（一九五九b）、加勒比海農夫階級（一九六一、一九七九a），以及關於「農夫階級定義」（一九七三）的研究；我個人對大農場制度各種次文化和階級（一九五九）和農夫階級一般情形（一九六六）的研究；以及明茲與我二人對各種大莊園的研究（一九五七）。湯普森對於大農場農業的了解，很有貢獻，他這方面的著作現在輯成一冊（一九七五）。拜斯特（Lloyd Best）關於「純粹大農場經濟」的模型（一九六八），和白克福關於大農場的落後原因（一九七二）的著作，也很有用。

在人類學家們關於農夫市場交易的許多研究中，我尤其受到明茲以市場制度爲「社會互動機制」（一九五九a）的影響。我認爲市場乃由階級間關係構成，而非由發生「市場經紀人」作用的家戶構成。新古典經濟理論認爲家戶最初具有的因素是想當然的事，而市場上的競爭，根據家戶使用這些因素的有效率和無效率，給它們分類分等。我不甚同意這個理論。相反的，我同意奈爾的看法，也就是說「市場根據相對的權力分配收入」（一九七三年，頁九五）。奈爾對比正統的新古典經濟學與他所謂的「馬克思式」的經濟學。這兩種模式的對比，是清楚而精確的。

關於北美的小麥生產，我參考的是蓋茲(Paul Gates)的《大草原邊疆》(*Prairie Frontier*)（一九七三）、目前已是經典著作的維布的《大平原》(*The Great Plains*)（一九三一），以及克倫佐(Charles Kraenzel)的《過渡中的大平原》(*Great Plains in Transition*)（一九五五）。尤其有用的是佛瑞曼精彩的論文〈世界市場、政府與家庭農場〉("World Market, State, and Family Farm")（一九七八）。斯可比(James Scobie)（一九六四）所寫的阿根廷小麥生產史，寫得很好。韋伯（一九七九）和格興克隆（一九四三）討論小麥的農業。關於俄國的穀物農業，我依靠里亞成珂的經濟史（一九四九）和赫里希(Patricia Herlihy)的一篇關於敖得薩在穀物外銷貿易中所發生作用的論文（一九七二）。艾達斯(Michael Adas)在《緬甸三角洲》(*The Burma Delta*)（一九七四）中，討論稻米生產在緬甸的發展。關於泰國，參看漢克斯的《稻米與人類》(*Rice and Man*)（一九七二）。關於越南，參看洛布昆(Charles Robequain)的《經濟發展》(*Economic Development*)（一九四四）以及參孫(Robert Sansom)的《暴亂的經濟學》

(*Economics of Insurgency*)(一九七〇)中歷史性的第二章。

我對一八六〇年以後牲畜生產成長的了解，大半是根據斯垂康(Arnold Strickon)的論文〈歐裔美洲人經營牧場情結〉("The Euro-American Ranching Complex")(一九六五)。這篇文章比較美國西部和阿根廷。爲了了解北美的放牛業，維布(一九三一)不可不讀，奧思古(E. S. Osgood)的《牛仔的日子》(*Day of the Cattleman*)(一九五七)。佛藍茲(Joe Frantz)和朱艾特(Julian Choate)(一九五五)曾論述美國牛仔的虛構故事與實際情形。這個課題尚有待進一步探究。關於黑人牛仔，參看德拉謨和瓊斯(一九六五)。關於阿根廷，斯垂康的論文和博士論文(一九六〇)都非常有用。哈普林—唐希(Tulio Halperin-Donghi)在其《革命的餘波》(*Aftermath of Revolution*)(一九七三年，第三章)中，重新解釋薩米安托(Sarmiento)對於文明與野蠻的極化說法，也很有用。關於澳大利亞，我所用的是格林伍(G. Greenwood)所編的一本書(一九五五)。這本書中有哈特維一篇關於「牧人優勢」的佳作。羅斯克蘭斯(Rosecrance)(一九六四)與白特(Burt)(一九五七)關於澳大利亞洲畜牧事業政治意義的評語，也惠我良多。

關於香蕉種植的文獻，在企業和公司歷史方面很強。但是不大注意受影響的地方人口的命運。我所用的資料是克普納(Charles Kepner)和蘇特希爾(Jay Soothill)的《香蕉帝國》(*Banana Empire*)(一九三五)、克普納的《香蕉業的社會方面》(*Social Aspects of the Banana Industry*)(一九三六)、威爾遜的《綠與金色的帝國》(*Empire in Green and Gold*)(一九四七)，以及史提華爲「聯合水果公司」創辦人吉斯(Minon C. Keith)所寫的傳記(一九六四)。奧林(Michael Olien)(一九七〇)討論黑色人口所發生的作用，尤其是在哥斯大黎加。

關於蔗糖的書籍很多。關於某些涉及的問題，我最重要的參考書是迪伊爾(Noel Deerr)多卷數的《糖的歷史》(*History of Sugar*)(一九四九)；奧提茲(Fernando Ortiz)的《古巴對比法》(*Cuban Counterpoint*)(一九四七)；明茲關於波多黎各甘蔗大農場的著作(尤其是一九五六、一九七四)；米勒(Solomon Miller)對於祕魯海岸甘蔗大農場的研究(一九六七)；和紀爾茲對爪哇農場生長甘蔗和生計稻米田交錯情形的研究(一九六三)。明茲的〈時間、蔗糖和甜蜜〉("Time, sugar and sweetness")(一九七九b)，是對膳食的文化動態這個問題有趣的新研究。

吳克(William Ukers)的《關於咖啡的一切》(*All About Coffee*)(一九三五)，是一本關於咖啡生產和銷售的實際指南，其中材料豐富。關於咖啡種植區域事例的研究，有我自己寫波多黎各高地的博士論文(史都華等，一九五六年，第七章)、羅斯伯利關於委內瑞拉安地斯山區的佳作(印刷中)，以及本書第十二章所描寫的迪恩關於巴西南部極佳的歷史記載(一九七六)。迪聖(Alain Dessaint)有文章論述咖啡生產對土著美洲群落的影響(一九六二)。他或許是第一位著重中美洲勞動力遷徙的人類學家。關於咖啡館的歷史與其對歐洲政治和社交的影響，現在尚沒有人研究。布勞岱的評語(一九七三年b，頁一八四—一八七)富於啓發性。關於英國人的飲茶，參看福瑞斯特(Forrest)(一九七三)。

除了第八章所列關於鴉片貿易的資料以外，我對於生產鴉片技巧和後果的掌握，十分倚重兩位迪聖氏(Alain and William Dessaint)(A・迪聖，一九七一、一九七二年；二迪聖氏，一九七五年)。孔斯塔特所編《東南亞部落、少數民族、和邦國》(*Southeast Asian Tribes, Minorities, and Nations*)(一九六七)中，有許多關於東南亞大陸山居人口種植鴉片的民族志學資料。麥考艾的《海洛英的政治》(*Politics of Heroin*)(一九七二)，論述第二次世界大戰以後海洛英生產的成長。

我在本書中引用了墨費關於蒙都魯古人種植橡膠所造成改變的論點(一九五八、一九六〇)，不過瑞摩斯(Alcida Ramos)(一九七八)質疑墨費關於早期蒙都魯古人歷史的記載。目前我們還沒有關於橡膠貿易對亞瑪遜河流域人口影響的詳細研究，這樣的研究是有必要的。目前，我們依靠一些戲劇性的記載，如柯里爾(Richard Collier)所說亞瑪遜河流域橡膠大老闆的故事(一九六八)。關於馬來亞的橡膠生產，我用了艾倫(G. C. Allen)和當尼松(A. G. Donnithorne)的《印尼和馬來亞的西方企業》(*Western Enterprise in Indonesia and Malaya*)(一九六二)、傑克遜(James Jackson)的《大農場主人的投機者》(*Planters and Speculators*)(一九六八)，以及簡恩對於一個橡膠大農場的研究(一九七〇)。關於西非可可粉的生產，我看的是霍普金斯的經濟史(一九七三)、希爾(Polly Hill)關於迦納流動可可樹種植者的佳作(一九六三)，以及斯塔文海更(Rodolfo Stavenhagen)對於象牙海岸研究的節要(一九七五年，第三部)。這篇節要解釋了許多現有的法國文獻。哈特(Keith Hart)也給我看了他關於西非商業農業發展的未發表手稿(一九七九)。

爲了掌握南非所發生的情形，我參考波洛克(N. C. Pollock)和艾格紐(Swanzie Agnew)有用的歷史地理學（一九六三），以及威爾遜（Monica Wilson）和湯普森（Leonard Thompson）合編的二冊傑作《牛津南非史》（*Oxford History of South Africa*）（一九六九—一九七一）。我十分受益於馬固班（Benjamin Magubane）的論文〈南非歷史的政治學〉（"The Politics of History in South Africa"）（一九七八）。關於克索薩的屠牛，參看凱勒（Keller）（一九七八）。

十二、新勞工

本章引用若干不同但輻合的資料出處。其中之一是「新都市社會學」，它研究的興趣在於城市，以城市爲資金累積和投資、勞動力儲藏，和政府干預的中心點。關於這一發展的主要論著，是卡斯特斯（Manuel Castells）的《都市問題》（*Urban Question*）（一九七七）和哈維（David Harvey）的《社會正義與城市》（*Social Justice and the City*）（一九七三）。我也由這些文獻和哈維在〈都市社會學與都市政治學〉一文（"Urban Sociology and Urban Politics"）（一九七五）中關於研究趨勢的討論，獲益匪淺。祖京（Sharon Zukin）的〈新都市社會學十年〉（"A Decade of the New Urban Sociology"）（一九八〇），對於這個研究的方向有極佳的討論與概述。某些最近都市人類學的著作也談類似的方面。參看羅維根（Jack Rollwagen）對於〈都市人類學新方向〉（"New Directions in Urban Anthropology"）（一九八〇）的評論。

本章所用第二種資料乃得自新的勞工歷史。代表這種研究方法的著作，有湯普森的《英國工人階級的形成》(*The Making of the English Working Class*)(一九六六)、霍布斯邦的《勞動的人》(*Labouring Men*)(一九六四)、春培的《卡茂的礦工》(*Les mineurs de Carmaux*)(一九六四)，和道來(Alan Dawley)對麻塞諸塞州林恩(Lynn)的研究(一九七六)。這幾位學者在寫社會歷史的時候，設法將工人階級放在一個較廣大和在歷史上有變化的社會和文化基礎上，而不只集中論述工人階級或勞工組織。豪普特(Georges Haupt)的論文〈爲什麼要談工人階級運動的歷史?〉("Why the History of the Working-Class Movement?")(一九七八)，對這種研究方法有綱領性的說明。關於對美國這種趨勢的說明，參看布羅迪(David Brody)的〈舊勞工歷史和新勞工歷史〉("The Old Labor History and the New")(一九七九)。在人類學中，威爾遜(Godfrey Wilson)也及早走這個方向。威氏是一九三八至四一年間羅德斯—李文斯頓研究所(Rhodes-Livingstone Institute)的所長。他在《由於與其他文化接觸而失去部落特徵的經濟學》(*The Economics of Detribalization*)(一九四一—一九四二)中，所謂的「由於與其他文化接觸而失去部落特徵」，正是指在羅德西亞產銅地帶工人階級形成的過程。關於威爾遜以及他想「結合馬克思和馬凌諾斯基(Malinowski)」的企圖，參看布朗(Richard Brown)不偏不倚的記述(一九七三)。

本章所用第三種資料是關於遷徙的文獻。過去的論著，主要說「遷徙」是個人或群體爲了找更好的機會而移動所造成的集體結果。並且由同化或多元化的文化過程，去解釋其成功與失敗。對這個課題的新研究，卻是由國際的觀點去看它，說它是「發送」社會政治與經濟變遷的結果，也是「接受」社會對勞力需求有所改變的結果。尼柯林那柯斯(Marios Nikolinakos)想要發明在「晚近」資本主義中遷徙的一般理論(一九七五)。沙寧(Teodor Shanin)曾批評尼氏的研究(一九七八)。沙聖—古布(Saskia Sassen-Koob)有文章論遷徙與移民(一九七八、一九八一)。波特斯(Alejandro Portes)撰有〈遷徙與落後〉("Migration and Underdevelopment")(一九七八)。上述的論著，對我都很有用。李茲(Anthony Leeds)的〈遷徙過程中的婦女〉("Women in the Migratory Process")(一九七六)，乃由一個人類學家的觀點所作的評語。一九七九年「歷史特別工作組」(History Task Force)，將新研究方法的觀點用在波多黎各的特殊事例。

影響我論點的第四個研究方向，見於有關勞力市場分裂的論著。這個概念初現於克爾(Clark Kerr)的〈勞力市場的分割〉("Balkanization of Labor Markets")(一九五四)，後來又有許多著作踵事增華。其中就我而言最重要的是高登(David Gordon)的《貧窮與失業的理論》(*Theories of Poverty and Underemployment*)(一九七二)，與艾德華茲、萊其(Reich)和高登(一九七五)所合編的《勞力市場之分裂》(*Labor Market Segmentation*)。波那西奇(一九七二)創新，將「分裂的勞力市場」與民族敵對的問題繫聯。這一種新的研究方法，考慮到不斷變化的勞力市場和其中不斷改變的群體就業情形，避免靜態與限制性的職業階級組織模型，這些職業只適合穩定與有特殊文化的群體。

在關於移民到美國的出版品中，我認爲最有用的是瓊斯的《美國移民》(*American Immigration*)(一九六〇)和羅森布倫的《移民工人》(*Immigrant Workers*)(一九七三)。休恩的《太平洋地區人口向美國的遷徙》(*Pacific Migration to the United States*)(一九七七)。關於中國勞工貿易的主要資料出處，仍是坎貝爾(Persia Crawford Campbell)的《中國苦力的向國外移民》(*Chinese Coolie Emigration*)(一九二三)。丁克在《新奴隸制度》(*A New System of Slavery*)中，談論印度的勞力貿易。我也引用古芙關於這種貿易對譚佳任影響的說法(一九七八)。

關於南非，我用的是佛蘭可(S. H. Frankel)關於資金投資的記述(一九三八)，以及林頓所編《世界大半地區》(*Most of the World*)(一九四九)中，西蒙斯(H. J. Simons)所寫關於非洲東部和南部的一段。這兩部書我在上研究所時已看過。兩位西蒙斯氏(H. J. Simons and Ruth Simons)合著的《階級與顏色》(*Class and Color*)(一九六九)也很有用。馬固班的《種族與階級的政治經濟》(*Political Economy of Race and Class*)(一九七九)寫得很好，也參看凱普藍(David Kaplan)對它有趣的評論(一九七九)。《牛津南非歷史》(威爾遜和湯普森合編，一九七一年，卷二)中，豪夫頓和韋爾希所寫的幾章資料豐富。在帕瑪(Palmer)和帕深思(一九七七)所編的文集中，勒加錫克(Martin Legassick)論由採礦改變到工業的文章，和本迪(Colin Bundy)關於德蘭斯凱(Transkei)農夫階級的文章，都很有價值。曾經寫過一本關於南羅德西亞非洲礦工的書(一九七六)的昂塞倫(Charles Van Onselen)，也撰文論述蘭德(Rand)地方上黑白雙重勞動力的創造(一九七九)。威爾遜(Francis Wilson)(一九七二)特別論述金礦上的勞動力。勞力儲備與採礦地點的交錯存在情形，是在資本主義贊助下，非洲南部與中部開發的典型情形。渥比(Harold Wolpe)(一九七二)和百拉沃伊(一九七六)都討論這個情形，但是著眼點不一樣。

本章關於巴西里約克拉羅郡的一節，乃是根據迪恩的歷史研究（一九七六）。洛夫（一九六七）談馬來民族主義的著作，和福瑞曼談中國流動人口的著作，都富於有關新加坡的資料與見解。

「多元社會」的概念乃芬尼華在關於印尼和緬甸的著作（一九三九、一九四八）中最初提出，而後由史密斯(M. G. Smith)在《英屬西印度群島多元社會》(*Plural Society in the British West Indies*)（一九六五）中詳加解說。關於這個概念及其用法的文獻現在已經很多。德斯普瑞斯(Leo Despres)的《多元社會中的民族群與資源競爭》(*Ethnicity and Resource Competition in Plural Societies*)（一九七五），是關於這個問題方便的入門書，並附有參考書目。

後記

在這篇後記中，作者設法根據馬克思思想方式的觀念和知識的社會學，再思考人類學的文化概念。關於這個主題的作者，有馬克思一方的恩格斯、塔海默(August Thalheimer)、鮑肯瑙(Franz Borkenau)、葛蘭西(Antonio Gramsci)、阿圖塞和豪爾(Stuart Hall)，和自稱溯源於韋伯和狄爾泰(Wilhelm Dilthey)的知識的社會學家。盧卡奇(Georg Lukács)、高德曼(Lucien Goldmann)、曼海姆(Karl Mannheim)合併了這兩個傳統，但所用的方式不一樣。艾薩德、巴耐特(Steve Barnett)和西佛曼(Martin Silverman)、布洛其(Maurice Bloch)、福其唐、福瑞曼、戈德利爾和坎恩(Joel Kahn)，曾各以不同的方式，在人類學的討論中使用馬克思思想方式的概念。

李維史陀的著作，乃由(在各社會以內和各社會之間所產生)意識形態選項或變異體的概念所啓發。但是李維史陀認爲自然和文化的關係乃直接通過人類的大腦。我主張思想乃由當時所使用的生產方式所傳遞。霸權的概念來自葛蘭西的著作。威廉斯(Raymond Williams)(一九七三)技巧的詳述任選和反對的各種形式。差異口音的概念見於渥洛西諾夫(一九七三)，對點的概念來自威禪(一九七四)。我仍然認爲各種人類的科學沒有文化的概念便不行。目前大家在辯論如何可以根據新的了解重鑄這個概念，我謹以本書的討論，對這種辯論做一點貢獻。

參考書目

ABRAHAM, D. P. 1961. Maramuca: An Exercise in the Combined Use of Portuguese Records and Oral Tradition. Journal of African History 2: 211-245.

—— 1962. The Early Political History of the Kingdom of Mwene Mutapa (850-1589). *In* Historians in Tropical Africa: Proceedings of the Leverhulme Inter-Collegiate History Conference Held at the University College of Rhodesia and Nyasaland, 1960. Pp. 61-92. Salisbury: International African Institute.

—— 1964. Ethno-History of the Empire of Mutapa, Problems and Methods. *In* The Historian in Tropical Africa. Jan Vansina, R. Mauny, and L. V. Thomas, eds. Pp. 104-121. London: Oxford University Press.

—— 1966. The Roles of the 'Chaminuka' and the Mhondoro-Cults in Shona Political History. *In* The Zambezian Past. Eric T. Stokes and R. Brown, eds. Pp. 28-46. Manchester: Manchester University Press.

ABUN-NASR, JAMIL M. 1971. A History of the Maghrib. Cambridge: Cambridge University Press.

ADAMS, ROBERT McC. 1965. Land Behind Baghdad: A History of Settlement on the Diyala Plain. Chicago: University of Chicago Press.

ADAS, MICHAEL 1974. The Burma Delta: Economic Development and Social Change on the Rice Frontier, 1852-1941. Madison: University of Wisconsin Press.

AJAYI, J. F. ADE, and MICHAEL CROWDER, eds. 1972. History of West Africa, Vol. 1. New York: Columbia University Press.

AKINJOGBIN, I. A. 1967. Dahomey and Its Neighbors, 1708-1818. Cambridge: Cambridge University Press.

—— 1972. The Expansion of Oyo and the Rise of Dahomey 1600-1800. *In* History of West Africa, Vol. 1. J. F. Ade Ajayi and Michael

Crowder, eds. Pp. 304-343. New York: Columbia University Press.

ALBION, ROBERT G. 1939. The Rise of New York Port, 1815-1860. New York: Scribner's.

ALLEN, G. C., and A. G. DONNITHORNE 1962. Western Enterprise in Indonesia and Malaya. London: Allen & Unwin.

ALPERS, EDWARD 1968. The Mutapa and Malawi Political Systems. *In* Aspects of Central African History. Terence O. Ranger, ed. Pp. 1-28. Evanston, IL: Northwestern University Press.

ALTHEIM, FRANZ 1954. Gesicht vom Abend und Morgen. Frankfurt a.M.: Fischer Bücherei.

—— 1960. Zarathustra und Alexander. Frankfurt a.M.: Fischer Bücherei.

ALTHUSSER, LOUIS, and ÉTIENNE BALIBAR 1970. Reading Capital. New York: Pantheon Books.

AMERICAN FUR TRADE CONFERENCE 1967. Selected Papers of the 1965 American Fur Trade Conference. St. Paul: Minnesota Historical Society.

AMIN, SAMIR 1973*a*. Neo-Colonialism in West Africa. Harmondsworth: Penguin Books.

—— 1973*b*. Le dévéloppement inégal. Paris: Les Éditions de Minuit.

ANDERSON, MICHAEL 1971. Family Structure in Nineteenth Century Lancashire. Cambridge: Cambridge University Press.

ANDERSON, PERRY 1974. Lineages of the Absolutist State. London: New Left Books.

—— 1978. Passages from Antiquity to Feudalism. London: Verso.

ANSTEY, ROGER 1977. The Profitability of the Slave Trade in the 1840s. *In* Comparative Perspectives on Slavery in New World Plantation Societies. Vera Rubin and Arthur Tuden, eds. Pp. 84-93. Annals of the New York Academy of Sciences, Vol. 292. New York: New York Academy of Sciences.

APTER, DAVID E. 1961. The Political Kingdom of Uganda: A Study in Bureaucratic Nationalism. Princeton, NJ: Princeton University Press.

ARHIN, KWAME 1967. The Structure of Greater Ashanti (1700-1824). Journal of African History 8: 65-85.

ARRIGHI, GIOVANNI 1978. The Geometry of Imperialism: The Limits of Hobson's Paradigm. London: New Left Books.

ASAD, TALAL, ed. 1973. Anthropology and the Colonial Encounter. London: Ithaca Press.

BADDELEY, JOHN F. 1919. Russia, Mongolia, and China. 2 vols. London: Macmillan.

BAER, GABRIEL 1962. A History of Landownership in Modern Egypt. London: Oxford University Press.

—— 1969. Studies in the Social History of Modern Egypt. Publication of the Center for Middle Eastern Studies, No.4. Chicago:

University of Chicago Press.
BAGWELL, PHILIP S., and G. E. MINGAY 1970. Britain and America 1850-1939: A Study of Economic Change. New York: Praeger.
BAILEY, ALFRED G. 1969. The Conflict of European and Eastern Algonkian Cultures 1504-1700: A Study in Canadian Civilization. Toronto: University of Toronto Press. (First pub. 1937.)
BAILEY, F. G. 1957. Caste and the Economic Frontier. Manchester: Manchester University Press.
—— 1960. Tribe, Caste, and Nation. Manchester: Manchester University Press.
BAILEY, L. R. 1966. Indian Slave Trade in the Southwest: A Study of Slave-taking and the Traffic in Indian Captives from 1700-1935. Great West and Indian Series, Vol. 32. Los Angeles: Westernlore Press.
BAIROCH, PAUL 1975. The Economic Development of the Third World Since 1900. Berkeley, Los Angeles, London: University of California Press.
BAKEWELL, PETER J. 1971. Silver Mining and Society in Colonial Mexico: Zacatecas, 1546-1700. Cambridge: Cambridge University Press.
BALANDIER, GEORGE 1968. Daily Life in the Kingdom of the Congo From the Sixteenth to the Eighteenth Century. New York: Pantheon Books.
—— 1970. The Sociology of Black Africa: Social Dynamics in Central Africa. New York: Praeger.
BALAZS, ÉTIENNE 1964. Chinese Civilization and Bureaucracy. New Haven, CT: Yale University Press.
BANU, ION 1967. La formation sociale 'tributaire.' Recherches Internationales à la Lumière du Marxisme, No. 57-58. Special number: Premières sociétés des classes et mode de production asiatique. Pp. 251-253. Paris: Éditions de la Nouvelle Critique.
BARBOUR, VIOLET 1963. Capitalism in Amsterdam in the Seventeenth Century. Ann Arbor: University of Michigan Press.
BARLOEWEN, WOLF-DIETRICH VON 1961. Abriss der Geschichte Antiker Randkulturen. Munich: Oldenbourg.
BARRATT BROWN, MICHAEL 1970. After Imperialism. New York: Humanities Press.
BARRETT, WARD J., and STUART B. SCHWARTZ 1975. Comparación entre dos economias azucareras coloniales: Morelos, México y Bahia, Brasil. *In* Haciendas, latifundios y plantaciones en América Latina. Enrique Florescano, ed. Pp. 532-572. Mexico City: Siglo Veintinuno Editores.
BASCOM, WILLIAM 1969. The Yoruba of Southwestern Nigeria. New York: Holt, Rinehart & Winston.
BAUER, OTTO 1907. Die Nationalitätenfrage und die Sozialdemokratie. Marx-Studien, Vol. 2. Max Adler and Rudolf Hilferding, eds.

Vienna: Volksbuchhandlung Ignaz Brand.

BEAN, RICHARD 1974. A Note on the Relative Importance of Slaves and Gold in West African Exports. Journal of African History 15: 351-356.

BECKFORD, GEORGE L. 1972. Persistent Poverty: Underdevelopment in Plantation Economies of the Third World. New York: Oxford University Press.

BENDA, HENRY J. 1972. Continuity and Change in Southeast Asian History. Yale University Southeast Asian Studies Monograph Series, No. 18, New Haven, CT: Yale University Southeast Asian Studies.

BENDIX, REINHARD 1956. Work and Authority in Industry: Ideologies of Management in the Course of Industrialization. New York: Wiley.

BERREMAN, GERALD 1979. Caste and Other Inequities. Meerut, India: Folklore Institute.

BERTIN, JACQUES, SERGE BONIN, and PIERRE CHAUNU 1966. Les Philippines et le Pacifique des Ibériques, XVIe-XVIIe-XVIIIe Siècles, Construction Graphique. Paris: École Pratique des Hautes Études, VIe Section, S.E.V.P.E.N.

BEST, LLOYD A. 1968. Outlines of a Model of Pure Plantation Economy. Social and Economic Studies 17: 282-326.

BÉTEILLE, ANDRÉ 1969. Castes: Old and New. Bombay: Asia Publishing House.

BINDOFF, S. T. 1966. Tudor England. The Pelican History of England, Vol. 5. Harmondsworth: Penguin Books.

BIRMINGHAM, DAVID 1965. The Portuguese Conquest of Angola. London: Oxford University Press.

—— 1966. Trade and Conflict in Angola: The Mbundu and Their Neighbors Under the Influence of the Portuguese 1483-1790. Oxford: Clarendon Press.

—— 1972. The African Response to Early Portuguese Activities in Angola. *In* Protest and Resistance in Angola and Brazil. Ronald Chilcote, ed. Pp. 11-28. Berkeley, Los Angeles, London: University of California Press.

BISHOP, CHARLES A. 1976. The Emergence of the Northern Ojibwä: Social and Economic Consequences. American Ethnologist 3: 39-54.

BISHOP, CHARLES A., and ARTHUR J. RAY, eds. 1976. The Fur Trade and Culture Change: Resources and Methods. Special Issue. Western Canadian Journal of Anthropology 6 (1).

BLASSINGAME, JOHN 1972. The Slave Community: Plantation Life in the Antebellum South. New York: Oxford University Press.

BLOCH, MARC 1961. Feudal Society. 2 vols. Chicago: University of Chicago Press. (First pub. in French 1939-1940).

—— 1970. French Rural History: An Essay on Its Basic Characteristics. Berkeley, Los Angeles, London: University of California Press. (First pub. in French 1931.)
BOAS, FRANZ 1921. Ethnology of the Kwakiutl Based on Data Collected by George Hunt. 35th Annual Report of the Bureau of American Ethnology. Pt. 2. Pp. 795-1481. Washington, DC.
BOLUS, MALVINA, ed. 1972. People and Pelts: Selected Papers of the Second North American Fur Trade Conference. Winnipeg, Manitoba: Peguis.
BONACICH, E. 1972. A Theory of Ethnic Antagonism: The Split-Labor Market. American Sociological Review 5: 533-547.
BOROCHOV, BER 1937. Nationalism and the Class Struggle: AMarxian Approach to the Jewish Question. New York: Poale-Zion.
BOVILL, E. W. 1968. The Golden Trade of the Moors. New York: Oxford University Press. (First ed. 1933, as Caravans of the Old Sahara.)
BOWLES, SAMUEL, and HERBERT GINTIS 1977. The Marxian Theory of Value and Heterogeneous Labour: A Critique and Reformulation. Cambridge Journal of Economics 1: 173-192.
BOWSER, FREDERICK P. 1974. The African Slave in Colonial Peru 1524-1650. Stanford, CA: Stanford University Press.
BOXER, CHARLES B. 1948. Fidalgos in the Far East, 1550-1770; Fact and Fancy in the History of Macao. The Hague: M. Nijhoff.
—— 1953. South China in the Sixteenth Century, Being the Narratives of Galeote Pereira, Fr. Gaspar da Cruz, O.P.Fr. Martin de Rada, O.E.S.A., 1550-1575. London: Hakluyt Society.
—— 1973*a*. The Portuguese Seaborne Empire 1415-1825. Harmondsworth: Penguin Books.
—— 1973*b*. The Dutch Seaborne Empire 1600-1800. Harmondsworth: Penguin Books.
BRADBURY, R. E. 1957. The Benin Kingdom and the Edo-Speaking Peoples of South-western Nigeria, Ethnographic Survey of Africa: Western Africa, Pt. 13. London: International African Institute.
—— 1964. The Historical Uses of Comparative Ethnography: Data with Special Reference to Benin and Yoruba. *In* The Historian in Tropical Africa. Jan Vansina, R. Mauny, and L. V. Thomas, eds. Pp. 145-160. London: Oxford University Press.
BRADBY, BARBARA 1975. The Destruction of Natural Economy. Economy and Society 4: 127-161.
BRADING, D. A. 1971. Miners and Merchants in Bourbon Mexico 1768-1810. Cambridge: Cambridge University Press.
—— 1977. The Haciendas as an Investment. *In* Haciendas and Plantations in Latin American History. Robert G. Keith, ed. Pp. 135-140. New York: Holmes & Meier.
BRADING, D. A., and HARRY E. CROSS 1972. Colonial Silver Mining: Mexico and Peru. Hispanic American Historical Review 52:

545-579.

BRAMSON, LEON 1961. The Political Context of Sociology. Princeton, NJ: Princeton University Press.

BRAUDEL, FERNAND 1972. The Mediterranean and the Mediterranean World in the Age of Philip II, Vol. 1. New York: Harper & Row.

—— 1973*a*. The Mediterranean and the Mediterranean World in the Age of Philip II, Vol. 2. New York: Harper & Row.

—— 1973*b*. Capitalism and Material Life 1400-1800. New York: Harper & Row.

BRENNER, ROBERT 1975. England, Eastern Europe, and France: Socio-Historical Versus Economic Interpretation. *In* Failed Transitions to Modem Industrial Society: Renaissance Italy and Seventeenth Century Holland. Frederick Krantz and Paul M. Hohenberg, eds. Pp. 68-71. Montreal: Interuniversity Centre for European Studies.

—— 1976. Agrarian Class Structure and Economic Development in Pre-Industrial Europe. Past and Present, No. 70: 30-75.

BRODY, DAVID 1979. The Old Labor History and the New: In Search of an American Working Class. Labor History 20: 111-126.

BROMLEY, J. S., and E. H. KOSSMANN, eds. 1964. Britain and the Netherlands. Groningen: Wolters.

—— 1968. Britain and the Netherlands in Europe and Asia. London: Macmillan.

BROOMFIELD, J. H. 1966. The Regional Elites: A Theory of Modem Indian History. *In* Modern India: An Interpretative Anthology. Thomas R. Metcalf, ed. Pp. 60-70. London: Macmillan.

BROWN, JAMES A. 1975. Spiro Art and Its Mortuary Contexts. *In* Death and the Afterlife in Pre-Columbian America. Elizabeth P. Benson, ed. Pp. 1-32. Washington, DC: Dumbarton Oaks Research Library and Collections, Trustees for Harvard University.

BROWN, JUDITH K. 1975. Iroquois Women: An Ethnohistoric Note. *In* Toward an Anthropology of Women. Rayna Rapp Reiter, ed. Pp. 235-251. New York: Monthly Review Press.

BROWN, RICHARD 1973. Anthropology and Colonial Rule: Godfrey Wilson and the Rhodes-Livingstone Institute, Northern Rhodesia. *In* Anthropology and the Colonial Encounter. Talal Asad, ed. Pp. 173-197. London: Ithaca Press.

BRUCHEY, STUART W. 1965. The Roots of American Economic Growth 1607-1861: An Essay in Social Causation. New York: Harper & Row.

BRUCHEY, STUART W., comp. and ed. 1967. Cotton and the Growth of the American Economy: 1790-1860, Sources and Readings. New York: Harcourt, Brace and World.

BRUNER, EDWARD M. 1961. Mandan. *In* Perspectives in American Indian Culture Change. Edward H. Spicer, ed. Pp. 187-227. Chicago: University of Chicago Press.

BULLIET, RICHARD 1975. The Camel and the Wheel. Cambridge: Harvard University Press.

BUNDY, COLIN 1977. The Transkei Peasantry, c.1890-1914: Passing Through a Period of Stress. *In* The Roots of Rural Poverty in Central and Southern Africa. Robin Palmer and Neil Parsons, eds. Pp. 201-220. Berkeley, Los Angeles, London: University of California Press.

BURAWOY, MICHAEL 1976. The Functions and Reproduction of Migrant Labour: Comparative Material from Southern Africa and the United States. American Journal of Sociology 81: 1050-1087.

—— 1979. The Anthropology of Industrial Work. Annual Review of Anthropology 8: 231-266.

BURT, A. L. 1957. If Turner Had Looked at Canada, Australia, and New Zealand When He Wrote about the West. *In* The Frontier in Perspective. Walker D. Wyman and Clifton B. Kroeber, eds. Pp. 60-77. Madison: University of Wisconsin Press.

BYTHELL, DUNCAN 1969. The Handloom Weavers: A Study in the English Cotton Industry During the Industrial Revolution. Cambridge: Cambridge University Press.

CAHEN, CLAUDE 1955. L'histoire économique et sociale de l'orient musulmane médiéval. Studia Islamica 3: 93-116.

—— 1957. Les facteurs éconorniques et sociaux dans l'ankylose culturelle de l'Islam. *In* Classicisme et déclin culturel dans l'histoire de l'Islam. Pp. 195-207. Paris: Besson et Chantemerle.

—— 1959. Mouvements populaires et autonomisme urbain dans l'Asie musulmane de moyen-âge. Arabica 5: 225-250; 6: 25-56, 233-265.

—— 1965. Quelques problèmes concernant l'expansion économique musulmane jusqu'au XIIe siécle. *In* Occidente e l'Islam nell' alto medioevo, Vol. 1. Pp. 391-432. Spoleto: Centro Italiano di Studi sull' alto Medievo.

CAIRNCROSS, A. K. 1953. Home and Foreign Investment, 1870-1913. Cambridge: Cambridge University Press.

CALDWELL, JOSEPH R. 1958. Trend and Tradition in the Prehistory of the Eastern United States. American Anthropological Association, Memoir 88.

—— 1962. Eastern North America. *In* Courses Toward Urban Life: Archaeological Considerations of Some Cultural Alternatives. Robert J. Braidwood and Gordon R. Willey, eds. Pp. 288-308. Viking Fund Publications in Anthropology, Vol. 32. Chicago: Aldine.

CAMPBELL, MAVIS C. 1977. Marronage in Jamaica: Its Origin in the Seventeenth Century. *In* Comparative Perspectives on Slavery in New World Plantation Societies. Vera Rubin and Arthur Tuden, eds. Pp. 389-419. Annals of the New York Academy of Sciences, Vol. 292. New York: New York Academy of Sciences.

CAMPBELL, PERSIA CRAWFORD 1923. Chinese Coolie Emigration to Countries Within the British Empire. Studies in Economics and Political Science, London School of Economics, Monograph No. 72. London: P. S. King and Son.

CARANDE Y THOBAR, RAMÓN 1943. Carlos V y sus banqueros. Madrid: Revista de Occidente.

—— 1949. La Hacienda real de Castilla. Madrid: Sociedad de Estudios y Publicaciones.

CARMAGNANI, MARCELLO 1975. L'America latina dal '500 a oggi: Nascita, espansione e crisi di un sistema feudale. Milan: Feltrinelli.

CARRASCO, PEDRO, et al. 1976. Estratificación social en la Mesoamérica prehispánica. Mexico City: SEP-INAH.

CARRASCO, PEDRO, and JOHANNA BRODA, eds. 1977. Economia, politica e ideologia en Mesoamérica. Mexico City: Editorial Nueva Imagen.

CASTELLS, MANUEL 1975. Urban Sociology and Urban Politics: From a Critique to New Trends of Research. Comparative Urban Research 3: 7-13.

—— 1977. The Urban Question. London: Edward Arnold. (First ed. in French 1972).

CASTLES, STEPHEN, and GODULA KOSACK 1973. Immigrant Workers and Class Structure in Western Europe. London: Oxford University Press.

CENTRE D'ÉTUDES ET DE RECHERCHES MARXISTES 1969. Sur le 'mode de production asiatique.' Paris: Éditions Sociales.

—— 1971. Sur le féodalisme. Paris: Éditions Sociales.

CHAMBERS, MORTIMER, ed. 1963. The Fall of Rome: Can It Be Explained? European Problem Studies. New York: Holt, Rinehart & Winston.

CHANEY, ELSA M. 1979. The World Economy and Contemporary Migration. International Migration Review 13: 204-212.

CHANG, T'IEN-TSE 1934. Sino-Portuguese Trade from 1514 to 1644. Leiden: Brill.

CHAPMAN, S. D. 1967. The Early Factory Masters: The Transition to the Factory System in the Midlands Textile Industry. Newton Abbot: David and Charles.

—— 1972. The Cotton Industry in the Industrial Revolution. Studies in Economic History prepared for the Economic Historical Society. London: Macmillan.

—— 1973. Industrial Capital Before the Industrial Revolution: An Analysis of the Assets of a Thousand Textile Entrepreneurs c.1730-50. *In* Textile History and Economic History: Essays in Honour of Miss Julia de Lacy Mann. N. B. Harte and K. G. Ponting, eds. Pp. 113-137. Manchester: Manchester University Press.

CHAUNU, HUGUETTE, and PIERRE CHAUNU 1955-1959. Séville et L'Atlantique 1504-1650. 8 vols. Vol. 1, Paris: Lib. Armand Colin. Vols. 2-8, Paris: S.E.V.P.E.N.

CHAUNU, PIERRE 1960. Les Philippines et le Pacifique des Ibériques (XVIe, XVIIe, XVIIIe siècles). Introduction Méthodologique et indices d'activité. Ports-Routes-Trafics, Vol. 11. Paris: S.E.V.P.E.N.

CHEONG, W. E. 1965. Trade and Finance in China: 1784-1834; a Reappraisal. *In* Les grandes voies maritimes dans le monde, XV-XIXe siècles: Rapports présentés aux XIIe Congrès International des Sciences Historiques par la Commission Internationale d'Histoire Maritime. Pp. 277-290. Paris: Biblioteque General de l'École Pratique des Hautes Études, VIe Section.

CHESNEAUX, JEAN 1962. Le mouvement ouvrier Chinois de 1919 à 1927. École Pratique des Hautes Études-Sorbonne. Sixième Section: Sciences Économiques et Sociales, Le Monde d'Outre-Mer Passé et Présent, Première Série, Études XVII. The Hague: Mouton.

—— 1964. Le mode de production asiatique: quelques perspectives de recherches. La Pensée, No. 114: 47-53.

CHILDE, V. GORDON 1946. What Happened in History. New York: Penguin Books.

CHITTICK, H. NEVILLE 1972. The Coast Before the Arrival of the Portuguese. *In* Perspectives on the African Past. Martin A. Klein and G. Wesley Johnson, eds. Pp. 93-106. Boston: Little, Brown.

CIPOLLA, CARLO M. 1962. The Economic History of World Population. Baltimore: Penguin Books.

—— 1970. European Culture and Overseas Expansion. Harmondsworth: Penguin Books.

COBBAN, ALFRED 1964. The Social Interpretation of the French Revolution. Cambridge: Cambridge University Press.

CODERE, HELEN 1950. Fighting with Property: A Study of Kwakiutl potlatching and Warfare, 1792-1930. American Ethnological Society, Monograph No. 18. New York: J. J. Augustin.

—— 1961. Kwakiutl. *In* Perspectives in American Indian Culture Change. Edward H. Spicer, ed. Pp. 431-516. Chicago: University of Chicago Press.

COEDÈS, GEORGE 1962. Les peuples de la Péninsule Indochinoise. Paris: Dunod.

—— 1964. Les états hindouisés d'Indochine et d'Indonésie. Paris: E. de Bocard.

COHEN, YEHUDI A. 1969. Ends and Means in Political Control: State Organization and the Punishment of Adultery, Incest, and Violation of Celibacy. American Anthropologist 71: 658-687.

COHN, BERNARD S. 1959. Some Notes on Law and Change in North India. Economic Development and Cultural Change 8: 79-93.

—— 1960. The Initial British Impact on India: A Case Study of the Benares Region. Journal of Asian Studies 19: 419-424.

—— 1961. From Indian Status to British Contract. Journal of Economic History 21: 613-628.

—— 1962. Political Systems in Eighteenth Century India: The Benares Region. Journal of the American Oriental Society 82: 312-320.

—— 1971. India: The Social Anthropology of a Civilization.'Englewood Cliffs, NJ: Prentice-Hall.
COLEMAN, D. C. 1973. Textile Growth. *In* Textile History and Economic History: Essays in Honour of Miss Julia de Lacy Mann. N. B. Harte and K. G. Ponting, eds. Pp. 1-12. Manchester: Manchester University Press.
COLLETTI, LUCIO 1973. Marxism and Hegel. London: New Left Books. (First pub. in Italian 1969.)
COLLIER, RICHARD 1968. The River That God Forgot: The Dramatic Story of the Rise and Fall of the Despotic Amazon Rubber Barons. New York: Dutton.
COLLINS, JUNE MCCORMICK 1950. Growth of Class Distinctions and Political Authority Among the Skagit Indians During the Contact Period. American Anthropologist 6: 331-342.
—— 1974. Valley of the Spirits: The Upper Skagit Indians of Western Washington. American Ethnological Society, Monograph No. 56. Seattle: University of Washington Press.
COLOMBIA TODAY 1979. La Ciudad Perdida–Major Colombian Archaeological Find. Colombia Today 14 (4). New York: Colombian Information Service.
COOK, M. A., ed. 1970. Studies in the Economic History of the Middle East. New York: Oxford University Press.
COPANS JEAN, ed. 1975. Anthropologie et imperialisme. Paris: François Maspéro.
CORKRAN, DAVID H. 1962. The Cherokee Frontier: Conflict and Survival, 1740-1762. Norman: University of Oklahoma Press.
—— 1967. The Creek Frontier, 1540-1783. Norman: University of Oklahoma Press.
COTTERILL, R. S. 1954. The Southern Indians: The Story of the Civilized Tribes Before Removal. Norman: University of Oklahoma Press.
Cox, OLIVER C. 1959. The Foundations of Capitalism. London: Peter Owen.
CRANE, VERNER W. 1956. Southern Frontier, 1670-1732. Ann Arbor: University of Michigan Press.
CRATON, MICHAEL 1974. Sinews of Empire: A Short History of British Slavery. Garden City, NY: Anchor Books, Doubleday.
CRATON, MICHAEL, and JAMES WALVIN 1970. A Jamaican Plantation: The History of Worthy Park 1620-1970. Toronto: University of Toronto Press.
CROUZET, FRANÇOIS 1967. England and France in the Eighteenth Century: A Comparative Analysis of Two Economic Growths. *In* The Causes of the Industrial Revolution in England. Richard Hartwell, ed. Pp. 139-174. London: Methuen.
CUNNISON, IAN 1956. Perpetual Kinship: A Political Institution of the Luapula Peoples. Human Problems in British Central Africa 20:

28-48.

—— 1957. History and Genealogies in a Conquest State. American Anthropologist 59: 20-31.

—— 1961. Kazembe and the Portuguese, 1789-1832. Journal of African History 2: 61-76.

CURTIN, PHILIP D. 1969. The Atlantic Slave Trade, a Census. Madison: University of Wisconsin Press.

—— 1975. Economic Change in Precolonial Africa: Senegambia in the Era of the Slave Trade. Madison: University of Wisconsin Press.

—— 1977. Slavery and Empire. *In* Comparative Perspectives on Slavery in New World Plantation Societies. Vera Rubin and Arthur Tuden, eds. Pp. 3-11. Annals of the New York Academy of Sciences, Vol. 292. New York: New York Academy of Sciences.

CUVELIER, JEAN, and LOUIS JADIN 1954. L'Ancien Congo d'après les archives romaines (1518-1640). Institut Royal Colonial Beige (Brussels). Section des Sciences Morales et Politiques, Mémoires, Vol. 36. Brussels: Academic Royale des Sciences d'Outre-Mer.

DAAKU, KWAME YEBOA 1970. Trade and Politics on the Gold Coast 1600-1720: A Study of the African Reaction to European Trade. Oxford: Clarendon Press.

DAMAS, DAVID, ed. 1969*a*. Contributions to Anthropology: Band Societies. Proceedings of the Conference on Band Organization, Ottawa, 1965. National Museums of Canada Bulletin No. 228. Anthropological Series No. 84.

—— 1969*b*. Contributions to Anthropology: Ecological Essays. Proceedings of the Conference on Cultural Ecology, Ottawa, 1966. National Museums of Canada Bulletin No. 230. Anthropological Series No. 86.

DAVENPORT, WILLIAM 1969. The 'Hawaiian Cultural Revolution': Some Political and Economic Considerations. American Anthropologist 71: 1-20.

DAVIDSON, BASIL, with F. K. BUAH and J. F. ADE AJAYI 1966. A History of West Africa to the Nineteenth Century. Garden City, NY: Anchor Books, Doubleday.

DAVIS, DAVID BRION 1966. The Problem of Slavery in Western Culture. Ithaca, NY: Cornell University Press.

DAVIS, KINGSLEY 1965. The Urbanization of the Human Population. Scientific American 213: 41-53.

DAVIS, RALPH 1954. English Foreign Trade, 1660-1700. Economic History Review 7: 150-166.

—— 1962. English Foreign Trade, 1700-1774. Economic History Review 15: 285-299.

—— 1973. English Overseas Trade 1500-1700. London: Macmillan.

DAWLEY, ALAN 1976. Class and Community: The Industrial Revolution in Lynn. Cambridge, MA: Harvard University Press.

DEAN, WARREN 1976. Rio Claro: A Brazilian Plantation System, 1820-1920. Stanford, CA: Stanford University Press.

DEBO, ANGIE 1941. The Road to Disappearance. Norman: University of Oklahoma Press.
DEERR, NOEL 1949-1950. The History of Sugar. 2 vols. London: Chapman and Hall.
DE LAGUNA, FREDERICA 1972. Under Mount Saint Elias: The History and Culture of the Yakutat Tlingit. 3 parts. Smithsonian Contributions to Anthropology, Vol. 7. Washington, DC: Smithsonian Institution Press.
DERMIGNY, LOUIS 1964. La Chine et l'Occident: Le commerce a Canton au XVIIIe siècle. 1719-1833. 3 vols. + album. Ports-Routes-Trafics, Vol. 18. École Pratique des Hautes Études, VIe Section, Centre de Recherches Historiques. Paris: S.E.V.P.E.N.
DESPRES, LEO A., ed. 1975. Ethnicity and Resource Competition in Plural Societies. World Anthropology: An Interdisciplinary Series. The Hague: Mouton.
DESSAINT, ALAIN Y. 1962. Effects of the Hacienda and Plantation Systems on Guatemala's Indians. América Indigena 22: 323-354.
—— 1971. Lisu Migration in the Thai Highlands. Ethnology 10: 329-348.
—— 1972. The Poppies Are Beautiful This Year. Natural History 81: 31-37, 92-96.
DESSAINT, WILLIAM Y. and ALAIN Y. DESSAINT 1975. Strategies in Opium Production. Ethnos, Nos. 1-4: 153-168.
DEUTSCH, KARL W. 1954. Political Community at the International Level: Problems of Definition and Measurement. Doubleday Short Studies in Political Science. Garden City, NY: Doubleday.
—— 1966. Nationalism and Social Communication: An Inquiry into the Foundations of Nationality. Cambridge, MA: MIT Press. (First pub. 1953).
DIAMOND, STANLEY, 1951. Dahomey: A Proto-State in West Africa. Ph.D. dissertation, Department of Anthropology, Columbia University.
DIFFIE, BAILEY W., and GEORGE D. WINIUS 1977. Foundations of the Portuguese Empire 1415-1580. Europe and the World in the Age of Expansion, Vol. 1 (Series). Minneapolis: University of Minnesota Press.
DIKE, K. ONWUKA 1956. Trade and Politics in the Niger Delta, 1830-1885. Oxford: Clarendon Press.
DILLON RICHARD 1962. The Hatchet Men: The Story of the Tong Wars in San Francisco's Chinatown. New York: Coward-McCann.
DI PESO, CHARLES 1974. Casas Grandes: A Fallen Trading Center of the Gran Chichimeca. 3 vols. Dragoon, AZ: Amerind Foundation; Flagstaff, AZ: Northland Press.
DISRAELI, BENJAMIN 1954. Sybil, or The Two Nations. Harmondsworth: Penguin Books. (First pub. 1845.)
DIXON, RUSSELL A., and E. KINGMAN EBERHARDT 1938. Economic Institutions and Cultural Change. New York: McGraw-Hill.

DOBB, MAURICE 1947. Studies in the Development of Capitalism. New York: International Publishers.
DOBYNS, HENRY F. 1963. An Outline of Andean Epidemic History to 1720. Bulletin of the History of Medicine 37: 493-515.
DOCKER, EDWARD WYBERGH 1970. The Blackbirders: The Recruiting of South Sea Labour for Queensland, 1863-1907. Sydney: Angus and Robertson.
DODGE, ERNEST S. 1976. Islands and Empires: Western Impact on the Pacific and East Asia. Minneapolis: University of Minnesota Press.
DOUGLAS, DAVID C. 1969. The Norman Achievement, 1050-1120. Berkeley and Los Angeles: University of California Press.
DOUGLAS, MARY 1964. Matriliny and Pawnship in Central Africa. Africa 34: 301-313.
DOUGLAS, PAUL 1930. Real Wages in the United States: 1890-1926. Boston: Houghton Mifflin.
DOWD, DOUGLAS F. 1956. A Comparative Analysis of Economic Development in the American West and South. Journal of Economic History 16: 558-574.
—— 1974. The Twisted Dream: Capitalist Development in the United States Since 1776. Cambridge, MA: Winthrop.
DOWNS, RICHARD 1967. A Kelantanese Village of Malaya. *In* Contemporary Change in Traditional Societies, Vol. 2. Julian H. Steward, ed. Pp. 107-186. Urbana: University of Illinois Press.
DRUCKER, PHILIP 1951. The Northern and Central Nootkan Tribes. Bureau of American Ethnology, Bulletin 144.
—— 1963. Indians of the Northwest Coast. American Museum Science Books. New York: Natural History Press. (First pub. 1955).
DUMONT, LOUIS 1957. Une sous-caste de l'Inde du Sud. The Hague: Mouton.
—— 1970. Homo Hierarchicus: An Essay on the Caste System. Chicago: University of Chicago Press. (First pub. in French 1966.)
DUNCAN, RONALD J., ed. 1978. Social Anthropology in Puerto Rico. Special issue. Revista/Review Interamericana 8: 3-64.
DURHAM, PHILIP, and EVERETT L. JONES 1965. The Negro Cowboys. New York: Dodd, Mead.
DUTT, ROMESH CHUNDER 1960. The Economic History of India. 2 vols. Classics of Indian History and Economics. New Delhi: Publications Division, Ministry of Information and Broadcasting, Government of India. (First pub. 1901).
DUYVENDAK, J. J. L. 1949. China's Discovery of Africa. London: Probsthain.
EBERHARD, WOLFGANG 1977. A History of China. Berkeley, Los Angeles, London: University of California Press. (First pub. in German 1948).
EDWARDS, MICHAEL M. 1967. The Growth of the British Cotton Trade 1780-1815. Manchester: Manchester University Press.

EDWARDS, MICHAEL M., and R. LLOYD-JONES 1973. N. J. Smelser and the Cotton Factory Family: A Reassessment. *In* Textile History and Economic History: Essays in Honour of Miss Julia de Lacy Mann. N. B. Harte and K. G. Ponting, eds. Pp. 304-319. Manchester: Manchester University Press.

EDWARDS, RICHARD, MICHAEL REICH and THOMAS E. WEISSKOPF, eds. 1972. The Capitalist System. Englewood Cliffs, NJ: Prentice-Hall.

EKHOLM, GORDON F., and GORDON R. WILLEY, eds. 1966. Archaeological Frontiers and External Connections. Handbook of Middle American Indians, Vol. 4. Robert Wauchope, general ed. Austin: University of Texas Press.

EKHOLM, KAJSA 1978. External Exchange and the Transformation of Central African Social Systems. *In* The Evolution of Social Systems: Proceedings of a meeting of the Research Seminar in Archaeology and Related Subjects, Institute of Archaeology, London University. Jonathan Friedman and Michael J. Rowlands, eds. Pp. 115-136. London: Duckworth.

ELIAS, NORBERT 1939. Über den Prozess der Zivilisation. 2 vols. Basel: Haus zum Falken.

ELLIOTT, J. H. 1966. Imperial Spain 1469-1716. New York: Mentor Books, New American Library.

—— 1970. The Old World and the New 1492-1650. Cambridge: Cambridge University Press.

ELVIN, MARK 1973. The Pattern of the Chinese Past. London: Eyre Methuen.

EMBREE, JOHN F. 1950. Thailand, A Loosely Structured Social System. American Anthropologist 52: 181-193.

ENGELS, FRIEDRICH 1971. The Condition of the Working Class in England. W. O. Henderson and W. H. Chaloner. transl. and eds. Oxford: Basil Blackwell. (First pub. in German 1845.)

ENGLER, ROBERT 1968. Social Science and Social Consciousness: The Shame of the Universities. *In* The Dissenting Academy. Theodore Roszak, ed. Pp. 182-207. New York: Vintage Books.

EPSTEIN, A. L. 1958. Politics in an Urban African Community. Manchester: Manchester University Press.

FAGE, J. D., and R. A. OLIVER, eds. 1970. Papers in African Prehistory. Cambridge: Cambridge University Press.

FAIRBANK, JOHN K. 1953. Trade and Diplomacy on the China Coast: The Opening of the Treaty Ports, 1842-1854. 2 vols. Cambridge, MA: Harvard University Press.

FAIRBANK, JOHN K., EDWIN O. REISCHAUER, and ALBERT M. CRAIG 1973. East Asia: Tradition and Transformation. Boston: Houghton Mifflin.

FALS BORDA, ORLANDO 1976. Capitalismo, hacienda y poblamiento en la Costa Atlántica. 2d revised edition. Bogotá: Editorial Punta

de Lanza.
FEINMAN, GARY 1978. The Causes of the Population Decline in Sixteenth Century New Spain. Paper written for Ethnology and Ethnography of Mesoamerica, U 732.02. Program in Anthropology, Graduate Center, City University of New York.
FENTON, WILLIAM N. 1971. The Iroquois in History. *In* North American Indians in Historical Perspective. Eleanor B. Leacock and Nancy O. Lurie, eds. Pp. 129-168. New York: Random House.
—— 1978 Huronia: An Essay in Proper Ethnohistory. American Anthropologist 80: 922-935.
FEUCHTWANG, STEPHAN 1975. Investigating Religion. *In* Marxist Analyses and Anthropology. Maurice Bloch, ed. Pp. 61-82. Association of Social Anthropologists, Studies No.2. London: Malaby.
FIELDHOUSE, D. K. 1967. The Colonial Empires: A Comparative Survey from the Eighteenth Century. New York: Delacorte Press.
FINER, SAMUEL E. 1975. State-and Nation-Building in Europe: The Role of the Military. *In* The Formation of National States in Western Europe. Charles Tilly, ed. Pp. 84-163. Princeton, NJ: Princeton University Press.
FISHER, RAYMOND H. 1943. The Russian Fur Trade, 1550-1700. University of California Publications in History, Vol. 31. Berkeley and Los Angeles: University of California.
FISHER, ROBIN 1977. Contact and Conflict: Indian-European Relations in British Columbia, 1774-1890. Vancouver: University of British Columbia Press.
FLINN, M. W. 1966. The Origins of the Industrial Revolution. New York: Barnes & Noble.
FLORESCANO, ENRIQUE, ed. 1975. Haciendas, latifundios y plantaciones en América Latina. Simposio de Roma. org. por CLACSO. Mexico City: Siglo Veintiuno Editores.
—— 1979. Ensayos sobre el desarrollo económico de México y América Latina (1500-1975). Mexico City: Fondo de Cultura Económica.
FOGEL, ROBERT W., and STANLEY L. ENGERMAN 1974. Time on the Cross: The Economics of American Negro Slavery, Vol. 1. Boston: Little, Brown.
FONER, PHILIP S. 1941. Business and Slavery: The New York Merchants and the Irrepressible Conflict. New York: Russell and Russell.
FOREMAN, G. 1934. The Five Civilized Tribes. Norman: University of Oklahoma Press.
FORREST, DENYS 1973. Tea for the British: The Social and Economic History of a Famous Trade. London: Chatto and Windus.
FORTES, MEYER 1953. The Structure of Unilineal Descent Groups. American Anthropologist 55: 17-41.
FOSTER, JOHN 1974. Class Struggle and the Industrial Revolution: Early Industrial Capitalism in Three English Towns. New York: St.

Martin's Press.

FOSTER-CARTER, AIDAN 1977. Can We Articulate Articulation? New Left Review, No. 107: 47-77.

FOUST, C. M. 1961. Russian Expansion to the East Through the 18th Century. Journal of Economic History 21: 469-482.

—— 1969. Muscovite and Mandarin: Russia's Trade with China and Its Setting, 1727-1805. Chapel Hill: University of North Carolina Press.

FOWLER, MELVIN L. 1971. Agriculture and Village Settlement in the North American East: The Central Mississippi Valley Area, a Case History. *In* Prehistoric Agriculture. Stuart Struever, ed. Pp. 391-403. Garden City, NY: Natural History Press.

FOX, EDWARD 1971. History in Geographic Perspective: The Other France. New York: W. W. Norton.

FOX, RICHARD G. 1971. Kin, Clan, Raja, and Rule: State-Hinterland Relations in Preindustrial India. Berkeley, Los Angeles, London: University of California Press.

—— 1976. Lineage Cells and Regional Definition in Complex Societies. *In* Regional Analysis, Vol. 2. Carol A. Smith, ed. Pp. 95-121. New York: Academic Press.

FRANK, ANDRE GUNDER 1966. The Development of Underdevelopment. Monthly Review 18: 17-31.

—— 1967. Sociology of Development and Underdevelopment of Sociology. Catalyst (Buffalo), No. 3: 20-73.

—— 1978. World Accumulation 1492-1789. New York: Monthly Review Press.

FRANKEL, S. H. 1938. Capital Investment in Africa. London: Oxford Universitv Press.

FRANTZ, JOE B., and JULIAN E. CHOATE, JR. 1955. The American Cowboy: The Myth and the Reality. Norman: University of Oklahoma Press.

FREEDMAN, MAURICE 1960. Immigrants and Associations: Chinese in Nineteenth-Century Singapore. Comparative Studies in Society and History 3: 25-48.

FREEMAN-GRENVILLE, G. S. P. 1962. The Medieval History of the Coast of Tanganyika. London: Oxford University Press.

FRENCH, DAVID 1961. Wasco-Wishram. *In* Perspectives in American Indian Culture Change. Edward H. Spicer, ed. Pp. 337-430. Chicago: University of Chicago Press.

FRIED, MORTON H. 1952. Land Tenure, Geography and Ecology in the Contact of Cultures. American Journal of Economics and Sociology 11: 391-412.

—— 1957. The Classification of Corporate Unilineal Descent Groups. Journal of the Royal Anthropological Institute 87: 1-29.

—— 1960. On the Evolution of Social Stratification and the State. *In* Culture in History. Stanley Diamond, ed. Pp. 713-731. New York: Columbia University Press.

—— 1966. On the concepts of 'tribe' and 'tribal society.' Transactions of the New York Academy of Sciences, (Ser. 2) 28: 527-540.

—— 1967. The Evolution of Political Society: An Essay in Political Anthropology. New York: Random House.

—— 1975. The Notion of Tribe. Menlo Park, CA: Cummings.

FRIEDMAN, JONATHAN 1974. Marxism, Structuralism and Vulgar Materialism. Man 9: 444-469.

—— 1975. Tribes, States, and Transformation. *In* Marxist Analyses and Social Anthropology. Maurice Bloch, ed. Pp. 161-202. Association of Social Anthropologists, Studies No.2. London: Malaby Press.

—— 1979. System, Structure and Contradiction: The Evolution of 'Asiatic' Social Formations. Social Studies in Oceania and South East Asia, No.2. Copenhagen: The National Museum of Denmark.

FRIEDMANN, HARRIET 1978. World Market, State, and Family Farm: Social Bases of Household Production in the Era of Wage Labor. Comparative Studies in Society and History 20: 545-586.

FROBENIUS, LEO 1933. Kulturgeschichte Afrikas: Prolegomena zu einer historischen Gestaltenlehre. Zurich: Phaidon-Verlag.

FURBER, HOLDEN 1970. Madras Presidency in the Mid-Eighteenth Century. *In* Readings on Asian Topics: Papers Read at the Inauguration of the Scandinavian Institute of Asian Studies 16-18 September 1968. Kristof Glamann, ed. Pp. 108-121. Scandinavian Institute of Asian Studies Monograph Series, No.1. Lund: Studentlitteratur.

FURNAS, J. C. 1947. Anatomy of Paradise: Hawaii and the Islands of the South Seas. New York: William Sloane Associates. (First pub. 1937).

FURNIVALL, J. S. 1939. Netherlands India: A Study of Plural Economy. Cambridge: Cambridge University Press.

—— 1948. Colonial Policy and Practice: A Comparative Study of Burma and Netherlands India. London: Cambridge University Press.

FURTADO, CELSO 1963. The Economic Growth of Brazil: A Survey from Colonial to Modern Times. Berkeley and Los Angeles: University of California Press.

GANGULI, B. N., ed. 1964. Readings in Indian Economic History: Proceedings of the First All-India Seminar on Indian Economic History, 1961. London: Asia Publishing House.

GARFIELD, VIOLA E. 1939. Tsimshian Clan and Society. University of Washington Publications in Anthropology, Vol. 7, No.3. Seattle: University of Washington Press.

GARTRELL, BEVERLY 1979. The Ruling Ideas of a Ruling Elite: British Colonial Officials in Uganda, 1944-52. Ph.D. dissertation, Program in Anthropology, Graduate School, City University of New York, New York.

GATES, PAUL W. 1973. Landlords and Tenants on the Prairie Frontier: Studies in American Land Policy. Ithaca, NY: Cornell University Press.

GEARING, FRED 1962. Priests and Warriors: Social Structures for Cherokee Politics in the 18th Century. American Anthropological Association, Memoir 93, Vol. 64, No.5, Pt. 2.

GEERTZ, CLIFFORD 1963. Agricultural Involution: The Processes of Ecological Change in Indonesia. Berkeley and Los Angeles: University of California Press.

GÉNICOT, LEOPOLD 1966. Crisis: From the Middle Ages to Modem Times. *In* The Cambridge Economic History of Europe, Vol. 2: The Agrarian Life of the Middle Ages. M. M. Postan, ed. Pp. 660-741. Cambridge: Cambridge University Press.

GENOVESE, EUGENE D. 1966. The Political Economy of Slavery: Studies in the Economy and Society of the Slave South. New York: Pantheon Books.

—— 1969. The World the Slaveholders Made: Two Essays in Interpretation. New York: Pantheon Books.

—— 1972. Roll, Jordan, Roll: The World the Slaves Made. New York: Pantheon Books.

GERSCHENKRON, ALEXANDER 1943. Bread and Democracy in Germany. Berkeley and Los Angeles: University of California Press.

—— 1962. Economic Backwardness in Historical Perspective. New York: Praeger.

GEYL, PIETER 1932. The Revolt of the Netherlands (1559-1609). London: William and Norgate.

GHIRSCHMAN, ROMAN 1954. Iran, from the Earliest Times to the Islamic Conquest. Harmondsworth: Penguin Books.

GIBBS, MARION 1949. Feudal Order: A Study of the Origins and Development of English Feudal Society. London: Cobbett Press.

GIBSON, CHARLES 1964. The Aztecs Under Spanish Rule: A History of the Indians of the Valley of Mexico 1519-1810. Stanford, CA: Stanford University Press.

GIBSON, JAMES R. 1969. Feeding the Russian Fur Trade: Provisionment of the Okhotsk Seaboard and the Kamchatka Peninsula 1639-1856. Madison: University of Wisconsin Press.

GLAMANN, KRISTOF 1958. Dutch Asian Trade, 1620-1740. The Hague: M. Nijhoff.

—— 1971. European Trade 1500-1750. *In* The Fontana Economic History of Europe, Vol. 2: 1500-1700, The Sixteenth and Seventeenth Centuries. Carlo M. Cipolla, ed. *separatum.* London: Fontana.

GODELIER, MAURICE 1965. La notion de mode de production asiatique. Temps Modernes 20: 2002-2027.
—— 1966. Rationalité et irrationalité en économic. Paris: François Maspéro.
—— 1977. Dead Sections and Living Ideas in Marx's Thinking on Primitive Society. *In* Perspectives in Marxist Anthropology. Maurice Godelier, ed. Pp. 99-124. Cambridge Studies in Social Anthropology, No. 18. Cambridge: Cambridge University Press. (First pub. in French 1973.)
GODINHO, VITORINO MAGALHÀES 1963-1965. Os descobrimentos e a economia mundial. 2 vols. Lisbon: Editoria Arcádia.
—— 1969. L'économie de l'empire Portugais aux XVe et XVIe siècles. École Pratique des Hautes Études, VIe Section, Centre de Recherches Historiques. Paris: S.E.V.P.E.N.
GOITEIN, S. D. 1956-1957. The Rise of the Near Eastern Bourgeoisie in Early Islamic Times. Cahiers d'histoire mondiale 3: 583-604.
—— 1964. Artisans en Méditerranée orientale au haut Moyen Age. Annales 15: 847-868.
GOLDMAN, IRVING 1940. The Alkatcho Carrier of British Columbia. *In* Acculturation in Seven American Indian Tribes. Ralph Linton, ed. Pp. 333-389. New York: Appleton-Century.
—— 1975. The Mouth of Heaven: An Introduction to Kwakiutl Religious Thought. New York: Wiley.
GOODY, JACK 1971. Technology, Tradition, and the State in Africa. London: Oxford University Press.
—— 1973. British Functionalism. *In* Main Currents in Cultural Anthropology. R. Naroll and F. Naroll, eds. Pp. 185-215. New York: Appleton-Century-Crofts.
GORDON, DAVID M. 1972. Theories of Poverty and Underemployment: Orthodox, Radical, and Dual Labor Market Perspectives. Lexington, MA: Lexington Books, D.C. Heath.
GORDON, MANYA 1941. Workers Before and After Lenin. New York: Dutton.
GOUGH, KATHLEEN 1968. World Revolution and the Science of Man. *In* The Dissenting Academy. Theodore Roszak, ed. Pp. 135-158. New York: Vintage Books
—— 1978. Agrarian Relations in Southeast India, 1750-1976. Review 2: 25-53.
GOULDNER, ALVIN 1980. The Two Marxisms. New York: Seabury Press.
GOUROU, PIERRE 1936. Les paysans du delta tonkinois. Paris: Éditions d'art et d'histoire.
GRABURN, NELSON H. H., and B. STEPHEN STRONG 1973. Circumpolar Peoples: An Anthropological Perspective. Pacific Palisades, CA: Goodyear.

GRAHAM, GERALD S. 1970. A Concise History of the British Empire. London: Thames and Hudson.

GRAYMONT, BARBARA 1972. The Iroquois in the American Revolution. Syracuse, NY: Syracuse University Press.

GREENBERG, MICHAEL 1951. British Trade and the Opening of China 1800-42. Cambridge: Cambridge University Press.

GREENFIELD, SIDNEY M. 1977. Madeira and the Beginnings of New World Sugar Cane Cultivation: A Study in Institution Building. *In* Comparative Perspectives on Slavery in New World Plantation Societies. Vera Rubin and Arthur Tuden, eds. Pp. 536-552. Annals of the New York Academy of Science, Vol. 292. New York: New York Academy of Sciences.

GREENWOOD, G., ed. 1955. Australia: A Social and Political History. New York: Praeger.

GREGG, DOROTHY, and ELGIN WILLIAMS 1948. The Dismal Science of Functionalism. American Anthropologist 50: 594-611.

GROUSSET, RENÉ 1970. The Empire of the Steppes: A History of Central Asia. New Brunswick, NJ: Rutgers University Press. (First pub. in French 1939).

GUHA, AMALENDU 1972. Raw Cotton of Western India: Output, Transportation and Marketing, 1750-1850. Indian Economic and Social History Review 9: 1-41.

—— 1973. Growth of Acreage Under Raw Cotton in India 1851-1901–A Quantitative Account. Artha Vijñāna 15: 1-56.

GUNTHER, ERNA 1972. Indian Life on the Northwest Coast of North America as Seen by the Early Explorers and Fur Traders During the Last Decades of the Eighteenth Century. Chicago: University of Chicago Press.

GUNTHER, JOHN 1953. Inside Africa. New York: Harper & Brothers.

GUTMAN, HERBERT G. 1973. Work, Culture, and Society in Industrializing America, 1815-1919. American Historical Review 78: 531-587.

—— 1976. The Black Family in Slavery and Freedom, 1750-1925. New York: Pantheon Books.

HABAKKUK, H. J. 1962. American and British Technology in the Nineteenth Century: The Search for Labour-Saving Inventions. Cambridge: Cambridge University Press.

HABIB, IRFAN 1960. Banking in Mughal India. *In* Contributions to Indian Economic History, Vol. 1. Tapan Raychadhuri, ed. Pp. 1-20. Calcutta: Mukhopadhyay.

——1963. The Agrarian System of Moghul India 1556-1707. New York: Asia Publishing House.

—— 1964. The Structure of Agrarian Society in Mughal India. *In* Readings in Indian Economic History: Proceedings of the First All-India Seminar on Indian Economic History, 1961. B. N. Ganguli, ed. Pp. 37-43. London: Asia Publishing House.

—— 1969. An Examination of Wittfogel's Theory of Oriental Despotism. *In* Studies in Asian History: Proceedings of the Asian History Congress, New Delhi, 1961. K. S. Lal, ed. Pp. 378-392. London: Asia Publishing House.
HADJINICOLAOU-MARAVA, ANNE 1950. Recherches sur la vie des esclaves dans le monde byzantin. Athens: L'Institut Français.
HALL, D.G.E. 1968. A History of South-East Asia. 3d revised edition. London: Macmillan.
HALPERIN-DONGHI, TULIO 1973. The Aftermath of Revolution in Latin America. New York: Harper & Row.
HAMILTON, E. J. 1934. American Treasure and the Price Revolution in Spain 1501-1650. Harvard Economic Studies, Vol. 42.
HANKS, LUCIEN M. 1972. Rice and Man: Agricultural Ecology in Southeast Asia. Chicago and New York: Aldine and Atherton.
HARNETTY, PETER 1972. Imperialism and Free Trade: Lancashire and India in the Mid-Nineteenth Century. Vancouver: University of British Columbia Press.
HARRIS, MARVIN 1972. Portugal's Contribution to the Underdevelopment of Africa and Brazil. *In* Protest and Resistance in Angola and Brazil. Ronald H. Chilcote, ed. Pp. 210-223. Berkeley, Los Angeles, London: University of California Press.
—— 1979. Cultural Materialism: The Struggle for a Science of Culture. New York: Random House.
HART, KEITH 1979. The Development of Commercial Agriculture in West Africa. Discussion paper prepared for the United Nations Agency for International Development.
HARTWELL, R. M., ed. 1970. The Industrial Revolution. New York: Barnes & Noble.
HARVEY, DAVID 1973. Social Justice and the City. Baltimore: Johns Hopkins University Press.
HAUPT, GEORGES 1978. Why the History of the Working-Class Movement? Review 2: 5-24.
HAUPTMAN, LAURENCE M, and JACK CAMPISI, eds. 1978. Neighbors and Intruders: An Ethnohistorical Exploration of the Indians of Hudson's River. Canadian Ethnology Service, Paper 39. National Museum of Man Mercury Series. Ottawa: National Museums of Canada.
HAYS, HOFFMAN R. 1975. Children of the Raven: The Seven Indian Nations of the Northwest Coast. New York: McGraw-Hill.
HECHTER, MICHAEL 1975. Internal Colonialism: The Celtic Fringe in British National Development 1536-1966. Berkeley, Los Angeles, London: University of California Press.
HEESTERMAN, J. C. 1973. India and the Inner Conflict of Traditions. Daedalus, Winter: 97-113.
HEICHELHEIM, FRITZ H. 1956. Effects of Classical Antiquity on the Land. *In* Man's Role in Changing the Face of the Earth. William L. Thomas, ed. Pp. 165-182. Chicago: University of Chicago Press.

HELMS, MARY 1976. Ancient Panama: Chiefs in Search of Power. Austin: University of Texas Press.

HEMMING, JOHN 1978. Red Gold: The Conquest of the Brazilian Indians. Cambridge: Harvard University Press.

HENDERSON, RICHARD N. 1972. The King in Every Man: Evolutionary Trends in Onitsha Ibo Society and Culture. New Haven, CT: Yale University Press.

HENIGE, DAVID 1977. John Kabes of Komenda: An Early African Entrepreneur and State Builder. Journal of African History 18: 1-19.

HERLIHY, PATRICIA 1972. Odessa: Staple Trade and Urbanization in New Russia. Paper presented at the Symposium "Italian, Russian and Balkan Cities," 87th Meeting of the American Historical Association, New Orleans, December 29th, 1979.

HERSKOVITS, MELVILLE J. 1939. Dahomey, an Ancient West African Kingdom. 2 vols. New York: J. J. Augustin.

HEYD, W 1885. Histoire du commerce du Levant au Moyen-Age. 2 vols. Leipzig: Otto Harrassowitz.

HICKERSON, HAROLD 1956. The Genesis of a Trading Post Band: The Pembina Chippewa. Ethnohistory 3: 289-345.

—— 1960. The Feast of the Dead Among the Seventeenth Century Algonkians of the Upper Great Lakes. American Anthropologist 62: 81-107.

—— 1962*a*. Notes on the Post-Contact Origin of the Midewiwin. Ethnohistory 9: 404-423.

—— 1962*b*. The Southwestern Chippewa: An Ethnohistorical Study. American Anthropological Association, Memoir 92. Menasha, WI: American Anthropological Association.

—— 1970. The Chippewa and Their Neighbors: A Study in Ethnohistory. New York: Holt, Rinehart & Winston.

HILL, CHRISTOPHER 1949. The English Revolution and the State. The Modern Quarterly 4: 110-128.

—— 1967. Reformation to Industrial Revolution, 1530-1780. The Making of English Society, Vol. 1. New York: Pantheon.

HILL, POLLY 1963. Migrant Cocoa Farmers in Southern Ghana: A Study in Rural Capitalism. Cambridge: Cambridge University Press.

HILTON, RODNEY 1951. Y eut-il une crise générale de la feodalité? Annales 6: 23-30.

—— 1969. The Decline of Serfdom in Medieval England. London: Macmillan.

HINDESS, BARRY, and PAUL Q. HIRST 1975. Pre-Capitalist Modes of Production. London and Boston: Routledge & Kegan Paul.

HINTZE OTTO 1929. Wesen und Verbreitung des Feudalismus. Akademie der Wissenschaften, Berlin, Philosophisch-historische Klasse. Sitzungsberichte. Pp. 321-347. (Reprinted *in* Die Welt als Geschichte 4: 157-190, 1938. Reproduced in part in English transl. *in* Lordship and Community in Medieval Europe. Fredric Cheyette. ed., 1968. New York: Holt, Rinehart & Winston.)

HISTORY TASK FORCE, CENTRO DE ESTUDIOS PUERTORRIQUEÑOS 1979. Labor Migration Under Capitalism: The Puerto

Rican Experience. New York: Monthly Review Press.
HO. PING-TI 1965. The Introduction of American Food Plants into China. American Anthropologist 57: 191-201.
—— 1966. The Geographical Distribution of hui-kuan (Landsmannschaften) in Central and Upper Yangtze Provinces. Tsing Hua Journal of Chinese Studies 5: 120-152.
HOBSBAWM, ERIC J. 1962. The Age of Revolution: Europe 1789-1848. London: Weidenfeld & Nicolson.
—— 1967. Labouring Men: Studies in the History of Labour. New York: Anchor Books, Doubleday.
—— 1969. Industry and Empire. Harmondsworth: Penguin Books.
—— 1973. Karl Marx's Contribution to Historiography. *In* Ideology in Social Science. Robin Blackburn, ed. Pp. 265-283. New York: Vintage.
—— 1975. The Age of Capital 1848-1875. New York: Scribner's.
HOBSBAWM, ERIC J., ed. 1964. Karl Marx. Precapitalist Economic Formations. New York: International Publishers.
HODGSON, MARSHALL G. S. 1974. The Venture of Islam. 3 vols. Chicago: University of Chicago Press.
HOLDER, PRESTON 1970. The Hoe and the Horse on the Plains: A Study of Cultural Development Among North American Indians. Lincoln: University of Nebraska Press.
HOOKER, J. R. 1963. The Anthropologist's Frontier: The Last Phase of African Exploitation. Journal of Modern African Studies 1: 455-459.
HOPKINS, A. G. 1973. An Economic History of West Africa. London: Longman Group.
HORTON, ROBIN 1969. From Fishing Village to City-State: A Social History of New Calabar. *In* Man in Africa. Mary Douglas and Phyllis M. Kaberry, eds. Pp. 37-58. London: Tavistock.
HOUGHTON, D. HOBART 1971. Economic Development, 1865-1965. *In* The Oxford History of South Africa, Vol. 2: South Africa 1870-1966. Monica Wilson and Leonard Thompson, eds. Pp. 1-48. New York and Oxford: Oxford University Press.
HOWARD, JOSEPH K. 1952. Strange Empire, a Narrative of the Northwest. New York: Morrow.
HU, HSIEN CHIN 1948. The Common Descent Group in China and Its Functions. Viking Fund Publications in Anthropology, No. 10. New York: Wenner-Gren Foundation for Anthropological Research.
HUDSON, CHARLES M. 1976. The Southeastern Indians. Knoxville: University of Tennessee Press.
HUDSON, CHARLES M., ed. 1971. Red, White and Black: Symposium on Indians in the Old South. Southern Anthropological Society

Proceedings, Series No.5. Athens, GA: Southern Anthropological Society (distributed by University of Georgia Press).
HUGHES, H. STUART 1958. Consciousness and Society: The Reorientation of European Social Thought 1890-1930. New York: Random House.
—— 1966. The Obstructed Path: French Social Thought in the Years of Desperation, 1930-1960. New York: Harper & Row.
—— 1975. The Sea Change: The Migration of Social Thought, 1930-1965. New York: Harper & Row.
HUNE, SHIRLEY 1977. Pacific Migration to the United States: Trends and Themes in Historical and Sociological Literature. RIIES Bibliographic Studies, No.2. Washington, DC: Research Institute on Immigration and Ethnic Studies, Smithsonian Institution.
HUNT, GEORGE T. 1940. The Wars of the Iroquois: A Study in Intertribal Trade Relations. Madison: University of Wisconsin Press.
HUNTINGTON, SAMUEL P. 1968. The Bases of Accommodation. Foreign Affairs 46: 642-656.
HUTCHINS, FRANCIS G. 1967. Illusion of Permanence: British Imperialism in India. Princeton, NJ: Princeton University Press.
HUTTON, JOHN H. 1951. Caste in India, Its Nature, Function and Origins. 2d edition. New York: Oxford University Press.
HYDE, FRANCIS E. 1973. Far Eastern Trade, 1860-1914. The Merchant Adventurers Series. New York: Harper & Row/Barnes & Noble.
HYMES, DELL, ed. 1969. Reinventing Anthropology. New York: Pantheon.
INALCIK, HALAL 1969. Capital Formation in the Ottoman Empire. Journal of Economic History 29: 97-140.
—— 1973. The Ottoman Empire: The Classical Age, 1300-1600. New York: Praeger.
INIKORI, J. E. 1977. The Import of Firearms into West Africa, 1750-1807: A Quantitative Analysis. Journal of African History 18: 339-368.
INNIS, HAROLD A. 1956. The Fur Trade in Canada: An Introduction to Canadian Economic History. 2d revised edition, by Mary Q. Innis. Toronto: University of Toronto Press. (First pub. 1930.)
ISLAMOĞLU, HURI, and ÇAĞLAR KEYDER 1977. Agenda for Ottoman History. Review 1: 31-55.
ISSAWI, CHARLES, ed. 1966. The Economic History of the Middle East 1800-1914. Chicago: University of Chicago Press.
JABLOW, JOSEPH 1951. The Cheyenne in Plains Trade Relations 1795-1840. American Ethnological Society Monograph, No. 19. New York: J. J. Augustin.
JACKSON, JAMES S. 1968. Planters and Speculators: Chinese and European Enterprise in Malaya. Kuala Lumpur: University of Malaya Press.
JACOBS, WILBUR R. 1972. Dispossessing the American Indian: Indians and Whites on the Colonial Frontier. New York: Scribner's.

JAIN, RAVINDRA K. 1970. South Indians on the Plantation Frontier in Malaya. New Haven, CT: Yale University Press.

JAYAWARDENA, CHANDRA 1971. The Disintegration of Caste in Fiji Rural Society. *In* Anthropology in Oceania: Essays Presented to Ian Hogbin. L. R. Hiatt and C. Jayawardena, eds. Pp. 89-119. San Francisco: Chandler.

JEANNIN, PIERRE 1980. La protoindustrialisation: développement ou impasse. Annales 35: 52-65.

JENKS, LELAND R. 1973. The Migration of British Capital to 1875. New York: Harper & Row/Barnes & Noble. (First pub. 1927.)

JENNINGS, FRANCIS 1976. The Invasion of America: Indians, Colonialism, and the Cant of Conquest. New York: W. W. Norton.

JENNINGS, JESSE D., and EDWARD NORBECK, eds. 1963. Prehistoric Man in the New World. Chicago: University of Chicago Press.

JEROMIN, ULRICH 1966. Die Überseechinesen: Ihre Bedeutung für die wirtschaftliche Entwicklung Südostasiens. Ökonomische Studien, Vol. 12. Stuttgart: Gustav Fischer.

JESSOP, BOB 1977. Recent Theories of the Capitalist State. Cambridge Journal of Economics 1: 353-373.

JONES, G. I. 1963. The Trading States of the Oil Rivers. London: Oxford University Press.

JONES, GWYN 1968. A History of the Vikings. New York: Oxford University Press.

JONES, MALDWYN ALLEN 1960. American Immigration. Chicago: University of Chicago Press.

JORDAN, WINTHROP D. 1968. White over Black: American Attitudes Toward the Negro, 1550-1812. Chapel Hill: University of North Carolina Press.

JOSHI, P. C. 1970. Social Change in Traditional India. *In* Neue Indienkunde–New Indology, Festschrift Walter Rubin zum 70. Geburtstag. Horst Krüger, ed. Pp. 287-306. Berlin: Akademie Verlag.

KAPLAN, DAVID 1979. Toward a Marxist Analysis of South Africa: Review of Bernard Makhosezwe Magubane, The Political Economy of Race and Class in South Africa. Socialist Review 9: 117-137.

KEA, R. A. 1971. Firearms and Warfare on the Gold and Slave Coasts from the Sixteenth to the Nineteenth Centuries. Journal of African History 12: 185-213.

KELLER, BONNIE B. 1978. Millenarianism and Resistance: The Xhosa Cattle Killing. Journal of Asian and African Studies 13: 95-111.

KELLEY, J. CHARLES 1966. Mesoamerica and the Southwestern United States. *In* Archaeological Frontiers and External Connections. Gordon F. Ekholm and Gordon R. Willey, eds. Pp. 95-110. Handbook of Middle American Indians, Vol. 4. Robert Wauchope, general ed. Austin: University of Texas Press.

KEMP, TOM 1971. Economic Forces in French History. London: Dobson Books.

KEPNER, CHARLES D., JR. 1936. Social Aspects of the Banana Industry. New York: Columbia University Press.
KEPNER, CHARLES D., JR., and JAY H. SOOTHILL 1935. The Banana Empire. New York: Vanguard Press.
KERNER, ROBERT J. 1942. The Urge to the Sea: The Course of Russian History. The Role of Rivers, Portages, Ostrogs, Monasteries, and Furs. New York: Russell and Russell.
KERR, CLARK 1954. The Balkanization of Labor Markets. *In* Labor Mobility and Economic Opportunity. E. Wight Bakke, et al. Pp. 92-110. New York: Wiley.
KEY, V. O. 1949. Southern Politics in State and Nation. New York: Knopf.
KEYDER, ÇAĞLAR 1976. The Dissolution of the Asiatic Mode of Production. Economy and Society 5: 178-196.
KINIETZ, W. VERNON 1965. The Indians of the Great Lakes 1615-1760. Ann Arbor: University of Michigan Press. (First pub. 1940).
KIRCHHOFF, PAUL 1959. The Principles of Clanship in Human Society. *In* Readings in Anthropology, Vol. 2. Morton H. Fried, ed. Pp. 260-270. New York: Thomas Y. Crowell.
KLASS, MORTON 1980. Caste: The Emergence of the South Asian Social System. Philadelphia: Institute for the Study of Human Issues.
KLEIN, A. NORMAN 1969. West African Unfree Labor Before and After the Rise of the Atlantic Slave Trade. *In* Slavery in the New World. L. Foner and E. D. Genovese, eds. Pp. 87-95. Englewood Cliffs, NJ: Prentice-Hall.
KOENIGSBERGER, H. G. 1971. Estates and Revolutions: Essays in Early Modem European History. Ithaca, NY: Cornell University Press.
KOLKO, GABRIEL 1963. The Triumph of Conservatism: A Reinterpretation of American History, 1900-1916. Glencoe, IL: The Free Press.
KONDRATIEFF, N. D. 1979. The Long Waves in Economic Life. Review 2: 519-562.
KONETZKE, RICHARD 1971. America Latina II: La época colonial. Historia Universal Siglo XXI. Madrid and Mexico City: Siglo XXI. (First pub. in German 1965).
KOPYTOFF, IGOR, and SUZANNE MIERS 1977. African 'Slavery' as an Institution of Marginality. *In* Slavery in Africa: Historical and Anthropological Perspectives. Igor Kopytoff and Suzanne Miers, eds. Pp. 3-81. Madison: University of Wisconsin Press.
KOSAMBI, D. D. 1969. Ancient India: A History of Its Culture and Civilization. New York: Meridian Books-World Publishing Company.
KRADER, LAWRENCE 1955. Principles and Structures in the Organization of the Steppe-Pastoralists. Southwestern Journal of Anthropology 11: 67-92.

—— 1957. Culture and Environment in Interior Asia. *In* Studies in Human Ecology. Ángel Palerm, et al. Pp. 115-138. Social Science Monographs III. Washington, DC: Pan American Union.

—— 1958. Feudalism and the Tatar Polity of the Middle Ages. Comparative Studies in Society and History 1: 76-99.

—— 1975. The Asiatic Mode of Production: Sources, Development and Critique in the Writings of Karl Marx. Assen: Van Gorcum.

KRADER, LAWRENCE, ed. 1972. The Ethnological Notebooks of Karl Marx (Studies of Morgan, Phear, Maine, Lubbock). Assen: Van Gorcum.

KRAENZEL, CHARLES F. 1955. The Great Plains in Transition. Norman: University of Oklahoma Press.

KRIEDTE, PETER, HANS MEDICK, and JÜRGEN SCHLUMBOHM 1977. Industrialisierung vor der Industrialisierung: Gewerbliche Warenproduktion auf dem Land in der Formationsperiode des Kapitalismus. Veröffentlichungen des Max-Planck-Instituts für Geschichte 53. Göttingen: Vandenhoek and Ruprecht.

KROEBER, ALFRED 1. 1948. Anthropology. New York: Harcourt Brace.

—— 1952. Basic and Secondary Patterns of Social Structure. *In* The Nature of Culture. Pp. 210-218. Chicago: University of Chicago Press. (Article first pub. 1938).

—— 1952. The Nature of Culture. Chicago: University of Chicago Press.

KUBLER, GEORGE 1946. The Quechua in the Colonial World. *In* Handbook of South American Indians, Vol. 2: The Andean Civilizations. Julian H. Steward, ed. Pp. 331-410. Bureau of American Ethnology, Bulletin 143. Washington, DC: Smithsonian Institution.

KULA, WITOLD 1970. Teoria economica del sistema feudale. Turin: Einaudi. (First pub. in Polish 1962.)

KUNSTADTER, PETER, ed. 1967. Southeast Asian Tribes, Minorities, and Nations. 2 vols. Princeton, NJ: Princeton University Press.

KUWABARA, JITSUZO 1928-1935. On P'u Shou-keng, a Man of the Western Regions Who Was the Superintendent of the Trading Ships Office in Ch'uanchou Towards the End of the Sung Dynasty, Together with a General Sketch of Trade of the Arabs in China During the T'ang and Sung Eras. Memoirs of the Research Department of the Toyo Bunko, No.2: 1-79; No. 7 (1935): 1-102.

LACOSTE, YVES 1974. General Characteristics and Fundamental Structures of Medieval North African Society. Economy and Society 3: 1-17.

LAMPARD, ERIC R. 1957. Industrial Revolution: Interpretations and Perspectives. Service Center for Teachers of History, Publication No. 4. Washington, DC: American Historical Association.

LANDES, DAVID 1958. Bankers and Pashas: International Finance and Economic Imperialism in Egypt. Cambridge: Harvard University Press.

—— 1969. The Unbound Prometheus: Technological Change and Industrial Development in Western Europe from 1750 to the Present. Cambridge: Cambridge University Press.

LANE, FREDERICK C. 1973. Venice: A Maritime Republic. Baltimore: The Johns Hopkins University Press.

LANG, JAMES 1975. Conquest and Commerce: Spain and England in the Americas. New York: Academic Press.

—— 1979. Portuguese Brazil: The King's Plantation. New York: Academic Press.

LAPIDUS, IRA M. 1969. Muslim Cities and Islamic Societies. *In* Middle Eastern Cities. Ira M. Lapidus, ed. Pp. 47-79. Berkeley and Los Angeles: University of California Press.

LAPIDUS, IRA M., ed. 1969. Middle Eastern Cities. Berkeley and Los Angeles: University of California Press.

LAROUI, ABDALLAH 1976. The Crisis of the Arab Intellectual: Traditionalism or Historicism? Berkeley, Los Angeles, London: University of California Press.

LATHAM, A. J. H. 1973. Old Calabar 1600-1891: The Impact of the International Economy Upon a Traditional Society. Oxford: Clarendon Press.

—— 1978. The International Economy and the Underdeveloped World 1865-1914. London: Croom Helm.

LATHRAP, DONALD 1970. The Upper Amazon. London: Thames and Hudson.

LATTIMORE, OWEN 1951. Inner Asian Frontiers of China. 2d edition. New York: American Geographic Society. (First pub. 1940.)

—— 1962. Studies in Frontier History: Collected Papers 1928-1958. London: Oxford University Press.

LATTIMORE, OWEN, and ELEANOR LATTIMORE 1944. The Making of Modern China. Washington, DC: The Infantry Journal.

LAUBER, ALMON W. 1913. Indian Slavery in Colonial Times Within the Present Limits of the United States. New York: Columbia University Press.

LAW, ROBIN 1975. A West African Cavalry State: The Kingdom of Oyo. Journal of African History 16: 1-15.

LAWSON, MURRY G. 1943. Fur: A Study in English Mercantilism, 1700-1775. University of Toronto Studies, History and Economics Series, Vol. 9. Toronto: University of Toronto Press.

LAZONICK, WILLIAM 1974. Karl Marx and Enclosures in England. Review of Radical Political Economics 6: 1-59.

LEACH, EDMUND R. 1954. Political Systems of Highland Burma: A Study of Kachin Social Structure. Cambridge: Harvard University Press.

—— 1961. Rethinking Anthropology. London School of Economics Monographs on Social Anthropology, No. 22. London: Athlone Press.
LEACH, EDWARD R., and S. N. MUKERJEE, eds. 1970. Elites in South Asia. Cambridge: Cambridge University Press.
LEACOCK, ELEANOR B. 1954. The Montagnais 'Hunting Territory' and the Fur Trade. American Anthropological Association Memoir 78. Menasha, WI: American Anthropological Association.
—— 1972. Introduction. *To* Frederick Engels, The Origin of the Family, Private Property, and the State. Pp. 7-67. New York: International Publishers.
LEACOCK, ELEANOR B., and NANCY O. LURIE, eds. 1971. North American Indians in Historical Perspective. New York: Random House.
LEBAR, FRANK M., GERALD C. HICKEY, and JOHN K. MUSGROVE, eds. 1964. Ethnic Groups of Mainland Southeast Asia. New Haven, CT: Human Relations Area Files Press.
LEE, CALVIN 1965. Chinatown, U.S.A. Garden City, NY: Doubleday.
LEEDS, ANTHONY 1976. 'Women in the Migratory Process': A Reductionist Outlook. Anthropological Quarterly 49: 69-76.
LEES, SUSAN H., and DANIEL G. BATES 1974. The Origins of Specialized Pastoralism: A Systemic Model. American Antiquity 39: 187-193.
LEGASSICK, MARTIN 1977. Gold, Agriculture, and Secondary Industry in South Africa, 1885-1970; from Periphery to Sub-Metropole as a Forced Labour System. *In* The Roots of Rural Poverty in Central and Southern Africa. Robin Palmer and Neil Parsons, eds. Pp. 175-200. Berkeley, Los Angeles, London: University of California Press.
LEHMAN, FREDERIC K. 1957. Anthropological Parameters of a Civilization: The Ecology, Evolution and Typology of India's High Culture. 2 vols. Ph.D. dissertation, Department of Anthropology, Columbia University, New York.
LEKACHMAN, ROBERT 1976. Economists at Bay. New York: McGraw-Hill.
LENIN, V. I. 1939. Imperialism: The Highest State of Capitalism. Little Lenin Library, Vol. 15. New York: International Publishers. (First pub. in Russian 1917.)
LE ROY LADURIE, EMMANUEL 1977. Occitania in Historical Perspective. Review 1: 21-30.
LESSER, ALEXANDER 1961. Social Fields and the Evolution of Society. Southwestern Journal of Anthropology 17: 40-48.
LEUR, JACOB CORNELIS VAN 1955. Indonesian Trade and Society: Essays in Asian Social and Economic History. The Hague and Bandung: W. van Hoewe.

LEVIN, STEPHANIE SETO 1968. The Overthrow of the *Kapu* System in Hawaii. Journal of the Polynesian Society 74: 402-430.

LEVINE, DAVID 1977. Family Formation in an Age of Nascent Capitalism. New York: Academic Press.

LEVTZION, NEHEMIA 1972. The Early States of the Western Sudan to 1500. *In* History of West Africa, Vol. 1. J. F. Ade Ajayi and Michael Crowder, eds. Pp. 120-157. New York: Columbia University Press.

LEWIS, ARCHIBALD R. 1951. Naval Power and Trade in the Mediterranean, 500-1100. Princeton, NJ: Princeton University Press.

—— 1958. The Northern Seas: Shipping and Commerce in Northern Europe, A.D. 300-1100. Princeton, NJ: Princeton University Press.

LEWIS, OSCAR 1942. The Effects of White Contact Upon Blackfoot Culture: With Special Reference to the Role of the Fur Trade. American Ethnological Society, Monograph No. 6. New York: J. J. Augustin.

LINARES, OLGA T. 1979. What Is Lower Central American Archaeology? Annual Review of Anthropology 8: 21-43.

LINDBLOM, CHARLES E. 1977. Politics and Markets: The World's Political Economic Systems. New York: Basic Books.

LINTON, RALPH 1955. The Tree of Culture. New York: Knopf.

LLOYD, PETER C. 1954. The Traditional Political System of the Yoruba. Southwestern Journal of Anthropology 10: 235-251.

—— 1965. The Political Structure of African Kingdoms. *In* Political Systems and the Distribution of Power. Michael Banton, ed. Pp. 25-61. Association of Social Anthropologists, Monograph No. 2. London: Tavistock Publications.

—— 1968. Conflict Theory and Yoruba Kingdoms. *In* History and Social Anthropology. I. M. Lewis, ed. Pp. 25-61. Association of Social Anthropologists, Monograph No. 7. London: Tavistock Publications.

LOCKHART, JAMES 1968. Spanish Peru, 1532-1560: A Colonial Society. Madison: University of Wisconsin Press.

—— 1972. The Men of Cajamarca: A Social and Biographical Study of the First Conquerors of Peru. Austin: University of Texas Press.

LOPEZ, ROBERT S. 1971. The Commercial Revolution of the Middle Ages, 950-1350. Englewood Cliffs, NJ: Prentice-Hall.

LOPEZ, ROBERT S., HARRY A. MISKIMIN, and ABRAHAM UDOVITCH 1970. England to Egypt, 1350-1500: Long-Term Trends and Long-Distance Trade. *In* Studies in the Economic History of the Middle East from the Rise of Islam to the Present Day. Michael A. Cook, ed. Pp. 93-128. London: Oxford University Press.

LOPEZ, ROBERT S., and IRVING W. RAYMOND 1955. Medieval Trade in the Mediterranean World, Illustrative Documents Translated with Introduction and Notes. New York: Columbia University Press.

LOVE, THOMAS F. 1977. Ecological Niche Theory in Sociocultural Anthropology: A Conceptual Framework and an Application. American Ethnologist 4: 27-41.

LOWIE, ROBERT H. 1920. Primitive Society. New York: Boni and Liveright.
—— 1937. The History of Ethnological Theory. New York: Rinehart.
LUXEMBURG, ROSA 1922. Die Akkumulation des Kapitals. Ein Beitrag zur ökonomischen Erklärung des Imperialismus. Berlin: Vereinigung Internationaler Verlags-Anstalten. (First pub. 1913).
LUZZATTO, GINO 1961. An Economic History of Italy from the Fall of the Roman Empire to the Beginning of the Sixteenth Century. London: Routledge & Kegan Paul.
LYASHCHENKO, PETER I. 1949. History of the National Economy of Russia to the 1917 Revolution. New York: Macmillan. (First pub. in Russian 1939.)
LYBYER, A. H. 1915. The Ottoman Turks and the Routes of Oriental Trade. Economic History Review 30: 577-588.
LYND, ROBERT S. 1939. Knowledge for What? Princeton, NJ: Princeton University Press.
—— 1949. The Science of Inhuman Relations. The New Republic 121: 22-24.
MCCALL, DANIEL F. 1969. Africa in Time-Perspective. New York: Oxford University Press.
—— 1971. Islamization in the Western and Central Sudan in the Eleventh Century. *In* Aspects of West African Islam. Daniel F. McCall and Norman R. Bennett, eds. Pp. 1-30. Boston University Papers on Africa, Vol. 5. Boston: African Studies Center, Boston University.
MCCOY, ALFRED W., with CATHLEEN B. READ and LEONARD P. ADAMS II 1972. The Politics of Heroin in Southeast Asia. New York: Harper & Row.
MCEVEDY, COLIN, and RICHARD JONES 1978. Atlas of World Population History. Harmondsworth: Penguin Books.
MACFARLANE, ALAN 1979. The Origins of English Individualism: The Family, Property and Social Transition. New York: Cambridge University Press.
MCHUGH, TOM, with VICTORIA HOBSON 1972. The Time of the Buffalo. New York: Knopf.
MCILWRAITH, T. F. 1948. The Bella Coola Indians. 2 vols. Toronto: University of Toronto Press.
MACKNIGHT, C. C. 1972. Macassans and Aborigines. Oceania 42: 283-321.
MACK SMITH, DENIS 1969. Italy: A Modem History. (2d revised edition.) Ann Arbor: University of Michigan Press.
MACLEOD, MURDO J. 1973. Spanish Central America: A Socioeconomic History, 1520-1720. Berkeley, Los Angeles, London: University of California Press.
MCNEILL, WILLIAM H. 1963. The Rise of the West: A History of the Human Community. Chicago: University of Chicago Press.

MCPHERRON, ALAN 1967. On the Sociology of Ceramics: Pottery Style Clustering, Marital Residence, and Cultural Adaptations of the Algonkian-Iroquoian Border. *In* Iroquois Culture, History and Prehistory: Proceedings of the 1965 Conference on Iroquois Research. Elizabeth Tooker, ed. Pp. 101-107. Albany: State Education Department, University of the State of New York, and New York Museum and Science Service.

MACPHERSON, C. B. 1962. The Political Theory of Possessive Individualism: Hobbes to Locke. Oxford: Clarendon Press.

MAGUBANE, BERNARD M. 1978. The Politics of History in South Africa. Notes and Documents No. 11/78. New York: Centre Against Apartheid, Department of Political and Security Council Affairs, United Nations.

—— 1979. The Political Economy of Race and Class in South Africa. New York: Monthly Review Press.

MAIR, LUCY P. 1934. An African People in the Twentieth Century. London: Routledge.

MANCALL, MARK 1971. Russia and China: Their Diplomatic Relations to 1728. Cambridge, MA: Harvard University Press.

MANDEL, ERNEST 1968. Marxist Economic Theory. 2 vols. New York: Monthly Review Press. (First pub. in French 1942.)

—— 1978. Late Capitalism. London: Verso. (First pub. in German 1972.)

MANN, JULIA DE LACY 1971. The Cloth Industry in the West of England from 1640 to 1880. Oxford: Clarendon Press.

MANTOUX, PAUL1928. The Industrial Revolution in the Eighteenth Century: An Outline of the Beginnings of the Modem Factory System in England. London: Jonathan Cape.

MAQUET, JACQUES J. 1961. Une hypothèse pour l'étude des feodalités africaines. Cahiers d'études africaines 2: 292-314.

—— 1964. Objectivity in Anthropology. Current Anthropology 12: 419-430.

MARAN LA RAW 1967. Towards a Basis for Understanding the Minorities in Burma: The Kachin Example. *In* Southeast Asian Tribes, Minorities, and Nations, Vol. 1. Peter Kunstadter, ed. Pp. 125-146. Princeton, NJ: Princeton University Press.

MARCUS, STEVEN 1974. Engels, Manchester, and the Working Class. New York: Random House.

MARX, KARL 1942. The Marx-Zasulich Correspondence. The New International, November: 298-302 (Dated 1881.)

—— 1967. Capital: A Critique of Political Economy. Vol. 3: The Process of Capitalist Production as a Whole. New York: International Publishers. (First pub. in German 1894.)

—— 1972. Ireland and the Irish Question: A Collection of Writings. New York: International Publishers.

—— 1973. Grundrisse: Foundations of the Critique of Political Economy, Rough Draft. Martin Nicolaus, transl. London: Allen Lane. (Manuscript written in 1857-1858; first pub. in German 1939.)

—— 1977. Capital: A Critique of Political Economy. Vol. 1. David Fernbach, transl. Marx Library. New York: Vintage-Random House. (First pub. in German 1867.)

MASSELMAN, GEORGE 1963. The Cradle of Colonialism. New Haven, CT: Yale University.

MATHEW, GERVASE 1963. The East African Coast Until the Coming of the Portuguese. *In* The History of East Africa, Vol. 1. Roland Oliver and Gervase Mathew, eds. Pp. 94-127. Oxford: Clarendon Press.

MAUDE, H. E. 1968. Of Islands and Men: Studies in Pacific History. Melbourne: Oxford University Press.

MAUNY, RAYMOND 1961. Tableau géographique de l'ouest africain au Moyen Age, d'après les sources ecrites, la tradition et l'archéologie. Mémoires de l'Institut Français d' Afrique Noire, No. 61, Dakar.

MAURO, FRÉDÉRIC 1961. Toward an 'Intercontinental Model': European Overseas Expansion Between 1500-1800. Economic History Review 14: 1-17.

—— 1967. L'expansion européenne (1600-1870). Paris: Presses Universitaires de France.

MEGGERS, BETTY J. 1966. Ecuador. New York: Praeger.

MEGGERS, BETTY J., and CLIFFORD EVANS, eds. 1963. Aboriginal Culture Development in Latin America: An Interpretive Review. Smithsonian Miscellaneous Collections, Vol. 146. Washington, DC: Smithsonian Institution.

MEGGITT, MERVYN J. 1962. Desert People: A Study of the Walbiri Aborigines of Central Australia. Sydney: Angus and Robertson.

MEHRING, FRANZ 1935. Karl Marx, the Story of His Life. New York: Covici, Friede.

MEILINK-ROELOFSZ, M.A.P. 1962. Asian Trade and European Influence in the Indonesian Archipelago Between 1500 and About 1630. The Hague: M. Nijhoff.

MEILLASSOUX, CLAUDE 1960. Essai d'interpretation du phénomène économique dans les sociétés traditionelles d'auto-subsistence. Cahiers d'Études Africaines. No. 4: 38-67.

—— 1972. From Reproduction to Production: A Marxist Approach to Economic Anthropology. Economy and Society 1: 93-105.

—— 1973. The Social Organization of the Peasantry: The Economic Basis of Kinship. Journal of Peasant Studies 1: 81-90.

—— 1974. Are There Castes in India? Economy and Society 2: 89-111.

MEILLASSOUX, CLAUDE, ed. 1971. The Development of Indigenous Trade and Markets in West Africa. London: Oxford University Press.

—— 1975. L'esclavage en Afrique Précoloniale. Paris: François Maspéro.

MENCHER, JOAN 1974. The Caste System Upside Down: Or the Not So Mysterious East. Current Anthropology 15: 469-494.

MENDELS, FRANKLIN F. 1972. Proto-Industrialization: The First Phase of the Industrialization Process. Journal of Economic History 32: 241-261.

MERRIMAN, ROBERT O. 1926. The Bison and the Fur-Trade. Departments of History and Political and Economic Science in Queen's University, Bulletin 53, Kingston, Ontario.

MEYEROWITZ, EVA L. R. 1951. The Sacred State of the Akan. London: Faber and Faber.

MILLER, ERIC 1954. Caste and Territory in Malabar. American Anthropologist 56: 410-420.

MILLER, J. INNIS 1969. The Spice Trade of the Roman Empire, 29 B.C. to A.D. 641. Oxford: Clarendon Press.

MILLER, JOSEPH C. 1973. Requiem for the 'Jaga.' Cahiers d'Études Africaines 13: 121-149.

—— 1975. Kings and Kinsmen: Early Mbundu States in Angola. London: Oxford University Press.

—— 1976. The Slave Trade in Congo and Angola. *In* The African Diaspora: Interpretive Essays. Martin L. Kilson and Robert I. Rotberg, eds. Pp. 75-113. Cambridge, MA: Harvard University Press.

MILLER, SOLOMON 1967. Hacienda to Plantation in Northern Peru: The Processes of Proletarianization of a Tenant Farmer Society. *In* Contemporary Change in Traditional Societies, Vol. 3: Mexican and Peruvian Communities. Julian H. Steward, ed. Pp. 133-225. Urbana: University of Illinois Press.

MILWARD, A., and S. B. SAUL 1977. The Development of the Economics of Continental Europe. Cambridge, MA: Harvard University Press.

MINGAY, G. E. 1973. English Landed Society in the Eighteenth Century. London: Routledge & Kegan Paul.

MINTZ, SIDNEY W. 1956. Cañamelar: The Subculture of a Rural Sugar Plantation Proletariat. *In* The People of Puerto Rico. Julian Steward, et al. Pp. 314-417. Urbana: University of Illinois Press.

—— 1959*a*. Internal Market Systems as Mechanisms of Social Articulation. *In* Intermediate Societies, Social Mobility, and Communication. Proceedings of the 1959 Annual Spring Meeting of the American Ethnological Society. Verne F. Ray, ed. Pp. 20-30. Seattle: University of Washington.

—— 1959*b*. The Plantation as a Socio-Cultural Type. *In* Plantation Systems of the New World. Ángel Palerm and Vera Rubin, eds. Pp. 42-49. Social Science Monographs VII, Pan American Union. Washington, DC: Pan American Union.

—— 1961. The Question of Caribbean Peasantries: A Comment. Caribbean Studies 1: 31-34.

—— 1973. A Note on the Definition of Peasantry. Journal of Peasant Studies 1: 91-106.
—— 1974. Caribbean Transformation. Chicago: Aldine.
—— 1979*a*. Slavery and the Rise of Peasantry. Historical Reflections 6: 215-242.
—— 1979*b*. Time, Sugar and Sweetness. Marxist Perspectives 2: 56-73.
MINTZ, SIDNEY W., and RICHARD PRICE 1976. An Anthropological Approach to the Study of Afro-American History: A Caribbean Perspective. Philadelphia: ISHI.
MOHR, E. C. J. 1933. Tropical Soil Forming Processes and the Development of Tropical Soils with Special Reference to Java and Sumatra. Peking: National Geological Survey of China.
—— 1944. The Soils of Equatorial Regions. Ann Arbor, MI: Edwards Brothers.
MOORE, BARRINGTON, JR., 1966. Social Origins of Dictatorship and Democracy: Lord and Peasant in the Making of the Modern World. Boston: Beacon Press.
—— 1978. Injustice: The Social Bases of Obedience and Revolt. White Plains, NY: M. E. Sharpe.
MORELAND, W. H. 1963. The Agrarian System of Moslem India. Bombay: Oriental Book Reprint Corporation. (First pub. in 1929.)
MORENO FRAGINALS, MANUEL 1978. El ingenio: complejo económico social cubano del azúcar. 2 vols. La Habana: Editorial de Ciencias Sociales.
MORGAN, EDMUND S. 1975. American Slavery–American Freedom: The Ordeal of Colonial Virginia. New York: W. W. Norton.
MÖRNER, MAGNUS 1973. The Spanish American Hacienda: A Survey of Recent Research and Debate. Hispanic American Historical Review 53: 183-216.
MORRIS, MORRIS D. 1960. The Recruitment of an Industrial Labor Force in India, with British and American Comparisons. Comparative Studies in Society and History 2: 305-328.
—— 1963. Towards a Reinterpretation of Nineteenth Century Indian Economic History. Journal of Economic History 23: 606-618. (Reprinted with critical comments by Toru Matsui, Bipan Chandra, and T. Raychaudhuri, Indian Economic and Social History Review, 1968: 1-100, 319-388.)
—— 1965. The Emergence of an Industrial Labor Force in India: A Study of the Bombay Cotton Mills 1854-1947. Berkeley and Los Angeles: University of California Press.
MORRIS, MORRIS D., and BURTON STEIN 1961. The Economic History of India: A Bibliographic Essay. Journal of Economic

History 21: 179-207.

MORTON-WILLIAMS, PETER 1964. The Oyo Yoruba and the Atlantic Slave Trade, 1670-1830. Journal of the Historical Society of Nigeria 3: 24-45.

—— 1965. The Fulani Penetration into Nupe and Yoruba in the Nineteenth Century. *In* Political Systems and the Distribution of Power. Michael Banton, ed. Pp. 1-24. Association of Social Anthropologists, Monograph No.2. London: Tavistock Publications.

—— 1967. The Yoruba Kingdom of Oyo in the Nineteenth Century. *In* West African Kingdoms in the Nineteenth Century. Daryll Forde and Phyllis Kaberry, eds. Pp. 36-69. London: Oxford University Press.

—— 1969. The Influence of Habitat and Trade on the Polities of Oyo and Ashanti. *In* Man in Africa. Mary Douglas and Phyllis Kaberry, eds. Pp. 79-98. London: Tavistock Publications.

MOZIÑO, JOSÉ MARIANO 1970. Noticias de Nutka: An Account of Nootka Sound in 1792. American Ethnological Society, Monograph No. 50. Seattle: University of Washington Press.

MUDENGE, S. I. 1974. The Role of Foreign Trade in the Rozvi Empire: A Reappraisal. Journal of African History 15: 373-391.

MUKHERJEE, RAMKRISHNA 1958. The Rise and Fall of the East India Company: A Sociological Appraisal. Berlin: VEB Deutscher Verlag der Wissenschaften.

MUKHERJEE, S. N. 1970. Class, Caste and Politics in Calcutta, 1815-38. *In* Elites in South Asia. E. R. Leach and S. N. Mukherjee, eds. Pp. 38-78. Cambridge. Cambridge University Press.

MURDOCK, GEORGE P. 1949. Social Structure. New York: Macmillan.

MURPHEY, RHOADS 1977. The Outsiders: The Western Experience in India and China. Ann Arbor: University of Michigan Press.

MURPHY, ROBERT F. 1958. Matrilocality and Patrilineality in Mundurucú Society. American Anthropologist 58: 414-434.

—— 1960. Headhunters' Heritage: Social and Economic Change Among the Mundurucú Indians. Berkeley and Los Angeles: University of California Press.

MURRA, JOHN V. 1972. El control 'vertical' de un máximo de pisos ecológicos en la economia de las sociedades andinas. *In* Iñigo Ortiz de Zúñiga, visitador, visita de la provincia de León de Huánuco en 1562, Vol. 1. John V. Murra, ed. Pp. 427-476. Documentos para la Historia y Etnologia de Huánuco y la Selva Central. Huánuco. Peru: Universidad Hermilio Valdizán.

—— 1975. Formaciones económicas y politicas del mundo andino. Lima: Instituto de Estudios Peruanos.

NACLA-East Apparel Project, North American Congress for Latin America 1977. Capital on the Move: An Overview. NACLA's Latin

American and Empire Report 11: 2-3.
NASH, GARY B. 1974. Red, White, and Black: The Peoples of Early America. Englewood Cliffs, NJ: Prentice-Hall.
NEHNEVAJSA, JIRI, and ALBERT FRANCES 1959. Automation and Stratification. *In* Automation and Society. Howard B. Jacobson and Joseph S. Roucek, eds. Pp. 394-415. New York: Philosophical Library.
NEKICH, SANDRA 1974. The Feast of the Dead: The Origin of the Indian-White Trade Ceremonies in the West. Western Canadian Journal of Anthropology 4: 1-20.
NELL, EDWARD 1973. Economics: The Revival of Political Economy. *In* Ideology in Social Science: Readings in Critical Social Theory. Robin Blackburn, ed. Pp. 76-95. New York: Vintage Books/Random House.
NEWELL, WILLIAM H. 1974. Comment on "The Caste System Upside Down," by Joan P. Mencher. Current Anthropology 15: 487-488.
NEWITT, MALYN D. D. 1973. Portuguese Settlement on the Zambesi: Exploration, Land Tenure and Colonial Rule in East Africa. New York: Africana.
NIKOLINAKOS, MARIOS 1975. Notes Towards a General Theory of Migration in Late Capitalism. Race and Class 17: 5-17.
NORTH, DOUGLASS C. 1961. The Economic Growth of the United States 1790-1860. Englewood Cliffs, NJ: Prentice-Hall.
NORTHRUP, DAVID 1972. The Growth of Trade Among the Igbo Before 1800. Journal of African History 13: 217-236.
NUGENT, DAVID 1980. Closed Systems and Contradiction: The Kachin In and Out of History. Manuscript, files of the author, Department of Anthropology, Columbia University, New York.
OBERG, KALERVO 1973. The Social Economy of the Tlingit Indians. American Ethnological Society, Monograph No. 55. Seattle: University of Washington.
O'CONNOR, JAMES 1974. The Corporations and the State: Essays in the Theory of Capitalism and Imperialism. New York: Harper & Row.
O'LAUGHLIN, BRIDGET 1975. Marxist Approaches in Anthropology. Annual Review of Anthropology 4: 341-370.
OLIEN, MICHAEL D. 1970. The Negro in Costa Rica: The Role of an Ethnic Minority in a Developing Society. Developing Nations Monograph Series. No. 3. Winston-Salem, NC: Overseas Research Center, Wake Forest University.
OLIVEIRA MARQUES, A. H. DE 1972. History of Portugal. 2 vols. New York: Columbia University Press.
OLIVER, DOUGLAS L. 1962. The Pacific Islands. Revised edition. Cambridge, MA: Harvard University Press.
OLIVER, ROLAND A. 1970. The Problem of Bantu Expansion. *In* Papers in African Prehistory. J. D. Fage and R. A. Oliver, eds. Pp. 141-

156. Cambridge: Cambridge University Press.

OLIVER, ROLANDA., and BRIAN FAGAN 1975. Africa in the Iron Age, 500 B.C. to A.D. 1400. London: Cambridge University Press.

OLIVER, ROLANDA., and J. D. FAGE 1962. A Short History of Africa. New York: New York University Press.

OLIVER, SYMMES C. 1974. Ecology and Cultural Continuity as Contributing Factors in the Social Organization of the Plains Indians. *In* Man in Adaptation: The Cultural Present. 2d edition. Yehudi A. Cohen, ed. Pp. 302-322. Chicago: Aldine.

OLLMAN, BERTELL 1976. Alienation. 2d edition. Cambridge: Cambridge University Press.

ONSELEN, CHARLES VAN 1976. Chibaro: African Mine Labour in Southern Rhodesia 1900-1933. London: Pluto Press.

—— 1979. The World the Mineowners Made: Social Themes in the Economic Transformation of the Witwatersrand, 1886-1914. Review 3: 289-302.

ORIGO, IRIS 1955. The Domestic Enemy: The Eastern Slaves in Tuscany in the 14th and 15th Centuries. Speculum 30: 321-366.

—— 1957. The Merchant of Prato, Francesco Di Marco Datini, 1335-1410. London: Jonathan Cape.

ORLOVE, BENJAMIN 1977. Integration Through Production: The Use of Zonation in Espinar. American Ethnologist 4: 84-101.

ORTEGA Y GASSET, JOSÉ 1937. Invertebrate Spain. New York: W. W. Norton. (First pub. in Spanish 1921.)

ORTIZ, FERNANDO 1947. Cuban Counterpoint: Tobacco and Sugar. New York: Knopf. (First pub. in Spanish in 1940.)

OSGOOD E. S. 1957. The Day of the Cattleman. Chicago: Phoenix Books.

OSTROGORSKY, GEORG 1957. History of the Byzantine State. New Brunswick, NJ: Rutgers University Press. (First pub. in German 1940.)

OTTENBERG, SIMON 1958. Ibo Oracles and Intergroup Relations. Southwestern Journal of Anthropology 14: 295-317.

OTTERBEIN, KEITH F. 1964. Why the Iroquois Won: An Analysis of Iroquois Military Tactics. Ethnohistory 11: 56-63.

OWEN, E. R. J. 1969. Cotton and the Egyptian Economy 1820-1914: A Study in Trade and Development. Oxford: Clarendon Press.

OWEN, ROGER, and BOB SUTCLIFFE, eds. 1972. Studies in the Theory of Imperialism. London: Longman.

PALERM, ÁNGEL 1949. El industrialismo y la decadencia. Presencia (Mexico City), Nos. 5-6: 38-80.

—— 1979. Sobre la formación del sistema colonial: apuntes para una discusión. *In* Ensayos sobre el desarrollo económico de México y América Latina (1500-1975). Enrique Florescano, ed. Pp. 93-127. Mexico City: Fondo de Cultura Económica.

PALMER, ROBIN, and NEIL PARSONS, eds. 1977. The Roots of Rural Poverty in Central and Southern Africa. Berkeley, Los Angeles, London: University of California Press.

PARRY, J. H. 1966. The Establishment of the European Hegemony 1415-1715: Trade and Exploration in the Age of the Renaissance. 3d revised edition. New York: Harper Torchbooks/Harper & Row.
—— 1971. Trade and Dominion: The European Overseas Empires in the Eighteenth Century. London: Weidenfeld & Nicolson.
—— 1973. The Spanish Seaborne Empire. Harmondsworth: Penguin Books.
PARTRIDGE, WILLIAM L. 1979. Banana County in the Wake of the United Fruit: Social and Economic Linkages. American Ethnologist 6: 491-509.
PECKHAM, HOWARD H. 1970. Pontiac and the Indian Uprising. New York: Russell and Russell. (First pub. 1947.)
PELZER, KARL 1945. Pioneer Settlement in the Asiatic Tropics: Land Utilization and Agricultural Colonization in Southeast Asia. American Geographical Society, Special Publication No. 29. New York: American Geographical Society.
PENDLE, GEORGE 1963. A History of Latin America. Baltimore: Penguin.
PERDUE, THEDA 1979. Slavery and the Evolution of Cherokee Society 1540-1866. Knoxville: University of Tennessee Press.
PERKIN, HAROLD J. 1969. The Origins of Modern English Society 1780-1880. Toronto: University of Toronto Press.
PHILLIPS, PAUL C. 1961. The Fur Trade. 2 vols. Norman: University of Oklahoma Press
PHILLIPSON, D. W. 1977. The Spread of the Bantu Language. Scientific American 286: 106-114.
PIKE, RUTH 1966. Enterprise and Adventure: The Genoese in Seville and the Opening of the New World. Ithaca, NY: Cornell University Press.
PIRENNE, HENRI 1937. Economic and Social History of Medieval Europe. New York: Harcourt Brace. (First pub. in French 1933.)
PLATT, D. C. M. 1973. Latin America and British Trade, 1806-1914. The Merchant Adventurers Series. New York: Harper & Row/Barnes & Noble.
POLANYI, KARL 1957. The Great Transformation: The Political and Economic Origins of Our Time. Boston: Beacon Press. (First pub. 1944.)
—— 1966. Dahomey and the Slave Trade. American Ethnological Society, Monograph No. 42. Seattle: University of Washington Press.
POLLARD, SIDNEY 1965. The Genesis of Modem Management: A Study of the Industrial Revolution in Great Britain. Cambridge, MA: Harvard University Press.
POLLOCK, N. C., and SWANZIE AGNEW 1963. An Historical Geography of South Africa. London: Longmans.
POPPINO, ROLLIE 1968. Brazil: The Land and People. London: Oxford University Press.

PORTES, ALEJANDRO 1978. Migration and Underdevelopment. Politics and Society 8: 1-48.

POTTER, JACK M. 1976. Thai Peasant Social Structure. Chicago: University of Chicago Press.

POULANTZAS, NICOS 1973. Political Power and Social Classes. London: New Left Books. (First pub. in French 1968.)

—— 1978. Classes in Contemporary Capitalism. London: Verso. (First pub. in French 1974.)

PRAWER, JOSHUA, and SHMUEL N. EISENSTADT 1968. Feudalism. *In* International Encyclopedia of the Social Sciences, Vol. 5. David Sills, ed. Pp. 393-403. New York: Macmillan and Free Press.

QUAIN, BUELL 1937. The Iroquois. *In* Cooperation and Competition Among Primitive Peoples. Margaret Mead, ed. Pp. 240-281. New York: McGraw-Hill.

RAGATZ, LOWELL J. 1928. The Fall of the Planter Class in the British Caribbean, 1763-1833. New York: Century.

RAMOS, ALCIDA R. 1978. Mundurucú: Social Change or False Problem? American Ethnologist 5: 675-689.

RANDLE, MARTHA C. 1951. Iroquois Women, Then and Now. Bulletin of the Bureau of American Ethnology, No. 149: 167-180.

RANGER, TERENCE O., ed. 1968. Aspects of Central African History. Evanston, IL: Northwestern University Press.

RAWICK, GEORGE P. 1972. From Sundown to Sunup: The Making of the Black Community. Contributions in Afro-American and African Studies, No. 11. Westport, CT: Greenwood.

RAWSKI, EVELYN SAKAKIDA 1972. Agricultural Change and the Peasant Economy of South China. Harvard East Asian Series, No. 66. Cambridge, MA: Harvard University Press.

RAY, ARTHUR J. 1974. Indians in the Fur Trade: Their Role as Hunters, Trappers and Middlemen in the Lands Southwest of Hudson Bay 1660-1870. Toronto: University of Toronto Press.

RAYCHAUDHURI, TAPAN, ed. 1960. Contributions to Indian Economic History, Vol. 1. Calcutta: Firma K. L. Mukhopadhyay.

REDFORD, ARTHUR 1976. Labour Migration in England, 1800-1850. 3d edition. Manchester: Manchester University Press. (First pub. 1926.)

REES, ALBERT 1961. Real Wages in Manufacturing: 1890-1914. Princeton, NJ: Princeton University Press.

REICHEL-DOLMATOFF, GERARDO 1961. The Agricultural Basis of the Sub-Andean Chiefdoms of Colombia. *In* The Evolution of Horticultural Systems in Native South America: Causes and Consequences. A Symposium. Johannes Wilbert, ed. Pp. 83-100. Supplement Publication No. 2, Antropológica. Caracas: Sociedad de Ciencias Naturales La Salle.

—— 1965. Colombia. New York: Praeger.

REY, PIERRE-PHILIPPE 1976. Les alliances de classes. Paris: François Maspéro.
REYNOLDS, ROBERT L. 1957. The Mediterranean Frontiers, 1000-1400. *In* The Frontier in Perspective. Walker D. Wyman and Clifton B. Kroeber, eds. Pp. 21-34. Madison: University of Wisconsin Press.
—— 1961. Europe Emerges. Madison: University of Wisconsin Press.
RIBEIRO, DARCY 1968. The Civilizational Process. Washington, DC: Smithsonian Institution Press.
RICH, E. E. 1955. Russia and the Colonial Fur Trade. Economic History Review 7: 307-328.
—— 1959. History of the Hudson's Bay Company 1670-1870. 2 vols. London: Hudson's Bay Record Society.
RICHARDS, ALAN R. 1977. Primitive Accumulation in Egypt, 1798-1882. Review 1: 3-49.
RICHARDS, CARA B. 1957. Matriarchy or Mistake: The Role of Iroquois Women Through Time. *In* Cultural Stability and Cultural Change. Proceedings of the 1957 Annual Spring Meeting of the American Ethnological Society. Verne F. Ray, ed. Pp. 36-45. Seattle: American Ethnological Society, University of Washington.
RICHARDS, D. S., ed. 1970. Islam and the Trade of Asia: A Colloquium. Oxford: Bruno Cassirer; Philadelphia: University of Pennsylvania Press.
RICHARDS, W. 1980. The Import of Firearms into West Africa in the 18th Century. Journal of African History 21: 43-59.
ROBEQUAIN, CHARLES 1944. The Economic Development of French Indo-China. London: Oxford University Press. (First pub. in French 1939.)
ROBERTS, ANDREW D. 1973. A History of the Bemba: Political Growth and Change in North-eastern Zambia Before 1900. Madison: University of Wisconsin Press.
ROBINSON, K. R. 1966. The Archaeology of the Rozwi. *In* The Zambezian Past: Studies in Central African History. Eric T. Stokes and R. Brown, eds. Pp. 3-27. Manchester: University of Manchester Press.
ROBINSON, RONALD 1972. Non-European Foundations of European Imperialism: Sketch for a Theory of Collaboration. *In* Studies in the Theory of Imperialism. Roger Owen and Bob Sutcliffe, eds. Pp. 118-140. London: Longman.
RODINSON, MAXIME 1966. Islam et capitalisme. Paris: Éditions du Seuil.
RODNEY, WALTER 1970. A History of the Upper Guinea Coast. Oxford: Clarendon Press.
ROFF, WILLIAM R. 1967. The Origins of Malay Nationalism. New Haven, CT: Yale University Press.
ROGERS, EDWARD S. 1969. Band Organization Among the Indians of Eastern Subarctic Canada. *In* Contributions to Anthropology:

Band Societies. Proceedings of the Conference on Band Organization, Ottawa, 1965. David Damas, ed. Pp. 21-50. National Museum of Canada Bulletin No. 228, Anthropological Series No. 84. Ottawa: National Museums of Canada.

ROGIN, MICHAEL P. 1975. Fathers and Children: Andrew Jackson and the Subjugation of the American Indian. New York: Knopf.

ROHRBOUGH, MALCOLM J. 1968. The Land Office Business: The Settlement and Administration of American Public Lands, 1789-1837. New York: Oxford University Press.

ROKKAN, STEIN 1975. Dimensions of State Formation and Nation-Building: A Possible Paradigm for Research on Variations Within Europe. *In* The Formation of National States in Western Europe. Charles Tilly, ed. Pp. 562-600. Princeton, NJ: Princeton University Press.

ROLLWAGEN, JACK 1980. New Directions in Urban Anthropology: Building an Ethnography and an Ethnology of the world system. *In* Urban Life: Readings in Urban Anthropology. George Gmelch and Walter P. Zenner, eds. Pp. 370-382. New York: St. Martin's Press.

ROSAS, PAUL 1943. Caste and Class in India. Science and Society 7: 141-167.

ROSEBERRY, WILLIAM 1978. Historical Materialism and *The People of Puerto Rico. In* Social Anthropology in Puerto Rico. Special issue. Robert Duncan, ed. Revista Interamericana (San Germán, Puerto Rico) 8: 26-36.

ROSECRANCE, RICHARD N. 1964. The Radical Culture of Australia. *In* The Founding of New Societies. Louis Hartz, ed. Pp. 275-318. New York: Harcourt, Brace and World.

ROSENBERG, HANS 1967. Grosse Depression und Bismarckzeit: Wirtschaftsablauf, Gesellschaft und Politik in Mitteleuropa. Veröffentlichungen der Historischen Komission zu Berlin beim Friedrich-Meinecke-Institut der Freien Universität Berlin, Vol. 24; Publikationen zur Geschichte der Industrialisierung, Vol. 2. Berlin: Walter de Gruyter.

ROSENBERG, HARRIET G. 1978. The Experience of Underdevelopment: Change in a French Alpine Village from the Old Regime to the Present. Ph.D dissertation, Departments of Anthropology and History, University of Michigan, Ann Arbor.

ROSENBLUM, GERALD 1973. Immigrant Workers: Their Impact on American Labor Radicalism. New York: Basic Books.

ROSMAN, ABRAHAM, and PAULA RUBEL 1971. Feasting with Mine Enemy: Rank and Exchange Among Northwest Coast Societies. New York: Columbia University Press.

ROSTOW, WALT WHITMAN 1960. The Stages of Economic Growth: A Non-Communist Manifesto. Cambridge: Cambridge University Press.

1975. How It All Began: Origins of the Modern Economy. New York: McGraw-Hill.

—— 1978. The World Economy: History and Prospect. Austin: University of Texas Press.

ROTBERG, ROBERT I., and H. NEVILLE CHITTICK, eds. 1975. East Africa and the Orient: Cultural Syntheses in Pre-Colonial Times. New York: Africana.

ROTHENBERG, DIANE 1976. Erosion of Power: An Economic Basis for the Selective Conservatism of Seneca Women in the Nineteenth Century. Western Canadian Journal of Anthropology 6: 106-122.

ROWE, JOHN H. 1957. The Incas Under Spanish Colonial Institutions. Hispanic American Historical Review 37: 155-199.

ROWE, WILLIAM L. 1973. Caste, Kinship, and Association in Urban India. *In* Urban Anthropology. Aidan Southall, ed. Pp. 211-249. New York: Oxford University Press.

ROWTHORN, BOB 1976. Late Capitalism. New Left Review, No. 98: 59-83.

RUSSELL, JOSIAH C. 1958. Late Ancient and Medieval Populations. Transactions of the American Philosophical Society, Philadelphia, Vol. 43, No .3.

—— 1972. Medieval Regions and Their Cities. Bloomington: Indiana University Press.

RUYLE, EUGENE 1973. Slavery, Surplus, and Stratification on the Northwest Coast: The Ethnoenergetics of an Incipient Stratification System. Current Anthropology 14: 603-631.

SAHLINS, MARSHALL D. 1960. Political Power and the Economy in Primitive Society. *In* Essays in the Science of Culture in Honor of Leslie A. White. Gertrude E. Dole and Robert L. Carneiro, eds. Pp. 390-415. New York: Thomas Y. Crowell.

—— 1972. Stone Age Economics. Chicago: Aldine-Atherton.

SAHLINS, MARSHALL D., and ELMAN R. SERVICE, eds. 1960. Evolution and Culture. Ann Arbor: University of Michigan Press.

SAINI, KRISHAN G. 1971. A Case of Aborted Economic Growth: India, 1860-1913. Journal of Asian History 5: 89-118.

SANDERS, WILLIAM T., and JOSEPH MARINO 1970. New World Prehistory. Englewood Cliffs, NJ: Prentice-Hall.

SANDERS, WILLIAM T., and BARBARA J. PRICE 1968. Mesoamerica: The Evolution of a Civilization. New York: Random House.

SANSOM, ROBERT L. 1970. The Economics of Insurgency in the Mekong Delta of Vietnam. Cambridge, MA: MIT Press.

SANTAMARIA, DANIEL J. 1977. La propriedad de la tierra y la condición social del indio en el Alto Perú, 1780-1810. Desarrollo Económico: Revista de Ciencias Sociales (Buenos Aires, Argentina) 17: 253-271.

SASSEN-KOOB, SASKIA 1978. The International Circulation of Resources and Development: The Case of Migrant Labour. Development and Change 9: 509-545.

—— 1981. Notes Towards a Conceptualization of Immigrant Labor. Social Problems, 29: 65-85.

SAUER, CARL O. 1966. The Early Spanish Main. Berkeley and Los Angeles: University of California Press.

SCHAPERA, ISAAC 1940. The Political Organization of the Ngwato of Bechuanaland Protectorate. *In* African Political Systems. Meyer Fortes and E. E. Evans-Pritchard, eds. Pp. 56-82. London: Oxford University Press.

SCHERMERHORN, RICHARD A. 1978. Ethnic Plurality in India. Tucson: University of Arizona Press.

SCHLUMBOHM, JÜRGEN 1977. Produktionsverhältnisse–Produktivkräfte–Krisen in der Proto-Industrialisierung. *In* Industrialisierung vor der Industrialisierung: Gewerbliche Warenproduktion auf dem Land in der Formationsperiode des Kapitalismus. Peter Kriedte, Hans Medick, and Jürgen Schlumbohm, eds. Pp. 194-257. Veröffentlichungen des Max-Planck-Instituts ür Geschichte 53. Göttingen: Vandenhoeck & Ruprecht.

SCHMIDT, ALFRED 1971. The Concept of Nature in Marx. London: New Left Books.

SCHNEIDER, DAVID M. 1972. What Is Kinship All About? *In* Kinship Studies in the Morgan Centennial Year. Priscilla Reining, ed. Pp. 32-63. Washington, DC: Anthropological Society of Washington.

SCHNEIDER, JANE 1977. Was There a Pre-Capitalist World System? Peasant Studies 6: 20-29.

SCHNEIDER, JANE, and PETER SCHNEIDER 1976. Culture and Political Economy in Western Sicily. New York: Academic Press.

SCHUMPETER, JOSEPH 1939. Business Cycles: A Theoretical, Historical and Statistical Analysis of the Capitalist Process. 2 vols. New York: McGraw-Hill.

SCOBIE, JAMES R. 1964. Revolution on the Pampas: A Social History of Argentine Wheat, 1860-1910. Austin: University of Texas Press.

SCOTT, JOAN WALLACH 1974. The Glassworkers of Carmaux: French Craftsmen and Political Action in a Nineteenth-Century City. Cambridge, MA: Harvard University Press.

SECOY, FRANK R. 1953. Changing Military Patterns on the Great Plains (17th Century Through Early 19th Century). American Ethnological Society, Monograph No. 21. New York: J. J. Augustin.

SEDDON, DAVID, ed. 1974. Relations of Production: Marxist Approaches to Economic Anthropology. London: Frank Cass.

SÉE, HENRI 1937. Origen y evolución del capitalismo moderno. Mexico City: Fondo de Cultura Económica. (First pub. in French 1926.)

SELLNOW, IRMGARD 1961. Grundprinzipien einer Periodisierung der Urgeschichte. Berlin: Akademie Verlag.

SERENI, EMILIO 1968. Il capitalismo nelle campagne (1860-1900). Turin: Einaudi.

SERVICE, ELMAN R. 1962. Primitive Social Organization: An Evolutionary Perspective. New York: Random House.

—— 1968. War and Our Contemporary Ancestors. *In* War: The Anthropology of Armed Conflict and Aggression. Morton H. Fried, Marvin Harris, and Robert F. Murphy, eds. Pp. 160-167. Garden City, NY: Natural History Press.
SHANIN, TEODOR 1978. The Peasants Are Coming: Migrants Who Labour, Peasants Who Travel, and Marxists Who Write. Race and Class 19: 277-288.
SHAPIRO, SEYMOUR 1967. Capital and the Cotton Industry in the Industrial Revolution. Ithaca, NY: Cornell University Press.
SHARP, LAURISTON, and LUCIEN M. HANKS 1978. Bang Chan: Social History of a Rural Community in Thailand. Ithaca, NY: Cornell University Press.
SHARP, LAURISTON, HAZEL M. HAUCK, KAMOL JANLEKHA, and ROBERT B. TEXTOR 1953. Siamese Rice Village: A Preliminary Study of Bang Chan, 1948-1949. Bangkok: Cornell Research Center.
SHARP, WILLIAM FREDERICK 1976. Slavery on the Spanish Frontier: The Colombian Chocó 1680-1810. Norman: University of Oklahoma Press.
SHARROCK, SUSAN R. 1974. Crees, Cree-Assiniboines, and Assiniboines: Inter-ethnic Social Organization on the Far Northern Plains. Ethnohistory 21: 95-122.
SHELVANKAR, K. S. 1943. The Problem of India. Harmondsworth: Penguin Books.
SHINEBERG, DOROTHY 1966. The Sandalwood Trade in Melanesian Economics, 1841-65. Journal of Pacific History 1: 129-146.
—— 1967. They Came for Sandalwood: A Study of the Sandalwood Trade in the South-West Pacific 1830-1865. Carlton: Melbourne University Press.
—— 1970. Guns and Men in Melanesia. Journal of Pacific History 5: 61-82.
SHIOZAWA, KIMIO 1965. Les historiens japonais et le mode de production asiatique. La Pensée. No. 122: 63-78.
SIDER, GERALD M. 1970. The Political History of the Lumbee Indians of Robeson County, North Carolina: A Case Study of Ethnic Political Affiliations. Ph.D. dissertation, Department of Anthropology, New School of Social Research, New York.
SILVERBERG, JAMES ed. 1968. Social Mobility in the Caste System in India. Comparative Studies in Society and History: Supplement III.
SIMKIN, C. G. F. 1968. The Traditional Trade of Asia. London: Oxford University Press.
SIMONS, H. J. 1949. Race Relations and Policies in Southern and Eastern Africa. *In* Most of the World: The Peoples of Africa, Latin America, and the East Today. Ralph Linton, ed. Pp. 271-330. New York: Columbia University Press.

SIMONS, H. J., and R. E. SIMONS 1969. Class and Colour in South Africa. Harmondsworth: Penguin Books.
SINDER, LEON 1964. Caste Instability in Moghul India. Seoul: Chung-ang University.
SINHA, SURAJIT 1962. Status Formation and Rajput Myth in Tribal Central India. Man in India 42: 35-80.
SISKIND, JANET 1978. Kinship and Mode of Production. American Anthropologist 80: 860-872.
SKOCPOL, THEDA 1979. States and Social Revolutions: A Comparative Analysis of France, Russia, and China. Cambridge: Cambridge University Press.
SMELSER, NEIL J. 1959. Social Change in the Industrial Revolution: An Application of Theory to the British Cotton Industry. Chicago: University of Chicago Press.
SMIT, J. W. 1975. Holland: Comment. *In* Failed Transitions to Modern Industrial Society: Renaissance Italy and Seventeenth Century Holland. First International Colloquium 1974. Frederick Krantz and Paul M. Hohenberg, eds. Pp. 61-63. Montreal: Interuniversity Centre for European Studies.
SMITH, ABBOT E. 1947. Colonists in Bondage: White Servitude and Convict Labor in America, 1607-1776. Chapel Hill: University of North Carolina Press.
SMITH, ABDULLAHI 1972. The Early States of the Central Sudan. *In* History of West Africa. J. F. Ade Ajayi and Michael Crowder, eds., Vol. 1. Pp. 158-201. New York: Columbia University Press.
SMITH, C. T. 1967. An Historical Geography of Western Europe Before 1800. Praeger Advanced Geographies. New York: Praeger.
SMITH, M. G. 1965. The Plural Society in the British West Indies. Berkeley and Los Angeles: University of California Press.
SNOW, DEAN 1976. Abenaki Fur Trade in the Sixteenth Century. Western Canadian Journal of Anthropology 6: 3-11.
SOUTHALL, AIDAN W. 1953. Alur Society: A Study in Processes and Types of Domination. Cambridge, MA: W. Heffer.
SPALDING, KAREN W. 1967. Indian Rural Society in Colonial Peru: The Example of Huarochiri. Ph.D. dissertation, Department of History, University of California, Berkeley.
—— 1974. De indio a campesino: Cambios en la estructura social del Perú colonial. Lima: Instituto de Estudios Peruanos.
SPEAR, PERCIVAL 1963. The Nabobs: A Study of the Social Life of the English in Eighteenth Century India. London: Humphrey Milford/Oxford University Press.
—— 1970. The Mughal Mansabdari System. *In* Elites in South Asia. E. R. Leach and S. N. Mukherjee, eds. Pp. 1-15. Cambridge: Cambridge University Press.

SPODEK, HOWARD 1974. Rulers, Merchants and Other Groups in the City-States of Saurashtra, India, Around 1800. Comparative Studies in Society and History 16: 448-470.

SRINIVAS, M. N. 1959. The Dominant Caste in Rampura. American Anthropologist 61: 1-16.

—— 1961. Social Change in Modern India. Berkeley and Los Angeles: University of California Press.

STAVENHAGEN, RODOLFO 1975. Social Classes in Agrarian Societies. Garden City, NY: Anchor Press/Doubleday.

STEENSGARD, NIELS 1973. Carracks, Caravans, and Companies: The Structural Crisis in the European-Asian Trade in the Early 17th Century. Monograph Series, Vol. 17. Copenhagen: Scandinavian Institute of Asian Studies.

STEIN, STANLEY J., and BARBARA STEIN 1970. The Colonial Heritage of Latin America. Oxford: Oxford University Press.

STENTON, DORIS M. 1952. English Society in the Early Middle Ages (1066-1307). 2d revised edition. Pelican History of England, Vol. 3. Harmondsworth: Penguin Books.

STERNBERG, FRITZ 1926. Der Imperialismus. Berlin: Malik.

STEVENSON, ROBERT F. 1968. Population and Political Systems in Tropical Africa. New York: Columbia University Press.

STEWARD, JULIAN H. 1947. American Culture History in the Light of South America. Southwestern Journal of Anthropology 3: 85-107.

STEWARD, JULIAN H., ed. 1946-1959. Handbook of South American Indians, 7 vols. U.S. Bureau of American Ethnology, Bulletin 143. Washington, DC: U.S. Government Printing Office.

—— 1956. The People of Puerto Rico: A Study in Social Anthropology. Urbana: University of Illinois Press.

STEWARD, JULIAN H., and LOUIS G. FARON 1959. Native Peoples of South America. New York: McGraw-Hill.

STEWART, WATT 1951. Chinese Bondage in Peru: A History of the Chinese Coolie in Peru, 1849-1874. Westport, CT: Greenwood Press.

—— 1964. Keith and Costa Rica: The Biographical Study of Minor Cooper Keith. Albuquerque: University of New Mexico Press.

STRACHEY, JOHN 1935. Nature of the Capitalist Crisis. New York: Covici Friede.

STRAYER, JOSEPH R. 1970. On the Medieval Origins of the Modem State. Princeton, NJ: Princeton University Press.

STRICKON, ARNOLD 1960. The Grandsons of the Gauchos: A Study in Subcultural Persistence. Ph.D. dissertation, Department of Anthropology, Columbia University, New York.

—— 1965. The Euro-American Ranching Complex. *In* Man, Culture, and Animals. Anthony Leeds and Andrew P. Vayda, eds. Pp.

229-258. American Association for the Advancement of Science, Publication 78. Washington, DC: American Association for the Advancement of Science.

STURTEVANT, WILLIAM C. 1962. Spanish-Indian Relations in Southeastern North America. Ethnohistory 9: 41-94.

—— 1971. Creek into Seminole. *In* North American Indians in Historical Perspective. Eleanor B. Leacock and Nancy O. Lurie, eds. Pp. 92-128. New York: Random House.

SUMMERS, ROGER 1961. The Southern Rhodesian Iron Age. Journal of African History 2: 1-13.

—— 1963. Zimbabwe: A Rhodesian Mystery. Johannesburg: Nelson.

—— 1970. The Rhodesian Iron Age. *In* Papers in African Prehistory. J. D. Fage and R. A. Oliver, eds. Pp. 157-172. Cambridge: Cambridge University Press.

SUNDSTROM, LARS 1974. The Exchange Economy of Pre-Colonial Tropical Africa. New York: St. Martin's Press. (Reprint of The Trade of Guinea, 1965).

SUTTLES, WAYNE 1960. Variation in Habitat and Culture in the Northwest Coast. Akten des 34. Internationalen Amerikanisten-Kongresses, Vienna. Pp. 522-537. Horn, Vienna: Ferdinand Berger.

SWANTON, JOHN R. 1946. The Indians of the Southeastern United States. U.S. Bureau of American Ethnology Bulletin 137. Washington, DC: U.S. Government Printing Office.

SWEEZY, PAUL M. 1942. The Theory of Capitalist Development: Principles of Marxian Political Economy. New York: Oxford University Press.

TAWNEY, R. H. 1967. The Agrarian Problem in the Sixteenth Century. New York: Harper & Row. (First pub. 1912.)

TAYLOR, GEORGE ROGERS 1951. The Transportation Revolution 1815-1860. The Economic History of the United States, Vol. 4. New York: Rinehart.

TAYLOR, WILLIAM B. 1972. Landlord and Peasant in Colonial Oaxaca. Stanford, CA: Stanford University Press.

TEGGART, FREDERICK J. 1939. Rome and China: A Study of Correlations in Historical Events. Berkeley and Los Angeles: University of California Press.

TENG, SSU-YÜ, and JOHN K. FAIRBANK 1961. China's Response to the West: A Documentary Survey 1839-1923. Cambridge, MA: Harvard University Press.

TERRAY, EMMANUEL 1973. Technologie, état et tradition en Afrique. Annales 28: 1331-1338.

—— 1975. Classes and Class Consciousness in the Abron Kingdom of Gyaman. *In* Marxist Analyses and Social Anthropology. Maurice Bloch, ed. Pp. 85-135. Association of Social Anthropologists, Studies No. 2. London: Malaby Press.

THIRSK, JOAN 1974. The Disappearance of the English Peasantry. Paper presented at the Peasant Seminar, Centre of International and Area Studies, University of London, March 15. Mimeographed version P.74/37.

THOMPSON, EDGAR T. 1975. Plantation Societies, Race Relations, and the South: The Regimentation of Populations. Durham, NC: Duke University Press.

THOMPSON, E. P. 1966. The Making of the English Working Class. New York: Vintage Books.

—— 1978*a*. Eighteenth-Century English Society: Class Struggle Without Class? Social History 3: 133-165.

—— 1978*b*. The Poverty of Theory and Other Essays. New York and London: Monthly Review Press.

THOMPSON, LEONARD 1969. Cooperation and Conflict: The Zulu Kingdom and Natal. *In* The Oxford History of South Africa, Vol. 1: South Africa to 1870. Monica Wilson and Leonard Thompson, eds. Pp. 334-390. New York and London: Oxford University Press.

THORNER, DANIEL 1950. Investment in Empire: British Railway and Steam Shipping Enterprise in India, 1825-1849. Philadelphia: University of Pennsylvania Press.

—— 1964. Agricultural Cooperatives in India: A Field Report. London: Asia Publishing House.

THORNER, DANIEL, and ALICE THORNER 1962. Land and Labour in India. Bombay: Asia Publishing House.

THRUPP, SYLVIA L. 1962. The Merchant Class of Medieval London (1300-1500). Ann Arbor: University of Michigan Press.

TILLY, CHARLES 1964. The Vendée: A Sociological Analysis of the Counterrevolution of 1793. New York: Wiley.

—— 1975. Food Supply and Public Order in Modern Europe. *In* The Formation of National States in Western Europe. Charles Tilly, ed. Pp. 380-455. Princeton, NJ: Princeton University Press.

—— 1976. Sociology, History, and the Origins of the European Proletariat. Center for Research on Social Organization, Working Paper No. 148. Ann Arbor: University of Michigan.

TILLY, CHARLES, ed. 1975. The Formation of National States in Western Europe. Princeton, NJ: Princeton University Press.

TINKER, HUGH 1974. A New System of Slavery: The Export of Indian Labour Overseas 1830-1920. London: Oxford University Press.

TITIEV, MISCHA 1943. The Influence of Common Residence on the Unilateral Classification of Kindred. American Anthropologist 45: 511-530.

TOGAN, A. ZEKI VALIDI 1939. Ibn Fadlan's Reisebericht. Abhandlungen für die Kunde des Morgenlandes (Leipzig) 24 (3).

TÖKEI, FERENC 1966. Sur le mode de production asiatique. Paris: Centre d'Études et de Recherches marxistes. (First Hungarian ed. 1965; first German transl. 1969.)

TÖPFER, BERNHARD 1974. Zu einigen Grundfragen des Feudalismus. Ein Diskussionsbeitrag. *In* Feudalismus. Heide Wunder, ed. Pp. 221-254. Munich: Nymphenburger Verlagshandlung.

TOUSSAINT, AUGUSTE 1966. History of the Indian Ocean. Chicago: University of Chicago Press.

TRELEASE, ALLEN W. 1960. Indian Affairs in Colonial New York: The Seventeenth Century. Ithaca, NY: Cornell University Press.

TREMPÉ, ROLANDE 1971. Les mineurs de Carmaux. Paris: Éditions Ouvrières.

TRIGGER, BRUCE G. 1976. The Children of Aataentsic: A History of the Huron People to 1660. 2 vols. Montreal: McGill-Queen's University Press.

TRIGGER, BRUCE, ed. 1978. Handbook of North American Indians, Vol. 5: The Northeast. Washington, DC: Smithsonian Institution.

TRIMBERGER, ELLEN K. 1978. Revolution from Above: Military Bureaucrats and Development in Japan, Turkey, Egypt, and Peru. New Brunswick, NJ: Transaction Books.

TURNER, BRYAN S. 1978. Marx and the End of Orientalism. Controversies in Sociology, No. 7. London: Allen & Unwin.

TURNER, VICTOR 1967. The Forest of Symbols: Aspects of Ndembu Ritual. Ithaca, NY: Cornell University Press.

TWICHETT, DENIS 1962. Land Tenure and the Social Order in T'ang and Sung China. Inaugural Lecture, November 28th, 1961. London: School of Oriental and African Studies, University of London.

UCHENDU, VICTOR C. 1965. The Igbo of Southeast Nigeria. New York: Holt, Rinehart & Winston.

UDOVITCH, ABRAHAM L. 1970. Partnership and Profit in Medieval Islam. Princeton, NJ: Princeton University Press.

UDOVITCH, ABRAHAM L., ed. 1980. The Islamic Middle East, 700-1900: Studies in Social and Economic History. Princeton, NJ: Princeton University Press.

UKERS, WILLIAM H. 1935. All About Coffee. 2d edition. New York: Tea and Coffee Trade Journal Company.

URE, ANDREW 1967. The Philosophy of Manufacturers or, an Exposition of the Scientific, Moral, and Commercial Economy of the Factory System of Great Britain. Reprints of Economic Classics. New York: Augustus M. Kelley. (First pub. 1835.)

VANSINA, JAN 1962. Long Distance Trade-Routes in Central Africa. Journal of African History 3: 375-390.

—— 1963. Notes sur l'origine du royaume du Congo. Journal of African History 4: 33-38.

—— 1968. Kingdoms of the Savanna. Madison: University of Wisconsin Press.

VANSINA, JAN, R. MAUNY, and L. V. THOMAS, eds. 1964. The Historian in Tropical Africa. London: Oxford University Press.
VASILIEV, L. S., and I. A. STUCHEVSKII 1967. Three Models for the Origin and Evolution of Precapitalist Societies. Soviet Review: A Journal of Translations 8: 26-39.
VELLUT, JEAN-LUC 1972. Notes sur le Lunda et la frontière Luso-Africaine (1700-1900). Études d'Histoire Africaine 3: 61-166.
VENABLE, VERNON 1945. Human Nature: The Marxian View. New York: Knopf.
VERCAUTEREN, FERNAND 1967. The Circulation of Merchants in Western Europe from the 6th to the 10th Century: Economic and Cultural Aspects. *In* Early Medieval Society. Sylvia L. Thrupp, ed. Pp. 185-195. New York: Appleton-Century-Crofts.
VERLINDEN, CHARLES 1955. L'esclavage dans l'Europe mediévale. Vol. 1: Peninsule Ibérique. France. Bruges: De Tempel.
VÍCENS VIVES, JAIME 1969. Economic History of Spain. Princeton, NJ: Princeton University Press. (First pub. in Spanish 1955.)
—— 1970. Approaches to the History of Spain. Revised edition. Berkeley, Los Angeles, London: University of California Press. (First pub. in Spanish 1952.)
VILLAMARÍN, JUAN A. 1972. Encomenderos and Indians in the Formation of Colonial Society in the Sabana de Bogotá, Colombia: 1537-1740. Ph.D. dissertation, Department of Anthropology, Brandeis University, Waltham, Mass.
—— 1975. Haciendas en la Sabana de Bogotá, Colombia, en la época colonial: 1539-1810. *In* Haciendas, latifundios y plantaciones. Enrique Florescano, ed. Pp. 327-345. Mexico City: Siglo XXI Editores.
VILLAMARÍN, JUAN, and JUDITH E. VILLAMARÍN 1975. Indian Labor in Mainland Colonial Spanish America. University of Delaware Latin American Studies Program Occasional Papers and Monographs, No. 1. Newark: University of Delaware Latin American Studies Program.
—— 1979. Chibcha Settlement Patterns Under Spanish Rule 1537-1810. *In* Social Fabric and Spatial Structures in Colonial Latin America. Dellplain Monograph Series in Latin American Studies, Vol. 1. David J. Robinson, ed. Pp. 25-84. Syracuse, NY: Department of Geography, Syracuse University.
VOLOŠINOV, VALENTIN N. 1973. Marxism and the Philosophy of Language. New York and London: Seminar Press. (First pub. in Russian 1930.)
VRIES, JAN DE 1974. Dutch Rural Economy in the Golden Age, 1500-1700. New Haven, CT: Yale University Press.
—— 1975. Holland: Commentary: *In* Failed Transitions to Modern Industrial Society: Renaissance Italy and Seventeenth Century Holland. First International Colloqium 1974. Frederick Krantz and Paul M. Hohenberg, eds. Pp. 55-57. Montreal: Interuniversity

Centre for European Studies.
WADSWORTH, A. P., and JULIA DE LACY MANN 1931. The Cotton Trade and Industrial Lancashire, 1600-1780. Manchester: Manchester University Press.
WAGLEY, CHARLES 1953. Amazon Town: A Study of Man in the Tropics. New York: Macmillan.
WAKEMAN, FREDERIC, JR. 1974. Strangers at the Gate: Social Disorder in South China 1839-1861. Berkeley, Los Angeles, London: University of California Press.
—— 1975. The Fall of Imperial China. New York: Free Press.
WALKER, MACK 1964. Germany and the Emigration, 1816-1885. Cambridge, MA: Harvard University Press.
—— 1971. German Home Towns: Community, State, and General Estate 1648-1871. Ithaca, NY: Cornell University Press.
WALLACE, ANTHONY F. C. 1970. The Death and the Rebirth of the Senecas. New York: Knopf.
WALLERSTEIN, IMMANUEL 1974. The Modern World-System: Capitalist Agriculture and the Origins of the European World-Economy in the Sixteenth Century. New York: Academic Press.
—— 1979. Kondratieff Up or Kondratieff Down? Review 2: 663-673.
WANG, YÜ-CH'ÜAN 1936. The Rise of the Land Tax and the Fall of Dynasties in Chinese History. Pacific Affairs 9: 201-220.
WARD, R. GERARD 1972. The Pacific Bêche-de-Mer Trade with Special Reference to Fiji. *In* Man in the Pacific Islands. R. Gerard Ward, ed. Pp. 91-123. Oxford: Clarendon Press.
WARD, R. GERARD, ed. 1972. Man in the Pacific Islands. Oxford: Clarendon Press.
WARD, W.E.F. 1966. A History of Ghana. London: Allen & Unwin.
WARNER, W. LLOYD 1958. A Black Civilization: A Social Study of an Australian Tribe. Revised edition. New York: Harper & Row. (First pub. 1937.)
WARNER, W. LLOYD, and J. LOW 1947. The Social System of a Modern Factory. New Haven, CT: Yale University Press.
WASHBURN, WILCOMB E., ed. 1964. The Indian and the White Man. Documents in American Civilization Series. New York: Anchor Books.
WASSERSTROM, ROBERT 1977. Land and Labour in Central Chiapas: A Regional Analysis. Development and Change 8: 441-463.
—— 1978. Population Growth and Economic Development in Chiapas, 1524-1975. Human Ecology 6: 127-143.
WATROUS, STEPHEN D. 1966. John Ledyard's Journey Through Russia and Siberia 1787-1788. The Journal and Selected Letters.

Madison: University of Wisconsin Press.
WATSON, ANDREW M. 1974. The Arab Agricultural Revolution and Its Diffusion, 700-1100. Journal of Economic History 34: 8-35.
WATSON, JAMES L., ed. 1980. Asian and African Systems of Slavery. Oxford: Basil Blackwell.
WEBB, MALCOLM C. 1965. The Abolition of the Taboo System in Hawaii. Journal of the Polynesian Society 74: 21-39.
WEBB, WALTER P. 1931. The Great Plains. New York: Grosset's Universal Library.
WEBER, EUGEN 1976. Peasants into Frenchmen: The Modernization of Rural France 1870-1914. Stanford, CA: Stanford University Press.
WEBER, MAX 1958. The Protestant Ethic and the Spirit of Capitalism. New York: Scribner's. (First pub. in German 1904-1905.)
—— 1968. On Charisma and Institution Building: Selected Papers. Shmuel N. Eisenstadt, ed. Chicago: University of Chicago Press.
—— 1979. Developmental Tendencies in the Situation of East Elbian Rural Laborers. Economy and Society 8: 177-205. (First pub. in German 1894.)
WEBSTER, DAVID 1975. Warfare and the Evolution of the State: A Reconsideration. American Antiquity 40: 464-470.
—— 1976. On Theocracies. American Anthropologist 78: 812-828.
WEIGAND, PHIL C. 1978. La prehistoria del estado de Zacatecas: una interpretación. Zacatecas No.1: 203-248.
WELSH, DAVID 1971. The Growth of Towns. *In* The Oxford History of South Africa, Vol. 2: South Africa 1870-1966. Monica Wilson and Leonard Thompson, eds. Pp. 172-243. New York and Oxford: Oxford University Press.
WELSKOF, ELISABETH CHARLOTTE 1957. Die Produktionsverhältnisse im Alten Orient und in der Griechisch-Römischen Antike. Berlin: Akademie Verlag.
WERNER, ERNST 1966. Die Geburt einer Grossmacht–Die Osmanen: Ein Beitrag zur Genesis des türkischen Feudalismus. Forschungen zur Mittelalterlichen Geschichte, No. 13. Berlin: Akademie Verlag.
WERTHEIM, W. F. 1973. Dawning of an Asian Dream: Selected Articles on Modernization and Emancipation. Antropologisch-Sociologisch Centrum van de Universiteit van Amsterdam, Afd. Zuid-en Zuidoost Azie. Publication No. 20.
—— 1974. Evolution and Revolution: The Rising Waves of Emancipation. Harmondsworth: Penguin Books.
WESSMAN, JAMES W. 1981. Anthropology and Marxism. Cambridge, MA: Schenkman.
WESTERN CANADIAN JOURNAL OF ANTHROPOLOGY 1972. Special Issue on the Fur Trade. Vol. 3, No.1.
WHEATLEY, PAUL 1961. The Golden Khersonese: Studies in the Historical Geography of the Malay Peninsula Before 1500 A.D. Kuala

Lumpur: University of Malaya Press.
—— 1975. Satyânrta in Suvarnadvipa: From Reciprocity to Redistribution in Ancient Southeast Asia. *In* Ancient Civilizations and Trade. Jeremy A. Sabloff and C. C. Lamberg-Karlovsky, eds. Pp. 227-283. Albuquerque: University of New Mexico Press.
WHEELER, MORTIMER 1955. Rome Beyond the Imperial Frontiers. Harmondsworth: Penguin Books.
WIKE, JOYCE 1947. The Effects of the Maritime Fur Trade on Northwest Coast Indian Society. Ph.D. dissertation, Department of Anthropology, Columbia University, New York.
—— 1952. The Role of the Dead in Northwest Coast Culture. *In* Indian Tribes of Aboriginal America. Proceedings of the 29th International Congress of Americanists, Vol. 3. Sol Tax, ed. Pp. 97-103. Chicago: University of Chicago Press.
—— 1957. More Puzzles on the Northwest Coast. American Anthropologist 59: 301-317.
—— 1958*a*. Social Stratification Among the Nootka. Ethnohistory 5: 219-241.
—— 1958*b*. Problems in Fur Trade Analysis: The Northwest Coast. American Anthropologist 60: 1086-1101.
WILBUR, CLARENCE M. 1943. Slavery in China During the Former Han Dynasty, 206 B.C.-A.D. 25. Field Museum of Natural History, Publication 525, Chicago.
WILKS, IVOR 1962. A Medieval Trade Route from the Niger to the Gulf of Guinea. Journal of African History 3: 337-341.
—— 1967. Ashanti Government. *In* West African Kingdoms in the 19th Century. Daryll Forde and P. M. Kaberry, eds. Pp. 206-238. Oxford: Oxford University Press.
—— 1975. Asante in the Nineteenth Century: The Structure and Evolution of a Political Order. London: Cambridge University Press.
WILLEY, GORDON R. 1966. An Introduction to American Archaeology, Vol. 1: North and Middle America. Englewood Cliffs, NJ: Prentice-Hall.
—— 1971. An Introduction to American Archaeology, Vol. 2: South America. Englewood Cliffs, NJ: Prentice-Hall.
WILLIAMS, ERIC 1944. Capitalism and Slavery. Chapel Hill: University of North Carolina Press.
WILLIAMS, RAYMOND 1973*a*. The Country and the City. New York: Oxford University Press.
—— 1973*b*. Base and Superstructure in Marxist Cultural Theory. New Left Review, No. 82: 3-16.
WILLIS, WILLIAM S., JR. 1955. Colonial Conflict and the Cherokee Indians 1710-1760. Ph.D. dissertation, Department of Anthropology, Columbia University, New York.
—— 1963. Divide and Rule: Red, White, and Black in the Southeast. Journal of Negro History 48: 157-176.

—— 1970. Anthropology and Negroes on the Southern Colonial Frontier. *In* The Black Experience in America. James C. Curtis and Lewis L. Gould, eds. Pp. 33-50. Austin: University of Texas Press.

—— 1980. Fusion and Separation: Archaeology and Ethnohistory in Southeastern North America. *In* Theory and Practice: Essays Presented to Gene Weltfish. Stanley Diamond, ed. Pp. 97-123. The Hague: Mouton.

WILMOTT, W. E., ed. 1972. Economic Organization in Chinese Society. Stanford, CA: Stanford University Press.

WILSON, CHARLES H. 1957. Profit and Power: A Study of England and the Dutch Wars. Cambridge: Cambridge University Press.

—— 1965. England's Apprenticeship, 1603-1763. London: Longmans, Green.

WILSON, CHARLES MORROW 1947. Empire in Green and Gold. New York: Henry Holt.

WILSON, FRANCIS 1972. Labour in the South African Gold Mines, 1911-1969. African Studies 6. Cambridge: Cambridge University Press.

WILSON, GODFREY 1941-1942. The Economics of Detribalization in Northern Rhodesia. Rhodes-Livingstone Papers No. 5 (Part I, 1941) and No.6 (Part II, 1942). London: Oxford University Press, for the Rhodes-Livingstone Institute.

WILSON, H. CLYDE 1956. A New Interpretation of the Wild Rice District of Wisconsin. American Anthropologist 58: 1059-1064.

—— 1963. An Inquiry into the Nature of Plains Indian Cultural Development. American Anthropologist 65: 355-369.

WILSON, MONICA, and LEONARD THOMPSON, eds. 1969-1971. The Oxford History of South Africa. 2 vols. Vol. 1: South Africa to 1870 (1969); Vol. 2: South Africa 1870-1966 (1971). New York and Oxford: Oxford University Press.

WINSTON, SANFORD 1934. Indian Slavery in the Carolina Region. Journal of Negro History 19: 431-440.

WITTEK, PAUL 1957. The Rise of the Ottoman Empire. London: Royal Asiatic Society.

WITTFOGEL, KARL A. 1931. Wirtschaft und Gesellschaft Chinas, Erster Teil: Produktivkräfte, Produkts-und Zirkulations-Prozess. Schriften des Instituts für Sozialforschung an der Universität Frankfurt a.M. Vol. 3. Leipzig: C. L. Hirschfeld.

—— 1957. Oriental Despotism. New Haven, CT: Yale University Press.

WOLF, ERIC R. 1951. The Social Organization of Mecca and the Origins of Islam. Southwestern Journal of Anthropology 7: 329-356.

—— 1953. La formación de la nacion. Part I. Ciencias Sociales 4: 50-62.

—— 1959. Specific Aspects of Plantation Systems in the New World: Community Sub-cultures and Social Class. *In* Plantation systems in the New World. Angel Palerm and Vera Rubin, eds. Pp. 136-146. Social Science Monograph No. 7. Washington, DC: Pan American Union.

—— 1966. Peasants. Foundation of Modern Anthropology Series. Englewood Cliffs, NJ: Prentice-Hall.

——1969. Peasant Wars of the Twentieth Century. New York: Harper & Row.

WOLF, ERIC R., and SIDNEY W. MINTZ 1957. Haciendas and Plantations in Middle America and the Antilles. Social and Economic Studies 6: 380-411.

WOLPE, HAROLD 1972. Capitalism and Cheap Labour-Power in South Africa: From Segregation to Apartheid. Economy and Society 1: 425-456.

WOLTERS, O. W. 1967. Early Indonesian Commerce: A Study of the Origins of Śriviyaya. Ithaca, NY: Cornell University Press.

—— 1970. The Fall of Śriviyaya in Malay History. London: Lund Humphries.

WOODRUFF, PHILIP 1964. The Men Who Ruled India. 2 vols. New York: Schocken Books.

WOODRUFF, WILLIAM 1966. The Impact of Western Man, a Study of Europe's Role in the World Economy: 1760-1960. London: Macmillan.

—— 1971. The Emergence of an International Economy 1700-1914. *In* The Fontana Economic History of Europe, Vol. 4: The Emergence of Industrial Societies. Carlo Cipolla, ed. *separata.* London: Fontana.

WORSLEY, PETER 1957. The Trumpet Shall Sound: A Study of 'Cargo' Cults in Melanesia. London: Macgibbon and Kee.

—— 1961. The Analysis of Rebellion and Revolution in British Social Anthropology. Science and Society 21: 26-37.

—— 1964. The Third World. London: Weidenfeld & Nicolson.

WRIGHT, GARY A. 1967. Some Aspects of Early and Mid-Seventeenth Century Exchange Networks in the Western Great Lakes. Michigan Archaeologist 13: 181-197.

WRIGHT, GAVIN 1978. The Political Economy of the Cotton South: Households, Markets, and Wealth in the Nineteenth Century. New York: W. W. Norton.

WUNDER, HEIDE, ed. 1971. Feudalismus. Munich: Nymphenburger Verlag.

YALMAN, NUR 1971. Under the Bo Tree: Studies in Caste, Kinship, and Marriage in the Interior of Ceylon. Berkeley, Los Angeles, London: University of California Press.

YOUNG, PHILIP D. 1971. Ngawbe: Tradition and Change Among the Western Guaymi of Panama. Illinois Studies in Anthropology, No.7. Urbana: University of Illinois Press.

ZUKIN, SHARON 1980. A Decade of the New Urban Sociology. Theory and Society 9: 575-601.

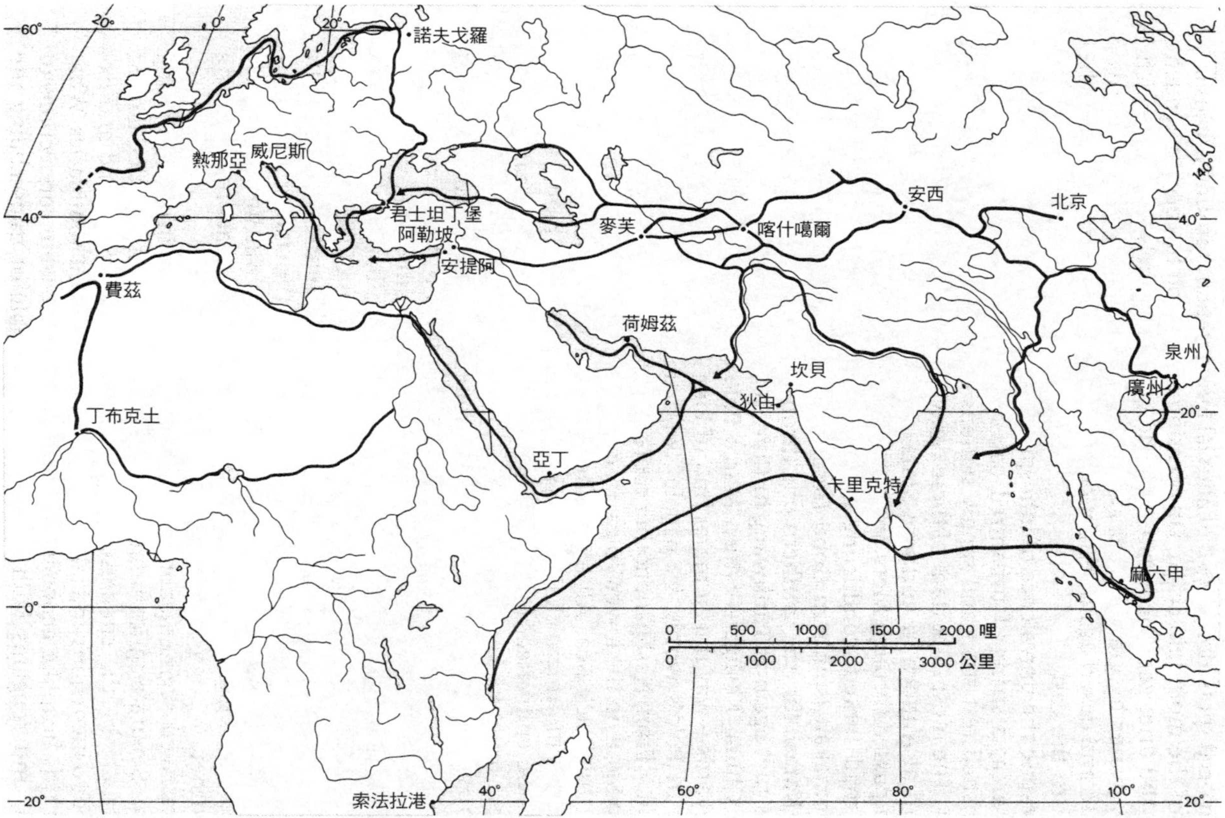

一四〇〇年時的舊世界：主要貿易路線

商隊離開阿勒坡。德布瑞（Theodore de Bry）的銅版畫，一五九九年（引自珍本與手稿部，紐約公共圖書館，亞斯佗、倫諾斯與提爾頓基金會〔Astor, Lenox, and Tilden Foundations〕）

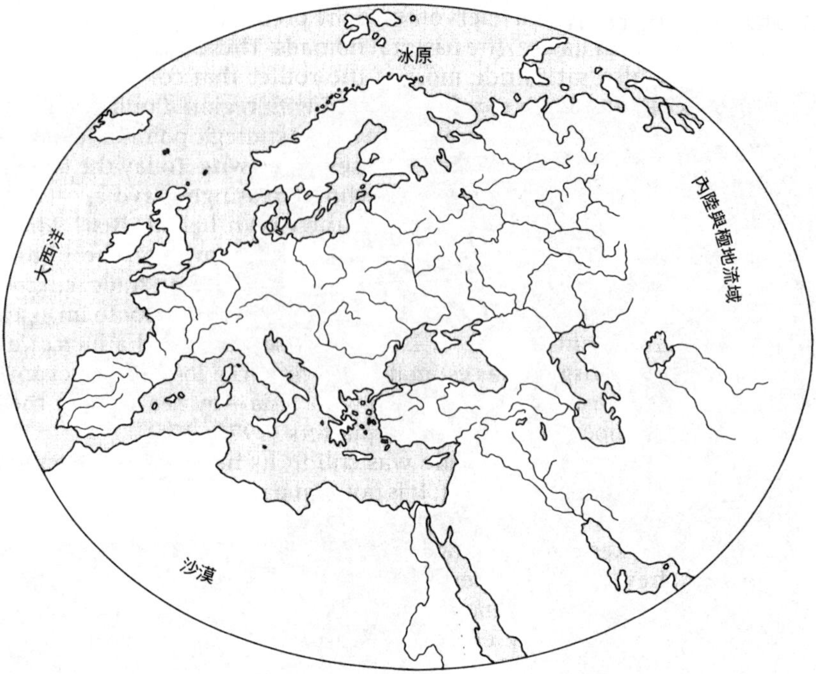

歐洲半島：與航道的距離

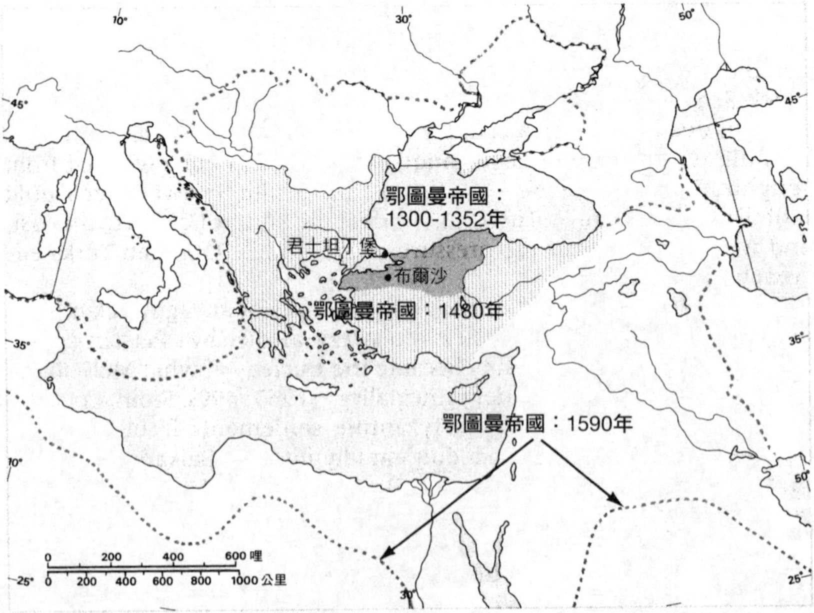

鄂圖曼帝國的擴張

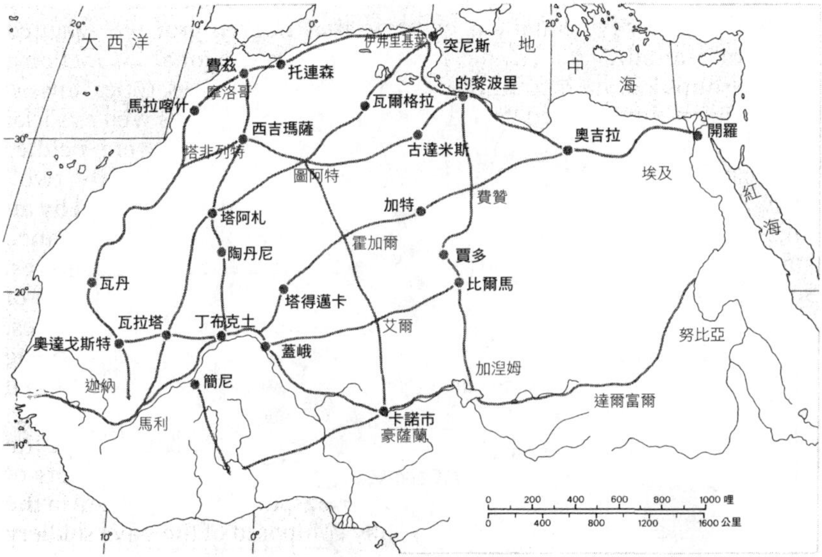

西非：主要貿易路線

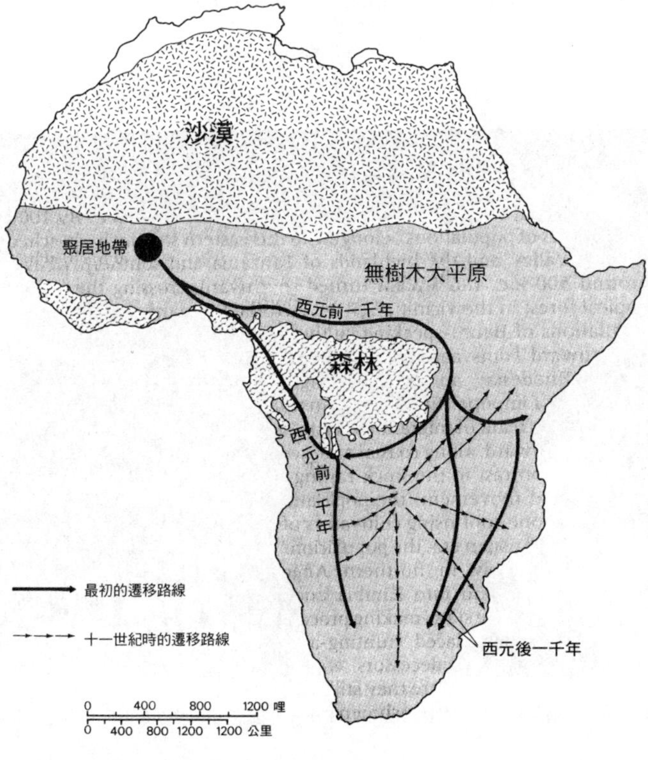

說班圖語諸民族的遷徙（菲利浦森〔Phillipson〕，一九七七年；引自作者）

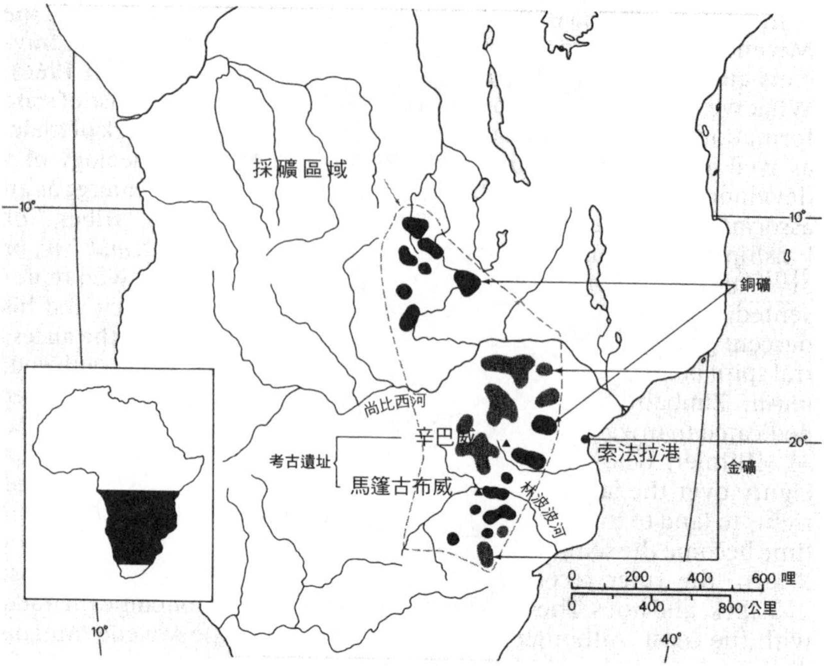

東非的史前採礦

栽種灌溉稻米，中國四川省。巴比（Bruno Barbey）攝影，一九六〇年（巴比，馬格蘭攝影通訊社）

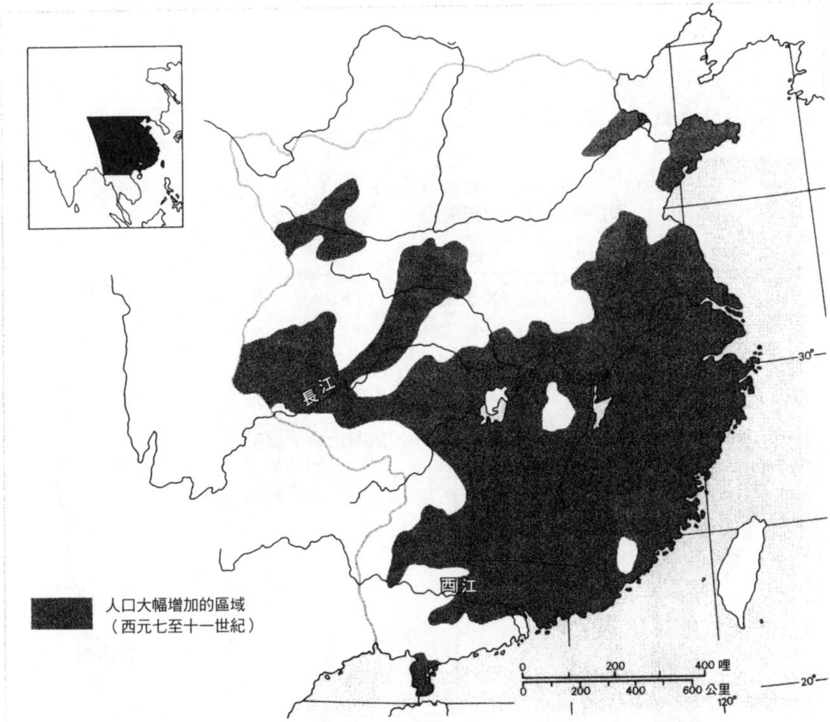

漢族向中國南方的擴張（重繪自艾文〔Elvin〕，一九七三年；引自作者）

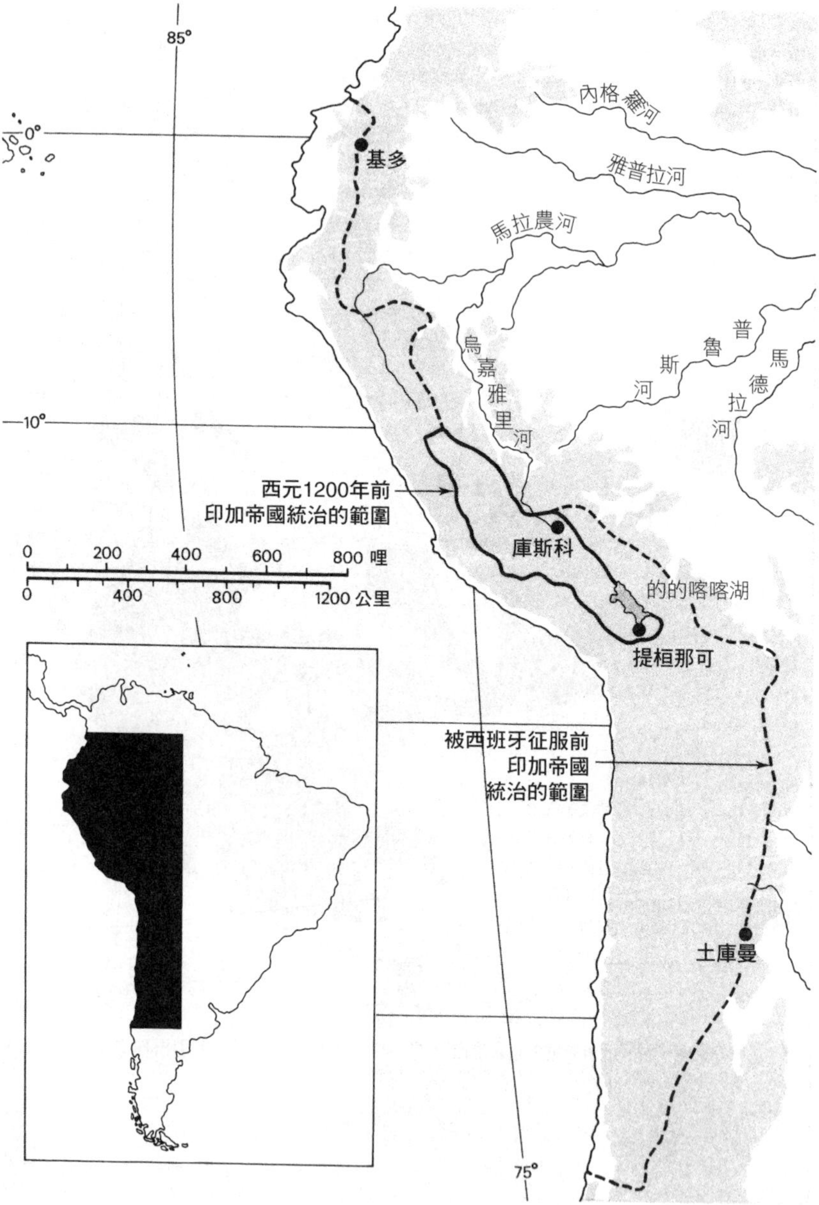
85°
0°
10°
75°
基多
內格羅河
雅普拉河
馬拉農河
烏嘉雅里河
普魯斯河
馬德拉河
西元1200年前
印加帝國統治的範圍
庫斯科
的的喀喀湖
提桓那可
0 200 400 600 800 哩
0 400 800 1200 公里
被西班牙征服前
印加帝國
統治的範圍
土庫曼

安地斯山脈區域

繪於陶罐上的戰爭圖，祕魯北部海岸莫切文化風格，四〇〇年左右（引自多南〔Christopher Donnan〕，文化史博物館，加州）

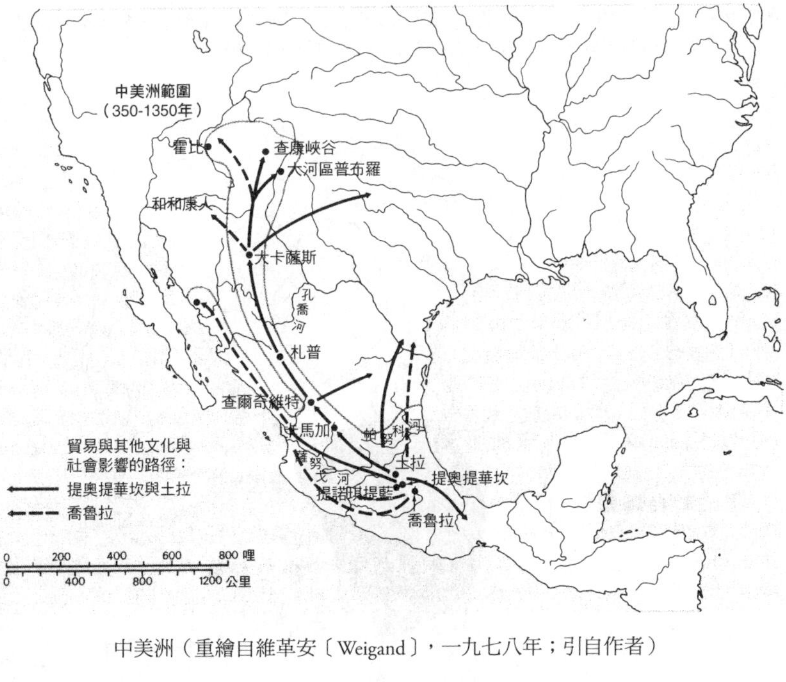

中美洲（重繪自維革安〔Weigand〕，一九七八年；引自作者）

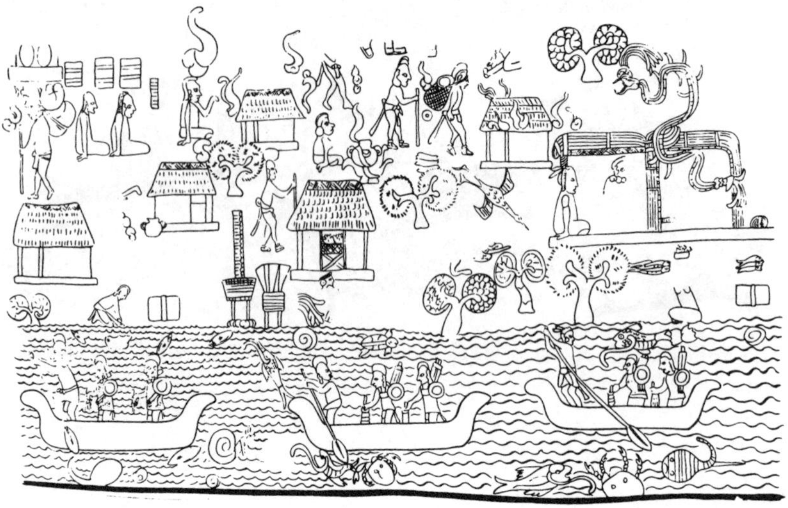

猶加敦半島奇琴伊察的戰士廟壁畫，一二〇〇年左右，描繪船上的戰士、村民從事日常工作，與奉獻祈禱的儀式（右上方）（引自美國自然史博物館，紐約）

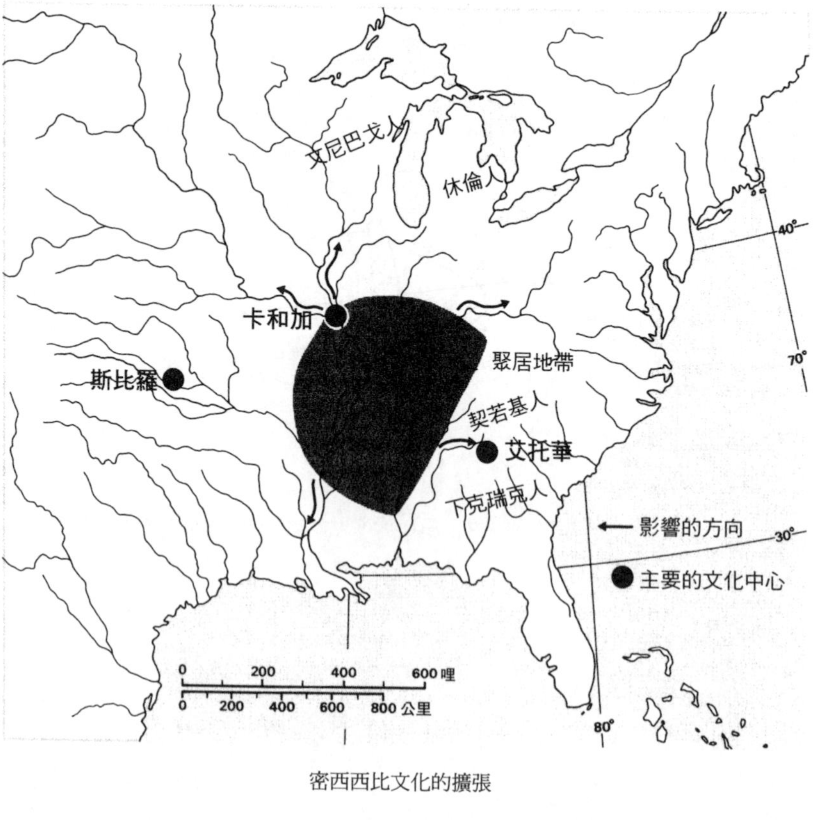

密西西比文化的擴張

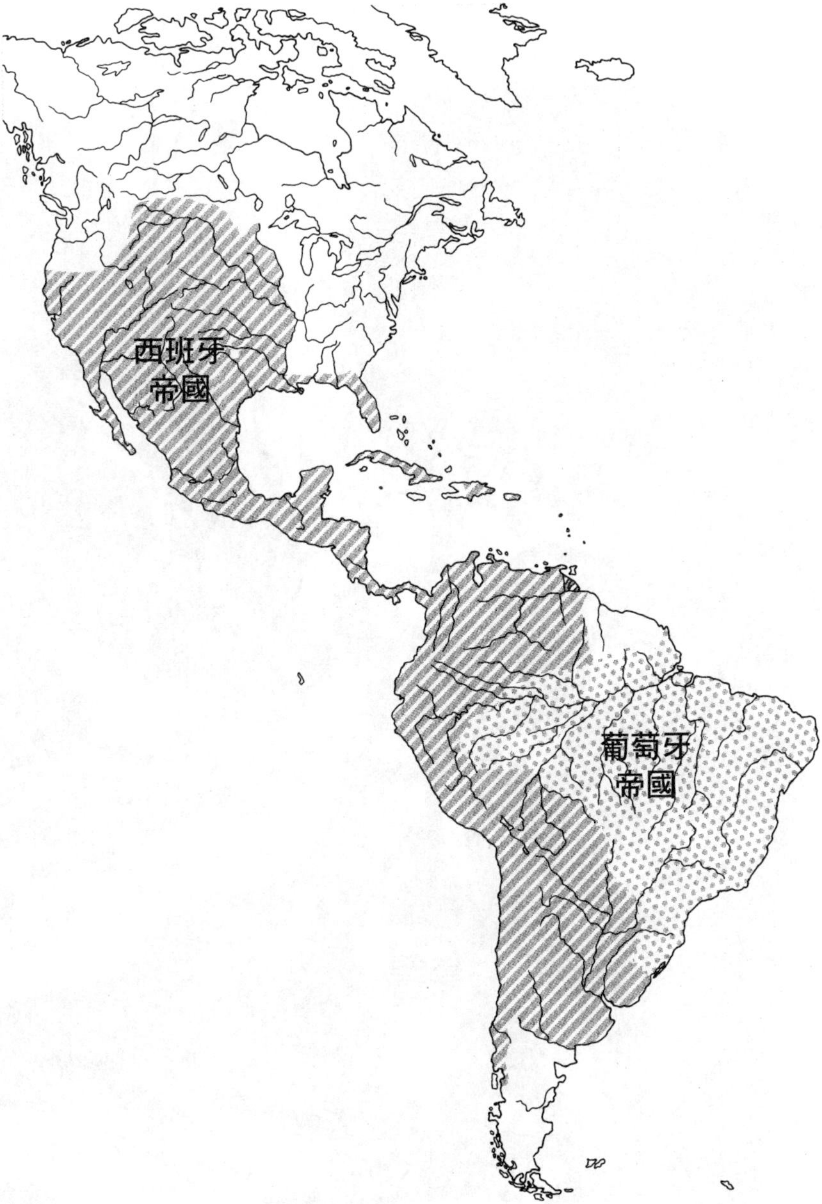

西班牙和葡萄牙在新世界

淘沙揀金。德布瑞的銅版畫，一五九〇年（引自珍本與手稿部，紐約公共圖書館，亞斯佗、倫諾斯與提爾頓基金會）

古茲柯區域征服以前風格的大杯子，描繪西班牙騎士狩獵情景（圖片引自美洲印地安博物館，海氏基金會〔Heye Foundation〕）

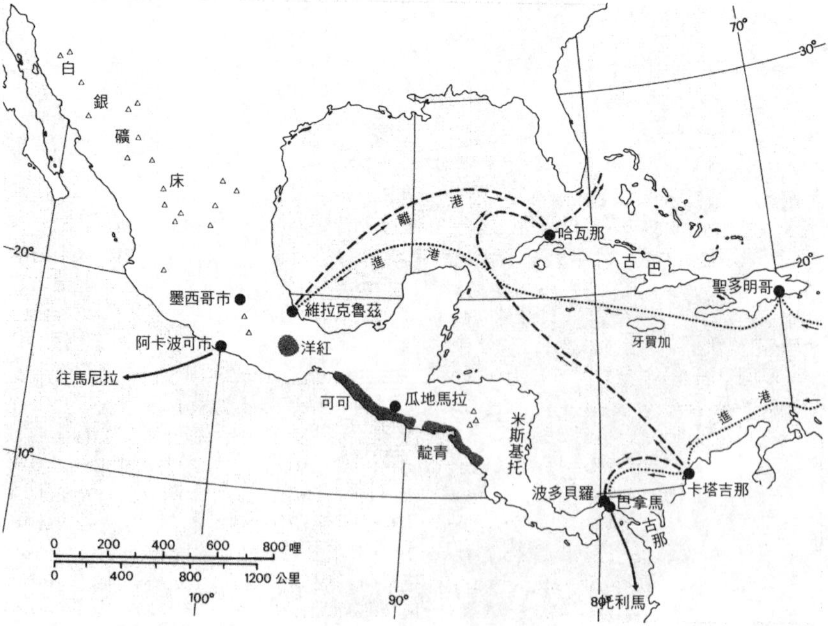

通往新世界西班牙領地的海路

歐洲人在巴拿馬臨加勒比海海岸修造輕快帆船。德布瑞的銅版畫，一五九〇年（引自珍本與手稿部，紐約公共圖書館，亞斯伦、倫諾斯與提爾頓基金會）

阿卡波可市。德布瑞的銅版畫，一五九〇年（引自紐約公共圖書館，紐約）

飾有中國硬幣的海象皮甲冑，特林吉特人（圖片引自美洲印地安博物館，海氏基金會）

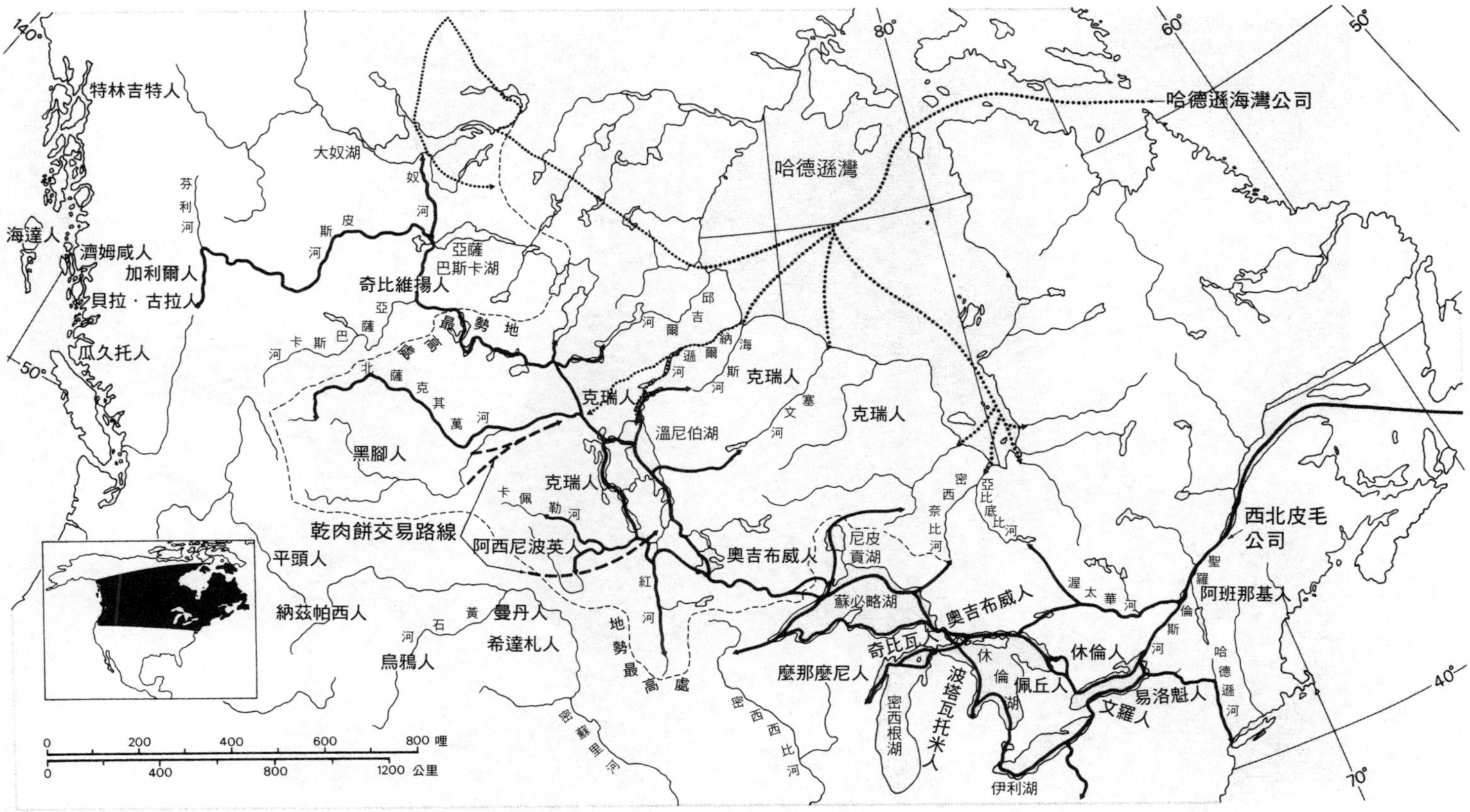
特林吉特人
海達人
濟姆咸人
加利爾人
貝拉·古拉人
瓜久托人
大奴湖
奴河
皮斯河
芬利河
亞薩巴斯卡湖
奇比維揚人
亞薩巴斯卡河
最高地勢
北薩克其萬河
黑腳人
克瑞人
卡佩勒河
乾肉餅交易路線
阿西尼波英人
平頭人
納茲帕西人
黃石河
曼丹人
希達札人
烏鴉人
密蘇里河
紅河
地勢最高處
密西西比河
哈德遜灣
哈德遜海灣公司
邱吉爾河
納爾遜河
海斯河
塞文河
溫尼伯湖
奧吉布威人
尼皮貢湖
蘇必略湖
密西奈比河
亞比底比河
渥太華河
奇比瓦
麼那麼尼人
密西根湖
波塔瓦托米人
休倫湖
佩丘人
休倫人
伊利湖
文羅人
易洛魁人
聖羅倫斯河
阿班那基人
哈德遜河
西北皮毛公司
140°
80°
60°
50°
40°
70°
0 200 400 600 800 哩
0 400 800 1200 公里

北美洲皮毛貿易的路線

納茲帕西（Nez Percé）婦女製作乾肉餅。傑克遜（William Henry Jackson）攝影，一八七一年（國家人類學檔案館，史密斯研究所〔Smithsonian Institution〕）

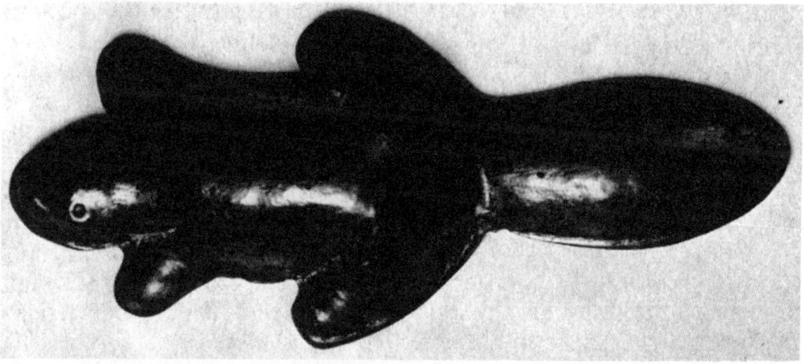

赫德遜海灣銅質小海狸雕像，在早期皮毛貿易中用作代用貨幣。其價值為一張海狸皮（圖片引自美洲印地安博物館，海氏基金會）

為準備誇富宴數算毯子，魯帕堡。博厄斯（Franz Boas）攝影，一八九四年（引自美國自然史博物館，紐約）

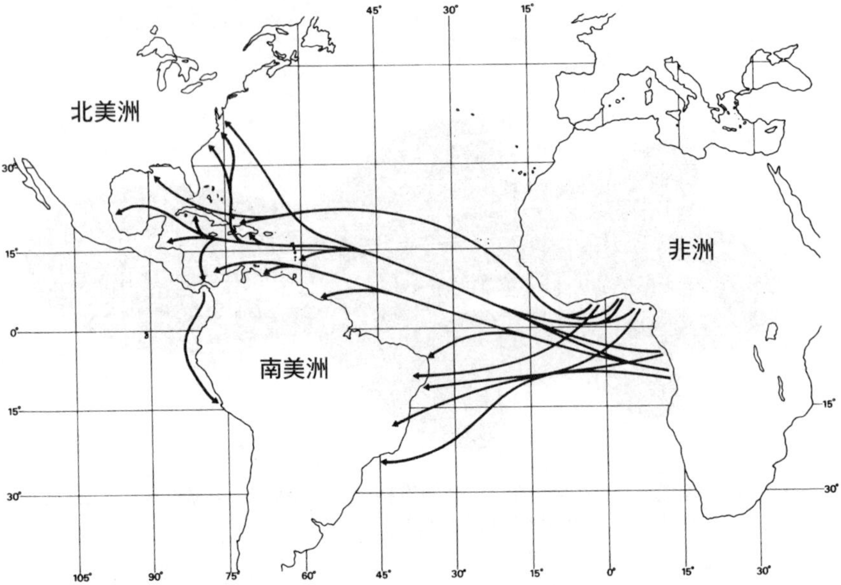

大西洋奴隸貿易的起源地與目的地

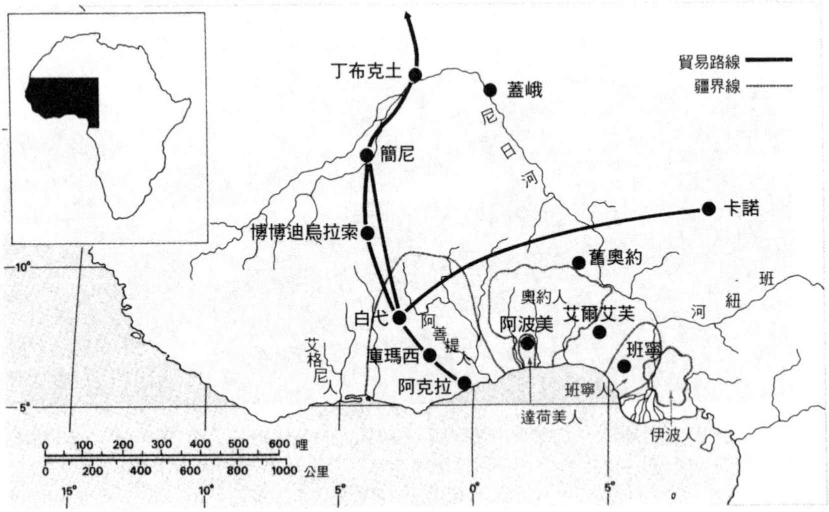

西非的建國與貿易路線

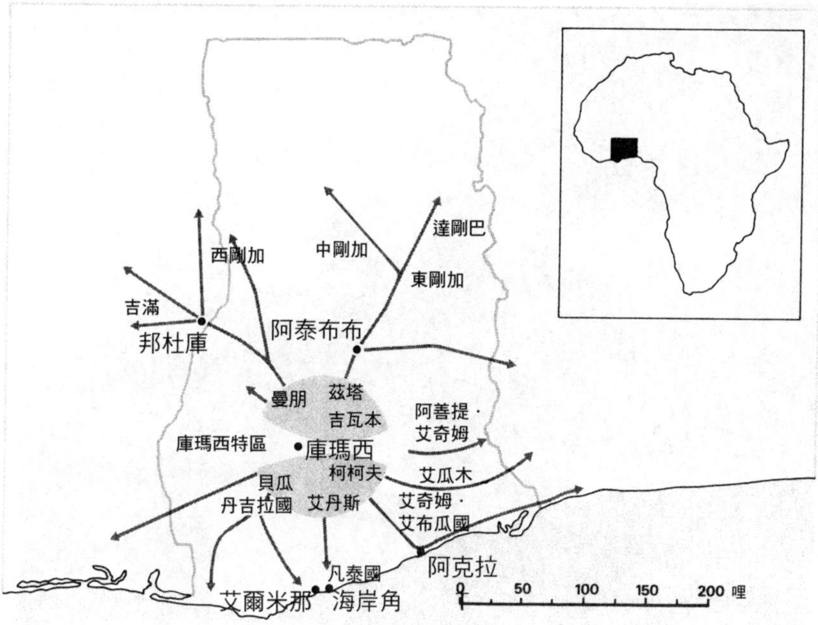

阿善提人的擴張

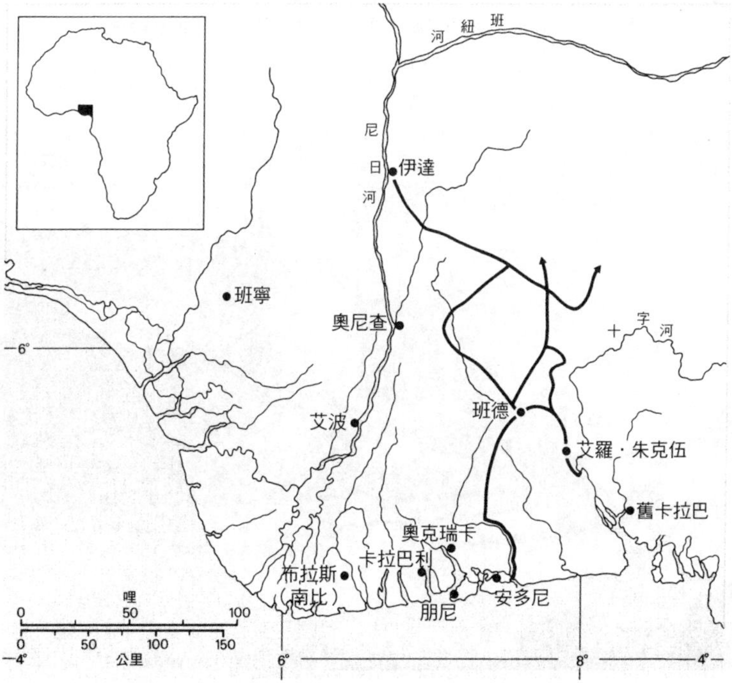

尼日河三角洲（歐騰堡〔Ottenberg〕繪製的艾羅貿易路線，一九五八年；引自作者）

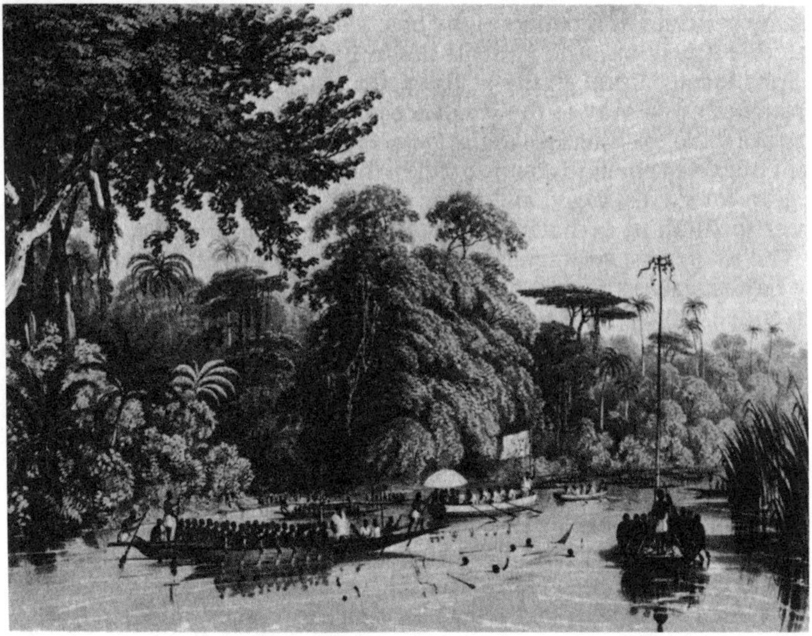

護送一群英國人去艾波。艾倫（William Allen）寫生，艾倫於一八三二至三三年為英國海軍部調查尼日河。取自艾氏原著《尼日河風景畫》（*Picturesque Views of the River Niger*），一八四〇年（引自一般研究部，紐約公共圖書館，亞斯佗、倫諾斯與提爾頓基金會）

剛果王國首都莫本薩（Mbanza）或薩爾瓦多（Salvador）。達帕（Olfert Dapper）的銅版畫，一六七六年（引自一般研究部，紐約公共圖書館，亞斯佗、倫諾斯與提爾頓基金會）

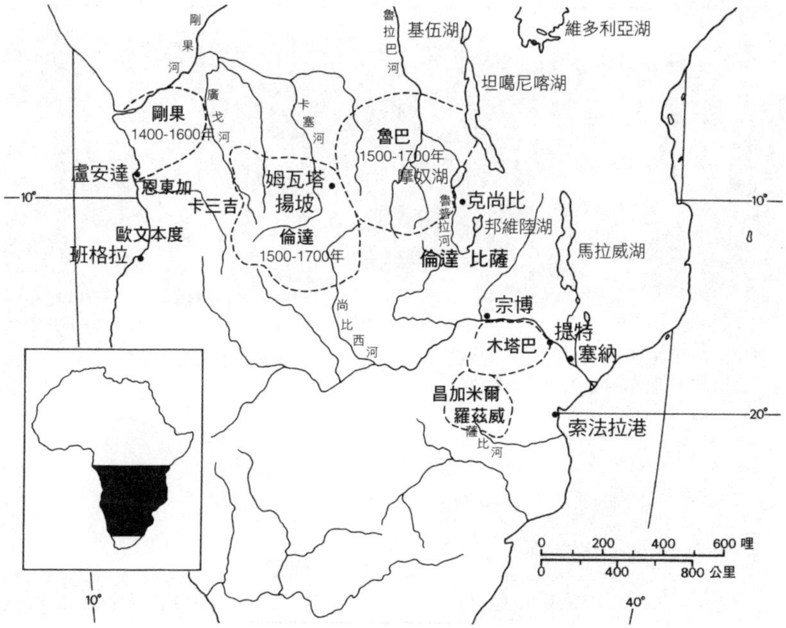

中非的建國

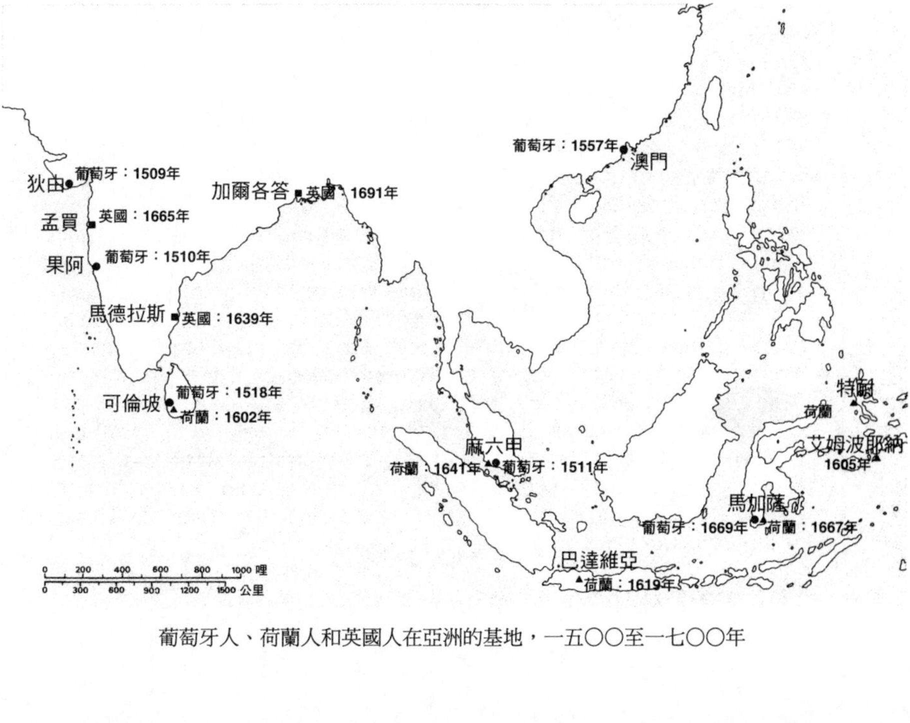

葡萄牙人、荷蘭人和英國人在亞洲的基地，一五〇〇至一七〇〇年

葡屬果阿的市場與商號。德布瑞的銅版畫，一五九八年（引自一般研究部，紐約公共圖書館，亞斯佗、倫諾斯與提爾頓基金會）

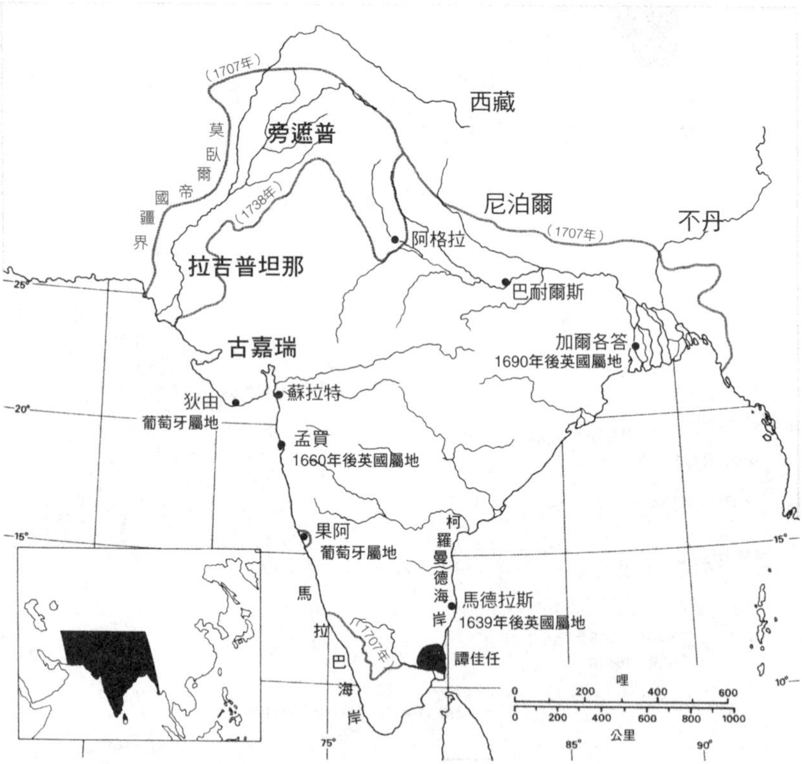

莫臥爾帝國治下的印度

清朝治下的中國

由港口看歐洲人在廣州的貿易總公司。奇納瑞（George Chinnery，一七七四——一八五二年），油畫（引自紐約歷史學會，紐約市）

中國的茶葉貿易。油畫，中國外銷學院，一八〇〇年左右。茶葉在山坡生長（左上方），烘乾、弄碎、包裝、秤重量。外國人買茶（左下方），運到其船上（右方）（引自貝瑞希爾畫廊〔Berry-Hill Galleries〕，紐約）

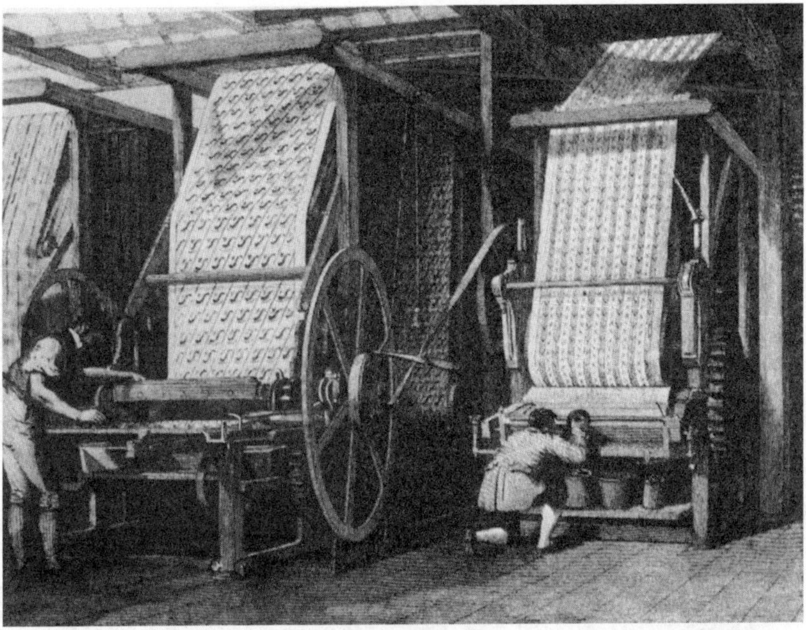

在木架印花布機上印花。卡特（J. Carter）的線雕銅版畫，一八三五年左右（格蘭傑收藏，紐約）

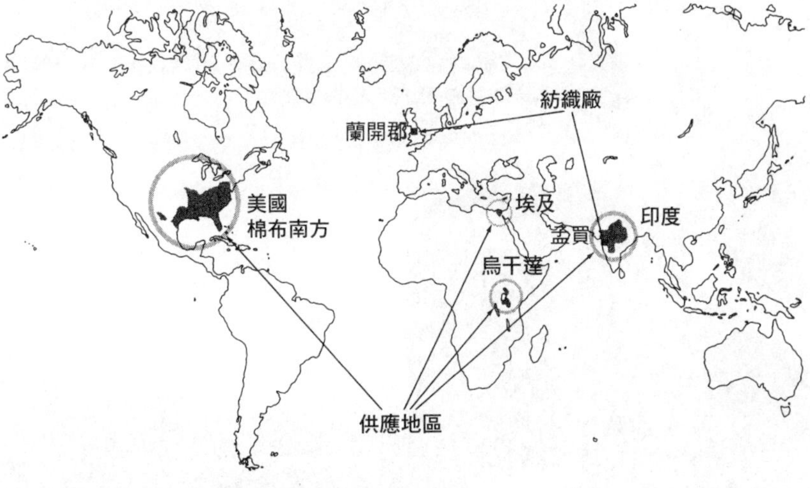

工業革命中的棉紡織品：製造中心與供應地區

曼徹斯特棉織工廠動力織布機織布情形。艾隆姆、卡特和丁格爾（T. Allom, J. Carter and J. Tingle）的線雕銅版畫，一八三五年（格蘭傑收藏〔The Granger Collection〕，紐約）

奴隸在阿拉巴馬河上藉火炬之光將棉花裝船。福洛伊德（W. Floyd）的版畫，一八四二年（引自紐約歷史學會，紐約市）

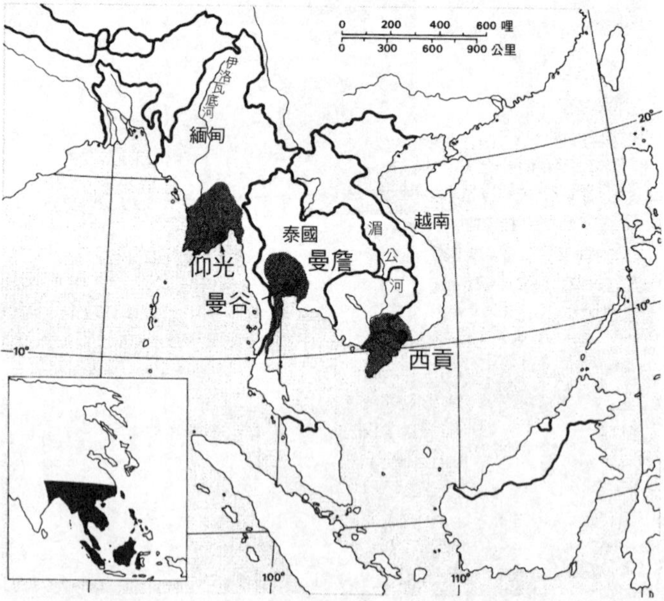

東南亞：生產外銷米的區域

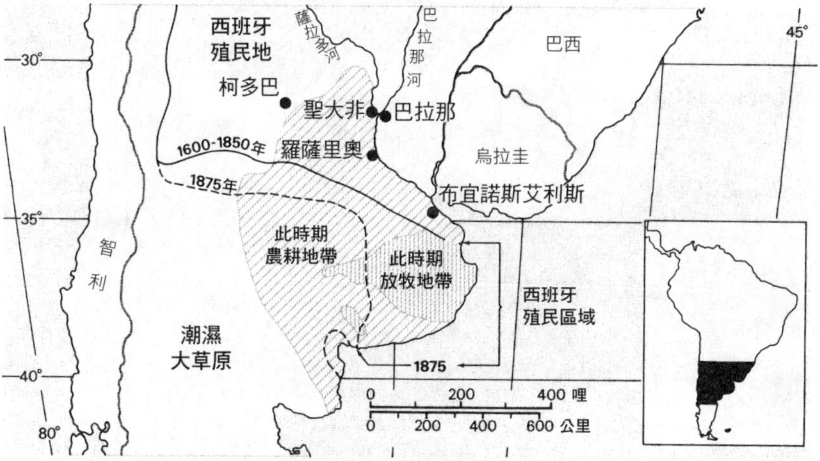

阿根廷豢養牲畜的區域

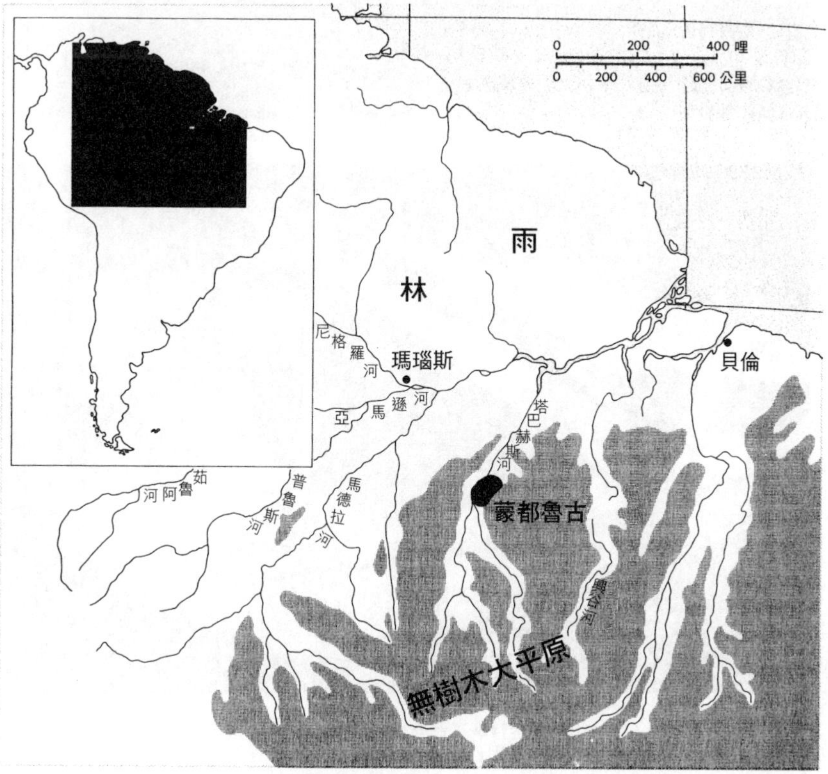

蒙都魯古人所在的地點

蒙都魯古人卡布如艾（Cabrua）的村落。婦女在火上烤乾參茨麵粉；男人在男人會所休息。墨費（Robert F. Murphy）的攝影（引自墨費）

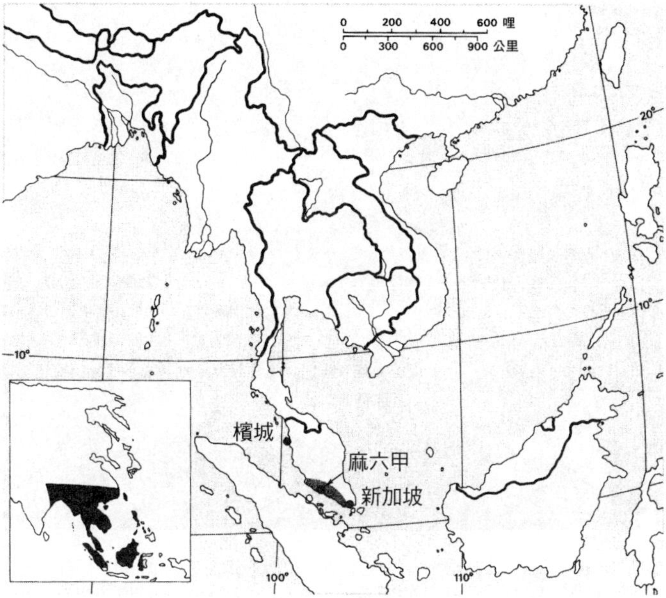

馬來亞：大農場橡膠的區域

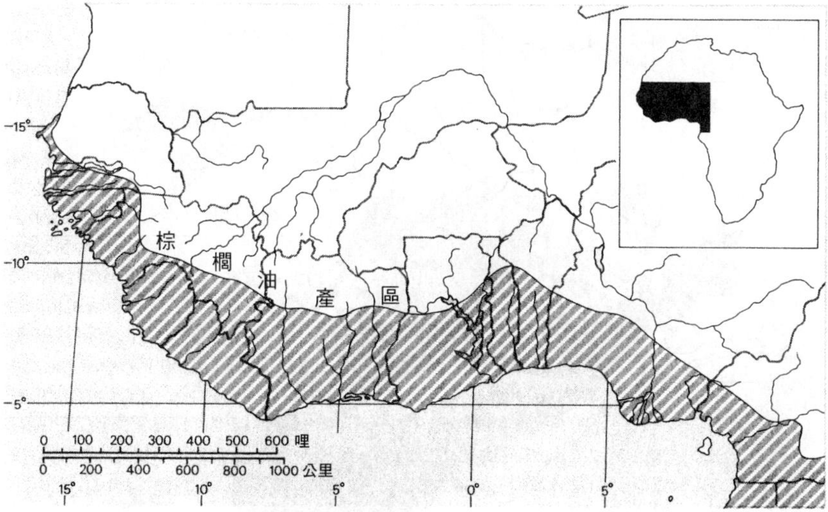

西非的棕櫚油產區

拉斯卡那斯（Las Canas）為古巴十九世紀下半葉技術最進步的蔗糖農場。圖示在農場上砍伐和裝載甘蔗。雅格（Walter Yeager）的素描，一八八〇年（引自紐約歷史學會，紐約市）

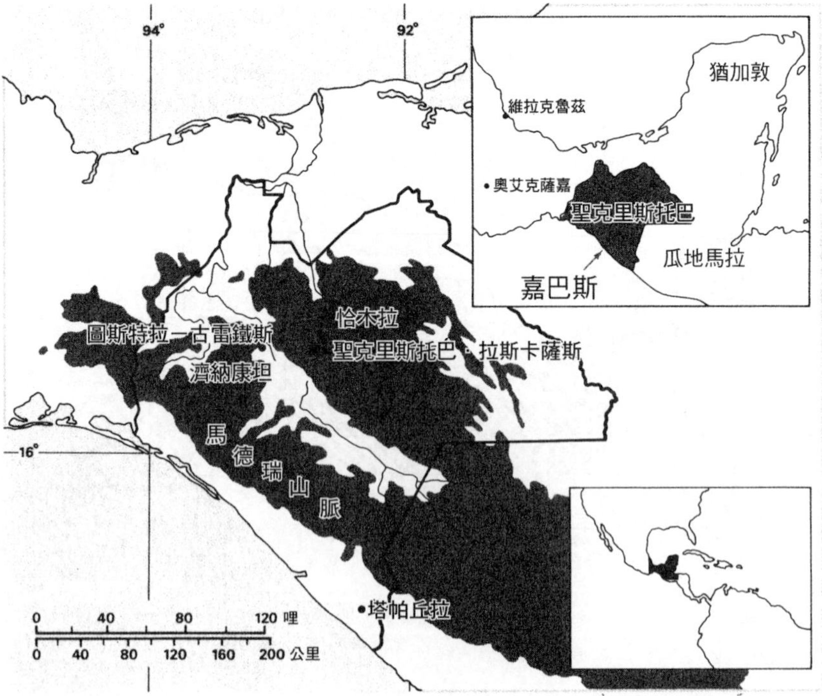

墨西哥的嘉巴斯

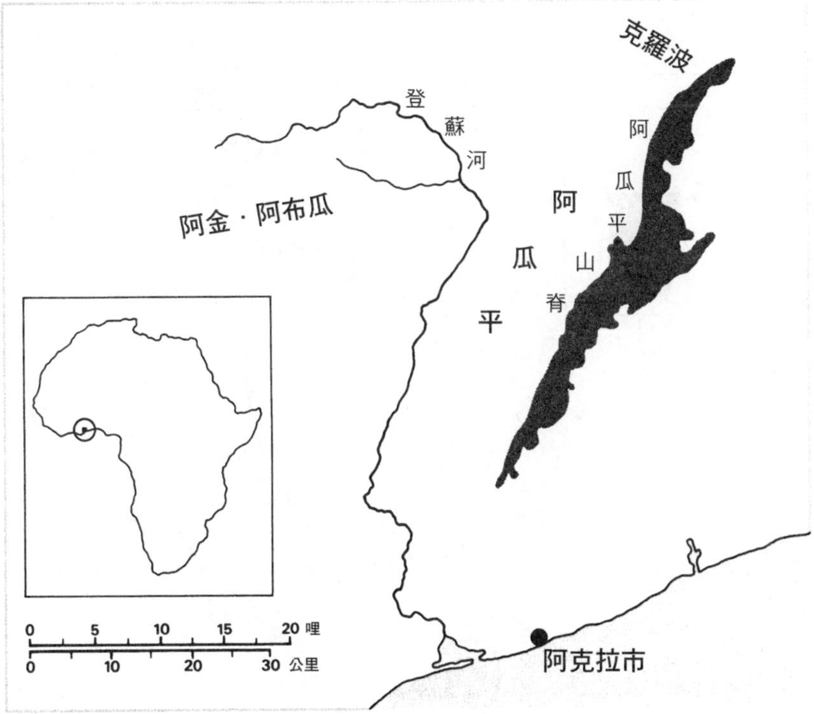

迦納和象牙海岸的可可樹栽種和民族溯源

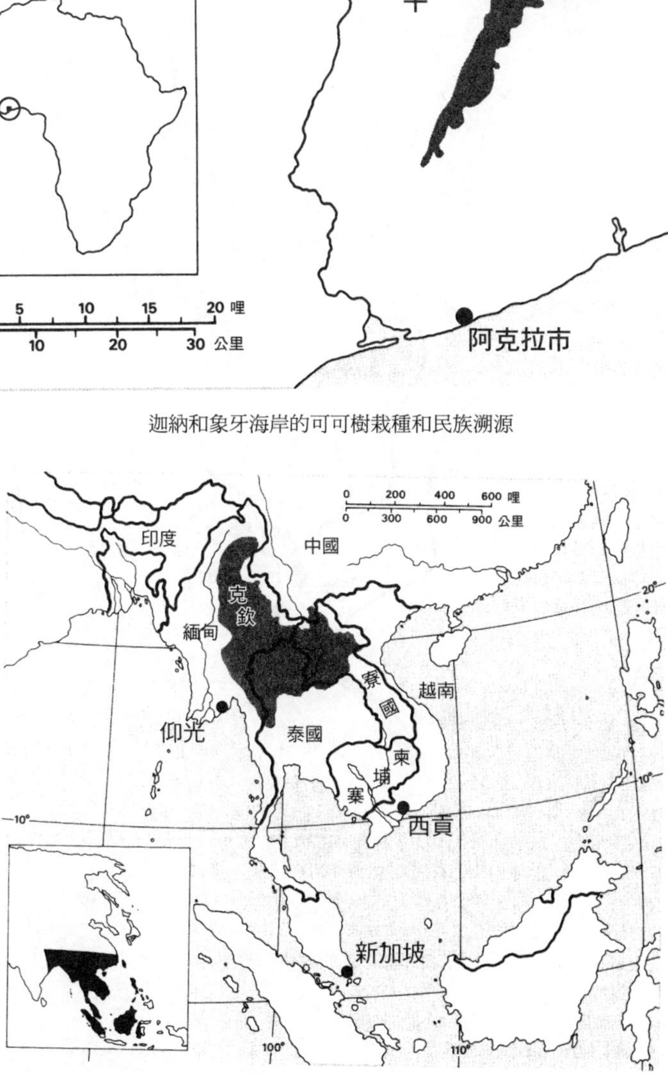

東南亞鴉片罌粟花栽種地區

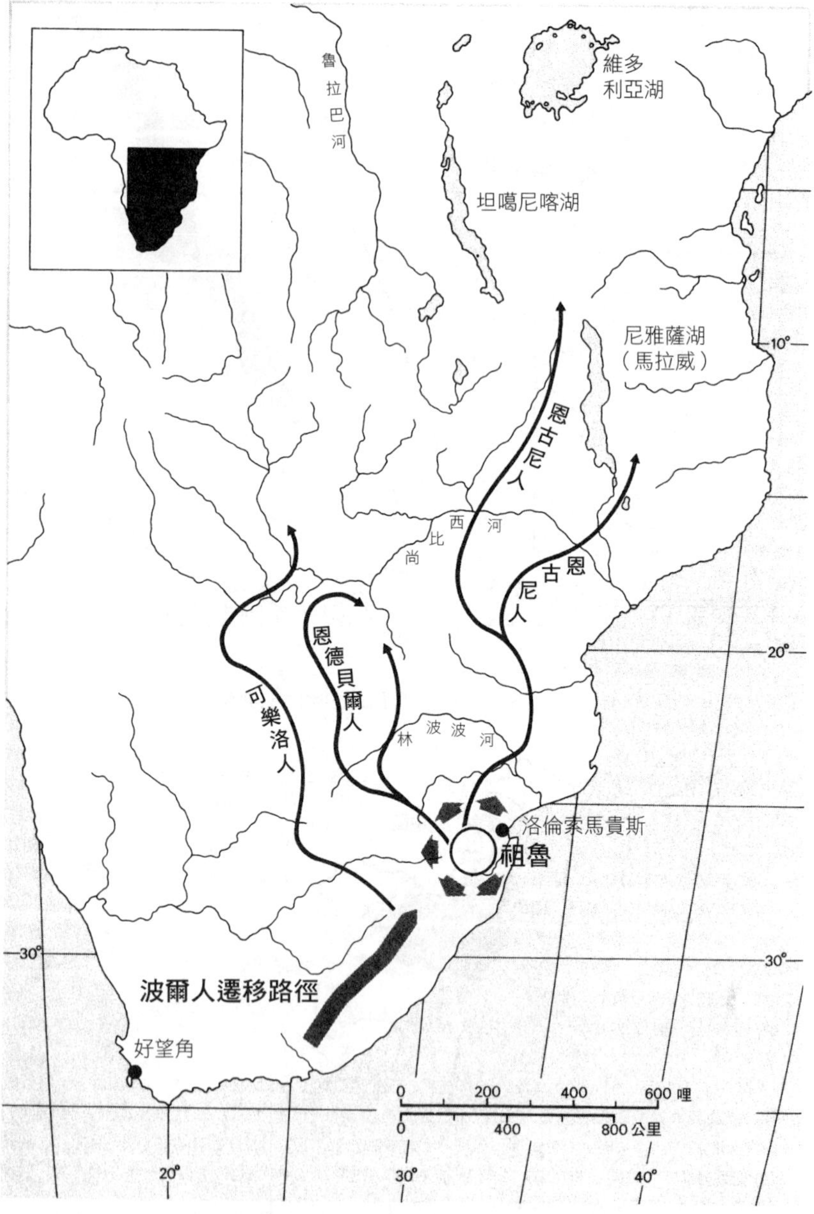

在非洲南部的擴張與遷徙

在英國人最後一次想攻克祖魯人在烏倫迪的首都之戰中，祖魯人在英圖比河（Intombi River）上攻擊第八十軍團。根據烏協爾中尉（Lt. L. W. R. Ussher）素描所作木刻畫（格蘭傑收藏，紐約）

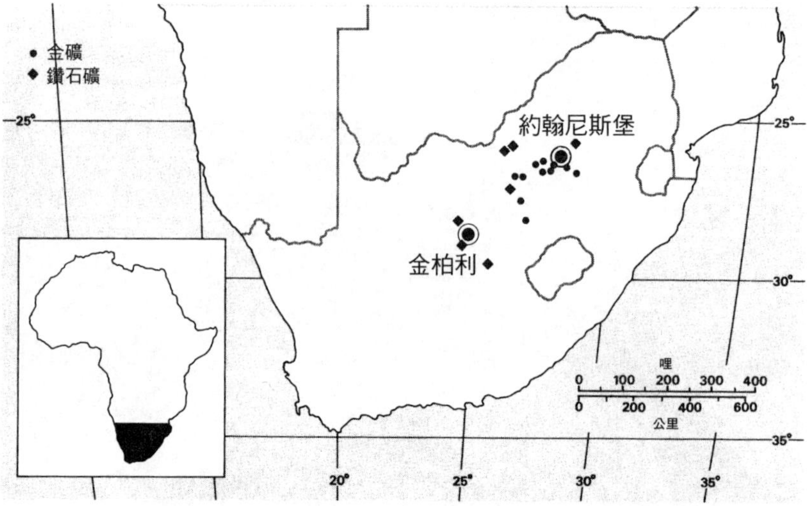

南非的採礦區域

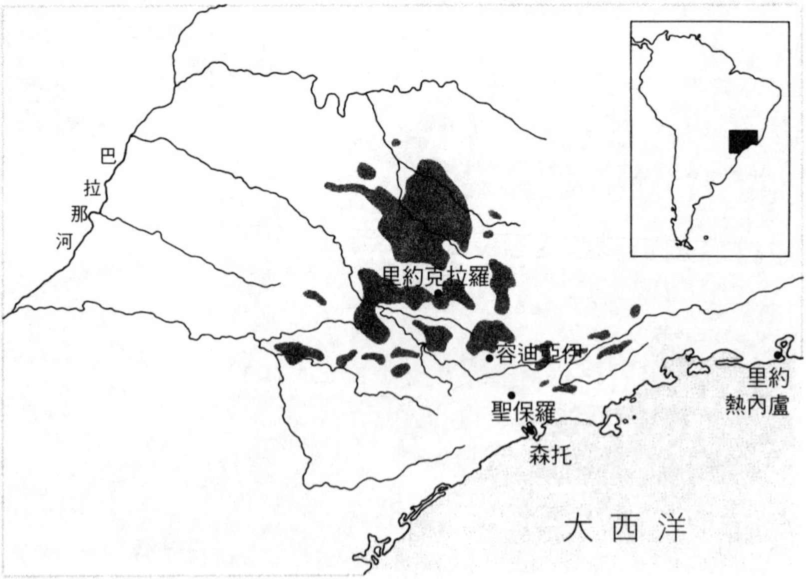

聖保羅區域的咖啡大農場

義大利移民前往艾里斯島（Ellis Island）途中，一九〇五年左右（格蘭傑收藏，紐約）

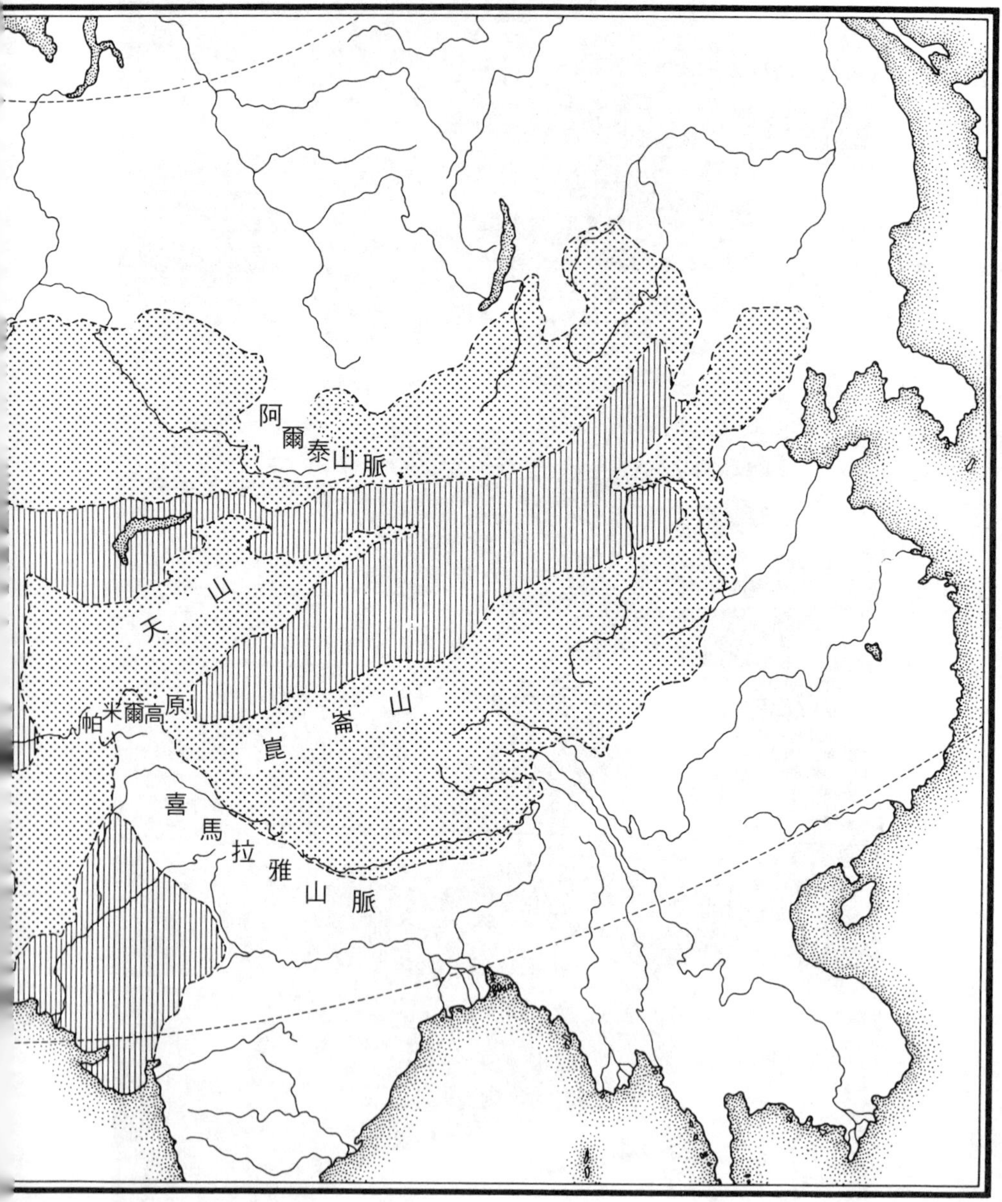

阿爾泰山脈
天山
帕米爾高原
崑崙山
喜馬拉雅山脈

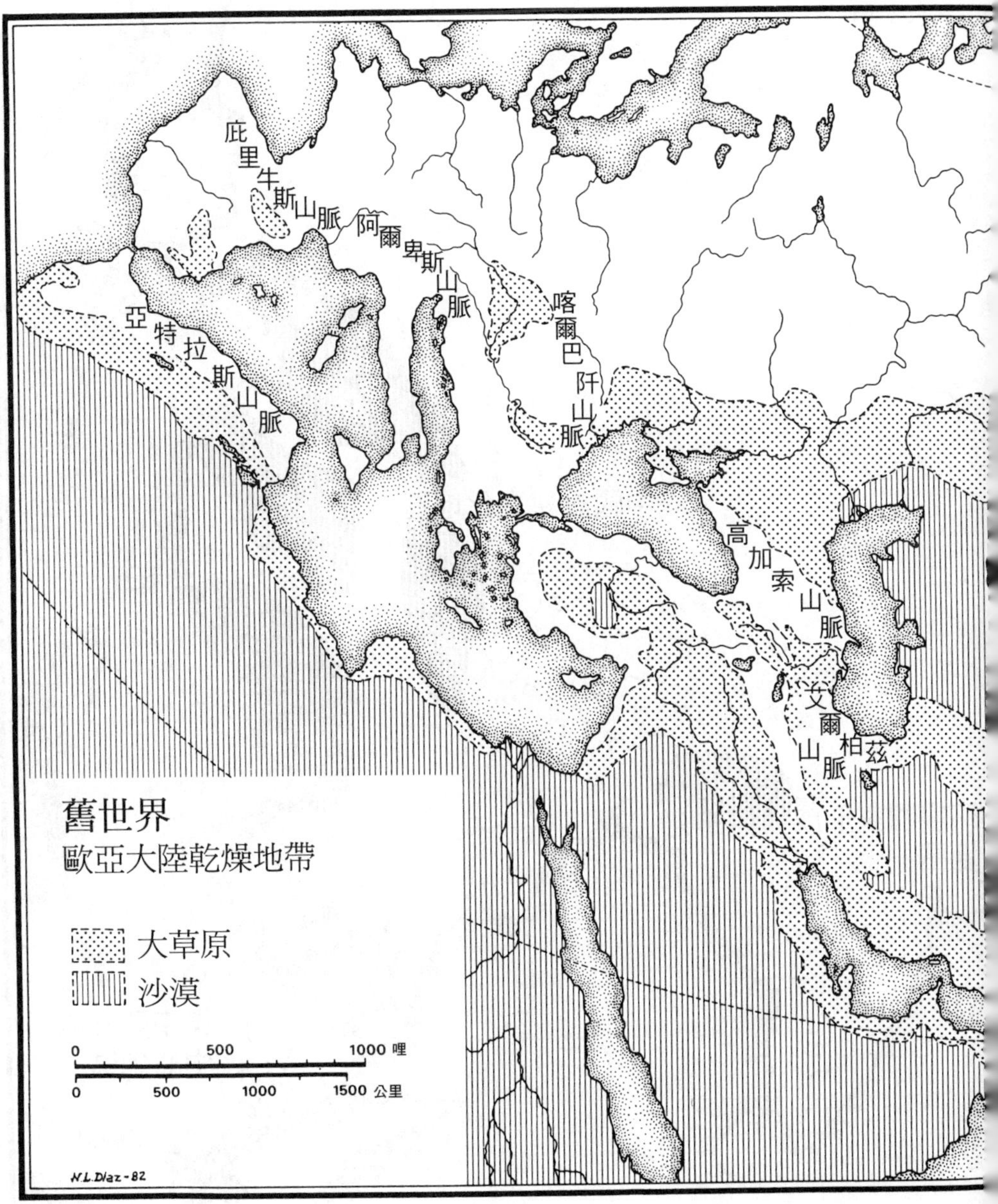
舊世界
歐亞大陸乾燥地帶
大草原
沙漠
0 500 1000 哩
0 500 1000 1500 公里
庇里牛斯山脈
阿爾卑斯山脈
喀爾巴阡山脈
亞特拉斯山脈
高加索山脈
艾爾柏茲山脈
N.L.Diaz-82

中國農耕文化地區
印度國家形成
地區
東南亞文明
中心地區

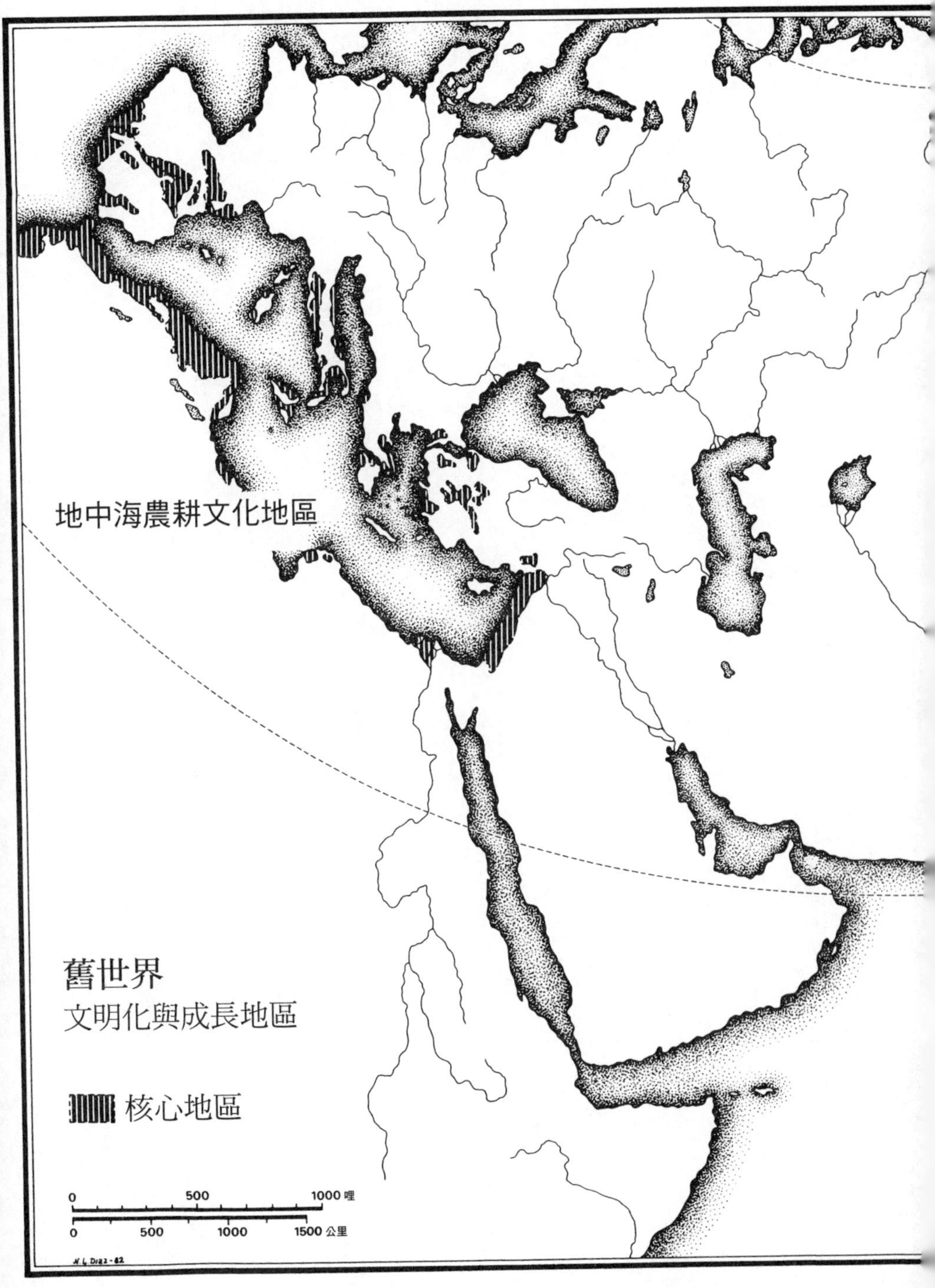
地中海農耕文化地區
舊世界
文明化與成長地區
核心地區
0 500 1000 哩
0 500 1000 1500 公里
H. L. DIAZ-82

純智歷史名著譯叢9

歐洲與沒有歷史的人

作　　者　艾立克・沃爾夫（Eric J. Wolf）
譯　　者　賈士蘅
編輯委員　汪榮祖　蒲慕州　熊秉真　盧建榮
責任編輯　鄧立言　陳毓婷
二版編輯　羅祖珍　陳雅娟　吳惠貞
編輯總監　劉麗真
總 經 理　陳逸瑛
發 行 人　凃玉雲
出　　版　麥田出版
城邦文化事業股份有限公司
104台北市中山區民生東路二段141號5樓
電話：(02)2500-7696　傳真：(02)2500-1967
部落格：http://blog.pixnet.net/ryefield
發　　行　英屬蓋曼群島商家庭傳媒股份有限公司城邦分公司
104台北市中山區民生東路二段141號11樓
書虫客服服務專線：02-2500-7718・02-2500-7719
24小時傳真服務：02-2500-1990・02-2500-1991
服務時間：週一至週五09:30-12:00・13:30-17:00
郵撥帳號：19863813　戶名：書虫股份有限公司
讀者服務信箱E-mail：service@readingclub.com.tw
歡迎光臨城邦讀書花園　網址：www.cite.com.tw
香港發行所　城邦（香港）出版集團有限公司
香港灣仔駱克道193號東超商業中心1樓
電話：(852) 25086231　傳真：(852) 25789337
E-mail：hkcite@biznetvigator.com
馬新發行所　城邦（馬新）出版集團【Cite (M) Sdn Bhd】
41, Jalan Radin Anum, Bandar Baru Sri Petaling,
57000 Kuala Lumpur, Malaysia.
電話：(603) 90578822　傳真：(603) 90576622
E-mail：cite@cite.com.my
印　　刷　宏玖國際有限公司
初版一刷　2003年1月
二版一刷　2013年1月

定價650元
ISBN 978-986-173-858-1

城邦讀書花園
www.cite.com.tw

國家圖書館出版品預行編目

歐洲與沒有歷史的人／艾立克・沃爾夫（Eric J. Wolf）著；賈士蘅譯. -- 二版. -- 臺北市：麥田, 城邦文化出版：家庭傳媒城邦分公司發行, 2013.01

冊；　公分. --（純智歷史名著譯叢；9）

譯自：Europe and the people without history

ISBN 978-986-173-858-1（平裝）

1. 社會變遷　2. 近代史　3. 歐洲

740.24　　101026315